Autoren: Sigrid Blank, Dr. Peter Göbel, Barbara Imgrund, Barbara Kiesewetter, Andreas Loos, Bernd Marquard, Hildegard Mergelsberg, Dr. Holger Sonnabend
Illustrationen: Natascha Römer

Producing: red.sign, Stuttgart
Redaktion: Olaf Rappold (Projektleitung),
Frank J. Müller, Dirk Sonntag, Regine Warth
Bildredaktion: Anja Knudsen
Grafik: Anette Vogt

Dieses Buch entstand in Zusammenarbeit zwischen der ADAC Verlag GmbH, München und Reader's Digest Deutschland, Schweiz, Österreich – Verlag Das Beste GmbH

© 2005 ADAC Verlag GmbH, München
© 2005 Reader's Digest – Deutschland, Schweiz, Österreich
Verlag Das Beste GmbH – Stuttgart, Zürich, Wien

ADAC Verlag
Redaktionsleitung: Dr. Hans Joachim Völse
Redaktion: Mariele Radmacher-Martens (Projektleitung)
Herstellung: John C. Bergener

Reader's Digest
Redaktion: Joachim Zeller (Projektleitung)
Grafik: Thomas S. Maier
Bildredaktion: Christina Horut
Prepress: Andreas Engländer
Produktion: Andreas Schabert

Ressort Buch
Redaktionsdirektorin: Suzanne Koranyi-Esser
Redaktionsleiterin: Dr. Renate Mangold
Art Director: Rudi K. F. Schmidt

Operations
Leitung Produktion Buch: Norbert Baier

Repro: Meyle+Müller GmbH+Co, Pforzheim

Druck und Bindung: STIGE S.p.A., San Mauro (Torino)

Printed in Italy

ISBN 3-89905-267-6

Stimmt es, dass ...?

EIN
ADAC
BUCH

INHALT

KLIMA UND UMWELT

Von klassischem Abendrot und Altweibersommer über Blitz und Donner bis zu Meeresleuchten und Tornados in Europa – auf welche Wetterregeln und Volksweisheiten kann man sich verlassen?

GEOGRAPHIE UND WIRTSCHAFT

Von Gletschern in Afrika und Aktienkursen am Freitag über talaufwärts fließende Flüsse und ausufernde Managergehälter bis zu Vulkanausbrüchen und Wolkenkratzern – in diesem bunt gemischten Kapitel tummeln sich manche Überraschungen und neue Einsichten.

KULTUR UND GESCHICHTE

Von Archimedes und dem Turmbau zu Babel über das Ei des Kolumbus bis zum türkischen Bad und Woodstock-Festival – mit so manchem geliebten Klischee wird hier rigoros aufgeräumt.

WISSENSCHAFT UND TECHNIK

Von Asteroidenjägern, einstürzenden Brücken und Einstein über kopfüber fahrende Formel-1-Wagen, Handys und die Lichtgeschwindigkeit bis zu Teflon und Windrädern – es ist erstaunlich, wie viele falsche Ansichten über wissenschaftliche Fragen zu finden sind.

VORWORT

Stimmt es, dass bei Durchfall Salzstangen mit Cola helfen? ... Libellen stechen können? ... Aspirin Schnittblumen länger frisch hält? ... Einstein ein schlechter Schüler war? ... Abendrot schönes Wetter verheißt? Sicher kennen auch Sie eine ganze Menge solcher altbekannter Regeln, Volksweisheiten und Behauptungen. Doch was ist an diesen vermeintlichen Tatsachen wirklich dran? Nach dem neuesten Stand der Wissenschaft erhalten Sie in diesem unterhaltsamen wie lehrreichen Werk fundierte Antworten auf zahlreiche derartige Fragen – manche „Weisheit" wird sich als glatte Fehlmeldung entpuppen, für manche gibt es eine spannende Erklärung, warum es sich tatsächlich so und nicht anders verhält. Und für noch mehr Lesespaß sorgen die „Wussten Sie schon, dass ...?"-Fragen, die erstaunliche Daten, Fakten und Zahlen zu vielen Themen liefern – also ein herrliches Buch zum Schmökern.

Der Band eignet sich aber auch gut zum Nachschlagen: Innerhalb der acht Kapitel von Essen und Trinken bis Wissenschaft und Technik sind die Fragen alphabetisch sortiert, und ein ausführliches Register hilft Ihnen, einen ganz bestimmten Sachverhalt aufzuspüren – viel Spaß also beim Lesen, Stöbern und Entdecken!

Die Redaktion

ESSEN UND TRINKEN

Jeder muss essen und trinken – es ist
also kein Wunder, dass sich viele Redens-
arten und Volksweisheiten gerade mit
diesen beiden Themenkreisen beschäftigen.

Wussten Sie schon, dass ...
bereits eine mäßige Gewichtszunahme das Herzinfarktrisiko erhöht?

Übergewicht gehört zu den weit verbreiteten Risiken für Bluthochdruck und Herzerkrankungen und bereits leicht erhöhtes Gewicht beeinflusst deren Entstehung. Nach einer Studie der Universität Göteborg erhöht eine Gewichtszunahme von nur 4–10 % ab dem 20. Lebensjahr das Risiko, einen Herzinfarkt zu erleiden, um das 1,5fache. Bei Männern, die mehr als ein Drittel zunehmen, steigt dieses Risiko sogar um das Dreifache.

Wussten Sie schon, dass ...
etwa 35 % der Deutschen an Flugangst leiden?

Zu den Symptomen der Flugangst zählen Schweißausbrüche, Herzrasen, Kurzatmigkeit, Übelkeit mit Erbrechen und Panikattacken. Den Betroffenen hilft es dabei wenig, dass eigentlich kaum Anlass zur Beunruhigung besteht. Ein Vielflieger, der etwa 500 000 Flugkilometer im Jahr zurücklegt, würde – statistisch gesehen – nur einmal in 5000 Jahren abstürzen.

Stimmt es, dass ...
das ABENDESSEN besonders ansetzt?   **JA**

Abendliche Mahlzeiten, die üppig ausfallen, belasten den Organismus. Denn in der Regel wird Nahrung nur langsam verdaut, d. h. in vom Körper verwertbaren Brennstoff umgewandelt. Schwere Mahlzeiten beschäftigen den Verdauungsapparat besonders lange, mitunter bis in die Nacht hinein. Während der Schlafphase benötigt der Organismus aber deutlich weniger Brennstoff als am Tag und die überschüssig aufgenommene Energie – wozu natürlich auch die in den Getränken enthaltene gehört – wird dann als Fett im Körper gespeichert. Die Essensmenge pro Mahlzeit sollte also mit fortschreitender

Abends sollte man nicht mehr allzu üppig tafeln – auch wenn dies angesichts eines leckeren Abendessens manchmal schwer fällt.

Tageszeit abnehmen, ohne dass jedoch ein Hungergefühl entsteht. Eine gesunde Verteilung der Mahlzeiten beschreibt am treffendsten die goldene Regel: „Frühstücke wie ein König, iss zu Mittag wie ein Bürger und zu Abend wie ein Bettelmann."

Stimmt es, dass ...
man im Flugzeug weniger ALKOHOL verträgt?   **JA**

Im Flugzeug wirkt Alkohol rund dreimal so stark wie auf dem Erdboden. Vor allem der geringe Luftdruck und die niedrige Luftfeuchtigkeit in der Flugzeugkabine verstärken die Wirkung des Alkohols. Bei Langstreckenflügen, also in Höhen zwischen 10 000 und 13 000 m, herrscht im Flugzeug ein deutlich geringerer Luftdruck, der etwa dem auf einem Berg von 2000–2500 m Höhe entspricht. Dadurch atmet man während des Flugs pro Atemzug weniger Sauerstoff ein als auf der Erde. Dementsprechend geringer ist auch die Sättigung des Blutes mit dem lebensnotwendigen Gas. Bei Fluggästen, die unter Blutarmut, Lungen- oder Herz-Kreislauf-Erkrankungen leiden, kann dies Probleme verursachen, während gesunde Menschen kaum einen Unterschied bemerken. Durch die geringere Sauerstoffsättigung kann der Alkohol im Blut aber nicht mehr so schnell abgebaut werden und reichert sich an.

Auch wenn man im Flugzeug besonders durstig ist und ein verlockendes Angebot von alkoholischen Gratisgetränken bekommt, sollte man lieber zu Mineralwasser oder Fruchtsäften greifen.

Zudem fördern alkoholische Getränke den Harndrang und wirken entwässernd, sodass der Körper schneller austrocknet. Verstärkt wird die Austrocknung durch die niedrige Luftfeuchtigkeit in der Kabine. Denn hier ist die Luft oft trockener als in der Wüste: In der Sahara beträgt sie etwa 20 %, bei Langstreckenflügen liegt sie teilweise unter 15 %. Es liegt auf der Hand, dass man deshalb im Flugzeug noch mehr Durst verspürt, den man aber nicht mit alkoholischen Getränken löschen sollte – sonst beginnt der negative Kreislauf von vorn.

Ein weiterer Grund für den erhöhten Alkoholkonsum in Flugzeugen liegt darin, dass viele Menschen unter Flugangst leiden und glauben, durch „beruhigende" Getränke den Flug besser überstehen zu können.

Stimmt es, dass ...
AUSTERN eine aphrodisierende Wirkung haben? | JA |

Casanova – so wird jedenfalls erzählt – verspeiste jeden Tag mehrere Dutzend Austern. War vielleicht sogar sein großer amouröser Appetit auf den Genuss dieser Schalentiere zurückzuführen?

Austern enthalten eine große Zahl von Mineralstoffen und Spurenelementen, darunter vor allem Zink (ungefähr 15 mg pro Auster). Zink wird eine stimulierende Wirkung auf das Liebesleben nachgesagt, da es die Produktion von Testosteron, dem männlichen Sexualhormon, verstärken soll. Und Testosteron wiederum steigert die Begierde.

ABER: Wissenschaftlich bewiesen ist eine physiologische Anregung durch Austern bisher nicht. Ernährungswissenschaftler der Bundesforschungsanstalt für Ernährung und des Deutschen Instituts für Ernährungsforschung gehen auch eher davon aus, dass die den Austern zugeschriebene Wirkung nicht auf die Inhaltsstoffe zurückzuführen ist, sondern vielmehr auf ihre äußere Gestalt. So erinnern diese Meerestiere, ganz ähnlich wie auch Spargel, durch ihre Form an Geschlechtsorgane und können allein dadurch die sexuelle Phantasie anregen.

Wussten Sie schon, dass ...
eine Austernperle in 2 Jahren heranreift?

Grundsätzlich können alle Muscheln und auch einige andere Weichtiere Perlen bilden. So schön Perlen für uns Menschen sind, so unnütz sind sie für die Muscheln: Eine Perle entsteht, weil die Muschel einen Fremdkörper (beispielsweise ein Steinchen) in ihrem Inneren einschließt und diesen nach und nach mit Perlmutt umschließt. So entsteht beispielsweise nach 2 Jahren die Südsee-Zuchtperle mit einem Durchmesser von 9–16 mm. Naturperlen brauchen meist länger für die Perlbildung. Übrigens: Die größte Perle, die jemals gefunden wurde, hatte die Maße 23 x 15 x 14 cm.

TIERISCHE LUST- UND POTENZMITTEL

Viele Tiere müssen sterben, weil „Mann" sich von tierischen Produkten eine potenz- oder luststeigernde Wirkung verspricht. Der Verzehr von Haifischflossen und Schlangen, Hirschpenissen und Robbenhoden soll – so glaubt man seit Jahrhunderten – dem Mann zu mehr Standhaftigkeit verhelfen. Der tatsächliche Nutzen der folgenden Lust- und Potenzmittel für eine gestärkte Zeugungskraft ist meist nicht nachweisbar – aber der Glaube soll ja Berge versetzen können:

Spanische Fliege Schon im Altertum wurde ein eher zweifelhaftes Potenzmittel gewonnen, indem man den metallisch grünen Käfer zu Pulver zerkleinerte und mit Flüssigkeit vermischte. Das in diesem Getränk enthaltene Nervengift Cantharidin steigert die Durchblutung der Genitalien und macht eine lang anhaltende Erektion möglich. Es kann in konzentrierter Form aber auch tödlich wirken!

Bufotenin Dieser Stoff wird aus einer südamerikanischen Giftkröte gewonnen und soll nicht nur Halluzinationen hervorrufen, sondern auch die Lust fördern.

Nashorn Der lange Liebesakt des Nashornbullens – bis zu 4 Stunden lässt sich der Koloss dafür Zeit – hat ihm viel menschlichen Neid eingebracht. Da seinem Horn aphrodisierende Wirkungen nachgesagt werden, ist die Zahl der Nashörner inzwischen dramatisch geschrumpft.

Tiger Ein Tiger kann mehrmals hintereinander das Weibchen begatten. Gesottene Tigerpenisse gelten vor allem aus diesem Grund und vornehmlich in Asien als eine begehrte Delikatesse.

Stimmt es, dass ...
BANANEN gegen Depressionen helfen?   NEIN

Wussten Sie schon, dass ...
es 100 verschiedene Bananenarten gibt?

Die Banane, die zur tropischen Familie der Bananengewächse gehört, bildet so genannte Scheinstämme, die aus den Blattscheiden gebildet werden. Sie kommen in zahlreichen Varianten vor, wobei vor allem die Bananenfrüchte der Obstbanane geerntet werden. Darüber hinaus lassen sich die Früchte der Mehl-, Gemüse- und Pferdebanane gekocht oder geröstet genießen. Die Faserbanane liefert keine essbaren Früchte, sondern stattdessen eine feste Spinnfaser.

Bananensorten aus aller Herren Länder in unterschiedlichen Reifestadien: die uns bekannten gelben Obstbananen (links), Zuckerbananen (links unten), Gemüse-/Kochbananen (Mitte unten), rote Obstbananen (rechts oben) und Apfelbananen (rechts unten).

Depression ist eine schwere Krankheit, die nicht immer auf dieselbe Weise und schon gar nicht allein mit Obst zu heilen ist. Denn pharmazeutisch relevante Stoffe, die bei Depressionen helfen könnten, kommen in Bananen wie in den meisten Nahrungsmitteln nicht in ausreichender Menge vor. Bewusste Ernährung kann die Therapie zur Behandlung einer Depression daher höchstens unterstützen.

Allerdings können Bananen helfen, jemanden aus einem vorübergehenden Stimmungstief herauszubringen. Denn die gelbe Frucht enthält neben dem die Muskeln entspannenden Magnesium auch Spuren von Tryptophan, einer Aminosäure, die vom Körper nicht selbst hergestellt, sondern nur mit der Nahrung aufgenommen werden kann. Tryptophan ist für die Bildung der beiden „Stimmungshormone" Serotonin und Melatonin notwendig.

Serotonin, ein für die Signalübertragung zwischen Nervenzellen und Gehirn wichtiger Botenstoff, ist dabei für gesunden Schlaf, Hunger- und Sättigungsgefühle sowie gute Laune zuständig. Es wird deshalb häufig als „Glückshormon" bezeichnet. Melatonin regelt mehrere Körperfunktionen, darunter auch den Schlaf-Wach-Rhythmus. Tryptophan kommt aber nicht nur in Bananen vor, sondern ist ebenfalls in Trauben, Äpfeln und Pflaumen in Spuren vorhanden.

Bananen wirken sich wegen ihres hohen Kohlenhydratanteils indirekt auf die Bildung von Tryptophan aus: Kohlenhydratreiche Nahrung wird im Körper größtenteils zu Glucose (d. h. Traubenzucker) umgewandelt. Glucose stimuliert die Bauchspeicheldrüse zur Produktion von Insulin, das wiederum für den Anstieg des Tryptophanspiegels im Gehirn sorgt.

Dieser Mechanismus ist mit dafür verantwortlich, dass im Winter mehr süße und kohlenhydratreiche Kost gegessen wird als im Sommer. Denn eine hohe Sonneneinstrahlung sorgt für eine höhere Ausschüttung der Stimmungshormone.

Stimmt es, dass...
ein voller BAUCH nicht gern studiert?   JA

Essen macht müde – und das ist auch nicht verwunderlich. Denn der Organismus beschäftigt sich nach der Mahlzeit hauptsächlich damit, die Nahrung zu verdauen, und konzentriert das Blut dabei besonders im Magen. Genau wie die Muskulatur wird das Gehirn während dieser Zeit mit weniger Nährstoffen versorgt und wird dadurch träge.

Ausschlaggebend für die Dauer der Verdauung ist vor allem die so genannte „Magenverweilzeit" der Nahrung: Mit Traubenzucker, Fleischbrühe, Bananen oder Äpfeln ist der Magen bei der Vorverdauung nicht länger als 1 Stunde beschäftigt, an Sahnetorten und Schweinshaxen hat er dagegen bis zu 9 Stunden zu arbeiten. Speisen, die „schwer im Magen liegen", sorgen also dafür, dass das Gehirn erst allmählich wieder mit mehr Nährstoffen versorgt wird, und schränken deshalb die geistige Beweglichkeit für Stunden ein.

Umgekehrt kann aber der Verzicht auf ein Frühstück oder ein Mittagessen zur Unterversorgung mit den notwendigen Nährstoffen führen und ebenfalls Konzentrations- und Leistungsschwächen auslösen, mit anderen Worten: Ein voller Bauch studiert nicht gern, ein leerer aber auch nicht.

Um beides zu vermeiden, empfehlen Ärzte und Ernährungsberater häufigere Zwischenmahlzeiten mit einer kurzen Magenverweilzeit. Diese Mahlzeiten belasten den Körper nicht und sorgen damit auch dafür, dass das Gehirn den ganzen Tag gleichermaßen aktiv sein kann. Statt auf drei sollte die gesamte Nahrungsmenge auf fünf bis sechs Mahlzeiten pro Tag verteilt werden. Kohlenhydrate liefern dabei schnelle Energie, die nach kurzer Zeit schon wieder verbraucht ist, pünktlich zum nächsten Essen.

Entscheidend ist aber nicht nur Menge, Häufigkeit und Tageszeit der Mahlzeiten, sondern auch deren Zusammensetzung. Statt kalorienhaltigem Fett und einfachem Zucker, wie sie beispielsweise in Schokoriegeln enthalten sind, eignen sich stärkehaltige Lebensmittel (z. B. Kartoffeln), fettarme Milchprodukte und frisches Obst und Gemüse besonders gut für Menschen, die geistig arbeiten müssen. Diese Nahrungsmittel enthalten Ballaststoffe, die länger sättigen und eine gute Verdauung fördern, und liefern dem Körper Mineralien und Vitamine, die bei der Kopfarbeit helfen.

Wussten Sie schon, dass...
kurze Mittagsschläfchen im Berufsleben sogar nützlich sein können?

NASA-Wissenschaftler empfehlen nach Auswertung neuerer Studien ein 20- bis 25-minütiges Mittagsschläfchen in der Verdauungsphase nach dem Essen. Die Studien belegten eindeutig, dass Mitarbeiter, die einen Mittagsschlaf hielten, ihre Leistungsfähigkeit um 35 %, die Qualität ihrer Entscheidungen sogar um 50 % erhöhen konnten. Während in den USA der „Power Nap" bereits häufiger praktiziert wird, fordern deutsche Arbeitgeber ihre Mitarbeiter eher selten zum „Büroschlaf" auf. Eine Ausnahme bilden beispielsweise die Mitarbeiter der Stadtverwaltung im niedersächsischen Vechta: Sie legen sich täglich für 20 Minuten im Büro auf Isomatten, um ein kräftigendes Nickerchen zu halten.

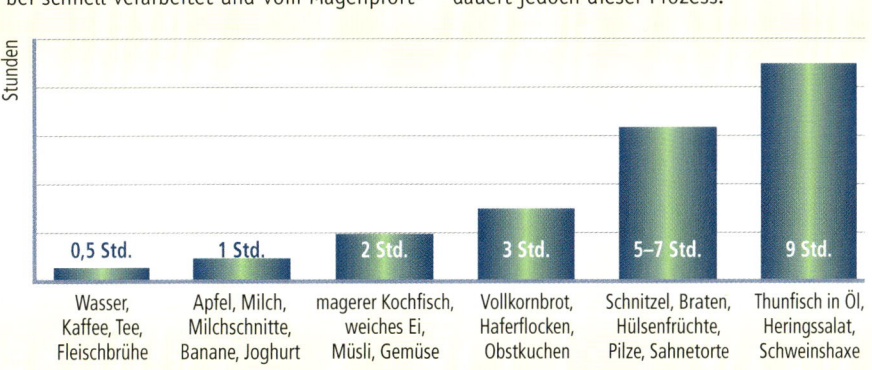

SO LANGE HAT DER MAGEN ZU TUN ...

Der Magen zerlegt das Essen zunächst in kleine Bestandteile. Leichte Speisen können dabei schnell verarbeitet und vom Magenpförtner an den Darm weitergegeben werden. Je fetthaltiger die Nahrung ist, desto länger dauert jedoch dieser Prozess.

Stunden					
0,5 Std.	1 Std.	2 Std.	3 Std.	5–7 Std.	9 Std.
Wasser, Kaffee, Tee, Fleischbrühe	Apfel, Milch, Milchschnitte, Banane, Joghurt	magerer Kochfisch, weiches Ei, Müsli, Gemüse	Vollkornbrot, Haferflocken, Obstkuchen	Schnitzel, Braten, Hülsenfrüchte, Pilze, Sahnetorte	Thunfisch in Öl, Heringssalat, Schweinshaxe

Stimmt es, dass …

alkoholfreies **BIER** tatsächlich alkoholfrei ist? **NEIN**

W as viele kritische Verbraucher vermuten, ist richtig: Fast alle Biere, die als alkoholfrei bezeichnet werden, enthalten geringe Alkoholmengen. Laut Gesetz darf nämlich jedes Bier, das einen Alkoholgehalt von 0,5 % nicht überschreitet, als „alkoholfrei" bezeichnet werden. Spuren von Alkohol sind aufgrund des Herstellungsprozesses unvermeidbar. Diese Menge ist aber so gering, dass sie dem Alkoholgehalt von Fruchtsäften und Malzbier entspricht.

Autofahrer müssen sich also keine Sorgen machen: Die im Straßenverkehr geltenden Grenzwerte können selbst bei übermäßigem Konsum von alkoholfreiem Bier nicht überschritten werden. Selbst Leberkranken schadet dieser geringe Alkoholgehalt nicht. Alkoholkranken Menschen wird allerdings trotzdem vom Genuss dieser Biere abgeraten, weil die Ähnlichkeit des Geschmacks mit dem von „echtem" Bier ein Rückfallrisiko bedeuten kann.

Wussten Sie schon, dass …
die Sumerer den Ägyptern das Bierbrauen beigebracht haben?

Die ältesten überlieferten Zeugnisse über die Herstellung von Bier stammen aus dem späten 4. Jahrtausend v. Chr. aus dem Land der Sumerer, das heute größtenteils zu Syrien und Irak gehört. Dass auch im alten Ägypten das Brauen von Bier bekannt war, beweist eine Ausgrabungsstätte außerhalb von Kairo: Hier fand ein Archäologenteam der Universität Yale eine Bäckerei und eine Brauerei, die rund 2500 Jahre v. Chr. entstanden und möglicherweise Teil einer ganzen Stadt waren. Die Archäologen entdeckten Steintafeln mit Hieroglyphen, auf denen u. a. eine Beschreibung des Brauprozesses festgehalten ist.

ALKOHOL- UND KALORIENGEHALT VERSCHIEDENER BIERSORTEN

Der Kalorien- und Alkoholgehalt der zahlreichen Biersorten schwankt stark. Für den Kater am „Tag danach" sind nicht nur Alkoholgehalt und Menge entscheidend, sondern auch der Gehalt an so genanntem Fuselalkohol. Dieser ist Bestandteil des Fuselöls, das bei der Bierproduktion entsteht. Beim Abbau des Fuselalkohols entstehen in der Leber giftige Stoffe, die Kopfschmerzen, Übelkeit und Schwindelgefühl hervorrufen können. Obergärige Sorten wie Weizen- oder Altbier haben einen größeren Fuselgehalt als untergärige (z. B. Pils, Lagerbier).

Art des Biers	Alkoholgehalt im Durchschnitt	Kaloriengehalt je Glas à 200 ml
Alkoholfreies Bier	unter 0,5 %	65 kcal
Berliner Weiße	3,2 %	100 kcal
Kölsch	4,7 %	105 kcal
Altbier	4,9 %	105 kcal
Weizenbier	5,1 %	115 kcal
Pils	5,5 %	105 kcal
Dunkles Starkbier	7,5 %	150 kcal
Bockbier	8,0 %	ca. 180 kcal

Die Kalksteinstatue aus der Totenstadt Sakkara südlich von Kairo zeigt eine Ägypterin bei der Zubereitung von Bier.

Stimmt es, dass …

BIER eine beruhigende Wirkung hat? **JA**

H opfen ist einer der vier durch das deutsche Reinheitsgebot aus dem Jahr 1516 festgelegten Grundbestandteile von Bier (neben Hopfen noch Wasser, Hefe und Getreide). Er hat eine medizinisch nachgewiesene, beruhigende Wirkung. Die Kletterstaude aus der Familie der Hanfgewächse (sie ist die nächste botanische Verwandte der Cannabis-Pflanze) wird deshalb auch für Medikamente benutzt, die der Beruhigung dienen. Lupulon, der Bitterstoff des Hopfens, ist für die beruhigende Wirkung von Bier sowie dessen Würze und Haltbarkeit verantwortlich. Doch das ist noch nicht alles, Lupulon hat zudem antibiotische Wirkung.

Lupulon ist aber nur einer der rund 2000 Inhaltsstoffe – von Spurenelementen über Mineralien bis hin zu Vitaminen –, die man bisher im Gerstensaft entdeckte und deren Zusammenwirken noch längst nicht in allen Details erforscht ist. Dass Bier schmackhaft und berauschend ist, haben schon die alten Sumerer und Ägypter geschätzt, die bereits 20 Sorten kannten. Zudem wurde schon in der Frühgeschichte und Antike die beruhigende und heilende Wirkung des Bieres erkannt. Das Gebräu diente als Heilmittel gegen Verstopfung und Wurmbefall.

Aber erst die Ordensschwester Hildegard von Bingen befasste sich ernsthaft mit der

Nicht Bier trinken, sondern in Bier baden, heißt die Devise im brandenburgischen Neuzelle.

Der Gerstensaft ist wissenschaftlichen Untersuchungen zufolge zudem reich an Vitaminen (vor allem Vitamin B). 1 l deckt 40 % des Tagesbedarfs eines Erwachsenen an Magnesium und 20 % des Bedarfs an Kalium. Das im Malz enthaltene Silizium stärkt den Knochenaufbau und sorgt für gesunde Nägel und Haare (1 l Bier deckt etwa 50 % des täglichen Bedarfs).

Die Wellness-Industrie hat heutzutage aber noch ganz andere Einsatzmöglichkeiten von Bier entdeckt. Denn einige Heil- und Kurbäder bieten ein entspannendes Bierbad an, das sowohl für die Psyche als auch für die Haut gut sein soll. Als Bestandteil von Gesichtscremes entspannt Bier die Haut, in Haarshampoos wirkt es gegen fettiges und schuppiges Haar.

Wirkung des hoch geschätzten Getränks. Ihre Erkenntnisse, dass Bier z. B. den Mut hebt und die Regeneration der Seelenkräfte fördert, bestätigen heute sogar Mediziner und Stressforscher.

Stimmt es, dass ...

BIER dick macht? JA

Jedes im Übermaß konsumierte Nahrungs- und Genussmittel führt zwangsläufig zur Gewichtszunahme. Bier hat mit 525 kcal/l einen sehr hohen Kaloriengehalt, der allerdings immer noch etwas geringer ist als der von Milch, gezuckertem Apfelsaft oder Rotwein. Der im Gerstensaft enthaltene Alkohol kann vom Organismus nicht direkt verwertet werden. Er wird daher in umgewandelter Form im Fettgewebe „abgelegt" und begünstigt das Entstehen von Fettpölsterchen.

Das ist jedoch nicht der einzige Grund für den sprichwörtlichen „Bierbauch", den so mancher Biergenießer mehr oder weniger stolz vor sich herträgt. Das „flüssige Brot" wird oft in großen Mengen getrunken – ganz anders als Whiskey oder Wein. Beleibte Whiskey- oder Weintrinker sind daher auch weit weniger häufig anzutreffen. Wer also viel trinkt, nimmt auch viele Kalorien zu sich. Nach Erkenntnissen von Ernährungsexperten spielt jedoch noch ein anderer Zusammenhang eine gewichtige Rolle: Bestimmte Hormone im Bier, genauer weibliche Sexualhormone, tragen zu den Rundungen bei den Männern bei. So enthält Hopfen eine relativ große Menge pflanzlicher Östrogene (so genannte Phytoöstrogene). Diese Inhaltsstoffe mit östrogenähnlicher Wirkung lassen den Bauch schwellen und sorgen bei manchen Männern sogar für einen Brustansatz. Bei übergewichtigen Menschen bilden sich zudem ohnehin mehr Östrogene in den Körperfettzellen. Die Brauwirtschaft weist die Zusammenhänge von Bier und Gewichtszunahme aber zurück und verweist stattdessen auf die Folgen der appetitanregenden Wirkung von Bier.

In vielen Klöstern brauten Mönche ihren eigenen Gerstensaft. Bier war für sie nicht nur Durstlöscher, sondern auch Nahrungsergänzung während der Fastenzeit.

Wussten Sie schon, dass...
es seit 2001 ein bundeseinheitliches Bio-Siegel gibt?

Die Vorschriften für die Vergabe dieses Siegels der Bundesregierung sind streng: Die Lebensmittel, die das Bio-Siegel tragen, müssen zu mindestens 95 % aus dem ökologischen Landbau stammen. Trotzdem haben sich schon über 900 Unternehmen dieser Initiative der Bundesregierung angeschlossen und etwa 20 000 Lebensmittel mit dem Bio-Siegel gekennzeichnet.

Stimmt es, dass...
BIO-NAHRUNG gesünder ist als normale Kost? (JA)

Nach Meinung vieler Wissenschaftler sind biologisch erzeugte Nahrungsmittel meist gesünder als so genannte normale Kost. So hat die Stiftung Warentest herausgefunden, dass vor allem bei Bio-Gemüse die Nitratwerte unter den Werten von herkömmlich angebautem Gemüse liegen. Dies ist eine wichtige Information für den Verbraucher, da Nitrat im Körper zu Nitrit umgewandelt wird und Nitrit seinerseits im Verdacht steht, zu Krebs erregendem Nitrosamin umgebaut zu werden. Auch Rückstände synthetischer Pestizide finden sich in Bio-Produkten nicht oder nur in geringen Mengen. Bio-Fleisch enthält zudem keine Antibiotikarückstände, denn Antibiotika oder Wachstumsförderer sind für den Bio-Bauer tabu. Und schließlich bleibt Bio-Kost laut Vorschrift auch frei von gentechnisch veränderten Substanzen.

Richtig ist aber auch, dass Bio-Kost nicht in jeder Hinsicht besser als normale Kost sein muss. So stammen beispielsweise rund 20 % der Schadstoffe in Lebensmitteln aus der Luft, und somit sind Bio- und konventionelle Lebensmittel in dieser Hinsicht gleichermaßen belastet. Der Nitrofenskandal im Jahr 2002 hat zudem gezeigt, dass auch Bio-Bauern nicht von Verstößen verschont bleiben.

Meist wichtiger als die Herkunft der Produkte ist übrigens der Umgang damit. So sollten Gemüse und Obst stets unter warmem, fließendem Wasser gewaschen werden, um eventuelle Rückstände zu entfernen. Auch Garzeit und Art der Zubereitung spielen bei Gemüse eine große Rolle: Je schonender und kürzer die Garzeit, desto mehr Vitamine bleiben erhalten. Gemüse sollte daher am besten gedünstet oder roh gegessen werden.

Einen Wegweiser durch die für Laien eher verwirrende Welt der Lebensmittel bieten die Öko- und Bio-Siegel der Bundesregierung sowie verschiedener Institutionen und Verbände (z. B. Öko-Prüfzeichen GmbH, Demeter) auf den Verpackungen.

Wussten Sie schon, dass...
für Brötchen früher ein Zusatz aus Chinesenhaar verwendet wurde?

Der Backhilfsstoff Cystein – eine Aminosäure, die bei Brötchen für verbesserte Teigeigenschaften und eine aromatischere Kruste sorgt – wurde früher oft aus asiatischem Menschenhaar gewonnen. Seit dem 1. April 2001 untersagt eine EU-Richtlinie jedoch, Cystein, das auf diesem Wege hergestellt wurde, für die Fertigung von Backwaren einzusetzen.

Stimmt es, dass...
BRÖTCHEN ein Normgewicht haben müssen? (NEIN)

Ob Münchener Semmeln, Berliner Schrippen oder Hamburger Rundstücke – Brötchen sind in Deutschland beliebt wie kein anderes Kleingebäck. Und so verschieden die Brötchen sind, so verschieden ist auch ihr Gewicht.

Lediglich während des Zweiten Weltkriegs und der unmittelbar folgenden Jahre des Wiederaufbaus war ein genormtes Gewicht festgelegt, da aufgrund der wirtschaftlichen Lage mit ihren Versorgungsengpässen eine strenge Bewirtschaftung mithilfe von Lebensmittelmarken erfolgen musste. Dadurch sollte sichergestellt werden, dass der Kunde des Bäckers für eine Marke, die ihn zum Bezug von 50 g Brot und Backwaren berechtigte, diese auch tatsächlich erhielt.

Nach der Klage eines Privatmannes, der ein Normgewicht für Brötchen verlangte, entschied das Amtsgericht Berlin-Tiergarten 1993, dass nach dem Ende der Bewirtschaftungszeit und der Wiederherstellung normaler Wirtschaftsverhältnisse im Jahr 1952 keine Notwendigkeit mehr bestand, ein Normgewicht einzuhalten.

Wichtiger als das Gewicht ist für den Verbraucher heutzutage die Qualität des Brötchens. Er erwartet u. a., dass dessen Äußeres knackig kross ist. Dies wird durch eine längere Backzeit – für die es ebenfalls keine Vorschriften gibt – von etwa 30 Minuten erreicht. Aus einer Teigmasse von beispielsweise 50 g Gewicht wird so ein Brötchen von 38 g Gewicht ausgebacken, während bei einer Backzeit von nur 12 Minuten aus der gleichen Menge Teig ein Brötchen von 46 g Gewicht entsteht.

Rund 26 000 Bäckereien sorgen in Deutschland dafür, dass täglich Brötchen auf den Tisch kommen; Lebensmittelmarken (rechts) teilten nach dem Krieg Brot und Fett ein.

Stimmt es, dass ...

die rote Farbe des CAMPARI durch Scharlachschildläuse erzeugt wird?   (JA)

Der rote Kräuterlikör aus Italien ist nicht nur ein Fest für den Gaumen, sondern auch für die Augen: Der natürliche Farbstoff Koschenille-Rot (auch Karminrot genannt) sorgt für die tiefrote Färbung des beliebten Getränks. Er ist tierischen Ursprungs und wird aus der Scharlachschildlaus (Koschenille) gewonnen. Sie lebt auf bestimmten Kakteen und saugt deren Saft. Heute wird die Laus u. a. auf den Kanarischen Inseln, vor allem auf Lanzarote, gezüchtet. Ursprünglich stammen die Tierchen aus Mexiko, wo bereits die Inka die Schildlaus als Farbproduzenten nutzten. Spanier brachten sie schließlich nach Europa.

Zur Farbgewinnung werden die Läuse von den Kakteen gesammelt, in der Sonne getrocknet und anschließend gemahlen. Der auf diese Weise gewonnene Farbstoff ist äußerst intensiv. Schon ein einziger Teelöffel davon genügt, um das Wasser einer Badewanne kräftig rot zu färben. Da die Substanz für den Menschen völlig ungefährlich und noch dazu geschmacksneutral ist, ist sie ideal zum Färben von Lebensmitteln geeignet.

Lebensmittelchemiker schätzen allerdings, dass nur noch rund 20 % der Lebensmittel mit dem natürlichen Läuse-Farbstoff E 120 gefärbt werden, da das kräftige Rot inzwischen auch synthetisch – und damit kostengünstiger – als E 124 hergestellt werden kann. Die Firma Campari verwendet für ihren Kräuterlikör jedoch noch immer das natürliche Koschenille-Rot, das übrigens auch für die Produktion hochwertiger Kosmetika wie Lippenstifte genutzt wird.

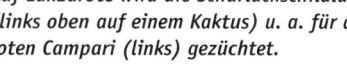

Auf Lanzarote wird die Scharlachschildlaus (links oben auf einem Kaktus) u. a. für den roten Campari (links) gezüchtet.

Wussten Sie schon, dass ...
es über 40 zugelassene Farbstoffe für Lebensmittel gibt?

„Das Auge isst mit" – aus diesem Grund und im Hinblick auf Marketingaspekte werden Farbstoffe für Lebensmittel eingesetzt. Meist gleichen natürliche oder synthetische Farbstoffe, die sich hinter den Kürzeln E 100 bis E 180 verbergen, verarbeitungs- und lagerungsbedingte Farbverluste aus. So färbt Riboflavin (E 101) Margarine und Vanillepudding gelb, der aus Spinat gewonnene Farbstoff Chlorophyll (E 140) macht Spaghetti grün, und Carotinoide (E 160), gewonnen aus Karotten, Paprika und Co., verleihen Orangenlimonade den charakteristischen Farbton.

Wussten Sie schon, dass ...
täglich mehrere Millionen Deutsche Fastfood konsumieren?

Im europäischen Vergleich belegt Deutschland im Fastfood-Konsum den zweiten Platz hinter Großbritannien. Vor allem die US-amerikanische Fastfood-Kette McDonald's hat hierzulande viele Kunden. Allein in den mehr als 1200 deutschen Filialen schauen täglich 1,9 Mio. Menschen vorbei und verzehren dort Hamburger, Cheeseburger und ähnliche Schnellgerichte.

Maiskolben statt Döner – Fastfood kann auch leicht und gesund sein.

Stimmt es, dass ...
FASTFOOD ungesund ist?   NEIN

Obwohl Fastfood ein typisches Kind unserer schnelllebigen Zeit zu sein scheint, ist dieses Phänomen in Wahrheit schon viel älter: So erfreuten sich beispielsweise bereits im Mittelalter Wurstküchen in Regensburg großer Beliebtheit, und auch Dönerkebab und Falafel gibt es schon seit Jahrhunderten.

Imbissketten wie McDonald's und Burger King haben die Idee des schnellen Essens im 20. Jh. wieder aufgegriffen. Seitdem Pommes, Bratwurst und Co. ihren Siegeszug um die Welt angetreten haben, geistert allerdings auch das Vorurteil, diese Art von Essen sei ungesund, durch die Köpfe der Verbraucher. Doch eine derartige Mahlzeit muss nicht notwendig schädlicher sein als ein Menü in einem Vier-Sterne-Lokal; zudem setzen sich ja auch immer mehr gesunde Snacks wie Sushi und Salate durch.

Was das „klassische" Fastfood so sehr in Verruf gebracht hat, ist seine schlechte Nährstoffbilanz. Zu wenig Vitamine, Ballast- und Mineralstoffe stehen einem vergleichsweise hohen Salz- und Fettgehalt gegenüber. Wer sich einen Big Mac genehmigt, hat schon die Hälfte der täglich empfohlenen Fettmenge verspeist. Denn Fett liefert etwa doppelt so viele Kalorien wie Eiweiß und Kohlenhydrate und wird nur in bestimmten Mengen vom Organismus verwertet; der Rest setzt an Hüften und Bauch an. Zudem sättigt Fett nicht anhaltend, sodass die Versuchung groß ist, gleich noch einen Burger zu essen.

Dennoch ist gegen Fastfood prinzipiell nichts einzuwenden, solange es nicht zum Hauptbestandteil der täglichen Nahrung wird. Wer sich ansonsten ausgewogen ernährt, ausreichend Getreide- und Milchprodukte sowie Fisch und Fleisch in Maßen zu sich nimmt und Obst und Gemüse nicht zu kurz kommen lässt, kann sich dann und wann auch eine schnelle Zwischenmahlzeit an der Ecke genehmigen.

KALORIENGEHALT VON FASTFOOD

Nicht allein der Kaloriengehalt von Fastfood-Gerichten ist der Grund für überflüssige Pfunde. Fastfood-Mahlzeiten werden oft als zusätzliche Zwischenmahlzeit gegessen. Mahlzeiten für zwischendurch sollten aber fettarm sein und wenig Kalorien liefern.

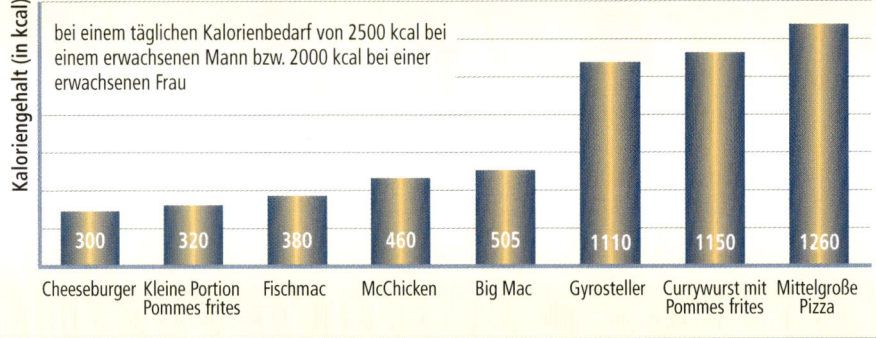

bei einem täglichen Kalorienbedarf von 2500 kcal bei einem erwachsenen Mann bzw. 2000 kcal bei einer erwachsenen Frau

	Kaloriengehalt (in kcal)
Cheeseburger	300
Kleine Portion Pommes frites	320
Fischmac	380
McChicken	460
Big Mac	505
Gyrosteller	1110
Currywurst mit Pommes frites	1150
Mittelgroße Pizza	1260

Stimmt es, dass...
FETT dick macht?

Der Körper braucht Fett ebenso lebensnotwendig wie Kohlenhydrate und Eiweiß. Fett macht also zunächst einmal fit und ist für eine ausgewogene Ernährung unerlässlich. Allerdings kommt es hier wie so oft auf die richtige Menge an: 60 bis maximal 80 g Fett pro Tag gelten als Richtwert. Jedes Gramm Fett zu viel wird nicht verwertet und schlägt mit den gefürchteten Speckröllchen zu Buche, aber auch mit erhöhten Blutfettwerten und anderen gesundheitsgefährdenden Faktoren.

Doch Fett ist nicht gleich Fett – es gibt Fettarten, die der Körper besser verträgt als andere. So ist prinzipiell pflanzlichen Fetten vor tierischen der Vorzug zu geben. Ernährungswissenschaftler empfehlen heute die Ein-Drittel-Regel. Demnach sollte ein Drittel der aufgenommenen Fette aus einfach ungesättigten Fettsäuren stammen, die vor allem in Oliven- und Rapsöl sowie in Haselnüssen stecken. Das zweite Drittel sollten die mehrfach ungesättigten Fettsäuren stellen, die sich in Pflanzenölen, in Leinöl, fettem Fisch oder Wild finden. Ru-

hig auch einmal unterschritten werden darf das letzte Drittel: die gesättigten, tierischen und gehärteten Fette, wie z. B. Kokosfett.

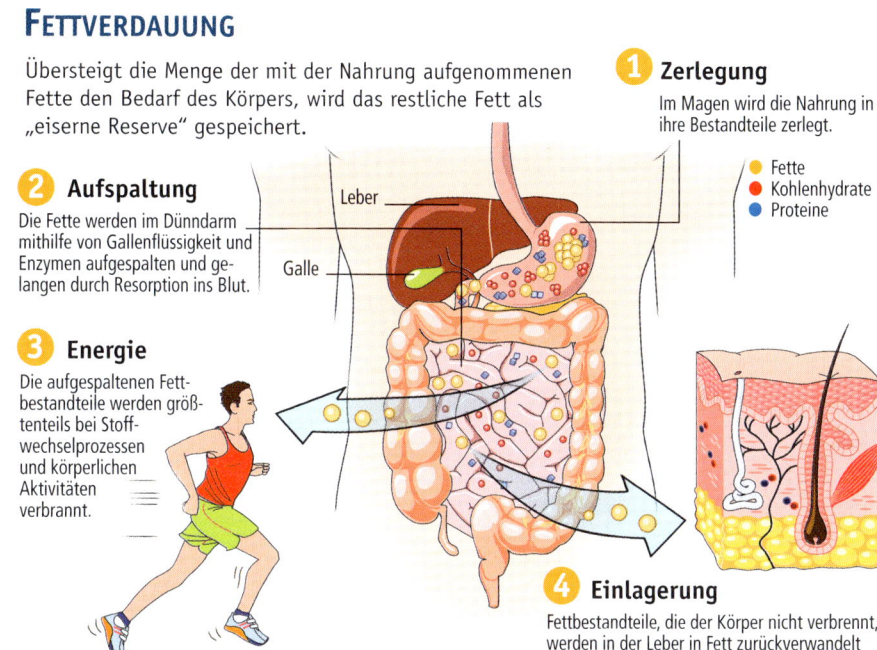

FETTVERDAUUNG

Übersteigt die Menge der mit der Nahrung aufgenommenen Fette den Bedarf des Körpers, wird das restliche Fett als „eiserne Reserve" gespeichert.

1 Zerlegung
Im Magen wird die Nahrung in ihre Bestandteile zerlegt.

● Fette
● Kohlenhydrate
● Proteine

2 Aufspaltung
Die Fette werden im Dünndarm mithilfe von Gallenflüssigkeit und Enzymen aufgespalten und gelangen durch Resorption ins Blut.

Leber

Galle

3 Energie
Die aufgespalteten Fettbestandteile werden größtenteils bei Stoffwechselprozessen und körperlichen Aktivitäten verbrannt.

4 Einlagerung
Fettbestandteile, die der Körper nicht verbrennt, werden in der Leber in Fett zurückverwandelt und v. a. unter der Haut eingelagert, um bei Bedarf zur Verfügung zu stehen.

Stimmt es, dass...
FISCH und Muscheln früher einmal ein Arme-Leute-Essen war?

Fisch- und Muschelgerichte galten lange Zeit als Arme-Leute-Essen. Vor allem in Küstenregionen und in der Nähe von Flüssen und Seen war der Zugang zu dieser Nahrungsquelle schließlich sehr einfach, sodass ein günstiges oder gar kostenloses Essen garantiert war. Hering und Lachs standen daher nahezu täglich auf dem Speiseplan. Und das hatte manchen Vorteil, denn Fisch ist ja nicht nur schmackhaft, sondern auch gesund.

Oliver Twist, der Waisenjunge aus Charles Dickens' berühmtem gleichnamigem Roman von 1837, ernährte sich von *Fish and Chips*, dem einfachen, englischen Gericht, das noch heute bei den Briten sehr beliebt ist. Als „Erfinder" dieses frühen Fastfood-Gerichts gelten Menschen aus den Londoner Armenvierteln, die die Fischab-

fälle brieten und an kleinen Ständen verkauften.

Die Meeresbewohner auf dem Teller wurden allerdings nicht immer hoch geschätzt – schon gar nicht, wenn es nur Mahlzeiten aus Fisch und Muscheln gab. In New England (USA) erstreikten sich Sklaven einst die Zusage, dass sie an einem Tag pro Woche statt Hummer Fleisch bekamen. Wer es sich leisten konnte, verzichtete auf den Genuss von Fisch und aß stattdessen lieber Fleisch.

Heute gelten viele Fischarten, Muscheln sowie andere Meeresfrüchte häufig sogar als Delikatesse. Arm darf man ganz bestimmt nicht sein, wenn man Hummer und Muscheln in einem Gourmet-Tempel verzehren will – je exklusiver und seltener der Fisch, desto höher der Preis.

„Nicht jeden Tag Fisch" – so lautete eine Forderung vieler Dienstmädchen noch zu Beginn des 20. Jh.

Stimmt es, dass …

man gepökeltes FLEISCH nicht grillen soll? JA

Diese Empfehlung beruht darauf, dass beim Grillen von gepökeltem Fleisch in geringen Mengen Nitrosamine entstehen, die als Krebs erregend gelten. Gepökeltes Fleisch wird mit Nitritpökelsalz haltbar gemacht, das dem Fleisch den typischen Geschmack und die charakteristische rosa Farbe verleiht. Bei starker Hitzeeinwirkung kann jedoch das Nitrit aus dem Pökelsalz mit bestimmten im Fleisch enthaltenen Eiweißen (Aminen) reagieren, wodurch sich die gefährlichen Nitrosamine bilden.

Grundsätzlich sollte man also beim Grillen auf gepökelte Wurst- und Fleischwaren wie Wiener Würste, Frankfurter Würste, Bockwürste, Fleischwurst und Kasseler verzichten und stattdessen Ungepökeltes, beispielsweise rohes Fleisch, Geflügel oder Bratwürste, verwenden.

Nitrosamine sind nicht die einzigen gefährlichen Stoffe, die beim Grillen entstehen können. Ein weiteres Risiko bilden die polyzyklischen aromatischen Kohlenwasserstoffe (PAKs), darunter Benzpyren, das sich beim Grillen mit Holzkohle bilden kann. Daher sollten Grillfreunde aufpassen, dass kein Fett auf die glühende Holzkohle tropft und so Rauch entsteht, der das Benzpyren zum Fleisch transportiert. Mit Benzpyren werden wir auch sonst im Alltag konfrontiert – es ist beispielsweise im Zigarettenrauch enthalten. Man hat aber festgestellt, dass die Benzpyrenkonzentration in einem über Holzkohle gegrillten Steak dem Vielfachen des Rauchs einer Zigarette entspricht. Einfache Abhilfe schaffen hier Grillschalen und -folien, die verhindern, dass Fett auf die Kohle tropfen kann.

Stimmt es, dass …

sich beim FLEISCH durch scharfes Anbraten die Poren schließen, sodass es saftig bleibt? NEIN

Auch in vielen modernen Kochbüchern und Küchenlexika wird noch immer behauptet, dass das scharfe Anbraten von Fleisch die Poren an der Oberfläche des Fleisches versiegle und somit das Austreten des Fleischsaftes verhindert würde. Diese Behauptung enthält allerdings den entscheidenden Fehler, dass Fleisch überhaupt keine Poren besitzt.

Durch das Anbraten der Fleischstücke gerinnen zwar die Proteine an der obersten Schicht, sodass eine Kruste entsteht. Diese ist jedoch keinesfalls undurchlässig, wofür es manchen Hinweis gibt: Beobachtet man das Fleisch beim Braten, kann man deutlich sehen, dass nach einiger Zeit rosiger

Fleischsaft an der Oberfläche austritt. Ein eindeutiges Zeichen dafür, dass die Oberfläche des Fleisches nicht, wie behauptet, „versiegelt" ist. Ein weiteres Indiz für die Durchlässigkeit der Kruste erkennt man, wenn man ein Steak auf einen Teller legt. Schon nach kurzer Zeit sammelt sich unter dem Steak Flüssigkeit, die aus dem Inneren des Fleisches stammt. Auch das typische Brutzeln des Fleisches in der Pfanne lässt sich auf den austretenden Fleischsaft zurückführen, der im heißen Fett verbrennt.

Als Urheber der falschen Theorie über die versiegelten Fleischporen gilt der deutsche Chemiker Justus von Liebig (1803–73). Er formulierte einst die sich bis heute hart-

Das aufgeschnittene Pfeffersteak in der Pfanne zeigt die Kruste und das saftige Innenteil.

näckig haltende Hypothese von der dichten, undurchlässigen Kruste.

ABER: Wenn man ein saftiges Stück Fleisch wirklich genießen möchte, erzielt man beim scharfen Anbraten das beste Ergebnis. Denn beim längeren Braten mit niedriger Temperatur verliert Fleisch einen Teil seines Flüssigkeitsgehalts durch Verdunstung und wird trockener. Doch der wichtigste Grund für das Anbraten in sehr heißem Fett besteht darin, dass das Fleisch dabei wesentlich aromatischer wird. Durch den Kontakt des Fleisches mit dem heißen Fett wird eine chemische Reaktion ausgelöst, die neue Aromastoffe entstehen lässt.

Stimmt es, dass ...
viel FLEISCH gut für Sportler ist? NEIN

Sumo-Ringer brauchen viel Eiweiß und essen einen vielseitigen „Eintopf" aus Fleisch, Fisch, Gemüse und Tofu. Dazu gibt es große Mengen Reis.

Bereits im antiken Griechenland führte man die großartigen Leistungen der Athleten auf deren reichlichen Fleischkonsum zurück. Und sogar noch heute hält sich der Glaube, dass Fleisch – besonders der hohe Eiweiß- bzw. Proteingehalt des Fleisches – stark mache.

Die scheinbar wissenschaftliche Basis für diese Vorstellung wurde im 19. Jh. von dem deutschen Chemiker Justus von Liebig (1803–73) geliefert. Liebig behauptete, dass die Energie in den Muskeln durch die Oxidation von Proteinen entstehe, obwohl schon damals bekannt war, dass in erster Linie Kohlenhydrate die wichtigsten Energielieferanten darstellen. Diese können im Gegensatz zu Eiweiß als direkte Energiereserven gespeichert werden. Eiweiße dienen im menschlichen Organismus nicht primär der Energiebereitstellung, sondern sind vielmehr für den Aufbau körpereigener Proteine und Aminosäuren verantwortlich.

Ein Ausdauersportler, der regelmäßig trainiert, hat einen Tagesbedarf von etwa 1,2–1,4 g Eiweiß je kg Körpergewicht (dies ist um etwa 50–75 % höher als bei Nichtsportlern). Das bedeutet, dass ein Sportler, der 75 kg wiegt, 90–105 g Eiweiß pro Tag zu sich nehmen sollte.

Doch dieses Eiweiß muss nicht tierischen Ursprungs sein, denn unserem Körper ist es gleichgültig, ob ihm tierisches oder pflanzliches Eiweiß zugeführt wird. Die Proteine aus mageren Fleischsorten enthalten zwar eine Zusammensetzung aus Aminosäuren, die dem menschlichen Muskeleiweiß ähnlich ist. Aber dennoch müssen auch Sport treibende Vegetarier bei einer ausgewogenen Ernährung, die Eier und Milchprodukte einschließt, keinen Eiweißmangel und damit auch keine verminderte Leistungsfähigkeit befürchten.

Die einfache pflanzliche Nahrung der erfolgreichen Marathonläufer aus Kenia ist der beste Beweis dafür, dass tierische Eiweiße keineswegs Voraussetzung für sportliche Höchstleistungen sind.

Genfood für Allergiker gefährlich sein kann?

Oftmals ist nicht klar, in welcher Art und Weise ein Lebensmittel gentechnisch manipuliert wurde. So kann beispielsweise ein Mensch, der allergisch auf Fisch reagiert, sich vor der Gefahr schützen, indem er auf den Genuss von Fisch verzichtet. Nimmt er aber Erdbeeren zu sich, auf die ein Fisch-Gen übertragen wurde, kann dies für ihn gefährlich sein.

Stimmt es, dass ...

durch **GENTECHNIK** veränderte Lebensmittel in Deutschland verboten sind? (NEIN)

Ein Verbot für gentechnisch veränderte Lebensmittel besteht in der EU und damit auch in Deutschland nicht. Genetisch veränderte Pflanzen – wie einige Mais-, Soja- und Rapssorten – sind in Europa bereits zugelassen. Das europäische Recht schreibt aber vor, dass genmanipulierte Inhaltsstoffe – sofern sie nachweisbar sind und wenn mehr als 1 % gentechnisch verändert wurde – auf den Etiketten der Lebensmittel anzugeben sind. Zudem werden weitere europaweite Richtlinien für die Zulassung und Kennzeichnung gentechnisch veränderter Nahrungs- und Tierfuttermittel erarbeitet und ständig differenziert. Die Novel-Food-Verordnung ist der Rahmen für die Zulassung gentechnisch veränderter Lebensmittel. Nach einer Vorschrift der EU von 2002 müssen künftig auch aus gentechnisch veränderten Organismen gewonnene Zusatzstoffe in Lebensmitteln gekennzeichnet werden. Das war bisher noch nicht Pflicht. Bei weiterverarbeiteten Produkten gab das Etikett bisher keine Auskunft, ob gentechnisch veränderte Stärke oder Öle enthalten sind. So wird z. B. aus gentechnisch verändertem Sojaöl Lezithin gewonnen, das in Schokolade Verwendung findet.

Die Eingriffe der Gentechniker dienen vor allem dazu, die Abwehrkräfte der Pflanzen gegen Schädlinge zu stärken. Auch Bakterien und Pilze, deren Gene verändert wurden, kommen heute bereits in der Lebensmittelindustrie zum Einsatz. Gentechnisch veränderte Tiere, die ihrerseits Genfutter erhalten, gelangen hierzulande noch nicht auf den Ladentisch. In den USA und in Kanada gibt es allerdings schon Anträge auf die Zulassung derart veränderter Fischarten.

Das Misstrauen der europäischen Bevölkerung gegenüber der Gennahrung ist groß. Allerdings gibt es bisher noch keine Erkenntnisse über mögliche Risiken für Gesundheit und Umwelt, die durch Langzeitstudien belegt sind.

In der Bundesanstalt für Züchtung an Kulturpflanzen in Pillnitz bei Dresden werden zu Forschungszwecken gentechnische Veränderungen an Pflanzen vorgenommen.

EU-RICHTLINIEN ZUR KENNZEICHNUNG VON GENFOOD

Mit Wirkung zum 18. April 2004 hat die EU zwei neue Vorschriften zur Gentechnik-Kennzeichnung erlassen: Ausschlaggebend ist nun nicht mehr, ob gentechnisch veränderte Organismen nachweisbar sind, sondern allein die Herkunft der Rohstoffe.

Es müssen also alle Lebens- und Futtermittel gekennzeichnet sein, die genetisch veränderte Organismen (GVO) enthalten oder daraus bestehen, sowie Lebens- und Futtermittel, die aus genetisch veränderten Organismen hergestellt wurden – ob nun genetisch veränderte Organismen im Labor nachweisbar sind oder nicht. Ausnahmen: Unbeabsichtigte bzw. technisch unvermeidbare Spuren von GVO unter 0,9 % sind ebenso wenig kennzeichnungspflichtig wie Fleisch, Eier und Milch von Tieren, die mit gentechnisch verändertem Futter gefüttert wurden, und Enzyme, die mithilfe von GVO gewonnen werden.

Der Texthinweis (z. B. „gentechnisch verändert") muss bei verpackten, vorgefertigten Lebensmitteln in der Zutatenliste stehen. Bei Lebensmitteln ohne Zutatenliste gehört der Text deutlich lesbar aufs Etikett, bei unverpackter Ware (etwa auf Märkten) muss ein Schild direkt an der Auslage darauf hinweisen. Dies gilt auch für Speisen und Getränke in Restaurants oder Kantinen (Hinweis in der Speisekarte bzw. auf Schildern am Büfett).

Stimmt es, dass …

scharfe GEWÜRZE schweißtreibend sind?   JA

Chilischoten, deren Schärfe vor allem in den Kernen steckt, sind auch in den kleinen Garküchen Asiens ein fester Bestandteil der verwendeten Gewürze.

Von jeher werden in heißen Ländern rund um den Globus Speisen mit scharfen Gewürzen zubereitet. Was zunächst paradox anmutet – bei ohnehin heißen Außentemperaturen wird das Schwitzen zusätzlich gefördert –, hat aber durchaus seine Berechtigung: Pfeffer, Chili und Paprika enthalten Capsaicinoide. Diese Substanzen erweitern die Blutgefäße und regen die Durchblutung an, indem sie direkt auf die Wärmerezeptoren im Körper einwirken. Dadurch steigt die Körpertemperatur an, und die Schweißbildung setzt ein. Der Organismus gibt überschüssige Wärme nach außen ab und kühlt sich durch den nun einsetzenden Verdunstungsvorgang selbst. Zudem werden durch die Gewürze Verdauungssäfte und Verdauungsleistung angeregt. Doch damit nicht genug: Nach einem scharfen Essen trinkt man automatisch mehr, was wiederum den Körper angesichts der heißen Außentemperaturen vor Austrocknung bewahrt.

Stimmt es, dass …

der „HAMBURGER" eigentlich von den Tataren erfunden wurde?   JA

Die Pferde der Tataren waren nicht nur Kampfgefährten, sondern auch Küchengesellen, denn unter den Sätteln befand sich ein Fleischvorrat (Stich von 1813).

Der leckere Snack namens Hamburger hat seinen Ursprung nicht etwa in der Hansestadt an der Elbe und auch nicht in Amerika, wie man angesichts der zahllosen Hamburger-Restaurants in den USA leicht vermuten könnte. Vielmehr kommt die Fleischmasse ursprünglich aus der Mongolei. Die Tataren, ein kriegerisches Reitervolk, hatten im Mittelalter eine besondere Form der Fleischzubereitung: Sie zerkleinerten das oft zähe Fleisch ihrer Rinder und legten die Masse unter die Sättel ihrer Reitpferde. Durch das beim Reiten hervorgerufene Walken wurde das Fleisch mürber und dadurch leichter verdaulich. Im Lauf der Zeit wurde das Gericht durch Gewürze verfeinert und so immer mehr geschätzt. Seefahrer sollen die neuartige Speise im 18. Jh. schließlich auch nach Hamburg gebracht haben, wo man das Fleisch erstmals briet. Auswanderer, die ihr Glück in den Vereinigten Staaten suchten, führten den Hamburger dann in der Neuen Welt ein. Strittig ist aber, wo er erstmals verkauft wurde: Ob der Hamburger im Brötchen schon 1892 in Wisconsin oder erst auf der Weltausstellung 1904 in St. Louis im US-Bundesstaat Missouri seine Premiere feierte, ist also ungewiss – sein Siegeszug dagegen für jedermann offenkundig.

Wenn der Honig eine bestimmte Konsistenz hat, versiegeln die Bienen die Waben mit einem luftdurchlässigen Wachsdeckel. In der Wabe vollzieht sich dann die Endreife.

Wussten Sie schon, dass ...
die Produktion von Honig für Bienen ein wahrer Kraftakt ist?

Zur Erzeugung von 1 kg Honig sind bis zu 3 kg Nektar erforderlich. Dazu müssen die Bienen je nach Blütenart 3–5 Mio. Blüten anfliegen. Pro Flug kann eine Biene nur so lange Blüten besuchen, bis die etwa 50 mg Nektar fassende Honigblase gefüllt ist.

Stimmt es, dass ...
HONIG das einzige Lebensmittel ist, das nicht verderben kann?   NEIN

Honig gehört zu den Lebensmitteln, die ausgereift gesammelt fast unbegrenzt haltbar sind. Voraussetzung ist aber, dass die Lagerung luftdicht, dunkel und in kühlen, trockenen Räumen erfolgt. Im Fall einer falschen Lagerung kann ein Gärungsprozess in Gang kommen, der den Honig verderben lässt.

Die optimalen Temperaturen, um Honig längere Zeit zu lagern, liegen bei 10–20 °C für flüssige und 10–12 °C für cremige Honigsorten. Niedrigere Temperaturen begünstigen das Kristallwachstum, das aber die Qualität des Honigs nicht beeinträchtigt. So kann auskristallisierter Honig problemlos durch Erwärmen im Wasserbad wieder verflüssigt werden. Beim Erwärmen muss man jedoch aufpassen, denn die Temperatur sollte 40 °C nicht überschreiten, da sonst wichtige Inhaltsstoffe, wie beispielsweise Enzyme, verloren gehen.

Zur Aufbewahrung eignen sich Gefäße aus Glas, Emaille oder Weißblech, nicht geeignet sind verzinkte Behältnisse, da sich sonst giftiges Zinkoxid bilden kann. Da Honig schnell fremde Gerüche annimmt, sollte er immer aromadicht verschlossen werden.

Honig besteht zu 40 % aus Fruchtzucker, zu 30 % aus Traubenzucker und zu 10 % aus Mehrfachzucker. 17 % macht sein Wassergehalt aus, und die restlichen 3 % bilden verschiedene Beistoffe. Durch seinen hohen Zuckeranteil und seinen Nährwert ist Honig ein hervorragender Energielieferant, daneben fördert er die Konzentrations- und Koordinationsfähigkeit des Menschen. Zudem gibt es Hinweise darauf, dass Honig u. a. bei Entzündungen des Herzmuskels und Beeinträchtigungen nach Infektionskrankheiten den Heilungsprozess unterstützen kann.

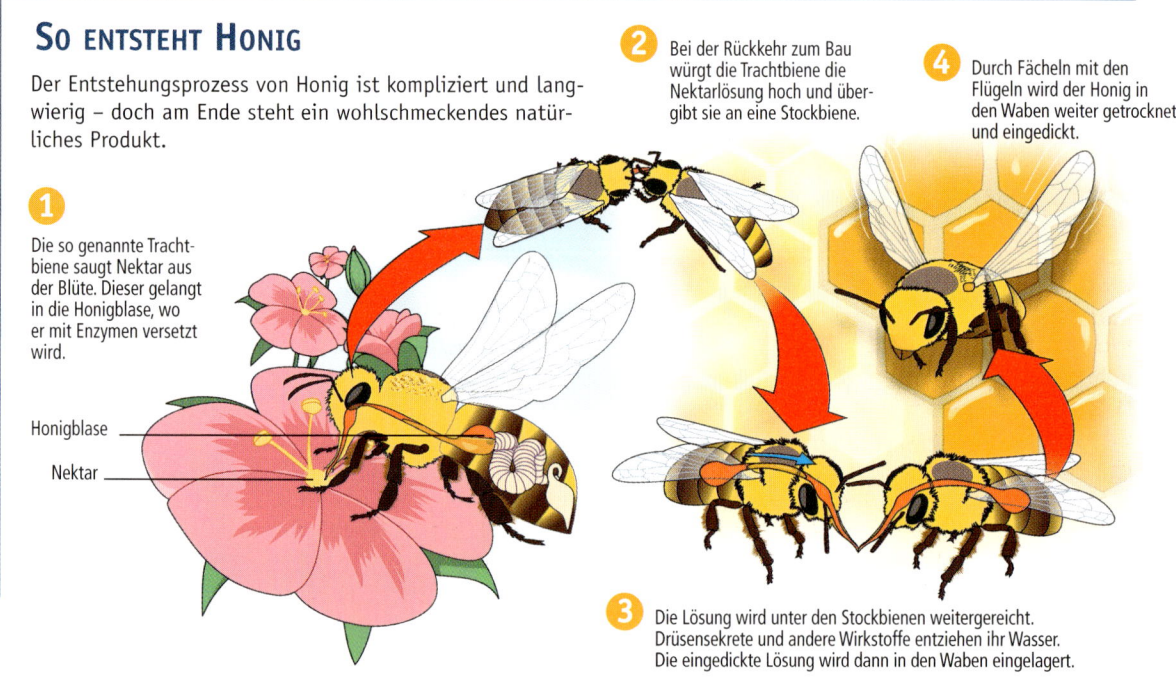

SO ENTSTEHT HONIG

Der Entstehungsprozess von Honig ist kompliziert und langwierig – doch am Ende steht ein wohlschmeckendes natürliches Produkt.

1 Die so genannte Trachtbiene saugt Nektar aus der Blüte. Dieser gelangt in die Honigblase, wo er mit Enzymen versetzt wird.

Honigblase
Nektar

2 Bei der Rückkehr zum Bau würgt die Trachtbiene die Nektarlösung hoch und übergibt sie an eine Stockbiene.

3 Die Lösung wird unter den Stockbienen weitergereicht. Drüsensekrete und andere Wirkstoffe entziehen ihr Wasser. Die eingedickte Lösung wird dann in den Waben eingelagert.

4 Durch Fächeln mit den Flügeln wird der Honig in den Waben weiter getrocknet und eingedickt.

Stimmt es, dass …

JAPANER sich sehr gesund ernähren? JA

D ie Ernährung der Japaner ist reich an Kohlenhydraten und Gemüse, der Verbrauch von Fett ist wesentlich geringer als in den meisten anderen Ländern.

Das gesündeste Grundnahrungsmittel dieses Volkes ist jedoch eindeutig Soja. Studien ergaben, dass Japanerinnen dank ihres hohen Sojakonsums fünfmal seltener an Brustkrebs erkranken als Frauen aus westlichen Ländern. Knochenschwund und Wechseljahresbeschwerden treten bei ihnen sogar in so geringem Umfang auf, dass es im Japanischen nicht einmal ein Wort für „Hitzewallungen" gibt. Außerdem schützt Soja die Blutgefäße vor der gefürchteten Arterienverkalkung, wodurch die Zahl der Herzinfarkte in Japan deutlich geringer ist als bei uns. Verantwortlich für all diese Effekte sind die pflanzlichen Hormone in der Sojabohne, die so genannten Phytoöstrogene, die erst seit relativ kurzer Zeit wissenschaftlich erforscht werden.

Große Bedeutung in der japanischen Küche hat auch Fisch. Beispielsweise essen Japaner wenig Fleisch, dafür aber fünfmal mehr Fisch als die Deutschen. Fisch enthält viel Selen, ein Spurenelement, das vor Alterungsprozessen des Herz-Kreislauf-, Nerven- und Immunsystems schützt. Und auch der in Japan allgegenwärtige Reis als Kohlenhydratlieferant ist ein weiterer Baustein dieser sehr gesunden Ernährung.

Mit einer Skifahrt am Mont-Blanc-Massiv feierte der Japaner Keizo Miura seinen 99. Geburtstag.

Stimmt es, dass …

KAFFEE ungesund ist? NEIN

D er seit Mitte des 16. Jh. in Europa bekannte und zunächst als Medikament eingesetzte Kaffee wirkt durch seinen Gehalt an Koffein und durch die in ihm enthaltenen Gerbsäuren. Koffein ist ein Alkaloid und gehört zu den Purinen oder Harnsäureverbindungen. Die Mehrzahl der Wirkungen des Koffeins ist nicht schädlich, sondern fördert Gesundheit und Wohlbefinden. Koffein regt sowohl die Großhirnrinde als auch das Atem- und Kreislaufzentrum an und führt zur Zusammenziehung der Blutgefäße. Dadurch steigert es die Wachheit und Aufmerksamkeit des Kaffeetrinkers. Auch der Herzmuskel wird besser mit Blut versorgt, der Herzschlag wird schneller und kräftiger. Die Gedächtnisleistung verbessert sich, man konzentriert sich leichter auf Wesentliches, und die gesamte Stimmungslage hebt sich. Koffein wirkt harntreibend und führt durch die Ausschüttung des Hormons Cholezystokinin zur Entleerung der Gallenblase und damit zur Verbesserung der Fettverdauung.

ABER: Das Koffein im Kaffee hat jedoch nicht nur positive Wirkungen: Zu den unerwünschten Folgen können bei übermäßigem Genuss Angstzustände, Bewegungsunruhe, Schlafstörungen, Herzrasen, unregelmäßiger Puls oder auch Kopfschmerzen gehören. Zudem können

Wussten Sie schon, dass …
Japaner keine Kuhmilch vertragen?

Rund 75 % aller Erwachsenen weltweit vertragen keine Milch. Vor allem Japaner und andere Asiaten sowie Afrikaner sind davon betroffen, da sie den Doppelzucker der Milch, die Lactose, nicht verdauen können – was bei den Betroffenen u. a. zu Bauchkrämpfen und Durchfall führt. Ihr Körper produziert zu wenig Lactase, ein Enzym, das die Lactose im Darm aufspaltet. Dieser Enzymdefekt ist genetisch bedingt.

Wussten Sie schon, dass...
der Kaffee erst um 1670 nach Deutschland kam?

Kaffee als Getränk verbreitete sich ab Mitte des 15. Jh. zunächst in Arabien. Von hier aus gelangte der Kaffee über Mekka und Kairo nach Konstantinopel, wo 1554 die erste nachweisbare Kaffeeschenke eröffnete. 1624 brachten Venezianer erstmals große Mengen an Kaffeebohnen aus der Türkei nach Italien, von wo aus das Getränk den europäischen Kontinent eroberte. 1670 soll König Ludwig XIV. Gäste mit Kaffee bewirtet haben, woraufhin der Kaffee am Hofe Verbreitung fand. Das erste Kaffeehaus auf deutschem Boden eröffnete 1673 in Bremen.

Wussten Sie schon, dass...
die Operation des grauen Stars zu den häufigsten Eingriffen zählt?

Jeder zweite 60-jährige und fast jeder Mensch, der älter als 75 ist, leidet unter dem grauen Star, der genau genommen keine Krankheit, sondern eine normale Alterserscheinung ist. Die Operation dauert bei örtlicher Betäubung mittlerweile gerade 15 Minuten und zählt mit 450 000 Eingriffen pro Jahr zu den häufigsten Operationen in der Medizin.

die im Kaffee enthaltenen Gerbsäuren Magenreizungen auslösen.

Einer Schweizer Studie zufolge ist Kaffee auch eine mögliche Quelle für die Aufnahme von Acrylamid. Diese giftige Substanz, die u. a. zur Herstellung von Lebensmittelverpackungen verwendet wird, entsteht im Kaffee in geringen Mengen beim Röstvorgang. Acrylamid gilt als Krebs erregend und kann das Erbgut verändern.

Werbung spiegelt immer den Zeitgeist einer Epoche wider, daher müsste man bei diesem Plakat von 1940 heutzutage eher mit empörten Protesten als mit höheren Verkaufszahlen rechnen ...

Stimmt es, dass...
KAROTTEN gut für die Augen sind?   JA

Karotten sind gut für die Augen, schließlich hat noch nie jemand einen Hasen mit Brille gesehen – das besagt zumindest ein bekannter Witz. Tatsache ist, dass Karotten einen hohen Anteil an Betacarotin (Provitamin A) enthalten, das der Körper in das lebenswichtige Vitamin A umwandelt. Die Versorgung durch Vitamin A spielt beim Dämmerungssehen eine wichtige Rolle, hat jedoch auf Sehschwächen wie Kurz- oder Weitsichtigkeit keinerlei Einfluss. Allerdings geht man inzwischen davon aus, dass Vitamin A, vor allem zusammen mit den Vitaminen E und C sowie Selen, vor der Entstehung des grauen Stars – der Eintrübung der Linse vor allem im Alter – schützen kann. Bei einem Vitamin-A-Mangel kann es zur Veränderung der Augenschleimhaut kommen, was im schlimmsten Fall zur Nachtblindheit bzw. Zerstörung der Hornhaut mit Erblindung führt. Bei einer ausgewogenen Ernährung ist ein Vitamin-A-Mangel in unseren Breiten jedoch unwahrscheinlich.

VITAMIN A IN LEBENSMITTELN

Der durchschnittliche Tagesbedarf an Vitamin A liegt bei einem Erwachsenen bei 0,8–1,0 mg. Jugendliche in der Wachstumsphase sowie schwangere bzw. stillende Frauen haben einen leicht höheren Vitamin-A-Bedarf (1,1–1,5 mg).

Vitamin A/100 g

2,8 mg		0,2612 mg	0,0632 mg	0,05 mg
	0,67 mg			
Karotten	Spinat	Aprikosen	Paprika (grün)	Sauerkirschen

Stimmt es, dass ...
KÄSE den Magen schließt?   JA

Die Weisheit „Käse schließt den Magen" stammt angeblich von dem römischen Schriftsteller Plinius aus dem 1. Jh. n. Chr. – und moderne wissenschaftliche Untersuchungen haben sie tatsächlich bestätigt.

Bereits während des Reifungsprozesses von Käse wird ein Teil des Fettes durch Bakterien und Enzyme zu freien Fettsäuren abgebaut. Nachdem diese den Magen passiert haben, gelangen sie in den Dünndarm und lösen dort eine schnelle Ausschüttung von hormonähnlichen Stoffen der Darmschleimhaut aus. Gleichzeitig wird im Dünndarm das Käsefett ebenfalls zu Fettsäuren abgebaut, wodurch es zu einer anhaltenden Freisetzung der Substanzen kommt.

Einer dieser Stoffe, das Enterogastron, hemmt jene Muskelbewegungen des Magens, die die Nahrung vorwärts bewegen. Außerdem schließt er das Ende des Magens, den so genannten Magenpförtner. Auf diese Weise wird die Entleerung des Magens verzögert. Rezeptoren im Magen registrieren die Magenfüllung und melden dies weiter an das Gehirn. So stellt sich am Ende dieser komplexen Vorgänge ein Sättigungsgefühl ein.

Stimmt es, dass ...
KÄSE gegen Karies hilft?   JA

Käse ist reich an lebenswichtigen Inhaltsstoffen wie Vitaminen, Mineralien und Spurenelementen. Besonders hoch ist dabei der Anteil an Kalzium und Phosphat. Diese Mineralien fördern den Wiederaufbau des Hydroxylapatits, einer Substanz, die zu 97 % im Zahnschmelz vorhanden ist und eine wichtige Stützfunktion hat. Der Stoff im Käse, der die Zähne schützt, ist das Protein Kasein, der wichtigste Eiweißkörper in Milchprodukten. Wenn man Käse isst, verbindet sich beim Kauen Kasein mit Kalzium und Phosphat, wodurch die bei den Mahlzeiten zerstörten Minerale an der Zahnoberfläche wiederhergestellt werden. Dadurch wird der Zahnschmelz gestärkt und seine Widerstandskraft erhöht. Die Zähne sind somit weniger anfällig für Bakterien, die Karies auslösen können.

Der Verzehr von Käse regt zudem den Speichelfluss an. Speichel wirkt neutralisierend und hemmt so die Entstehung von Säure im Mund (z. B. durch saure Speisen). Diese ist für eine Demineralisierung des Zahnschmelzes verantwortlich, wodurch die Zahnoberfläche rau und daher empfindlicher und anfälliger für Bakterien wird.

Kaut man also nach jedem Essen ein Stück Käse – hier eignen sich besonders Hartkäsesorten wie Gouda, Emmentaler oder Leerdammer –, werden die Zähne auf natürliche Art und Weise geschützt. Generell gilt dabei: Je härter der Käse, desto höher sein Kalziumgehalt und desto geringer der Gehalt an zahnschädlichem Milchzucker (dieser ist unter den Käsesorten bei Frisch- und Weichkäse am höchsten). Allerdings kann der Verzehr von Käse regelmäßiges Zähneputzen keinesfalls ersetzen.

Käse enthält neben Kalzium, Phosphor und Kasein auch das lebenswichtige Vitamin D. Vitamin D reguliert in erster Linie die Aufnahme und Ausscheidung von Kalzium und sorgt für einen ausgeglichenen Kalziumspiegel im Blut. Kalzium ist nicht nur für die Zähne wichtig, sondern auch für den ganzen Knochenapparat. Alles in allem ist Käse also ein rundum gesunder Genuss.

Wussten Sie schon, dass ...
es weltweit über 4000 Sorten Käse gibt?

Ob aus Kuh-, Ziegen-, Schaf- oder Büffelmilch – schon die Vielfalt des Ausgangsstoffs von Käse sorgt für zahlreiche Abwandlungen. Weltweit zählt man über 4000 Käsesorten, die u. a. durch die unterschiedliche Beimengung von 500 verschiedenen Milchsäurebakterien und einen unterschiedlich langen Reifungsprozess entstehen. Rekordhalter in der Größe des Käsesortiments ist Frankreich: Über 1000 verschiedene Sorten gibt es in diesem Land, das auf eine über 2000-jährige Käsegeschichte zurückblicken kann.

Wussten Sie schon, dass…

der regelmäßige Verzehr von Tomaten das Krebsrisiko reduziert?

Lykopin ist der Farbstoff, der Tomaten die charakteristische rote Farbe verleiht. Wissenschaftler schreiben diesem Stoff antioxidative Eigenschaften zu, d. h., er schützt vor den so genannten freien Radikalen. Freie Radikale werden für die Zerstörung lebenswichtiger Zellen und für die Entstehung von Krebserkrankungen verantwortlich gemacht. So bewiesen zahlreiche Studien, dass häufiger und regelmäßiger Konsum von Tomaten vor allem das Risiko senkt, an Prostatakrebs zu erkranken.

Die große Vorliebe der Amerikaner für Ketchup ist weltbekannt, und so gelten sie auch gemeinhin als Erfinder dieser sämigen und würzigen Sauce. Doch die Geschichte des Ketchups beginnt bereits lange vor der Entdeckung der Neuen Welt. Auch dass wir bei Ketchup zuerst an Tomaten denken, hat mit der ursprünglichen Ketchup-Sauce nur wenig zu tun. Schon in der Antike stellten die Römer angeblich eine Ketchup-ähnliche Sauce her, die allerdings keine Tomaten enthielt, sondern meist aus Fischsud bestand, den man mit Honig, Fruchtsirup und anderen Ingredienzien andickte.

In China wurde in der Mitte des 15. Jh. eine Sauce aus eingelegten Schalentieren als *koe-chiap* oder *ke-tsiap* bezeichnet. In anderen asiatischen Ländern kannte man ähnliche Saucen: *kachiap* (Thailand), *ketjap* (Indonesien) oder *kichop* (Malaysia).

Wie das Ketchup dann in die USA kam, ist umstritten. Oft wird behauptet, dass chinesische Einwanderer die Sauce mitbrachten. Vielleicht führte der Weg aber auch über England, wohin Anfang des 18. Jh. Seefahrer das malaysische *kichop* gebracht hatten. Variiert gelangte diese Sauce dann in die USA, wo man weiter mit Rezepturen experimentierte. Die Verwendung von Tomaten zur Ketchup-Herstellung bürgerte sich aber erst im 19. Jh. ein. Heute sind sonnengereifte, fruchtige Tomaten der wichtigste Bestandteil der Sauce.

Einer der führenden Hersteller ist die amerikanische Firma Heinz, die zunächst Meerrettich produzierte und dann 1875 mit der Herstellung von Tomatenketchup begann. Damit eroberte Heinz weltweit den Markt – und schuf gleichzeitig die Basis der Legende, dass Ketchup in den USA erfunden worden sei.

Die Werbung (1900) zeigt eine alternative Schreibweise, die in den USA noch heute ab und zu verwendet wird.

Doris Day, die amerikanische Hausfrau par excellence, musste im Hollywood-Streifen „Was diese Frau so alles treibt" feststellen, dass die Ketchup-Herstellung zu Hause nicht ganz einfach ist.

Wo Speisen wirklich herkommen

Barbecue: Das berühmte amerikanische Grillvergnügen hat tatsächlich seinen Ursprung in Nordamerika. Allerdings waren es nicht etwa – wie man erwarten könnte – Cowboys, die diesen Begriff prägten, sondern französische Trapper, die im 17. Jh. Bisons zubereiteten. Sie grillten die Tiere gleich komplett: „vom Bart bis zum Schwanz", (französisch „barbe-à-queue").

Chop-suey: Was hierzulande in jedem Chinarestaurant angeboten wird, ist im angeblichen Herkunftsland völlig unbekannt. Chop-suey wurde vielmehr als ein „Gericht nach chinesischer Art" in den USA erfunden und verbreitete sich von dort aus weltweit.

Hot Dog: Um 1850 waren Frankfurter Würstchen auch als „Dackelwurst" bekannt, da sie wie der Rücken eines Dackels leicht gebogen waren. Als „Dackelwürste" wurden sie in die Vereinigten Staaten gebracht und erhielten dort den Namen „Hot Dog" (heißer Hund).

Kaugummi: Niemand wird dies ernsthaft anzweifeln: Der Kaugummi gilt als ein typisches Produkt der USA. Doch das ist ein Irrtum, denn die Geschichte des Kaugummis ist sehr vielseitig und reicht weit zurück.

Bereits im antiken Griechenland kaute man beispielsweise das Harz des Mastixbaums. Und bei den mittelamerikanischen Maya war es üblich, den eingedickten Saft des Sapotillbaums zu kauen, den so genannten Chicle. Der Siegeszug des Kaugummis begann Mitte der 1860er-Jahre, als der mittelamerikanische General Santa Ana dem Nordamerikaner Thomas Adams ein Stück Chicle präsentierte. Adams, der herausfinden wollte, wie man Chicle kommerziell nutzen könnte, experimentierte damit, fügte u. a. Vanillin und ätherische Öle hinzu. Bald schon konnte man den in kleine Stücke geschnittenen und mit einer Zuckerschicht versehenen Kaugummi kaufen.

Mayonnaise: Der Name ist zwar französisch, die Mayonnaise an sich ist jedoch eine spanische Schöpfung. Im 18. Jh. probierte Herzog Richelieu die Sauce erstmals in Mahón, der Hauptstadt Menorcas, und brachte anschließend diese „Sauce aus Mahón" mit nach Frankreich. Dort wurde daraus die „mahonnaise".

Wussten Sie schon, dass…

mit den Deutschen weniger gut Kirschen essen ist?

Unter den beliebtesten Obstsorten rangieren die Kirschen mit einem jährlichen Pro-Kopf-Verbrauch von 3,3 kg lediglich auf Rang 10. Am häufigsten greifen die Deutschen zu Äpfeln (32,6 kg), Bananen (10,8 kg) und Birnen (6,5 kg).

So knackig frisch die Kirschen aussehen, so oft werden sie von Hefepilzen (unten) befallen und können unter ungünstigen Bedingungen zu Magenverstimmungen beitragen.

Stimmt es, dass…

man nach dem Genuss von **KIRSCHEN** kein Wasser trinken sollte? (NEIN)

Generationen von Kindern wurden von ihren Eltern ermahnt, Wasser nach Kirschengenuss zu meiden. Tatsächlich wird das Unwohlsein aber nicht durch die Kombination von Kirschen und Wasser, sondern durch Gärprozesse im Magen verursacht, für deren Entstehung Hefezellen und andere lebende Keime – an den Früchten oder früher auch im Wasser – Voraussetzung sind. Sie befinden sich in großer Zahl auf der Außenseite der Schale der Kirschen und werden fast immer von den Magensäften abgetötet. Erst beim Verzehr von mehr als 500 g des Obstes ist die Vernichtung dieser Keime nicht mehr zuverlässig gewährleistet, und der Gärprozess mit seinen Folgen setzt ein.

Diese unerwünschten Wirkungen nach dem Verzehr werden auch anderen Obstsorten (besonders Äpfeln) nachgesagt. Ein Grund zur Panik ist das nicht, denn meist isst man ja keine solch übergroßen Mengen. Und eine ganz einfache Vorsichtsmaßnahme besteht darin, das Obst vor dem Verzehr gründlich mit warmem Wasser zu waschen, um die Keime zu entfernen.

Auf diese Weise lässt sich im Übrigen auch die bei den Tropenurlaubern so gefürchtete „Rache Montezumas" vermeiden, die ebenfalls aufgrund von Keimen auf Früchten auftritt. Allerdings muss man dann sicher sein, dass das Wasser wirklich sauber und keimfrei ist.

Was die Großmutter noch wusste, heute aber fast vergessen ist: Knoblauch hilft bei Erkältungen, indem er für die Verflüssigung des Schleims sorgt. Früher rührte man zu diesem Zweck Knoblauchmilch oder Hustensirup mit Knoblauch und Schwarzkümmel an. Bei Verzehr in größeren Mengen – empfohlen werden 1,8–2,7 g Frischknoblauch täglich – senkt Knoblauch mit seinen schwefel- und sulfidhaltigen Substanzen, darunter das Allicin, den Cholesterinspiegel. Auf diese Weise beugt er Gefäßerkrankungen und Herzinfarkt vor, der in den Industrienationen inzwischen als häufigste Todesursachen gilt. Diese positive Wirkung wurde bereits in Tierversuchen nachgewiesen und lässt sich nach ärztlicher Auffassung auch auf den Menschen übertragen.

Zudem tötet Knoblauch schädliche Darmkeime ab, hemmt Gärungsprozesse und sorgt durch die Verbesserung des Darmmilieus für eine effektivere Aufnahme von Nährstoffen aus der Nahrung. Außerdem enthält er den Wirkstoff Glukokinin, der ähnlich wie das Insulin der Bauchspeicheldrüse den Zuckerstoffwechsel fördert und so den Zuckergehalt im Blut senkt. Knoblauch wird auch eine vorbeugende Wirkung gegen verschiedene Krebsarten (darunter Magen- und Prostatakrebs) nachgesagt. Zwar gibt es dafür noch keine wissenschaftliche Bestätigung, eine mögliche vorbeugende Wirkung könnte aber auf die Sulfide des Knoblauchs zurückzuführen sein, die Krebs auslösende Stoffwechselprozesse im Körper hemmen.

Auch wenn nicht alles wissenschaftlich erwiesen ist – Knoblauch hat sicher einige Wirkungen, die die Gesundheit fördern, und viele Menschen schätzen seinen besonderen Geschmack. Wenn man sich nicht durch seinen „Duft" abschrecken lässt, spricht also vieles für seinen Genuss.

Seit Jahrzehnten rudert das Ilja-Rogoff-Männchen – Werbefigur für Knoblauchpillen – erfolgreich gegen das Altern an.

Knoblauchgeruch im Atem lässt sich durch den Genuss von Milch in Verbindung mit Petersilie während des Verzehrs von knoblauchhaltigem Essen tatsächlich dämpfen. Der Geruch wird durch die Schwefelverbindung Allicin im Knoblauch verursacht, und Allicin kann durch die Inhaltsstoffe der Milch und die ätherischen Öle sowie das Chlorophyll der Petersilie gebunden werden. Allerdings hält dieser Effekt nur kurze Zeit an. Das rührt allein schon daher, dass der größte Teil des Knoblauchgeruchs durch Ausscheidungen über die Haut entsteht, worauf der Genuss von Milch und Petersilie kaum Einfluss hat.

Auch das Kauen von Kaffeebohnen und Kardamomsamen hilft kurzzeitig gegen den Geruch. Die ätherischen Öle binden das Allicin, neutralisieren es auf diese Weise und verhindern so den Knoblauchatem.

Der Knoblauchgeruch sollte jedoch niemanden davon abhalten, die würzige Knolle zu essen, denn gerade die „geruchsaktiven" Substanzen sind besonders gesund. Wer auf diese positiven Wirkungen nicht verzichten will, kann auch zu geruchsneutralen Knoblauchpillen greifen.

Stimmt es, dass ...

KOFFEIN nicht nur in Kaffee, sondern auch in Tee enthalten ist? JA

Der im Tee enthaltene Wirkstoff heißt zwar Tein, ist aber sowohl chemisch als auch in seiner grundsätzlichen Wirkung mit dem Koffein identisch. Koffein geht dabei mit anderen Stoffen chemische Verbindungen ein: Im Kaffee ist es an Chlorogensäure gebunden, in Tee an Gerbstoffe. Lange vermutete man, dass die Bindung des Koffeins an Chlorogensäure oder Gerbstoffe für seine unterschiedliche Wirkung bei Tee oder Kaffee verantwortlich sei. Inzwischen weiß man jedoch, dass das Koffein aus Tee oder Kaffee gleichermaßen vom Körper aufgenommen wird. Dennoch hat der Genuss von Kaffee oder Tee ganz unterschiedliche Wirkungen auf den Organismus.

Abgesehen davon, dass Tee meist nur halb so viel Koffein enthält wie Kaffee, liegt ein wichtiger Unterschied darin, dass Kaffee nach dem Aufbrühen seinen Geschmack nur noch insoweit verändert, als er nach einiger Zeit bitter wird. Tee hingegen entfaltet unterschiedliche Wirkungen, die von der Zeit seines Ziehens nach dem Brühvorgang abhängig sind. So wirkt Tee, der etwa 3 Minuten zieht, anregend, während ein 5-Minuten-Tee eher beruhigend ist. Für die beruhigende Wirkung sind die Gerbstoffe im Tee verantwortlich. Diese so genannten Polyphenole werden bei längerem Ziehen des Tees aus den Teeblättern gelöst und wirken wohltuend auf den Magen.

Außerdem ist die zeitliche Dauer der Freisetzung von Koffein in Kaffee und Tee unterschiedlich. Das Koffein des Kaffees zeigt bereits nach kurzer Zeit Wirkung, die aber bald deutlich nachlässt. Tein hingegen wirkt langsamer, der Effekt hält dafür wesentlich länger an.

Beiden Getränken wird aufgrund ihres Gehalts an Koffein attestiert, dass sie anregen, beleben und die Stimmung aufhellen. Allerdings regt Kaffee Herz und Kreislauf an, während Tee Einfluss auf das Zentralnervensystem nimmt.

Obwohl der Koffeingehalt in den Blättern etwa gleich ist, enthält der Aufguss von Grüntee durch die andere Zubereitung weniger Koffein als Schwarztee.

Stimmt es, dass ...

LEBENSMITTEL nicht in geöffneten Konservendosen aufbewahrt werden dürfen? NEIN

Im Gegensatz zu früher, als Konservendosen aus unbeschichtetem Weißblech bestanden, weisen ihre Innenseiten heute einen dichten Überzug auf, der frei von Schwermetallen wie Blei und Chrom ist. So wird eine gefährliche Veränderung der Lebensmittel ebenso ausgeschlossen wie eine geschmackliche Beeinträchtigung.

Trotzdem verlieren in Dosen konservierte Lebensmittel, wenn sie geöffnet und im Kühlschrank aufbewahrt werden, schon nach wenigen Tagen einen Teil ihres Aromas. Deshalb sollten sie bald verbraucht werden. Zudem hat es sich in den letzten Jahren immer mehr durchgesetzt, Lebensmittel, die knackig frisch bleiben sollen, durch Tiefgefrieren zu konservieren.

Konservendosen haben in ihren Anfängen tatsächlich ein tragisches Ereignis verursacht: Die Polarexpedition des britischen Forschers John Franklin 1845 führte Lebensmittel in Konservendosen mit – eine damals moderne Art der Aufbewahrung, die die Entdecker aber das Leben kostete. Denn die Dosen waren mit Bleilot verschlossen, sodass die Expeditionsteilnehmer an Bleivergiftung starben.

Wussten Sie schon, dass ...
es drei verschiedene Kategorien von Konserven gibt?

Vollkonserven (sterilisierte Produkte in Dosen oder Gläsern) müssen mindestens zwei Jahre lang haltbar sein. Dreiviertelkonserven (durch Erhitzen haltbar gemacht) kann man bei Lagerung bis maximal 20 °C bis zu einem Jahr aufbewahren. Halbkonserven entstehen durch Pasteurisieren oder den Zusatz von Konservierungsmitteln und sind nur für kurze Zeit haltbar.

Opfer des Fortschrittsglaubens: Bleihaltige Konservendosen verursachten das Ende von John Franklins Polarexpedition.

Stimmt es, dass ...

MARGARINE gesünder ist als Butter?   JA

Streichfette sollten stets sparsam verwendet werden. Grundsätzlich sind pflanzliche Fette wie in Margarine wertvoller, denn sie enthalten mehr lebensnotwendige mehrfach ungesättigte Fettsäuren. Diese senken den Cholesterinspiegel und beugen Veränderungen an den Blutgefäßen und da-

1924 buhlte Margarine gegen die Butter noch um die Gunst der „braven Hausfrauen", heute ist die junge, gesundheitsbewusste Generation das Ziel.

mit Herzinfarkten vor. Butter weist dagegen mehr gesättigte und weniger mehrfach ungesättigte Fettsäuren auf als Margarine. Generell gilt: Je weicher ein Streichfett aus dem Kühlschrank kommt, desto mehr Öl enthält es, und desto gesünder ist es.

Bei der Herstellung von Margarine entstehen allerdings auch so genannte trans-Fettsäuren, die Gefäßerkrankungen begünstigen können (in weicher Margarine sind weniger gehärtete Fette, also weniger trans-Fettsäuren enthalten als in harter). Inzwischen hat die Industrie den Anteil an trans-Fettsäuren jedoch drastisch reduziert.

Eine wichtige Rolle spielt Margarine auch in der Diskussion um das giftige Acrylamid. So empfiehlt die Deutsche Gesellschaft für Ernährung (DGE), für die Zubereitung von „stärkehaltigen Speisen wie Bratkartoffeln Margarine zu verwenden", da aufgrund ihres hohen Gehalts an einfach ungesättigten Fettsäuren beim Frittieren weniger Acrylamid entsteht.

Stimmt es, dass ...

MEERESFRÜCHTE nur in Monaten mit „r" im Namen gegessen werden sollen?   JA

In den Monaten Mai bis August – also denen ohne den Buchstaben „r" im Namen – vermehren sich die Algen im Meer besonders stark und sondern dabei verstärkt Giftstoffe ab. Diese werden von Muscheln, Austern, Krabben und anderen Meerestieren aufgenommen. Ein besonders gefährlicher Giftstoff ist Saxitoxin. Es stammt aus Dinoflagellaten, giftigen einzelligen Algen, von denen sich die Meeresbewohner ernähren. Sollten Muscheln mit Saxitoxin angereichert sein, können schon eine halbe Stunde nach dem Verzehr der Muscheln Vergiftungssymptome wie Starre der Mundmuskulatur, Lähmung der Extremitäten bis hin zum Tod durch Atemlähmung auftreten. Die für den Menschen tödliche Dosis liegt bei etwa 1 mg Saxitoxin.

Nach Ende des explosionsartigen Algenwachstums werden keine nennenswerten Giftstoffkonzentrationen mehr festgestellt.

Aufgrund der medizinischen Erfahrungen sind seit 1970 keine Todesfälle durch gekaufte Muscheln mehr gemeldet worden.

Eine weitere Form des Gifteintrags in Gewässer stellen die Instandsetzungs- und Verschönerungsarbeiten an Booten dar. Derartige Arbeiten werden vorzugsweise in den Sommermonaten durchgeführt. Dabei werden in Farbanstrichen enthaltene Giftstoffe ebenso freigesetzt wie geschmacksschädliche und oft sogar giftige Bestandteile in den Kraft- und Schmierstoffen für die Motoren der Wasserfahrzeuge.

Hinzu kommt, dass die meisten Muscheln und andere Meeresfrüchte im Monat Mai laichen. Zum einen verschlechtert sich durch die danach fehlenden Geschlechtszellen der Geschmack, zum anderen lässt der Paarungs- und Fortpflanzungsvorgang die Meerestiere so stark abmagern, dass eine Ernte wenig sinnvoll wäre.

In den Monaten, die ein „r" im Namen haben, ist das Wasser, in dem die Tiere leben, meist kälter, und die oben beschriebenen Probleme treten nicht auf.

In den Ländern der südlichen Erdhalbkugel sind diese oder ähnliche Schwierigkeiten generell unbekannt. Die dort ebenfalls sehr beliebten Meeresfrüchte werden das ganze Jahr über gewonnen und angeboten. Vorsorglich werden sie vor dem Verzehr aber 1–2 Wochen in Meereswasser „gebadet", um mögliche Giftstoffe auszuschwemmen.

Die Saison für den Verzehr von Muscheln beginnt im September.

Wussten Sie schon, dass …
manche Städtenamen vom Handel mit Salz herrühren?

Im Mittelhochdeutschen heißt Salz „hal". So deuten zahlreiche Namen (Halle, Schwäbisch Hall, Hallstatt, Bad Reichenhall usw.) noch heute auf die enge Verbindung der jeweiligen Orte zum Salz hin. Häufig waren sie als wichtige Salzgewinnungsstätten durch Handelswege (Salzstraßen) miteinander verbunden.

Stimmt es, dass …
MEERSALZ gesünder ist als Tafelsalz? NEIN

Salz hat eine wichtige Funktion im menschlichen Körper. Es fördert die so genannte Homöostase, das Fließgleichgewicht im Flüssigkeitshaushalt, und ermöglicht dem Körper damit auch die Aufnahme von lebenswichtigen Mineralstoffen wie Kalium, Magnesium und Kalzium. Diese sind unentbehrliche Baustoffe für Gewebe, Zellen, Hormone und Enzyme. Abgesehen von Jod kann der Anteil an weiteren Mineralstoffen und Spurenelementen, die das Salz selbst enthält, vernachlässigt werden.

Meersalz wird durch Eindampfen von Meerwasser gewonnen und besteht wie das bergmännisch abgebaute Steinsalz überwiegend aus Natriumchlorid. Da es einen geringeren Verarbeitungsgrad als Tafelsalz aufweist, werden ihm besonders von den Verfechtern einer naturbelassenen Ernährung gesundheitliche Vorteile nachgesagt. Doch wissenschaftlich nachweisbar ist dies nicht. Im Gegenteil: Da Meersalz nicht gereinigt ist, enthält es automatisch auch alle Schadstoffe des Meerwassers, dem es entzogen wurde. Mag dieser Umstand vor wenigen Jahrzehnten noch nicht von Belang gewesen sein, so gewinnt er doch in Zeiten von Abwasserskandalen und großen Tankerkatastrophen zunehmend an Brisanz. Denn nur allzu leicht könnten mit dem Salz auch Schwermetalle und ölige Rückstände auf den Teller gelangen.

Verschiedene gereinigte und ungereinigte Meer- und Salinensalze – der Hauptbestandteil ist aber immer Natriumchlorid.

Aber selbst das weiße, gereinigte (raffinierte) Tafelsalz kann – in hohen Dosen aufgenommen – zum Gift werden und beispielsweise zu einem erhöhten Cholesterinspiegel mit all seinen gesundheitlichen Risiken führen. Da viele Lebensmittel zudem versteckte Salze enthalten, ist es also sicher gesünder, wenn man sich beim Griff nach dem Salzstreuer etwas Zurückhaltung auferlegt. Denn zusätzlich zur Nahrung benötigt der Körper nur etwa 3 g Salz pro Tag.

Stimmt es, dass …

MILCH von Kühen, die auf Almen grasen, gehaltvoller ist als von anderen Kühen?

JA

Seit der Ruf nach einer Rückkehr zur ökologischen Landwirtschaft lauter wird, gewinnt die Praxis der Bergbauern, ihr Vieh im Sommer auf die Almen zu treiben, wieder an Popularität. Und das hat gute Gründe: Denn diese Weideflächen zeichnen sich dadurch aus, dass sie nicht überdüngt und schadstoffbelastet, sondern weitgehend naturbelassen sind und fern von Autobahnen und Industriestandorten liegen. Kühe, die hier weiden, fressen gesünderes Grünfutter und trinken reineres Wasser als die allermeisten Artgenossen im Tal. Zudem verbringen sie mehr Zeit im Freien, sodass sie robuster und widerstandsfähiger werden.

Der Schluss liegt nahe, dass diese Kühe auch gesündere Milch geben. Tatsächlich hat man an der Universität Jena herausgefunden, dass die Milch von Almvieh in der Weideperiode mehr als dreimal so viel konjugierte Linolsäure enthielt wie die Milch von ganzjährig im Stall gehaltenen Rindern, die Kraftfutter bekamen.

Konjugierte Linolsäure ist eine mehrfach ungesättigte Fettsäure, die der Körper nicht selbst herstellen kann. Sie stärkt das Immunsystem, beugt Krebs und Arterienverkalkung vor und erhöht die Knochenmasse. Die Studie zeigte, dass der Linolsäuregehalt der Milch entscheidend von der Fütterung der Rinder abhängt: Frisches, unbelastetes Grünfutter enthält viele freie Fettsäuren, die im Pansen der Kuh zu Linolsäure umgewandelt werden.

Stimmt es, dass …

MILCH bei Gewitter sauer wird?

JA

Schon lange beobachtet man im Vorfeld sowie im Verlauf von Gewittern immer wieder dieselben unerklärlichen Erscheinungen: Haustiere erfasst eine plötzliche Unruhe, im Langwellenbereich des Radios treten Störgeräusche auf, und Lebensmittel wie Milch und Hefeteig verderben selbst im Kühlschrank scheinbar ohne jeden Grund.

Einen Teil des Geheimnisses konnten Biochemiker des Münchner Max-Planck-Instituts inzwischen lüften: Verantwortlich für diese bislang rätselhaften Gewitterphänomene sind nach ihren Erkenntnissen die so genannten Sferics (abgeleitet von *atmospherics*) – sehr langwellige elektromagnetische Impulse, die die Luft elektrisch aufladen, wenn sich ein Gewitter zusammenbraut. Sie können sich mit Lichtgeschwindigkeit fortbewegen und einer Wetterfront um Tage voraus sein, sodass sie noch in bis zu 500 km Entfernung nachweisbar sind.

Die Wissenschaftler fanden heraus, dass sich bei bestimmten Sferic-Frequenzen Hörstürze, Herzinfarkte und epileptische Anfälle häufen und Entzündungen verschlimmern. Zudem entdeckten sie, dass Sferics auch in der Lage sind, auf Mikroorganismen einzuwirken und Krankheitserreger zu aktivieren. Und hierin scheint auch

---

Wussten Sie schon, dass …
die Milch von Meeressäugern den höchsten Fettgehalt aufweist?

Die Milch von Tieren, deren Junge schnell heranwachsen, ist die nahrhafteste. Dies gilt besonders für Meeressäuger, die sich möglichst bald nach der Geburt mit großen Fettreserven gegen das Auskühlen im Wasser schützen müssen: So weist Delphinmilch einen Fettgehalt von bis zu 46 % auf und wird mit 50 % nur noch von der Milch der großen Walarten übertroffen, deren Kälber pro Tag etwa 100 kg an Gewicht zulegen müssen. Zum Vergleich: Menschliche Muttermilch und Kuhmilch erreichen rund 3,5 % Fett, Stuten- und Eselsmilch nicht einmal 1 %.

der Schlüssel für das plötzliche Sauerwerden der Milch, das Vergären von Wein und das Zusammenfallen des Hefeteigs zu liegen. Wie dieser Mechanismus funktioniert und warum die entsprechenden Bakterien in der Milch selbst durch geschlossene Fenster oder Kühlschranktüren hindurch von den Sferics stimuliert werden, konnte jedoch noch nicht enträtselt werden und bleibt damit Gegenstand weiterer Forschungen. Es gilt jedoch als gesichert, dass in besonderem Maße Gärungsprozesse von der Aktivität der Sferics betroffen sind.

SAUERMILCHPRODUKTE – DER KLEINE UNTERSCHIED

Sauermilchprodukte entstehen, wenn Milch und Milchprodukten Milchsäurebakterien zugesetzt werden. Diese wandeln den für viele Menschen unverträglichen Milchzucker in Milchsäure um und machen das Produkt damit bekömmlicher. Zudem wirken diese Bakterien positiv auf die Darmflora, fördern die Verdauung und stärken das Immunsystem. Hier einige bekannte Sauermilchprodukte:

Buttermilch entsteht bei der Herstellung von Butter als Nebenprodukt. Buttermilch ist äußerst fettarm und enthält – abgesehen von den fettlöslichen Vitaminen – alle Nährstoffe der Milch.

Dickmilch ist geronnene, ungekochte Kuhmilch, bei der während der Milchsäurebildung das Milchsäureeiweiß (Kasein) ausflockt.
Joghurt wird hergestellt, indem man pasteurisierte Milch mit Joghurtkulturen „impft".
Kefir entsteht aus Milch, die mit Bakterienkulturen und Hefe fermentiert wurde (enthält geringe Mengen an Kohlensäure und Alkohol).
Quark erhält man aus Milch, der man so genanntes Labenzym und Milchsäurebakterien zusetzt.
Saure Sahne gewinnt man aus pasteurisierter Sahne, der Milchsäurebakterien hinzugefügt wurden.

Stimmt es, dass...

MILCH zwar für Säuglinge, nicht aber für Erwachsene wichtig ist? NEIN

Muttermilch versorgt das Neugeborene mit allem, was es für eine gesunde Entwicklung braucht. Dass sie vom Organismus des Säuglings verdaut werden kann, ist dem Enzym Gastricin zu verdanken. Dessen Produktion wird im Verlauf des ersten Lebensjahres eingestellt.

Darauf und auf die Tatsache, dass in Europa 5–15 % der Erwachsenen unter einer Milchzuckerunverträglichkeit leiden, gründet sich die oft geäußerte Vermutung, dass von Natur aus Kuhmilch (die nach dem Abstillen an die Stelle der Muttermilch tritt) für den Erwachsenen gar nicht als Lebensmittel vorgesehen und damit verzichtbar sei. Doch die Deutsche Gesellschaft für Ernährung (DGE) sieht dies anders. Immerhin sind die meisten erwachsenen Europäer durchaus in der Lage, Milchzucker zu verdauen. Und selbst wenn eine Unverträglichkeit vorliegt, ist es möglich, auf fettarme oder H-Milch, vor allem aber auf saure Milchprodukte wie Kefir oder Buttermilch auszuweichen, in denen bereits ein Teil des Milchzuckers zu Milchsäure abgebaut ist.

Wer hingegen keine Milch und Milchprodukte zu sich nimmt, riskiert eine Unterversorgung mit Kalzium, das Knochen und Zähne aufbaut, Karies, Osteoporose und Dickdarmkrebs vorbeugt und den Blutdruck senkt. Da für eine hohe Knochendichte eine von Kindheit an ausreichende Kalziumzufuhr wichtig ist, empfiehlt die DGE den Konsum von $^1/_2$ l Milch oder Milchprodukten täglich. Außerdem liefert Milch wichtige B-Vitamine sowie hochwertige Eiweiße. Es besteht also kein Zweifel, dass Milch für Erwachsene sehr wichtig ist.

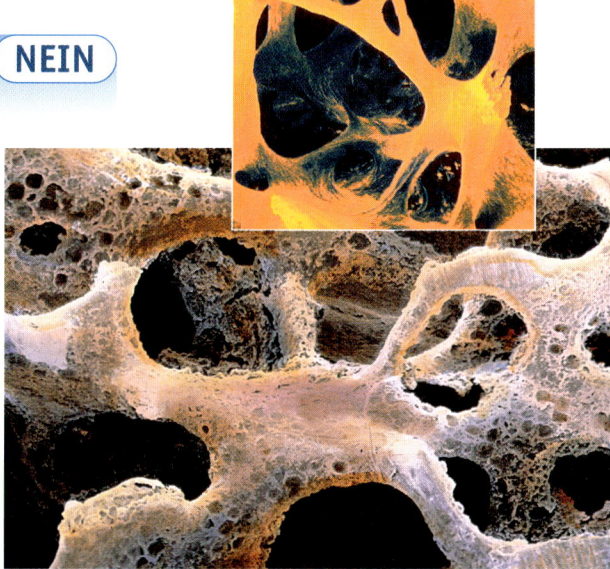

Osteoporose, eine Folge der Unterversorgung mit Kalzium, hat verheerende Auswirkungen auf die Knochen des menschlichen Körpers – was der Vergleich zwischen einem gesunden (oben) und einem kranken Knochen deutlich macht.

Hildegard von Bingen (1098–1179), die Äbtissin eines Benediktinerinnenklosters bei Bingen, schrieb mit der Physica ein für das ganze frühe Mittelalter wichtiges naturkundlich-medizinisches Werk.

Stimmt es, dass ...
die MUSKATNUSS ein Rauschgift ist? JA

Die Muskatnuss, die botanisch gesehen gar keine Nuss, sondern der Kern einer tropischen Frucht ist, wurde im 11. Jh. durch arabische Ärzte nach Europa gebracht und erfreute sich als Heilmittel und Gewürz bald großer Beliebtheit.

Wer aber eine zu hohe Dosis zu sich nahm, lernte auch die Schattenseiten der „Nuss" kennen: Ab einer Menge von 5 g können ihre Inhaltsstoffe nämlich Phänomene wie Halluzinationen, Euphorie und Desorientierung, aber auch Magenschmerzen, Erbrechen, Herzrasen, Schweißausbrüche und Angstzustände auslösen. Es ist sogar der Fall eines Achtjährigen bekannt,

der nach dem Verzehr von zwei Muskatnüssen starb. Für Erwachsene gilt eine Dosis ab drei Nüssen als lebensbedrohlich.

Verantwortlich dafür ist das Halluzinogen Myristicin. Ihm ist es zu verdanken, dass die Muskatnuss einerseits – in minimaler Dosierung – gegen Blähungen, Durchfall und Übelkeit hilft, andererseits aber auch – höher dosiert – als Ersatzdroge missbraucht werden kann. Denn wie wusste schon Hildegard von Bingen: „Muskatnuss versetzt den Menschen in eine heitere Stimmungslage." Wie fließend hier die Grenzen zwischen Hochstimmung und „Absturz" sind, mag ihr jedoch entgangen sein.

Stimmt es, dass ...
NUDELN glücklich machen? JA

Wer es noch nicht wusste, erfährt es spätestens beim Besuch auf der Internetseite des Deutschen Teigwaren-Instituts: www.nudelnmachenglücklich.de. Und die in diesem Namen versteckte Behauptung hält sogar einer wissenschaftlichen Überprüfung stand.

Was uns beim Nudelschlemmen so fröhlich stimmt, ist Serotonin. Dieser Stoff, der stimmungsaufhellend wirkt und darum auch als „Glücks"- oder „Gute-Laune-Hormon" bekannt ist, wird im Gehirn u. a. aus der Aminosäure Tryptophan gebildet, die

sich in Fleisch, Geflügel, Fisch, Joghurt und Eiern, aber auch in Bananen findet. Voraussetzung ist jedoch die gleichzeitige Anwesenheit von Kohlenhydraten. Während kurzkettige Kohlenhydrate, wie sie beispielsweise in Zucker und Süßigkeiten enthalten sind, eher kurzfristige Stimmungshochs bewirken, sind die komplexen Kohlenhydrate in Nudeln und Pasta weitaus effizienter für die Serotoninproduktion: Hier ist die Freude buchstäblich von längerer Dauer, denn je mehr von diesen langkettigen Kohlenhydraten wir zeitgleich

Wussten Sie schon, dass ...
vier Makkaroni imstande sind, eine Telefonzelle zu tragen?

Hans-Jürgen Filipowski und sein Team traten 1987 in der beliebten Samstagabendshow *Wetten, dass ...?* in Kiel vor einem Millionenpublikum den Beweis für diese Behauptung an: Auf nur vier Makkaroni, jeweils 5 cm lang, ruhte eine gelbe Telefonzelle der Deutschen Post. Möglich war dies nur, weil die röhrenförmigen rohen Nudeln selbst eine Gewichtskraft von mehreren hundert Kilogramm ableiten können – allerdings nur, wenn diese Kräfte genau senkrecht von oben kommen.

Nudeln machen glücklich! Und gut gelaunt fällt es dann noch leichter, Kontakte zu knüpfen ...

essen, desto mehr Tryptophan kann auch ins Gehirn gelangen, und entsprechend mehr Serotonin wird folglich hergestellt.

Diese Mechanismen erklären auch, warum schon seit vielen Jahrhunderten Pastasaucen besonders beliebt sind, die aus einer tryptophanreichen Basis, beispielsweise aus Fleisch oder Fisch, zubereitet sind. Wer übrigens die stimmungsaufhellende Wirkung von Nudelgerichten noch steigern möchte, sollte Tomaten mit zur Sauce geben und das Gericht mit Basilikum würzen. Denn Tomaten enthalten viel Tryptamin, einen dem Tryptophan ähnlichen Stoff, und Basilikum wirkt krampflösend sowie geistig anregend.

Wussten Sie schon, dass...
Nüsse Krebs erregende Giftstoffe enthalten können?

Einige Nüsse, darunter Paranüsse und Pistazien, können Giftstoffe enthalten, die von Schimmelpilzen produziert werden. Während sich ein leichter Befall mit diesen Krebs erregenden Stoffen (Aflatoxinen) kaum feststellen lässt, sehen die Nüsse bei starkem Befall alt und dunkel-schimmelig aus und schmecken bitter.

Stimmt es, dass...
NÜSSE Gehirnnahrung sind?   **JA**

Nüsse speichern auf kleinstem Raum große Nährstoffmengen; so erreichen viele von ihnen deutlich mehr als 560 kcal pro 100 g und einen Fettgehalt von bis zu 70 %. Neben hochwertigen einfach und mehrfach ungesättigten Fettsäuren enthalten diese Energiespender auch viele wertvolle Mineralstoffe und Vitamine. Vor allem die B-Vitamine sind reichlich vertreten. Diese wirken sich positiv auf das Gehirn und das Nervensystem aus. Einen ähnlichen Einfluss hat auch das in den Nüssen enthaltene Lezithin. Dieser fettähnliche Stoff, der Bestandteil des körpereigenen Nervengewebes ist, wird in den Nerven umgewandelt und steuert wichtige Gehirnfunktionen, beispielsweise die Leistungen des Gedächtnisses.

Eine amerikanische Studie lässt den Schluss zu, dass das Gehirn besser arbeitet, wenn man beim Rätselknacken Nüsse isst. Doch damit nicht genug: Die Vitamine A, C und E – sie finden sich ebenfalls in Nüssen – stehen sogar in dem Ruf, degenerative Erkrankungen der Großhirnrinde und des Stammhirns wie Alzheimer und Parkinson zu verhindern bzw. zu verzögern.

Die mittelalterliche Signaturenlehre scheint diese modernen Erkenntnisse bereits vor Jahrhunderten vorweggenommen zu haben. Diese Lehre ging davon aus, dass bei Erkrankungen der Organe jene Pflanzen heilend wirken, die diesen Organen in Farbe, Form und Aussehen ähneln. Und da die Walnuss an das menschliche Gehirn erinnert, glaubte man damals schon, dass sie Erkrankungen des Gehirns kurieren könne.

NÜSSE – TOP-LIEFERANTEN FÜR VITAMIN E

Nüsse sind wahre Vitaminbomben. Sie enthalten u. a. sehr viel Vitamin E, das die Leistung des Gehirns fördert sowie die Nervenzellen vor freien Radikalen schützt und damit möglicherweise einem krankhaften Nervenabbau vorbeugt. Da Nüsse auch viel Fett enthalten, sollte man sie nur in Maßen genießen.

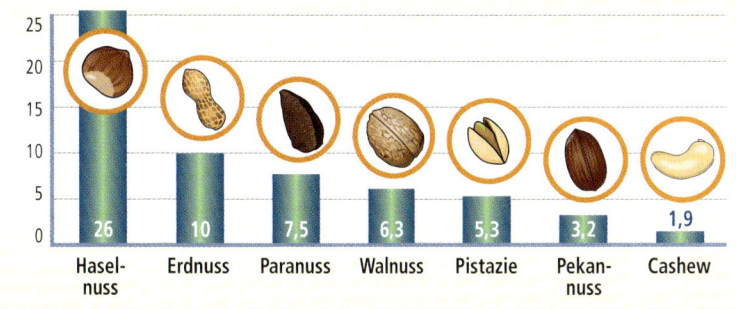

Vitamin E Gehalt in mg pro 100 g

Haselnuss	Erdnuss	Paranuss	Walnuss	Pistazie	Pekannuss	Cashew
26	10	7,5	6,3	5,3	3,2	1,9

Stimmt es, dass...
OLIVENÖL das gesündeste Speiseöl ist?   **JA**

Es ist schon lange kein Geheimnis mehr: In den Mittelmeerländern treten Herz-Kreislauf-Erkrankungen seltener auf als in Mitteleuropa. Der Grund dafür liegt u. a. in der dort üblichen Kost, die sich durch Obst, Gemüse, Fisch, Getreideerzeugnisse, aber auch reichlich Olivenöl auszeichnet.

Doch wie passt das zusammen – trotz viel Speiseöl weniger Herzinfarkte? Die Antwort liegt im Olivenöl selbst, denn man

Bei der Kaltpressung von Olivenöl werden die wertvollen sekundären Pflanzenstoffe geschützt und zwar unabhängig davon, ob mit traditionellen Olivenpressen gearbeitet wird oder mit modernen.

von Arterienverkalkung und Herzinfarkt beteiligt ist. Das „gute" HDL-Cholesterin, das diesen Krankheiten vorbeugt, bleibt jedoch unangetastet. Außerdem finden sich im nativen Olivenöl gefäßschützende Vitamine und zahlreiche sekundäre Pflanzenstoffe wie bestimmte Flavonoide, die die zellschädigenden und an der Krebsentstehung beteiligten freien Radikale unschädlich machen können. Zu den sekundären Pflanzenstoffen gehört auch das bittere Oleuropein, das antibakteriell wirkt, den Blutdruck senkt und die Bildung von Blutgerinnseln sowie von entzündungsfördernden Stoffen hemmt.

Bei diesen gesundheitlichen Pluspunkten kann kein anderes Pflanzenöl mithalten. Auch Rapsöl nicht, das eine ähnlich günstige Zusammensetzung an Fettsäuren aufweist. Negativ bei diesem Öl ist jedoch, dass die in ihm enthaltene Linolsäure neben dem LDL- auch den HDL-Cholesterinspiegel senkt. Außerdem fehlen Rapsöl die sekundären Pflanzenstoffe sowie die vielseitige Verwendbarkeit des hitzebeständigen Olivenöls, da es sich nur in raffinierter Form zum Braten eignet. Alles in allem kann man Olivenöl also noch immer als das gesündeste und bekömmlichste Speiseöl bezeichnen.

konnte inzwischen nachweisen, dass es Herz und Blutgefäße wirksam schützt. Von bester Qualität ist das nicht raffinierte oder native Olivenöl aus erster *(extra vergine)* oder zweiter *(vergine)* Kaltpressung, denn es schont Magen und Darm und enthält viele einfach ungesättigte Fettsäuren. Unter ihnen ist vor allem die Ölsäure hervorzuheben, die den Spiegel des „schlechten" LDL-Cholesterins senkt, das an der Entstehung

Wussten Sie schon, dass...
sekundäre Pflanzenstoffe auch dem Menschen nutzen?

Als sekundäre Pflanzenstoffe bezeichnet man geschätzte 60 000 bis 100 000 Substanzen, die von den Pflanzen als Farbstoffe, Wachstumsregulatoren, Abwehrstoffe gegen Schädlinge und Krankheiten sowie Aroma- und Duftstoffe produziert werden. Obwohl diese Substanzen nicht in die Nährstoffbilanz eingehen, haben sie viele gesundheitsfördernde Eigenschaften für den menschlichen Organismus. So beugen sie u. a. Krebs und Herz-Kreislauf-Erkrankungen vor.

Stimmt es, dass...
das „Fruchtfleisch" in ORANGENSAFT aus Baumwolle besteht? NEIN

Andere Versionen dieser weit verbreiteten Behauptung sprechen von Sägemehl oder gehäckselten Hühnerfedern und entbehren ebenfalls jeder Grundlage. Denn Orangensaft, der in Deutschland, Österreich oder der Schweiz verkauft wird, unterliegt ebenso strengen Bestimmungen wie andere Lebensmittel auch und darf nicht beliebig mit Zusatzstoffen angereichert werden.

Nach der so genannten Fruchtsaftverordnung darf dem Orangensaft nur Wasser zugefügt werden. Eine Ausnahmeregelung lässt zwar auch Zucker zu, falls die Früchte „wetterbedingt" nicht süß genug sein sollten, doch von dieser Möglichkeit wird zumindest in Deutschland fast nie Gebrauch gemacht.

Die Orangen werden meist schon im Ernteland ausgepresst. Diesem Direktsaft entzieht man dann unter Vakuumbedingungen Fruchtfleisch und Wasser, bis er auf etwa ein Sechstel seines Volumens eingedickt ist. So wird der Transport ins Herstellerland einfacher, wo dem Konzentrat wieder die Wassermenge zugeführt wird, die ihm beim Eindicken entzogen wurde. Handelt es sich um einen Saft mit Fruchtfleisch, wird auch ein Teil des tiefgefrorenen Fruchtfleischs wieder zugesetzt. Und damit ist man wieder beim Ausgangsprodukt, dem Direktsaft, angelangt. Die Vorteile des Verfahrens liegen auf der Hand: Die Hersteller erreichen so höhere Lagerkapazitäten und können Jahre mit schlechten Obsternten durch Lagerreserven ausgleichen.

Stimmt es, dass ...

PILZE nicht wieder aufgewärmt werden dürfen? NEIN

Diese Küchenregel stammt aus der Zeit vor der Erfindung des Kühlschranks: Damals verfügte man noch nicht über die Kühlmöglichkeiten, um bereits einmal erwärmte Pilzgerichte aufzubewahren. Sie waren damit sehr anfällig für Bakterien, denn Pilze bieten – egal, ob sie frisch sind, aus der Tiefkühltruhe oder der Konserve kommen – wegen ihres hohen Wasser- und Eiweißgehalts Mikroorganismen einen guten Nährboden und verderben schnell.

Deshalb sollte man Pilze auch heute noch grundsätzlich nicht lange aufbewahren – Frischpilze im Kühlschrank bei maximal 4 °C höchstens einen Tag. Am besten ist es, sie nach dem Sammeln sofort zu putzen, zuzubereiten und zu verzehren.

Die Deutsche Gesellschaft für Ernährung (DGE) sieht jedoch keinen Grund, vom Wiedererwärmen einer Pilzmahlzeit abzuraten, wenn man einige Regeln beherzigt: So empfiehlt es sich, Pilzreste möglichst schnell herunterzukühlen, etwa im Eiswasserbad, und im Kühlschrank aufzubewahren – allerdings nicht länger als einen Tag. Beim neuerlichen Erhitzen muss unbedingt eine Temperatur von über 70 °C erreicht werden.

Auch die Annahme, beim zweiten Erwärmen könnten Giftstoffe entstehen, muss ins Reich der Küchenfabeln verbannt werden. Denn wenn es tatsächlich so wäre, dann dürfte auch eine mit Pilzen belegte Tiefkühlpizza nicht aufgewärmt werden.

Wussten Sie schon, dass ...
Parasiteneier auf Pilzen erst durch große Hitze zerstört werden?

Die Eier des Fuchsbandwurms, die durch Ausscheidungen der Wirtstiere auf Pilze und Waldbeeren gelangen, stellen eine nicht zu unterschätzende Gefahr für den menschlichen Organismus dar: Diese Parasiten befallen die Leber und andere innere Organe und können sogar zum Tod führen. Um die Eier abzutöten, muss man die Pilze auf mindestens 100 °C erhitzen.

Stimmt es, dass ...

ein PILZGERICHT giftig ist, wenn ein silberner Löffel schwarz anläuft? NEIN

Seit Pilze gegessen werden, versucht man auch ein verlässliches Anzeichen für die Giftigkeit von Pilzgerichten zu finden. Die dabei entstandenen „Regeln" erwiesen sich jedoch allesamt als verhängnisvolle Irrtümer, die wahrscheinlich einige unvorsichtige Pilzesser mit dem Leben bezahlen mussten. Und so gehört auch der Silberlöffel, der sich infolge des Pilzgifts schwarz verfärben soll, ins Reich des Volksaberglaubens. Denn nicht die giftigen Stoffe des Pilzes verursachen die schwarze Verfärbung, sondern allein die schwefelhaltigen Verbindungen im Pilzeiweiß. Aus demselben Grund laufen Silberlöffel übrigens auch in Eierspeisen dunkel an.

Auch hier helfen keine volkstümlichen Regeln, sondern nur Fachkenntnis: Das leckere Stockschwämmchen (oben) sieht dem giftigen Nadelholzhäubling (unten) zum Verwechseln ähnlich.

▌ ZEHN PILZREGELN

Wesentlich sinnvoller als volkstümliche Pilzregeln sind die folgenden Empfehlungen:

1. Sammeln Sie nur Pilze, von denen Sie sicher wissen, dass sie genießbar sind.
2. Sammeln Sie möglichst junge Pilze. Alte, durchwässerte und faule Pilze schmecken nicht mehr und können sogar giftig sein.
3. Knollen am Stielende und Manschetten am Schaft sind wichtige Erkennungsmerkmale. Daher sollten Sie den Stiel nicht abschneiden, sondern vorsichtig aus der Erde hebeln.
4. Reinigen Sie die Pilze noch vor Ort von Erde, Laub und Nadeln und schneiden Sie angefressene Stellen großzügig weg.

5. Entfernen Sie bei Röhrlingen alte Röhren ebenfalls noch im Wald.
6. Benutzen Sie nur Körbe zum Sammeln, keine Tüten oder Beutel, in denen die Pilze schwitzen und zerdrückt werden könnten.
7. Sammeln Sie nie mehr Pilze, als Sie verwerten können.
8. Lassen Sie Pilze, die Sie nicht sammeln wollen, aus Gründen der Ökologie stehen.
9. Putzen Sie die Pilze sofort zu Hause. Falls dies nicht möglich ist, breiten Sie sie flach aus und lagern Sie sie kühl und luftig.
10. Falls nach einer Pilzmahlzeit Vergiftungserscheinungen wie Magenkrämpfe auftreten, sollten Sie sofort einen Arzt rufen.

Stimmt es, dass …

ROTWEIN Stunden vor dem Genuss dekantiert werden sollte?

JA

Ein guter Rotwein muss atmen können – das ist die erste Lektion, die ein angehender Genießer lernt. Denn gerade jüngere Rotweine können ihr Bouquet erst voll entfalten, wenn sie mit dem Sauerstoff aus der Umgebungsluft in Berührung kommen, wie es beim Umfüllen von der Flasche in eine Glaskaraffe – beim Dekantieren – der Fall ist. Bei dieser Belüftung werden auch Tannine (Gerbstoffe) abgebaut. Soll zudem verhindert werden, dass abgestandene Luft aus der Karaffe auf den Wein übergreift, „viniert" man die Karaffe vor dem Dekantieren – man schwenkt sie mit etwas Wein aus.

Ein weiterer Grund für das Dekantieren betrifft vor allem ältere, reifere Rotweine.

Denn während der jahrelangen Lagerung entstehen durch natürliche Prozesse feste Rückstände aus Weinsäurekristallen, Gerb- und Farbstoffen, die sich als Bodensatz in der Flasche ablagern. Um zu verhindern, dass dieses so genannte Depot in die Karaffe gelangt, dekantiert man den Wein vor einer punktförmigen Lichtquelle (einer Kerze oder Taschenlampe), sodass die Schwebstoffe im Flaschenhals gut erkennbar sind.

Vorsicht ist aber bei sehr alten Rotweinen angebracht, die lange ohne Luftkontakt gelagert wurden: Sie sollten nicht zu lange vor dem Genuss dekantiert werden, da sie einen regelrechten Sauerstoffschock erleiden und in kürzester Zeit verderben könnten.

Stimmt es, dass …

ROTWEIN vor Herzinfarkt schützt?

JA

Wer Rotwein trinkt, hat die Chance auf ein längeres Leben: Was bis vor einigen Jahren noch absurd klang, ist heute wissenschaftlich bewiesen. So konnte die über 12 Jahre durchgeführte Kopenhagener Herzstudie zeigen, dass konsequente Abstinenzler ein doppelt so hohes Risiko tragen, an der koronaren Herzkrankheit zu sterben, wie Personen, die täglich maßvoll Wein

trinken. Bei einer Tagesdosis von 0,4–0,6 l Wein sank die Gefahr, einen Herzinfarkt zu erleiden, gar um 60 %.

Verantwortlich dafür sind die Polyphenole im Rotwein, vor allem das Resveratrol. Diese sekundären Pflanzenstoffe finden sich in Schalen, Stielen und Kernen, die nur beim Rotwein, nicht aber beim Weißwein mitgekeltert werden. Die Polyphenole

Wussten Sie schon, dass …
Weinstein im Wein kein Grund zur Beanstandung ist?

Weinstein fällt gleichermaßen in Rot- wie Weißweinen an. Er beeinträchtigt jedoch nicht die Qualität eines Weins, sondern ist vielmehr ein Zeichen für dessen Reife und Güte. Im Verlauf des so genannten Ausbaus (d. h. der Reifung) in der Flasche reagiert die Weinsäure mit Kalium und Kalzium, sodass Kaliumtartrat entsteht. Diese neue Verbindung setzt sich in geschmacksneutralen Kristallen am Flaschenboden ab.

DAS FRANZÖSISCHE PARADOXON

Dieses Phänomen wurde erstmals 1979 in der medizinischen Fachzeitschrift *Lancet* von einer britischen Forschergruppe beschrieben. Man hatte beobachtet, dass die Sterblichkeit an der koronaren Herzkrankheit in Frankreich nur etwa ein Drittel von der in Großbritannien betrug. Das war insbesondere deshalb verwunderlich, als bekanntermaßen in Frankreich sehr fett gegessen wird – man denke nur an landestypische Delikatessen wie beispielsweise die Gänseleberpastete. Da erhöhte Blutfettwerte jedoch einen wesentlichen Risikofaktor für Arteriosklerose und Herzinfarkt darstellen, wäre also eigentlich in Frankreich eine höhere Todesrate infolge von

Herz-Kreislauf-Erkrankungen zu erwarten gewesen als in Großbritannien.

Man forschte nach den Ursachen für das bald als „französisches Paradoxon" bezeichnete Phänomen, doch erst 1992 brachte der französische Arzt Dr. Serge Renaud den hohen Rotweinkonsum in Frankreich damit in Verbindung: Die Franzosen trinken etwa zehnmal mehr Alkohol als beispielsweise die Amerikaner und fünfmal mehr als die Deutschen. An der Spitze ihrer alkoholischen „Hitliste" steht dabei ihr Nationalgetränk: der rote Rebensaft. Damit war der Rotwein erster Anwärter bei der Suche nach dem Ausgleichsfaktor für das fettreiche Essen.

WIE KOMMT ES ZUM HERZINFARKT?

Arteriosklerotische Ablagerungen verengen eine Herzkranz-arterie und führen zum Gefäßverschluss mit Herzinfarkt, bei dem das nicht mehr durchblutete Herzmuskelgewebe abstirbt.

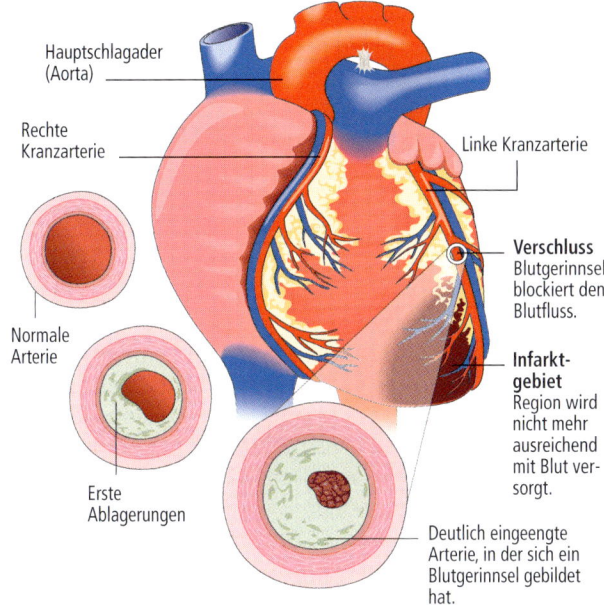

Hauptschlagader (Aorta)

Rechte Kranzarterie

Linke Kranzarterie

Verschluss
Blutgerinnsel blockiert den Blutfluss.

Infarkt-gebiet
Region wird nicht mehr ausreichend mit Blut ver-sorgt.

Normale Arterie

Erste Ablagerungen

Deutlich eingeengte Arterie, in der sich ein Blutgerinnsel gebildet hat.

übernehmen bei den Trauben die Rolle der „Gesundheitspolizei": Bei Verletzungen der Schalen sorgen sie für eine rasche Hei-lung und schützen die Trauben auch vor Parasiten- und Pilzbefall.

Im menschlichen Organismus fangen Polyphenole die gefürchteten freien Radi-kale ab, also jene aggressiven, reaktionsfreudigen Sauer-stoffmoleküle, die Zellen und Erbgut schädigen können und so die Krebsentstehung fördern. Besonders bedeu-tend für Herz-Kreislauf-Er-krankungen ist auch die Fä-higkeit der Polyphenole, den Cholesterinspiegel zu senken und dem Verkleben der Blut-plättchen vorzubeugen. Denn dies verhindert, dass sich Blutfette an den Gefäßwän-den ablagern und die Blut-bahnen verengen, bis es zum Verschluss einer Herzkranzar-terie und damit zu einem Herzinfarkt kommen kann.

Um diesen Gefäßschutz zu erreichen, benötigt man eine Tagesdosis von zwei Gläsern Rotwein für Männer und einem Glas für Frauen. Wer keinen Rotwein mag oder ne-gative Folgen durch den Alkoholkonsum fürchtet, kann auf Traubensaft ausweichen. Dann sollte man aber bedenken, dass die Polyphenole in Fruchtsäften schnell abge-baut werden – schneller als im Rotwein, denn dort konserviert sie der Alkohol und fördert ihre Aufnahme in den Organismus.

Stimmt es, dass ...

ROTWEIN aus roten und Weißwein aus weißen Trauben gemacht wird?   JA

Die Herstellung von Wein ist weit kom-plizierter, als sich der Laie dies gemein-hin vorstellt. Presst man nämlich Trauben aus – gleichgültig, ob sie nun rot oder weiß sind –, erhält man in jedem Fall einen hel-len, graugrünen Saft, an dem sich die Farbe der verwendeten Beeren nicht mehr erken-nen lässt.

Rot wird der Wein dagegen nur, wenn ne-ben Kernen und Stielen auch die Schalen der roten Trauben, in denen sich die Farb-pigmente befinden, vergoren werden. Da-durch, dass die Schalen nach dem Auspres-sen auch weiterhin im Most bleiben, löst sich der Farbstoff und geht in den Saft über. Nach der Gärung werden die Rückstände der Trauben (der „Trester") wieder aus dem Wein entfernt.

ABER: Während sich Rotwein also nur aus roten Trauben gewinnen lässt, entsteht Weißwein nicht immer nur aus weißen Beeren – auch wenn in den allermeisten Fällen tatsächlich weiße Trauben für die Weißweinproduktion verwendet werden. Die Weißweinkelterung unterscheidet sich von der Rotweinkelterung vor allem da-durch, dass nur der Saft der Trauben verar-beitet wird, nicht aber deren feste Bestand-teile. Da aber auch, wie bereits erwähnt, rote Trauben einen weißen Most ergeben, bedeutet das umgekehrt, dass Weißwein aus weißen und roten Beeren gekeltert wer-

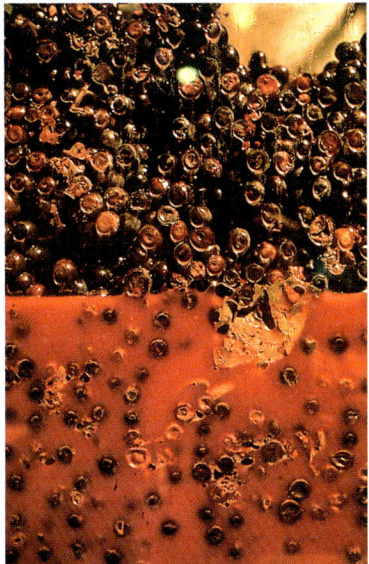

Bei der Herstellung von Rotwein sind die Traubenschalen für die Färbung des Weins verantwortlich – und je länger die Gärung dauert, desto intensiver ist die Farbe.

den kann. Bei der Verwendung von roten Schalen werden die Schalen vor der Gärung mit einer so genannten Traubenmühle entfernt.

Bei der Produktion von Champagner beispielsweise – der ja ein weißer Schaumwein ist, aber aus roten Trauben (etwa Pinot-Noir-Trauben) entsteht – wendet man dieses Verfahren schon seit langem an. Und auch immer mehr Weißweine werden heute mit dieser Methode zumindest zum Teil aus roten Trauben hergestellt.

Wussten Sie schon, dass...

der Vitamingehalt von Salat mit jedem Tag Lagerzeit abnimmt?

Generell gilt: Je grüner der Salat, desto mehr Vitamine und Mineralstoffe enthält er. Es gilt aber auch: Je zarter und feiner die Blätter, desto kürzer sollte die Lagerzeit sein. Die Vitamine, die sich vor allem in den äußeren grünen Blättern befinden, sind leider sehr flüchtig. Ihre Menge nimmt bereits nach einem Tag Lagerung um 20–30 % ab. Deshalb sollte man Salat immer so frisch wie möglich servieren.

Stimmt es, dass...

SALAT die Nerven beruhigt und den Schlaf fördert? (JA)

Dem Kräuterbuch von Leonhard Fuchs aus dem Jahr 1543 ist zu entnehmen, dass der in Mitteleuropa besonders beliebte Kopfsalat kein einheimisches Gewächs ist, sondern erst zu Beginn der Neuzeit als Züchtung entstand. Wie die anderen klassischen Gartensalate geht auch er auf den Wilden Zaunlattich zurück, eine Steppenpflanze, die von Südeuropa bis Vorderindien und Nordafrika verbreitet war.

Die beruhigende Wirkung von Salat ist unumstritten – da ist auch beim Ernten mal ein Schläfchen erlaubt.

Zu den ersten Völkern, die Lattich anbauten, gehörten in der Antike neben den Ägyptern die Griechen und Römer. Bei ihnen genoss der Lattich hohes Ansehen als Gemüse und Heilpflanze. Sie verwendeten ihn u. a. als Schlaf- und Beruhigungsmittel. Dazu schrieb der römische Arzt Galen im 2. Jh.: „Als ich alt zu werden begann und

dennoch tief schlafen wollte, war ich nur dadurch imstande, mir den wohltuenden Schlaf zu verschaffen, dass ich abends eine Portion Salat verzehrte." Wegen seiner „einschläfernden" Wirkung aß man damals den (Lattich-)Salat nicht vor dem Hauptgericht, wie dies heute meist üblich ist, sondern erst am Ende der Mahlzeit.

Verantwortlich für die schlaffördernden, beruhigenden Eigenschaften von Salat sind Inhaltsstoffe, die im weißlichen Milchsaft von Stängeln und Blüten aller Latticharten vorhanden sind, vor allem die Bitterstoffe Lactucin und Lactucopicrin. Beide sind einerseits für den Wohlgeschmack des Salats verantwortlich, wirken andererseits aber auch appetitanregend, krampflösend und beruhigend. Dank dieser besonderen Qualitäten stellte man aus den Bitterstoffen früher neben Schlaf- auch Hustenmittel her und verwendete Lattich zusammen mit Bilsenkraut und Schierling in der Chirurgie als Betäubungsmittel.

Und auch heute noch wird Kopfsalat manchmal bei Schlaflosigkeit und nervösen Erregungszuständen als leichtes pflanzliches Beruhigungsmittel empfohlen – allerdings sollte man ihn nicht zu spät am Abend zu sich nehmen, weil Salat relativ schwer verdaulich ist. Den meisten Milchsaft führen übrigens Salatstrunk und Blattrippen, daher sollte man beim Putzen dann darauf achten, dass nicht ausgerechnet diese Teile des Salats im Abfall landen.

Stimmt es, dass ...

das SANDWICH die Erfindung eines englischen Grafen ist? **JA**

Der Namenspatron des Sandwichs, John Montagu (1718–1792), 4. Earl of Sandwich, muss ein passionierter Kartenspieler gewesen sein. Jedenfalls war er es eines Tages leid, jedesmal das Spiel unterbrechen zu müssen, wenn er essen wollte, und trug daher seinem Leibkoch auf, sich etwas einfallen zu lassen. Dieser legte kurzerhand ein Stück Braten zwischen zwei Toastscheiben, klappte diese zusammen – damit keine Fettflecken auf die Karten gelangten und man das Ganze mühelos mit nur einer Hand essen konnte – und reichte sie dann seinem Dienstherrn. Damit war ein Snack geboren, der unter dem Namen des Ade-

ligen in Windeseile nicht nur England, sondern den ganzen Kontinent eroberte.

ABER: Das Urheberrecht für diese Idee gebührt weder dem Grafen noch seinem Leibkoch. Denn schon Jahrhunderte zuvor hatte man im antiken Rom ebenfalls Fleisch zwischen zwei zusammengeklappte Brotscheiben gelegt. Diese so genannten *offulae* waren sehr beliebt, gerieten aber im Lauf der Zeit wieder in Vergessenheit – bis zum 4. Earl of Sandwich.

Zum Speiseplan der Römer gehörte auch ein Vorläufer des heutigen Sandwichs.

Stimmt es, dass ...

SCHAFSKÄSE nur aus Schafsmilch hergestellt ist? **NEIN**

Im Juli 2003 meldete das Hamburger Institut für Hygiene und Umwelt, dass bei einer Untersuchung von 21 Schafskäseproben erhebliche Deklarationsmängel festgestellt worden waren. Demzufolge bestanden mehr als die Hälfte der Produkte nicht zu 100 % aus Schafskäse, sondern wiesen Kuhmilchanteile auf, ohne dass dies auf der Verpackung angegeben war – manche waren sogar ganz aus Kuhmilch hergestellt.

Dieser Etikettenschwindel hat seine Ursache darin, dass Kuhmilch wesentlich billiger ist als Schafsmilch und deshalb von vielen Herstellern vorgezogen wird. Da das Schafskäsearoma zudem relativ mühelos zu imitieren ist, schöpft der Verbraucher keinen Verdacht. Zwar ist die Zugabe von Kuhmilch bei der Schafskäseproduktion lebensmittelrechtlich durchaus erlaubt und wird auch nicht näher reglementiert, aber

Wussten Sie schon, dass ...
das Butterbrot vor 700 Jahren eine kulinarische Revolution war?

Jahrhundertelang hatte man in Mitteleuropa Brot trocken gegessen oder allenfalls in Biersuppe getunkt. Dies änderte sich erst, als es im Hochmittelalter gelang, mit Salz haltbar gemachte Butter herzustellen, die man aufs Brot streichen konnte. Sofort stieg das Butterbrot zur Leibspeise von Bauern und Bürgern auf. Daher ist es kein Wunder, dass es auch urkundliche Erwähnung fand: So gibt das Bremer Krameramt 1339 an, dass bei feierlichen Gelegenheiten Butterbrote mit Käse als eigener Gang auf die Festtafel kamen.

DIE MILCH VON SCHAF, ZIEGE UND KUH

Während Wasser- und Eiweißgehalt bei der Milch von Schaf, Ziege und Kuh nur wenig differieren, enthält Schafsmilch auffallend viel Fett. Ziegenmilch wiederum ähnelt in ihrer Zusammensetzung der menschlichen Muttermilch am meisten.

Gehalt pro 100 ml

■ Wasser
■ Fett
■ Eiweiß

83 % 6,3–7 % 4,3 %   86 % 3,4–4 % 3,3 %   87 % 3,4–4,5 % 3,3 %

auf der Verpackung müssen alle Inhaltsstoffe deklariert werden – also auch die Kuhmilch. Fehlt der entsprechende Hinweis, handelt es sich schlicht und einfach um Betrug. Man sollte sich von der Bezeichnung Schafskäse oder auf der Verpackung abgebildeten Schafen nicht täuschen lassen, sondern auf die Inhaltsstoffe achten.

Einen Sonderfall bildet der Feta: Salzlakenkäse, der unter diesem Namen geführt wird, darf laut Lebensmittelrecht neben Schafsmilch nur noch Ziegenmilch enthalten, nicht aber Kuhmilch; ferner garantiert die Bezeichnung „Feta" dem Verbraucher, dass der Käse aus Griechenland stammt.

Wussten Sie schon, dass...
Zartbitterschokolade gesünder ist als weiße Schokolade?

Die Kakaobohne enthält viele sekundäre Pflanzenstoffe, die positiv auf Herz und Kreislauf wirken und das Immunsystem stärken. Je höher dabei der Kakaoanteil in der Schokolade ist, desto gesünder ist sie auch. Zartbitterschokolade etwa besteht zu mindestens 50 % aus Kakao – das ist etwa viermal so viel wie bei Milchschokolade. Dagegen enthält weiße Schokolade wesentlich weniger Kakao, dafür mehr fette Kakaobutter und Zucker, was nicht gerade als gesund gelten kann.

Stimmt es, dass...
SCHOKOLADE Pickel verursacht?   NEIN

Pickel und Akne entstehen infolge einer zu großen Produktion von Talg im Körper. Die fettige Substanz verstopft die Hautporen und begünstigt dort die Vermehrung von Bakterien, sodass es zu Entzündungen und Vereiterungen kommen kann.

Da Talg zur Gruppe der Fette gehört, liegt der Verdacht nahe, dass mit der Nahrung aufgenommene Fette die besonders unter Teenagern gefürchtete Akne auslösen. Vor allem Schokolade mit ihrem hohen Fettgehalt erscheint hierfür prädestiniert – und so wurde Generationen von Pubertierenden geraten, auf diese Süßigkeit lieber zu verzichten. Doch Ende der 1960er-Jahre rückte ein amerikanisches Forscherteam diesem Vorurteil zu Leibe. Man verabreich-

te Dutzenden von Halbwüchsigen wochenlang große Mengen von Schokolade. Dabei erhielt die Hälfte der Probanden echte Schokolade, während die Kontrollgruppe lediglich ein Kunstprodukt bekam, das nur so aussah und schmeckte wie Schokolade. Das Ergebnis war überraschend, denn in beiden Gruppen trat Akne bei einigen Teilnehmern auf, bei anderen nicht.

Seit dieser Studie darf also als widerlegt gelten, dass Schokolade für Pickel verantwortlich ist. Wenn jemand sehr viel Schokolade isst, könnte dies jedoch ein Hinweis darauf sein, dass sich diese Person nicht unbedingt sehr ausgewogen und gesund ernährt. Eine einseitige Ernährung hat aber meist negative Auswirkungen auf die Haut.

Stimmt es, dass...
SCHOKOLADE Nervennahrung ist?   JA

Das oft auch als Glückshormon bezeichnete Serotonin ist ein körpereigener Botenstoff, der u. a. positiven Einfluss auf unsere Stimmung hat und uns entspannter und aktiver sein lässt. Ist nicht genug Serotonin vorhanden, kann dies umgekehrt Lustlosigkeit und depressive Verstimmungen zur Folge haben. Da der Serotoninspiegel im Körper u. a. von der Lichtintensität abhängt, erstaunt es kaum, dass viele Menschen im Winter ein Stimmungstief haben. Eine

Schokolade kann indirekt dafür sorgen, dass wir in Prüfungssituationen entspannter sind.

auffällige Erhöhung des Schokoladenverbrauchs, die in Nordeuropa jedes Jahr in der dunklen Jahreszeit auftritt, legt nahe, dass Schokolade Abhilfe schaffen kann.

Tatsächlich fand man in der Süßigkeit Tryptophan, eine Aminosäure, mit deren Hilfe Serotonin aufgebaut wird. Das geschieht aber nur, wenn gleichzeitig Kohlenhydrate, also Zucker, vorhanden sind: Denn Zucker sorgt für die schnelle Ausschüttung des den Blutzucker regulierenden Insulins, welches wiederum die Serotoninproduktion anregt und den Spiegel des Glückshormons im Blut kurzfristig anhebt. Da Schokolade neben Tryptophan auch viel Zucker enthält, ist sie in Maßen genossen als Nervennahrung sehr gut geeignet.

Stimmt es, dass ...
SCHOKOLADE süchtig macht? NEIN

Ein Kupferstich von 1693 zeigt die mittelamerikanischen Ursprünge der Schokolade.

Die Erfindung der Schokolade verdanken wir den Azteken. *Xocoatl*, „herbes Wasser", nannten sie das bittere Getränk aus Kakaobohnen, das auch ihre Priester tranken, bevor sie sich in Trance auf visionäre Reisen zu ihren Göttern begaben.

Seither hat Schokolade – kräftig gesüßt – auch den Rest der Welt erobert: Immerhin verzehrt gegenwärtig jeder Deutsche etwa 8 kg Schokolade jährlich. Die Liebe zu dieser Süßigkeit geht bei vielen sogar so weit, dass sie sie als „Sucht" bezeichnen. Tatsächlich hat man in ihr Substanzen entdeckt, die, so Prof. Angelika Vollmar von der Universität München, durchaus „ein Sucht erregendes Potenzial besitzen – allerdings in so geringen Konzentrationen, dass man eine Unmenge Schokolade essen müsste, etwa 20–30 kg, bis man einen solchen Effekt bemerken würde".

Zu diesen Stoffen gehören die Aminosäure Tryptophan (die Vorstufe des „Glückshormons" Serotonin) sowie die aufputschenden Purinalkaloide Koffein und Theobromin. Zudem enthält Schokolade Phenylethylamin, das vermehrt im Blut zu finden ist, wenn wir uns verlieben, und dann für erhöhten Puls und den Anstieg von Blutdruck und Blutzuckerspiegel sorgt. Es konnten sogar Stoffe nachgewiesen werden, die die Wirkung haschischähnlicher Substanzen „imitieren" können.

Da all diese Stoffe in der Schokolade jedoch nur in Spuren vorkommen, ist deren Ruf als „Droge" wohl eher auf ihren Geschmack zurückzuführen – und darauf, dass die „Unvernunft" sich allzu gern gegen wissenschaftliche Empfehlungen durchsetzt, die einem so manchen kulinarischen Genuss verderben wollen.

Stimmt es, dass ...
SEKT den Kreislauf anregt? JA

Eine Anekdote berichtet, dass der berühmte Chirurg Prof. Sauerbruch seinen Patienten nach Operationen ein Glas Sekt – „aber nur eines!" – verordnet habe und zwar nicht, wie er selbst schrieb, „um die Klinik in eine angeregte optimistische Stimmung zu versetzen, sondern weil Sekt ein hervorragendes unschädliches Anregungsmittel des Kreislaufs ist".

Verantwortlich dafür sind zwei Bestandteile des Sekts: Kohlensäure und Alkohol. Kohlensäure fördert einerseits in Mund, Speiseröhre, Magen und Darm die Aufnahme des Alkohols – kohlensäurehaltige Alkoholika gehen also schneller ins Blut als „stille" wie etwa Wein. Zum anderen sorgt sie aber auch dafür, dass sich die Blutgefäße im Gehirn weiten, sodass das Blut besser zirkulieren kann und man sich wacher und angeregter fühlt. Alkohol wiederum erhöht in so geringen Konzentrationen, wie sie im Sekt vorliegen, den Blutdruck und regt den Kreislauf an, denn er ist in der Lage, die Blutgefäße kurzfristig durchlässiger zu machen. Sogar Muskelverspannungen können sich so lösen.

ABER: Schon ein zweites Glas verkehrt diese Wirkung ins Gegenteil. Der zusätzliche Alkohol senkt den Blutdruck und macht vor allem eines – müde.

Wussten Sie schon, dass ...
Frauen Schokolade wirklich „brauchen"?

Umfragen zufolge würden 50 % aller Amerikanerinnen lieber auf Sex als auf Schokolade verzichten. Die Ursache dafür liegt in der Natur des weiblichen Zyklus: Nach dem Eisprung sinkt nämlich der Serotoninspiegel im Körper ab, um kurz vor der Menstruation einen Tiefstand zu erreichen. Die Folge sind Gereiztheit und depressive Verstimmung – das prämenstruelle Syndrom. Das in der Schokolade enthaltene Tryptophan kurbelt die Serotoninproduktion an und hilft somit, wieder Ausgeglichenheit und Wohlbefinden zu erlangen.

Stimmt es, dass ...

SEKTFLASCHEN manchmal explodieren können? NEIN

Jeder kennt das verheißungsvolle Plopp, mit dem beim Öffnen der Sektkorken mit Wucht aus der Flasche schießt – gefolgt von einem feinen Nebel oder einem Schwall Sekt. Beide Phänomene gehen auf den Überdruck zurück, der in der Flasche herrscht. Unter diesem Druck ist Kohlendioxid in Form von Kohlensäure im Sekt gelöst. Entfernt man den Korken, sinkt der Druck in der Flasche schlagartig ab. Das Kohlendioxid perlt aus und führt durch die Vergrößerung seines Volumens dazu, dass die Flüssigkeit aus der Flasche getrieben wird. Der Sekt „explodiert" förmlich.

Das soll aber mit den geschlossenen Sektflaschen nicht passieren. Daher müssen sie u. a. über eine dickere Glaswand als Weinflaschen verfügen, um dem Druck standhalten zu können. Auch der Korken ist größer; damit er während der Lagerung oder des Transports nicht herausgepresst wird, hält ihn ein Drahtkörbchen, die so genannte Agraffe, im Flaschenhals fest.

ABER: Aufgrund von Materialfehlern, Transportschäden oder unsachgemäßem Umgang kann es in sehr seltenen Fällen trotzdem passieren, dass Sektflaschen explodieren – dies gilt aber für alle Flaschen, in deren Inhalt Kohlendioxid gelöst ist.

Wussten Sie schon, dass ...

die längste gekochte Nudel aus der Schweiz kommt?

Am 15. April 1994 wurde der längste „Spaghetto" der Welt von Tomislav Babic aus dem schweizerischen Stein am Rhein zubereitet. Die Rekordnudel maß stolze 188,8 m. Wie groß der Topf war, in der sie gekocht wurde, ist allerdings nicht überliefert.

Stimmt es, dass ...

SPAGHETTI in Italien erfunden wurden? NEIN

Den Italienern mag das Verdienst zukommen, den Spaghetti ihren Namen („Bindfädchen") gegeben zu haben – erfunden haben sie sie jedoch nicht. Dieses Verdienst gebührt vielmehr den Chinesen: Denn wie ein 4000 Jahre altes Pergament aus China beschreibt, stellte man schon damals Nudeln aus Weizenmehl, Eiern und Wasser her.

Ebenso falsch ist auch die Behauptung, Marco Polo (1254–1324) habe die Spaghetti aus China nach Italien gebracht. Denn bereits in etruskischen Gräbern aus dem 4. Jh. v. Chr. sind Nudelhölzer dargestellt. Außerdem hat man in einem römischen Kochbuch aus dem 1. Jh. n. Chr. ein Rezept für die Nudelzubereitung entdeckt.

Dünne Nudeln gehören in Asien seit Jahrtausenden zu den Grundnahrungsmitteln.

Stimmt es, dass ...

man nach SPINAT eine Orange essen sollte? JA

Spinat benötigt wie alle Gemüsepflanzen Nitrat, um zu wachsen. Diese natürliche Substanz, die im Erdboden vorkommt und sich in der Pflanze anreichert, ist an sich nicht gesundheitsschädlich, kann allerdings durch Mikroorganismen auf dem Ge-

müse oder im menschlichen Verdauungstrakt zu Nitrit abgebaut werden. Da dieser Stoff bei Säuglingen den Sauerstofftransport im Blut behindern und sogar zur tödlichen Blausucht führen kann, sollte man Babys unter 5 Monaten keinesfalls Spinat geben. Doch auch für Erwachsene ist Nitrit gesundheitlich nicht unbedenklich: Nitrit steht im Verdacht, in Anwesenheit von bestimmten Eiweißbausteinen – beispielsweise im sauren Milieu des Magens – zu Nitrosamin umgewandelt zu werden, das als Krebs erregend gilt.

Das heißt nun aber nicht, dass man gänzlich auf Spinat und andere nitratreiche Gemüse verzichten müsste, die dem Körper ja auch wertvolle Nährstoffe zuführen – schließlich gibt es auch Gegenmaßnahmen. So weiß man heute, dass Vitamin C in der Lage ist, den Abbau von Nitrit zu Nitrosamin zu verhindern, indem es zum einen selbst mit dem Nitrit reagiert und zum anderen die Reparaturmechanismen des Körpers unterstützt. Zudem fördert Vitamin C die Aufnahme des Eisens aus dem Spinat in den Organismus. Daher empfiehlt es sich, zu einem Spinatgericht einen Vitamin-C-reichen Fruchtsaft oder Salat zu sich zu nehmen oder das Blattgemüse mit Zitrone abzuschmecken. Ebenso gut kann man auch Obst verzehren, etwa eine Orange, die besonders viel Vitamin C enthält; da der Körper dieses Vitamin nicht speichern kann, sollte es aber über den ganzen Tag verteilt zugeführt werden.

Abgesehen vom Vitamin C gibt es einige Möglichkeiten, mit denen sich die Aufnahme von Nitrat senken lässt. Am besten kauft man nur Freilandware. Sie enthält weniger Nitrat als Treibhausgemüse, da Pflanzen bei Lichtmangel Nitrat nicht umsetzen, sondern speichern. Das bedeutet auch, dass Wintergemüse nitratreicher ist, weshalb man Spinat im Winter seltener essen sollte. Spinat sollte man nur im Kühlschrank lagern, da bei niedrigen Temperaturen Nitrat langsamer zu Nitrit umgebaut wird. Beim Putzen empfiehlt es sich, die äußeren Blätter, Blattstiele und -rippen zu entfernen, in denen sich das Nitrat anreichert. Indem man den Spinat gut wässert, wird weiteres Nitrat ausgeschwemmt. Wenn man das Blattgemüse dann in viel Wasser blanchiert oder kocht, kann der Nitratgehalt weiter verringert werden. Das Kochwasser muss man dann wegschütten.

Stimmt es, dass …
SPINAT besonders viel Eisen enthält? NEIN

Wahrscheinlich war ein einfacher Kommafehler schuld daran, dass ungezählte Kinder in aller Welt immer und immer wieder Spinat essen mussten. Obwohl der Irrtum bereits in den 1930er-Jahren in Deutschland berichtigt wurde, hat sich bis zum heutigen Tag in den Köpfen vieler Mütter und Väter die Überzeugung gehalten, dass Spinat das mit Abstand eisenreichste Gemüse sei, das sie ihren Sprösslingen servieren könnten.

Darüber, wie es zu diesem folgenreichen Fehler kam, kursieren verschiedene Versionen. Fest steht immerhin, dass Ende des 19. Jh. eine der ersten Analysen von Spinat veröffentlicht wurde und darin dem grünen Blattgemüse mit 35 mg (pro 100 g) ein sensationell hoher Eisengehalt bescheinigt wurde. Glaubt man der bekanntesten Geschichte zu diesem Irrtum, geht die falsche Zahl auf einen simplen Tippfehler zurück, bei dem ein Komma fälschlicherweise nach rechts verschoben und damit der eigentliche Wert von 3,5 mg (pro 100 g) verzehnfacht wurde. Andere Quellen wiederum wollen wissen, dass der betreffende Wissenschaftler mit getrocknetem Spinatpulver experimentierte und dabei vergaß, dass verzehrfertiger Spinat im Unterschied dazu zu 90 % aus Wasser besteht – was den Wert drastisch nach unten korrigiert hätte.

Doch gleichgültig, wie es zu dem Irrtum gekommen sein mag, inzwischen steht der einstige Spitzenreiter Spinat an der richtigen Stelle der „Eisenhitparade" und muss sich gefallen lassen, dass Leberwurst (5,9 mg), Schokolade (6,7 mg) und Pistazien (7,3 mg) die Spitzenplätze inne haben.

Die Zeichentrickfigur Popeye ist sicher der bekannteste Spinatfan der Welt.

Wussten Sie schon, dass …
Popeye für einen erhöhten Spinatkonsum in den USA sorgte?

Der berühmteste Zeichentrick-Seemann aller Zeiten wurde 1929 von Elzie Segar erfunden. Popeyes Markenzeichen: Sobald er eine Dose Spinat zu sich nimmt, bekommt er Bärenkräfte. Offenbar hatte Popeyes Spinatbegeisterung auch Auswirkungen auf sein amerikanisches Publikum. Die Inschrift auf dem Popeye-Denkmal in der texanischen Spinatmetropole Crystal City besagt jedenfalls, dass das Beispiel des Leichtmatrosen den Spinatabsatz um ein Drittel gesteigert hat.

Stimmt es, dass …

SPINAT nicht aufgewärmt werden sollte?　NEIN

Der Glaube, Spinat werde beim zweiten Erhitzen zu Gift, stammt noch aus früherer Zeit, als der Spinattopf den ganzen Tag auf dem die Wohnung heizenden Herd köchelte und immer wieder kleine Kinder nach Spinatgenuss an der gefährlichen Blausucht erkrankten. Bakterien sorgen nämlich dafür, dass das im Spinat enthaltene Nitrat zu Nitrit umgewandelt wird. Da die Mikroorganismen sich umso schneller vermehren, je länger der Spinat steht und je höher die Temperatur ist, steigt damit auch ihre Aktivität: Es kann also mehr Nitrit entstehen. Dieser Stoff ist aber für Babys im ersten Lebenshalbjahr gefährlich, da er den Sauerstofftransport im Blut behindern kann, was zur Blausucht führt. Erwachsene hingegen verfügen über Mechanismen, die diese Wirkung des Nitrits neutralisieren. Es spricht also nichts dagegen, Spinat wieder aufzuwärmen, solange man ihn nicht Kindern und Säuglingen vorsetzt, ihn nach dem ersten Kochen zügig abkühlt und sofort in den Kühlschrank stellt.

NITRAT IN GEMÜSE

In der Diskussion um Nitrat & Co. zeichnet sich Entspannung ab. So wies man nach, dass das Risiko, an Magenkrebs zu erkranken, durch Nitrat in Gemüse nicht steigt; zudem wird neuerdings sogar wieder darüber diskutiert, ob Nitrit im Körper tatsächlich zu Nitrosamin umgewandelt werden kann. Dennoch empfiehlt es sich, öfter auf nitratarme Gemüsesorten zurückzugreifen und die nitratreichen nur zusammen mit Vitamin-C-haltigen Lebensmitteln zu verzehren – zumindest bis es endgültige Klarheit gibt.

Gemüse mit hohem Nitratgehalt (1000–4000 mg/kg)	Gemüse mit mittlerem Nitratgehalt (500–1000 mg/kg)	Gemüse mit niedrigem Nitratgehalt (unter 500 mg/kg)
Feldsalat	Blumenkohl	Auberginen
Kohlrabi	Chinakohl	Bohnen
Kopfsalat	Grünkohl	Brokkoli
Mangold	Möhren	Erbsen
Radieschen	Sellerie	Gurken
Rettich	Weißkohl	Kartoffeln
Rhabarber	Wirsing	Paprika
Rote Bete	Zucchini	Spargel
Rucola		Tomaten
Spinat		Zwiebeln

Wussten Sie schon, dass …
grüner Tee nicht kochend heiß aufgegossen werden sollte?

Damit die Wirkung der Vitamine, aber auch der sekundären Pflanzenstoffe erhalten bleibt, darf grüner Tee nur mit heißem, aber nicht kochendem Wasser zubereitet werden. Er sollte zudem nur maximal 3 Minuten ziehen, sonst wird er aufgrund der Gerbstoffe zu bitter. Viele Genießer schütten sogar den ersten Aufguss weg und trinken erst den zweiten, um eine noch mildere Geschmacksnote zu erzielen. Generell sollte man frisches, kalkarmes Wasser verwenden.

Stimmt es, dass …

grüner TEE gesünder ist als schwarzer?　JA

Im Gegensatz zu schwarzem Tee wird Grüntee nicht fermentiert, sondern nur mit heißem Dampf behandelt. Dies verhindert, dass Zellstrukturen aufbrechen, Oxidationsprozesse in Gang gesetzt werden und Vitamine sowie sekundäre Pflanzenstoffe entweichen können. Anders als in Schwarztee bleiben in Grüntee also praktisch alle wertvollen Inhaltsstoffe erhalten.

Außerdem werden beim Dämpfen Gerbstoffe freigesetzt. Dazu gehört auch das Epigallocatechingallat (EGCG), das hier in fünffach höherer Konzentration als im schwarzen Tee vorliegt. Es gilt derzeit als wichtigster Gerbstoff des Grüntees – vor al-lem deshalb, weil es so genannte freie Radikale unschädlich machen kann. Die freien Radikale, die beispielsweise unter Einfluss von Alkohol, Nikotin, Ozon oder einseitiger Ernährung entstehen, sind gefährlich, weil sie im Körper Zellstrukturen angreifen und Krebs auslösen können.

Doch damit nicht genug: Grüner Tee enthält zudem mehr B-Vitamine und Betakarotin als Schwarztee. Grüntee wird auch nachgesagt, er töte Bakterien und Viren ab, senke Blutdruck und Blutzuckerspiegel, beuge Herz-Kreislauf-Erkrankungen vor, stärke das Immunsystem und unterstütze die Leber bei ihrer Blutreinigungsfunktion.

Die Frage, wie viele Tassen des grünen „Wundertranks" man täglich trinken sollte, um seine Gesundheit wirksam zu schützen, hat die Forschung indes noch nicht beantwortet – zumal einige Erkenntnisse bisher nur aus Tierversuchen stammen und unklar ist, ob man sie ohne weiteres auf den Menschen übertragen kann. So viel lässt sich aber schon heute sagen: Gesundheitsschädliche Wirkungen durch den Genuss von zu viel grünem Tee wird man wohl kaum befürchten müssen.

Bei der Fermentierung prüft ein „Teemacher" die Temperatur dieses Gärprozesses, bei dem Grüntee zu Schwarztee umgewandelt wird.

Stimmt es, dass ...
schwarzer TEE den Zahnschmelz schützt? | JA

Die Zähne des Menschen sind ständigen Angriffen ausgesetzt – vor allem von den im Mund vorhandenen Streptokokken-Bakterien, die Mundgeruch, Zahnbelag und Karies verursachen. Zudem produzieren sie Milchsäure, die auch die Zähne angreift.

Regelmäßiger Genuss von Schwarztee hilft gegen all dies. Denn einerseits ist im Tee der sekundäre Pflanzenstoff Theaflavin zu finden, der die zahnschmelzschädigende Säureproduktion bremst sowie das Wachstum der Streptokokken-Bakterien hemmt. Zum anderen enthält er Fluoride, die den Zahnschmelz härten. Diesem werden nämlich bei jeder Mahlzeit Mineralien entzogen, um die Milchsäure zu neutralisieren. So entstehen offene Stellen, in denen sich Kariesbakterien einnisten können. Das Fluorid schließt diese „Löcher" wieder (siehe Illustration unten). Schon drei bis vier Tassen Schwarztee decken den täglichen Fluoridbedarf eines Erwachsenen.

WIE FLUORIDE DEN ZAHNSCHMELZ SCHÜTZEN

Die Streptokokken im Mund produzieren Milchsäure. Um diese zu neutralisieren, werden Mineralien aus dem Zahnschmelz herausgelöst (Demineralisation). Kalziumphosphate aus dem Speichel und Fluoride aus der Nahrung schließen die entstandenen offenen Stellen wieder (Remineralisation).

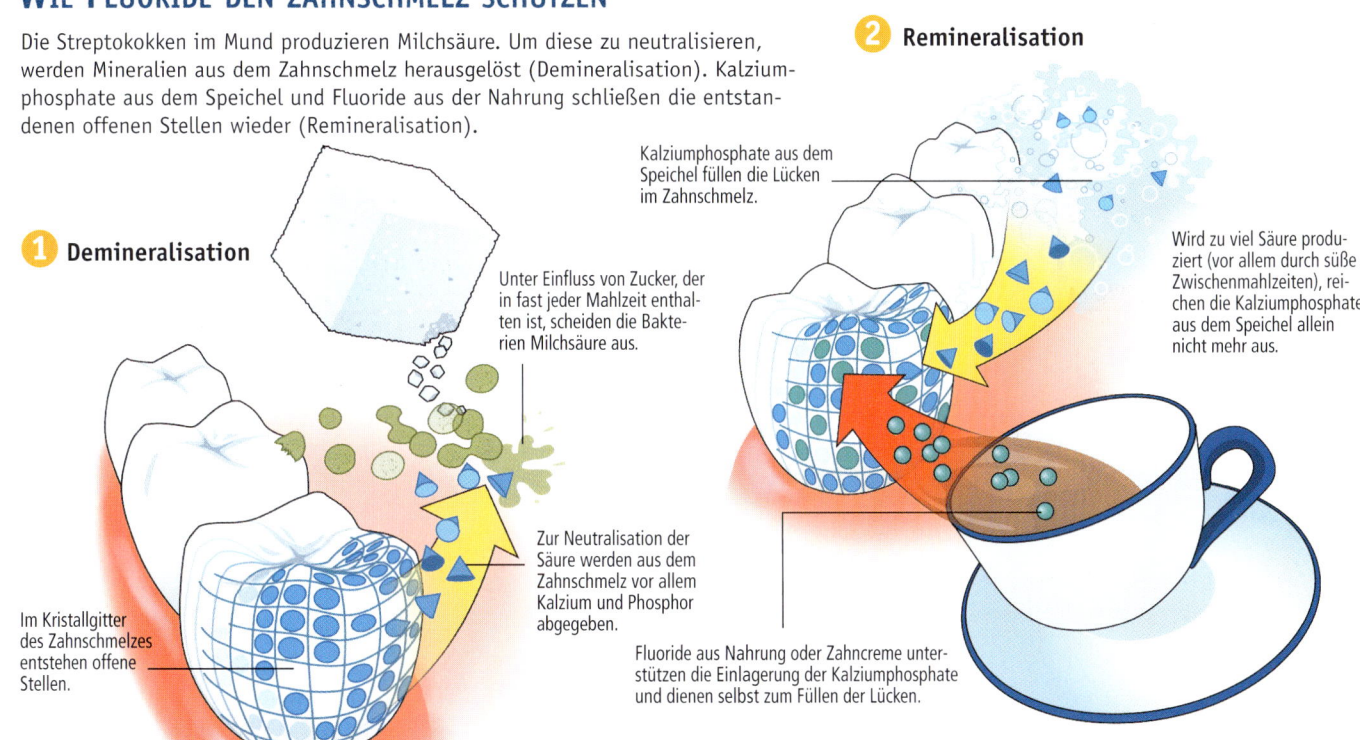

2 Remineralisation

Kalziumphosphate aus dem Speichel füllen die Lücken im Zahnschmelz.

Wird zu viel Säure produziert (vor allem durch süße Zwischenmahlzeiten), reichen die Kalziumphosphate aus dem Speichel allein nicht mehr aus.

1 Demineralisation

Unter Einfluss von Zucker, der in fast jeder Mahlzeit enthalten ist, scheiden die Bakterien Milchsäure aus.

Zur Neutralisation der Säure werden aus dem Zahnschmelz vor allem Kalzium und Phosphor abgegeben.

Im Kristallgitter des Zahnschmelzes entstehen offene Stellen.

Fluoride aus Nahrung oder Zahncreme unterstützen die Einlagerung der Kalziumphosphate und dienen selbst zum Füllen der Lücken.

Wussten Sie schon, dass ...
beim Tiefkühlen am wenigsten Vitamine verloren gehen?

Keine andere Konservierungsmethode schont Vitamine und Mineralstoffe so sehr wie das Tiefkühlen. Selbst Frischware hat, wenn sie nicht sofort nach der Ernte verbraucht wird, sondern zwischengelagert werden muss, oft weniger Vitalstoffe zu bieten als Tiefkühlkost. Der Grund dafür ist, dass das Tiefgefrieren der Ware bereits im erntefrischen Zustand erfolgt.

Stimmt es, dass ...
TIEFKÜHLKOST nach dem Auftauen nicht mehr eingefroren werden sollte?　　NEIN

Der Hinweis „Nach dem Auftauen nicht wieder einfrieren!" ist auf jeder Tiefkühlverpackung zu finden und verunsichert noch immer viele Verbraucher. Dabei ist er ebenso irreführend wie überflüssig, da er im Widerspruch zu den Erkenntnissen der modernen Lebensmitteltechnik steht. Denn wer diesen Hinweis dahingehend versteht, die Tiefkühlware könne beim mehrmaligen Einfrieren durch unkontrolliertes Bakterienwachstum verderben, irrt. Die Vermehrung der Bakterien hängt vielmehr vom sachgerechten Umgang mit dem Lebensmittel außerhalb des Gefrierfachs ab.

Beim erstmaligen Tiefgefrieren bei –18 °C werden die Lebensmittel in ihrem aktuellen Zustand konserviert und alle in diesem Augenblick vorhandenen Keime und Erreger buchstäblich „auf Eis" gelegt – aber nicht zerstört. Taut man die Ware wieder auf, so werden auch die Mikroorganismen reaktiviert. Je länger also die betreffenden Speisen bei Zimmertemperatur auftauen oder stehen, desto wahrscheinlicher ist auch, dass sich die Bakterien wieder vermehren und Schaden anrichten können. Deshalb sollte man Tiefkühlware schonend an- oder auftauen und nicht zu lange außerhalb des Gefrierfachs lagern. Denn wer für eine zügige Verarbeitung und Zubereitung sorgt und Speisereste sofort wieder einfriert, verkleinert auch das Risiko des Bakterienbefalls.

Im Normalfall können Lebensmittel also problemlos eingefroren und wieder aufgetaut werden. Bei Geflügel sollte man aber vorsichtig sein: Wegen der Salmonellengefahr darf man hier die Antauflüssigkeit – im Gegensatz zu Fleisch – keinesfalls verwenden. Weißer oder brauner Gefrierbrand hingegen entsteht, wenn die Ware durch schadhafte Verpackungen mit Sauerstoff in Berührung kommt. Sie verdirbt dadurch nicht im mikrobiologischen Sinn, der Geschmack leidet aber erheblich.

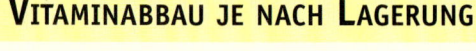

VITAMINABBAU JE NACH LAGERUNG

Mancher Spinat, der an der Frischtheke zu kaufen ist, hat kaum noch Vitamine vorzuweisen. Allerdings nimmt auch bei Gefrierkost der Vitamingehalt im Lauf der Zeit ab. Und schließlich hat auch die Zubereitungsart entscheidenden Einfluss darauf, wie viele der ursprünglichen Vitamine noch auf dem Teller zu finden sind.

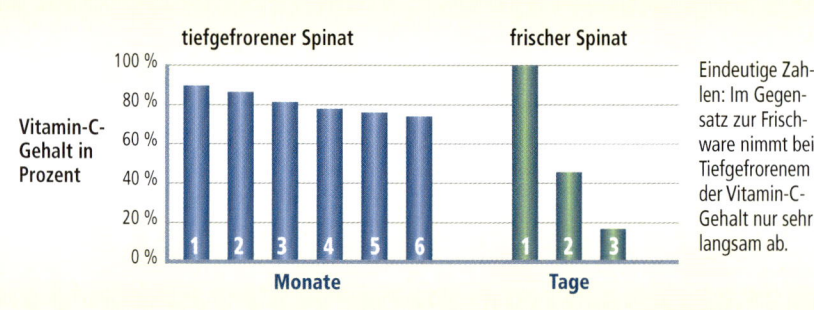

tiefgefrorener Spinat — Vitamin-C-Gehalt in Prozent — 100 % 80 % 60 % 40 % 20 % 0 % — 1 2 3 4 5 6 — Monate

frischer Spinat — 1 2 3 — Tage

Eindeutige Zahlen: Im Gegensatz zur Frischware nimmt bei Tiefgefrorenem der Vitamin-C-Gehalt nur sehr langsam ab.

Stimmt es, dass ...
die grünen Teile von TOMATEN giftig sind?　　JA

Tomaten gehören wie Kartoffeln zu den Nachtschattengewächsen, die in unreifem Zustand ein giftiges Alkaloid produzieren, mit dem sie sich vor dem vorzeitigen Gefressenwerden durch Schädlinge und Räuber schützen. Dieser Giftstoff, das Solanin, ist in allen grünen Pflanzenteilen der Tomaten zu finden, also auch im Stielansatz und im noch nicht ausgereiften Fruchtfleisch. Da Solanin hitzebeständig ist, kann es durch Kochen nicht zerstört werden; allerdings nimmt seine Konzentration mit zunehmendem Reifegrad der Tomate ab.

In grünen Tomaten wurde ein Solaningehalt von 9–32 mg pro 100 g gemessen, rote Tomaten enthalten dagegen nur noch verschwindend geringe Spuren des Giftes. Der kritische Wert, ab dem das Solanin im menschlichen Organismus Vergiftungserscheinungen auslöst, liegt bei 25 mg; eine Dosis ab 400 mg gilt als tödlich – obwohl bisher noch kein derartiger Todesfall unter Erwachsenen dokumentiert ist.

Konfitüre aus grünen Tomaten gilt in kleinen Mengen als ungefährlich.

und Durchfall, kann bei entsprechender Dosierung aber auch ernsthafte Symptome wie Sehstörungen, Angstzustände, Atemnot, innere Blutungen und Bewusstlosigkeit zur Folge haben. Vor allem Kinder gehören dabei zur Risikogruppe, da sie aufgrund ihrer geringeren Körpermasse weniger Solanin als Erwachsene vertragen. Experten warnen deshalb eindringlich vor dem Genuss der grünen Teile von Tomaten und empfehlen, diese vor dem Verzehr komplett zu entfernen.

Damit geraten auch Konfitüren aus grünen Tomaten und süßsauer eingelegte grüne Tomaten in den Verdacht, giftig zu sein. Konfitüren gelten jedoch dank ihres hohen Zuckergehalts, der zu einer Verdünnung des Solanins führt, und wegen der kleinen Portionen, die man davon isst, als unbedenklich. Von eingelegten Tomaten in größeren Mengen wird dagegen abgeraten: Sie enthalten immerhin noch rund 90 % des ursprünglichen Solanins.

Eine Solaninvergiftung ist nicht ungefährlich. Sie äußert sich in leichteren Beschwerden wie Brennen und Kratzen im Hals, Kopfschmerzen, Übelkeit, Erbrechen

Stimmt es, dass ...

TRAUBENZUCKER die sportliche Leistung steigert?   JA

Traubenzucker gehört zu den Einfachzuckern, die für die Energiegewinnung im menschlichen Organismus eine tragende Rolle spielen, denn sie können im Bedarfsfall sehr schnell und effektiv Energie bereitstellen. Besonders bei anhaltender sportlicher Belastung ist dies von Bedeutung, da der Körper dann rasch Energie verbrennt und die leeren Speicher zügig wieder auffüllen muss, um das Leistungsniveau zu halten. Hinzu kommt, dass Gehirn und Nervenbahnen ihren Energiebedarf fast nur durch Kohlenhydrate bzw. Traubenzucker decken können. Geht hier aber der Brennstoff aus, leiden Konzentration und Bewegungskoordination, und die Leistungskurve bricht ein.

Um den drohenden Leistungsknick kurzfristig abzufangen, empfiehlt es sich daher, eine kleine Menge Traubenzucker zu sich zu nehmen – insbesondere bei Spielsportarten und Zwischenspurts sowie Kurzstrecken in der Leichtathletik. Der Traubenzucker wird direkt ins Blut aufgenommen, gelangt so schneller in die Körperzellen und sorgt bereits innerhalb weniger Minuten nach der Einnahme für den gewünschten Energieschub.

ABER: Als langfristiger Energielieferant ist Traubenzucker nicht geeignet. Der durch ihn bedingte Anstieg des Blutzuckerspiegels führt gleichzeitig zu einer vermehrten Ausschüttung von Insulin, das wiederum als Gegenreaktion den Blutzuckerwert rapide abfallen lässt. Die Folge ist erneut Unterzuckerung, Müdigkeit und Heißhunger nach Süßem. Wer beim Sport längerfristig leistungsfähig bleiben möchte, sollte daher auf längerkettigen Zucker, etwa aus Vollkornprodukten, zurückgreifen. Dieser geht langsamer ins Blut über, ohne dabei eine überschießende Insulinproduktion zu provozieren.

Im Radsport kann der Energieschub durch Traubenzucker für einen taktischen Zwischenspurt genutzt werden.

Wussten Sie schon, dass ...
Traubenzucker die Fettverbrennung beim Sport hemmt?

Die erhöhte Insulinproduktion, mit der der Körper auf die Zufuhr von Traubenzucker reagiert, senkt nicht nur den Blutzuckerspiegel; die Insulin-Ausschüttung bewirkt zudem, dass der Abbau von Fett gehemmt wird. So unterbleibt also ein Teil der Fettverbrennung, die für viele der wichtigste Grund für sportliche Betätigung ist.

Stimmt es, dass …

das TRINKEN zwischen den Mahlzeiten wichtiger ist als Trinken zu den Mahlzeiten? **JA**

Mit der Nahrung wird täglich bereits etwa 1 l Flüssigkeit aufgenommen, daher muss man zum Essen nicht zwingend trinken. Viel wichtiger ist es, zwischen den Mahlzeiten auf eine gleichmäßig verteilte Wasserzufuhr (bei Erwachsenen täglich etwa 1,5–2 l) zu achten, um fit zu bleiben. Denn der Körper verbraucht ständig Flüssigkeit. So werden pro Tag etwa 2,5 l Wasser über Schweiß, Atemluft und Harn abgegeben – ein Wert, der sich bei Hitze, Diäten und sportlicher Betätigung noch erhöht.

Studien haben sogar ergeben, dass Flüssigkeitsmangel, der erst abends ausgeglichen wird, noch am nächsten Tag Leistungseinbußen verursacht. Wer erst trinkt, wenn er durstig ist, trinkt eigentlich zu spät, weil der Durst erst auftritt, wenn dem Körper bereits 0,5 % des Körpergewichts an Flüssigkeit fehlen.

Kinder sollten rund 1 l Flüssigkeit pro Tag trinken.

Wussten Sie schon, dass …
Kaffee und Tee dem Körper doch keine Flüssigkeit entziehen?

Die Deutsche Gesellschaft für Ernährung (DGE) hat es an den Tag gebracht: Schuld an der medizinischen Mär vom „Harntreiber" Koffein sind alte Studien, die falsch ausgewertet wurden. Deren Neuinterpretation hat nämlich gezeigt, dass das in Kaffee oder Schwarztee enthaltene Koffein zwar harntreibende Wirkung hat, diese jedoch bei regelmäßigem Konsum weniger stark ausgeprägt und nur vorübergehend auftritt. Der Wasserverlust wird vom Körper innerhalb des Tages wieder ausgeglichen. Koffeinhaltige Getränke sind also durchaus in die tägliche Flüssigkeitsbilanz einzubeziehen.

Stimmt es, dass …

VEGETARIER an Nährstoffmangel leiden? **NEIN**

Drei große deutsche Studien mit Vegetariern konnten bei den Teilnehmern auch über längere Zeit hinweg keinerlei Mangelzustände oder -erscheinungen feststellen. Damit wurde ein weit verbreitetes Vorurteil widerlegt. Vegetarier sind vielmehr im Durchschnitt gesünder als Fleischesser und haben sogar eine höhere Lebenserwartung. Außerdem haben Vegetarier seltener Übergewicht und Bluthochdruck, dafür niedrigere Cholesterinwerte und ein geringeres Risiko für Diabetes, Gicht, Rheuma und Herz-Kreislauf-Erkrankungen als „Normalesser".

Eine umfassende Nährstoffversorgung fällt den Ovolaktovegetariern, die bei ihrer Ernährung nur auf Fleisch und Fisch verzichten, jedoch Eier, Milch und Milchprodukte zu sich nehmen, am leichtesten – gefolgt von den so genannten Laktovegetariern, die zusätzlich auch Eier weglassen. Engpässe wie etwa bei der Versorgung mit Eisen (Fleisch), Jod oder Omega-3-Fettsäuren (Seefisch) lassen sich bei diesen beiden Gruppen relativ mühelos durch

DIE VEGETARISCHE ERNÄHRUNGSPYRAMIDE

Vollwertige Getreideprodukte stellen bei der vegetarischen Ernährung die wichtigste Quelle für Kohlenhydrate dar, Hülsenfrüchte spenden wertvolles Eiweiß. Täglich fünf Obst- und Gemüseportionen liefern Vitamine, Mineralien und sekundäre Pflanzenstoffe, während essenzielle Fettsäuren aus Nüssen, Samen und Pflanzenölen gewonnen werden. Fettarme Milch und Milchprodukte versorgen den Körper mit Kalzium, Milchsäurebakterien und Vitamin B_{12}. In kleinen Mengen sind auch Eier und Süßigkeiten erlaubt.

1 Süßes
2 Milchprodukte
3 Eier
4 Pflanzenöle
5 Nüsse und Samen
6 Gemüse
7 Kartoffeln
8 Obst
9 Hülsenfrüchte
10 Getreideprodukte

Ausweichen auf andere, erlaubte Lebensmittel vermeiden.

So einfach ist dies beim nur von wenigen Vegetariern praktizierten veganen Lebensstil, der alle von Tieren stammenden Lebensmittel ablehnt (also auch Eier und Honig), allerdings nicht. Veganern fehlt das lebenswichtige Vitamin B_{12}, das nur in tierischen Nahrungsmitteln vorkommt und durch Zusatzpräparate zugeführt werden muss. Wer vegan leben will, muss also sehr genau auf eine ausreichende Nährstoffzufuhr achten, weshalb diese Ernährungsform von der Deutschen Gesellschaft für Ernährung (DGE) nicht als langfristig empfehlenswert betrachtet wird. Bei entsprechender Sachkenntnis können jedoch auch Veganer Mangelerscheinungen vermeiden.

Stimmt es, dass …

man destilliertes WASSER nicht trinken sollte? | NEIN

Durch Destillation gewinnt man von Salzen befreites Wasser, das meist für wissenschaftliche Zwecke verwendet wird. Früher glaubte man, dass dieses Aquadest zu Magenbluten oder sogar zum Tod führen könne, wenn man es trinke. Begründet wurde dies damit, dass destilliertes Wasser dem Körper im Gegensatz zu Leitungs- oder Mineralwasser keine Mineralien zuführe, sondern ihm diese im Gegenteil zwischen und in den Zellen entziehe. Um den dadurch entstehenden Konzentrationsunterschied zwischen Zellinnerem und Umgebung auszugleichen, so die landläufige Überzeugung, würden sich die Zellen so lange mit destilliertem Wasser vollsaugen, bis sie platzen.

Mittlerweile ist diese These widerlegt. Denn feste Nahrung, die ja immer Mineralsalze enthält, und destilliertes Wasser vermischen sich spätestens im Magen, wo die salzige Magensäure ihr Übriges tut. Die Zellen unseres Körpers kommen also nie mit chemisch völlig reinem und salzfreiem Wasser in Berührung. Und damit kann auch die angeblich von Aquadest ausgehende Gefahr getrost vergessen werden. Es ist also bedenkenlos möglich, destilliertes Wasser zu trinken oder es für die Zubereitung von Kaffee und Tee zu verwenden.

ABER: Die meisten Experten raten allerdings davon ab, ausschließlich destilliertes Wasser zu trinken. Denn es kann, wenn auch noch eine einseitige Ernährung hinzukommt, möglicherweise den Elektrolythaushalt des Körpers durcheinander bringen. Dies wiederum könnte zu einer Verarmung an Mineralsalzen führen.

Stimmt es, dass …

der Geschmack des WEINS vom Verschluss der Flasche beeinflusst wird? | JA

Einen „verkork(s)ten" Wein hat wohl jeder schon einmal erwischt. Bei diesem bekannten Weinfehler dringen Mikroorganismen durch den Kork und reagieren dann mit der Chlorbleiche im Korken zu Trichloranisol (TCA). Der Wein kippt um, schmeckt schimmelig-muffig und wird ungenießbar.

Eine wirksame Maßnahme gegen diesen Effekt ist der Schraubverschluss, der billig und nach Anbruch der Flasche noch benutzbar ist. Das Wichtigste ist jedoch, dass der Geschmack des Weins nicht beeinflusst wird. In Deutschland weckt dieser Verschluss jedoch Assoziationen an Billigwein. Daher wird es wohl noch etwas dauern, bis seine Vorzüge auch hier erkannt werden.

Dass der Wein durch den Korken „atmet", ist eine Legende. Das genaue Gegenteil ist richtig, denn der Korken soll den Wein möglichst luftdicht gegen Einflüsse von außen versiegeln.

Der Schraubverschluss beugt am besten dem Umkippen des Weins vor und wird in der Schweiz inzwischen fast ausschließlich verwendet.

Stimmt es, dass ...
man auf **WEIN** kein Bier trinken soll?   NEIN

Offenbar macht sich jede Nation ihre eigenen Gedanken dazu, in welcher Reihenfolge man Wein und Bier am besten zu sich nehmen sollte, damit das körperliche Wohlbefinden möglichst erhalten bleibt. Im Gegensatz zu dem bei uns gebräuchlichen Merksatz „Bier auf Wein, das lass sein" heißt es in Großbritannien nämlich: *Beer after wine and you feel fine, wine after beer and you feel queer* (Bier auf Wein und dir geht es gut, Wein auf Bier und dir geht es schlecht). Das ist ein Hinweis darauf, dass es mit medizinischen Begründungen weder für die eine noch für die andere Reihenfolge allzu weit her sein kann.

Tatsächlich lässt sich die Behauptung wissenschaftlich nicht halten, dass man nach dem Genuss von Wein kein Bier trinken sollte. Beide Alkoholika entfalten ihre Wirkung, unabhängig davon, welches zuerst ins Blut kommt – und über den Kater am Morgen danach entscheidet ohnehin nur die insgesamt getrunkene Menge. Zudem schließen Kenner ihre Weinprobe stets mit einem Pils ab – ohne dass es ihnen danach schlecht ginge.

Für die Richtigkeit des umgekehrten Merksatzes – „Wein auf Bier, das rat' ich dir" – scheint mehr zu sprechen. Bier mit seinem hohen Nährwert und niedrigen Alkoholgehalt bereitet im Magen sozusagen den Boden für den höherprozentigen Wein. Man verträgt also mehr, ohne gleich betrunken zu werden, weil der Alkohol des Weins langsamer ins Blut aufgenommen wird.

Wussten Sie schon, dass ...
Handys und Laptops künftig mit Wodka angetrieben werden könnten?

Amerikanische Forscher haben eine Bio-Brennstoffzelle entwickelt, die mithilfe von Alkohol und Enzymen elektrischen Strom erzeugt; Testreihen mit Wodka und Gin wurden bereits erfolgreich absolviert. Diese Variante ist als Alternative zur herkömmlichen Brennstoffzelle konzipiert, die mit Sauerstoff und Wasserstoff funktioniert. Auf der Elektronikmesse CeBIT 2003 präsentierte ein Hersteller bereits eine mit Methanol (dem einfachsten, giftigen Alkohol) betriebene Brennstoffzelle für einen Laptop und kündigte die Umstellung auf Ethanol (Konsumalkohol) an.

Stimmt es, dass ...
man nach dem Genuss von **WODKA** keine „Fahne" hat?   NEIN

Das Nationalgetränk der Russen wird aus Wasser, Ethylalkohol, Hefe und Getreide (vor allem Roggen) oder alternativ Kartoffeln gebrannt. Im Gegensatz zu anderen Spirituosen, die ihre bei der Gärung entstandenen Aromastoffe behalten dürfen, wird das Wodka-Destillat durch die Ausfilterung mit Holzkohle so weit wie möglich gereinigt, sodass nur noch eine sehr kleine Menge von Aromastoffen übrig bleibt. Am Ende des Herstellungsprozesses wird das Destillat nochmals papiergefiltert und mit Wasser vermischt. Der Wodka, der auf diese Weise entstanden ist, weist nun einen Mindestalkoholgehalt von 37,5 Volumenprozent auf und gehört damit zu den reinsten Spirituosen.

Wenn es ein genießbares Getränk gäbe, das nur aus Wasser und Ethylalkohol bestünde, wäre die Alkoholfahne tatsächlich kaum wahrzunehmen. Ethylalkohol an sich hat nämlich einen angenehmen, fast süßlichen Geruch – und dieser wird bei Wodka nicht durch Abbauprodukte der so genannten Fuselöle verfälscht. Fuselöle sind aromabestimmende Stof-

Keine Chance bei der Polizeikontrolle: Auch wer Wodka trinkt, hat eine leichte Fahne.

fe, die als Nebenprodukte bei der alkoholischen Gärung entstehen und in den meisten Branntweinen enthalten sind.

Unter allen Spirituosen, die man ohne direkte gesundheitliche Schäden trinken kann, kommt Wodka also dem Ideal eines keine „Fahne" verursachenden Getränks am nächsten. Dafür, dass man nach dem Genuss von Wodka zwar noch immer etwas nach Alkohol riecht, aber bei weitem nicht so stark wie nach Bier- oder Weinkonsum, ist die Tatsache verantwortlich, dass Wodka zu einem hohen Prozentsatz aus reinem Alkohol besteht und kaum Aromastoffe enthält.

Über eines sollte man sich jedoch klar sein: Auch wenn der Wodka-Konsum für einen relativ neutral riechenden Atem sorgt, ist der Alkohol natürlich trotzdem im Blut nachweisbar. Wer also bei einer Polizeikontrolle zum „Blasen" aufgefordert wird, muss auch als Wodkatrinker Farbe bekennen. Denn das unbestechliche Röhrchen registriert jeden Promillegehalt – ob man nun eine ausgeprägte Fahne hat oder nur wenig nach Alkohol riecht.

Wussten Sie schon, dass ...
Vitamin C Herz-Kreislauf-Erkrankungen vorbeugen kann?

Vitamin C unterstützt nicht nur die Aufnahme von Eisen, die Immunabwehr und die Bildung von Knochen, Knorpeln und Bindegewebe. Es beugt, wenn es aus natürlichen Quellen stammt, auch Herz-Kreislauf-Erkrankungen vor. Von Einnahmen zu hoher Tagesdosen in Pillenform muss heute allerdings abgeraten werden, da sie sogar schaden können.

Stimmt es, dass ...

ZITRONEN und Orangen von allen Früchten das meiste Vitamin C enthalten?   **NEIN**

Vitamin C – das auch als Ascorbinsäure bezeichnet wird – gehört zu den wasserlöslichen Vitaminen, die sich nicht im Körper anreichern können, sondern mit dem Urin wieder ausgeschieden werden. Da der Mensch dieses Vitamin nicht selbst herstellen kann, muss er es täglich mit der Nahrung aufnehmen. Für Jugendliche und Erwachsene wird eine Tagesdosis von 100 mg empfohlen. Jede erhöhte Belastung des Körpers, wie beispielsweise durch Medikamente, Schadstoffe oder auch durch höhere körperliche Betätigung, hat infolge des aktiveren Stoffwechsels automatisch auch eine Erhöhung des Vitaminbedarfs zur Folge. Schwangere müssen das Ungeborene mit Vitamin C aus dem eigenen Kreislauf versorgen, benötigen also ebenfalls eine größere Menge von diesem Vitalstoff – ebenso wie Kranke, deren Immunsystem eine höhere Vitamin-C-Dosis braucht.

Im Allgemeinen gelten Zitrusfrüchte wie Zitronen, Orangen oder Grapefruits als reichhaltigste Quellen für Ascorbinsäure. In Wahrheit nehmen diese Früchte in einer Rangliste nach Vitamin-C-Gehalt aber nur einen Platz im Mittelfeld ein. Platz eins bleibt für die Hagebutten reserviert: 100 g enthalten 1250 mg Vitamin C! Will man die notwendige Tagesdosis Vitamin C erreichen, muss man auch bedenken, dass die Ascorbinsäure sehr anfällig für Sauerstoff, Licht und Hitze ist. Daher nimmt mit jedem Tag Lagerzeit der Vitamin-C-Gehalt von Lebensmitteln kontinu-

DIE WICHTIGSTEN VITAMIN-C-LIEFERANTEN

Frischobst (100 g)	Vitamin C (in mg)	Frischobst (100 g)	Vitamin C (in mg)
Hagebutte	1250	Mangos	39
Sanddornbeeren	450	Rote Johannisbeeren	36
Guaven	273	Mandarinen	30
Schwarze Johannisbeeren	189	Himbeeren	25
Papayas	82	Ananas	19
Kiwis	71	Süßkirschen	15
Erdbeeren	65	Avocados	13
Zitronen	53	Äpfel	12
Orangen	50	Preiselbeeren	12
Grapefruits	44	Bananen	12

ierlich ab. Es empfiehlt sich deshalb, Obst lieber täglich zu kaufen und frisch zu verzehren. Außerdem sollte man Vitamin-C-haltige Früchte möglichst wenig zerkleinern und nur kurz stehen lassen, denn über die größere Oberfläche kann der Sauerstoff aus der Luft das Vitamin C leichter angreifen und abbauen. Frisch gepresste Säfte sind ebenso anfällig und sollten daher sofort getrunken werden.

Wussten Sie schon, dass ...
viele Lebensmittel, die nicht süß sind, Zucker enthalten?

50–60 % aller industriell hergestellten Nahrungsmittel enthalten Haushaltszucker, und das teilweise in beträchtlichen Mengen. Darunter sind auch Lebensmittel, die nicht einmal süß schmecken: Mayonnaise, Senf, Meerrettich, Fertigsaucen, -suppen und -gerichte, sogar verschiedene Brotsorten gehören dazu.

Stimmt es, dass ...
brauner ZUCKER gesünder ist als weißer? **NEIN**

Weißer Haushaltszucker genießt zu Recht einen schlechten Ruf, denn schließlich weist er viele „leere" Kalorien auf, d. h., Zucker ist sehr energiereich, enthält dabei aber kaum Nährstoffe wie Vitamine oder Mineralien.

Außerdem greift Zucker bekanntermaßen die Zähne an, macht dick und steht auch noch im Verdacht, viele Zivilisationskrankheiten, beispielsweise Herz-Kreislauf-Erkrankungen, Stoffwechselkrankheiten und sogar Krebs zu begünstigen. Die wenigsten Verbraucher allerdings wissen, dass brauner Zucker, der landläufig auch dank seines höheren Preises als „ökologisch wertvoller" eingestuft wird, ebenso wenig mit dem natürlichen Ausgangsstoff zu tun hat wie sein weißes Pendant und damit auch ebenso schädlich ist.

Den so genannten Industriezucker gewinnt man mittels Raffinade aus der heimischen Zuckerrübe oder dem tropischen Zuckerrohr. Durch langwierige Reinigungsprozesse wird er seiner gesunden Anteile beraubt, sodass am Ende ein Produkt entsteht, das fast ausschließlich reinen Rohrzucker (Saccharose) enthält.

Bei der Herstellung von Rübenzucker werden beispielsweise die Zuckerrüben, die etwa 16 % Rohrzucker enthalten, zunächst gewaschen und zerkleinert. Mithilfe von heißem Wasser wird nun der Zucker aus den Pflanzenteilen herausgelöst. Der Rohsaft, den man auf diese Weise erhält, besteht zu 12–24 % aus Zucker. Nach dem Reinigen und Eindampfen wird ein Dicksaft gewonnen, der bereits einen Anteil von 55–60 % Zucker besitzt. Er wird nochmals eingedickt; dabei kristallisiert brauner Zucker mit einem Saccharosegehalt von über 90 % aus. Zusätzlich kann dem braunen Zucker nun noch Zuckercouleur oder Melasse – ein Rückstand, der beim Herstellungsprozess anfällt – beigemengt werden. Der braune Zucker ist nun fertig. Bis auch der weiße Zucker raffiniert ist, muss der Rohzucker hingegen noch einige weitere Reinigungsschritte durchlaufen.

Brauner Zucker wird also auf dieselbe Weise produziert wie weißer Zucker; er ist nur nicht ganz so rein. Weil die braune Farbe der Melasse oder Zuckercouleur ihn so „natürlich" aussehen lässt, glauben viele Verbraucher, dieser so genannte Rohrrohzucker sei naturbelassener und somit auch gesünder. Doch das ist ein Trugschluss: Außer geringen Resten von Mineralstoffen, Vitaminen und Spurenelementen besteht er ebenfalls fast ausschließlich aus Saccharose und führt wie der weiße Zucker dem Körper viel Energie ohne jede ernährungsphysiologische Bedeutung zu. Sein vielleicht größter Nachteil besteht allerdings darin, dass er weniger intensiv schmeckt als gewöhnlicher Haushaltszucker und dadurch sogar zu noch kräftigerem Süßen verleitet.

WIE ZUCKER ENTSTEHT

Weißer und brauner Zucker werden auf weitgehend identische Weise industriell hergestellt und verlieren bei der Raffinade die meisten natürlichen Begleitstoffe.

Die **Zuckerrüben** werden gewaschen und zerkleinert.

Der **Rübenzucker** wird mit heißem Wasser ausgeschwemmt.

Der **Rohsaft** wird gereinigt und eingedampft.

Der **Dicksaft** wird nochmals eingedickt, bis brauner Zucker auskristallisiert.

Braunem Zucker kann Melasse oder Zuckercouleur beigegeben werden.

Weißer Zucker entsteht nach weiteren Reinigungsdurchläufen (Raffinade).

MENSCH UND GESUNDHEIT

Gesundheit ist unser höchstes Gut, daher gibt es auch zahlreiche Tipps und Hausmittel, die uns weiterhelfen sollen – aber welche sind sinnvoll und wirklich nützlich?

Beim Boxtraining bringen auch Frauen ein gehöriges Maß an Aggressivität auf.

Wussten Sie schon, dass...
95 % der Gefängnisinsassen in Deutschland männlich sind?

Rund 60 000 Männer waren 2004 in Deutschland eingesperrt – aber nur knapp 2800 Frauen. Während die Zahl der Männer allerdings in den vergangenen Jahren fast gleich blieb, nahm die Zahl der weiblichen Strafgefangenen deutlich zu.

Stimmt es, dass ...
Männer stärkere AGGRESSIONEN haben als Frauen?   NEIN

Tatsächlich gibt es bei der Aggressivität große Unterschiede zwischen Mann und Frau – und Studien scheinen zu bestätigen, dass Männer aggressiver sind als Frauen. So sind Frauen in Polizeistatistiken viel seltener zu finden. Am höchsten ist die Quote noch bei Beleidigung: Hier werden in 25 % aller Fälle Frauen angeklagt. Bei Mord dagegen sind nur 10–15 % aller Verdächtigen weiblich.

Schaut man aber etwas genauer hin, zeigt sich, dass sich die Aggressivität von Mann und Frau nur unterschiedlich äußert. Frauen leben Aggressionen eher im Verborgenen aus und richten sie oft gegen sich selbst. So sind unter den mehreren Hunderttausend Menschen, die sich regelmäßig die Haut mit einer Rasierklinge anritzen, 80–90 % weiblich.

Viele soziologische und psychologische Studien belegen, dass Frauen weniger zu offener Aggression neigen als Männer, aber nur, wenn man sie nicht herausfordert. Bei Provokationen verschwinden dann die Unterschiede zwischen Mann und Frau. Frauen und Männer fühlen sich allerdings in unterschiedlichen Situationen provoziert.

Wissenschaftler vermuten, dass all diese verschiedenen Formen der Aggressivität vor allem auf Erziehung, die Einflüsse des gesellschaftlichen Umfelds und die jeweilige Bildung zurückzuführen sind. Beispielsweise ringen Männer wesentlich stärker um die Kontrolle ihrer Umgebung als Frauen, die viel mehr sich selbst zu kontrollieren versuchen. Biologische Faktoren, wie z. B. männliche oder weibliche Hormone, haben dagegen weitaus weniger Einfluss auf das aggressive Verhalten einer Person, als man gemeinhin glaubt.

Nimmt man die verschiedenen Formen von Aggression zusammen, dann können Frauen und Männer durchaus als ähnlich aggressiv bezeichnet werden.

Stimmt es, dass ...
AIDS durch Insektenstiche übertragen werden kann?   NEIN

Es klingt eigentlich gar nicht so unwahrscheinlich: Stechmücken stechen einen Menschen, der das Aids-Virus in seinem Blut trägt. Sie bringen das infizierte Blut zum nächsten Opfer und spritzen diesem das Virus in die Blutbahn. Schließlich ist dies ein Übertragungsweg, den zahlreiche andere Krankheitserreger, darunter das Gelbfieber-Virus, Dengue-Viren und die Malaria-Erreger nutzen. Doch bei Aids ist dies glücklicherweise nicht möglich.

Theoretisch sind drei Übertragungswege denkbar. Erstens könnte – wie bei der Malaria – die Stechmücke infiziertes Blut saugen und sich dadurch selbst infizieren. Das HI-Virus, das Aids auslöst, würde sich im Insekt verteilen und so auch in die Speicheldrüsen der Mücke gelangen. Beim nächsten Stich würde das Virus dann mit dem Speichel in das Opfer injiziert werden.

Bei Aids ist dies deshalb unmöglich, weil das HI-Virus von Mücken verdaut wird. Die Aids-Erreger haben – anders als Malaria-Viren – keine Möglichkeit entwickelt, die starken Verdauungsenzyme im Mückenmagen zu überleben, geschweige denn, sich darin zu vermehren.

Möglichkeit Nummer zwei: Die Mücke sticht, saugt infiziertes Blut, wird aber vertrieben. Beim nächsten Opfer bohrt sie den infektiösen Saugrüssel in die Haut. Tatsächlich sind bei HIV-positiven Menschen aber nur wenige Viren im Blut – und davon geraten wiederum äußerst wenige in die Mücke oder den Saugrüssel. Entsprechend ist eine Übertragung auf diesem Weg extrem unwahrscheinlich.

Aus demselben Grund scheitert auch der dritte denkbare Übertragungsweg: Jemand entdeckt die stechende Mücke und erschlägt sie – und das Blut des vorigen Opfers gelangt in die Stichwunde.

ABER: Es gibt Fliegen, denen manche Forscher tatsächlich die Übertragung von Aids zutrauen – doch wurde das noch nicht zweifelsfrei nachgewiesen. Es handelt sich um die afrikanische Sandfliege *Stomoxys calcitrans*, die – anders als andere Butsauger – die Haut aufschürft und dann den Inhalt ihres vorderen Magens in die Wunde entleert. Infolgedessen könnten tatsächlich Aids-Erreger in die Wunde gelangen.

Stimmt es, dass ...

ALBTRÄUME kreative Menschen häufiger heimsuchen als andere? (JA)

„Träume sind Schäume", sagt der Volksmund – eine Behauptung, der sich der Psychologe Sigmund Freud nicht anschloss. Er hielt Träume für einen wichtigen Zugang zur Seele. Er interpretierte daraus nicht nur, wie ein Mensch seinen Alltag verarbeitet, sondern auch wie dessen verborgene Sehnsüchte und Ängste aussehen. Träume folgen aber auch typischen Mustern, die sich nach Charakter, Geschlecht und Nationalität des Träumenden unterscheiden. Sensible Menschen oder Menschen in kreativen Berufen stellen dabei eine besondere Gruppe dar. Sie erinnern sich nicht nur besser an ihre Träume als andere, sondern träumen auch phantasievoller. Sie erwachen auch öfter, wenn ihnen ein Traum intensive Angst macht – der Albtraum.

ABER: Diese Erkenntnisse sind noch nicht gesichert, denn es gibt nur wenige wissenschaftliche Studien zu Albträumen.

Der Aufwand für solche Untersuchungen ist sehr hoch, zudem kommen Albträume in Schlaflabors nur selten vor.

Auch phantasiebegabte Kinder werden häufiger von Albträumen heimgesucht.

Stimmt es, dass ...

ALLERGIEN immer häufiger werden? (JA)

Allergien sind eindeutig auf dem Vormarsch – da stimmen alle medizinischen Studien überein. So wurde beispielsweise in der Schweiz untersucht, wie Heuschnupfen über die Jahrzehnte zugenommen hat. War 1926 nicht einmal 1 % der Schweizer gegen Pollen allergisch, litten in den 1990er-Jahren schon über 10–15 % der Bevölkerung an Heuschnupfen. Skeptiker könnten einwenden, das sei nur eine Folge besserer Diagnosen und der modernen Ausbildung der Ärzte. Denn mit Tests kann man heute über 600 Allergien sehr schnell und genau diagnostizieren, wohingegen früher der Blick eines erfahrenen Arztes genügen musste. Doch die Forscher widersprechen und sagen stattdessen sogar einen weiteren starken Anstieg der Allergien voraus: Fast 40 % der Schulkinder in der Schweiz hatten nach jüngsten Studien eine von sechs getesteten Allergien, darunter vor allem gegen Gras- und Birkenpollen oder Hausstaub. In anderen europäischen Ländern sieht es ähnlich aus.

Noch ist nicht sicher, warum dies so ist. Vermutlich spielen mehrere Gründe eine Rolle. Man geht davon aus, dass Kinder heute mit mehr Fremdeiweißen ernährt

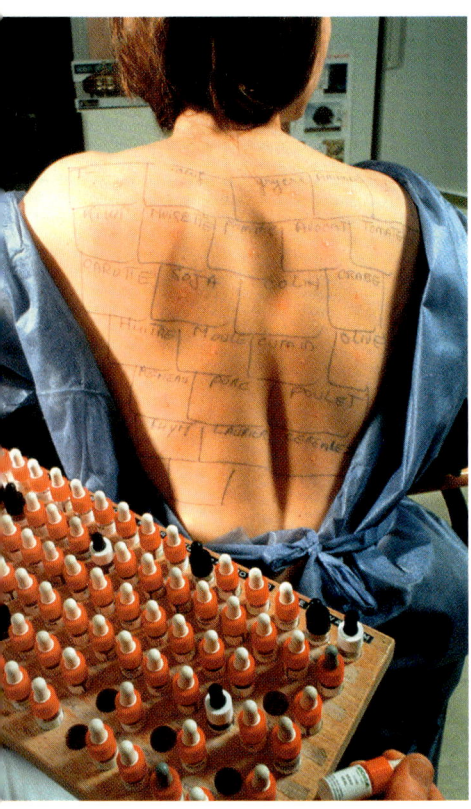

Keine Skizzen für eine Tätowierung, sondern Felder für das Aufbringen von allergenen Stoffen sind auf dem Rücken dieser Patientin zu sehen – der so genannte Pricktest ist eine weit verbreitete Methode, um die Ursache von Allergien aufzuspüren.

werden als vor 100 Jahren. Weil sich moderne Menschen zudem häufiger in Innenräumen aufhalten als ihre Vorfahren, kommen sie stärker mit Hausstaub und Schimmelpilzsporen in Kontakt. Zudem sind sie von mehr „Fremdstoffen" umgeben – angefangen bei tropischem Obst über Fette und Nahrungsmittelzusätze bis hin zu Textilfarbstoffen oder neuen Medikamenten. All das bedeutet mehr mögliche Allergene – Stoffe, die Allergien auslösen.

Viele Allergene könnten aber auch eine Abhärtung hervorrufen, den so genannten „Bauern-Effekt". In Umgebungen, in denen mit Holz und Kohle geheizt wird und in denen Kinder viel Kontakt mit Haus-

und Stalltieren haben, gibt es weniger Asthma und Heuschnupfen. Besonders drastisch ist dieser Effekt in afrikanischen Ländern. Hier zeigte sich beispielsweise, dass ein hohes Risiko für Wurminfektionen im Gegenzug das Risiko für Allergien deutlich verringert. Offenbar „lernt" das Immunsystem viel besser, dass Pollen keine Gefahr darstellen, wenn es ernstlich von anderen Krankheitserregern bedroht wird. Es gibt daher Mediziner, die von einer „Unterforderung des Immunsystems" in den Industrienationen sprechen. Je weniger Infektionskrankheiten die Menschen hier durchstehen müssen, desto stärker leiden sie an Allergien.

Stimmt es, dass ...

ALKOHOL schneller wirkt, wenn man ihn durch einen Strohhalm trinkt? NEIN

Alkohol und seine Abbauprodukte wirken als verhältnismäßig starke Nerven- und Zellgifte. Das kann man beispielsweise an den Bewegungs- und Sprachstörungen von Betrunkenen beobachten, wenn sie lallen oder torkeln. Schon bei nur drei Promille, also drei Tausendstel Teilen Alkohol auf einen Teil Blut, droht dem Menschen eine ernste Alkoholvergiftung.

Der Alkohol wird vor allem über den Verdauungstrakt in den Körper aufgenommen. Hauptsächlich kommt er über die Schleimhäute im Magen (20–30 %) und im Darm (70–80 %) ins Blut. Nur zu einem sehr geringen Prozentsatz gelangt Alkohol über die Mund- und Rachenschleimhaut in den Blutkreislauf. Entsprechend unwahr-

scheinlich (und wissenschaftlich auch nicht nachgewiesen) ist die Behauptung, dass Alkohol, der durch einen Strohhalm getrunken wird, die Rachenschleimhaut besser umspült und daher schneller betrunken macht.

Wesentlich wahrscheinlicher ist eine Theorie, die davon ausgeht, dass man ohnehin nur solche Mixgetränke mit Strohhalm trinkt, die eher Hochprozentiges enthalten. Hinzu kommt, dass Alkohol und seine Abbauprodukte langsamer zerlegt werden, wenn das Getränk mit Zucker angereichert wird – wie beispielsweise beim Caipirinha, der ja meist mit einem Strohhalm getrunken wird. Demnach verbirgt sich hinter dem Glauben, mit Strohhalm genossener

Auf Mallorca ist das Trinken von Sangria mit dem Strohhalm für viele ein großer Spaß – schneller betrunken wird man so jedoch nicht.

ALKOHOLKONSUM IN EUROPA

Führten vor 20 Jahren noch die Weinländer Frankreich, Spanien und Italien den Alkoholkonsum in Europa an, so ist dort der Verbrauch gesunken. Auf dem ersten Platz steht nun Luxemburg: Über 14 l reiner Alkohol wird dort im Schnitt pro Jahr getrunken.

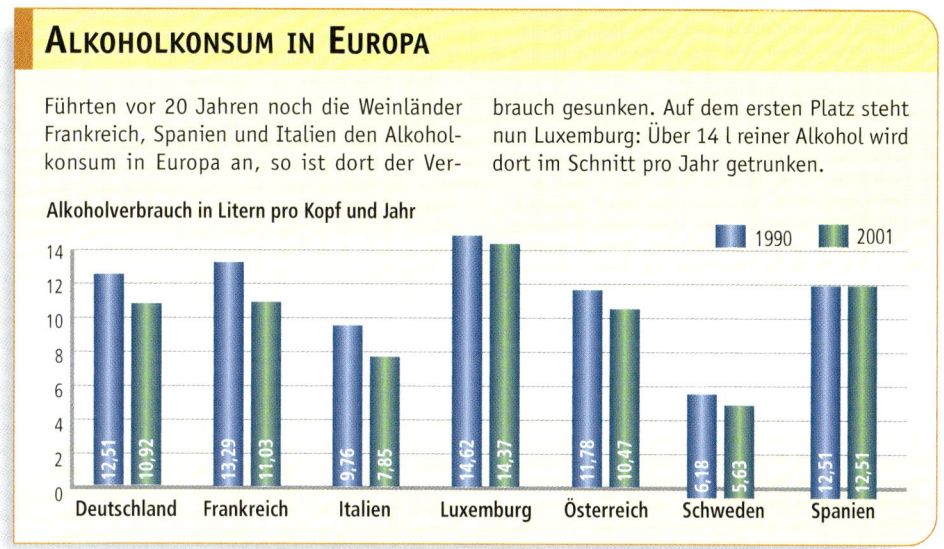

Alkoholverbrauch in Litern pro Kopf und Jahr

	1990	2001
Deutschland	12,51	10,92
Frankreich	13,29	11,03
Italien	9,76	7,85
Luxemburg	14,62	14,37
Österreich	11,78	10,47
Schweden	6,18	5,63
Spanien	12,51	12,51

Alkohol mache schneller betrunken, letztlich wohl nur ein psychologischer Effekt: Man neigt dazu, dem Strohhalm die Schuld für den schnellen Rausch zu geben – obwohl nur der Drink selbst dafür verantwortlich ist.

Stimmt es, dass ...

gegen ALZHEIMER das regelmäßige Lösen von Kreuzworträtseln hilft? **NEIN**

Alzheimer ist eine Erkrankung des Gehirns, bei der sich in den Nervenzellen Ablagerungen aus Eiweiß bilden. Dies führt dazu, dass die Gehirnzellen absterben und das Gehirn um bis zu 20 % schrumpft. Alzheimer ist daher für viele Menschen ein Schreckensszenario. Die daran Erkrankten können im Endstadium ihren Alltag nicht mehr selbst bewältigen, weil sie sich beispielsweise nicht mehr daran erinnern, wie man Schuhe bindet oder wo der Kühlschrank steht. Sie verlieren schließlich die gesamte Kontrolle über Körper und Geist.

Die Krankheit, die der deutsche Neurologe Aloys Alzheimer erstmals 1906 beschrieben hat, ist heute noch ein medizinisches Rätsel. Sicher ist, dass der Hauptfaktor für Alzheimer das Alter ist. Schätzungsweise erkrankt etwa 1 % aller Menschen zwischen 65 und 69 daran. Im Alter zwischen 85 bis 89 Jahren haben aber bereits über 34 % der Menschen Alzheimer. Es gibt Mediziner, die sogar glauben, dass jeder Mensch Alzheimer bekommt, wenn er nur lange genug lebt.

Entsprechend umstritten ist, ob man Alzheimer überhaupt verhindern kann. Es deutet aber einiges darauf hin, dass bei Menschen, die den Geist in Schwung halten und regelmäßig gemäßigten Sport treiben, Alzheimer später auftritt. Möglicherweise hängt das damit zusammen, dass das trainierte Gehirn bei diesen Menschen

Studieren im Alter ist eine gute Möglichkeit, aktiv zu bleiben und das Gehirn zu fördern.

Wussten Sie schon, dass ...
das Risiko, an Alzheimer zu erkranken, nicht zugenommen hat?

Allein in Deutschland leidet zurzeit etwa 1 Mio. Menschen an Alzheimer – und für die kommenden Jahre wird ein starker Anstieg vorausgesagt. Auf den ersten Blick scheint daher das Risiko, an Alzheimer zu erkranken, zu wachsen. Doch Studien besagen, dass in den vergangenen 20 Jahren immer derselbe Prozentsatz einer bestimmten Altersstufe erkrankte. Die absolute Zahl der Alzheimerpatienten steigt aber weiterhin an, weil immer mehr Menschen in Deutschland immer älter werden.

über die Folgen der Erkrankung länger hinwegtäuscht und sie ausgleicht. So ist das Lösen von Kreuzworträtseln auf jeden Fall ein gutes „Gehirnjogging" für Ältere.

Dies kann den Ausbruch von Alzheimer jedoch keinesfalls verhindern und taugt schon gar nicht als Einzelmaßnahme oder als „Medizin" nach dem Ausbruch einer Demenzerkrankung. Das Gehirn muss trainiert werden, bevor es erkrankt. Die Rätselzeitschrift sollte also Teil eines aktiven Lebens sein, bei dem auch soziale Kontakte und Bewegung nicht zu kurz kommen dürfen. Mediziner empfehlen beispielsweise oft Tanzen als optimale Ergänzung zum Training des Geistes.

Wussten Sie schon, dass...
man Antibiotika mithilfe von Viren produzieren kann?

Obwohl Antibiotika Bakterien töten, gibt es auch Bakterien, die selbst Antibiotika produzieren und denen das Gift nichts anhaben kann. Dazu gehören die *Actinomyceten*, Strahlenpilze, die so konkurrierende Bakterien töten. Forschern ist es inzwischen gelungen, mithilfe von Viren Erbgut in bestimmte *Actinomyceten* einzuschleusen und so maßgeschneiderte Antibiotika herzustellen. Außerdem gibt es Viren, die selbst Antibiotika produzieren und damit beispielsweise die Zellwand des Krankheitserregers *Escherichia coli*, eines Kolibakteriums, zerstören können.

Stimmt es, dass...
ANTIBIOTIKA bei Viruserkrankungen wirkungslos sind? (JA)

Der Begriff „Antibiotikum" kommt aus dem Lateinischen und bedeutet „gegen Lebewesen" – womit aber ausschließlich Bakterien gemeint sind. Denn für die meisten Wissenschaftler gelten Viren gar nicht als echte Lebewesen. Der Grund: Bakterien funktionieren wie kleine Fabriken, die Energie umsetzen, Eiweiße herstellen und sich sogar fortbewegen. Dagegen sind Viren Parasiten, die sich nicht einmal selbst fortpflanzen können. Sie bestehen aus kaum mehr als Erbsubstanz.

Über 8000 Antibiotika sind derzeit bekannt. Sie stören die Arbeit in den „Bakterien-Fabriken" mit sehr unterschiedlichen Methoden. Manche töten die Bakterien direkt ab, indem sie deren Außenhaut anbohren und die Bakterien aufplatzen lassen. Andere Antibiotika hemmen die Fortpflanzung der Bakterien, indem sie die Duplizierung der Erbsubstanz verhindern. Wieder andere hängen sich an die so genannten Ribosomen, sodass die Bakterien keine Zellbausteine aus Eiweiß mehr herstellen können (siehe Illustration unten).

Viren können so jedoch nicht besiegt werden – weshalb Antibiotika gegen Viruserkrankungen machtlos sind. Daher lassen sich Erkältungskrankheiten auch nicht mit Antibiotika bekämpfen, denn diese werden durch Viren hervorgerufen. Trotzdem werden immer noch zu viele Antibiotika eingesetzt – als Breitband-Antibiotika in der Medizin, in der Tierzucht oder sogar als Schiffsanstriche gegen „Bakterienfilme" an der Bordwand. Durch diese übermäßige Verwendung werden immer mehr Bakterienstämme unempfindlich gegen Antibio-

SO WIRKEN ANTIBIOTIKA

Bakterien sind einzellige Lebewesen mit einer Zellmembran und verschiedenen Zellbestandteilen, die für die Energieproduktion, den Aufbau von Proteinen (Eiweißstoffen) und die Fortpflanzung (Verdoppelung der Erbsubstanz) zuständig sind. Antibiotika greifen an verschiedenen Stellen dieser komplexen Struktur an.

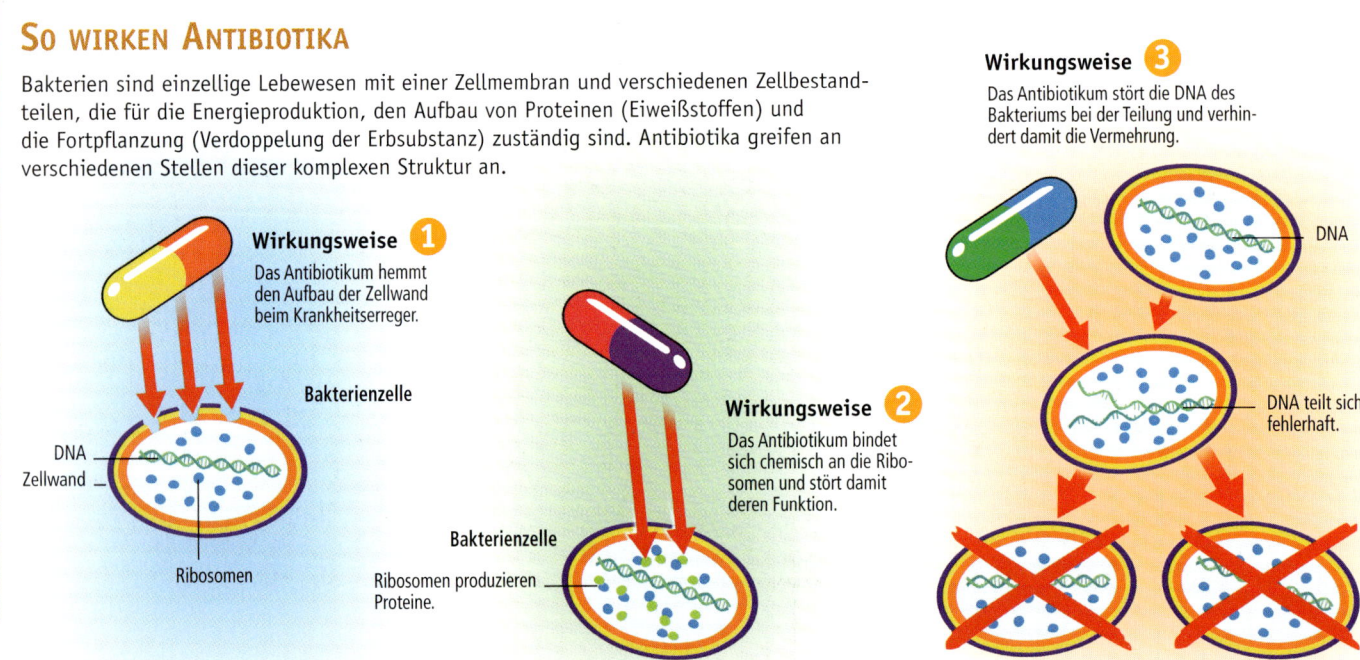

Wirkungsweise ❶
Das Antibiotikum hemmt den Aufbau der Zellwand beim Krankheitserreger.

Bakterienzelle

DNA
Zellwand
Ribosomen

Wirkungsweise ❷
Das Antibiotikum bindet sich chemisch an die Ribosomen und stört damit deren Funktion.

Bakterienzelle
Ribosomen produzieren Proteine.

Wirkungsweise ❸
Das Antibiotikum stört die DNA des Bakteriums bei der Teilung und verhindert damit die Vermehrung.

DNA

DNA teilt sich fehlerhaft.

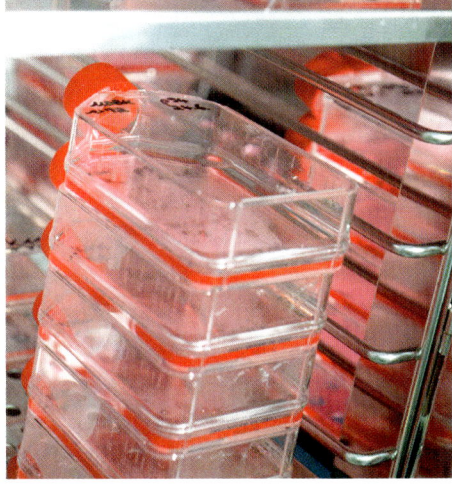

Im Sicherheitsschrank verwahrt, warten Viren-kulturen im Labor auf ihre Untersuchung.

tika, sie werden resistent. Forscher sind daher gezwungen, ständig neue Antibiotika zu entwickeln.

ABER: In Ausnahmefällen ist es auch bei einer Virusinfektion sinnvoll, Antibiotika einzunehmen. Denn eine Virusinfektion schwächt immer auch das Immunsystem, und dies können Bakterien ausnutzen. So kann sich beispielsweise in den Schleimhäuten eine bakterielle Infektion einnisten, während der Körper noch mit der Abwehr von Erkältungsviren beschäftigt ist.

Stimmt es, dass ...
den AUGEN das Lesen bei Dämmerlicht schadet? JA

Augen sind wahre Wunder der Natur. Die Länge der Augäpfel pendelt sich durch Wachstum in den ersten Lebensjahren auf 0,2 mm genau ein, damit das Bild auf der Netzhaut stets scharf abgebildet wird. Auch auf eine Veränderung der Lichtverhältnisse können sie sich einstellen. So reicht in einem völlig dunklen Raum schon das Licht einer glühenden Zigarette, um etwas zu sehen – dann öffnen sich die Pupillen weit.

Daraus könnte man schließen, dass das Lesen im Dämmerlicht kein Problem für unsere Augen darstellt. Die Augen öffnen einfach die Pupillen und passen die Linsen an die Lichtverhältnisse an. Wissenschaftliche Untersuchungen zeigen jedoch, dass Augäpfel, die über lange Zeit hinweg düstere oder unscharfe Bilder zu sehen bekommen, tatsächlich ihre Länge dauerhaft verändern. Die Augen werden kurzsichtig.

Um dies genauer zu untersuchen, haben Forscher bei Tieren die Sicht eingeschränkt. Sie setzten Rhesusaffen matte Brillengläser auf. Die Folge war, dass die Tiere kurzsichtig wurden, weil ihre Augäpfel in der Länge zu wachsen begannen. Auf dieselbe Weise reagierten auch die Augen von Hühnern, denen die Forscher unscharfe Videofilme vorspielten.

Und auch beim Menschen kann es passieren, dass man vom Lesen bei Dämmerlicht Schäden davonträgt. Allerdings muss man dazu viel Lesestoff im Halbdunkel hinter

sich bringen. Bei den Rhesusaffen genügte es nämlich schon, die matte Brille pro Tag eine halbe Stunde wieder abzunehmen und die behandelten Affen wurden deutlich seltener kurzsichtig als jene Tiere, die die Brillen ganztags trugen. Warum das so ist, können Forscher noch nicht erklären. Offenbar braucht das Auge immer wieder den Blick in die Ferne, um die Länge der Augäpfel einstellen zu können. Das gilt übrigens auch für Bildschirmarbeit. Wer zwischendurch zum Fenster hinaussieht, tut seinen Augen etwas Gutes. Forscher konnten zudem bezüglich der Wirkung auf die Augen keinen Unterschied zwischen Buchlesen und Bildschirmarbeit feststellen. Beides kann – exzessiv und in Dämmerlicht betrieben – kurzsichtig machen.

Weit verbreitet ist das Gerücht, Kinder würden kurzsichtig, wenn in ihrem Zimmer nachts ein dämmriges Nachtlicht brennt. Doch diese These konnten die Studien bei Affen nicht belegen.

ABER: Sicher ist, dass einer der Hauptfaktoren für Kurzsichtigkeit die Vererbung ist. Wenn beide Eltern kurzsichtig sind, braucht ihr Kind mit 30–40 % Wahrscheinlichkeit ebenfalls eine Brille. Wissenschaftler kennen sogar bestimmte Gene, die das Längenwachstum der Augäpfel fördern.

Auch wenn es die Eltern nicht so gerne hören: Ab und zu ein spannendes Buch im Licht der Taschenlampe gelesen, schadet den Augen kaum.

Wussten Sie schon, dass ...
Hirnforscher in den Augen Gehirnerkrankungen erkennen können?

Häufige ruckartige Augenbewegungen und Lidschläge sind möglicherweise ein Indiz für Schizophrenie. Wenn die Augen an sich gesund sind und man trotzdem Sehprobleme hat, ist dies eventuell ebenfalls ein Hinweis auf eine Krankheit: In etwa 40 % aller Fälle macht sich Multiple Sklerose zuerst durch Sehstörungen bemerkbar.

Stimmt es, dass …

die **AUGEN** durch Tragen einer Brille schlechter werden?   **NEIN**

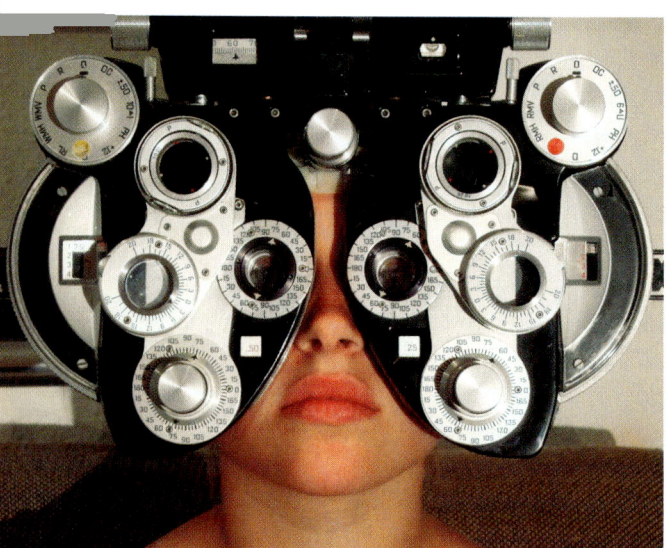

Das korrekte Anpassen einer Brille erfordert große Genauigkeit – bürgt aber auch dafür, dass die Augen sich kaum weiter verschlechtern.

Ungefähr ein Drittel der Bevölkerung ist kurzsichtig und etwas weniger sind weitsichtig. Es besteht kein Zweifel darüber, dass Fehlsichtigkeit meist angeboren ist. Wenn beispielsweise der Augapfel (wie im Falle der Kurzsichtigkeit) etwas länger als normal ist, liegt das mit ungefähr 80%iger Wahrscheinlichkeit an den Genen. Doch auch äußere Einflüsse können das Wachstum des Augapfels beeinflussen und Fehlsichtigkeit bedingen. Ob und wie eine Brille Fehlsichtigkeit fördern kann, ist aber umstritten.

Um dieses Problem zu untersuchen, platzierten Wissenschaftler normalsichtigen Tieren beispielsweise Linsen vor den Augen, die den Brennpunkt hinter die Netzhaut verlagerten. Durch das Tragen dieser „falschen Brille" wurde Weitsichtigkeit simuliert. Am Ende des Versuchs stellte man fest, dass die Augäpfel der Tiere so lange gewachsen waren, bis der Brennpunkt wieder genau auf die Netzhaut gefallen war. Ohne die Brillen waren die Tiere jetzt

kurzsichtig. Überraschend war allerdings, dass sich bei Tieren der Augapfel nicht veränderte, wenn man ihnen zusätzlich viermal am Tag für wenige Minuten eine Brille aufsetzte, die den Brennpunkt kurzzeitig vor die Netzhaut verlagerte.

Aus diesen Experimenten schlossen die Wissenschaftler, dass eine „zu starke" Brille möglicherweise die Augen noch schlechter werden lassen kann. Doch erstens verschreibt kein Arzt eine solche Brille, und zweitens müsste man sie immerzu tragen, um negative Effekte zu bemerken. Offenbar stört man das Wachstum des Augapfels schon dann, wenn man die Brille manchmal absetzt. Für Weitsichtige gibt es viel weniger Untersuchungen – vermutlich gilt aber auch hier: Eine „falsche Brille" verschlechtert die Augen.

Bei den korrekten bzw. etwas „zu schwachen" Brillen geht die Meinung der Mediziner auseinander. Viele Ärzte verschreiben Brillen, die die Fehlsichtigkeit nicht exakt ausgleichen, sondern eine ganz leichte Unschärfe lassen, um kein Längenwachstum des Augapfels zu stimulieren. Dagegen passen andere Ärzte Brillen exakt an. Dies wird auch durch die Studie COMET unterstützt, die in den USA Kurzsichtigkeit untersuchte. Dabei stellte man fest, dass eine korrekt angepasste Brille die Verschlimmerung der Kurzsichtigkeit verzögert.

Wussten Sie schon, dass …

das Wort Brille von „Beryllium" kommt?

Beryllium ist ein sehr leichtes Metall, das zusammen mit Aluminium in vielen Edelsteinen enthalten ist, beispielsweise in Aquamarinen und Smaragden. Diese Edelsteine fasst man unter dem Namen „Berylle" zusammen; als leicht grünliche oder bläuliche Schmucksteine waren sie schon in der Antike bekannt. Im Mittelalter schliff man daraus auch Linsen, die man für die ersten Brillen verwandte – und mit der Zeit wurde aus dem Wort „Berylle" unsere „Brille".

Stimmt es, dass …

alle Babys zunächst blaue **AUGEN** haben?   **NEIN**

Es ist erstaunlich, wie winzig und doch vollkommen Babys bei der Geburt aussehen. Tatsächlich sind aber viele Organe noch nicht ganz ausgebildet, was man auch an den Augen erkennen kann, die vor allem bei den europäischen und nordamerikanischen Neugeborenen graublau sind.

Denn bei der Geburt ist die Regenbogenhaut der Baby-Augen noch nicht voll entwickelt. Während die wichtigen Teile im Auge, wie Linse oder Netzhaut, schon ausgebildet sind, fehlen den Augen noch die

Pigmente. Diese Farbstoffe, so genannte Melanine, sollen die Augen vor Lichtschäden schützen, was bei Babys aus den sonnenarmen nördlichen Ländern bei der Geburt erst einmal nicht so wichtig ist. In südlichen Ländern dagegen sind die Augen schon bei der Geburt dunkelgrau oder wie in Afrika dunkel – so sind sie gleich von Anfang an besser vor zu viel Sonnenlicht geschützt.

Die Iris aller Babys erscheint aus der Nähe betrachtet wie eine dicke Zellophanfolie.

Seine graublaue Färbung bekommt dieses Häutchen durch die Struktur des Gewebes und durch das von der Netzhaut an die Regenbogenhaut zurückgeworfene Licht. Die Iris von Albino-Babys ist zwar ebenfalls frei von Melanin, aber zudem deutlich dünner. Daher scheint bei ihnen die rötliche Netzhaut durch, und sie haben rote Augen. In den ersten Lebenswochen werden dann die Farbstoffe lose an die Iris angelagert. Wie viele Melanine letztlich an der Iris haften bleiben, entscheiden die Gene.

Stimmt es, dass ...
BARFUSSLAUFEN besonders für Frauen wichtig ist? JA

Füße haben es wirklich nicht leicht: Im Schnitt tragen sie jeden Tag zwischen 66 und 80 kg kilometerweit spazieren – das ist das Durchschnittsgewicht einer Frau oder eines Mannes.

Obwohl Frauen beim Gehen nur 10 % mehr Schritte machen als Männer, erleiden sie fast doppelt so viele Unfälle. Einer Untersuchung der Universität Duisburg zufolge haben pro eine Million gelaufener Kilometer etwa sechs Frauen einen Unfall – aber nur drei Männer. Die Wissenschaftler geben dafür vor allem hohen Absätzen und Sandalen die Schuld.

Aufgrund der hohen Absätze rutscht der Fuß unvermeidlich im Schuh nach vorn. Dadurch ruht das Körpergewicht nun vor allem auf der großen Zehe, die bei keinem Menschen so stark ist, dass sie das lange aushielte. Sie verkrümmt sich zum *Hallux valgus* (siehe Kasten rechts).

Besonders Frauen sollten daher nicht nur flaches und bequemes Schuhwerk tragen,

FUSSERKRANKUNGEN

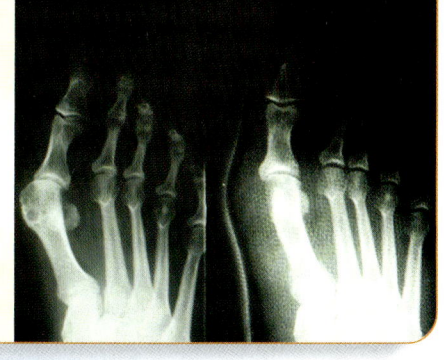

Der Fuß besteht aus 28 Knochen, die gegeneinander verschoben werden können – viele Möglichkeiten für Fußprobleme. Die häufigste Verformung ist der Spreizfuß, seltener ist der Plattfuß. Speziell unter Frauen ist der *Hallux valgus* weit verbreitet. Wie man links im Röntgenbild erkennen kann, verschiebt sich dabei die große Zehe unter dem Druck von vorne zur Seite. Das kann zu Hühneraugen und großen Schmerzen führen.

sondern außerdem auch häufig barfuß laufen. Denn dabei scheuert der Fuß nicht an hartem Leder. Vor allem aber trainiert das Barfußgehen die Fußmuskulatur, weil die Füße viel flexibler auf den jeweiligen Untergrund reagieren müssen. Und das fördert wiederum den Aufbau von Knochenmasse.

Wussten Sie schon, dass ...
Sherpas sogar barfuß das Himalaja-Gebirge besteigen?

Ohne die Sherpas wären die ersten Expeditionen zum Himalaja undenkbar gewesen. Diese Menschen verdienen ihren Lebensunterhalt häufig damit, das Gepäck von Bergsteigern und Touristen die steinigen Wege hinauf zu den Achttausendern zu schleppen – und das oft ohne schützendes Schuhwerk. Die letzten Strecken durch Schnee und Eis gehen allerdings auch die Sherpas nicht mehr barfuß, sondern in Stiefeln – sonst würden ihnen die Füße abfrieren.

Die Sherpas, ein Volk aus Nepal, sind vor allem als Träger für Himalaja-Expeditionen bekannt geworden. Ausgestattet mit einfachstem Schuhwerk oder sogar barfuß leisten sie Erstaunliches.

Stimmt es, dass ...
man **BLASEN** aufstechen soll? NEIN

Jeder kennt es: Aus Versehen hat man die heiße Herdplatte berührt, oder man war in unpassenden Schuhen auf einer Wanderung. Infolgedessen versucht sich die Haut zu schützen, und eine Blase entsteht.

Dabei bildet sich zwischen der obersten Schicht der Haut (Lederhaut) und der Oberhaut (Epidermis) eine Kammer, die sich mit Flüssigkeit aus den Zellen füllt.

Diese soll bei zu viel Reibung den Druck lindern, drückt aber ihrerseits auf die Nerven. Dadurch beginnt die Stelle zu schmerzen. Bisweilen ist die Kammer unter der Haut nicht mit Wasser, sondern mit Blut gefüllt. Das ist ein Hinweis darauf, dass die Blase sich tief in der Oberhaut gebildet hat.

Solange eine Blase geschlossen ist, schützt die darüber liegende Lederhaut die Stelle vor Infektionen. Spätestens nach 2 Wochen ist die Haut dann wieder verheilt. Doch manchmal – beispielsweise bei einer Wanderung – lässt sich nicht verhindern, dass eine Blase weiter wächst. Ist eine längere Pause unmöglich, sollte man die Stelle mit einem Pflaster abkleben. Am besten eignet sich dafür ein spezielles Blasenpflaster, das die Wunde schützt und ihr zugleich die Feuchtigkeit entzieht.

ABER: Wenn der Schmerz unerträglich wird, darf man die Blase öffnen. Dies ist nur als letzte Notfallmaßnahme gedacht. Zum Öffnen der Blase braucht man Desinfektionsmittel, eine sterile Nadel und ein Pflaster. Nach gründlicher Desinfektion sticht man die Blase sehr vorsichtig an der Seite an – wobei die Haut so wenig wie möglich beschädigt werden sollte. Die Flüssigkeit drückt man dann vorsichtig mit der Nadel heraus und klebt nach erneuter Desinfektion ein Pflaster auf die Wunde.

Sehr wichtig beim Wandern sind neben gutem Schuhwerk auch die richtigen Socken – denn feuchte, raue Wollsocken in schlecht sitzenden Schuhen sind der sicherste Weg, Blasen zu bekommen.

Wussten Sie schon, dass ...
der längste je entfernte Blinddarm 17,5 cm lang war?

Normalerweise entfernen Chirurgen bei der so genannten Blinddarmoperation Wurmfortsätze, die so lang sind wie ein Zeigefinger. Doch manchmal erreicht ein Wurmfortsatz ungeahnte Längen und schafft es sogar ins *Guiness Buch der Rekorde*: 17,5 cm ist der längste dort registrierte *Appendix veriformis* mit Entzündung. Der Patient mit diesem langen Problemorgan kam aus Indien.

Stimmt es, dass ...
eine **BLINDDARMENTZÜNDUNG** durch verschluckte Kirschkerne entstehen kann? NEIN

Verschluckt man einen Kirschkern, dann kommt er bei seinem Weg durch das Verdauungssystem beim Übergang vom Dünn- in den Dickdarm am Blinddarm vorbei – einer kurzen, geräumigen Ausstülpung am Beginn des Dickdarms. Wenn sich hier etwas entzündet, dann ist dies allerdings erst einmal nicht der Blinddarm, sondern fast immer der Wurmfortsatz, der sich an den Blinddarm anschließt. Mediziner nennen ihn *Appendix veriformis*.

Während der Volksmund daher fälschlich von einer Blinddarmentzündung

spricht, diagnostizieren Ärzte stattdessen eine Appendicitis, also eine Entzündung des *Appendix veriformis*, bei der manchmal auch der Blinddarm in Mitleidenschaft gezogen wird.

Ein Kirschkern ist an einer Entzündung von Blinddarm und Wurmfortsatz nicht schuld, denn der Kern bleibt, wenn überhaupt, nur sehr kurz im Blinddarm. Und bis in den Wurmfortsatz dringt ein Kern nur in extrem seltenen Fällen vor. Auslöser für die so genannte Blinddarmentzündung sind stattdessen Bakterien, die im Darm

WOZU DIENT DER BLINDDARM?

Wie ein Henkel an einem Krug ist der Dünndarm am Dickdarm befestigt. Dadurch entsteht ein totes Ende am Dickdarm: der Blinddarm. Daran wiederum hängt wie ein kleines Schwänzchen der Wurmfortsatz. Eine Theorie besagt, dass er möglicherweise früher einmal ein zusätzlicher Magen war, da die Vorläufer des Menschen als Pflanzenfresser, ähnlich wie Pferde oder Kühe, einen Extra-Magen zur Verdauung von „Grünzeug" gehabt haben könnten. Im Lauf der Evolution habe sich dieser jedoch immer weiter zurückgebildet, weil sich der Mensch zum Allesfresser entwickelte.

Andere Wissenschaftler halten den Wurmfortsatz hingegen für eine voll funktionsfähige Entwicklung der Natur, die Aufgaben für das Immunsystem erfüllt. Die Wand von Blinddarm und Wurmfortsatz ist mit lymphatischem Gewebe durchsetzt, in dem eindringende Krankheitserreger bekämpft werden können.

leben und sich manchmal im Wurmfortsatz ungewöhnlich stark vermehren. Grund dafür kann eine mangelhafte Durchblutung sein oder kleine Geschwüre im Appendix. Kirschkerne sind dafür aber ebenso wenig verantwortlich wie andere Lebensmittelbestandteile, die von der Magensäure nicht zersetzt wurden. Und auch der übermäßige Genuss von Eiscreme – ebenfalls ein recht weit verbreitetes Gerücht – hat noch niemals zu einer Blinddarmentzündung geführt.

Stimmt es, dass …

der Duft von **BLUMEN** Kopfschmerzen verursachen kann? **JA**

Der Geruch einer Hyazinthe oder Lilie kann manchen Menschen tatsächlich zum Verhängnis werden. Denn starker Blumenduft kann Migräneanfälle auslösen, also zu heftigen Kopfschmerzen führen. Das liegt vermutlich daran, dass Gerüche direkt auf den ältesten Teil des Gehirns wirken, das limbische System. Dieser ist nicht nur eng mit Gehirnregionen verknüpft, die Emotionen hervorrufen, sondern auch mit dem Hypothalamus, der die Hormonproduktion steuert.

Möglicherweise kann das die rätselhaften Kopfschmerzen verursachen. Migräne tritt übrigens gar nicht so selten auf. Die Internationale Kopfschmerz-Gesellschaft unterscheidet beispielsweise etwa 165 verschiedene Formen von Kopfschmerzen. Bei 90 % aller Kopfschmerzpatienten kommen aber nur zwei Schmerzformen vor: Spannungskopfschmerzen, die meist durch Muskelverspannungen im Rücken und Nacken hervorgerufen werden, – und Migräne.

Wer also an unerklärlichen Kopfschmerzen leidet, sobald er an Blumen geschnuppert hat, der kann durchaus an einer (leichteren) Form der Migräne leiden – und damit an einer Art von Kopfschmerzen, deren genaue Ursache noch im Dunkeln liegt. Mediziner vermuten, dass hormonelle Umstellungen dahinterstecken, vermutlich aber auch genetische Veranlagung. Sicher ist, dass beim Migräneanfall die Nervenzellen gehemmt und Botenstoffe ausgeschüttet werden, die die Produktion des Hormons Prostaglandin stimulieren. Dadurch entsteht um die Blutgefäße im Gehirn eine Art Entzündung, die den Kopf schmerzen lässt.

Die Auslöser für eine solche Fehlfunktion können ganz verschieden aussehen: Plötzliche Veränderungen im Leben oder körperliche Belastungen, Nahrungsmittel wie Schokolade und Rotwein, plötzliches helles Licht – und starke Gerüche.

Nicht für jeden ist das Riechen an Blumen empfehlenswert.

Wussten Sie schon, dass …
Blumenduft aus Hunderten von Komponenten besteht?

Gerüche sind wie winzige Schlüssel, die in die Riechzellen der Nase hineinpassen und so eine Geruchsempfindung auslösen. Kaffeeduft besteht beispielsweise aus etwa 200 verschiedenen „Schlüsselchen", und der Duft einer Rose setzt sich aus über 500 Duftstoffen zusammen. Unsere Nase erkennt schon kleinste Unterschiede dieser Moleküle. So sind Vanillin und Isovanillin chemisch identisch; allerdings sind zwei der anhängenden Moleküle vertauscht. Vanillin riecht deshalb nach Vanille und Isovanillin nach gar nichts.

Stimmt es, dass ...

Knoblauch nachweislich den BLUTDRUCK senkt? (NEIN)

Die Ursache von Hypertonie, von Bluthochdruck, ist für die Medizin immer noch ein Rätsel. Bekannt sind aber die Folgen: Der typische Bluthochdruck geht mit einem erhöhten Herzminutenvolumen einher. Das Herz pumpt pro Minute wesentlich mehr Blut durch die Adern als im Normalfall. Bei gesunden Menschen muss das Herz 3–5 l bewältigen, also etwa einmal

halten. Auch die körpereigene „Blutwaschanlage", die Niere, wird bei Bluthochdruck sehr stark belastet – und so kann Hypertonie zu Herzinfarkten, Herzversagen und Nierenschäden führen.

Viele Menschen vertrauen darauf, dass die Schwefelverbindungen aus dem Knoblauch dagegen helfen. Sie werden freigesetzt, wenn der Knoblauch angeschnitten wird. Dabei entsteht vor allem der Stoff Allicin, der zugleich für den typischen Knoblauchgeruch sorgt. Doch dass Knoblauch wirklich den Bluthochdruck selbst senkt, konnten die Mediziner bislang noch nicht nachweisen.

ABER: Allicin und andere Inhaltsstoffe des Knoblauchs schmecken nicht nur unverwechselbar, sie sind auch gesund. So können sie einige Arten von Bakterien töten. Im menschlichen Körper verdünnen sie außerdem das Blut und bewirken, dass sich weniger Ablagerungen aus den Blutfetten an den Arterien festsetzen (Arterienverkalkung) – allerdings nur dann, wenn die Inhaltsstoffe der Knolle hochdosiert und über Jahre hinweg eingenommen werden. Und da Arterienverkalkung eine der wichtigsten Folgeerscheinungen des Bluthochdrucks ist, kann es tatsächlich nützlich sein, Knoblauch bei dieser Krankheit einzunehmen, selbst wenn er vielleicht nur indirekt dagegen hilft.

Knoblauch scheint überdies auch die altersbedingte Verhärtung der Aorta zu verringern, und zwar umso besser, je älter die Menschen sind – zumindest deuten mehrere medizinische Studien bei Mäusen und Menschen darauf hin.

BLUTDRUCKWERTE

Bluthochdruck ist eine komplizierte Krankheit, die nicht nur auf Vererbung, sondern auch auf den Lebensgewohnheiten beruht. Das Ergebnis ist eine Blutdruckkurve, die

den Tag über stark schwanken kann; manchmal steigt sogar nachts der Blutdruck, sodass für die Patienten nicht an Schlaf zu denken ist.

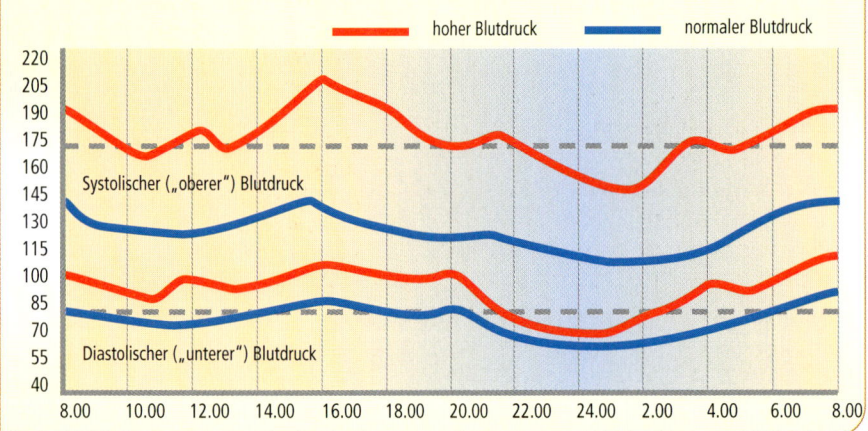

hoher Blutdruck — normaler Blutdruck

die Blutmenge des Körpers. Bei Bluthochdruck-Patienten dagegen presst das Herz in der Minute bis zu 30 l Blut durch die Adern. Das ist für den Herzmuskel und die Herzkranzgefäße natürlich eine sehr große Belastung, die diese nicht auf Dauer aushalten.

Wussten Sie schon, dass ...
jedes Salz Meersalz ist?

Salz findet sich nicht nur im Meerwasser, sondern auch tief in der Erde. Auf den ersten Blick scheint es also zwei Sorten Salz zu geben. Doch in Wirklichkeit stammt das bergmännisch geförderte Salz aus Meeren, die vor Millionen von Jahren an dieser Stelle ausgetrocknet sind – im Fall der Salzbergwerke von Bad Reichenhall war dies beispielsweise ein Meer, das vor 250 Mio. Jahren verschwand.

Stimmt es, dass ...

BLUTHOCHDRUCK durch zu viel Salz im Essen entsteht kann? (JA)

Rund 20 % der Deutschen leiden an Bluthochdruck und haben damit ein erhöhtes Risiko für Schlaganfall, Herzmuskelschwäche und Herzinfarkt. Laut der Deutschen Gesellschaft für Kardiologie treten über 90 % aller Fälle von Bluthoch-

druck „ohne bekannte Ursache" auf. Es gibt aber einige Faktoren, die eine Bluthochdruck-Erkrankung beeinflussen. Dazu gehören die körperliche Verfassung, hoher Kaffee- und Alkoholkonsum, Stress, Rauchen, die Vererbung – und Salz.

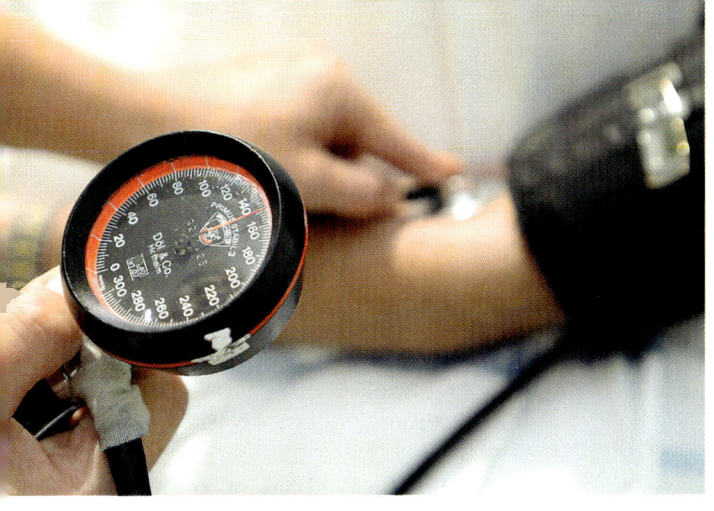

Man vermutet, dass das Salz bei gleichzeitiger Nierenschwäche zu mehr Flüssigkeit in den Adern führt, was den Blutdruck nach oben treiben kann. Auf jeden Fall wird empfohlen, zusätzlich zum bereits in Lebensmitteln enthaltenen Salz nur etwa 3 g pro Tag zu sich zu nehmen – und natürlich auch sonst auf eine gesunde Ernährung zu achten.

Weniger Salz im Essen bringt aber nur für ungefähr 50–60 % der Bluthochdruckpatienten eine Verbesserung. Neueste Untersuchungen lassen den Schluss zu, dass es genetische Ursachen hat, ob Bluthochdruck vom Salzkonsum abhängt oder andere Ursachen hat.

Stimmt es, dass ...
Karotten die BRÄUNUNG der Haut fördern?   JA

Die menschliche Haut ist eigentlich fast durchsichtig. Ein wenig Farbe verleiht ihr das Blut, das durch die Adern hindurchschimmert. Für die eigentliche Bräunung aber sind vor allem Melanine zuständig, Farbstoffe, die auch die Haarfarbe und die Farbe der Iris im Auge bestimmen. In der Haut legen sie sich schützend zwischen Zellkerne und Hautoberfläche und schlucken so einen Teil der energiereicheren Sonnenstrahlung, bevor sie den Zellkernen schaden kann. Das Melanin wird in der untersten Schicht der Oberhaut gebildet, und zwar in speziellen Zellen, den so genannten Melanozyten. Von dort wandert es in Richtung Hautoberfläche und wird dort eingelagert.

Doch Melanine sind nicht die einzigen Farbstoffe, die Haut färben können. Neben ihnen gibt es beispielsweise die gelbroten Carotinoide, von denen man bislang ungefähr 700 verschiedene Arten kennt. Karotten enthalten vor allem Alpha- und Betacarotin. Untersuchungen zeigten, dass die Carotinoide nicht nur in die Leber und ins Fettgewebe wandern, sondern auch in die Haut – allerdings nur bei regelmäßiger und mehrwöchiger Ernährung mit Carotinoiden. Dadurch wird die Haut tatsächlich brauner.

In der Haut erfüllen Carotinoide eine wichtige Aufgabe: Experten glauben, dass sie freien Radikalen, also aggressiven, reaktionsfreudigen Molekülen, die als Krebs erregend gelten, helfen können, sich in stabile Verbindungen umzuwandeln. Freie Radikale können auch durch Sonneneinstrahlung entstehen. Je mehr von ihnen gebunden werden, desto weniger sonnenempfindlich wird damit auch die Haut.

SO BRÄUNT DIE HAUT

UV-Licht ist eigentlich lebensfeindlich: Das Licht enthält genug Energie, um die Erbinformation in den Zellen zu zerstören. Das führt wiederum zu Fehlern bei der Zellteilung und kann im Extremfall Krebs auslösen. Dagegen schützen sich die Zellen durch Melanin.

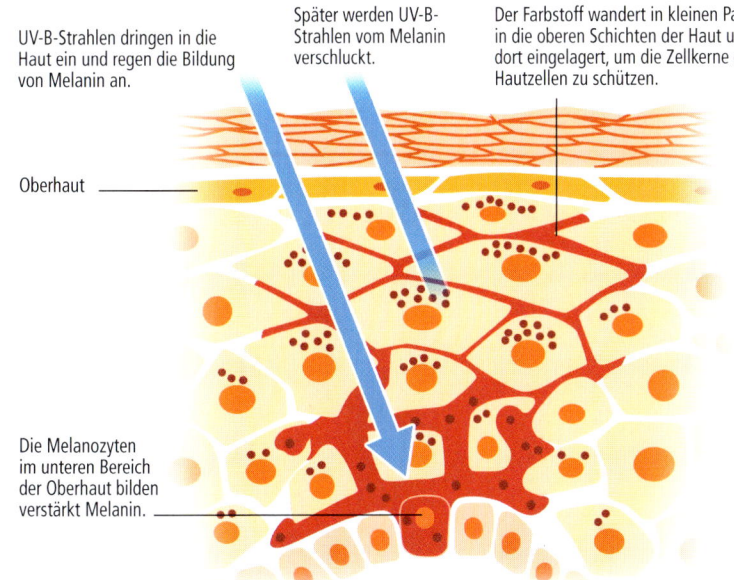

UV-B-Strahlen dringen in die Haut ein und regen die Bildung von Melanin an.

Später werden UV-B-Strahlen vom Melanin verschluckt.

Der Farbstoff wandert in kleinen Paketen in die oberen Schichten der Haut und wird dort eingelagert, um die Zellkerne der Hautzellen zu schützen.

Oberhaut

Die Melanozyten im unteren Bereich der Oberhaut bilden verstärkt Melanin.

Stimmt es, dass ...
es gutes und schlechtes CHOLESTERIN gibt?   (JA)

Auch wenn Cholesterin einen denkbar schlechten Ruf hat, so ist es doch lebensnotwendig. Der fettähnliche, wachsartige Stoff ist eine Grundsubstanz im Körper, nötig beispielsweise zum Aufbau stabiler Zellen, zur Produktion von Vitamin D und mancher Hormone. Der Mensch stellt sein Cholesterin selbst her, die Leber produziert täglich etwa 1 g dieses Stoffes.

Cholesterin kann im Blut aber nicht gelöst werden. Es braucht zum Transport einen Träger, ein Lipoprotein. Das ist ein Molekül, das zugleich aus Fett und Eiweiß besteht. Die wichtigsten Cholesterinträger sind das *Low Density Lipoprotein* (LDL) und das *High Density Lipoprotein* (HDL). Während LDL viel Cholesterin bindet, trägt HDL nur wenig Cholesterin.

LDL-Cholesterin wird oft als „schlechtes Cholesterin" bezeichnet, HDL-Cholesterin dagegen als „gutes": Wenn zu viel LDL im Blut schwimmt, lagert es sich mit anderen Stoffen an den Wänden der Arterien ab, die Herz und Gehirn mit Blut versorgen. Irgendwann verstopft dies die Adern, was zu einem Herzinfarkt führen könnte. HDL dagegen transportiert überschüssiges Cholesterin aus den Arterien in die Leber zurück, von wo es ausgeschieden wird. Allerdings entscheidet nicht allein der absolute Cholesterinwert über die Gesundheit, sondern ein ausgewogenes HDL-LDL-Verhältnis. Empfohlen wird ein Verhältnis von maximal 3:1.

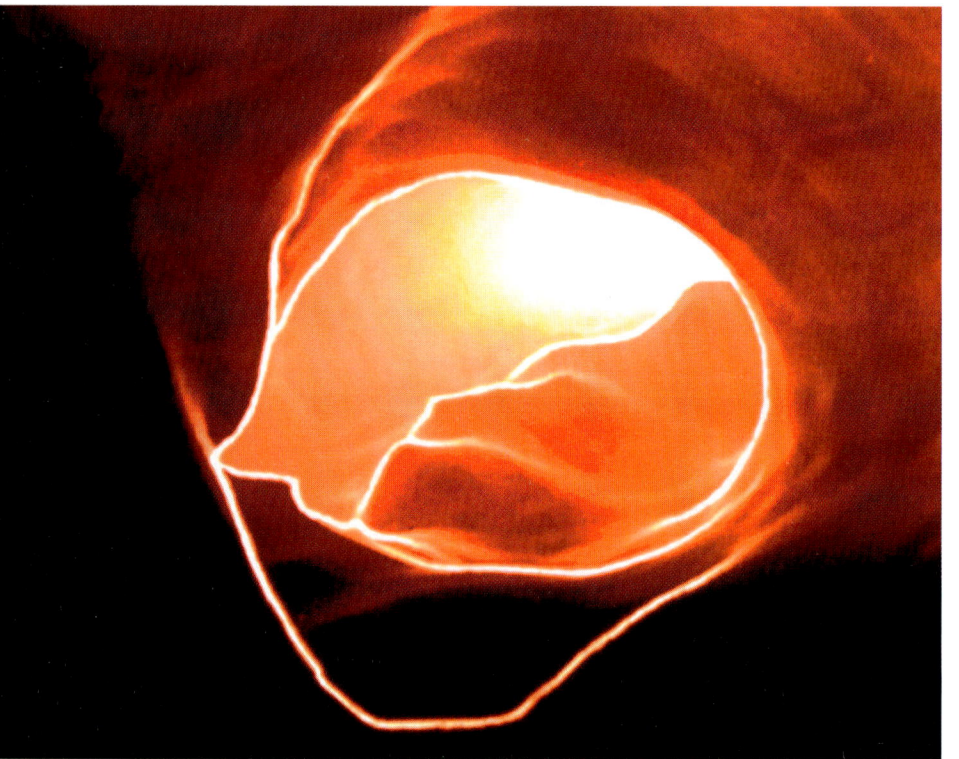

Als Bild wunderschön anzusehen, aber in der Realität für den Menschen lebensgefährlich: Ablagerungen an der Wand einer Arterie.

Stimmt es, dass ...
DAUMENLUTSCHEN dem Kind schadet?   (NEIN)

Fotografien aus dem Mutterleib beweisen, dass ein Fötus bereits im siebten Monat am Daumen nuckelt. Psychologen werten das Daumenlutschen als ein frühes Anzeichen für die Ausbildung des menschlichen Ichs. Mit anderen Worten: Der Daumen im Mund ist ein Beleg dafür, dass das Kind einen eigenen Willen entwickelt. Es kann ein Bedürfnis selbst befriedigen.

Dass Babys mit großem Genuss am eigenen Daumen saugen, ist also angeboren und völlig natürlich – auch wenn dies zusätzlich zum Saugen an der Milchflasche oder der mütterlichen Brustwarze geschieht. Daumennuckeln richtet auch keinen Schaden an, zumindest nicht in den ersten 6 Monaten nach der Geburt. Meistens verliert es sich in den folgenden Monaten ohnedies von selbst, denn ein wichtiger Grund für das Kind, am Daumen zu nuckeln, ist Langeweile. Weil Babys in den ersten Monaten im Normalfall aber viele unbekannte Eindrücke verarbeiten müssen, verlieren sie in der Regel ganz von selbst das Interesse am Daumen und greifen meist nur noch darauf zurück, wenn sie müde sind. Für solche Zeiten kann man dem Kind einen Schnuller anbieten.

ABER: Saugt das Kind nach dem zweiten Lebensjahr noch immer oft und intensiv

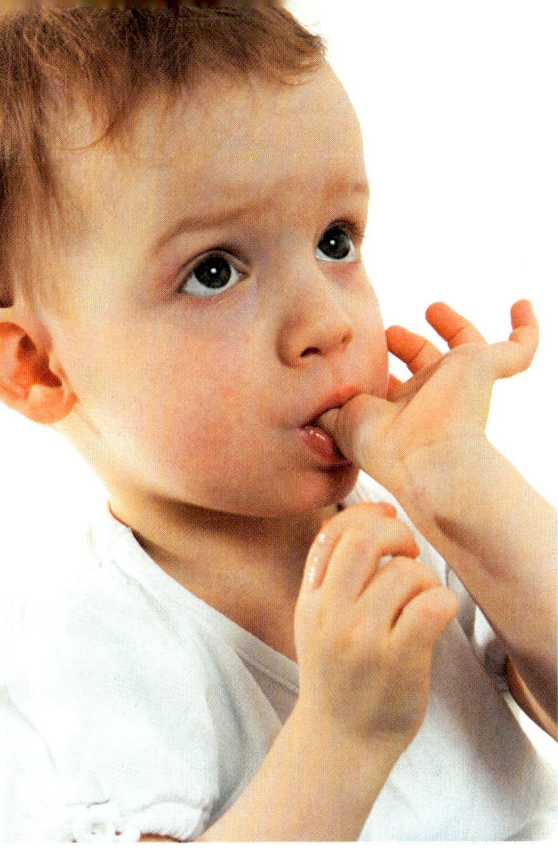

Sollte ein Kind nach dem zweiten Lebensjahr noch immer am Daumen lutschen, kann dies ein Warnsignal sein. Man sollte daher das Daumenlutschen nicht einfach verbieten, sondern auf das Kind eingehen.

am Daumen, dann schadet dies den Zähnen schon. Denn die unteren Milchschneidezähne brechen meistens nicht in einem idealen Bogen durch das Zahnfleisch, son-dern können zunächst leicht gekippt oder verdreht stehen. Zähne brauchen den leichten Druck der Zunge und der Lippen, um korrekt zu wachsen. Drückt stattdessen der Daumen auf die Zähne, dann können diese zusammen mit dem Kiefer nach vorn gebogen werden und in eine Fehlstellung wachsen, die zu Lispeln führen kann. Nach dem Zahnen wird das Daumennuckeln jedenfalls allmählich bedenklich – obwohl sich leichte Fehlstellungen in der Anfangszeit noch von selbst ausgleichen können.

Manchmal kann das Lutschen am Daumen auch ein Warnsignal sein. So zeigte sich in sozialwissenschaftlichen Untersuchungen, dass die Kinder von krebskranken Eltern auf die häuslichen Probleme oft mit Bettnässen, Depressionen, Angst, Zwangsstörungen – oder eben Daumenlutschen – reagieren.

Wussten Sie schon, dass …
es viele Ursachen für Durchfallerkrankungen gibt?

Tatsächlich ist Durchfall nicht gleich Durchfall, denn es gibt viele verschiedene Ursachen für eine Diarrhö. Neben Bakterien, die der häufigste Auslöser sind, können auch schleimhautreizende Nahrungs- oder Arzneimittel zu Durchfall führen. Manche Allergien haben Durchfall zur Folge, und schließlich können Tumore oder entzündliche Erkrankungen im Darm als Verursacher nicht ausgeschlossen werden. Zuweilen treiben auch Enzym- und Hormonmangel die Menschen häufiger als üblich auf die Toilette.

Stimmt es, dass …
bei DURCHFALL Salzstangen mit Cola helfen?   JA

Normalerweise wird Durchfall von Bakterien verursacht, die durch mangelnde Hygiene in den Darm gelangen. Wie in einer riesigen Wohngemeinschaft leben dort normalerweise rund 500 Bakterienarten. Die Neuankömmlinge – meist sind es Bakterien wie Kolibakterien, Staphylokokken oder Salmonellen – vermehren sich und bringen durch ihre giftigen Ausscheidungen das ausbalancierte Ökosystem im Darm durcheinander. Der Darm reagiert darauf mit erhöhtem Stuhldrang. Er versucht so, das Gift der Erreger auf schnellstem Wege loszuwerden. Dabei nimmt er sich nicht die Zeit, dem Stuhl wie sonst das Wasser zu entziehen.

Diese körperliche Abwehr gegen die Krankheitserreger kann für Schwangere, alte Menschen und insbesondere für Kinder gefährlich werden. Verlieren diese Menschen zu viel Wasser und Mineralien, trocknen sie aus. Die Folgen sind dann Kreislaufbelastung, Schwäche, Abgeschla-genheit, trockene Schleimhäute und in schlimmen Fällen ein Schock. Zudem können die Patienten Nahrung nicht mehr richtig aufnehmen und brauchen deshalb zusätzlich Energie.

Ärzte empfehlen daher bei Durchfallerkrankungen vor allem viel Wasser – in schweren Fällen sollte man bis zu 4 l pro Tag trinken. Wichtig ist außerdem die Aufnahme von Traubenzucker und Mineralien wie Kochsalz und Kalium. Dabei gibt es mehrere Möglichkeiten. Man kann fertige Elektrolyt-Mischungen zu sich nehmen, die in Apotheken als Brausetabletten oder Pulver erhältlich und in Wasser aufzulösen sind. Oder man mischt sich selbst eine „Medizin": Auf 1 l Wasser kommen 2,5 g Natron, 1,5 g Kaliumchlorid, 3,5 g Kochsalz und 20 g Traubenzucker.

Die dritte Möglichkeit, Salzstangen und Cola, wird von Ärzten nicht so gern gesehen, obwohl sie durchaus einige Vorteile hat: Bekommt man in Ländern mit schwie-

69

rigen hygienischen Verhältnissen Durchfall, dann ist Cola nicht nur fast überall verfügbar, sondern auch auf jeden Fall keimfrei – ein Problem weniger für den belasteten Darm. Außerdem enthalten Cola und Salzstangen viele der Stoffe, die dem Körper bei Durchfall fehlen, vor allem Wasser, Zucker und Salz.

ABER: Das beliebte Durchfallbekämpfungsmittel enthält zu wenig Kalium und zu viel Zucker. Das kann die Flüssigkeitsaufnahme behindern und so den Flüssigkeitsverlust sogar verstärken. Wer also auf Salzstangen und Cola nicht verzichten will, sollte die Cola zumindest mit (abgekochtem) Wasser verdünnen.

Wussten Sie schon, dass ...
Kneipp die ersten Kneippkuren an sich selbst ausprobierte?

Heute schwören viele Menschen auf Kneippkuren. Vor 150 Jahren waren sie lediglich das verschrobene Hobby des Theologiestudenten Sebastian Kneipp (1821–97). Der spätere Landpfarrer begann 1849 noch als Student, seine Idee von den gesunden Tauchbädern an sich selbst auszuprobieren – in der eiskalten Donau in Dillingen.

Sebastian Kneipp wusste es schon vor 150 Jahren: Kaltes Wasser kann sehr gesund sein.

Stimmt es, dass ...
kaltes DUSCHEN am Morgen gesund ist?   JA

Der menschliche Körper besitzt einen ausgeklügelten Regelmechanismus, mit dem er die Temperatur im Normalfall auf etwa 37 °C einstellt. Die Schlüsselstelle dafür ist der Hypothalamus, ein Teil des Zwischenhirns, in dem die Temperaturdaten aus der Haut und dem Körperinnern zusammenlaufen. Der Hypothalamus verarbeitet diese Daten und löst verschiedene Reaktionen auf Hitze und Kälte aus: Schwitzen, Zittern, Verbrennung von Fettgewebe oder Steuerung der Hautdurchblutung.

Die Temperatursensoren, die diese Daten liefern, sind über den ganzen Körper verteilt. Die meisten finden sich in der Haut, doch auch im Rückenmark und im Hypothalamus selbst wird die Temperatur gemessen und zwar getrennt nach Wärme und Kälte. Beispielsweise endet in den Fingern etwa alle 2 mm ein Nerv in einem Kältesensor. Wärmesensoren sind seltener. Sie findet man etwa alle 20 mm. Beide Messfühler-Typen schicken laufend Impulse an den Hypothalamus, wobei die Kältesensoren bei Körpertemperaturen um 30 °C besonders aktiv sind, die Wärmesensoren dagegen bei rund 40 °C. Bei etwa 35 °C heben sich beide Signale auf.

Bei einer kurzen und gemäßigt kalten Morgendusche von etwa 20 °C wird dieses Gleichgewicht plötzlich gestört. Bis der Hypothalamus aber registriert, dass die Temperatur auf der Haut nicht dramatisch absinkt, sondern nur um wenige Grad, vergeht eine gewisse Zeit. Daher startet er eine körperliche Überreaktion. Er meldet einen dramatischen Kälteeinbruch, gibt den Blutgefäßen den Befehl, sich sofort zusammenzuziehen, regt eine Gänsehaut an und lässt die Atmung schneller werden. So ein kurzer Kälteschock kann daher gesund wirken, denn er regt die Durchblutung an. Kurzes, lauwarmes bis kaltes Duschen trocknet die Haut auch nicht so stark aus wie ein langer, heißer Duschgang.

ABER: Duscht man dagegen länger kühl oder sogar eiskalt, reagiert der Körper mit Panik. Die Kälte wirkt dann nicht mehr anregend, sondern stellt Stress dar. Denn Kälte verlangsamt bei Säugetieren die chemischen Prozesse in den Zellen, bis der Herzschlag aussetzt. Daher erzeugen Temperaturen unter 20 °C im Körperinnern auch Schmerzen als Warnsignal. Zudem braucht der Körper hinterher eine Weile, um sich wieder aufzuwärmen, und ist im ausgekühlten Zustand anfälliger für Erkältungen, weil die Schleimhäute nicht gut durchblutet sind.

Generell bedenken sollte man aber auch, dass jeder Mensch Kälte anders empfindet und der Körper auch für Kältereize trainierbar ist. Obendrein ist das Kälteempfinden von der Tagesform abhängig. Man sollte daher von Fall zu Fall entscheiden, ob man sich zu einer heiß-kalten Wechseldusche überwinden kann, um seinem Körper etwas Gutes zu tun. Auf die eiskalte Dauerdusche sollte man aber verzichten.

tägliches **DUSCHEN** schädlich für die Haut ist?   **NEIN**

Im Barock wurde schief angesehen, wer die Badewanne dem Parfümflakon und der Puderquaste vorzog. Und noch vor 100 Jahren galt das tägliche Duschen zumindest als Marotte. Heute jedoch gehört für viele Menschen die regelmäßige Morgendusche genau wie das Frühstück zu einem gelungenen Start in den Tag.

Allerdings lässt man sich unter der Brause in den seltensten Fällen nur mit Wasser berieseln. In der Regel kommen auch Seife, Duschgel oder Duschlotion zum Einsatz. Solche Reinigungsmittel enthalten vor allem Tenside – das sind Moleküle, die sich einerseits an Fette und Öle auf der Haut heften und andererseits wasserlöslich sind. Das hat zur Folge, dass das Wasser nicht mehr am fettigen Schmutz abperlt. Stattdessen lässt sich der Schmutz in Wasser lösen und gelangt in den Abfluss, genau wie die wasserlöslichen Ablagerungen auf der Haut, Hautschuppen oder der Abrieb von der Kleidung.

Doch nicht jedes Fett, das sich auf der Haut befindet, ist echter Schmutz. Die Haut bildet selbst Fettstoffe (Lipide), um sich gegen Umwelteinflüsse zu schützen. Diese Fette verringern zudem die Verdunstung von Wasser und Schweiß. Ist die Lipidschicht beschädigt, trocknet die Haut deutlich schneller aus.

Die Haut hat noch eine andere Methode entwickelt, um feindliche Angriffe abzuwehren. Um beispielsweise Krankheitskeimen das Leben schwer zu machen, baut sie einen Säureschutzfilm auf, den die Erre-

DIE pH-WERTE VERSCHIEDENER STOFFE

Der pH-Wert gibt an, ob eine Lösung sauer, basisch oder neutral ist. Eigentlich ist die Bezeichnung eine Abkürzung, denn „pH" steht für *potentia hydrogenii* (Stärke bzw. Konzentration des Wasserstoffs).
Der pH-Wert ist ein Indikator dafür, wie viele Wasserstoffionen sich in der Lösung befinden. Nimmt der pH-Wert um eins zu, dann hat sich die Anzahl der Wasserstoffionen verzehnfacht.

Saures		Basisches	
Salzsäure 3,5 %	pH = 0	Hallenbadwasser	pH = 7,2
Magensäure	pH = 1–2	Blut	pH = 7,4
Zitronensaft	pH = 2,5	Meerwasser	pH = 8
Essig	pH = 3	Darmsaft	pH = 8,5
Wein	pH = 4	Seifenlösung	pH = 9
saure Milch	pH = 4,5	Ammoniakwasser	pH = 11
Kaffee	pH = 5	Kalkwasser	pH = 12
Hautoberfläche	pH = 5,5	Natronlauge 3 %	pH = 14
Milch	pH = 6,6	Natronlauge 30 %	pH = 15

ger als unangenehm empfinden. Dieser Film ist mit einem pH-Wert von 5,5 etwa so sauer wie Bier oder Mineralwasser. Zum Vergleich: Reines Wasser hat einen neutralen pH-Wert von 7.

Dieser Säureschutzmantel wird angegriffen, wenn man Reinigungsmittel mit neutralem pH-Wert verwendet. Basische Seifenlauge kann ihn sogar vollständig zerstören. Heutzutage ist das allerdings kein Problem mehr, denn fast alle modernen Duschgels oder Seifen sind so aufgebaut, dass der Säureschutz erhalten bleibt. Und auch der Angriff auf den Fettschutz der Haut durch Tenside ist nicht mehr problematisch, wenn es bei einer Dusche täglich bleibt. Denn es dauert nur etwa 3–4 Stunden, bis die Haut ihn wieder ganz hergestellt hat.

Wussten Sie schon, dass …
Duschen tödlich sein kann?

1976 machten einige winzige stäbchenförmige Bakterien erstmals Schlagzeilen. Damals starben 34 amerikanische Veteranen in einem Krankenhaus in Philadelphia; insgesamt hatten sich 149 Legionäre unter der Dusche mit einer geheimnisvollen Lungenkrankheit infiziert. Man nannte die Erreger danach „Legionellen". Inzwischen weiß man, dass Duschwasser, das zwischen 30 und 50 °C warm ist, Legionellenbakterien ideale Lebensbedingungen bietet. Wird das Duschwasser aber über 60 °C erhitzt, werden die Bakterien abgetötet.

HAUSMITTEL bei Erkältungen genauso viel – oder wenig – helfen wie Medikamente?   **JA**

Gegen Erkältungen sind Hausmittelchen und Medikamente gleichermaßen machtlos. Denn die Viren, die die Krankheit hervorrufen, muss das körpereigene Immunsystem fast ausschließlich selbst bekämpfen. Von der Infektion bis zur Genesung vergehen dabei rund 8 Tage, in denen der Patient von den Begleiterschei-

nungen der Erkältung geplagt wird. Er hat Schnupfen, Husten und andere Atemwegserkrankungen, Kopf- und Gliederschmerzen, Müdigkeit und Fieber. Gegen diese Symptome aber helfen viele Medikamente – genau wie einige Hausmittel.

Medizinische Vergleichsstudien darüber, was dabei wirksamer ist – Hausmittel oder

Medikamente –, gibt es jedoch keine: Einerseits, weil Medikamente meist spezifisch ein Symptom bekämpfen, während Hausmittel oft das allgemeine Wohlbefinden steigern, andererseits, weil viele Hausmittel gar nicht in klinischen Studien untersucht werden können. Und schließlich gibt es von Hausmitteln und Medikamenten eine solche Wirkungsvielfalt, dass der Vergleich schwer fällt. Wer wollte sagen, ob Hühnersuppe „mehr hilft" als Aspirin?

Immerhin kennt man einige Hausmittel, die in medizinischen Studien ihre Wirksamkeit bewiesen haben. Eine Spülung der Nasenschleimhaut mit einer 0,9%igen Salzlösung wirkt beispielsweise vorbeugend gegen Erkältungen. Gut geeignet sind auch Inhalationen mit ätherischen Ölen. Denn Eukalyptus, Pfefferminze, Kamille, Melisse oder Thymian haben antiseptische Wirkung und töten Bakterien und einen Teil der Viren in der Schleimhaut ab.

Gekochte und zerstampfte Kartoffeln, gedünstete Zwiebeln oder Meerrettich, die in Tüchern eingeschlagen auf der Brust angeblich Heilwirkung entfalten, sollte man stattdessen lieber essen. Zwiebeln und Kartoffeln enthalten viel Vitamin C, und der Meerrettich regt die Schleimhäute zur Flüssigkeitsproduktion an.

ERKÄLTUNG ODER GRIPPE?

Kaum läuft die Nase oder kratzt der Hals, sprechen viele Menschen von einer Grippe – obwohl Ärzte nur eine Erkältung bescheinigen würden. Wenngleich sie anfangs ähnliche Symptome zeigen, sind für die beiden Krankheiten ganz unterschiedliche Erreger verantwortlich. Influenza, wie die Grippe medizinisch heißt, wird vom Influenza-Virus hervorgerufen. Die Erkältung, der „grippale Infekt", wird dagegen von 200 verschiedenen Viren verursacht, darunter Rhino-, Adeno- oder Coronaviren. Es ist daher viel wahrscheinlicher, eine Erkältung zu bekommen als eine echte Grippe – zum Glück, denn die echte Grippe geht mit hohem Fieber und Kreislaufbeschwerden einher und kann tödlich enden. Es gibt Wissenschaftler, die Influenza für eine der gefährlichsten Geißeln der Menschheit halten. So infizierte sich beispielsweise 1918/19 die Hälfte der Weltbevölkerung mit der Spanischen Grippe. Das kostete 20–40 Mio. Menschen das Leben.

Wenn Menschen eng beisammen stehen, kann sich das Influenza-Virus (rechts unten) sehr schnell ausbreiten.

Stimmt es, dass ...
„Unterkühlung" ERKÄLTUNGEN verursacht?   NEIN

Zwar stammt der Begriff „Erkältung" vom Wort „Kälte" ab. Doch in Wirklichkeit wird die Krankheit nicht von niedrigen Temperaturen verursacht, sondern von Erkältungsviren. Allerdings sind tiefe Temperaturen immer ein Angriff auf den Körper. Während der Körper Maßnahmen gegen die Kälte trifft, wird seine Abwehr anderswo schwächer. Und dies nutzen die Viren.

Wenn sich der Körper gegen Kälte wehrt, reduziert er beispielsweise die Durchblutung in den Händen, den Füßen und vor allem in den Schleimhäuten. Denn dann kühlt sich weniger Blut in den Extremitäten ab, sodass der Wärmeverlust verringert wird. Es ist lebenswichtig, die Körperkerntemperatur rund ums

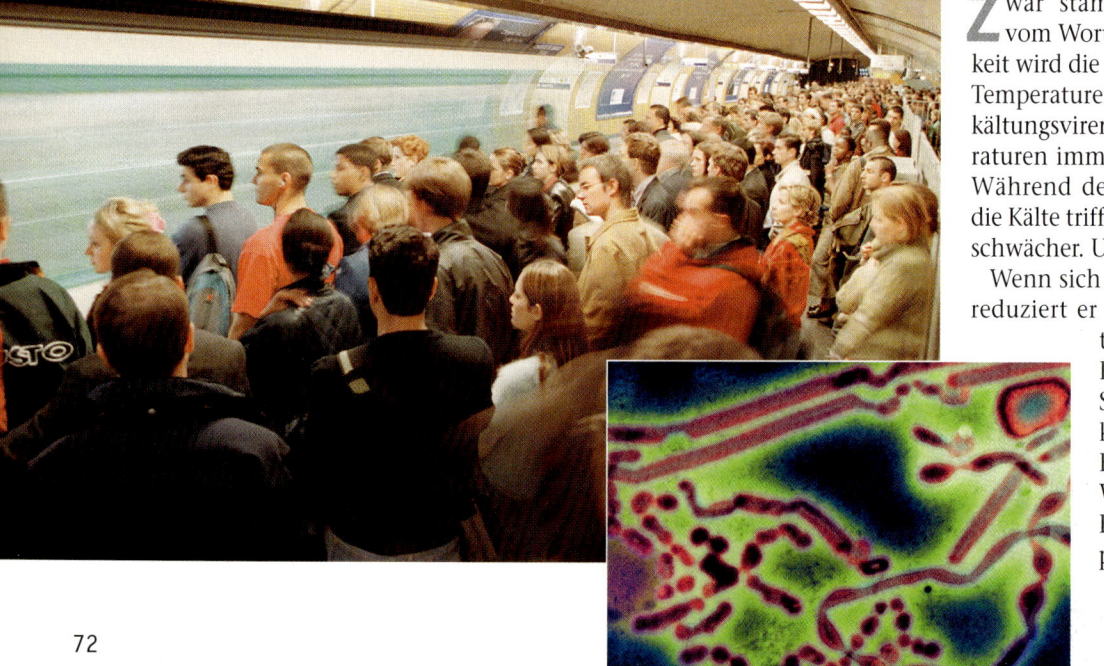

Herz konstant zu halten, und das ist so leichter möglich. Gleichzeitig wirkt sich im Winter noch ein anderer Effekt negativ aus: Kalte Luft nimmt weniger Feuchtigkeit auf als warme. Winterluft ist also trockener, auch in Innenräumen.

Beides zusammen, schlechte Durchblutung der Schleimhäute und trockene Luft, führt dazu, dass die Schleimhäute austrocknen. Das erschwert die Arbeit der Flimmerhärchen, die normalerweise den gesamten Atemtrakt sauber halten, denn sie arbeiten in einer warmen, feuchten Umgebung am besten. Infolgedessen werden die Schleimhäute anfällig für Entzündungen durch Viren, die sich in ihnen einnisten.

Kälte führt weiterhin zu einem Effekt, den Verhaltensbiologen die „soziale Temperaturregulation" nennen: Menschen neigen dazu, sich bei Kälte enger zusammenzustellen, um sich gegenseitig zu wärmen. Zudem halten sie sich vermehrt in geheizten Innenräumen auf. Das führt dazu, dass die Viren bei der Suche nach neuen Opfern leichtes Spiel haben. Einmal Niesen kann die Viren 4–5 m weit streuen, und nach dem Naseputzen kleben die Viren an Händen, im Gesicht und an vielen Gegenständen in der Umgebung. In diesem Umkreis finden die Erreger in der voll besetzten Straßenbahn oder am familiären Kaffeetisch meist ein geeignetes Opfer.

Wussten Sie schon, dass ...
Erkältungen auch von Mathematikern erforscht werden?

Mathematiker beschäftigen sich nicht nur mit trockenen Zahlen, sondern auch mit Alltagsproblemen wie der Verbreitung von Krankheiten. So haben sie Modelle entwickelt, die beschreiben, wie sich Krankheiten in Städten ausbreiten. Damit man verfolgen kann, wohin sich welcher Virenstamm besonders ausbreitet, wird auch die Erbsubstanz der Viren mit in die Berechnungen einbezogen. Bei Grippe funktionieren die Modelle schon ganz gut. Doch die vielen Arten von Erkältungsviren bereiten den Wissenschaftlern noch Kopfzerbrechen.

Stimmt es, dass ...
Gesichtsgymnastik gegen FALTEN hilft?   NEIN

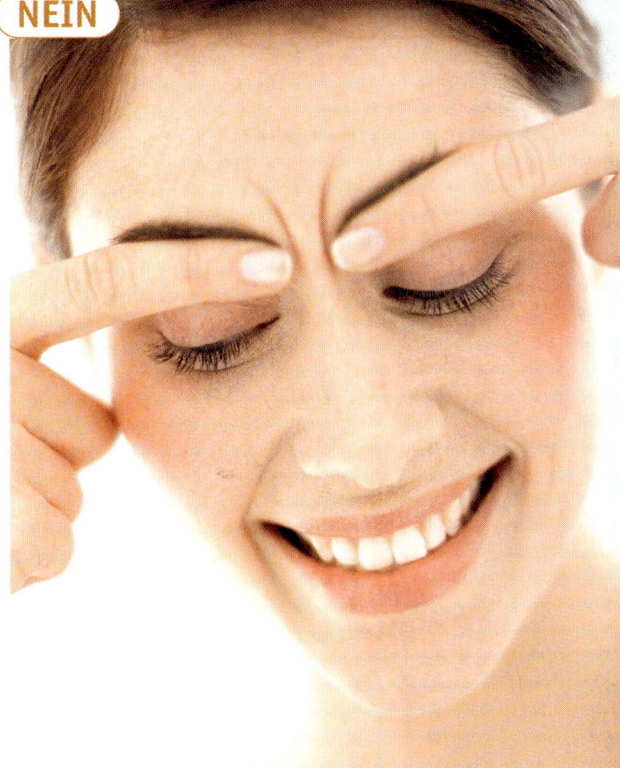

Unsere Haut besteht aus drei Schichten: der Oberhaut (Epidermis), der Lederhaut (Dermis) und der Unterhaut (subkutanes Gewebe). In der Lederhaut wird das Hautpigment Melanin gebildet. Dort befinden sich auch die Schweiß- und die Talgdrüsen sowie die Enden von Nervenfasern. Und in dieser Hautschicht entstehen auch die Falten. Denn neben all den Drüsen, Haarwurzeln und dem übrigen Gewebe enthält die Lederhaut vor allem Stützgewebe aus Kollagen und Elastin. Diese Eiweiße werden aber durch die natürliche Alterung und die UV- und Wärmestrahlung mit der Zeit abgebaut. Dazu kommt, dass die Muskulatur unter der Haut allmählich erschlafft. Die Oberhaut hängt dann an der Lederhaut herunter – Falten entstehen.

Diesen Verfall verspricht die Kosmetikindustrie mit Salben und Lotionen aufzuhalten. Alleine in Deutschland setzt sie mit Hautpflegemitteln jedes Jahr rund 2,5 Mrd. Euro um. Man versucht, durch Cremes das Gewebe mit Kollagen, Vitaminen und Enzymen zu versorgen, um den Abbau des körpereigenen Kollagens zu verlangsamen. Ein stärkerer Eingriff besteht im Unterspritzen des Gewebes mit Eigenfett oder Kollagen. Stellenweise können Muskeln jedoch sogar Falten erzeugen, beispielsweise an der Stirn. Dagegen kann man das Nervengift Botulin spritzen, das die Muskeln dann an diesen Stellen gezielt lähmt.

Doch auch Gesichtsgymnastik soll Erfolge zeigen. Kosmetikerinnen sind überzeugt, dass das Training der Muskulatur und des Gewebes im Gesicht hilft – auch ohne Cremes und Salben. Die Expertinnen empfehlen, täglich mindestens 10 Minuten lang einen „Kussmund" zu formen, die Halsmuskulatur anzuspannen oder ein „Lachgesicht" zu machen. Diese gymnastischen Übungen würden das Gewebe straffen und die Gesichtsmuskulatur stärken. Dazu komme, dass man bei intensivem Training auch die Durchblutung verbessere, was ebenfalls gut für eine gesunde Haut sei.

All dies sind jedoch bisher nur Behauptungen. Ob man durch gesichtsgymnastische Übungen den natürlichen Alterungsprozess tatsächlich verlangsamen kann, wurde also noch nicht wissenschaftlich überprüft – allerdings schadet sie wohl auch nicht. Sicher ist immerhin, dass eine gute Durchblutung die Haut an sich verbessert und dass eine gesunde Lebensweise und wenig UV-Strahlung die Faltenbildung tatsächlich verzögern.

Lachgesicht und Zornesfalten – Gesichtsgymnastik (hier teilweise unter Zuhilfenahme der Finger) soll nach Meinung von Kosmetikerinnen gegen Falten helfen.

Stimmt es, dass ...

auch bei **FARBIGEN** die Innenflächen der Hand immer weiß sind?   JA

Das Wort Melanin leitet sich vom griechischen *melas* ab – und bedeutet „schwarz". Das dunkle Hautpigment, das im unteren Bereich der Oberhaut gebildet und anschließend in den oberen Schichten der Haut eingelagert wird, soll möglichst viel gefährliche UV-Strahlung verschlucken. Andernfalls kann der energiereiche Anteil des Sonnenlichts Schäden im Erbgut verursachen, chemische Prozesse in den Hautzellen behindern und die Zellmembranen zerstören. Dadurch wiederum kann Hautkrebs entstehen (siehe S. 67).

Menschen in sonnenreichen Ländern sind seit Hunderttausenden von Jahren dieser Gefahr ganz besonders stark ausgesetzt. Im Laufe der Evolution hat sich ihre Haut daran angepasst, indem sie mehr Melanin einlagerte. Hellhäutige Menschen leiden daher nicht nur viel schneller unter Sonnenbrand als dunkelhäutige, sondern haben auch ein höheres Risiko, an Hautkrebs zu erkranken – eine der gefährlichsten Krebsformen. Die durch das Melanin stärker geschützten dunkelhäutigen Menschen entwickeln dagegen nur viel seltener Hautkrebs.

Zwar ist durch die Gene vorgegeben, wie viel Melanin grundsätzlich in die Haut eingelagert wird, doch die Haut reagiert flexibel. Bei Sonneneinstrahlung beginnt sie mit verstärkter Melanin-Produktion und belässt dann den Stoff für ungefähr 2–3 Monate in der Haut. Nach einem Badeurlaub in sonnigen Regionen kann man das sehr deutlich am Übergang zwischen der blassen geschützten Haut unter der Badehose und der braunen nackten Haut am Bauch erkennen.

Die Innenflächen der Hände sind der Sonnenstrahlung nur wenig ausgeliefert. Deshalb bildet sich dort auch weniger Melanin als an anderen Stellen des Körpers. Die Handinnenflächen sind daher bei allen Menschen heller als der Handrücken – was bei Farbigen natürlich wesentlich deutlicher zu sehen ist als bei hellhäutigen Menschen.

ABER: Manchmal erscheint die Haut im Handteller dunkel, was allerdings nur mit der Durchblutung zusammenhängt. Das Blut lässt die Haut dunkel und rosig erscheinen. Und natürlich ist in den Handinnenflächen von dunkelhäutigen Menschen generell mehr Melanin enthalten als bei hellhäutigen.

Der Vergleich zeigt, dass bei farbigen wie hellhäutigen Menschen die Innenseiten der Hände heller sind.

Wussten Sie schon, dass ...
in Afrika giftige Hautbleichmittel gehandelt werden?

In Europa geben Menschen viel Geld aus, um braun zu werden. In vielen Regionen Afrikas ist es umgekehrt, denn dort gilt weiße Haut als Schönheitsideal. Dafür nehmen viele dunkelhäutige Frauen die Gefahr von Nervenschäden und Nierenproblemen auf sich. Sie bleichen sich die Haut mit Seife, die Quecksilber enthält – und nicht selten sogar in Europa hergestellt wird.

Stimmt es, dass ...

ein gesunder **GEIST** in einem gesunden Körper lebt?   NEIN

Geist und Körper scheinen auf den ersten Blick eng miteinander verknüpft zu sein. Wer körperlich krank ist, kann kaum einen klaren Gedanken fassen, so die weit verbreitete Meinung. Daher kann ein gesunder Geist auch nur in einem gesunden Körper stecken.

Doch das ist falsch. Es gibt unzählige Beispiele für körperlich Kranke, die geistig vollkommen gesund sind und sogar intellektuelle Höchstleistungen vollbringen. Selbst Fehler im Aufbau des Gehirns sind oftmals kein Hindernis für den Geist. So gibt es beispielsweise hochintelligente Menschen, die zugleich an Spastiken leiden, weil die Nerven im Bewegungszentrum des Gehirns oder an den Muskeln missgebildet sind. Obwohl diesen Patienten schon die Koordination einfacher Bewegungen große Schwierigkeiten bereitet, können sie gleichzeitig hochkomplexe Mathematikaufgaben lösen oder Gesetzestexte entwerfen.

Ein sehr bekanntes Beispiel ist auch der schwerbehinderte Physiker Stephen Hawking, der seit Jahrzehnten an der amyotrophischen Lateralsklerose (ALS) leidet. Der Wissenschaftler mit außergewöhnlichem

Intellekt ist dadurch an einen Rollstuhl gefesselt und nur über einen Sprachcomputer in der Lage, mit anderen zu kommunizieren. Trotzdem gehört Hawking zu den brillantesten Denkern unserer Zeit. „Ich werde oft gefragt, wie ich ALS im Leben spüre. Die Antwort ist: kaum", sagt Hawking denn auch selbst über seine Krankheit.

Übrigens hat auch der römische Dichter Juvenal, von dem der Satz *mens sana in corpore sano* („ein gesunder Verstand in einem gesunden Körper") stammt, nie daran gedacht, dass ein gesunder Geist nur in gesunden Körpern zu finden sei. Im Gegenteil: „Man muss um einen gesunden Geist in einem gesunden Körper beten", lautet das vollständige Zitat aus einer seiner Satiren. Juvenal machte sich damit über die törichten Wünsche seiner Mitmenschen an die Götter lustig.

Körper und Geist beeinflussen sich aber gegenseitig. So hat ein körperlich behinderter Mensch besonders in der Pubertät mit größeren Problemen zu kämpfen als ein nichtbehinderter Mensch. Das macht seinen Geist nicht krank, aber es kann Auswirkungen auf seine Selbstsicherheit oder seine Einstellungen haben – auch negative. So hätte der deutsche Philosoph Georg Christoph Lichtenberg (1742–99), der lebenslang unter einem verwachsenen Rücken litt, als gesunder Mensch wahrscheinlich seine Sinnsprüche nicht so bitter formuliert, wie er es getan hat.

Wussten Sie schon, dass ...
in der Nase 300-mal so viele Härchen wachsen wie Haare auf dem Kopf?

10–30 Mio. so genannter Cilien trägt jeder Mensch in der Nase, die Riechhärchen, an denen Geruchsstoffe andocken können. Auf dem Kopf wachsen dagegen im Durchschnitt nur 100 000 Haare. Die Riechhärchen haben allerdings – abgesehen von der äußeren Form – nichts mit dem Kopfhaar zu tun. Sie gleichen eher den Flimmerhärchen in der Nasenschleimhaut oder in der Lunge. Im Unterschied zu diesen können sich die Riechhärchen aber nicht bewegen.

Stimmt es, dass ...
die Qualität des GERUCHSSINNS von der Größe der Nase abhängt?   NEIN

Riechen ist ein komplizierter Vorgang, den die Forschung noch nicht völlig verstanden hat – besonders, was die Verarbeitung der Gerüche im Gehirn angeht. Bisher weiß man, dass riechende Stoffe Geruchsmoleküle abgeben, die in der Luft bis zu den Riechhärchen transportiert werden. Die Nase jedes Menschen kann 347 verschiedene Geruchsmoleküle unterscheiden. Dafür befinden sich in der Nasenschleimhaut zwei Flächen, jede etwa so groß wie eine 1-Euromünze – das Riechepithel. Dort gibt es insgesamt ungefähr 10 Mio. Riechzellen aller 347 Typen, aus denen jeweils zwei bis drei Riechhärchen wachsen. Sobald sich ein Geruchsmolekül an ein passendes Härchen angelagert hat, werden in der Riechzelle Moleküle ausgeschüttet, die den entsprechenden Nerv der Riechzelle aktivieren – wir nehmen einen Geruch wahr.

Die meisten Alltagsgerüche setzen sich aus vielen unterschiedlichen Geruchsmolekülen zusammen. Allein im Duft einer Tasse Kaffee konnten Wissenschaftler 200 verschiedene Arten von Geruchsmolekülen nachweisen. Verändert man deren Anteil, verändert sich auch der Geruch. So kann der Mensch insgesamt über 10 000 verschiedene Gerüche unterscheiden.

Wie gut das funktioniert, entscheiden mehrere Faktoren. Dazu gehören vor allem die Zahl und Art der Riechhärchen und die Fähigkeiten des Riechzentrums im Gehirn. Die Größe der Nase spielt dagegen keine Rolle. Beispielsweise nehmen Frauen Gerüche meist besser wahr als Männer, obwohl sie im Durchschnitt die kleineren Nasen haben. Man führt das auf einen etwas anderen Aufbau des Riechzentrums im Gehirn zurück.

Durch eine eher kleine Nase strömt Luft zwar schneller, und damit fliegen Geruchsmoleküle zügiger an den Riechhärchen vorbei. Doch das spielt beim Schnuppern keine Rolle, denn dabei wird erst etwas Luft eingesogen und dann kurz angehalten. So haben die Moleküle Zeit, Verbindungen mit den Riechhärchen einzugehen – in großen Nasen genau wie in kleinen.

Ob ein Koch eine große oder kleine Nase hat, ist unerheblich – weit wichtiger ist ständiges Training des Geruchssinns.

Stimmt es, dass ...
GINSENG Menschen jung erhält?

 NEIN

Eingelegt wird Ginseng oft – wie hier in Südkorea – Touristen zum Verkauf angeboten.

Das macht Ginseng zum begehrten Produkt. Etwa 10 000 t werden weltweit jährlich verarbeitet.

Dabei ist es ernüchternd, was man bisher über die Extrakte von *Panax ginseng* (Chinesischer Ginseng), *Eleutherococcus senticosus* (Sibirischer Ginseng) oder *Panax quinquefolius* (Amerikanischer Ginseng) weiß – ein Nutzen konnte bisher in keiner Studie zweifelsfrei bewiesen werden. Zwar gibt es Untersuchungen, die belegen, dass die Inhaltsstoffe der Ginsengwurzel Körper, Geist und Immunsystem stärken. Doch diese Tests enthalten oft methodische Fehler und werden daher wissenschaftlich nicht anerkannt. Außerdem wird Ginseng in der traditionellen chinesischen Medizin meist mit anderen Mitteln eingenommen, was den Nachweis der Wirksamkeit erschwert.

Unter der Vielzahl der Untersuchungen über Ginseng gibt es aber einige, die wissenschaftlich korrekt durchgeführt wurden – und die bescheinigen der Wunderwurzel keine Wirksamkeit.

Wussten Sie schon, dass ...
Japanerinnen die höchste Lebenserwartung haben?

Weltweit gibt es deutliche Unterschiede in der Lebenserwartung. In Europa werden Männer durchschnittlich 75,3 Jahre alt, Frauen 81,4 Jahre. Japanische Männer dagegen haben eine Lebenserwartung von 77,6 Jahren. Und japanische Frauen werden im Schnitt sogar 84,2 Jahre alt.

Liest man die Meldungen über die medizinischen Qualitäten von Ginseng, dann könnte der Eindruck entstehen, die gelbbraune Wurzel sei ein Wundermittel. Ginseng soll nicht nur die Blutzuckerwerte senken und die Laune heben, sondern auch Demenz verhindern, Herpes hemmen und eben den Menschen jung erhalten.

Stimmt es, dass ...
jemandem bei Panik die HAARE zu Berge stehen?

JA

SO STELLEN SICH DIE HAARE AUF

Gleich neben dem Haarbalg sitzt der *Musculus arrector pili*, einer der kleinsten Muskeln des Menschen. Wenn er sich spannt, zieht er das Haar zu sich her und richtet es dadurch auf.

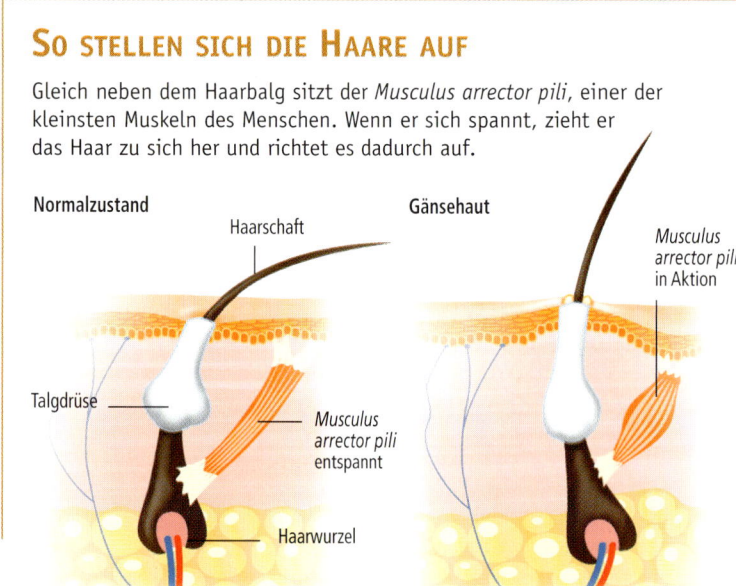

Normalzustand
Haarschaft
Talgdrüse
Musculus arrector pili entspannt
Haarwurzel

Gänsehaut
Musculus arrector pili in Aktion

Menschen tragen noch immer viele Verhaltensweisen und Eigenschaften aus der Urzeit in sich. Eines dieser Überbleibsel ist das Aufstellen der Haare bei Aggression, Panik und anderen starken Gefühlen – ein unkontrollierbar ablaufender Vorgang, der auch bei Affen, Vögeln sowie bei Hunden und Katzen beobachtet werden kann. Durch das Aufstellen der Haare oder das Aufplustern der Federn wirken die Tiere größer. So gaukeln sie einem Angreifer Muskelmasse und Größe vor. Dieser ursprüngliche Zweck des Haareaufstellens ist für den heutigen Menschen natürlich nicht mehr von Bedeutung.

Für das Aufstellen der Haare ist ein winziger Muskel verantwortlich, der an der Haarwurzel sitzt. Der so genannte *Musculus arrector pili* verbindet Haarbalg und Haut und greift an der Haarwurzel an. Wenn er sich spannt, dann leert er nicht nur teilweise die Talgdrüse, sondern hebt auch die Haarwurzel und bildet damit ein kleines Hügelchen unter der Haut. So entsteht die Gänsehaut, der dürftige Überrest des gesträubten Fells unserer Vorfahren.

Doch nicht alle Haarwurzeln sind mit diesem Muskel ausgestattet. Augenbrauen, Schamhaare, Wimpern, Barthaare und die Haare, die aus Nase und Ohren wachsen, können sich nicht aufstellen. Bei Kopfhaaren ist das Aufstellen zwar theoretisch möglich, praktisch aber verhindert die Länge der Haare meist, dass man es sehen kann.

Stimmt es, dass ...

HAARE über Nacht grau werden können?   NEIN

Das Gerücht von über Nacht ergrauenden Haaren ist weit verbreitet, auch in Film und Literatur. So bleicht etwa in einer Kurzgeschichte von Edgar Allan Poe das „rabenschwarze Haar" eines Seemannes von einem Tag auf den anderen, weil dieser die Fahrt durch einen tosenden Meeresstrudel durchleben muss. Doch die Wirklichkeit sieht anders aus. Dramatische Erlebnisse können zwar zu ernsten psychischen Problemen führen – die Haare bleiben dabei aber unverändert.

Haare erhalten ihre Farbe durch das Melanin, das in ihnen eingelagert ist. Dieser Farbstoff wird in der Nähe der Haarwurzeln gebildet und über die Haarwurzelzellen an das Haar abgegeben. Aus zwei verschiedenen Melaninarten mischt die Natur alle Haarfarben zusammen. Eumelanine färben das Haar schwarz, Phaeomelanine machen es dagegen rot. So enthalten blonde Haare beispielsweise einen geringen Anteil Eumelanine und etwas mehr Phaeomelanine.

In weißen oder grauen Haaren finden sich dagegen nur noch wenige oder gar keine Melaninpigmente, weil der Körper zu wenig davon bildet. Das passiert aber nicht schlagartig, sondern im Laufe einiger Jahre bis Jahrzehnte und ist Teil des normalen Alterungsprozesses.

Schlagartig weiß werden kann das Haar schon deshalb nicht, weil der Körper keine Möglichkeit hat, die Pigmente, die er ins Haar eingelagert hat, noch einmal zu verändern. Selbst wenn die Melaninproduktion plötzlich aufhören würde, wären die Folgen erst nach Monaten sichtbar – dann, wenn die Haare nachgewachsen sind.

Ob blond oder dunkelhaarig – wann man ergraut, ist nur eine Frage der genetischen Veranlagung.

Stimmt es, dass ...

Menschen mit dunklen HAAREN früher ergrauen als blonde?   NEIN

Die Haarfarbe wird durch die unterschiedlichen Anteile zweier verschiedener Melaninarten im Haar festgelegt, und dieser Anteil ist in erster Linie genetisch bestimmt. Melanine kommen als Farbstoffe in der Natur sehr häufig vor. Sie finden sich auch im Tierreich, hier färben sie beispielsweise das Gefieder von Kanarienvögeln gelb. Beim Menschen sind Melanine auch für die Hautfarbe und die Färbung der Iris im Auge verantwortlich.

Alterungsprozesse beeinflussen die Melaninproduktion. Je älter ein Mensch wird, desto weniger Melanine bilden sich an seinen Haarwurzelzellen und werden ins Haar eingelagert. Die Haare werden farblos und damit „grau" – ein Effekt, den die meisten Menschen ärgerlich finden. Manchmal ist er aber sogar erwünscht, beispielsweise beim Färben der Haare. Das Färbemittel zerstört zunächst die Melanine und bleicht so das Haar aus; es wird grau. Anschließend lagern sich neue, künstliche Farbstoffe ins Haar ein.

Während das künstliche Ergrauen innerhalb weniger Minuten abläuft, ist das natürliche Ergrauen ein schleichender Prozess. Wann er beginnt, ist genetisch festgelegt und völlig unabhängig von der Haarfarbe. So wachsen im Laufe mehrerer

Jahre bis Jahrzehnte neben den melaninhaltigen Haaren immer mehr graue Haare nach. Bei blonden Menschen sind die grauen Neulinge jedoch zwischen den hellen anderen Haaren kaum zu entdecken. Anders bei dunklen Haaren – hier sieht man selbst wenige graue Haare sofort. Dunkelhaarige Menschen sind also nicht „grauer" als andere – eher im Gegenteil: Weil blonde Menschen meist mehr Haare haben als Schwarzhaarige, bekommen sie absolut gesehen sogar mehr graue Haare.

Das Ergrauen der Haare ist zwar nicht von der Haarfarbe abhängig, aber überraschenderweise von der Hautfarbe. Europäer bekommen meist mit etwa Mitte dreißig die ersten grauen Haare, bei Menschen dunkler Hautfarbe zeigen sich die grauen Haare jedoch erst rund 10 Jahre später.

HAARE – WUNDER DER NATUR

Das Haar ist eine der erstaunlichsten Erfindungen der Natur. Zunächst dienen unsere Kopfhaare als Sonnen- und Kälteschutz, denn der Haarwuchs wirkt beim Menschen wie eine natürliche Mütze.

Doch erst unter dem Mikroskop erkennt man deutlich, dass ein Haar noch sehr viel mehr ist: Es besteht aus vielen sich jeweils überlappenden Hornzellen, die als so genannter Haarschaft aus der Kopfhaut ragen. Dieser setzt sich unterhalb der Haut in der Haarwurzel fort. Dort wird auch ständig Nachschub für den Haarschaft gebildet: 0,3–0,4 mm produziert die Wurzel an einem Tag. Alle 2–5 Jahre fällt das Haar dann aus, was pro Tag zu durchschnittlich etwa 100 verlorenen Haaren führt.

Wirklich erstaunlich ist auch die Tragkraft eines Haares: Es ist gerade mal etwa 0,1 mm dick und kann trotzdem ein Gewicht von bis zu 100 g tragen. Würde man aus Haaren ein etwa 2 cm dickes Seil herstellen, hätte dieses die fast unglaubliche Tragfähigkeit von 4 t.

Wussten Sie schon, dass…
es unter Herrschern lange üblich war, nicht zu schreiben?

Karl der Große (742–814) soll immer wieder versucht haben, Lesen und Schreiben zu erlernen – allerdings erfolglos. Wie die meisten mittelalterlichen Könige konnte er auch seinen Namen nicht schreiben. Die Schreiber bereiteten daher unter Dokumenten sogar die Unterschrift vor; diese vervollständigte der Herrscher anschließend mit wenigen „Vollzugsstrichen".

Stimmt es, dass…
die HANDSCHRIFT detailliertes Wissen über den Charakter eines Menschen vermittelt? (NEIN)

Das Wort „Graphologie" stammt aus dem Griechischen und bedeutet so viel wie „Schriftkunde". Angeblich können Graphologen alleine aus dem Schriftbild Charaktereigenschaften wie Tatkraft, Belastbarkeit, emotionale Stabilität, Selbstbewusstsein, Einordnungsbereitschaft, Kontaktfähigkeit und Intelligenz des Schreibers herauslesen. Dazu analysieren sie die Schrift nach Merkmalen wie Schwung oder Rhythmus und untersuchen, ob der Schreiber den Stift verkrampft hielt oder wie oft er beim Schreiben abgesetzt hat. So könne man erkennen, ob eine Schrift „feurig, wild, sanft oder langweilig" erscheine, heißt es in einem Lehrbuch für Graphologie.

Genau wie einige Personalchefs, die ihre Angestellten nach der Handschrift beurteilen, bauen Graphologen darauf, dass das Schriftbild und die Persönlichkeit des Schreibers eng zusammenhängen. Als „Beweis" wird dabei angeführt, dass eine Handschrift individuell aussieht und sich im Verlauf eines Lebens nur wenig ändert.

1882 schrieb Friedrich Nietzsche das Gedicht Vogel Albatross – *in einer eindeutig kraftvollen Handschrift.*

Mit der Persönlichkeit sei es genauso, sagen Graphologen, auch sie sei individuell und konstant. Nur in emotional belastenden Situationen oder bei Trunkenheit ändere sich die Handschrift deutlich.

Doch eine systematische empirische Studie, die belegt, dass man aus der Schrift den Charakter eines Menschen eindeutig herauslesen kann, gibt es nicht. Es besteht zwar ein Zusammenhang zwischen Handschrift und Persönlichkeit, aber der ist sehr locker und kaum fassbar. Dadurch sind bei bestimmten Menschen aufgrund des Schriftbildes einzelne Aussagen über die Person möglich, wie beispielsweise über das Geschlecht oder ob der Schreiber schwächlich oder kräftig ist. Doch dass daraus auch eine detaillierte Persönlichkeitsstudie abzuleiten ist, halten die meisten Psychologen für unmöglich.

Graphologie hat übrigens nichts mit dem Schriftvergleich vor Gericht zu tun, mit dem beispielsweise die Echtheit einer Unterschrift geprüft wird. Bei dieser Schriftexpertise werden neben den Eigenheiten der Schrift auch Tinte und Papier überprüft – jedoch keine Charaktereigenschaften abgeleitet.

Die Schauspielerin Shirley Eaton wurde als „Golden Girl" in dem James Bond-Film Goldfinger *(1964) weltberühmt.*

Stimmt es, dass ...
man erstickt, wenn die **HAUT** nicht atmen kann? NEIN

Die Szene aus dem James-Bond-Film *Goldfinger* ist in die Filmgeschichte eingegangen: Eine Frau liegt tot im Bett, von Kopf bis Fuß vergoldet, weil sie Goldfinger, den Bösewicht des Films, verraten hatte. Sie sei gestorben, weil ihre Haut keine Luft mehr bekommen habe, erklärt der berühmte Geheimagent. In Wirklichkeit erstickt aber niemand, wenn seine Haut mit Farbe bepinselt wird. Nur rund 1 % des Sauerstoffs, den der Mensch aufnimmt, gelangt über die Haut in den Körper, 99 % werden über die Lunge eingeatmet.

Gefährlich (aber meist nicht tödlich) kann das Bemalen aber aus ganz anderen Gründen sein. Durch die Haut gelangen viele chemische Stoffe in den Körper. Das kann man beispielsweise beobachten, wenn eine Hautcreme „einzieht"; die Haut nimmt dann die Inhaltsstoffe der Creme auf. Eine Farbe, die fettlösliche Kontaktgifte enthält und auf die Haut gebracht wird, kann daher durchaus zu einer Vergiftung führen – daher darf man Kinder, die im Karneval als „Mohren" verkleidet werden, auch keinesfalls mit schwarzer Schuhcreme bemalen. Für solche Zwecke sollte man besser ungiftige Theaterschminke verwenden.

Doch selbst damit sollte man nicht den ganzen Körper bemalen. Die Haut nimmt nicht nur Stoffe auf, sie gibt auch Schweiß ab – im „Ruhezustand" pro Tag etwa 0,5 l. Auf diese Weise regelt die Haut den Wärmehaushalt des Körpers. Wenn die Farbe die Poren der Schweißdrüsen verstopft, kann das zu einer Überhitzung und zu Kreislaufproblemen führen.

Wussten Sie schon, dass ...
Männer mehr schwitzen als Frauen?

Menschen haben etwa 2–5 Mio. Schweißdrüsen, wovon sich etwa 1 % unter den Armen befindet. Männer besitzen mehr Schweißdrüsen als Frauen, daher schwitzen sie auch mehr. Untersuchungen von Firmen, die Deodorant herstellen, zeigten, dass manche Männer sogar bis zu 50 % mehr Wasser durch die Hautporen verlieren als Frauen.

Stimmt es, dass ...
Milchbäder die **HAUT** besonders gut pflegen? NEIN

Milch galt schon in der Antike als ein ganz besonderer Stoff. So bezeichnet das Alte Testament die Zuflucht der Israeliten als „das Land, in dem Milch und Honig fließen". Und viele Dichter schrieben der Milch Heil- und Reinigungskräfte zu.

Bis heute tun dies Hersteller von Ziegenmilch-Seifen oder so genannten Kleopatra-Milchbädern. Immerhin können die Milchfette tatsächlich die Haut weicher wirken lassen – doch das tun auch Badeöle oder Lotionen.

Frische Milch besteht neben Fett auch zu 80–90 % aus Wasser. Je nach Herkunft finden sich darin Eiweiße sowie Milchzucker und Kalzium. Milch hat einen ähnlichen pH-Wert wie das neutrale Wasser. Kuhmilch hat beispielsweise einen pH-Wert von 6,6. Haut dagegen ist saurer – hier liegt der pH-Wert bei etwa 5,5. Daher ist Milch kein idealer Badezusatz.

Vor allem aber reinigen Badeschaum oder Seife wesentlich besser als Milch, denn sie enthalten Tenside, die fetthaltigen Schmutz wasserlöslich machen. Milch enthält Proteine, die ganz ähnlich wirken. Diese heften sich mit einer Seite an die Fettkügelchen in der Milch und stoßen mit der anderen Seite

Auch wenn Filme (hier Asterix und Obelix: Mission Kleopatra*) Anderes behaupten – die Milchbäder Kleopatras sind eine „Erfindung" aus dem Mittelalter.*

es mehr als 100 verschiedene Herpes-Viren gibt?

Ärzte gehen davon aus, dass rund 90 % der deutschen Bevölkerung Viren der Art *Herpes simplex 1* in sich tragen. Etwas weniger verbreitet ist *Herpes simplex 2*. Diese Viren haben „nur" 20–40 % aller Menschen befallen. Daneben gibt es noch über 100 weitere Herpes-Viren und -Unterarten, darunter das Varizella-Zoster-Virus, das Windpocken und Gürtelrose hervorruft, oder das Epstein-Barr-Virus, der Erreger des Pfeiffer'schen Drüsenfiebers.

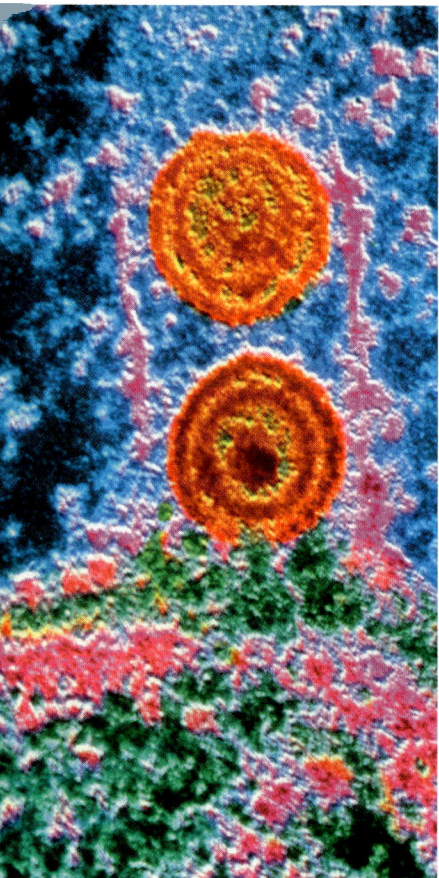

Diese Falschfarbenaufnahme zeigt **Herpes-simplex-***Viren (orange) beim Verlassen eines Zellkerns (grün).*

das Wasser nicht ab. Damit sie reinigende Wirkung haben, müsste man sie aber erst freisetzen – und dazu müsste man die Milch in der Badewanne wie in einer Cappuccino-Tasse aufschäumen.

Auch die heilende Wirkung von Milch ist nicht erwiesen. Sie enthält zwar Eiweiße, die Wunden schneller heilen lassen, doch man bräuchte 1000 l Molke, um nur rund 30 g dieser Stoffe zu gewinnen.

HERPES-VIREN für immer im Körper bleiben? JA

Herpes-Viren sind weit verbreitet, besonders Viren vom Typ *simplex 1* (HSV-1) und *simplex 2* (HSV-2). Diese beiden Virenarten verursachen die bekannten Lippenbläschen, die bei einer infizierten Person immer wieder auftreten können. Das Virus HSV-2 erzeugt aber auch *Herpes genitalis*, der sich durch Hautausschläge und Bläschen im Genitalbereich äußert.

Die Ansteckung mit Herpes-Viren erfolgt beispielsweise beim Küssen. Dabei können die Viren durch kleine Wunden in den Körper eindringen, wo sie sofort zu nahe gelegenen Nervenzellen wandern. Dort schleusen sie ihre Erbsubstanz in die Zellkerne der Wirtzellen ein und sind damit vor den Angriffen des Immunsystems geschützt. Denn innerhalb der Zellen erkennt die Immunabwehr des menschlichen Körpers die feindliche Erbsubstanz nicht mehr.

Der erste Kontakt mit *Herpes simplex* bleibt zunächst meistens ohne Folgen. In Stresssituationen, bei Hautreizungen oder während der Menstruation wird das Virus aber aktiv und vermehrt sich, bis das Immunsystem es wieder zurückdrängt. Ganz können Herpes-Viren aber nicht beseitigt werden – wer sich einmal infiziert hat, den begleiten die Viren ein Leben lang. Auch die Pharmaindustrie hat noch kein Medikament gefunden, das die Viren ganz abtötet. Aber Stoffe wie Zitronenmelisse hemmen zumindest ihr Wachstum und 1977 entdeckte man ein Mittel, das die Fortpflanzung der Herpes-Viren bremst. Der Wirkstoff Acyclovir ist in Herpes-Medikamenten enthalten und wird auch bei Aids eingesetzt, denn das geschwächte Immunsystem von Aids-Kranken hat oft mit Herpes zu kämpfen.

ein HERZINFARKT Manager öfter als andere Berufstätige trifft? NEIN

Die Hauptrisikofaktoren für Herzinfarkte sind Bluthochdruck, falsche Ernährung und Rauchen. Mit der Frage, ob auch Arbeit zu diesen Risikofaktoren gehört (und wenn ja, welche), hat sich u. a. der Düsseldorfer Sozialmediziner Johannes Siegrist beschäftigt. Als besondere Risiken für Herzinfarkt nennt er jahrelange Verausgabung, ständige Unterbrechungen der Arbeit und unangemessene Entlohnung.

Auf solche Arbeitsbedingungen reagieren Menschen frustriert, ärgerlich oder ängstlich, und ihr Körper steht ständig unter negativem Stress. Dies hat zur Folge, dass ihr Herzinfarktrisiko um 80–100 % steigt.

Besonders betroffen sind hierbei Lohn- und Schichtarbeiter. Dass in diesen Berufen mehr geraucht wird und die Ernährung häufig sehr einseitig ist, spielt dabei auch noch eine Rolle.

Manager haben ebenfalls herausfordernde Arbeitstage, leiden aber unter einem geringeren Herzinfarktrisiko als Arbeiter. Um das zu erklären, haben Wissenschaftler das so genannte „Anforderungs-Kontroll-Modell" entwickelt. Berufe werden dabei auf die eigene Kontrolle über den Arbeitsplatz und den Umfang des Arbeitspensums hin untersucht. Bei viel Arbeit und wenig Einfluss auf die eigene Tätigkeit wird es

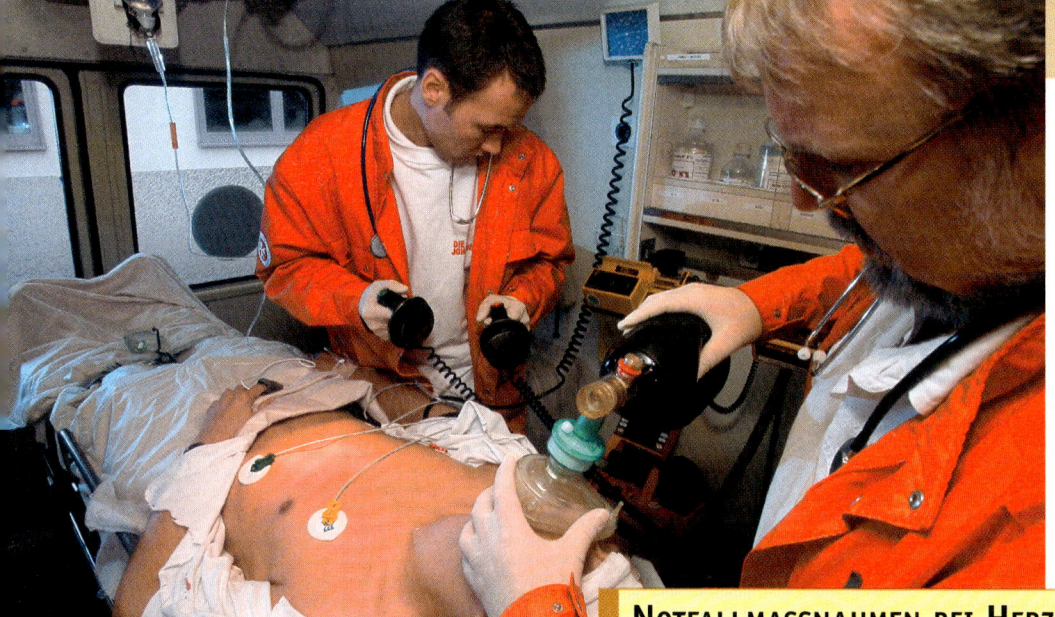

Nach einem Herzinfarkt versuchen Notärzte den Betroffenen mithilfe von künstlicher Beatmung und Elektroschocks zu reanimieren.

gefährlich für das Herz, besonders wenn die Leistung nicht ausreichend gewürdigt wird, der Arbeitsplatz nicht sicher ist und die Aufgaben eintönig sind.

Mit solchen Problemen haben Manager meist nicht zu kämpfen. Sie arbeiten zwar viel, haben aber eine größere Entscheidungsfreiheit bei der Gestaltung des Arbeitsplatzes, der Arbeitszeit und ihrer Aufgaben. Zudem werden ihre Leistungen meist durch Geld und hohen gesellschaftlichen Status gewürdigt.

NOTFALLMASSNAHMEN BEI HERZINFARKT

Ein Herzinfarkt ist mit die schwerste Bedrohung für den Herzmuskel. Denn durch die Unterversorgung mit Sauerstoff sterben sehr schnell Teile des Muskels ab. Die Ursache für den Sauerstoffmangel kann beispielsweise ein Blutgerinnsel sein, das die verengten Arterien am Herzen verstopft. Ein derart „abgeklemmter" Herzmuskel stirbt innerhalb weniger Minuten. Mediziner empfehlen daher, bereits beim kleinsten Verdacht auf Herzinfarkt sofort den Arzt zu rufen. Die ersten Anzeichen für einen Herzinfarkt können Brustschmerzen sein, die länger als 10–20 Minuten andauern. Als Notfallmaßnahme sollte der Betroffene zunächst ruhig und warm gelagert werden.

Auch die Einnahme von Acetylsalicylsäure, die beispielsweise in einer Aspirin-Tablette enthalten ist, hilft bis zum Eintreffen des Arztes. Da Herzinfarktpatienten sehr leicht in Panik geraten, ist es wichtig, dass die Helfer versuchen, die Situation durch beruhigende Worte zu entspannen.

Stimmt es, dass ...

bestimmte Genussmittel das **HERZINFARKT-RISIKO** erhöhen? JA

Tatsächlich erhöht der zusätzliche Schuss frische Sahne in der Sauce oder die morgendliche Zigarette das Risiko für eine koronare Herzerkrankung – und damit auch für einen Herzinfarkt. Genussmittel, die zu einem schlechten Verhältnis zwischen LDL-Cholesterin und HDL-Cholesterin führen, den Blutfettspiegel insgesamt anheben oder den Blutdruck steigern, sollten daher vermieden werden – ebenso wie Tabakprodukte. Falsche Ernährung und Rauchen zusammen ergeben ein 6- bis 10fach höheres Herzinfarktrisiko.

Dass das Rauchen das Herzinfarktrisiko erhöht, bestätigen inzwischen zahlreiche Untersuchungen. Beispielsweise wurde 2001 in der amerikanischen Kleinstadt Helena (Montana) das Rauchen in der Öffentlichkeit untersagt. Ein Jahr später musste ein Drittel weniger Herzpatienten behandelt werden als zuvor. Andere Studien zeigten, dass Frauen ein bis zu 50 % höheres Herzinfarktrisiko durch Rauchen haben als rauchende Männer.

Auch die Ernährung nahmen Mediziner genau unter die Lupe. So wurden an der Harvard University fast 45 000 Männer auf ihre Ernährungsgewohnheiten hin untersucht. Es zeigte sich, dass Männer, die sich vor allem von Gemüse, Vollkorn, Fisch und Geflügel ernährten, um ein Drittel seltener an Herzerkrankungen litten als die, die vor allem Schweine- und Rindfleisch, veredeltes Getreide, Süßigkeiten und fettreiche Milchprodukte aßen. Die besonnene Ernährung führt zu geringen Blutfettwerten. Und das wiederum bedeutet weniger Ablagerungsprodukte in den Adern.

Wussten Sie schon, dass ...

ein Herzinfarkt sich oft vorher ankündigt?

Nur rund 20 % der Infarktpatienten erleidet einen „stillen" Herzinfarkt ohne vorhergehende Alarmsignale. Die Mehrheit der Betroffenen dagegen spürt zuvor deutliche Warnsignale – meist starke und lang anhaltende Schmerzen im Brustkorb bzw. unter dem linken Arm. Herzinfarktpatienten sind meist blass, unruhig und ängstlich, häufig ist ihnen übel.

Stimmt es, dass ...

Stimmt es, dass ...

man HYPNOSE auch gegen den Willen eines Menschen anwenden kann? NEIN

Vermutlich denkt niemand beim Anblick eines Voodoo-Tänzers an Patienten, die völlig entspannt eine Zahnbehandlung über sich ergehen lassen. Doch immer mehr Zahnärzte setzen zur Beruhigung der Patienten Hypnose ein. Die Gehirne der Betroffenen verfallen in einen Trancezustand, der dem von Voodoo-Tänzern recht ähnlich ist, und die Schmerzempfindlichkeit geht zurück.

Voraussetzung ist dabei aber die Bereitschaft der Patienten, sich hypnotisieren zu lassen. Der Hypnotisierte muss sich selbst der Suggestion durch den Hypnotiseur öffnen, d. h., er konzentriert sich in den meisten Fällen aktiv auf Erlebnisse aus seiner Vergangenheit. Dabei können auch Ereignisse, die rund um den Hypnotisierten passieren, umgedeutet werden. Ähnlich wie ein Träumender das Klingeln des Weckers beispielsweise als läutende Kirchenglocke in seinen Traum integrieren kann, kann der Hypnotisierte in der Zahnarztlampe plötzlich eine Urlaubssonne sehen. Während der Hypnose arbeitet das Gehirn so konzentriert, dass es sich nicht mehr mit der Auswertung der Schmerzinformationen beschäftigen kann, die nach wie vor ins Gehirn weitergeleitet werden.

Allerdings ist man unter Hypnose nicht „willenlos". Manche Leute zeigen zwar durch die Umdeutung der Realität seltsame Reaktionen – was auf spektakuläre Weise in Hypnose-Shows ausgenutzt wird. Doch niemand tut unter Hypnose, was er nicht auch im Wachzustand täte.

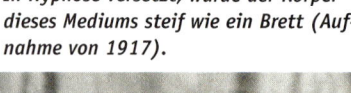

In Hypnose versetzt, wurde der Körper dieses Mediums steif wie ein Brett (Aufnahme von 1917).

Wussten Sie schon, dass ...

Hypnose erstmals um 1770 medizinisch angewandt wurde?

Der Arzt und Wunderheiler Franz Anton Mesmer war Ende des 18. Jh. in ganz Europa berühmt. Er versuchte mithilfe von Magneten und Eisenspänen, Psychosen durch Hypnose zu behandeln, indem er den Patienten Heilung suggerierte. Tatsächlich gelang ihm das wohl in einigen Fällen, wie eine wissenschaftliche Kommission des französischen Königs Ludwig XVI. feststellte.

Stimmt es, dass ...

JAPANER schneller betrunken werden als Europäer? JA

Sich zu betrinken ist einfach – dagegen ist das, was dabei im Körper vor sich geht, kompliziert. Der Alkohol durchdringt die Schleimhäute in Magen und Darm und gelangt über das Blut in die Leber. Sobald das Zellgift dort registriert wird, setzt die Leber das Enzym Alkohol-Dehydrogenase frei. Damit baut sie den Alkohol zu Ethanal ab. Diesen Stoff zerlegt sie dann mithilfe eines weiteren Enzyms, einer Aldehyd-Dehydrogenase, zu ungefährlicher Essigsäure.

Das Zwischenprodukt Ethanal ist ein ziemlich starkes Zell- und Nervengift, mit dessen Abbau Europäer dank Aldehyd-Dehydrogenase nur wenig Probleme haben. Etwa der Hälfte aller Asiaten und damit natürlich auch vielen Japanern fehlt jedoch ein Gen, das ihrer Leber die Produktion dieses Enzyms ermöglicht. Stattdessen produzieren sie ein Enzym, das das Ethanal viel weniger effektiv zu Essigsäure abbaut. So reicht schon eine geringe Menge Wein, um im Blut dieser Menschen Ethanal anzureichern. Asiaten ohne Aldehyd-Dehydrogenase-Gen erleiden deshalb das so genannte „Flush-Syndrom". Schon nach einem Glas Wein leiden sie unter Zittern, Hautrötung und Herzrasen – und werden so viel schneller und stärker betrunken als Europäer.

Einige Wissenschaftler vermuten sogar, dass dieser kleine genetische Unterschied beim Ethanal-Abbau zugleich der tiefere

Grund für die asiatische Teekultur ist. Um Krankheitskeime im Trinkwasser abzutöten, haben die Kulturen der Welt in der Vergangenheit ganz unterschiedliche Methoden zur Wasseraufbereitung und -konservierung entwickelt. Während Euro-

päer ihre Getränke oft mit Alkohol desinfizierten – so entstand die römische Weinkultur oder das germanische Bierbrauen –, kochen Asiaten aufgrund ihrer Alkoholunverträglichkeit das Wasser lieber ab und bereiten daraus Tee.

Stimmt es, dass...

KARIES und auch Parodontose ansteckend sind? — NEIN

Fast 85 Millionen Mal wird in Deutschland jährlich Karies diagnostiziert. Die Krankheit entsteht durch Stoffwechselprodukte von Bakterien im Mundraum. Wenn diese Bakteriengifte länger auf die Zähne einwirken, zerfressen sie den Zahnschmelz. Über 30 bakterielle Keime kommen dafür infrage. Die wichtigsten sind Laktobazillen, die bei hohem Zuckerkonsum vorkommen, und Streptokokken, die als Hauptverursacher von Karies und auch Parodontose gelten.

Für beide Bakterienarten wurde nachgewiesen, dass Eltern sie auf ihre Babys übertragen – beispielsweise durch das Ablecken des Schnullers, bevor sie ihn den Kleinen wieder geben. Dies heißt jedoch nicht, dass Karies oder Parodontose ansteckend sind. Denn ob sich diese Krankheiten entwickeln, hängt von vielem ab – u. a. von der Mundhygiene und der Ernährung. So gibt es Menschen, die viele Streptokokken im Speichel tragen, aber keine Karies entwi-

ckeln. Zudem ist der Mund ein kompliziertes „Biotop" mit beständigen Bewohnern. So werden beispielsweise beim Küssen Keime übertragen, ohne dass sich die Mundflora wesentlich verändert. Dieses Biotop ist also durchaus in der Lage, mit Eindringlingen umzugehen. Vermutlich lernt das Immunsystem von Kindern den Umgang mit Streptokokken und anderen Erregern erst durch die Übertragung der Bakterien. So verhindert die Frühinfektion Schlimmeres.

Wussten Sie schon, dass...

Forscher inzwischen den Gen-Code der Kariesbakterien kennen?

Die wichtigsten Kariesbakterien – Streptokokken und Laktobakterien – sind für Bakteriologen so etwas wie Versuchsmäuse. Daher wurden die Gene dieser Bakterien recht schnell entschlüsselt. Mit den Gen-Untersuchungen wurden u. a. die Übertragungswege der Bakterien verfolgt. Zudem konnte man damit nachweisen, dass manche Bakterien, die im Mund leben, in der Lage sind, untereinander genetische Informationen auszutauschen. So können diese Bakterien möglicherweise sogar eine Unempfindlichkeit gegen Antibiotika „lernen".

FRÜHE ZAHNBEHANDLUNGSMETHODEN

Natürlich litten Menschen auch in der Vergangenheit unter Zahnschmerzen – und man versuchte, etwas dagegen zu unternehmen. So weiß man von 4000 Jahre alten babylonischen Keilschrifttafeln, dass man damals glaubte, Würmer im Zahn seien schuld an Karies – eine Vorstellung, die auch im Mittelalter noch verbreitet war. Um die Würmer abzutöten, pinselte man Magensaft von Schweinen oder Arsen auf den kranken Zahn. Weit verbreitet war im Mittelalter auch der Glaube, bei Zahn-

schmerzen seien die „Säfte" im Körper durcheinander geraten. Abhilfe sollten beispielsweise ein Aderlass oder Abführmittel schaffen. Die wichtigste Methode gegen Karies war aber das „Zahnbrechen", das Ziehen des zerstörten Zahnes. Damit dieser leichter aus dem Kiefer zu brechen war, strich man schon in der Antike Säuren rund um den kranken Zahn, um ihn zu lockern. Dem Loch selbst rückte man ab dem 16. Jh. mit Säure und glühenden Nadeln zu Leibe – in der Hoffnung, den Zahn zu retten.

Vorbeugen ist besser als heilen – dies gilt besonders für die Zähne. Die Aufklärung durch Zahnärzte und das Engagement der Eltern haben viel dazu beigetragen, dass die Verbreitung von Karies deutlich zurückgegangen ist.

Wussten Sie schon, dass ...
Weizenbier den stärksten Kater verursacht?

Bier oder Wein bestehen nicht nur aus Alkohol und Wasser. In ihnen finden sich neben Geschmacksstoffen und reinem Ethylalkohol, den der Körper ganz gut abbauen kann, auch so genannte Fuselalkohole. Diese Stoffe sind Geschmacksträger, die aber auch den Abbau des Alkohols verlangsamen. Viele Weizensorten enthalten besonders viele Fuselöle und verursachen so einen sehr stark ausgeprägten Kater.

Rollmöpse sind wohl das berühmteste Katerfrühstück – nicht zu Unrecht.

Wussten Sie schon, dass ...
Muttermilch durch Sport sauer werden kann?

Hochleistungssportlerinnen berichten davon, dass ihre Babys manchmal die Brustmilch verweigern. Das liegt vermutlich an der Milchsäure, die sich bei heftigem Sport nicht nur in den Muskeln anreichert, sondern auch die Muttermilch versäuert – allerdings ziemlich gering. Die Babys scheinen das aber dennoch zu registrieren. Einer Untersuchung zufolge verweigern 7 % der Säuglinge die durch Leistungssport angesäuerte Milch.

Stimmt es, dass ...
gegen KATER roher Fisch hilft? JA

Viele Menschen kennen die Folgen von zu hohem Alkoholkonsum: Müdigkeit, Durst und Kopfschmerzen – den „Kater".

Hauptursache des Katers ist das Abbauprodukt des Alkohols, das Ethanal: Nachdem der Alkohol ins Blut gelangt ist, beginnt die Leber, ihn zu neutralisieren. Mithilfe des Enzyms Alkohol-Dehydrogenase wird der Alkohol zu Ethanal abgebaut und mittels eines weiteren Enzyms zu Essigsäure umgewandelt. Wenn der Alkohol jedoch überhand nimmt, kommt die Leber mit der Produktion der Enzyme nicht mehr nach und entlässt das überschüssige Ethanal ins Blut. Die Folgen sind unangenehm, denn dieser Stoff greift die Zellen noch stärker an als der Alkohol selbst. Zudem wirkt Alkohol harntreibend und entzieht so den Zellen Mineralien und Vitamine. Diese so genannte Dehydrierung ist der Grund für den heftigen Durst am folgenden Tag.

Hinzu kommt, dass bestimmte Inhaltsstoffe in alkoholischen Getränken die Produktion von Zytokinen in der Leber fördern – Stoffen, die vom Immunsystem auch bei Infektionen und Entzündungen produziert werden. Obendrein ermöglicht Alkohol, dass bakterielle Gifte durch die Magen- und Darmwand dringen, während sie sonst ausgeschieden würden. Daher reagiert der Körper nach heftigem Trinken wie nach einem Angriff von Erkältungsviren mit Kopf- und Gliederschmerzen.

Am besten lässt sich ein Kater mit Ruhe kurieren, denn der Körper braucht Zeit, um Ethanal und Zytokine wieder abzubauen. Alkoholfreie Getränke helfen, den Wasser- und Mineralienverlust auszugleichen. Sowohl Säfte als auch Sprudel enthalten Mineralien. Die finden sich ebenso in rohem Fisch wie den Rollmöpsen, die daher zu Recht oft für das Katerfrühstück empfohlen werden. Dazu gehört weitere mineralienreiche Nahrung wie Vollkornbrot, Bananen, Blattsalat und Trockenobst. Keinesfalls sollte man aber den Körper mit einer schweren Mahlzeit belasten.

Stimmt es, dass ...
gestillte KINDER gesünder und schlanker sind? JA

Über 90 % aller Mütter wollen ihre Neugeborenen stillen. 4 Monate nach der Geburt tut es noch knapp die Hälfte. Das ist nach Meinung vieler Fachleute zu kurz, denn Muttermilch ist die gesündeste Ernährungsform für Säuglinge. Selbst Hersteller von Flaschennahrung raten, Neugeborenen die Brust zu geben.

Aufgrund der gesundheitlichen Vorzüge für Mutter und Kind empfiehlt das Forschungsinstitut für Kinderernährung Dortmund, Kinder in den ersten 4–6 Monaten nur mit Muttermilch zu ernähren und danach bei entsprechender Beikost so lange weiter zu stillen, wie Mutter und Kind dies wünschen.

Muttermilch enthält meist weniger Kalorien als andere Nahrung. Diese Erkenntnis

Wer seine Kinder stillt, ermöglicht den Kleinen einen guten Start ins Leben.

galt in den 1970er-Jahren noch als ein Argument für die Flaschennahrung. Inzwischen weiß man aber, dass gestillte Babys später weniger zu Übergewicht und zu Herzinfarkt neigen als „Flaschenkinder".

Ein weiterer Vorteil des Stillens ist auch die Stärkung des Immunsystems des Babys, denn Brustwarze und Muttermilch enthalten Abwehrstoffe gegen Krankheiten wie Lungenentzündung und Durchfall. Laut einer Studie der Weltgesundheitsorganisation (WHO) sterben nicht gestillte Kinder sechsmal häufiger an Infektionskrankheiten als gestillte.

Stillen nützt auch der Mutter. Das Risiko für Brustkrebs ist bei Frauen, die gestillt haben, viel kleiner als bei den übrigen Müttern. Wissenschaftler führen daher den derzeitigen Anstieg von Brustkrebs darauf zurück, dass Stillen lange nicht in Mode war.

Stimmt es, dass ...

KINDER vor allem im Schlaf wachsen?   JA

Unser Leben wird von Hormonen bestimmt. Sie steuern nicht nur Verdauung, Wasserhaushalt und Stimmung, sondern auch die Produktion von roten Blutkörperchen oder die Körperwärme. Hormone sind aber auch für das Wachstum zuständig, denn sie sorgen dafür, dass sich in der Wachstumsphase Muskeln, Knochen und Gewebe in der richtigen Geschwindigkeit aufbauen.

Diese Steuerung erfolgt in mehreren komplexen Schritten. Zunächst schüttet der Hypothalamus (ein Teil des Zwischenhirns) das Hormon GHRH (*Growth Hormon-Releasing Hormone*) aus. Dieses regt die Hirnanhangsdrüse an, ein kleines Organ direkt neben dem Hypothalamus. Die Hirnanhangsdrüse produziert dann das eigentliche Wachstumshormon: das Somatropin. Es gelangt anschließend über das Blut in den restlichen Organismus. Dort veranlasst das Somatropin die Leber zur Produktion des Wachstumsfaktors IGF-1. Dieser lässt das Knochen- und Muskelgewebe von Kindern länger werden, indem er die Zellteilung an den Enden der Knochen anregt. Somatropin greift aber auch in den Fettsäure- und Zucker-Stoffwechsel ein, damit genug Energie zum Wachsen vorhanden ist.

Während des Schlafens schüttet der Körper besonders viele Hormone aus, denn auch der Ablauf und die Tiefe des Schlafes werden durch die Botenstoffe gesteuert. Hierbei hat auch das Wachstumshormon GHRH eine wichtige Funktion, da es das Stresshormon Cortisol hemmt, das für den Schlaf eine große Rolle spielt. Wissenschaftler vermuten, dass die Menge an Cortisol im Blut über die Menge an Träumen entscheidet. Je mehr Cortisol ausgeschüttet wird, desto mehr Traumphasen durchlebt ein Schläfer. Durch die nächtliche Ausschüttung von GHRH wird also tatsächlich das Wachstum von Kindern im Schlaf beeinflusst.

Übrigens werden auch bei Erwachsenen noch in gewissem Maß Wachstumshormone ausgeschüttet. Und so profitieren auch sie im Schlaf von GHRH, denn das Wachstumshormon hat noch eine weitere Wirkung: Es verbessert die Immunabwehr. Genug Schlaf stärkt daher den Körper gegen Infektionen.

Der Vergleich zwischen Ritterrüstung und Museumsbesucher zeigt es eindrucksvoll: Menschen werden heute größer als zur Zeit der Ritter.

Stimmt es, dass ...

KINDER keine fremden Schuhe auftragen sollten? NEIN

Es spart viel Geld, wenn Kinder Schuhe aus dem Second-Hand-Laden anziehen. Viele glauben jedoch, dass das den Kinderfüßen schadet, weil die alten Schuhe sie verformen könnten. Doch wenn die Schuhe weder zu klein noch zu groß und nicht ungleichmäßig abgelaufen sind, sowie das Leder noch fest genug ist, um den Füßen Halt zu geben, können Kinder problemlos auch gebrauchte Schuhe auftragen.

Diese Regeln gelten genauso für neue Schuhe. Doch immer wieder stellen Orthopäden fest, dass rund zwei Drittel aller Kinder keine passenden Schuhe tragen. Denn Kinder haben weiche, anpassungsfähige Füße und bemerken nicht, wenn der Schuh drückt. Auch die „Daumenprobe", mit der man prüft, wo sich die große Zehe befindet, kann trügen. Denn Kinder ziehen dabei oft die Zehen ein. Experten raten daher dazu, die Füße auf Karton nachzuzeichnen und dieser Größe etwas mehr als 1 cm hinzuzufügen. So lassen sich auch alte Schuhe auf Passgenauigkeit überprüfen.

Solche Schuhe bieten kaum Halt für Kinderfüße. Doch dafür kann Pippi Langstrumpf darin einer ihrer Lieblingsbeschäftigungen nachgehen: dem Zehenwackeln.

Stimmt es, dass ...

KINDERKRANKHEITEN nur einmal im Leben auftreten können? NEIN

Wenn Kinder mit Fieber im Bett liegen, dann lernt deren Immunsystem die Krankheitserreger kennen, die die Welt bevölkern – und wie man sie bekämpft. Dabei werden so genannte Gedächtniszellen gebildet, die Informationen über die Gestalt der Krankheiterreger lebenslang speichern. Wenn einige Krankheitserreger

WIE FUNKTIONIERT DAS IMMUNSYSTEM?

Das Immunsystem ist ein Zusammenspiel verschiedener Zellen und zahlreicher Organe. Indem sich immer wieder verschiedene Zellen an andere heften, lösen sie Immunreaktionen aus. So erkennen beispielsweise die Gedächtniszellen an der Außenhaut von Fresszellen, ob diese einen Krankheitserreger gefressen haben und reagieren entsprechend.

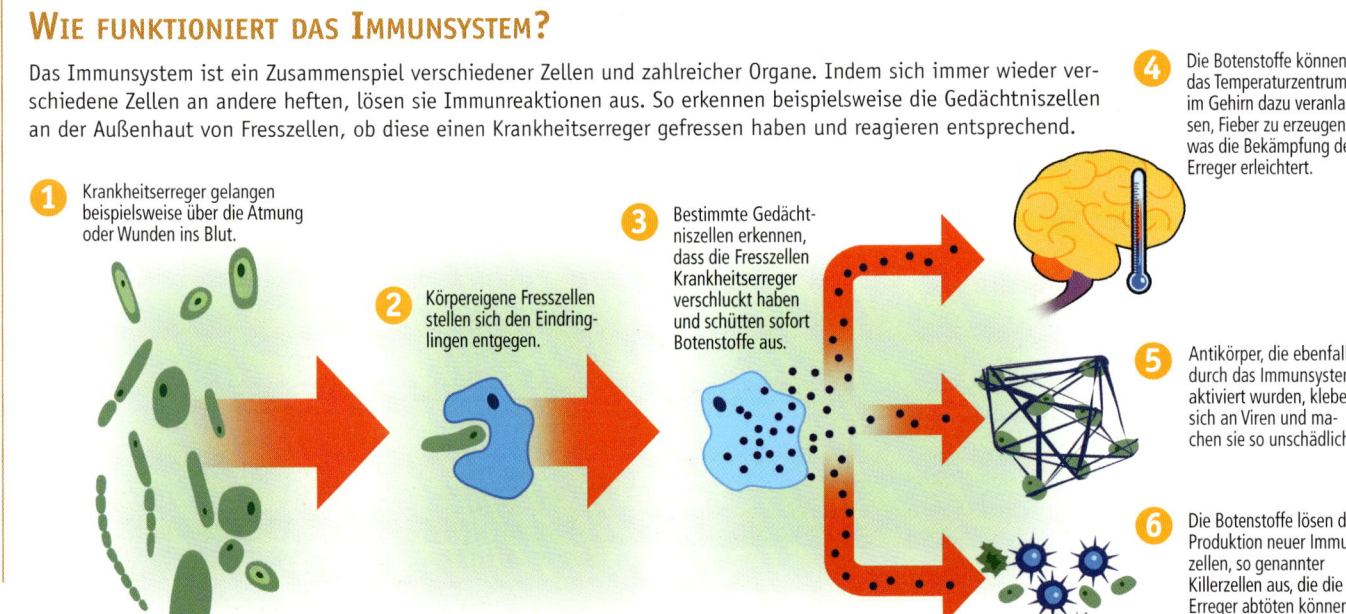

1 Krankheitserreger gelangen beispielsweise über die Atmung oder Wunden ins Blut.

2 Körpereigene Fresszellen stellen sich den Eindringlingen entgegen.

3 Bestimmte Gedächtniszellen erkennen, dass die Fresszellen Krankheitserreger verschluckt haben und schütten sofort Botenstoffe aus.

4 Die Botenstoffe können das Temperaturzentrum im Gehirn dazu veranlassen, Fieber zu erzeugen, was die Bekämpfung der Erreger erleichtert.

5 Antikörper, die ebenfalls durch das Immunsystem aktiviert wurden, kleben sich an Viren und machen sie so unschädlich.

6 Die Botenstoffe lösen die Produktion neuer Immunzellen, so genannter Killerzellen aus, die die Erreger abtöten können.

erneut in den Körper eindringen und dann von den Fresszellen verschluckt werden, „erwachen" diese Gedächtniszellen. Helferzellen schütten daraufhin Botenstoffe aus, um verschiedene Prozesse in Gang zu setzen, die die Erreger abtöten (siehe Illustration linke Seite).

Meist bleiben bis zum Lebensende genug Antikörper und Gedächtniszellen im Körper, um bei den bekanntesten Kinderkrankheiten sofort Gegenmaßnahmen einleiten zu können. Die meisten Kinderkrankheiten, darunter Masern, Mumps, Röteln oder Windpocken, kann man daher in der Regel tatsächlich nur einmal bekommen.

Es gibt jedoch auch Kinderkrankheiten, die das Immunsystem nicht richtig kennen lernen kann. Dazu gehört der Keuchhusten, der durch das Bakterium *Bordetella pertussis* hervorgerufen wird. 10–15 Jahre dauert hier die Immunität nach einer Infektion, danach kann man sich neu mit Keuchhusten infizieren – wenn man nicht zwischendurch mit den Antigenen der Erreger geimpft wurde. Auch an Scharlach kann man als Erwachsener erneut erkranken, denn die Bakterien von der Art *Streptococcus pyogenes* können sich gegen die Angriffe des Immunsystems gut schützen. Sie besitzen eine Proteinhülle, die verhindert, dass sie im Blut gefressen werden. Zusätzlich sind sie in einer Kapsel aus Hyaluronsäure verborgen, die verhindert, dass das Immunsystem Antikörper gegen sie entwickelt.

Stimmt es, dass ...
man sich selbst nicht KITZELN kann? (JA)

Sich selbst zu kitzeln ist unmöglich. Warum das so ist, war lange Zeit ein ungelöstes Rätsel – bis die britische Neurologin Sarah-Jayne Blakemore Patienten mit Schizophrenie untersuchte. Diese Menschen können häufig nicht zwischen selbst erzeugten und fremden Sinneseindrücken unterscheiden. Manche Erkrankte glauben beispielsweise, Fremde sprächen in ihrem eigenen Kopf. Bei der Klärung der Frage, wie gesunde Gehirne den Unterschied zwischen dem eigenen Ich und der Umwelt festlegen, kam Blakemore auf die Idee, Menschen nach streng wissenschaftlichen Kriterien zu kitzeln.

Ihre Forschungsgruppe legte Versuchspersonen in einen Kernspintomographen, ein Gerät, das den Körper mithilfe elektromagnetischer Strahlung durchleuchtet und dabei auch zeigen kann, welche Gehirnteile gerade aktiv sind. Wurden die Versuchspersonen von einem „Kitzelroboter" gekitzelt, dann reagierten erwartungsgemäß die Bereiche im Gehirn, die für Lachen verantwortlich sind. Kitzelten sich die Versuchspersonen dagegen auf Knopfdruck mithilfe des Roboters selbst, dann stellten die Forscher ganz andere Aktivitäten im Gehirn fest. In diesen Fällen arbeitete wie erwartet der Hirnteil, der die Bewegung steuert – allerdings nicht nur allein. Erstaunlicherweise war gleichzeitig das Klein-hirn aktiv, das für die Koordination des Körpers sorgt und das Gleichgewicht berechnet.

Die Wissenschaftler folgerten daraus, dass, wenn man sich selbst kitzelt, das Kleinhirn voraussagt, was die Haut gleich fühlt. Das Kleinhirn kann dem Rest des Gehirns somit bei der Entscheidung helfen, welche Sinneseindrücke der Körper selbst hervorgerufen hat und welche tatsächlich von außen kommen. Wir können uns also deshalb nicht selbst kitzeln, weil unser Gehirn weiß, dass wir den folgenden Reiz selbst ausgelöst haben. Nachdem die Wissenschaftler dies geklärt haben, stehen sie nun vor dem nächsten, ungleich größeren Problem: Warum lachen wir eigentlich, wenn wir von jemand anderem gekitzelt werden?

Fast alle Kinder empfinden Kitzelspiele mit vertrauten Personen als großen Spaß.

Wussten Sie schon, dass ...
es Tumore gibt, die einen Lachreiz auslösen?

Eine winzige Wucherung im Gehirn, das „hypothalamische Hamartom", kann bei Menschen einen ständigen Lachreiz auslösen. Die Kranken haben das Gefühl, andauernd im Kopf gekitzelt zu werden. Viele empfinden ihre Krankheit als angenehm – obwohl sich die Wucherung weiterentwickeln kann. Die Krankheit ist extrem selten. Seit der ersten Beschreibung 1873 wurde sie weltweit nur bei etwa 100 Patienten diagnostiziert.

Vor der Einführung neuer Deodorants und Parfüme wird in großen Versuchsreihen die Wirkung des Dufts auf das jeweils andere Geschlecht untersucht.

Wussten Sie schon, dass ...

die Pille die Geruchswahrnehmung bei Frauen ändert?

Ob eine Frau einen Mann „riechen" kann, beruht auch auf dessen Genen. Das hat seinen Grund in der Evolution. Denn einander genetisch fremde Partner bekommen mit größerer Wahrscheinlichkeit gesunde Kinder als ein Paar mit ähnlichen Erbanlagen. Doch die Geruchswahrnehmung ändert sich mit der Einnahme der Pille, die dem weiblichen Körper eine dauernde Schwangerschaft vorgaukelt. Dadurch zieht die Frau den Geruch genetisch ähnlicher Menschen vor. Möglicherweise sorgt die Natur so dafür, dass die Zuneigung zum genetisch ähnlichen Kind wächst.

Wussten Sie schon, dass ...

der menschliche Geruchssinn in 347 aktiven Genen festgelegt ist?

Bei fast allen Säugetieren findet man rund 1000 Gene, die das Aussehen der verschiedenen Riechzellen festlegen. Auch der Mensch macht da keine Ausnahme. Aktiv sind bei ihm davon aber nur 347.

Stimmt es, dass ...

der KÖRPERGERUCH Sympathie oder Antipathie beeinflusst?   JA

Könnten wir Gerüche sehen, dann gliche die menschliche Haut einem Buch. Denn allein durch Riechen können Menschen einiges übereinander herausfinden. Ein bestimmter Geruch kann einem das Gegenüber sympathischer erscheinen lassen. Und einige Forscher glauben sogar, dass Menschen unbewusst mithilfe des Geruchs erkennen, ob ihre Gene zueinander passen. Denn je verschiedener die genetische Struktur, desto besser scheint der potenzielle Partner zu riechen.

Einige Hunderttausend winzige Organe, die der Mensch während der Pubertät bildet – die so genannten apokrinen Schweißdrüsen –, sondern einen zunächst weitgehend geruchlosen Schweiß ab, der dann von Bakterien auf der Haut zersetzt wird. Je nachdem, welche Bakterien dabei am Werk sind und wie der Schweiß sich zusammensetzt, riechen die Zersetzungsprodukte von angenehm bis unangenehm, von mild bis scharf und vor allem typisch „weiblich" oder „männlich". Letzteres unter anderem auch deshalb, weil Mann und Frau eine geschlechtstypische „Bakterienmischung" auf der Haut besitzen.

Die Wirkung dieser Geruchsstoffe im Gehirn ist hochkomplex und nicht eindeutig vorherzusagen, weil Menschen viele Gerüche je nach Konzentration als angenehm oder unangenehm empfinden. Bei Frauen ist zudem der Hormonspiegel für die Geruchswahrnehmung entscheidend.

So findet man im Schweiß von Männern – und in geringerem Maß auch bei Frauen – Abbauprodukte des Hormons Testosteron, darunter Androstenon. Dieser Stoff riecht hochdosiert unangenehm. Versuche haben aber gezeigt, dass Frauen den Geruch kurz vor dem Eisprung als weniger negativ empfinden und bisweilen sogar Fotos von Männern attraktiver fanden, wenn sie zuvor winzigste Mengen von Androstenon gerochen hatten. Aufgrund solcher Versuche glauben Wissenschaftler, dass Geruchsstoffe Sympathie und Antipathie beeinflussen können. Über den Androstenon-Pegel in der Luft synchronisiert sich sogar in Frauengruppen der Zeitpunkt des Eisprungs.

Einige Wissenschaftler vermuten, dass bei der Geruchswahrnehmung das „vomero-nasale Organ" eine wichtige Rolle spielt. Sicher ist, dass dieser kleine eingestülpte Schlauch in der Nasenscheidewand bei Tieren eine wichtige Funktion bei der Wahrnehmung von Sexuallockstoffen erfüllt. Dass auch die meisten Menschen ein solches Organ besitzen, wurde erst Ende der 1980er-Jahre entdeckt. Und noch immer ist umstritten, ob es wirklich der Ort eines „sechsten Sinns für Sexuallockstoffe" ist. Denn es ist unklar, wie die Nerven des Organs mit dem Gehirn verbunden sind.

KREBS erblich ist? NEIN

Das menschliche Erbgut, das in jeder Körperzelle enthalten ist, legt sehr genau fest, welche Funktion eine Zelle erfüllt und wie sie auszusehen hat. Jedes Mal, wenn sich eine Zelle teilt, wird diese Bau- und Bedienungsanleitung kopiert, wobei ab und zu auch Fehler auftreten. Außerdem können Chemikalien das Erbgut angreifen und UV- oder radioaktive Strahlung die Information an einer Stelle auseinander brechen lassen.

Solche Fehler kommen im Körper eines gesunden Erwachsenen pro Tag mindestens 1 000 000 000 000-mal vor. Fast alle korrigiert der Körper selbst. Wenn das Erbgut einer Zelle unrettbar verloren ist, kann diese sogar notfalls „Selbstmord" begehen. In ganz seltenen Fällen versagen jedoch alle Notfallpläne. Eine Zelle, deren Erbgut an mehreren Stellen schadhaft ist, kann dann damit beginnen, sich immer wieder zu teilen. Mit der Zeit entwickelt sich eine Geschwulst, die sogar Tochterzellen absondern kann, so genannte Metastasen. Diese wandern dann durch den Körper und können Tochtergeschwulste bilden: Krebs ist entstanden.

Diese Entwicklung kann durch Erbanlagen begünstigt werden. So gibt es beispielsweise Menschen, bei denen Reparaturmechanismen in den Zellen nur mangelhaft funktionieren oder bei denen nur wenige zufällige Fehler genügen, um eine Zelle in eine Tumorzelle zu verwandeln. Enthielte das Erbgut einer Zelle aber bei der Geburt tatsächlich Informationen, die aus der Zelle sofort eine bösartige Krebszelle machten, dann würde sie nicht überleben. Der Mensch würde sterben, bevor er das defekte Gen in die nächste Generation weitergeben könnte. Krebserkrankungen sind daher in der Regel nicht vererbt, sondern erworben. Die meisten Krebserkrankungen sind auf äußere Ursachen zurückzuführen – vor allem auf Rauchen, schlechte Ernährung und Alkoholkonsum.

ABER: Bei der familiären adenomatösen Polyposis, einem Darmkrebs, der in der Jugend auftritt, und bei Bauchspeicheldrüsenkrebs geht man davon aus, dass ungefähr 2 % der Fälle auf genetische Veranlagungen zurückgehen. Bei Brustkrebs, der meist nach dem 63. Lebensjahr ausbricht, führt man ein Zehntel der Fälle auf diesen Grund zurück.

WAS IST DER KREBSATLAS?

Seit 1984 werden Zahlen des Statistischen Bundesamts, des Robert-Koch-Instituts und der Weltgesundheitsorganisation vom Deutschen Krebsforschungszentrum Heidelberg zu einem Atlas zusammengefasst. Darin werden Informationen zu allen wichtigen Krebserkrankungen dargestellt. So erfahren Wissenschaftler nicht nur, wo welche Krebserkrankungen häufiger bzw. seltener werden und wie Deutschland und andere Länder im EU-Vergleich dastehen, sondern auch die Gründe dafür. Denn im Krebsatlas werden auch die Lebensgewohnheiten der Erkrankten festgehalten.

Aus den Untersuchungen weiß man beispielsweise, dass es Regionen gibt, in denen die Menschen häufiger Lungenkrebs bekommen, wie beispielsweise im Saarland oder im Norden von Mecklenburg-Vorpommern. Beim eher seltenen Schwarzen Hautkrebs gibt es ein Nord-Süd-Gefälle: Menschen im Norden haben ein höheres Risiko, daran zu erkranken, als Menschen im Süden.

Wussten Sie schon, dass …

die Wahrscheinlichkeit, an Krebs zu sterben, immer weiter sinkt?

Jährlich erkranken in Deutschland rund 168 500 Männer und 179 000 Frauen an Krebs. Die Wahrscheinlichkeit, 5 Jahre nach der Diagnose noch zu leben, schwankt sehr: Sie beträgt bei Schwarzem Hautkrebs rund 74 %, bei Bauchspeicheldrüsenkrebs dagegen weniger als 5 %. Seit den 1970er-Jahren aber sinkt das Risiko, an Krebs zu sterben, besonders in Westdeutschland kontinuierlich ab. Absolut gesehen sterben aber immer mehr Menschen an Krebs, weil sie ein Alter erreichen, in dem Krebs vermehrt auftritt.

In den 1960er- und 1970er-Jahren wuchs die Zahl der Menschen, die sich im Urlaub im Süden sonnten. Man nimmt an, dass sich deshalb die Erkrankungsraten bei Hautkrebs seit damals vervierfacht haben. Denn wer die Haut so der Sonne aussetzt wie diese beiden Damen, hat für Jahrzehnte ein viel höheres Hautkrebsrisiko.

Stimmt es, dass ...
KUMMER krank macht? JA

Kummer macht nicht nur krank – er kann selbst eine Krankheit sein. Wer über mehrere Wochen hinweg an Trauer leidet, in Denken und Handeln gehemmt und von Schlaflosigkeit heimgesucht wird, Angst oder gar Selbstmordgedanken hegt, der ist eventuell an einer schweren Form des Kummers, einer Depression erkrankt. Damit ist er nicht allein. Zumindest zeitweilig sind 5–12 % aller Menschen depressiv, Frauen häufiger als Männer.

Wer dagegen nur kurzzeitig an Kummer leidet, durchlebt eine „Verstimmung", wie es Ärzte definieren. Eine solche vorübergehende Trauerphase ist völlig normal und hat keine körperlichen Probleme zur Folge. In der Regel bessert sie sich rasch durch Bewegung an frischer Luft, Kontakt mit anderen Menschen oder viel Schlaf.

Die ernste Form des Kummers, die Depression, darf dagegen keinesfalls auf die leichte Schulter genommen werden. Die Gründe einer Depression sind vielfältig. Eine mögliche Ursache können körperliche Störungen sein. Auch die Vererbung scheint dabei eine wichtige Rolle zu spielen, ebenso wie Störungen im Hormonhaushalt. Eine weitere körperliche Ursache kann eine mangelhafte Reizweiterleitung in den Nerven sein, wenn bestimmte Neurotransmitter – Stoffe, die im Gehirn und den Nerven Reize weiterleiten – nicht ausreichend vorhanden sind. Ist dies der Fall, verliert der Mensch jeglichen Antrieb.

Anhaltender Kummer kann auch durch äußere Ereignisse ausgelöst werden. So kann in empfindsamen Menschen der Verlust einer nahen Person oder ein längerer Konflikt eine Depression auslösen. Besonders gefährdet sind Patienten, deren Selbstwertgefühl stark von anderen Menschen abhängt. Fehlen diese plötzlich, etwa weil sie sich abwenden, wegziehen oder sterben, dann bricht das Fundament des Selbstvertrauens zusammen.

Dies kann auch auf den Körper zurückwirken. Appetitverlust, Magen- und Darmbeschwerden oder Muskelverspannungen sind bei Depressionen häufig – zudem können Schlafstörungen das Leben schwer beeinträchtigen. Dieser Kummer macht also tatsächlich krank.

Menschen, die ihren Partner verloren haben, sind besonders gefährdet, durch Kummer ernsthaft zu erkranken.

Wussten Sie schon, dass ...
man Kurzsichtigkeit mit dem Laser behandeln kann?

Die Behandlung von Kurzsichtigkeit mithilfe eines Lasers ist inzwischen eine häufig angewandte Methode, diese Art von Sehschwäche zu beheben. Dabei werden mit einem Laser etwa 0,1 mm der Hornhaut abgeschliffen. Dadurch wird das ins Auge fallende Licht weniger stark gebrochen, und die Kurzsichtigkeit ist behoben.

Stimmt es, dass ...
KURZSICHTIGE im Alter keine Brille mehr brauchen? NEIN

Mediziner bezeichnen die Kurzsichtigkeit als *Myopie*. Das Wort stammt aus dem Griechischen und lässt sich mit „Blinzelauge" übersetzen. Kurzsichtige zwinkern oft, wenn sie ohne Sehhilfe Dinge in der Ferne betrachten. Die Lichtbrechung an den Augenlidern hilft ihnen dann, ferne Objekte schärfer auf der Netzhaut abzubilden. Denn den Linsen in ihren Augen gelingt es nicht ohne Hilfe, ferne Objekte scharf auf die Netzhaut zu projizieren. Anders sieht es bei Dingen in der Nähe aus. Deren Abbild trifft scharf auf den „gelben Fleck", die Stelle auf der Netzhaut, an der sehr viele lichtempfindliche Zellen sitzen.

Der Grund für Kurzsichtigkeit ist in den meisten Fällen ein zu langer Augapfel. Dieser bewirkt, dass die Lichtstrahlen aus der Ferne in einem Brennpunkt zusammenlaufen, der knapp vor der Netzhaut liegt und daher auf der Netzhaut selbst schon wieder unscharf ist. Bei nahen Gegenständen trifft der Brennpunkt dagegen genau die Netzhaut. So sehen Kurzsichtige Fernes unscharf, Nahes dagegen scharf.

Das Auge verändert sich mit dem Alter. Vor allem Linse und Muskulatur verlieren an Beweglichkeit. Doch genau diese ist für das Nahsehen sehr wichtig: Wenn sich die Muskeln am Auge zusammenziehen, wird

Wenn eine Brille nicht mehr ausreicht, kann eine starke Lupe beim Nahsehen helfen, das Lesen ist aber damit eher umständlich.

nachlassenden Beweglichkeit von Linse und Muskeln brauchen daher viele Ältere eine Lesebrille, die die Augenlinse und -muskulatur beim Betrachten naher Gegenstände unterstützt. Ein älterer Mensch mit Kurzsichtigkeit hat aber beim Blick in die Ferne – mit entspannter Linse – noch immer mit den zu langen Augäpfeln zu kämpfen. Die Sehfehler können sich also nicht ausgleichen, sondern müssen beide, meist mit einer so genannten Bifokal- oder Gleitsichtbrille, korrigiert werden.

die Brechkraft der Linse so verändert, dass das Licht von Gegenständen in der Nähe genau auf die Netzhaut fällt. Wegen der

Stimmt es, dass ...
LACHEN gesund ist?　　　　JA

Statistiker haben herausgefunden, dass man im Schnitt pro Tag 15-mal lacht. Dabei lacht man über die unterschiedlichsten Dinge. Kinder lachen beispielsweise lieber über Sprachwitze als Erwachsene. Auch zwischen Völkern ist der Humor verschieden. Japaner lachen mehr über sich, Nordeuropäer eher über andere.

Doch es gibt auch Gemeinsamkeiten. Alle Menschen lachen gerne über Missgeschicke, Schrullen oder manchmal auch aus Verlegenheit, um eine heikle Situation zu entschärfen. Psychologen gehen davon aus, dass Lachen fast immer eine Anspannung auflöst, etwa bei einem Konflikt oder im Falle eines gesellschaftliches Tabus. Frauen lachen vermutlich deshalb häufiger als Männer, weil sie eher Konflikte entschärfen wollen.

Durch die Harmonie, die aus dem Lachen entsteht – Lachen steckt bekanntlich an –, können Aggressionen abgebaut und damit negativer Stress vermieden werden, was wiederum auch körperlich positiv sein kann. Hinzu kommt, dass Lachen den ganzen Körper beansprucht: Rund 100 Muskeln sind im Oberkörper beteiligt, darunter vor allem die Zwerchfellmuskulatur. Atmung, Immunsystem und Herzschlag werden angeregt, der Blutdruck steigt an.

Wissenschaftler haben herausgefunden, dass Kinder viel häufiger lachen als Erwachsene.

Der Unterkörper hingegen entspannt sich. An einigen Krankenhäusern und Therapieeinrichtungen versuchen Mediziner, Lachen gezielt zur Heilung von Patienten einzusetzen. Clown-Auftritte sollen bei der Heilung von Gehirnverletzungen und in der Psychotherapie helfen.

ABER: Obwohl uns der gesundheitliche Nutzen des Lachens offensichtlich erscheint, gibt es nur spärliche wissenschaftliche Belege dafür, dass Lachen tatsächlich positiv auf die Gesundheit wirkt.

Wussten Sie schon, dass ...
bei Computergrafiken schon zwei „Muskeln" zum Lachen reichen?

Für ein ordentliches Lachen aktiviert ein Mensch mehrere Dutzend Muskeln, allein 17 davon im Gesicht – recht viel für Programmierer, die die Mimik von Filmfiguren oder von Patienten, die sich einer Gesichtsoperation unterziehen müssen, im Computer simulieren wollen. Um mit geringerer Rechenleistung bei der Erzeugung lachender Computer-Gesichter auszukommen, haben sie Modelle entwickelt, in denen die Gesichter nur zwei simulierte „Muskeln" anspannen – und dennoch ein Lachen zustande bringen.

Stimmt es, dass …
Optimisten eine höhere LEBENSERWARTUNG haben? (JA)

Die amerikanische Mayo Clinic hat vor etwa 40 Jahren einen weltweit einmaligen Langzeitversuch zur seelischen und körperlichen Gesundheit begonnen. In den 1960er-Jahren wurden Menschen nach ihren Zielen, persönlichen Einstellungen und ihrer allgemeinen Zufriedenheit mit Berufsleben und Partnerschaft befragt und anschließend gesundheitlich untersucht. Knapp 30 Jahre später folgte eine zweite Untersuchung derselben Personen. Auf Basis der früheren Untersuchung teilte man die etwa 450 Testpersonen zunächst in drei Gruppen ein: Etwa 100 wurden als optimistisch klassifiziert, rund 70 als pessimistisch. Der Rest war nicht eindeutig einer Gruppe zuzuordnen.

Es zeigte sich, dass unter den seit Beginn der Untersuchung verstorbenen Testpersonen mehr Pessimisten zu finden waren. Außerdem stellten die Wissenschaftler fest, dass die Optimisten aktiver und gesünder waren, die Pessimisten dagegen in der Regel mehr Krankheiten hatten.

Die Wissenschaftler sind sich nicht ganz sicher, warum das so ist. Möglicherweise verhalten sich Pessimisten passiver und gehen daher seltener zum Arzt. Zudem haben sie auch weniger Sozialkontakte, erleben daher seltener Positives und halten sich dadurch geistig nicht so fit. Weil für Pessimisten ohnedies der schlechteste Fall der wahrscheinlichste ist, nehmen sie auch bei einer Krankheit weniger konsequent Medikamente ein und befolgen medizinische Ratschläge nicht.

Sicher ist inzwischen, dass die Einschätzung der eigenen Lebenssituation Heilungsprozesse beeinflussen kann. Auch dazu gibt es Studien, beispielsweise über die Entwicklung von Brustkrebs. Symptome von Angst und Depressionen, die bei 30–40 % der Brustkrebspatientinnen bei der ersten Diagnose auftreten, können das Immunsystem schwächen. Viele Ärzte sind daher davon überzeugt, dass Stress, die eigene Lebenseinstellung und die Art, wie man mit Stress umgeht, zusammenwirken. Davon werden biologische Faktoren wie das Immunsystem und der Hormonspiegel beeinflusst – und damit auch die Entwicklung von Brustkrebs und anderen Erkrankungen.

Optimisten leben aktiver und gesünder – und damit länger als „Schwarzseher".

Wussten Sie schon, dass …
negatives Denken eine gute Lebensstrategie sein kann?

Pessimisten nehmen in der Regel erst einmal an, dass der schlechteste Fall eintreten wird. So wappnen sie sich im Voraus psychisch gegen Missgeschicke. Das wurde auch schon wissenschaftlich bestätigt: In einem Laborversuch sollten Pessimisten lernen, bei der Lösung kleiner Probleme optimistisch zu sein – und lieferten danach prompt schlechtere Leistungen ab. Mit ihrer normalen pessimistischen Grundhaltung waren sie dagegen viel erfolgreicher. Wissenschaftler wie die amerikanische Psychologin Julie K. Norem erklären das dadurch, dass der Pessimismus eine Art Verteidigungsstrategie gegen die Unbilden des Lebens darstellt.

Stimmt es, dass …
Sex die LEBENSERWARTUNG erhöht? (JA)

Zu den Auswirkungen von Sex auf Lebenserwartung und Gesundheit gibt es bisher nur wenige seriöse Untersuchungen. Eine Studie an der Universität Essen ergab, dass Sex den Körper nicht in derselben Weise belastet wie Stress. Die Wissenschaftler untersuchten bei dieser Studie Blut und Blutdruck einiger Fallschirmspringer direkt nach dem Sprung und verglichen die Ergebnisse mit den Blutwerten von Menschen, die soeben einen Orgasmus erlebt hatten. Zwar glichen sich die physiologischen Reaktionen, doch bei den elf Versuchspersonen, die einen Orgasmus erlebt hatten, fanden sich im Gegensatz zu den Fallschirmspringern kaum belastende Stresshormone im Blut. Im Rahmen einer schwedischen Studie wurden an einem Krankenhaus fast 700 Herzinfarkt-Patienten befragt, ob sie bis 2 Stunden vor ihrem Infarkt Geschlechtsverkehr gehabt hätten, was nur bei 1,3 % der Fall war. Den größten Teil der Patienten hatte der Infarkt am Arbeitsplatz, in der Öffentlichkeit oder in heimischen Räumen ereilt – aber nicht im Bett. Wissenschaftler äußern sich daher sehr zurückhaltend: Es gebe Hinweise auf einen Zusammenhang zwischen Sex und Lebenserwartung.

ABER: Man muss diese Hinweise mit großer Vorsicht betrachten, denn umgekehrt beeinflusst Stress durchaus das Sexualleben. Menschen, die viel Stress erleiden, haben im Bett weniger Lust. Rauchen – eine häufige Begleiterscheinung bei Stress im Beruf – mindert ebenfalls die Libido. Stress und Rauchen können zugleich zu einem frühen Tod führen.

Krankheiten wie Asthma, Übergewicht oder Aids verkürzen ebenfalls das Leben und schmälern gleichzeitig die Lust auf Sex. Eine ganze Reihe von amerikanischen Studien hat nachgewiesen, dass den Menschen, die an derartigen Krankheiten leiden, die Lust auf Sex vergeht – und diese Menschen sterben im Schnitt auch früher.

So kann bei oberflächlicher Betrachtung leicht der falsche Eindruck entstehen, dass wenig Sex mit einem frühen Tod einhergeht, obwohl die eigentlichen Ursachen Arterienverkalkung, Aids oder Kreislaufversagen sind – und obendrein viele Mönche und Nonnen beweisen, dass man auch ohne Sex sehr alt werden kann.

Stimmt es, dass …

verheiratete Männer eine höhere LEBENSERWARTUNG haben als Singles? | JA

Es lässt sich statistisch belegen, dass verheiratete Männer deutlich länger leben als Unverheiratete oder Geschiedene. Die höchste Sterblichkeit findet sich umgekehrt bei Menschen, die vor relativ kurzer Zeit einen Ehepartner verloren haben. Aus den Untersuchungen lässt sich außerdem schließen, dass offenbar Senioren besonders davon profitieren, in geordneten Verhältnissen zu leben.

In all diesen Aussagen stimmen das Deutsche Statistische Bundesamt und zahlreiche andere Statistik-Behörden und Forschungseinrichtungen weltweit überein. Allerdings ist es wohl nicht das Ja-Wort selbst, das das Leben verlängert. Nach Meinung vieler Experten sind die Vorteile einer Ehe, dass die Partner gegenseitig aufeinander achten und die eigene Gesundheit ernster nehmen. Singles gehen Studien zufolge seltener zu medizinischen Vorsorgeuntersuchungen, frühstücken unregelmäßiger, schnallen sich im Auto seltener an, ernähren sich ungesünder, treiben weniger Sport und trinken mehr Alkohol – alles Faktoren, die das Leben verkürzen. Einige Wissenschaftler glauben außerdem, dass auch die Liebe und die emotionale Zuwendung des Partners das Leben verlängern. Andere vermuten, dass nur gesündere Menschen einen Ehepartner finden.

Bei Frauen fällt der lebensverlängernde Effekt durch die Ehe deutlich geringer aus, doch auch sie leben in einer Ehe länger. Um in den Genuss des Effektes zu kommen, ist es – zumindest für Männer – übrigens nicht unbedingt nötig zu heiraten. Ihnen genügt schon eine feste Beziehung, bei der die Partner über viele Jahre wie in einer Ehe zusammenleben.

Eine stabile Partnerschaft kann auch den Ausbruch von Krankheiten verzögern. An der Universität Basel wurde die Sterblichkeit von 3700 HIV-Patienten untersucht. Es zeigte sich, dass die Krankheit Aids später ausbrach, wenn die Kranken in einer festen Partnerschaft lebten.

Wussten Sie schon, dass …
die Ehe nach wie vor die häufigste Form des Zusammenlebens ist?

In Deutschland leben derzeit rund 20 Mio. Ehepaare mit oder ohne Kinder. Demgegenüber gibt es nur etwa 3 Mio. unverheiratete Paare mit oder ohne Kinder. Die Ehe ist also noch immer die häufigste Form des Zusammenlebens in Deutschland.

Statistisch gesehen gewinnen besonders Senioren durch das Leben in der Ehe eine höhere Lebenserwartung. Zusammen geht man offensichtlich leichter durchs Leben.

Stimmt es, dass ...

LEITUNGSWASSER genauso gesund ist wie Mineralwasser aus der Flasche?

JA

Wussten Sie schon, dass...
die Deutschen immer mehr Mineralwasser trinken?

Mehr als 120 l Mineral- und Heilwasser trinkt jeder Deutsche derzeit durchschnittlich im Jahr. Damit ist der Mineralwasserverbrauch in den vergangenen Jahrzehnten stark gestiegen. 1970 trank man in Deutschland gerade mal 12,5 l Mineral- und Heilwasser jährlich.

Rund 1400 l Wasser durchströmen jeden Tag das menschliche Gehirn. Eine gewaltige Menge Wasser, doch schließlich besteht der Mensch zu 50–80 % aus nichts anderem. Davon müssen jeden Tag 2,5 l ausgetauscht werden. Die Deutsche Gesellschaft für Ernährung rät daher Erwachsenen, täglich etwa 1,5–2 l Wasser zu trinken, der Rest wird aus der Nahrung gewonnen. Ob das Wasser aus einem Wasserhahn oder aus einer Flasche kommt, ist dem Körper egal – Hauptsache, es ist sauber und enthält die richtige Menge an Mineralstoffen.

Hersteller von Mineralwasser behaupten häufig, ihre Produkte seien besser als Leitungswasser. Begründet wird dies damit, dass natürliches Mineralwasser aus unterirdischen Quellen stammt und kaum behandelt werden darf – erlaubt ist beispielsweise

Leitungswasser sollte man frisch trinken, während Mineralwasser in verschlossenen Flaschen lange gelagert werden kann.

die Senkung des Eisengehalts. Leitungswasser wird dagegen auch aus Oberflächenwasser gewonnen. Damit es hygienisch einwandfrei ist, darf man es filtern, chlorieren und mit Ozon versetzen. Dies beruht auf den gesetzlichen Unterschieden zwischen Mineral- und Leitungswasser, für die getrennte „Trinkwasserverordnungen" und „Gewässerschutzverordnungen" gelten. Doch trotz dieser Unterschiede gehört beides zu den am besten überwachten Lebensmitteln. Daher sind Leitungswasser und Mineralwasser gleich gesund – übrigens oft auch in Bezug auf den Mineraliengehalt.

Die Stiftung Warentest konnte zudem nachweisen, dass das Leitungswasser in Deutschland den neuesten gesetzlichen Anforderungen entspricht. Einzige Einschränkung: Sind die Wasserrohre im Haus noch aus Blei oder Kupfer, dann können die Grenzwerte im Leitungswasser tatsächlich überschritten werden.

MINERALWASSERVERBRAUCH IN EUROPA

Deutschland steht auf Platz drei im europäischen Vergleich hinter Italien und Belgien. Beliebtestes Getränk im Mineralwasserbereich ist Wasser mit wenig oder ohne

Kohlensäure: Während die Deutschen 1990 davon rund 900 Mio. l tranken, waren es im Ausnahmejahr 2003 dank des sehr heißen Sommers rund 4 Mrd. l.

Pro-Kopf-Verbrauch 2003 in l

Italien	163
Belgien	143
Deutschland	128
Schweiz	125
Spanien	111
Frankreich	105
Österreich	95,2
Portugal	56,2
Großbritannien	22

Stimmt es, dass ...

LINKSHÄNDER intelligenter sind als Rechtshänder?

NEIN

Für rund ein Drittel aller Menschen ist ein Teil unserer Welt falsch herum konstruiert. Linkshänder tun sich in vielen Fällen schwer, mit für Rechtshänder entwickelten Werkzeugen umzugehen. Jahrhundertelang wurden sie in Schule und

Beruf vernachlässigt oder auf die rechte Hand umgeschult. In den 1970er-Jahren entdeckten Soziologen, Psychologen und Pädagogen Linkshändigkeit dann als neues Forschungsgebiet. Obwohl seitdem viele Untersuchungen durchgeführt wurden, weiß man immer noch nicht genau, warum manche Menschen lieber mit der linken Hand arbeiten. Man glaubt aber zumindest einige Zusammenhänge zwischen Linkshändigkeit und verschiedenen „Eigenheiten" entdeckt zu haben – wobei teilweise allerdings reichlich absurde Zusammenhänge hergestellt wurden. So sollen Linkshänder häufiger blond sein und zu Alkoholismus neigen, öfter Architekten sein und vermehrt Brustkrebs, Epilepsie oder Psychosen bekommen, musikalischer sein, eher professionell Tennis spielen, stottern und sich häufiger vegetarisch ernähren als Rechtshänder.

Bereits die ersten Untersuchungen in den 1970er-Jahren ließen – oberflächlich gelesen – den Eindruck entstehen, dass Linkshänder intelligenter als Rechtshänder seien. Bekannt ist beispielsweise die Verteilung der Links- und Rechtshänder in der Hochbegabtenvereinigung „Mensa". Obwohl keine offizielle Statistik über die Händigkeit der Mitglieder geführt wird, gibt es das Gerücht, dass sich unter Mensanern mehr Linkshänder befinden sollen als im Bevölkerungsdurchschnitt. Das war ange-

sichts jahrhundertelanger Ausgrenzung eine späte Genugtuung für viele Linkshänder. Und so verbreitete sich seit den 1970er-Jahren das Gerücht, Linkshänder seien im Durchschnitt intelligenter – was aber gar nicht stimmt. Tatsächlich sind Links- und Rechtshänder gleich intelligent.

Allerdings scheinen die Begabungen geringfügig anders verteilt zu sein. Unter Linkshändern gibt es mehr „Extremfälle". Das bedeutet, dass es unter den Linkshändern mehr Menschen gibt, die hochbegabt, aber auch mehr, die weniger begabt sind. Auch die Hirngröße steht im Zusammenhang mit der Händigkeit: Rechtshänder haben im Durchschnitt etwas kleinere Gehirne als Linkshänder. Diese Abweichungen erinnern an die Unterschiede zwischen den Geschlechtern. Auch hier gilt, dass Männer und Frauen im Durchschnitt gleich intelligent sind, obwohl Männer etwas größere Gehirne haben.

Bill Clinton ist in guter Gesellschaft – Königin Elisabeth und Muhammed Ali sind ebenfalls Linkshänder.

Stimmt es, dass …

LIPPENPFLEGESTIFTE abhängig machen? NEIN

Lippenpflegestifte bestehen vor allem aus Fetten. Diese legen sich als Film auf die feine Haut der Lippe und schützen sie gegen äußere Einflüsse. Außerdem ergänzen sie die natürliche Fettschicht der Haut, da die neu aufgetragenen Fette durch die Poren der Haut aufgenommen werden. Dies ist bei den Lippen besonders wichtig, denn dort enthält die Haut nur wenige Talgdrüsen und kann sich daher selbst nicht gut mit Fett versorgen. Die zusätzliche Fettschicht verhindert auch, dass die Lippen im Winter aufgrund der trockenen Luft aufplatzen und spröde werden.

Lippenpflegestifte enthalten neben Fetten und etwas Wachs bisweilen auch entzündungshemmende Stoffe, die Bakterien, Pilzen und (Herpes-)Viren das Leben schwer machen sollen – so können bei der Anwendung von Lippenpflegestiften beispielsweise Herpes-Bläschen zurückgehen. Zudem werden viele Stifte mit einem UV-

Schutz versehen, was bei intensiver Sonnenstrahlung im Sommer oder beim Skifahren hilft, einen Sonnenbrand auf den Lippen zu vermeiden. Dazu kommen noch ätherische Öle, die die Lippen angenehm kühlen und obendrein entzündungshemmend wirken.

All diese Fette und Zusatzstoffe machen die Lippen weicher und geschmeidiger. Setzt man nach einiger Zeit den Lippenpflegestift ab, dann muss der Körper wieder selbst für den Schutz der Haut aufkommen. Das hat zur Folge, dass die Lippen zunächst unangenehm rau und spröde wirken. Um diesem Gefühl zu entgehen, greift man oftmals häufiger zum Lippenpflegestift als nötig wäre – nur um wieder geschmeidigere Lippen zu bekommen.

Eine echte Sucht oder Abhängigkeit ist das jedoch keinesfalls. Denn die Inhaltsstoffe von Lippenpflegestiften greifen nicht in den Hormonhaushalt des Körpers

Wussten Sie schon, dass …
Supermarktgänge meist in einer Linkskurve verlaufen?

Da die meisten Menschen Rechtshänder sind und daher beim Gehen eher zu einer Linkskurve neigen, fühlen sie sich in einer nach links führenden Strecke automatisch wohler. In Leichtathletik-Stadien wird daher nicht nur gegen die Uhr gelaufen, sondern auch gegen den Uhrzeigersinn. Und auch im Supermarkt geht es meist gegen den Uhrzeigersinn links herum – getreu dem Motto: Der Kunde ist König.

ein. Und sie beeinflussen auch nicht die Reaktionen der Nerven und des Gehirns, wie es Nikotin, Alkohol und andere Nervengifte tun.

Niemand muss also eine echte Abhängigkeit von Lippenpflegestiften befürchten.

Die Hersteller von Lippenpflegestiften mischen ihren Produkten keine Stoffe bei, die eine psychische oder gar physische Abhängigkeit auslösen. Statt von einer Sucht kann man hier allenfalls von einer Gewöhnung sprechen.

Wussten Sie schon, dass ...
man auch beim Wassersport das Trinken nicht vergessen darf?

Bei jedem Sport arbeiten die Muskeln auf Hochtouren, auch beim Schwimmen. Das erzeugt Wärme. Darauf reagiert der Körper mit Schwitzen, selbst wenn er sich im Wasser befindet. Wer daher intensiv über 30 Minuten lang schwimmt, der kann diesen Flüssigkeitsverlust durchaus als Leistungsabfall zu spüren bekommen. Sportmediziner raten daher dazu, auch beim Schwimmen zwischendurch zur Flasche Apfelsaftschorle zu greifen.

Stimmt es, dass ...
man mit vollem MAGEN nicht schwimmen soll? ⟨ JA ⟩

Dass man mit vollem Magen nicht schwimmen gehen sollte, das wissen heute nicht nur Bademeister und Rettungsschwimmer. Die Begründung, dass das Gewicht des vollen Magens den Schwimmer in die Tiefe ziehe, kann man aber getrost in das Reich der modernen Märchen verbannen.

Sportmediziner nennen ganz andere Gründe dafür, dass man nach dem Genuss einer Schweinshaxe oder eines Tellers Spaghetti nicht ins Wasser steigen sollte. Magen und Darm bestehen aus einem fast 8 m langen Schlauch, der von glattem Muskelgewebe umgeben ist. Diese Muskeln, die den Darm ringförmig und längs umgeben, werden bei der Verdauung unwillkürlich angespannt und müssen nach dem Essen kräftig arbeiten. Die Muskeln kneten den Speisebrei durch und pressen ihn durch den ganzen Verdauungstrakt. Für diese Arbeit wird Sauerstoff benötigt, der mithilfe des Blutes zum Darm transportiert wird. Das Blut sorgt außerdem für den Abtransport der Nährstoffe, die Magen und Darm soeben aus dem Essen gelöst haben.

Nach dem Essen sammelt sich daher viel Blut in den Adern rund um Magen und Darm. Dieses Blut wird im Gehirn und im Bewegungsapparat abgezogen. Der Mensch wird müde und träge, die sportliche Leistungsfähigkeit geht zurück. Geht man daher mit vollem Magen – besonders an einem heißen Sonnentag mit erhitztem Körper – ins kalte Wasser, kann der Kreislauf zusammenbrechen.

Ein Kreislaufzusammenbruch während des Schwimmens – ob aufgrund von zu viel Essen oder aus anderen Gründen – ereignet sich relativ häufig. Pro Jahr bergen deutsche Bademeister knapp 600 Ertrunkene aus dem Wasser, darunter viele Opfer eines derartigen Zusammenbruchs. Besonders bei älteren Menschen sind immer mehr Opfer zu beklagen. Durch ein wachsendes Fitnessbewusstsein überschätzen viele Menschen ihren Körper. Dabei sind ältere Menschen und Kinder besonders von der Gefahr eines Kreislaufkollapses im Wasser betroffen.

Auch wenn es nicht gleich zum Ernstfall kommt, kann ein voller Magen beim Schwimmen Schwierigkeiten bereiten: Gefüllte Därme ziehen bei Bewegung am Bauchfell. Daher leidet man mit vollem Magen eher unter Seitenstechen.

Der beherzte Sprung ins kühle Nass ist mit vollem Magen nicht zu empfehlen.

Stimmt es, dass ...

es zu MAGENBESCHWERDEN kommt, wenn man gleichzeitig Eis isst und etwas trinkt? | NEIN

Die große Vorsicht, die man früher bei Eis an den Tag legte, ist heute nicht mehr angebracht. Durch geschlossene Kühlketten und gute hygienische Bedingungen enthält industriell hergestelltes Eis nur sehr selten Krankheitskeime, die Magenbeschwerden verursachen könnten. Bei Eis aus Eisdielen ist mehr Vorsicht geboten, denn 25–50 % der Proben überschreiten in der Regel den Grenzwert für so genannte koliforme Keime oder Staphylokokken, die Durchfall hervorrufen können – doch meist nie so viel, dass man daran erkrankt.

Man kann also durchaus so viel Eis essen, wie einem der eigene Magen und die Lust auf Kaltes raten, und das Gleiche gilt für das Trinken. Nach dem Eis etwas zu trinken, ist sogar sinnvoll, denn Creme- oder Milcheis erzeugt einen verdickten Speichel, der sich mit Mineralwasser oder Saftschorlen gut verdünnen lässt. Im Allgemeinen gilt daher: Eis und Getränke sind weder für sich noch zusammen genossen schädlich – solange man beides in vernünftigen Maßen zu sich nimmt.

ABER: Enthält das Getränk einen großen Prozentsatz Zucker, dann regt dieser zusammen mit dem Zucker aus dem Eis die Säureproduktion im Magen an, was zu Sodbrennen führen kann. Ein zusätzlicher Nachteil dieser Kombination ist, dass zu viel Zucker auch den Zähnen schadet.

Stimmt es, dass ...

MAGENGESCHWÜRE durch Stress entstehen? | NEIN

Lange glaubten Ärzte, Magengeschwüre entstünden nur durch Stress. Man prägte sogar den Begriff der „Managerkrankheit", die die Mägen leitender Angestellter zerfresse. Heute weiß man es besser.

1979 fielen dem australischen Mediziner Robin Warren im Magen von Patienten mit akuter Gastritis – einer der Ursachen für Magengeschwüre – seltsame Bakterien auf. 1982 gelang es Warren und seinem Kollegen Barry Marshall, die Bakterien zu züchten, und sie nannten sie *Helicobacter pylori*. Um skeptischen Kollegen zu beweisen, dass diese Bakterien tatsächlich die Übeltäter waren, schluckte Marshall eine Bakterienkultur und litt eine Woche später an Gastritis. Heute ist unumstritten, dass die Infektion mit Helicobacter der wichtigste Risikofaktor für Magengeschwüre ist.

ABER: Es gibt noch andere Risikofaktoren wie ein übersäuerter Magen oder eine krankhafte Veränderung der Magenmuskulaturbewegung. Beides wird durch fettreiche Ernährung, Rauchen und Stress beeinflusst. Stress beeinträchtigt zudem das Immunsystem und damit die Abwehr gegen Bakterien.

Wussten Sie schon, dass ...

an Magenkrankheiten die Herkunft der Menschen verfolgbar ist?

Helicobacter-Bakterien erzeugen im Magen Krankheiten – und trotzdem sind diese Bakterien für manche Forscher ein Glücksfall. So teilten Molekularbiologen beispielsweise die weltweit verbreiteten Magenparasiten nach ihren Genen in vier Gruppen ein. Durch die Untersuchung der heutigen Verbreitung dieser Bakteriengruppen konnten die Wissenschaftler auf Wanderungen von Menschen schließen und mithilfe der Gen-Spuren beispielsweise die Kolonisation von Polynesien oder die Wege des Sklavenhandels nachvollziehen.

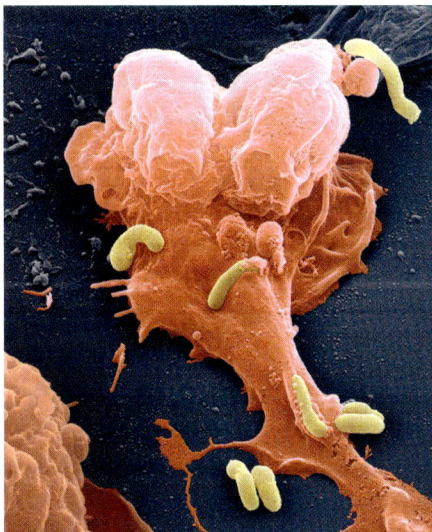

Eine Makrophage (rot-braun), eine Fresszelle des Immunsystems, greift Helicobacter-pylori-*Bakterien (gelb) an.*

WIE BEHANDELT MAN HEUTE MAGENGESCHWÜRE?

Ulcus ventriculi – wie das Magengeschwür in der Medizin heißt – entsteht aus einer Entzündung der Magenschleimhaut, der so genannten Gastritis. Etwa 10 % aller Gastritis-Patienten entwickeln ein Magengeschwür, d. h. eine Wucherung in der Magenschleimhaut. Gastritis wiederum beruht meist auf einer Infektion mit Helicobacter-Bakterien: Bei ungefähr 60–70 % aller Magengeschwür-Patienten findet man diese Bakterien im Verdauungstrakt.

Man behandelt daher heute Magengeschwüre oft mit Antibiotika, um die Bakterien abzutöten. Zugleich gibt man Medikamente, die die Magensäureproduktion einschränken oder deren Freisetzung verhindern. Denn die Säure macht die Antibiotika wirkungslos und erschwert die Heilung. Manchmal überzieht man die Schleimhaut auch mit einem Eiweißfilm, um ihre Selbstheilung zu stärken. Nur als letzte Alternative operiert man – und dann oft ohne Schnitt mit einem Endoskop.

Stimmt es, dass ...

bei MAGEN- UND DARMPROBLEMEN geriebener Apfel hilft? — NEIN

Die Schale eines Apfels enthält einen Stoff, der gegen Bauchdrücken bei Durchfall helfen soll. Der Ballaststoff Pektin, ein Zuckermolekül, stabilisiert die Pflanzenzellen des Apfels. Dabei kann Pektin sehr gut Wasser binden – bis zum Zehnfachen des Eigengewichts. Deshalb werden Pektine als Geliermittel beim Marmeladekochen verwendet. Auch im Magen-Darm-Trakt geliert das Pektin und bindet so bei Durchfall das überschüssige Wasser. Das lässt den Stuhl fester erscheinen. Möglicherweise werden gleichzeitig auch bakterielle Gifte gebunden und so leichter ausgeschieden. Doch trotz der Äpfel verliert der Körper bei Durchfall weiterhin viel Wasser. Eine positive Wirkung von Pektin bei Durchfallerkrankungen ist denn auch nicht nachgewiesen. Zwar nimmt die Zahl der Toilettengänge dank der Äpfel etwas ab – doch an der Dauer der Erkrankung ändert sich nichts.

Auch bei Verdauungsschwierigkeiten nützen Äpfel nicht viel. Der Abbau von Pektin und Sorbitol, ebenfalls in Äpfeln enthalten, kann sogar Blähungen auslösen. Und die Säure der Äpfel kann in empfindlichen Mägen zu Sodbrennen führen.

Wussten Sie schon, dass ...

Sodbrennen den Magen schützen kann?

Versuche von amerikanischen Forschern an Mäusen zeigten, dass Sodbrennen auch eine Reaktion des Magens sein kann, um sich gegen bakterielle Infektionen zu wehren. Hatte sich die Magenschleimhaut der Mäuse nämlich durch eine Infektion mit bestimmten Bakterien entzündet, dann stimulierte dies die Produktion von Gastrin, das wiederum den Magen zur Bildung von Salzsäure anregte – und die tötete die meisten Bakterien.

Stimmt es, dass ...

pflanzliche MEDIKAMENTE ohne Bedenken eingenommen werden können? — NEIN

Der Philosoph Sokrates wurde im Jahr 399 v. Chr. durch ein pflanzliches Gift hingerichtet: Er musste einen Becher mit Schierlingssaft trinken. Der Extrakt enthielt das tödliche Nervengift Coniin.

Wissenschaftler kennen mehrere Zehntausend ähnlich starke Pflanzengifte. Nicht wenige werden auch zur Heilung eingesetzt. Ein Beispiel ist der Fingerhut, dessen Inhaltsstoff Digitalis ein Gemisch aus etwa 100 verschiedenen Giften ist. Obwohl der Verzehr von Fingerhutblättern tödlich sein kann, ist Digitalis ein Heilmittel: In winzigen Dosierungen erhöht das Gift die Kalziumkonzentration in den Herzmuskelzellen. Das Herz schlägt kräftiger, und der Körper scheidet Flüssigkeiten besser aus.

Auch pflanzliche Mittel, die als ungiftig gelten, haben oft Nebenwirkungen. Dazu gehören u. a. Knoblauch oder Ginkgo biloba, die beide blutverdünnend wirken und daher mit Mitteln konkurrieren können, die die Blutgerinnung beeinflussen. Zimt kann zusammen mit Tetracyclinen – die bei Infektionskrankheiten eingesetzt werden – sogar Halluzinationen hervorrufen. Johanniskraut kann die Wirkung einiger Narkotika verlängern und bei starker Sonneneinstrahlung die Entwicklung von Hautschäden und Grauem Star fördern.

Selbst in der Küche sind Stoffe bekannt, die man nicht überdosieren sollte: Bittermandeln enthalten bis zu 5 % Amygdalin, das in Verbindung mit Wasser Blausäure abspaltet. Beim Erhitzen der Bittermandeln entweicht der Großteil der Blausäure, weshalb man Mandeltorte bedenkenlos genießen kann. 50–60 rohe Mandeln sind dagegen in manchen Fällen tödlich.

Johanniskraut ist die Basis für pflanzliche Medikamente, die gegen Depressionen helfen können – doch bei der Kombination mit anderen Medikamenten verursacht Johanniskraut Nebenwirkungen.

Synthetikbettwäsche vor **MILBEN** schützt?　　　**NEIN**

Der Kot von Milben, der zu feinem Staub zerfällt und eingeatmet wird, ruft die so genannte „Hausstauballergie" hervor, die etwa ein Viertel aller Allergieerkrankungen ausmacht. Die Patienten leiden an Symptomen wie beim Schnupfen – die Schleimhäute schwellen an, und die Nase läuft. Hinzu kommen Erkrankungen von Bronchitis bis zu Asthma.

Mit bloßem Auge sieht man die Übeltäter kaum, denn Milben sind gerade mal zwischen 0,1 und 0,5 mm groß und wiegen weniger als 1 mg. Die Spinnentierchen ernähren sich von Hautschuppen und Haaren, von denen der Mensch täglich etwa 1,5 g verliert. Das reicht aus, um 1,5 Mio. Milben zu ernähren.

Weil Milben kein Wasser trinken können, sind sie auf eine feuchtwarme Umgebung angewiesen – und genau die finden sie in den Betten von Menschen. Wenn also nur wenig gelüftet wird und das Schlafzimmer warm ist, können auf 1 m^2 Bett zehntausende Milben leben. Jede Milbe erzeugt in 2–4 Monaten bis zu 200-mal so viel Kot, wie sie selbst wiegt.

Milben lassen sich nur schwer vertreiben. Auch Synthetikbettwäsche erschwert ihnen das Leben kaum. Damit entzieht man zwar die Nahrung, die sie in den Daunen finden, aber ihr Tisch ist mit Hautschuppen und der Füllung der Matratze immer noch gedeckt.

Wer die Milben vollständig zurückdrängen will, sollte zu milbendichten Überzügen für Bettwäsche und Matratze greifen und Teppichboden und alle anderen Staubfänger aus seinem Schlafzimmer verbannen. Menschen im Gebirge haben es gut: Über 1200 Höhenmeter ist es Milben zu kalt und zu trocken.

Die Hausstaubmilbe, ein winziges Spinnentier und an sich ein ungefährlicher Bettgenosse des Menschen – wäre da nicht ihr Kot: Der ist Allergieauslöser Nummer eins.

Wussten Sie schon, dass...
Dinosaurier von den Urahnen der Milben geplagt wurden?

Milben gehören zu den ältesten Parasiten. So haben Biologen beispielsweise in New Jersey eine 90 Mio. Jahre alte Zecke gefunden. Dieses Spinnentier war wohl der Vorfahre der heutigen Milben und Zecken und hat sich von Dinosaurierblut ernährt. Hartschalige Zecken und Milben sind mit 30 bzw. 40 Mio. Jahren Alter viel jünger.

MILCH entgiftende Wirkung hat?　　　**NEIN**

Gift ist nicht gleich Gift – manche Stoffe wirken bereits beim Einatmen, andere erst nach dem Verschlucken, und wieder andere dringen sogar durch die Haut. Und auch im Körper wirken Gifte sehr verschieden. Während Säuren und Laugen die Speiseröhre und den Magen zerfressen, können Nervengifte Atemmuskulatur und Herz lähmen. Zellgifte können dagegen die Zellteilung lähmen und so manchmal erst nach Tagen zum Tod führen.

Entsprechend verschieden sind auch die Behandlungsmethoden gegen Vergiftungen – und Milch gehört heute nicht mehr dazu, obwohl sie Säuren und Laugen teilweise neutralisieren kann. Doch das Milcheiweiß verklumpt im Verdauungstrakt und setzt sich in den Magen- und Darmfalten ab. So kann der durch das Gift angegriffene Verdauungstrakt nicht mehr mithilfe einer Magenspiegelung untersucht werden, weil die Milchflocken die Sicht versperren. Zudem erleichtert Milch manchen Giften sogar den Übergang vom Darm in den Körper.

Giftzentralen raten, bei einer Vergiftung schnell und besonnen zu handeln und sofort den Arzt zu rufen. Nur in manchen Vergiftungsfällen führt der Notarzt heutzutage noch ein Erbrechen herbei, denn viele Gifte werden medikamentös behandelt. Keinesfalls sollte man das Erbrechen selbst herbeiführen – besonders gefährlich ist dies bei ätzenden Stoffen (die die Speiseröhre erneut verätzen würden), Spülmittel (durch die Schaum in die Lunge geraten könnte) und Lampenöl (das auch nicht in die Lunge geraten darf).

99

Stimmt es, dass …
heiße **MILCH** mit Honig doch nicht so gesund ist?   NEIN

Seit der Antike gelten Milch und Honig als gesund und wohlschmeckend – doch vor einiger Zeit geriet beides in Verruf. Als Heilmittel gegen Husten sei warme Milch mit Honig nicht geeignet, hieß es, denn die Milch verdicke den Schleim. Der Honig dagegen sei durch Bakterien vergiftet.

Die Wahrheit ist aber, dass Milch mit Honig in aller Regel nur den Speichel verdickt. Auf den Schleim in der Lunge hat sie keinen Einfluss – bis auf seltene Ausnahmefälle. Denn das Milcheiweiß kann als Allergen wirken, das Asthma auslöst. (Viel häufiger sind allergische Hautreaktionen oder eine Störung der Darmfunktion.) Bei Asthma verengen sich aber die Bronchien und produzieren einen sehr zähen Schleim.

Asthmatiker, die auf Milcheiweiße reagieren, sollten daher grundsätzlich keine Milch trinken. Und auch Babys sollte man keine Milch mit Honig geben, denn im Honig lebt bisweilen das Bakterium *Clostridium botulinum,* das sich im Darm von Säuglingen einnisten und dort das extrem starke Gift Botulin freisetzen kann. Bei Erwachsenen mit einer gesunden Darmflora wird das Bakterium einfach ausgeschieden und bedeutet daher keine Gefahr.

Für die allermeisten Menschen ist Milch mit Honig bei Husten ein sehr gutes Heilmittel. So haben Mediziner beispielsweise nachgewiesen, dass Honig extrem widerstandfähige Krankheitskeime abtöten kann – wie, ist allerdings noch ungeklärt.

Wussten Sie schon, dass …
früher in einigen Regionen Deutschlands Mücken Malaria übertrugen?

Jährlich erkranken etwa 900 Menschen in Deutschland an Malaria. Fast alle brachten die Krankheit aus einem Urlaub mit. Über 80 % der Patienten waren in afrikanischen Malariagebieten unterwegs und wurden dort von einer infizierten Mücke gestochen. Bis etwa 1850 konnte man auch in Deutschland von Malariamücken gestochen werden. Besonders gefährdet war man in Flussgebieten, beispielsweise an der Oder, an der Donau oder im Havelland.

Stimmt es, dass …
bei **MÜCKENSTICHEN** Speichel gegen den Juckreiz hilft?   NEIN

Eigentlich ist der Stich einer Stechmücke schmerzlos – schließlich will das Insekt das Blut seiner Opfer so unauffällig wie möglich saugen können. Der Mückenrüssel ist daher so konstruiert, dass die Mücke ihn in die menschliche Haut bohren kann, ohne dass man etwas davon merkt. Er besteht aus einem Bündel von sechs Stechborsten, die sich hin- und herbewegen. Eine der Stechborsten ist u-förmig gebogen und bildet so eine Röhre, durch die die Mücke das Blut aufnimmt. Eine weitere Borste ist ein Speichelkanal, durch den eine Mischung aus Enzymen und anderen Stoffen in die Wunde gepumpt wird.

Dieser Mückenspeichel aber hat unangenehme Nachwirkungen. Wenn die Mücke mit gefülltem Magen davonfliegt, hinter-

Wenn es am Abend kühler wird, fällt es Mücken leichter ihre wärmeren Opfer zu finden – daher stechen sie mit Einbruch der Dämmerung öfter.

lässt sie unter dem eigentlich harmlosen Einstich beispielsweise Stoffe, die während des Trinkens die Blutgerinnung verhinderten. Dazu mischen die Mücken außerdem Enzyme, die das Blut vorverdauen, und Stoffe, die eine Reaktion des Immunsystems blockieren.

Diese Giftstoffe können u. a. in der Umgebung um den Einstich den Kalziumhaushalt der Zellen stören und die Nerven reizen, was den Juckreiz auslöst. Dagegen kann auch menschlicher Speichel nichts ausrichten. Der menschliche Speichel enthält zwar Enzyme, die vieles zerlegen und sogar manche Bakterien abtöten können, aber gegen Mückenspeichel unter der Haut hilft er nicht – schon deshalb nicht, weil er gar nicht an ihn herankommt.

ABER: Der verdunstende Speichel kühlt die Haut an der Einstichstelle, wodurch etwas Linderung eintritt – was allerdings auch mit kaltem Wasser funktioniert.

Stimmt es, dass …

MUSKELKATER durch den Abbau von Milchsäure entsteht? NEIN

Dass Milchsäure die Muskeln schmerzen lässt, ist eine weit verbreitete, aber falsche Behauptung. Zwar kann sich bei Anstrengung durchaus Milchsäure im Muskel bilden, aber die ist an den Muskelkaterschmerzen am nächsten Tag unschuldig. Die Schmerzen entstehen vielmehr durch winzige Verletzungen im Muskelgewebe.

Wenn sich Muskeln anstrengen, dann tun sie das entweder aktiv oder passiv. Aktiv heißt: Sie ziehen sich selbst zusammen. Die passive Belastung besteht dagegen darin, dass die Muskeln von anderen Muskeln gedehnt und gespannt werden.

Für die aktive Arbeit besitzt jeder Muskel ein Energiedepot, das nach etwa 20 Sekunden aufgebraucht ist. Ab da zerlegt der Muskel Zucker aus dem Blut – und zwar ohne Sauerstoff, denn die Lunge beginnt erst jetzt, stärker zu arbeiten. Bei dieser Zuckerzerlegung fällt Milchsäure an, so lange, bis genug Sauerstoff im Muskel ankommt, um den Zucker auch „aerob", d. h. „mit Luft" zu verbrennen. Sofort verringert sich die Milchsäureproduktion und bleibt auch gering, solange die Lunge genug Sauerstoff liefert.

Die passive Belastung des Muskels ist davon unabhängig und der eigentliche Grund für den Muskelkater. Das zeigte Anfang der 1950er-Jahre der dänische Sportphysiologe Erling Asmussen. Er ließ Testpersonen bis zur Erschöpfung eine Stufe auf- und absteigen, und zwar so, dass beim Hochsteigen immer dasselbe Bein belastet wurde. Die Folge war, dass das aktiv beanspruchte Bein zwar schnell ermüdete, der

SO ENTSTEHT MUSKELKATER

In den Muskeln reißen durch passive Dehnung winzige Muskelfasern. In die Zellen dringt Wasser ein, wodurch der Muskel anschwillt und sich verhärtet. Das Ergebnis: Der Muskel schmerzt.

Muskel

Ein Muskel setzt sich aus mehreren Muskelfaserbündeln zusammen.

Nerven

Bei Überbeanspruchung durch passive Belastung entstehen in den Muskelfasern Risse – die Ursache des schmerzhaften Muskelkaters.

Muskelfasern bestehen aus miteinander verketteten Myosin- und Aktin-Eiweißen. Durch Risse im Aktin dringt Wasser ein und lässt das Myosin anschwellen.

Aktin

Myosin

Muskelkater aber im anderen, passiv beanspruchten Bein auftrat, wo winzige Muskelfasern gerissen waren. Verantwortlich waren die aktiven Muskeln, die die nicht beanspruchten Muskeln gegen ihre normale Bewegungsrichtung gezogen hatten.

leichte Bewegung bei MUSKELKATER hilft?　　JA

Leichter Sport kann die Schmerzen bei einem starken Muskelkater tatsächlich lindern. Allerdings sollte der Sport wirklich „leicht" sein, denn ein Muskel mit Muskelkater hat schon einiges durchgemacht. Durch die kleinen Risse in den Muskelfasern, die so genannten Miniaturrupturen, dringt Wasser in den Muskel ein, was das Gewebe verdickt und verhärtet.

Wenn die Schäden ihr größtes Ausmaß erreicht haben – einige Stunden nach der Überbeanspruchung des Muskels –, beginnt der Körper damit, die zerstörten Muskelzellen chemisch abzubauen und Muskelfasern neu zu bilden.

Dabei entstehen in den Muskeln jedoch auch Abfallstoffe. Wird der Kreislauf nun durch leichte Bewegung angeregt, fließt mehr Blut durch die Muskeln, und die Schadstoffe werden weggespült. Bei zu starker Anstrengung kann der Muskelkater aber stärker werden, da neue Faserrisse auftreten können. Ideal ist daher leichtes Kreislauftraining, wie beispielsweise Fahrradfahren mit mäßiger Geschwindigkeit. Dabei muss nicht einmal der schmerzende Muskel selbst beansprucht werden; das Fahrradfahren kann beispielsweise gegen Muskelkater in den Armen helfen.

Durch die neuen Zellen, die der Muskel nach einem Muskelkater aufbaut, wird er auch stärker. So wird die Gefahr für neuerliche Muskelkater geringer. Allerdings ist für ein gutes Muskelwachstum kein Muskelkater nötig. Langsames Training regt den Muskel sogar besser zu Wachstum an.

Dehnübungen steigern die Beweglichkeit, helfen aber nicht gegen Muskelkater.

Stretching nicht vor Muskelkater schützt?

Viele Menschen glauben, dass Muskeldehnung nach dem Training einen Muskelkater verhindert. Das ist leider ein Irrtum. Extremes Stretching kann den Muskelkater sogar verstärken. Auch das Verletzungsrisiko nimmt nicht ab, behaupten zumindest australische Forscher nach der Auswertung von fünf medizinischen Studien.

Nagellack die NÄGEL schützt?　　JA

Nagellack ist ein Hightech-Produkt der Chemieindustrie. Er besteht vor allem aus einem komplizierten Gemisch aus zahlreichen Kunststoffen und Kunstharzen wie Acrylat, Formaldehyd oder p-Toluensulfonamid. Hinzu kommen noch Farb- und Füllstoffe, wie etwa gemahlene Fischschuppen oder Wismutoxychlorid, das den Lack in mehreren Farben irisierend glänzen lässt. Die Fischschuppen verleihen dem Lack eine optische Tiefe, die sich noch nicht synthetisch herstellen lässt.

Beim Trocknen verbinden sich diese Stoffe zu einem festen, zugleich flexiblen und farbigen Kunststofffilm, der die Nägel bedeckt und sie tatsächlich schützt. So hält der Kunststoff scharfe Reinigungsmittel von den Nägeln fern. Zudem lässt Nagellack die Nägel nicht austrocknen, denn er verringert die Verdunstung von Flüssigkeit durch die Nägel. Durch Fingernägel dampfen etwa 1,5 mg Wasser pro cm^2 und Stunde. Mit Nagellack verringert sich dies auf rund 0,5 mg pro cm^2 und Stunde.

ABER: Dieser Effekt wird durch Nagellackentferner wieder zunichte gemacht, besonders wenn dieser Aceton enthält. Denn Aceton entzieht den Nägeln Feuchtigkeit. Zudem sind die Inhaltsstoffe vieler Nagellacke schon in geringen Mengen

Die 1998 verstorbene Sprinterin Florence Griffith Joyner war berühmt für ihre außerordentlichen Rennen – und für ihre extravagant gefärbten langen Fingernägel.

gesundheitsschädlich bis giftig, beispielsweise das Formaldehyd. Dieser Stoff, der besonders in Nagelhärtern einige Prozent des Lackes ausmachen kann, kann über die Haut aufgenommen werden und wirkt in größeren Dosen u. a. leberschädigend und löst eventuell Allergien aus. Auch Acrylatmonomere, die eventuell beim Lackieren der Nägel freigesetzt werden, sind giftig: Sie reizen die Atemwege.

Wussten Sie schon, dass …
künstliche Fingernägel Allergien auslösen können?

Kunstfingernägel aus Acryl lösen an sich meist keine Allergien aus. Doch sie müssen auf dem Fingernagel befestigt werden – und das macht man mit einer Art Sekundenkleber, einem Cyanat, das Allergien hervorrufen kann. Die zweite, inzwischen gängigere Methode für künstliche Fingernägel birgt sogar noch mehr Probleme: So genannte Gel-Nägel bestehen aus einem Gel, das unter UV-Licht aushärtet. Beides, das Licht sowie das Gel, kann Allergien hervorrufen.

Stimmt es, dass …
man an den NÄGELN Mangelerscheinungen ablesen kann?   JA

Hinter dem „Möndchen" schiebt er sich hervor, der Fingernagel. Wie schnell sich in der Nagelwurzel neue Hornschichten aus Keratin aufbauen, darüber entscheiden Stoffwechsel und Ernährung. Und weil ein Fingernagel im Schnitt pro Monat nur 2–5 mm wächst, kann er durchaus die Ernährungs- und Gesundheitsgeschichte eines Vierteljahres widerspiegeln.

Schwerste Mangelerscheinungen an verschiedenen Stoffen – darunter vor allem Eisen, Kalzium, Zink, Eiweiß, Silizium und den Vitaminen A, B, und C – sind am einfachsten zu erkennen: Die Fingernägel zerbröseln. Doch für Patienten mit solch schweren Mangelleiden sind kranke Fingernägel das kleinste Problem, denn sie leiden meist auch an Geschwüren, Zahnausfall und schweren Hautproblemen.

Feine, aber deutliche Linien, die parallel zu Finger oder Zehe verlaufen, sind dagegen in den meisten Fällen harmlos. Nur manchmal können sie auf eine Stoffwechselstörung hindeuten, selten lassen sie sich auf eine Mangelernährung zurückführen. Rillen, die senkrecht dazu verlaufen, können jedoch phasenweise Gesundheitsstörungen dokumentieren, beispielsweise schwere Infektionen oder Herzprobleme. Bei derartigen Krankheiten wird für eine begrenzte Zeit das Wachstum der Nägel gestört. Aus denselben Gründen kann auch eine Chemotherapie Querrillen im Nagel hinterlassen.

Weit verbreitet ist die Behauptung, dass die kleinen weißen Flecken auf den Fingernägeln – Mediziner nennen sie *Leukonychia punctata* – auf Kalziummangel hindeuten. Doch das ist in der Regel falsch. In Wirklichkeit handelt es sich dabei meist um Lufteinschlüsse, die entweder bei der Bildung des Nagels entstehen oder durch kleine Stöße gegen den Nagel.

Um seine Nägel zu festigen, kann man Kieselsäure zu sich nehmen – aufgrund der höheren Dosis besser in Pulver- oder Tablettenform als über Tees aus Ackerschachtelhalm (Zinnkraut) oder Brennnessel, die wegen ihres Kieselsäuregehalts manchmal empfohlen werden. Falls keine Mangelerscheinung vorliegt, kann auch die Einnahme von Biotin die Nägel kräftigen.

Wussten Sie schon, dass …
hauptsächlich Frauen unter brüchigen Nägeln leiden?

Eine Statistik zeigt, dass 20 % aller Bundesbürger an brüchigen Nägeln leiden. Die Ursache hierfür sind oft Mängel der Zementsubstanz zwischen den einzelnen Hornplatten, aus denen sich die Nägel zusammensetzen. Beispielsweise kann dies durch Austrocknung entstehen. Die meisten Betroffenen sind Frauen, denn ihre Fingernägel sind in der Regel dünner als die von Männern.

Die Vorräte dieser Alaska-Expedition bestehen vor allem aus energiereichen Nahrungsmitteln.

Wussten Sie schon, dass...
Polarforscher und Bergsteiger mehr essen müssen?

Reinhold Messner hat gern eine Speckseite im Reisegepäck, wenn er in Polar- oder Hochgebirgsregionen aufbricht. Und das Leibgericht vieler Eskimokinder heißt ebenfalls nicht ohne Grund Walrossspeck. Denn in den Polarregionen herrscht oft große Kälte, und die Menschen – darunter auch Polarforscher – halten sich trotzdem viel im Freien auf. Aus diesem Grund essen sie energiereiche und deshalb auch sehr fettreiche Nahrung.

Stimmt es, dass ...
der Körper im Winter mehr NAHRUNG benötigt als im Sommer?   JA

Tatsächlich brauchen Menschen mehr Energie, wenn es kalt wird. Denn der Körper verfügt über ein sehr ausgefeiltes System zur Temperaturregulierung, das die Körpertemperatur stets möglichst genau auf 37 °C einstellt.

Bei Kälte wird zunächst der Wärmeverlust des Körpers verringert. So ziehen sich beispielsweise in den Extremitäten die Adern zusammen, damit im Körper weniger Blut zirkuliert und er sich nicht mehr so stark abkühlt. Die Finger werden klamm, und die Füße beginnen zu frieren. Zudem stellt sich die Körperbehaarung auf, man bekommt eine „Gänsehaut" – ein Erbe aus der Urzeit. Denn bei unseren stark behaarten Vorfahren enthielt das aufgestellte Fell mehr Luft als das glatte, was wie eine Wolldecke gegen die Kälte schützte.

Wenn all das noch nicht ausreicht, startet der Körper die nächste Stufe und beginnt selbst zu „heizen". Dabei zittert die Kaumuskulatur, und die Zähne klappern. Zusätzlich hat der Körper eine weitere Wärmeversorgung, die ohne Zittern abläuft. Im so genannten braunen Fettgewebe können Neugeborene und möglicherweise auch Erwachsene Energievorräte direkt zu Wärme verbrennen. Neueste Forschungen haben gezeigt, dass dieses Fett, das man lange nur bei Vögeln, kleinen Nagern und im Bereich der Schulterblätter und Nieren bei Säuglingen kannte, in geringem Maße auch bei Erwachsenen zu finden ist.

Bei besonders großer Kälte wird das Muskelzittern schrittweise auf den ganzen Körper ausgeweitet – zunächst auf die Nackenmuskulatur und schließlich über den Oberkörper auf Arme und Beine. Die letzte Phase besteht aus heftigen Muskelkrämpfen. Dies alles verbraucht Energie. Schon im Ruhezustand und bei angenehmen Außentemperaturen heizt der Körper mit einer Leistung zwischen 60 und 100 Watt. Bei Kälte kann es drei- bis viermal so viel Energie sein. Um diese Energie erzeugen zu können, muss der Körper ausreichend Nahrung zu sich nehmen. Wir bekommen also bei Kälte mehr Hunger und essen uns eine Speckschicht an. Speck und Fett stellen schließlich auch eine hervorragende Isolation gegen Kälte dar.

ABER: Die meisten Europäer leben im Winter gar nicht mehr in der Kälte. In Zeiten von Zentralheizung und Bürojob benötigen sie daher im Winter kein Speckpolster mehr – und müssen eigentlich auch nicht mehr essen als im Sommer.

Stimmt es, dass ...
man bei NASENBLUTEN den Kopf in den Nacken legen sollte?   NEIN

Fast jeder kennt es: Plötzlich rinnt Blut aus der Nase, manchmal aufgrund eines heftigen Stoßes, meist jedoch ohne offensichtliche Ursache. Das Blut stammt aus den gut durchbluteten Gefäßen in der Nasenschleimhaut und hört meist nach wenigen Minuten von selbst wieder auf zu fließen. Gesundheitliche Probleme sind mit Nasenbluten in der Regel nicht verbunden.

Um den Blutstrom schnell zu stillen, wird vielfach geraten, sich bei Nasenbluten hinzusetzen, den Kopf nach hinten zu legen und Watte in die Nasenlöcher zu stopfen – doch das ist völlig falsch!

Legt man den Kopf zurück, dann läuft das Blut in den Rachen und wird dort verschluckt. Dadurch lässt sich nicht mehr kontrollieren, ob und wie stark das Blut noch läuft. Wenn außerdem größere Mengen Blut in den Magen gelangen, führt das zu Erbrechen. Watte hat nichts in den Nasenlöchern zu suchen, da sie sich nur schwer wieder entfernen lässt. Durch zurückgebliebene Wattereste können sogar Entzündungen entstehen. Schließlich besteht die Gefahr, dass beim Herausziehen der Watte das frisch gebildete Blutgerinnsel auch wieder aufbricht.

Mediziner empfehlen daher, sich bei Nasenbluten hinzustellen und den Kopf nach vorn zu beugen – beides verringert den Blutdruck in der Schleimhaut – und die Nasenflügel für einige Minuten zusammenzudrücken. Kalte Kompressen im Nacken können bei Nasenbluten zusätzlich helfen, da sie ebenfalls die Durchblutung verringern. Nach etwa 5 Minuten kann man die Maßnahmen versuchsweise beenden oder nötigenfalls weiter fortsetzen. Hört die Blutung jedoch nach 20 Minuten noch immer nicht auf, sollte man sicherheitshalber einen Hals-Nasen-Ohrenarzt aufsuchen.

URSACHEN FÜR NASENBLUTEN

Nasenbluten kann viele Gründe haben. Üblicherweise kommt das Blut aus dem so genannten *Locus Kiesselbachii* im vorderen Bereich der Nasenschleimhaut. Dort laufen viele Blutgefäße direkt unter der Haut zusammen. Diese Adern können beispielsweise durch zu heftiges Naseputzen oder durch Bohren in der Nase verletzt werden. Aber auch eine extrem trockene Schleimhaut, etwa durch einen trockenen Schnupfen oder den Aufenthalt in großer Höhe (trockene Bergluft) hervorrufen, führt möglicherweise dazu, dass plötzlich das Blut aus der Nase tritt. Bluthochdruck ist ebenfalls ein potenzieller Grund, und auch die hormonelle Umstellung in einer Schwangerschaft ist manchmal von Nasenbluten begleitet. Schließlich kann man einfach eine Veranlagung zu Nasenbluten haben. Denn schon leichte Gerinnungsstörungen (die häufiger sind, als man gemeinhin vermutet), verwandeln kleine Blutungen aus dem *Locus Kiesselbachii* unter Umständen in ein ausgewachsenes Nasenbluten.

Stimmt es, dass ...
man vom Fußballspielen O-BEINE bekommt? JA

O-Beine entstehen nicht nur aufgrund einer genetischen Anlage oder infolge einer Vitaminmangelernährung, sondern werden aller Wahrscheinlichkeit nach auch durch einseitige Belastung gefördert. Daher sind sie unter Fußballern auffällig weit verbreitet.

Eine Ursache für O-Beine kann in der Hüfte beginnen: Die Hüftarthrose ist eine für Fußballer typische Entzündung des Hüftgelenks. Diese führt zu einer verminderten Beweglichkeit der Hüfte, die das Knie ausgleichen muss. Der zweite, wichtigere Faktor sind die Stollenschuhe der Fußballer, die den Füßen festen Halt geben – zu festen Halt. Denn Drehbeanspruchungen, die sonst der Fuß bewältigt, werden direkt auf das Kniegelenk übertragen. Dadurch wird der innere Meniskus, ein Knorpel am Kniegelenk, beim Fußballspielen ständig übermäßig beansprucht.

Die ungleiche Belastung von Innen- und Außengelenk am Knie kann – so vermuten viele Mediziner – daher zu O-Beinen führen. Und das wiederum bedeutet, dass die Kniegelenke einseitig abgenutzt werden, was im Extremfall zu Gelenkentzündungen führen kann. Um dem entgegenzuwirken, sollten Jungen erst ab dem 17. Lebensjahr auf Stollenschuhe umsteigen – Mädchen, deren Gelenke früher ausgewachsen sind, können dies schon zwischen dem 9. und 13. Lebenjahr tun. Allen Fußballspielern wird Ausgleichssport empfohlen, der die Knie nicht belastet.

Zwar konnte bisher nicht eindeutig bewiesen werden, dass O-Beine durch Fußballspielen entstehen, doch die Hinweise sind sehr deutlich, denn Fußballspielen belastet die Knie in besonderer Weise.

Stimmt es, dass...

abstehende **OHREN** durch richtiges Betten zu verhindern sind?   **NEIN**

Abstehende Ohren können durch richtiges Betten weder verhindert noch korrigiert werden, denn die Form der Ohrmuschel ist genetisch festgelegt – ähnlich wie ein Fingerabdruck ist sie bei jedem Menschen einzigartig. Der einzige Weg, abstehende Ohren „anzulegen", ist ein chirurgischer Eingriff.

Ob die Ohren abstehen oder nicht, entscheidet sich im Ohrknorpel bzw. in der Anthelixfalte. Das ist die sichelförmige Rundung innerhalb der Ohrmuschel. Ist diese ungünstig gekrümmt, steht das Ohr ab. Bei einer Operation schneidet der Chirurg entweder ein Stück des Ohrknorpels weg oder zieht mit Fäden den Ohrknorpel zusammen, um so die Anthelixfalte in Richtung Kopf zu biegen.

Bei stark abstehenden Ohren wählt man meist die erste Methode. Durch einen kleinen Schnitt hinter dem Ohr wird dabei ein Knorpelkeil entnommen und die Haut wieder zusammengenäht. Auch bei der zweiten Methode wird die Rückseite des Ohres eingeschnitten. Dann fräst man im Bereich der Anthelixfalte einen Teil des Knorpels weg und zieht einen Kunststofffaden ein. Dieser biegt das Ohr dauerhaft in Richtung Kopf.

Beide Operationen dauern etwa eine Stunde und können in örtlicher Betäubung durchgeführt werden. Die Ohren sind ab dem dritten Lebensjahr voll ausgebildet, sodass danach eine Operation sinnvoll ist. Üblicherweise wird dies vor der Einschulung gemacht, um den Kindern Hänseleien durch Mitschüler zu ersparen.

Wussten Sie schon, dass...
Knochen ständig auf- und abgebaut werden?

An rund 2 Mio. Stellen im Körper wird ständig Knochenmasse umgewandelt. So reagiert der Körper schnell auf veränderte Anforderungen, etwa eine intensive körperliche Anstrengung, die die Knochen belastet. Gleichzeitig kann er so den Kalziumhaushalt im Blut regeln, denn die Knochen dienen ihm als eine Art Kalziumlager. Langfristig gesehen wird bis zum 40. Lebensjahr mehr Knochenmasse auf- als abgebaut; danach kehrt sich das Verhältnis um.

Stimmt es, dass...

Männer keine **OSTEOPOROSE** bekommen können?   **NEIN**

KALZIUMGEHALT IN LEBENSMITTELN

Kalziumhaltige Nahrungsmittel sind eine wirksame Vorbeugung gegen Osteoporose. Ein Milchprodukt wie Emmentaler steht dabei weit oben auf der Liste. Aber auch kalkhaltiges Leitungswasser kann einen guten Kalziumlieferanten darstellen – leider verkalken bei dieser Wasserqualität die entsprechenden Elektrogeräte schnell.

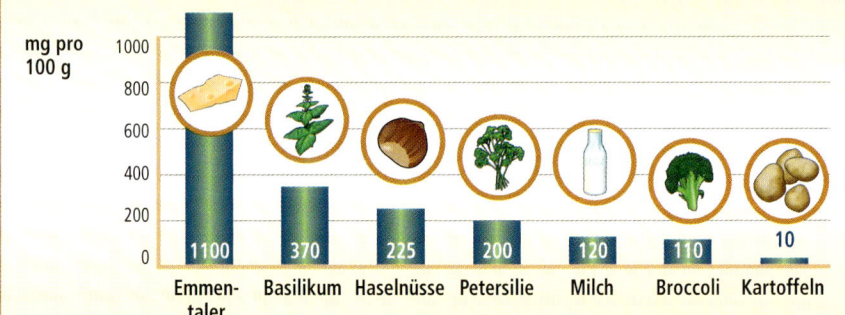

mg pro 100 g						
Emmentaler	Basilikum	Haselnüsse	Petersilie	Milch	Broccoli	Kartoffeln
1100	370	225	200	120	110	10

Osteoporose ist weit verbreitet. Allein in Deutschland leiden etwa 4–6 Mio. Menschen an „Knochenschwund". Bei dieser Krankheit, bei der die Knochen immer poröser werden, entzieht der Körper dem Skelett das Kalzium, um beispielsweise die Reizübertragung in den Nerven zu gewähr-

leisten. Normalerweise werden die Knochen bis zum 40. Lebensjahr aufgebaut. Dann werden sie wieder leichter, was etwa 30 Jahre später problematisch werden kann. Diesen Alterungsprozess, der Frauen und Männer betrifft, nennen Ärzte die altersbedingte Osteoporose.

Infolge dieses Vorgangs verlieren die Wirbelknochen ihre Stabilität und werden durch das Körpergewicht zusammengedrückt. Zudem verkrümmt sich die Wirbelsäule, und die Muskeln schmerzen bei jeder Bewegung. Problematisch sind auch die zunehmenden Knochenbrüche – vor allem Hüft- und Handgelenksknochen brechen schon bei leichter Beanspruchung. In der gesamten EU werden jedes Jahr über 1 Mio. Knochenbrüche behandelt, die nur auf Osteoporose zurückgehen.

Frauen leiden an einer verschärften Form der altersbedingten Osteoporose. Etwa 80 % aller Patienten mit Knochenschwund sind Frauen, weil sich bei ihnen nach den Wechseljahren die Produktion von Östrogen verringert. Dadurch steigt der Stoffwechsel in den Knochen an, und so bauen

Frauen mehr Kalzium aus den Knochen ab als Männer, deren Sexualhormone langsamer abnehmen.

Dass nur etwa jeder fünfte Osteoporose-Patient männlich ist, liegt jedoch nicht nur am unterschiedlichen Rückgang der Sexualhormone. Vielmehr sind die Knochen von Männern schwerer als die von Frauen. So machen sich die Folgen des Knochenabbaus erst später bemerkbar. Und da Männer früher als Frauen sterben, erleben sie seltener den Ausbruch des altersbedingten Knochenschwunds.

Heilbar ist Osteoporose nicht, aber die Symptome lassen sich medikamentös lindern. Um den Knochenabbau im Alter zu verlangsamen, hilft eine kalziumreiche Ernährung und viel Sport. Denn der Körper reagiert auf eine mechanische Beanspruchung des Knochens mit dem Aufbau von Knochenmasse. Und schließlich fördert Vitamin D die Einlagerung des Kalziums im Knochen. Weil das Vitamin bei Sonneneinfall in der Haut gebildet wird, ist Bewegung an der frischen Luft ebenfalls eine gute Vorbeugungsmaßnahme.

Obwohl Ameisenbisse gegen Rheumabeschwerden helfen, wird sich niemand zur Rheumabehandlung in einen Ameisenhaufen setzen wollen – da Ameisen geschützte Tiere sind, wäre dies auch strafbar!

Stimmt es, dass ...

RHEUMABESCHWERDEN durch Ameisenbisse und Brennnesseln gelindert werden?

JA

Wenn Ameisen beißen, dann spritzen sie anschließend einen Stoff in die Wunde, den Chemiker HCOOH nennen – oder schlicht Ameisensäure. Überraschenderweise ist derselbe Stoff auch in den Giftdrüsen von Brennnesseln enthalten.

Ameisensäure hat laut einer Studie, die am Universitätskrankenhaus Haifa durchgeführt wurde, eine positive Wirkung auf Rheumakranke. Ärzte gaben Patienten mit rheumatoider Arthritis Brennnesselwurz und stellten daraufhin fest, dass die Patienten hinterher weniger „nichtsteroidale Antirheumatika" (NSAR) benötigten. NSAR wirken entzündungshemmend und gehö-

ren damit zur üblichen medikamentösen Behandlung bei Rheuma.

Ameisensäure verringert offenbar die Entzündung, indem sie die Ausschüttung der Zytokine hemmt, die der Körper bei Rheuma bildet (siehe Illustration unten). Ein ähnlicher Effekt wurde auch für den Extrakt von Brennnesselblättern nachgewiesen. Und die Säure hat zudem weniger Nebenwirkungen als NSAR. Ameisensäure hilft auch bei anderen Autoimmunerkrankungen, die wie bei Rheuma dadurch entste-

Wussten Sie schon, dass...
die erste Rheuma-Sohle aus Moos über 5000 Jahre alt ist?

Schweizer Archäologen haben vor einigen Jahren in einer jungsteinzeitlichen Siedlung im Kanton Zug ein Häufchen aus Moos gefunden, das sich als Einlegesohle eines jungsteinzeitlichen Schuhs entpuppte. Zuletzt war sie wohl um 3150 v. Chr. in Verwendung. Die Wissenschaftler deuten diese Sohle als ein Polster gegen Rheuma. Erste Selbstversuche zeigten, dass das Polster die Füße tatsächlich wohlig warm hält.

WAS IST RHEUMA?

Bei Rheuma leidet der Körper an einer Entzündung, die durch eine Immunreaktion des Körpers gegen sich selbst hervorgerufen wird. Bei der häufigsten Form, der rheumatoiden Arthritis, schüttet der Körper Botenstoffe (Zytokine) aus, die die Fresszellen des Immunsystems dazu anregen, Gelenkknorpel zu zersetzen.

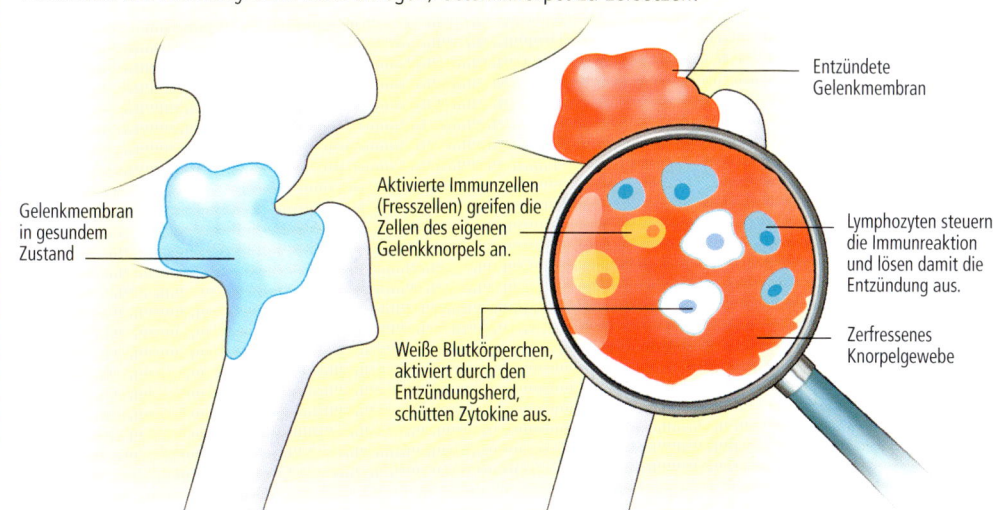

Gelenkmembran in gesundem Zustand

Entzündete Gelenkmembran

Aktivierte Immunzellen (Fresszellen) greifen die Zellen des eigenen Gelenkknorpels an.

Weiße Blutkörperchen, aktiviert durch den Entzündungsherd, schütten Zytokine aus.

Lymphozyten steuern die Immunreaktion und lösen damit die Entzündung aus.

Zerfressenes Knorpelgewebe

hen, dass das Immunsystem sich gegen den eigenen Körper wendet.

Die Volksmedizin empfiehlt bei Rheuma aber nicht nur die Einnahme von Brennnessel-Extrakten, sondern auch die äußerliche Anwendung der Pflanze. Dies bewirkt starke Hautreizungen, durch die die Durchblutung gesteigert und das Gewebe erwärmt wird. Die Therapie ist mit einer kräftigen Massage des menschlichen Gewebes vergleichbar – und kann bei Rheuma Linderung verschaffen.

Wussten Sie schon, dass...
Claudia Schiffer angeblich jede Nacht 12 Stunden schläft?

Berichten zufolge soll Supermodel Claudia Schiffer jede Nacht 12 Stunden lang schlafen. Von Napoleon wird dagegen behauptet, er habe jede Nacht nur 4 Stunden im Bett gelegen – was moderne Schlafforscher allerdings für eher unwahrscheinlich halten. Da wirken die 5 Stunden Schlaf, die der Erfinder Thomas Alva Edison benötigte, schon etwas realistischer, zumal er sich wohl manchmal auch ein Nickerchen zwischendurch gönnte.

12 Stunden Schönheitsschlaf zeigen ihre Wirkung: Supermodel Claudia Schiffer soll zu den Langschläfern gehören.

Stimmt es, dass...
SAUER lustig macht?   NEIN

Die Redensart „Sauer macht lustig" erweckt den Eindruck, als ob man beim Genuss von Essig oder Zitronen lachen müsste. Nicht von ungefähr ist der Satz auch ein beliebter Werbespruch von Händlern für Weinessig oder Sauerkraut geworden. Doch Sprachwissenschaftler, die die Herkunft des Sprichworts untersucht haben, halten diese Deutung für ein Missverständnis. Sie glauben vielmehr, dass die Redensart, die etwa um 1700 entstanden sein soll, in Wirklichkeit bedeutet, dass saure Speisen Lust auf Essen machen.

Dass diese Theorie wahrscheinlicher ist als die landläufige Deutung des Sprichworts, merkt man beispielsweise beim Verzehr eines Hamburgers. Der säuerliche Ketchup fördert sofort den Speichelfluss. Wie Ernährungswissenschaftler festgestellt haben, lässt sich dadurch auch das relativ trockene Brötchen genießen, und man hat hinterher sogar noch Lust auf einen zweiten Hamburger. Denn der Speichelfluss hängt direkt mit dem Hungergefühl zusammen. Man bekommt Appetit, wenn einem „das Wasser im Mund zusammenläuft". Säuerliches Essen lässt zugleich auch im Magen die Säureproduktion anlaufen.

Sobald sich dort aber zu viel Säure ansammelt, beispielsweise durch zu viel und zu fettes Essen sowie durch zu viel Kaffee, kann das Beschwerden wie Sodbrennen hervorrufen. Auch für die Zähne ist saure Ernährung schädlich. Denn ebenso wie die Säuren der Kariesbakterien greifen auch saure Lebensmittel den Zahnschmelz an. Normalerweise neutralisiert der Speichel zwar die Säure, doch bei häufiger Aufnahme von saurer Nahrung, die noch dazu im Übermaß genossen wird, reicht der Effekt nicht mehr aus.

Häufig bemerkt man die Säure in der Nahrung jedoch gar nicht, weil sich unser Geschmackssinn recht leicht überlisten lässt. So haben viele Limonaden – darunter beispielsweise auch Cola – einen pH-Wert zwischen drei und vier. Sie liegen also im Säurebereich von Essig. Durch den Zucker- bzw. Süßstoffgehalt des Getränks nimmt man dies aber nicht wahr.

Stimmt es, dass...
der Mensch 8 Stunden SCHLAF pro Tag braucht?   NEIN

Jeder Mensch hat seinen persönlichen „Schlafbedarf". Im Schnitt hat man sich nach 7–8 Stunden erholt. Allerdings kann man den Schlaf auch aufteilen: Forscher glauben, dass der natürliche Schlafrhythmus sich bei Tag und Nacht in mehrere Schlaf- und Wachphasen gliedert.

Etwa ein Drittel seines Lebens verschläft der Mensch. Doch wie viel Schlaf ein bestimmter Mensch braucht, lässt sich kaum beeinflussen. Der individuelle Schlafbedarf verändert sich zwar in manchen Lebenslagen – so brauchen Verliebte oder junge Eltern aufgrund von Hormonausschüttungen weniger Schlaf –, doch das sind keine andauernden Veränderungen.

Der Schlafbedarf bleibt auch im Alter gleich. Ältere Menschen schlafen zwar kürzer, dafür öfter und nicht mehr so tief wie in jungen Jahren. Die Dauer insgesamt bleibt aber etwa konstant – es sei denn, der Schlaf verkürzt sich durch Gebrechen.

SCHLAFPHASEN

In der Nacht wechseln sich zwei verschiedene Arten von Schlaf ab. Während der Körper in der Tiefschlafphase Hormone ausschüttet und dabei vermutlich körperliche Regenerationsprozesse ablaufen, arbeitet man im leichteren REM-Schlaf Informationen auf, die man tagsüber bekommen hat. Jede Nacht beginnt mit einem Abstieg in den Tiefschlaf.

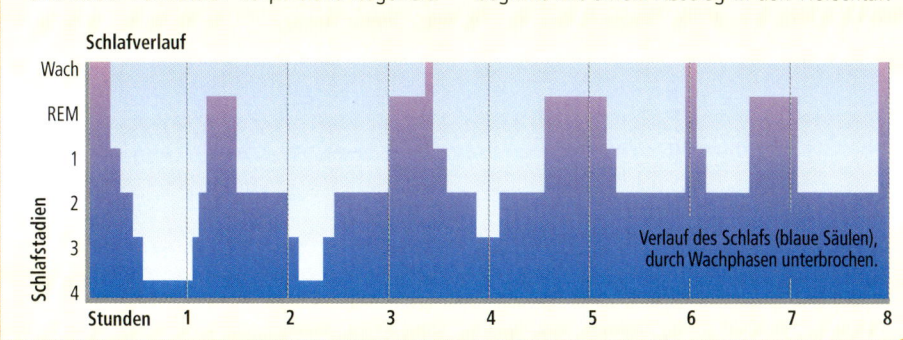

Schlafverlauf

Verlauf des Schlafs (blaue Säulen), durch Wachphasen unterbrochen.

Stimmt es, dass ...

der SCHLAF vor Mitternacht der gesündeste ist? (NEIN)

Es ist ein weit verbreiteter Glaube, dass der Schlaf vor Mitternacht der gesündeste sei. „Früh zu Bett und früh aufzustehen, das macht einen Menschen gesund, wohlhabend und klug", sagt ein britisches Sprichwort. In Wirklichkeit ist es nicht so wichtig, ob man vor oder nach Mitternacht zu Bett geht – Hauptsache, man deckt den persönlichen Schlafbedarf ab, und zwar regelmäßig. Forscher empfehlen daher, immer zur selben Zeit ins Bett zu gehen.

Im Lauf einer Nacht wechseln sich etwa drei bis vier Tiefschlafphasen mit Traumphasen ab – den so genannten REM-Phasen. REM steht für *rapid eye movement* (schnelle Augenbewegung), weil sich im Traum die Augen unter den Lidern bewegen. Wie wichtig die mit Träumen erfüllten Phasen leichten Schlafes für die Erholung des Schlafenden sind, ist umstritten.

Die Tiefschlafphasen spielen dagegen eine große Rolle. So wurden etwa in einem Schlaflabor Schlafende immer dann geweckt, wenn sie in die Tiefschlafphase kamen. Dadurch verloren die Versuchspersonen schnell ihre Konzentrationsfähigkeit und Leistungsbereitschaft.

Üblicherweise beginnt der Schlaf immer mit einem schrittweisen „Abstieg" in eine Tiefschlafphase. Erst nach 1–2 Stunden folgt dann die erste REM-Phase. Geht man daher um 22 Uhr ins Bett, dann empfindet man den Schlaf vor Mitternacht tatsächlich als besonders erholsam, weil er aus einer Tiefschlafphase besteht. Doch für Menschen, die regelmäßig erst um 1 Uhr ins Bett gehen, liegt diese Phase eben zwischen 1 Uhr und 3 Uhr. Für sie ist also der Schlaf nach Mitternacht der erholsamste.

Im Schlaflabor überprüfen Ärzte den Verlauf des Schlafs ihrer Patienten mithilfe von Hirnstrommessungen.

Stimmt es, dass ...

kalte Füße SCHLAFSTÖRUNGEN verursachen?   JA

Stress stört beim Einschlafen – denn für einen guten Schlaf kommt es vor allem auf ein ausgewogenes Verhältnis der Hormone an. Besonders vom Stresshormon Cortisol darf nicht zu viel und nicht zu wenig im Blut sein.

Und kalte Füße bedeuten für den Körper Stress, denn bei tiefen Temperaturen startet er ein Notprogramm. Der Blutdurchfluss in den Extremitäten wird verringert, und man beginnt mit den Muskeln zu zittern, um Wärme zu erzeugen. Umgekehrt bedeutet Stress aber auch Kälte: Bei Überaktivität oder Angst kann der Körper die Durchblutung reduzieren. So entstehen beispielsweise klamme Finger vor einer Prüfung oder eben kalte Füße unter der Bettdecke.

Wer beim Einschlafen friert, sollte daher zunächst prüfen, woher die Kälte an den Füßen kommt – vom Stress oder vom Mangel an Wärme. Im ersten Fall hilft mögli-

cherweise eine Tasse Malzmilch, der Ernährungswissenschaftler eine leicht beruhigende und schlaffördernde Wirkung nachsagen. Auch eine Ruhephase vor dem Schlafengehen kann helfen. Frieren dagegen die Füße, weil es unter der Bettdecke zu kalt ist, dann helfen eventuell warme Fußbäder und eine Massage mit ätherischen Ölen, Wärmflaschen oder warme Socken. Letzteres überprüfte eine Schweizer Schlafforscherin sogar wissenschaftlich. Es zeigte sich dabei, dass ihre Versuchspersonen tatsächlich schneller einschlafen konnten, wenn die Füße warm waren.

Dass Frauen häufiger an kalten Füßen leiden als Männer, stimmt übrigens tatsächlich. Weibliche Füße sind in der Regel kleiner und weniger muskulös. Im Verhältnis zum Volumen haben sie daher eine größere Oberfläche als Männerfüße und strahlen so mehr Wärme ab; obendrein sind sie schlechter durchblutet. Schließlich tragen Frauen tagsüber oft zu enge Schuhe, was die Durchblutung ebenfalls nicht fördert.

Kalte Füße lassen sich manchmal einfach dadurch verhindern, dass man auf die Gute-Nacht-Zigarette und den abendlichen Kaffee verzichtet, denn Nikotin und Koffein verengen die Blutgefäße und lassen die Extremitäten kälter werden.

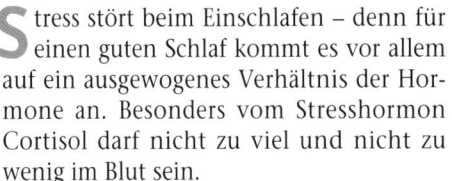

Eine Wärmflasche und warme Socken können tatsächlich beim Einschlafen helfen.

Stimmt es, dass ...

ein Glas Wasser bei SCHLUCKAUF hilft?   JA

Normalerweise sind die Muskeln des Zwerchfells für die Atmung da. Dadurch, dass sie sich regelmäßig alle paar Sekunden spannen und entspannen, zwingen sie die Lunge ständig dazu, sich mit Luft zu füllen und diese wieder abzugeben. Wie oft das geschieht, regelt das Gehirn in der *Medulla oblongata* und der *Pons*, zwei Bereichen des Gehirns am oberen Ende des Rückenmarks. Dort beginnt auch ein Nerv *(Nervus phrenicus)*, der die Befehle zum Atmen auf beiden Seiten des Körpers bis zum Zwerchfell leitet.

Manchmal geraten *Medulla oblongata* und *Pons* aber aus dem Takt und geben immer

wieder den Befehl an das Zwerchfell, sich zusammenzuziehen. Etwa 30 Millisekunden danach zwingen die Nerven auch die Stimmritzen im Kehlkopf zu einem Krampf. Meist passiert das nach einer Reizung des *Nervus phrenicus*. Die Folge ist ein deutlich vernehmbares „Hicks". Wiederholt sich das immer wieder, sprechen Fachleute von einem Schluckauf.

Ein Schluckauf dauert selten länger als 4 Stunden. Doch man kann selbst einiges dafür tun, dass er schon früher wieder aufhört. So soll man ein Glas eiskaltes Wasser trinken oder einen Löffel voll trockenem Zucker essen – beides wirkt tatsächlich.

SO KOMMT ES ZUM SCHLUCKAUF

Nach der Reizung eines Nervs gibt das Gehirn immer wieder den Befehl, das Zwerchfell zusammenzuziehen und die Stimmritzen zu schließen.

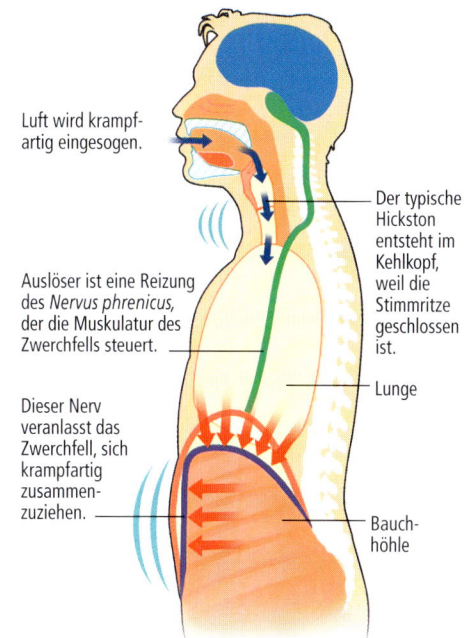

Luft wird krampfartig eingesogen.

Auslöser ist eine Reizung des *Nervus phrenicus*, der die Muskulatur des Zwerchfells steuert.

Dieser Nerv veranlasst das Zwerchfell, sich krampfartig zusammenzuziehen.

Der typische Hickston entsteht im Kehlkopf, weil die Stimmritze geschlossen ist.

Lunge

Bauchhöhle

Genauso wie es hilft, den Brechreiz auszulösen, die Luft anzuhalten oder tief einzuatmen. Dadurch wird nicht nur das Verhalten des Zwerchfells beeinflusst, sondern es werden auch Nerven in der Nähe des Kehlkopfes gereizt – nicht nur der *Nervus phrenicus* selbst, sondern auch der *Nervus vagus*, der gleich daneben in Richtung Herz führt.

Denn so, wie ein Schluck kaltes Wasser den *Nervus phrenicus* reizt, Impulse abzugeben – und daher einen Schluckauf auslösen könnte –, beendet das kalte Wasser die nervösen Dauerimpulse auch wieder.

Fachleute sind in der Lage, den *Nervus vagus* und damit indirekt auch den *Nervus phrenicus* mithilfe einer Massage des äußeren Gehörgangs, bestimmter Punkte an der Halsschlagader, des Gaumens und des Übergangs von Schlüssel- und Brustbein anzuregen. Diese Methoden verwendet man zum Beenden besonders schwerer Fälle bei Menschen, die über lange Zeit von einem Schluckauf gequält werden.

Stimmt es, dass ...

jeder zum **SCHNARCHER** wird, wenn er zu viel Alkohol trinkt? **JA**

Beim Schnarchen kann die Atemluft nicht ungehindert durch die Atemwege strömen, sondern muss auf ihrem Weg Hindernisse überwinden. Das kann überschüssiges (Fett-)Gewebe zwischen Adamsapfel und Zungenbasis sein, aber auch erschlaffte Muskulatur am Gaumensegel.

Schlaffes Fett- und Muskelgewebe sind typische Spuren des Alterns; daher ist das Schnarchen ein Problem, das oft erst im mittleren Erwachsenenalter auftritt. Zudem haben Männer mehr von diesem Gewebe als Frauen und schnarchen daher häufiger. Übergewicht fördert das Schnarchen zusätzlich, genau wie Schlafmittel, die die Muskulatur entspannen. Und genau dieselbe muskelentspannende Wirkung hat auch Alkohol. Daher beginnen fast alle Menschen nach einigen Gläsern Wein mit dem sägenden Geräusch – besonders, wenn sie einen kurzen Hals besitzen, an dem sich auch schon etwas Fett angesetzt hat.

Extremes Schnarchen kann grundsätzlich dazu führen, dass das Gehirn zu wenig Sauerstoff erhält; Forscher sprechen dann von einer Apnoe, einem kurzzeitigen Atemstillstand – dabei verschließt sich beim Einatmen der Rachenraum wie ein Strohhalm, an dem man zu heftig saugt. Die Folge ist, dass man sich am nächsten Morgen unausgeschlafen fühlt und obendrein ein erhöhtes Herzinfarktrisiko hat. Schnarchen ist daher nicht nur lästig, sondern kann sogar gefährlich werden.

Wussten Sie schon, dass ...

Schnarcher bis zu 90 dB laut schnarchen können?

Wenn der Rachenraum im Schlaf vibriert, dann kann das den Nachbarn sogar durch dicke Backsteinmauern hindurch aufwecken. Denn Schnarchgeräusche können mit 90 dB die Lautstärke von vorbeifahrenden Lastwagen erreichen.

HILFE FÜR SCHNARCHER

Es gibt inzwischen mehrere Methoden, Patienten, die unter einer Schlafapnoe leiden, in der Nacht mit ausreichend Luft zu versorgen und vom Schnarchen abzuhalten. So gibt es Geräte, die den Schlafenden durch Vibrationen oder leichte Stromschläge wecken. Wenn der Schläfer aufwacht, ändert er auch seinen Atemrhythmus – und so hört das Schnarchen kurzzeitig auf.

Doch die gefährlichsten Phasen sind die, in denen man nicht schnarcht, denn dann wird die Atmung für Sekunden unterbrochen. Abhilfe bieten hier Aufbissschienen, die man vor dem Schlafengehen wie ein Gebiss einlegt und die die Zunge niederdrücken oder den Rachenraum vergrößern. Möglich ist auch eine Operation, bei der eventuell vorhandene Polypen entfernt werden; so wird Nasenatmung wieder möglich. Ein sehr gewöhnungsbedürftiges Hilfsmittel haben amerikanische Mediziner entwickelt. Dabei handelt es sich um eine Überdruckmaske, die von außen Luft in den Rachen drückt.

Im äußersten Norden Europas sorgen die langen Winternächte für eine deutliche Zunahme von Depressionen.

Stimmt es, dass…
Licht gegen SCHWERMUT hilft? JA

Im Winter zeigt sich, wie eng der Zusammenhang zwischen Lichtmangel und Stimmung ist. Psychologen haben sogar einen Begriff dafür: SAD (saisonal abhängige Depression) nennen sie ernste Depressionen, die im Winter 1–2 % der Bevölkerung ergreifen. Weitere 10–20 % der Menschen werden zumindest schwermütig, antriebslos und müde.

Experten glauben, dass die Ursache dafür im Lichtmangel zu suchen ist – im Fall von SAD aufgrund der Kürze der Wintertage. Die biologische Uhr im Menschen, die den täglichen Lebensrhythmus steuert, passt sich an die Hell-Dunkel-Zeiten an – die aber nicht mit dem Alltag übereinstimmen. Menschen stehen also im Winter auf, obwohl ihr Körper wegen der Dunkelheit noch schlafen möchte, und gehen abends später zu Bett, als es dem Körper lieb ist. Das scheint nicht nur die Steuerung des Schlafes durcheinander zu bringen, sondern auch Appetit und Stimmung.

Gegen diese Verwirrung der inneren Uhr verschreiben Psychologen Licht. Die Patienten setzen sich täglich 1 Stunde lang vor eine Lampe, die mehr als 2500 Lux abstrahlt – was etwa dem winterlichen Mittagslicht entspricht. Tatsächlich hat diese Methode bei rund 70 % der Patienten Erfolg. Warum dies so ist, weiß man allerdings noch nicht. Vermutet wird, dass das zusätzliche Licht die aus dem Takt gekommene innere Uhr neu einstellt.

Wussten Sie schon, dass…
Dänen eher schwarzen Hautkrebs bekommen als Griechen?

Nördliche Länder haben ihre speziellen Probleme mit dem Licht – nicht nur im Winter. Denn auch im Sommer haben „Nordlichter" damit zu kämpfen, diesmal wegen ihrer hellen Haut. Dänemark, Schweden und Finnland liegen in der europäischen Hautkrebsstatistik ganz vorn. Relativ selten bekommen dagegen Griechen und Portugiesen Hautkrebs – sie sind an die helle Sonne besser angepasst.

Selbst ein derartiger Sonnenschirm bietet Babys im Hochsommer nur für eine gewisse Zeit Schutz – keinesfalls darf man auf das Eincremen verzichten.

Stimmt es, dass…
man auch im Schatten einen SONNENBRAND bekommen kann? JA

Unter dem Motto *„slip, slop, slap"* wirbt die australische Regierung seit über 20 Jahren dafür, dass sich die Bevölkerung gegen die Sonne schützt. Man solle – *slip!* – ein Hemd anziehen, – *slop!* – einen Sonnenhut aufsetzen und – *slap!* – die Haut mit Sonnenöl eincremen. Mithilfe dieser Kampagne möchte man die Hautkrebsrate senken, denn inzwischen gilt als sicher, dass die intensive Sonneneinstrahlung in Australien das Hautkrebsrisiko deutlich erhöht.

Und die Aktion hat Erfolg, denn neueste Statistiken zeigen, dass die Hautkrebsrate bei den unter 40-Jährigen, die sich regelmäßig schützen, leicht gesunken ist. Doch auch bei diesen Menschen tritt Hautkrebs auf. Denn selbst die Sonnenstrahlung, die sie im Schatten oder unter einem Hut abbekommen, kann die Haut schädigen. Bei heller Haut, die noch nicht an die Sonne gewöhnt ist, kann das UV-Licht sogar im Schatten Sonnenbrand verursachen.

Denn Schatten ist nicht einfach das Gegenteil von Licht. Zwar fällt in schattige Bereiche kein direktes Sonnenlicht, aber dafür die indirekte Strahlung, die beispielsweise vom Boden, von Hauswänden oder von Wolken dorthin umgelenkt wurde. Dass das noch immer sehr viel Licht ist, bemerkt man auch daran, dass man an einem sonnigen Tag im Schatten mühelos ein Buch lesen kann.

Je nachdem, welche Oberfläche die Strahlung unter welchem Winkel in den Schatten reflektiert, fällt dort unterschiedlich viel ultraviolette Strahlung ein. Deshalb ist die Gefahr, sich im Schatten einen Sonnenbrand zuzuziehen, in den Bergen am höchsten. Denn Schnee reflektiert 40–90 % der UV-Strahlen, Wasser dagegen nur 10–30 %. In der Wüste ist die Gefahr eines Sonnenbrandes im Schatten am geringsten, da Sand nur 5–25 % der Strahlung zurückwirft.

ABER: Um sich einen Sonnenbrand im Schatten zu holen, muss man dort viel länger ungeschützt ausharren als im Sonnenlicht. Wahrscheinlicher als ein richtiger Sonnenbrand ist eine Reizung und Rötung der Haut, die sich bereits durch zusätzliches Eincremen vermeiden lässt.

Sich wegen der Sonnenbrandgefahr nur noch in Innenräumen aufzuhalten ist allerdings nicht sinnvoll. Denn Menschen brauchen Sonnenlicht zum Leben. Ohne Licht kann beispielsweise die Haut kein Vitamin D mehr herstellen. Zu wenig Sonnenlicht kann zu Osteoporose und Knochenerweichung führen.

Wussten Sie schon, dass …
man bei starker Sonneneinstrahlung Tomatengerichte essen sollte?

Forscher glauben, dass Betacarotinoide die Haut unempfindlicher gegen Sonnenstrahlung machen. So zeigt eine Studie, dass täglich 24 mg Betacarotin (die Menge, die in 300–400 g Möhren enthalten ist) nach einigen Wochen die Gefahr für Sonnenbrand verringern. Einer anderen Studie zufolge wirken Tomaten ähnlich. Denn auch diese enthalten ein Carotinoid (Lycopin). Bei Personen, die täglich nur 40 mg Tomatenmark mit Olivenöl gegessen hatten, stellten Forscher schon einen besseren Sonnenschutz fest.

Stimmt es, dass …
Quark bei SONNENBRAND hilft?   NEIN

Ein Sonnenbrand ist nichts anderes als eine Verbrennung. Und für Verbrennungen behaupten volkskundliche Rezeptbücher, dass Butter, Joghurt, Buttermilch oder Quark bei äußerlicher Anwendung wahre Wunder wirken sollen. In Wirklichkeit nützen diese Mittel bei verbrannter Haut kaum etwas – im Gegenteil, sie können sogar schaden. Die Milchprodukte enthalten nämlich Eiweißstoffe, die in der ohnehin entzündeten Haut weitere Entzündungen auslösen können. Quark kann daher sogar Allergien hervorrufen. Der einzige Nutzen, den Quark und Buttermilch auf der verbrannten Haut haben, ist ihre kühlende Wirkung – doch dazu reicht auch kaltes Wasser aus. Daher raten Mediziner, bei Sonnenbrand die Haut unter fließendem Wasser etwas zu kühlen und viel zu trinken. Denn der Körper hat, um sich in der Sonne abzukühlen, viel Schweiß produziert und damit Wasser verloren. Wer

HAUTTYPEN – VON HELL BIS DUNKEL

Je nach Hauttyp bekommt man schneller oder langsamer Sonnenbrand. Doch unabhängig davon gibt es auch eine genetische Veranlagung dafür, wie die Haut auf UV-Strahlung reagiert. Menschen besitzen so genannte „GST-Gene", die an der Reparatur von Schäden durch die Sonnenstrahlung beteiligt sind. Diese Gene gibt es in aktiver und passiver Form. Selbst ein dunkelhäutiger Mensch, der zwei passive GST-Gene geerbt hat, hat daher ein erhöhtes Hautkrebsrisiko.

Typ 1 Sehr heller Typ (2 % der Weltbevölkerung)	Typ 2 Heller Typ (12 % der Weltbevölkerung)	Typ 3 Mischtyp (78 % der Weltbevölkerung)	Typ 4 Dunkler Typ (8 % der Weltbevölkerung)
Charakteristika: Helle Haut, Sommersprossen, rötliche Haare, helle Brustwarzen	**Charakteristika:** Helle Haut, häufig Sommersprossen, blonde Haare, helle Brustwarzen	**Charakteristika:** mäßig helle Haut, dunkelblonde bis dunkle Haare, pigmentierte Brustwarzen	**Charakteristika:** dunkle Haut, dunkle Haare, dunkle Brustwarzen
Sonnenreaktion: Sehr starke Neigung zu Sonnenbrand, keine Pigmentierung	**Sonnenreaktion:** Häufige Sonnenbrände, schwache Pigmentierung	**Sonnenreaktion:** Seltene Sonnenbrände, deutliche Pigmentierung	**Sonnenreaktion:** Fast nie Sonnenbrand, tiefdunkle Pigmentierung

außerdem die Haut hinterher noch mit einem pflanzlichen Mittel einreiben möchte, sollte zu Aloe vera greifen. Wissenschaftler haben entdeckt, dass deren klarer Saft spezielle Polysacharide enthält, von denen angenommen wird, dass sie sich an

für das Wachstum der Haut notwendige Stoffe koppeln und diese so vor dem Zerfall bewahren. Das hat zur Folge, dass Hautbereiche, die durch einen Sonnenbrand geschädigt werden, schneller heilen, wenn sie mit Aloe vera bestrichen werden.

Wussten Sie schon, dass ...
weitaus mehr Männer als Frauen stottern?

Rund 1 % aller Erwachsenen hat Probleme mit dem flüssigen Sprechen, 80 % davon sind Männer. Manche Wissenschaftler glauben, dass es dafür genetische Gründe gibt. Doch vermutlich wird nur eine gewisse Anfälligkeit zum Stottern vererbt, nicht das Stottern selbst: Es gibt eineiige Zwillinge, von denen nur einer stottert.

Stimmt es, dass ...
STOTTERER singen können, ohne zu stottern?   JA

Stottern entsteht durch ein komplexes Zusammenspiel verschiedener Ursachen. Oft löst schon die Angst vor bestimmten Worten oder dem Versprechen das Stottern aus. Stotterer entwickeln daher oft eine ganze Reihe von Methoden, um über ungeliebte Worte hinwegzukommen. Das kann allerdings so weit gehen, dass sie Gesicht und Körper bei diesen Worten verkrampfen oder im Restaurant Burger statt Pizza bestellen, weil „Pizza" ihnen nicht über die Lippen kommen will.

Oft ist Stottern von Tageszeit und Situation abhängig. Es gibt Kinder, die im Unterricht stottern, aber während der Pause frei reden. Ähnlich verhält es sich beim

Singen: Die meisten Stotterer können singen, ohne sich selbst zu unterbrechen. Sie schaffen es auch, im Flüsterton oder monoton flüssig zu sprechen.

Warum es sich so verhält, ist ungeklärt. Aber immerhin weiß man, dass stotternde Menschen akustische Reize anders verarbeiten als normal Sprechende. Sie hören nämlich beim Flüstern ihre eigene Stimme anders als gewohnt. Dies ermöglicht offenbar ihrem Gehirn, ohne Probleme über sprachliche Stolperstellen zu kommen. Nach diesem Prinzip arbeiten technische Hilfen für Stotterer, die deren Worte aufnehmen und leicht verzögert oder höher mit einer Art Hörgerät wieder vorspielen.

Stimmt es, dass ...
die STRAHLENDOSIS bei Langstreckenflügen höher sein kann als bei Röntgenaufnahmen?   NEIN

Nur Flugpersonal trägt durch die Strahlenbelastung ein höheres Gesundheitsrisiko.

Physiker messen die Wirkung von Strahlung in der Einheit „Sievert". Ein Sievert ist sehr viel Strahlung – viel mehr, als einem Menschen beim Röntgen zugemutet wird. Das Sievert ist das Maß dafür, wie viel Energie im Gewebe des Körpers ankommt.

Durch die kosmische Höhenstrahlung werden Fluggäste bei einem Flug über dem Nordatlantik nur mit 7–8 Mikrosievert – also Millionstel Sievert – pro Stunde belastet. Über dem Äquator sind es noch weniger, nur 1–2 Mikrosievert pro Stunde, denn dort ist die Höhenstrahlung geringer. Für einen 9-stündigen Flug von Frankfurt nach New York kommt man so auf eine Strahlendosis von rund 50 Mikrosievert.

In den Muskeln jedes Menschen befindet sich radioaktives Kalium, das ungefähr 300 Mikrosievert pro Jahr erzeugt. Genauso viel macht die kosmische Höhenstrahlung in einem Jahr auf Höhe des Meeresspiegels aus. Insgesamt kommt ein Deutscher pro Jahr auf eine radioaktive Dosis von rund 2100 Mikrosievert. Österreicher und Schweizer werden mit rund 3800 Mikrosievert etwas stärker belastet, weil sich im Gestein der Alpen viele radioaktiv strahlende Elemente finden.

Die Dosis beim Röntgen mit dem Computertomographen ist nur etwas höher als die Jahresdosis; sie liegt zwischen 4000 und 7000 Mikrosievert. Einfache Röntgengeräte kommen dagegen mit weniger aus. Je nach geröntgtem Körperteil erzeugen sie eine Strahlenbelastung von zwischen 1500 Mikrosievert (Knochen) und 6–10 Mikrosievert (Zähne oder Nasennebenhöhlen). Die Strahlenbelastung im Flugzeug ist daher meist niedriger als beim Röntgen.

WOHER KOMMT DIE KOSMISCHE STRAHLUNG?

Tag und Nacht prasselt eine Unzahl von radioaktiven Teilchen auf die Erde nieder, die aus der Sonne und aus den Tiefen des Weltalls stammen. Sie werden beispielsweise bei Sternexplosionen ins All geschleudert.

Die meisten dieser Teilchen werden durch das Magnetfeld der Erde in die Polarregionen abgeleitet und erzeugen dort die Polarlichter. Viele der Teilchen stoßen auch mit Luftmolekülen zusammen und werden so abgebremst und zertrümmert.

Auf dem Erdboden kommt daher kaum noch Strahlung aus dem All an, deshalb nennen Physiker den Teilchenregen aus dem All die „kosmische Höhenstrahlung". In 10–15 km Höhe – der üblichen Reiseflughöhe bei Langstreckenflügen – ist die Strahlung aber durchaus messbar, auch wenn es sich hierbei ebenfalls um geringe Mengen handelt. Aufgrund der Ablenkung durch das Erdmagnetfeld ist die Energie der radioaktiv geladenen Teilchen in Polnähe stärker als über dem Äquator.

ABER: Flugpersonal kommt im Lauf eines Jahres leicht auf höhere Strahlendosen. Daher werden schwangere Stewardessen nur im Bodendienst eingesetzt.

Wussten Sie schon, dass …
zahlreiche Krankheiten durch Stress gefördert werden?

Dauerhafter negativer Stress beeinflusst auch das Immunsystem – beispielsweise dadurch, dass Menschen unter Stress meist wenig oder schlecht schlafen. Das führt dazu, dass diese Menschen anfälliger für Infektionskrankheiten werden. Mehr Müdigkeit bedeutet auch mehr Unfälle.

Stimmt es, dass …
dauerhafter STRESS Krebs auslöst?   NEIN

Für Psychologen ist Stress lediglich eine Art Aufgabe für Menschen, die ihnen durch so genannte Stressoren gestellt wird – beispielsweise ein Bühnenauftritt, dauernde berufliche Anstrengungen oder ein Abendessen mit Freunden. Stress kann etwas Negatives sein, muss aber nicht.

Entscheidend ist, wie der Mensch mit den Stressoren umgeht. So wird der Besuch von Freunden wohl meist als positives Ereignis gewertet und nicht als feindlicher Angriff. Ganz ähnlich kann auch der Stress im Beruf positiv gedeutet werden – beispielsweise, wenn Aufstiegschancen und Bezahlung gut sind.

Die Art, wie ein Mensch mit dem jeweiligen Stressor umgeht, entscheidet auch über seelische und körperliche Schäden. Entscheidend ist beispielsweise, ob man eine Aufgabe abschließen kann. Während das ein gutes Gefühl erzeugt, wird beim „negativen Stress" (beispielsweise bei andauernder Überforderung ohne Ruhephasen) ständig das Stresshormon Cortisol ausgeschüttet. Dies versetzt den Organismus in dauernden Alarmzustand. Die Muskeln sind angespannt, Blutzucker, Adrenalin und Cholesterin werden ins Blut ausgeschüttet, das Immunsystem läuft auf Hochtouren und die Verdauung wird heruntergefahren. Der Körper reagiert genau so, als stehe ein körperlicher Kampf wie in grauer Vorzeit bevor.

Auf Dauer kann all dies Krankheiten wie Krebs fördern. Dass Stress aber Krebs auslöst, bestreiten viele Ärzte. Für sie ist Stress nur ein möglicher krebsfördernder Faktor unter vielen.

ABER: Rauchen und schlechte Ernährung können sicher Krebs auslösen. Und Menschen, die ständig unter Zeitdruck arbeiten, ernähren sich oft falsch, treiben keinen Sport und rauchen viel. Zudem zeigte eine Studie, dass bei Brustkrebspatientinnen, die größere Probleme mit dem Stressor „Krebserkrankung" hatten, sich der Krebs schneller weiterentwickelte.

Gymnastik in Arbeitspausen kann Stress abbauen.

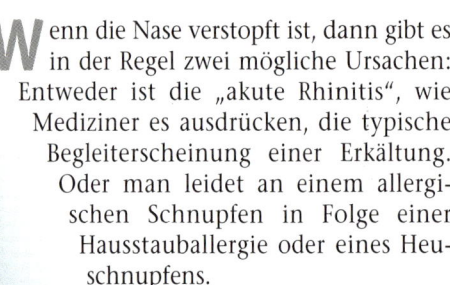

Stimmt es, dass ...

benutzte TASCHENTÜCHER zu einer erneuten Eigeninfektion führen können? **NEIN**

Wenn die Nase verstopft ist, dann gibt es in der Regel zwei mögliche Ursachen: Entweder ist die „akute Rhinitis", wie Mediziner es ausdrücken, die typische Begleiterscheinung einer Erkältung. Oder man leidet an einem allergischen Schnupfen in Folge einer Hausstauballergie oder eines Heuschnupfens.

Obwohl die Ursachen ganz unterschiedlich sind, sehen die Folgen immer gleich aus: Die Nasenschleimhaut entzündet sich und beginnt eine Flüssigkeit abzusondern, die wässrig bis eitrig und schleimig sein kann. Weil die Schleimhaut dabei gleichzeitig angeschwollen ist, kann man nicht mehr ungehindert durch die Nase atmen: Man schnieft und spricht mit näselnder Stimme.

Anders als allergischer Schnupfen ist Erkältungsschnupfen an-

Herumliegende Taschentücher helfen Viren, sich zu verbreiten.

steckend. Hier enthält das Sekret, das aus der Nase rinnt, nicht nur Wasser, sondern auch viele Viren. Beim Niesen befördert man Hunderttausende von ihnen in die Freiheit (Tröpfcheninfektion), und nach dem Naseputzen haften die Keime an den Händen (Schmierinfektion). Weder an den Händen noch im Taschentuch sterben die Erreger sofort. Wer daher bei einer Erkältung sein Taschentuch mit einem anderen teilt, der steckt ihn mit hoher Wahrscheinlichkeit an – es sei denn, dessen Immunsystem kennt das jeweilige Erkältungsvirus schon. Dies ist aber angesichts von ungefähr 200 verschiedenen Erkältungsviren recht unwahrscheinlich.

Ganz anders ist die Situation, wenn man selbst zweimal ins gleiche Taschentuch schnäuzt. Dabei kann man sich nicht mehr anstecken, weil das eigene Immunsystem gerade dabei ist, genau diesen Virentyp zu bekämpfen. Die Erkältung verlängert sich dadurch auch nicht, denn das aktivierte Immunsystem verhindert, dass sich die wenigen Erreger fortpflanzen, die aus dem Taschentuch wieder in die Nasenschleimhaut zurückgelangen.

Wussten Sie schon, dass ...
Viren in Taschentüchern bis zu 12 Stunden ansteckend bleiben?

Viren sind im Grunde nichts anderes als Erbsubstanz, die chemisch nicht von menschlicher Erbsubstanz zu unterscheiden ist und daher vom Körper nicht als feindlich erkannt wird. Weil aber Viren so einfach gebaut sind, halten sie auch viel aus: So wurde nachgewiesen, dass Grippeviren auf Papier und Taschentüchern bis zu 12 Stunden ansteckend bleiben können. Auf glatten Oberflächen wie Stahl oder Plastik überdauern sie sogar schadlos bis zu 2 Tage.

Stimmt es, dass ...

TEEBAUMÖL ein Allheilmittel ist? **NEIN**

Noch vor einigen Jahren war Teebaumöl in Europa nahezu unbekannt. Heute wird das australische Öl als Wundermittel gehandelt – es soll Bakterien, Viren und Pilze töten, die Verdauung verbessern, gegen Krebs helfen, gut für die Haare sein und Wunden schneller heilen lassen. Obwohl das nur zum Teil stimmt, hat sich die Ölproduktion rasant entwickelt: Heute werden pro Jahr 500–600 t Teebaumöl produziert und verkauft.

Zur Herstellung des Öls verkocht man Blätter und Stämme der Bäume mit Wasser und destilliert danach den Sud. Für 10 l Öl werden rund 1500 mannshohe Teebäume der Art *Melaleuca alternifolia* benötigt. Diese gehören zu den Myrtengewächsen – mit

dem indischen bzw. afrikanischen Teestrauch, dessen Blätter zur Teeherstellung dienen, hat der Teebaum nichts zu tun.

Teebaumöl enthält insbesondere Terpinen-4-ol, einen Stoff, der leicht nach Muskat oder Holz riecht und beispielsweise auch in Eukalyptus enthalten ist. Nach verschiedenen Richtlinien muss wirksames Teebaumöl mindestens 30 % Terpinen-4-ol enthalten, qualitativ hochwertiges Teebaumöl sogar mehr.

Vor allem diese Substanz tötet viele Bakterien, Hefen und Pilze sehr wirksam ab. Sie dringt leicht in die Haut ein, daher kann man Teebaumöl beispielsweise bei Pilzerkrankungen, Schuppenflechte auf der Kopfhaut oder entzündeten Furunkeln anwen-

den. Australische Forscher haben zudem herausgefunden, dass Terpinen-4-ol im menschlichen Körper entzündungshemmend wirkt. Das ist hilfreich bei Wunden und manchen Krebserkrankungen. Teebaumöl ist aber trotzdem kein Allheilmittel, sondern lediglich ein entzündungshemmendes und desinfizierendes Öl, das die Schleimhäute nicht so stark reizt wie andere ätherische Öle (etwa von Eukalyptus oder Minze).

Aus den Blättern und Stämmen des unscheinbaren Teebaums wird ein desinfizierendes Öl gewonnen.

Stimmt es, dass …

man in TRÄUMEN Ereignisse voraussehen kann?   NEIN

Wissenschaftler wissen inzwischen genau, welche Bereiche des Gehirns im Schlaf aktiv sind. Mithilfe moderner Technik, beispielsweise der Positronenemissionsspektroskopie (PET), fand man heraus, dass Träume vor allem von einer evolutionsgeschichtlich recht alten Hirnregion ausgelöst werden, der *Pons* am Ende des Rückgrates.

Während des Schlafens regt die *Pons* das ganze Gehirn zur Arbeit an. Der Mensch denkt, erinnert sich an Erlebnisse und fühlt dabei sehr intensiv – er träumt. Wissenschaftler stimmen überein, dass diese Träume sich nur aus Fragmenten zusammensetzen, die der jeweilige Träumer zuvor gelesen oder erlebt hat. Träume können nichts wirklich Unbekanntes zeigen.

Beim Träumen hat das Gehirn Vorlieben für bestimmte Erinnerungen, die besonders wichtig oder intensiv waren. Manchmal sind das unangenehme Ereignisse oder Gedanken, die man im wachen Zustand verdrängt. Träumt jemand davon, dass er durch eine Prüfung fällt, ist ihm vielleicht unbewusst klar, dass er zu wenig gelernt hat – oder er hat einfach Angst vor der Prüfung. Fällt er dann tatsächlich durch die Prüfung, dann sieht es scheinbar so aus, als ob er im Traum die Zukunft vorhergesehen habe.

WARUM TRÄUMEN SÄUGETIERE?

Wenn man einen schlafenden Hund betrachtet, dann bemerkt man, wie er die Augen unter den geschlossenen Lidern bewegt und mit den Beinen zuckt: Er träumt. Warum man Ähnliches bei den meisten Säugetieren sehen kann, darüber streiten sich Wissenschaftler noch.

Als ziemlich sicher gilt, dass Traumphasen für das motorische Gedächtnis wichtig sind. In Versuchen haben Forscher herausgefunden, dass Erinnerungen an Bewegungsabläufe, die man noch kurz vor dem Schlafengehen lernt, verloren gehen, wenn die anschließenden Traumphasen gestört werden. So konnten Musiker, die kurz vor dem Zubettgehen noch ein Klavierstück geübt hatten, das Stück nach einem gestörten Schlaf nicht so gut spielen wie Kollegen, die geträumt hatten. Eine andere Funktion des Träumens ist möglicherweise auch die Verarbeitung dessen, was man tagsüber erlebt hat. Und natürlich erholt sich der Körper im Schlaf – und damit auch in den Traumphasen.

Hormone lösen im Schlaf weitgehend die Verbindung zwischen den Muskeln und der Bewegungssteuerung im Gehirn. Zu den Ausnahmen gehören die Augen. Sie bewegen sich beim Träumen.

Menschen essen oft zu viel Fette und Zucker. Ohne Bewegung führt das schnell zu Übergewicht, das den Körper belastet und ein Gesundheitsrisiko darstellt.

Wussten Sie schon, dass...
ein Fünftel aller Kinder übergewichtig ist?

Eine Studie an 1171 niederösterreichischen Volksschulkindern im Alter von 7–10 Jahren zeigte, dass 70 % der Kinder normalgewichtig sind. Fast 20 % aber sind zu dick: 15 % waren übergewichtig, 4 % sogar stark. Kinderärzte überrascht das nicht. Denn diese Zahlen stimmen mit vielen anderen Untersuchungen aus Österreich, Deutschland und der Schweiz überein. Ursache für das Übergewicht sind meist falsche Ernährung und Bewegungsmangel.

Stimmt es, dass...
Menschen mit ÜBERGEWICHT deutlich mehr essen als normalgewichtige? — **JA**

Die Evolution hat dem Menschen das Verlangen mitgegeben, bei einem großen Nahrungsangebot schnell zuzugreifen – schließlich könnte ja morgen schon Not herrschen. Fette und süße Nahrungsmittel sind daher besonders verlockend.

Allein in Europa gibt es, so schätzt die Internationale Vereinigung zur Erforschung des Übergewichts, über 135 Mio. Übergewichtige und stark Übergewichtige. In Deutschland sind laut Statistischem Bundesamt 36 % der Bevölkerung übergewichtig, 12 % sogar sehr. Nur etwa 1 % aller Übergewichtigen leidet an Stoffwechselstörungen oder Hormonschwankungen. Alle anderen sind aus zwei Gründen zu dick: Sie essen mehr, als sie brauchen, und sie essen das Falsche. Übergewichtige Menschen nehmen also mehr Kalorien zu sich, als ihr Körper benötigt – besonders, weil sich die meisten zu wenig bewegen.

ABER: Natürlich ist der Nahrungsbedarf je nach Alter, Geschlecht und Stoffwechsel unterschiedlich. Es gibt daher durchaus einzelne übergewichtige Menschen, die weniger essen als Normalgewichtige.

Wussten Sie schon, dass...
man mit Aktivkohle leichte Vergiftungen heilen kann?

Kohlenstoff hat die Eigenschaft, zahlreiche Gifte an sich zu binden – er ist daher nicht nur in Zigaretten- und Kraftwerksfiltern nützlich, sondern auch bei bestimmten Vergiftungen. Ärzte bringen dann in den Magen-Darm-Trakt Aktivkohle ein, meist 1 g pro 1 kg Körpergewicht. Die meisten Stoffe verbinden sich mit der Kohle und werden schließlich ausgeschieden. Nur wenige Stoffe werden nicht absorbiert, darunter manche Schwermetalle, Alkohole, Nitrit, Laugen und Säuren.

Stimmt es, dass...
bei VERGIFTUNGEN Erbrechen herbeigeführt werden soll? — **NEIN**

Vergiftung – das klingt nach Gefahr im Essen und schnellem Tod. Viele Gifte entfalten ihre Wirkung jedoch erst nach einiger Zeit, manche sogar erst nach Monaten oder Jahren – beispielsweise eine Bleivergiftung, an der auch der Dichter Heinrich Heine gestorben sein soll. Viele Gifte werden über die Haut aufgenommen oder beim Einatmen, wie etwa Kohlenmonoxid, das in laufenden Automotoren entsteht.

Aufgrund der Vielzahl von Giften und ihren unterschiedlichen Wirkungen raten Experten, im Ernstfall einen Notarzt zu rufen, der die weitere Behandlung übernimmt. Laien sollten das Opfer in die stabile Seitenlage bringen und herausfinden, wann es welches Gift und wieviel davon zu sich genommen hat. Bei Kindern sind das Alter und das Gewicht wichtige Angaben für den Notarzt, um die Wirkung des Giftes einschätzen zu können.

Eines aber sollten Laien höchstens in Rücksprache mit dem Notarzt tun: Erbrechen auslösen – denn dabei kann man viel falsch machen. Oft leeren nicht einmal die Ärzte den Magen, sondern behandeln eine Vergiftung medikamentös. Ist das Opfer bewusstlos, scheidet Erbrechen ohnehin aus. Es ist auch sinnlos, wenn die Einnahme des Giftes über 1 Stunde zurückliegt.

Ätzende Stoffe (Laugen oder Säuren) dürfen nicht erbrochen werden, sonst schädigen sie erneut die Speiseröhre. Der Magen selbst ist durch seine Schleimhaut gegen Säuren geschützt. Solche Stoffe werden meist durch Medikamente neutralisiert.

Stimmt es, dass ...
VIREN nicht abgetötet werden können? NEIN

Viren bestehen aus nicht viel mehr als Erbsubstanz, die den Bauplan des Virus enthält – also aus Ribonukleinsäure (RNA) oder Desoxyribonukleinsäure (DNA). Um die Erbsubstanz zu schützen, sind viele Viren von einer Eiweißkapsel umgeben.

Unter dem Elektronenmikroskop wirken die Krankheitserreger wie kleine Hülsen, die entweder eine rundliche, pyramiden- oder würfelförmige Gestalt annehmen. So sieht beispielsweise das Herpes-Virus wie ein Fußball aus.

Sowohl die Hülle als auch die darin versteckte Erbsubstanz kann durch verschiedene Chemikalien beschädigt werden. So greift Chlor die Oberfläche einiger Viren an, während Äther und Chloroform die Fette in der Hülle zerstören. UV-Licht oder Röntgenstrahlung können Viren töten, indem sie RNA und DNA zerbrechen. Und natürlich kann man Viren durch Erhitzen töten, denn die hohe Temperatur zerstört das Eiweiß in der Hülle.

ABER: Viren, die sich im menschlichen Körper ihrer Hülle entledigt haben, können nicht mehr zerstört werden. Denn dabei würde man auch die DNA des Menschen beschädigen.

Während Bakterien in der Kläranlage durch biologische Methoden abgetötet werden können, werden chemische Stoffe und Viren mithilfe von Kies- und Aktivkohlefiltern aus dem Abwasser entfernt.

Stimmt es, dass ...
Zitronenmelisse einen Wirkstoff gegen VIREN enthält? JA

Zitronenmelisse kannte man schon im antiken Griechenland. Ursprünglich stammt der Lippenblütler aus dem Vorderen Orient. Araber brachten die Pflanze dann nach Spanien, von wo sich *Melissa officinalis* in ganz Europa ausbreitete. Nicht nur Köche ernten gern ein paar Blättchen, um damit Fisch oder sommerlichen Getränken einen frischen Geschmack zu geben – auch die Volksmedizin greift auf diese Pflanze zurück und empfiehlt Melisse u. a. gegen Blähungen oder als Beruhigungsmittel. Äußerlich kann Melisse gegen Herpes-Symptome helfen.

Während die beruhigende Wirkung durch Melisse nicht eindeutig nachgewiesen ist, wirkt sie eventuell tatsächlich krampflösend. Wissenschaftler haben bei Versuchen mit Darmgewebe von Meerschweinchen und Ratten festgestellt, dass Melisseöl-Essenz Kontraktionen verringern kann. Melisseaufgüsse oder alkoholische Extrakte zeigten hingegen keine Wirkung.

Als wissenschaftlich nachgewiesen gilt inzwischen die Behauptung, dass Melisse gegen Viren wirkt. So kann Melissetee beispielsweise Pockenviren, Herpes-Simplex-Viren Typ 2 und bestimmte Influenza-Viren an der Vermehrung hindern. Außerdem wurde in mehreren medizinischen Studien festgestellt, dass ein wässriger Extrakt aus 1 % gefriergetrockneter Melisse, als Creme auf Herpes-Bläschen aufgetragen, die Heilungszeit von 10 bis 14 Tagen auf 6 bis 8 Tage verkürzt.

Wussten Sie schon, dass...
auch Pflanzen Vitamin C brauchen?

Nicht ohne Grund findet man in fast allen Früchten von Apfel bis Zitrone Vitamin C – Ascorbinsäure ist auch für Pflanzen wichtig. Forscher züchteten Pflanzen, die kein Vitamin C bilden können. Dabei zeigte sich, dass diese Pflanzen schädlichen Umwelteinflüssen wie Ozon oder UV-Strahlung viel schlechter begegnen können.

Stimmt es, dass...
VITAMINE auch schaden können?   JA

Der Markt für Vitaminpräparate boomt. Allein in Deutschland werden jährlich über 400 Mio. Euro in Vitaminprodukte investiert, mit steigender Tendenz. Nur Präparate im Wert von etwa 3 Mio. Euro werden dabei vom Arzt verschrieben. Etwa ein Fünftel aller EU-Bürger greift jeden Tag selbst zur Vitamintablette oder -kapsel.

Viele Menschen fürchten, an Vitaminmangel zu leiden. Dabei ist ihre Sorge oft grundlos. Selbst wenn man die von der Deutschen Gesellschaft für Ernährung (DGE) empfohlene Tagesdosis an Vitaminen tagelang nicht erreicht, heißt das noch nicht, dass man an Vitaminmangel leidet, denn der Körper kann Vitamine speichern.

Bei ausgewogener Ernährung ist kein Vitaminmangel zu befürchten. Nur bei den Vitaminen A und D gibt es ab und zu eine Unterversorgung, und zwar bei Senioren und Menschen mit schlechter Ernährung – leicht zu beheben durch den Genuss von Leber, Möhren oder getrockneten Aprikosen oder einen Spaziergang im Sonnenlicht.

Wer dagegen hochdosierte Vitaminpräparate einnimmt, der sollte vorsichtig sein, denn diese können über längere Zeit im Körper Schaden anrichten. Wer Vitamine dagegen nur über die natürliche Nahrung zu sich nimmt, braucht sich keine Gedanken zu machen. Hier ist eine Überdosierung kaum möglich.

Ein Zuviel an Vitamin C wirkt zunächst harmlos – leichter Durchfall und Magenübersäuerung können auftreten, wenn man mehr als 10 g täglich zu sich nimmt. Vitamin C steht aber im Verdacht, in den Zellen Stoffe zu erzeugen, die der Erbsubstanz schaden können – es ist umstritten, ob Vitamin C eher gegen Krebs hilft oder ihn sogar auslösen kann. Problematisch ist auch eine Überdosierung mit den Vitaminen A und D. Zu viel Vitamin A (mehr als 30 mg pro Tag, bei Schwangeren bereits mehr als 3 mg) kann Leberschäden, Fruchtbarkeitsstörungen, Schwangerschaftsabbrüche und Geburtsfehler verursachen. Zu viel Vitamin D (ab 500 mg/Tag) kann Kalkablagerungen in Herzmuskel, Magen, Nieren und Adern hervorrufen. Zu viel Vitamin E (mehr als 75 mg täglich) führt u. a. zu Störungen im Hormonhaushalt.

Stimmt es, dass...
VITAMINE aus Obst und Gemüse gesünder sind als in Pillenform?   JA

Zu den Vitaminen gehört etwa ein Dutzend sehr unterschiedliche chemische Stoffe, die alle lebenswichtig sind. Das Kunstwort „Vitamin" dachte sich Anfang des 20. Jh. der polnische Biochemiker Casimir Funk aus, indem er „Vita" (Leben) und „Amin" (stickstoffhaltige chemische Verbindung) zusammensetzte. Funk glaubte, dass Vitamine lebensnotwendige Amine seien. Heute kennt man die chemische Struktur aller Vitamine und weiß daher, dass einige gar keinen Stickstoff enthalten.

Man kann Vitamine heute gut im Labor herstellen. Daher scheint es eigentlich egal zu sein, ob sie in Tablettenform gepresst sind oder in Apfel und Orange stecken –

chemisch sind sie immer gleich aufgebaut. Für den menschlichen Körper ist die Herkunft der Vitamine aber keineswegs gleichgültig. So fehlen bei den Tabletten beispielsweise meist die Stoffe, die die Aufnahme der Vitamine im menschlichen Körper erleichtern und in natürlicher Nahrung ausreichend vorhanden sind. Dazu gehören Fette und Öle, die für die Umsetzung vieler fettlöslicher Vitamine wichtig sind.

Ernährungswissenschaftler und Mediziner sind zudem immer noch dabei, die genaue Wirkung der Vitamine im Körper zu verstehen. Klar scheint, dass es einen Zusammenhang zwischen Vitamin A, C und E und dem Risiko für Krebserkrankungen gibt. Doch es ist noch ungeklärt, ob mehr Vitamine auch mehr Krebsschutz bieten. Sicher ist aber, dass Menschen, die sich ausgewogen mit viel frischem Obst und Gemüse ernähren, tatsächlich ein niedrigeres Krebsrisiko haben. Dies führt man vor allem darauf zurück, dass natürliche Nahrungsmittel weitere Stoffe enthalten, die wahrscheinlich auch gegen Krebs und

andere Erkrankungen wirken. Multivitamintabletten, die kaum mehr als die zwölf essentiellen Vitamine enthalten, sind also kein Ersatz für ausgewogene Ernährung, sondern höchstens eine Ergänzung.

Jeder fünfte EU-Bürger versorgt sich selbst mit Vitaminpräparaten. Dabei lohnt es sich, die Packung genau zu studieren, um eine schädliche Überdosierung zu vermeiden.

Stimmt es, dass ...
bei Obst und Gemüse die VITAMINE vor allem in der Schale sitzen?

(JA)

Der Glaube, Vitamine und Nährstoffe säßen bei allen Gemüse- und Obstsorten immer in der Schale, ist weit verbreitet, doch nicht allgemein gültig.

Bei Äpfeln und Birnen finden sich in der Schale tatsächlich mehr Nährstoffe und insbesondere Vitamin C als im Fruchtfleisch. Auch die Schale von Naturreis enthält viel mehr Vitamin B als das Innere. Der Nobelpreisträger Christiaan Eijkman entdeckte in den 1890er-Jahren, dass Menschen, die sich ausschließlich von geschältem und poliertem Reis ernährten, an Vitamin-B-Mangel erkrankten. Dagegen blieben die, die Naturreis aßen, gesund. Geschälter parboiled Reis besitzt jedoch auch im Inneren Vitamin B, denn ihm werden die Nährstoffe vor dem Schälen entzogen und dann wieder zugeführt.

Bei Tomaten stecken wie im Reis mehr Vitamine in der Schale – die dunkle Färbung der Haut ist ein Hinweis auf hohen Gehalt an Carotinoiden. Das sind leuchtend rot, orange oder gelb gefärbte Provitamine, die der Körper zu Vitamin A umbaut. Tomatenschalen enthalten etwas mehr rotes Carotinoid Lykopin als ihr Fruchtfleisch. Trotzdem ist es bei (rohen) Tomaten egal, ob man sie mit oder ohne Haut isst. Denn um an das Lykopin zu kommen, müssen die Pflanzenzellen aufgebrochen werden. Doch die Haut der Tomaten widersteht unseren Zähnen sowie der Verdauung.

ABER: Bei anderem Gemüse gilt die Schalen-Regel nicht mehr, wie bei Möhren, die viel Betacarotin enthalten. Schneidet man eine Möhre quer durch, sieht man sofort, dass die Orangefärbung fast unverändert durch die gesamte Wurzel geht.

Und bei Kartoffeln muss man die Regel von den Vitaminen unter der Schale sogar ganz fallen lassen. Hier finden sich unter der Schale viel weniger Vitamin C und Eiweiß als im Knollenfleisch. Nur der Mineralstoffgehalt ist unter der Kartoffelschale etwas höher als in der Knolle.

Wussten Sie schon, dass ...
man Obst und Gemüse über Monate in einer Gasatmosphäre lagert?

Obst und Gemüse leben nach der Ernte weiter. Während der Lagerung greifen die Früchte auf die eingelagerten Vitamine und Nährstoffe zurück. Dadurch sinkt ihr Vitamin- und Nährstoffgehalt in wenigen Tagen teilweise drastisch ab. Dennoch werden Äpfel, Birnen und vor allem Bananen oft lange gelagert. In dieser Zeit werden die Stoffwechselvorgänge beispielsweise durch eine Atmosphäre aus Stickstoff künstlich abgebremst.

Wussten Sie schon, dass ...
Vitamin D Knochenbrüche bei alten Menschen verringert?

Vitamin D steuert die Kalkablagerung im Körper; daher führt Vitamin-D-Mangel bei Kindern zu der Knochenbildungsstörung Rachitis. Das Vitamin ist aber auch für ältere Menschen wichtig, die einen erhöhten Bedarf an Vitamin D haben. Ohne den Stoff können sie beispielsweise an Knochenerweichung oder Osteoporose erkranken. Wissenschaftler empfehlen daher, täglich etwa bei einem Spaziergang Sonnenlicht auf die Haut fallen zu lassen, denn nur dann kann sie Vitamin D bilden.

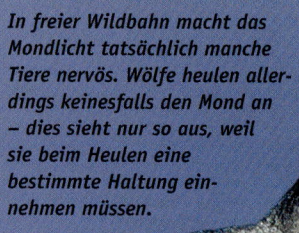

In freier Wildbahn macht das Mondlicht tatsächlich manche Tiere nervös. Wölfe heulen allerdings keinesfalls den Mond an – dies sieht nur so aus, weil sie beim Heulen eine bestimmte Haltung einnehmen müssen.

Stimmt es, dass ...
Menschen keine VITAMINE bilden können?　　NEIN

Rund ein Dutzend der Stoffe, die der Mensch zum Leben braucht, nennt man Vitamine. Man unterteilt sie nach ihrer Löslichkeit: Fettlöslich sind die Vitamine A, D, E und K, wasserlöslich dagegen die acht Vitamine des B-Komplexes (Vitamin B_1, B_2, B_6, B_{12}, Niacin, Pantothensäure, Folsäure und Biotin) sowie Vitamin C. Die meisten dieser Stoffe sind „essentiell", d.h., der Mensch kann sie nicht selbst herstellen. Daher ist er beispielsweise gezwungen, Vitamin C zu sich nehmen – anders etwa als Ratten, die Vitamin C selbst produzieren können.

Mit einigen Vitaminen aber kann sich der Mensch auch selbst versorgen. Dazu gehört das für das Sehen wichtige Vitamin A (Retinol). Jedes Mal, wenn in den Augen ein Lichtreiz in einen Nervenimpuls verwandelt wird, wird etwas Vitamin A umgesetzt. Nur tierisches Gewebe enthält Retinol, Pflanzen beinhalten dagegen Caritinoide,

Vorstufen des Vitamin A, die im menschlichen Dünndarm zu Vitamin A umgewandelt werden.

Auch Vitamin D gehört zu den nichtessentiellen Vitaminen. Der Mensch kann dieses Vitamin in der Haut mithilfe des Sonnenlichts aus einem bestimmten Cholesterol bilden. Über die Nahrung – Fisch, Eigelb, Avocado – nimmt man meist nur wenig Vitamin D auf. Weil Milch als erste Kindernahrung nur wenig Vitamin D enthält und Neugeborene nur geringe Mengen Vitamin D bilden können, bekamen kleine Kinder früher manchmal zu wenig von diesem Vitamin. Die Folge war eine Missbildung der Knochen, die Rachitis, die heute aber praktisch nicht mehr vorkommt.

Niacin produziert der Körper ebenfalls selbst, und zwar aus der Aminosäure Tryptophan, die beispielsweise in Fleisch oder Eiern enthalten ist. Dieser Stoff ist u. a. für den Energieumsatz in den Zellen nötig.

Stimmt es, dass ...
man bei VOLLMOND unruhig schläft?　　NEIN

Der Mond hat starken Einfluss auf die Erde und das Leben darauf, und das in mehrfacher Hinsicht. Ganz offensichtlich ist die Wirkung auf das Meer: Etwa alle 12 Stunden hebt der Mond das Wasser meterhoch an. Selbst die Landmassen kann der Mond bis zu 30 cm anheben.

Seit Jahrmillionen beeinflusst dies das Leben im Meer. So gibt es beispielsweise urzeitliche Korallen, deren Wachstum einst von der Tide abhing. Forscher können daher heute an versteinerten Korallenriffen ablesen, wie der Mond vor rund 400 Mio. Jahren stand. Moderne Beispiele für den Einfluss der Gezeiten sind Meeresschildkröten und manche Krebse. Sie legen ihre Eier bei besonders hoher Flut am Strand ab, damit Fressfeinde aus dem Meer sie dann nicht erreichen können.

Für Landlebewesen konnte eine ähnlich deutliche Wirkung der Gezeiten jedoch bislang nicht bestätigt werden. Insbesondere

der Volksglaube, der Mensch schlafe bei Vollmond schlecht, lässt sich nicht durch die Anziehungskraft des Mondes erklären. Denn die Gezeitenwirkung ist dann am stärksten, wenn Erde, Sonne und Mond in einer Linie stehen. Dies ist zwar tatsächlich bei Vollmond der Fall – allerdings auch bei Neumond, dem kein Einfluss auf den Menschen zugeschrieben wird.

Biologen konnten immerhin einen gewissen Einfluss des Vollmonds auf manche Tierarten ausmachen – und der kommt durch das Mondlicht zustande. Wenn die volle Mondscheibe am wolkenlosen Nachthimmel steht, ist es außergewöhnlich hell, obwohl die Mondscheibe nur ein Millionstel so hell leuchtet wie die Sonne.

Auf dieses Licht reagieren vor allem Insekten. Viele Kerbtiere halten sich bei Vollmond aus Vorsicht verborgen. Manche Fliegen schwärmen dagegen aus, weil sie den Vollmond als Zeitgeber zur Paarung nutzen. So halten es beispielsweise bestimmte Eintagsfliegen am Viktoriasee, die wegen ihrer kurzen Lebensspanne schnell einen Sexualpartner finden müssen. Der afrikanische Mistkäfer *Scarabaeus zambesianus* nutzt eine andere Eigenschaft des Mondlichts – die Polarisation. Diese wird bei der Reflektion des Sonnenlichts auf dem Mondboden verändert, ein Effekt, den diese Käfer zur Orientierung nutzen können.

Es liegt daher nahe, auch einen Einfluss des Mondes auf den Menschen zu vermuten, doch das konnte bislang keine wissenschaftliche Studie eindeutig belegen. So konnte weder unruhiger Schlaf noch eine besondere Zunahme von Geburten oder eine schlechtere Wundheilung bei Vollmond nachgewiesen werden. Wissenschaftler untersuchten auch die Aggressivität von Haustieren bei Vollmond, jedoch ohne Erfolg. Es gibt Studien, die angeblich bestätigen, dass Hunde bei Vollmond eher beißen, doch es gibt auch Studien, die keinen Einfluss nachweisen konnten.

Natürlich kann es sein, dass der Vollmond den Schlaf stört, wenn er hell ins Schlafzimmer scheint. Ist es aber ausreichend verdunkelt, dürften keine Schlafprobleme auftreten, die der Mond verursacht.

Stimmt es, dass...
Schöllkraut gegen **WARZEN** hilft?   **JA**

Das zu den Mohngewächsen gehörende Schöllkraut ist eine unscheinbare und anspruchslose Pflanze, die oft auf Schuttbergen und an Hauswänden wächst. Das Kraut mit dem wissenschaftlichen Namen *Chelidonium majus* trägt kleine gelbe Blüten, und die Blattansätze sind leicht behaart. Schneidet man seine Stängel auf, dann quillt ein weißlich gelber Saft heraus.

Dieser Pflanzensaft besteht zu 1–2 % aus einem Gemisch von etwa 30 verschiedenen Alkaloiden, darunter Coptisin, Chelidonin, Berberin und Chelerythrin. Den Rest bilden Wasser und Pflanzensäuren wie Chelidon-, Zitronen-, Apfel- und Bernsteinsäure. Daher schmeckt Schöllkraut sauer bis brennend scharf und riecht auch nicht besonders angenehm. Das ist eine gute Warnung, denn die Alkaloide, die der Saft von Schöllkraut enthält, sind Pflanzengifte, die u. a. die Zellteilung hemmen können. Darum kann Schöllkrautsaft die Haut reizen: Je nach Empfindlichkeit ruft er Hautrötungen und sogar Blasen hervor.

Genau diese Wirkung nutzt die Volksmedizin bei der Behandlung von Warzen und hat durchaus Erfolg. Heute weiß man, dass die Hautwucherungen meist dadurch entstehen, dass so genannte Humane Papilloma-Viren (HPV) in die Haut eindringen. Diese Viren, von denen es etwa 100 verschiedene Arten gibt, nisten sich in der Haut ein und zwingen dort Zellen dazu, neue Viren zu erzeugen. Dadurch beginnen die Hautzellen sich selbst zu vermehren. Die Folge davon ist eine Hautwucherung.

Um Warzen zu zerstören, muss man daher nicht nur das wuchernde Hautgewebe entfernen, sondern auch die Viren darin. Zur Entfernung der Viren schneiden Ärzte Haut und Viren heraus oder zerstören die Warze durch Hitze mit Laserlicht oder lokale Vereisung mit flüssigem Stickstoff. Bei der chemischen Behandlung pinselt der Arzt salizylsäurehaltige Tinkturen auf die Wucherung, die die Warze Schicht für Schicht verätzen, bis man sie schließlich entfernen kann.

Wenn man den Saft von frischem Schöllkraut auf die Warze tupft, hat dies dieselbe Wirkung. Denn er hindert Viren und Hautzellen daran, sich zu vermehren, und tötet sowohl die Viren als auch die wuchernden Hautzellen ab.

ABER: Bevor man selbst mit Schöllkrautsaft experimentiert, sollte man besser zum Arzt gehen. Die Selbstbehandlung birgt die Gefahr, dass die Viren weiter verbreitet werden. Zudem heilen Warzen oft von selbst wieder ab – daher ist eine Behandlung häufig gar nicht nötig.

Schöllkraut ist eine Giftpflanze, deren Saft Hautreizungen hervorrufen kann (Lithographie von 1854).

Ein Händler in Oman bietet auf einem orientalischen Markt Weihrauch an.

Wussten Sie schon, dass...
weltweit nur in drei Regionen Weihrauch geerntet wird?

Die knorrigen Weihrauchbäume wachsen nur in Südarabien (Saudi-Arabien, Jemen und Oman), Nordostafrika (Eritrea, Äthiopien und Sudan) und in Südindien. Zur Ernte wird die Rinde der Bäume abgeschabt, sodass das Harz austritt. Die Bäume selbst werden streng gehütet, denn sie lassen sich weder verpflanzen noch züchten. Weil ihnen zu viel Harz entnommen wurde, nimmt besonders die Zahl der afrikanischen Weihrauchbäume stark ab – einst wurden hier 2000 t Weihrauch im Jahr gewonnen. Heute beträgt die Jahresproduktion gerade noch 400 t.

Stimmt es, dass...
WEIHRAUCH ein Heilmittel ist?   JA

Weihrauch ist das getrocknete Harz von Boswellia-Bäumen. Schon antike Kulturen im Zweistromland verbrannten die kleinen sandfarbenen Harzkörnchen auf glühenden Kohlen, um die Götter gnädig zu stimmen. Auch heute noch ist Weihrauch hoch geschätzt. Araber parfümieren mancherorts mit dem Rauch Kleider oder Räume; katholische Festgottesdienste sind ohne Weihrauch nicht vorstellbar. Als Heilmittel wird Weihrauch schon lange in dem indischen Ayurveda und der traditionellen chinesischen Medizin verwendet.

Man kennt heute über 250 Inhaltsstoffe und Produkte, die bei der Verbrennung von Weihrauch entstehen. Weit verbreitet ist die Behauptung, dass sich darunter auch Tetrahydrocannabiol (THC) befindet, der Wirkstoff von Cannabis. Das konnte bislang nicht bestätigt werden. Es ist aber durchaus möglich, dass Weihrauch in naher Zukunft als Heilmittel eingesetzt wird – allerdings nicht in Form von Rauch, sondern als Pille eingenommen.

In einer Untersuchung der Bestandteile von indischem Weihrauch *(Boswellia serrata)* fanden Wissenschaftler der Universität Tübingen heraus, dass einige Boswellia-Säuren, die im Weihrauch zu finden sind, die Bildung von Leukotrienen hemmen. Das sind Fettstoffe, die besonders bei chronischen Entzündungen ausgeschüttet werden, wie bei rheumatoider Arthritis, Asthma oder Morbus Crohn.

Stimmt es, dass...
jedes Baby die Mutter einen ZAHN kostet?   NEIN

WANN GEHEN BEI FEHLENDER VORSORGE ZÄHNE VERLOREN?

Zahnärzte stellten fest, dass Menschen, die weder zum Zahnarzt gehen noch Zahnpflege betreiben, bis zum Alter von 62 Jahren alle 28 Zähne verloren hatten. Wurde dagegen Prophylaxe betrieben, dann gab es noch Menschen, die bis zu einem Alter von 50 Jahren ohne Zahnersatz auskamen.

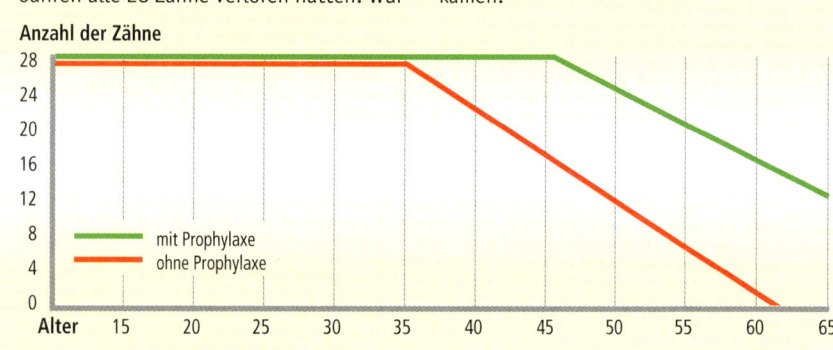

Anzahl der Zähne

— mit Prophylaxe
— ohne Prophylaxe

Der große Feind der Zähne sind nicht Babys, sondern Bakterien. Während die Einzeller im Mund ihren Anteil am Essen der Menschen verdauen, scheiden sie Säuren aus, die den Zahnschmelz angreifen. Die Folgen sind Karies und Parodontitis. Im Alter zwischen 35 und 38 Jahren verliert deshalb ein Mensch, der keine Zahnpflege betreibt und auch nicht zum Zahnarzt geht, im Schnitt seinen ersten Zahn, und zwar unabhängig davon, ob es sich um einen Mann oder eine Frau handelt. Erwachsene Deutsche im Alter zwischen 35 und 44 Jahren haben im Durchschnitt 2,3 ersetzte Zähne – und auch hier zeigt sich kein Unterschied zwischen Mann und Frau.

Das Gerücht, ein Baby koste der Mutter einen Zahn, entstand dadurch, dass der veränderte Hormonhaushalt während der Schwangerschaft bisweilen zu Zahnfleischbluten führt. Dagegen hilft es, die Zähne sorgfältiger als sonst zu putzen. Zudem braucht das Baby zur Entwicklung von Knochen und Zahnanlagen die Vitamine A und C – und diese können auch der Mutter gegen das Zahnfleischbluten helfen.

Stimmt es, dass…

man ZECKEN in der Haut mit Öl beträufeln sollte?　　NEIN

Zecken haben eine raffinierte Methode entwickelt, um an das Blut ihrer Opfer zu kommen. Mit ihren zangenähnlichen Mundwerkzeugen ritzen sie die Haut an und schieben einen stacheligen Dorn in die Wunde. Mit einer Art natürlichem Zement verschließen sie dann die Wunde wieder und bohren und schneiden unter dem Zement immer weiter. Zuletzt lösen sie das Gewebe sogar chemisch auf, bis sie mit dem ganzen Kopf fest in der Haut stecken und mit dem Saugen beginnen können. Nun erst, nach etwa 12 Stunden, können Krankheitserreger wie die der Hirnhautentzündung (Meningitis) oder der Borreliose in die Wunde gelangen. In Risiko-Gebieten im Süden Deutschlands tragen nur etwa 5 % der Zecken Meningitis-

erreger in sich; 10–30 % der Zecken können dagegen Borreliose übertragen.

Entfernt man Zecken aber rasch, dann sind die Chancen sehr gut, ohne Infektion davonzukommen. Tötet man den Parasiten jedoch vor dem Herausziehen, etwa, indem man ihn mit Öl beträufelt, kann man das Gegenteil erreichen. Die sterbende Zecke erbricht ihren Magen- und Darminhalt in die Wunde – und damit auch mögliche Krankheitserreger aus dem Mageninneren.

Man sollte die Zecke daher einfach mit einer Pinzette gerade herausziehen. Eine Schraubbewegung ist dabei weder nötig noch empfehlenswert. Wenn der Kopf abreißt, sollte man einfach mit der Pinzette nachfassen und ihn herausziehen. Anschließend wird die Wunde desinfiziert.

Wussten Sie schon, dass…

Zecken nicht nur Hirnhautentzündung übertragen können?

Zecken sind im Grunde harmlos. Gefährlich kann aber die Fracht sein, die sie in ihrem Innern tragen. Mehrere Krankheitserreger nutzen die Spinnentiere als Transportmittel, um mithilfe der Zecke ins menschliche Blut zu gelangen. Zu diesen Erregern gehört nicht nur das Virus, das Hirnhautentzündung auslöst, sondern auch beispielsweise das Borreliose-Bakterium sowie Ehrlichien und Babesien, Einzeller, die grippeähnliche Symptome hervorrufen.

Stimmt es, dass…

ZIGARETTEN eine beruhigende Wirkung haben?　　JA

Zigaretten enthalten mehrere tausend Inhaltsstoffe, darunter mindestens 40, die nachweislich Krebs erregen. Der wichtigste Bestandteil ist jedoch mit 0,5–5 % Anteil das Nervengift Nikotin. Etwa ein Drittel des Nikotins gelangt in die Lunge und wird dann im Körper verteilt. Schon 8 Sekunden nach dem ersten Zug kann man es im Gehirn nachweisen. Dort besetzt das Gift Nervenrezeptoren und beeinflusst die Ausschüttung der Hormone Dopamin und Noradrenalin, die für das Wohlgefühl und den Antrieb zuständig sind.

Weil die Dopamin-Ausschüttung wie eine Belohnung empfunden wird, verknüpft das Gehirn die Zigarette und die jeweilige Situation mit einem positiven Gefühl. Raucht man daher mehrmals in entspannten Momenten, dann kann einem das Gehirn künftig vorgaukeln, dass

Zigaretten in Stresssituationen zu mehr Gelassenheit verhelfen. Andererseits kann ein Raucher auch Anregung durch die Zigarette finden, wenn sein Gehirn gelernt hat, dass beispielsweise Rauchen und kreatives Denken zusammengehören.

So können Raucher durch Nikotin außerdem ihre Aufmerksamkeit und das Gedächtnis verbessern und Aggressionen zurückschrauben – doch der Preis dafür ist sehr hoch.

Rauchen kann kurzzeitig beruhigen, doch auf Dauer schadet es dem Körper mehr, als es nützt.

Wussten Sie schon, dass…

Tabak erst im 16. Jh. nach Europa kam?

Die Indios Südamerikas hatten ihre Rauchrohre nach der Insel Tobago „Tabak" getauft. Christoph Kolumbus brachte dieses Wort 1497 nach Europa, andere Entdecker brachten auch Samen des neuen Krautes mit. Und so begann sich ab Anfang des 16. Jh. der Tabak in Europa zu verbreiten.

Ein Tabakfarmer in Georgia (USA) prüft die Qualität seiner Tabakblätter.

Wussten Sie schon, dass…

der Mensch täglich 1,5 l Speichel produziert?

Jeder Mensch verfügt über sechs in Paaren angeordnete Speicheldrüsen. Die beiden größten finden sich jeweils unter den Ohren und erzeugen einen besonders enzymreichen Speichel. In den beiden Unterzungenspeicheldrüsen wird dagegen eher dickflüssiger Speichel gebildet; dazu kommt noch Speichel aus zwei Unterkieferspeicheldrüsen unterhalb der Backenzähne. Zusammen sondern diese Drüsen über 1,5 l Speichel täglich ab. Wenn der Speichel austrocknet, leidet nicht nur die Verdauung, sondern auch die Zähne – denn Karies wird durch Speichelmangel gefördert.

Stimmt es, dass…

leichte ZIGARETTEN weniger schädlich sind als herkömmliche? NEIN

Wenn man die Nikotin- und Kondensatwerte von Zigaretten bestimmen will, dann lässt man Maschinen rauchen. Elektrische Pumpen saugen in einer bestimmten, festgelegten Frequenz blauen Dunst aus „Test-Glimmstengeln" durch Probefilter, die dann auf ihren Nikotin- und Teergehalt geprüft werden. Wenn die Rückstände unter einem Grenzwert liegen, kann die Zigarette außerhalb Europas „leicht" genannt werden. In der EU sind die Bezeichnungen „Light" oder „Ultra" seit Herbst 2002 aber verboten.

Nicht ohne Grund, denn das Messverfahren hat seine Tücken: Die künstlichen Raucher haben weder Nerven noch Blutkreislauf – das verfälscht die Messung. Menschen holen sich in der Regel eine recht konstante Menge Inhaltsstoffe aus der Zigarette, egal ob „Light" oder nicht. Sie ziehen entsprechend öfter, inhalieren tiefer und behalten den Rauch länger in der Lunge. Der Nikotingehalt im Tabak ist meist ohnehin unverändert.

Die Light-Wirkung entsteht zudem oft durch kleine Luftlöcher am Filter. Dadurch zieht die Rauchmaschine neben Rauch auch Luft ein. Echte Raucher halten dagegen die Zigaretten mit den Fingern fest und decken so die kleinen Öffnungen ab. Dadurch, dass sie den reinen Rauch inhalieren, atmen sie mehr Nikotin und Teer ein, als auf der Packung angegeben wird.

Dem Tabak werden in fast allen Zigaretten Geschmacksstoffe und Chemikalien beigemischt, die den Rauch angenehmer schmecken lassen und helfen sollen, dass das Nikotin in der Lunge leichter aufgenommen wird. Diese Beimengungen registriert die Rauchmaschine nicht – sie machen aber den Tabak schädlicher.

Stimmt es, dass…

der Biss in eine ZITRONE jeden Konzertsänger, der zufällig zuschaut, verstummen lässt? NEIN

Es ist erstaunlich, wie hartnäckig sich das Gerücht hält, Zitronen könnten Konzertsänger zum Schweigen bringen. Die Wirklichkeit sieht ganz anders aus. Selbst Sänger mit wenig Bühnenerfahrung werden vermutlich nicht einmal die Miene verziehen, geschweige denn „gezwungenermaßen" das Singen einstellen, wenn sie jemanden sehen, der in eine Zitrone beißt. Journalisten haben dieses Experiment bereits mit einer ungespritzten Zitrone ausprobiert und konnten keinen Einfluss auf die Stimme des Sängers feststellen. Das Einzige, was man mit dem Biss in die Zitrone während eines Konzerts erreicht, ist ein saurer Geschmack im eigenen Mund.

Tatsache ist allerdings, dass ein Biss in eine Zitrone, ähnlich wie ein Löffel Ketchup oder andere säuerliche Soßen, den Speichelfluss erhöht. Die Zitrone muss sich dabei nicht einmal im eigenen Mund befinden; es genügt der Anblick.

Der russische Naturforscher Iwan Pawlow hat diesen Effekt in den 1890er-Jahren erstmals untersucht, allerdings nicht mit Zitronen, sondern mit Fleisch, und nicht bei Konzertsängern, sondern bei Hunden: Pawlow fütterte einige Versuchstiere immer erst, nachdem er mit einem Glöckchen geläutet hatte. Nach einiger Zeit genügte alleine das Läuten, um die Hunde zum Speicheln anzuregen. Im Gehirn der Hunde war der Klang der Glocke mit der Information „Fressen" verknüpft. Ganz ähnlich ist in menschlichen Gehirnen das Bild einer Zitrone mit „saurem Essen" verbunden, und der Speichel beginnt beim Anblick der Frucht etwas stärker zu fließen. Einen professionellen Sänger kann das allerdings nicht vom Singen abhalten.

HAUSHALT UND GARTEN

Hobbygärtner, Hausfrauen und Großeltern – sie alle haben einen reichen Erfahrungsschatz an Weisheiten und Ratschlägen, aber längst nicht alle sollte man befolgen, ohne zu überlegen ...

Ameisen auf Futtersuche lassen sich durch Hausmittel nicht davon abhalten, ins Haus einzudringen.

Stimmt es, dass …
man AMEISEN mit Backpulver bekämpfen kann? NEIN

Von den weltweit ungefähr 10 000 Ameisenarten sind allein in Deutschland mehr als 100 heimisch. Sie erfüllen in der Natur und im Garten zum Teil eine nützliche Aufgabe, indem sie beispielsweise abgestorbene Pflanzenteile und tote Tiere beseitigen, und meist kommen sich Mensch und Ameise nicht ins Gehege.

Lästig ist allerdings die Ameisenstraße, die in die Wohnung und trotz Gummidichtung sogar direkt in den Kühlschrank führt. Mit zahlreichen Hausmitteln wie Backpulver, aber auch Zimt, Nelkenöl und Gipsstaub soll man die Ameisenplage angeblich bekämpfen können. Diese Empfehlungen basieren auf der Tatsache, dass die Insekten eine Abneigung gegen starke Gerüche sowie klebrige und pulvrige Substanzen haben. Streut man Backpulver auf die Türschwelle oder bestreicht man sie mit Nelkenöl, werden die Ameisen nur ungern oder gar nicht drüberkrabbeln. Dabei ist aber zu bedenken, dass Pulver schon durch den geringsten Luftzug verweht wird und auch das Nelkenöl und ähnliche Mittel bald verdunsten oder vom Regen abgewaschen werden.

In Versuchsreihen, bei denen man in Petrischalen Backpulver an Ameisen verfütterte, starb ein Teil der Tiere. Doch auch wenn einzelne Ameisen davon starben, so ist die Nahrungskette innerhalb eines Volkes doch derart kompliziert, dass eine tödliche Dosis kaum je die Bewohner des inneren Nestes oder gar die Königin erreichen würde. Und da die Ameisen eines Nestes sich so lange vermehren, wie ihre Königin am Leben ist, nutzt es wenig, umherlaufende Exemplare zu töten. Selbst wenn man ein störendes Nest mitsamt der Königin vernichtet oder umquartiert, wird sich dort höchstwahrscheinlich im nächsten Jahr wieder eine Jungkönigin niederlassen.

Effektiver ist es, dafür zu sorgen, dass sich erst gar keine Ameisenstraße ins Haus bildet, beispielsweise indem man Fugen mit Silikon abdichtet, Lebensmittel verschlossen aufbewahrt und möglichst keine Brösel herumliegen lässt. Wenn trotz all dieser Maßnahmen einzelne Exemplare den Weg in die Wohnung finden, sollte man sie sofort entfernen. Es könnte sich nämlich um Tiere handeln, die auf Futtersuche sind. Ist die Suche erfolgreich, wird von diesen Ameisenarbeiterinnen durch eine lockende Duftspur eine ganze Armee herbeigerufen.

Wussten Sie schon, dass …
die größte Ameisenkolonie Europas fast 6000 km lang ist?

Anfang des 20. Jh. wurde die Argentinische Ameise (*Linepithema humile*) mit Pflanzenimporten nach Südeuropa eingeschleppt. Im Lauf der Zeit hat sie etwa 90 % aller anderen Ameisenarten in ihrer Umgebung verdrängt und eine Kolonie gebildet, die sich über fast 6000 km von der italienischen Riviera bis in den Nordwesten Spaniens erstreckt. Diese Kolonie weist Millionen von Nestern auf und ist wahrscheinlich die größte der Welt.

Stimmt es, dass …
keine wurmigen ÄPFEL am Baum hängen? NEIN

Es ist die Larve des Apfelwicklers, eines Schmetterlings, der im Kernobstanbau als Schädling auftritt, der uns so manchen Biss in einen frisch vom Baum gepflückten Apfel schnell vergällen kann.

Der Apfelwickler wächst im ewigen Kreislauf vom Ei über das Larvenstadium und die Puppe zum fertigen Falter heran und legt im April oder Mai seine Eier auf den unreifen Früchten oder in deren Nähe ab. Nach 1–2 Wochen schlüpfen die Raupen und fressen sich zum Kerngehäuse vor. Der Fraßgang ist mit krümeligem Kot gefüllt. Nach etwa einem Monat sucht die ausgewachsene Larve ihr Winterquartier unter der Baumrinde auf, wo sie sich in einen Kokon einspinnt. Die betroffenen Äpfel fallen oft unreif vom Baum und faulen auf dem Boden, wo sie dem Regenwurm, aber auch Wespen und anderen Insekten als Nahrung dienen. In besonders warmen Jahren oder in Gegenden mit günstigem Klima kann im Spätsommer eine zweite Apfelwicklergeneration entstehen. Diese richtet größeren Schaden an, da sie reife Früchte befällt.

In so verlockende Äpfel, wie sie hier am Baum hängen, kann man fast immer bedenkenlos hineinbeißen.

Übrigens ist der „Untermieter", den man in der Pflaume oder der Zwetschge findet, die Raupe des mit dem Apfelwickler verwandten Pflaumenwicklers.

ABER: Biologisch betrachtet handelt es sich bei der Larve des Apfelwicklers um keinen Wurm – echte Würmer wird man in einem frisch geernteten Apfel kaum finden.

Stimmt es, dass ...

BEETE jedes Jahr umgegraben werden müssen? NEIN

Oft ist weniger mehr, dies trifft nicht zuletzt auch auf die Bearbeitung des Bodens zu. Wenn man dessen Selbstregulierungskräften vertraut und so wenig wie möglich eingreift, gibt man den geschlossenen Nährstoffkreisläufen eine Chance und spart sich zudem viel unnötige Arbeit.

Der Boden ist nicht nur einfache Erde, in die Pflanzen ihre Wurzeln schlagen. Er ist Lebensraum für Pilze, Algen, Bakterien, Regenwürmer und vieles mehr. In einer Hand voll Gartenerde leben mehr Organismen, als es Menschen auf der Welt gibt. Durch tiefes Umgraben wird die gesunde Struktur des Bodens zerstört und das Zusammenspiel der Organismen massiv beeinträchtigt. Wertvoller Humus wird nach unten befördert, lichtempfindliche und an einen niedrigen Nährstoffgehalt angepasste Lebewesen der tieferen Schichten kommen nach oben und sterben ab, weil sie die veränderten Lebensbedingungen nicht vertragen. Auch die Gänge des Regenwurms, der den Boden durchlüftet und mit seinem Kot düngt, werden durch unsachgemäße Bodenbearbeitung zerstört.

Die Tiefenlockerung von stark verdichteten Böden ist nur sinnvoll, wenn gleich danach tief wurzelnde Gründüngungspflanzen gesät werden. Sonst sollte Hacke oder Harke nur die obersten Bodenschichten lockern und die feinen Spalten und Ritzen unterbrechen, durch die die Bodenfeuchtigkeit sonst leicht verdunsten kann.

Wussten Sie schon, dass ...
ein Regenwurm Röhren bis zu 8 m tief ins Erdreich bohren kann?

Der Regenwurm erweist dem Gärtner große Dienste. Er durchlüftet den Boden mit seinen Gängen, die er mit nährstoffreichem Kot auskleidet und so stabilisiert. Pflanzen nutzen sie als Kanäle, in denen sich ihre Wurzeln leicht ausdehnen können. In unseren Breiten reichen die Gänge kaum mehr als 1,5–3 m in die Tiefe. Es wird jedoch von einer Wurmart im Steppengebiet des südlichen Ural berichtet, die bis zu 8 m tiefe Röhren baut.

AUFBAU DES BODENS

Das Bodenprofil macht es deutlich: Tiefes Umgraben befördert humusreichen Oberboden in tiefere Schichten und nährstoffärmere Bodenschichten nach oben. Deshalb sollte man der Bodenlockerung den Vorzug geben und den Spaten beiseite stellen.

Blätter und andere Pflanzenteile zerfallen und führen dem Boden organische Substanzen zu.

Der dunkle, nährstoffreiche Oberboden enthält die meisten Bodenorganismen.

Der Unterboden ist von hellerer Farbe und weniger fruchtbar.

Die Mineralschicht des Ausgangsgesteins ist für die chemischen Eigenschaften des Bodens verantwortlich.

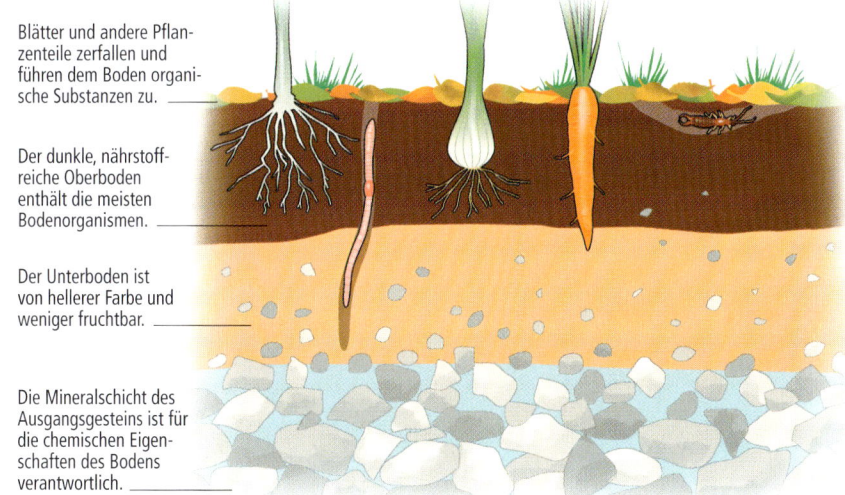

Stimmt es, dass ...

BIER nicht überschäumt, wenn es in ein nasses Glas eingeschenkt wird? — JA

Viele Wirte schenken ihr Bier nur in mit klarem Wasser ausgespülte Gläser ein – und das hat auch seinen guten Grund. Der Schaum eines Bieres entsteht u. a. durch die entweichenden Kohlendioxidblasen beim Einschenken und durch die so genannten Entbindungskeime, winzige raue Stellen auf der Glaswand, die in der Regel bei alten Gläsern besonders ausgeprägt sind. An ihnen entbindet sich die Kohlensäure vermehrt, und die Schaumbildung wird enorm verstärkt. Wird jedoch vor dem Einschenken das Glas mit Wasser benetzt, werden die rauen Stellen durch Wassermoleküle umlagert und geglättet – das Bier schäumt deshalb beim Einschenken nicht mehr so leicht über.

Das Ausspülen mit klarem Wasser hat aber noch einen zweiten Grund. Ein gutes Bier verlangt nach einer Schaumkrone, denn sie sieht nicht nur schön aus, sondern verhindert außerdem, dass die Kohlensäure rasch entweicht. Dadurch wird das Bier nicht schal. Der Schaum sollte etwa 5 Minuten bestehen bleiben. Wenn er früher zusammenfällt, können daran neben Staub und Fett auch die Tenside schuld sein, die in den meisten handelsüblichen Spülmitteln enthalten sind und der Schaumbildung entgegenwirken.

Wussten Sie schon, dass ...
Blattläuse chemisch Alarm schlagen können?

Pheromone nennt man die chemischen Wirkstoffe, die Insekten innerhalb einer Art zum Informationsaustausch verströmen. Werden Blattläuse beispielsweise von einem räuberischen Marienkäfer angegriffen, geben sie Warnpheromone ab, die die anderen Blattläuse der Kolonie aufschrecken. Diese versuchen sich dann fluchtartig in Sicherheit zu bringen.

AUSSERGEWÖHNLICHE BIERSORTEN

Eines haben alle Biere gemein: Ihre Herstellung beruht auf der Vergärung von Getreide. Das deutsche Reinheitsgebot schreibt vor, dass Bier nur aus Hopfen, Gerstenmalz, Wasser und Hefe gebraut werden darf. In anderen Teilen der Welt nimmt man es aber nicht so genau. Die oft ungewöhnlichen Geschmackskreationen der Bierbrauer sind in speziellen Bierhandlungen oder auf Bierbörsen zu finden. Weltweit soll es weit mehr als 10 000 verschiedene Biere geben, darunter Bier mit Honig oder Ginseng aus England, Bierpulver aus der Tschechischen Republik, das mit Wasser aufgekocht werden muss, Chilibier aus Amerika, Schweizer Hanfblütenbier, australisches Bier mit Zitronengeschmack, Schokoladenbier aus Belgien und afrikanisches Bananenbier. Und nicht immer findet sich das beliebte Getränk in vertrauter Form wieder. So gibt es etwa in Palästina ein Bier, das in Champagnerflaschen abgefüllt wird und dessen Name übersetzt „lecker" bedeutet.

Der Marienkäfer erweist sich als natürlicher Feind der Blattlaus: Täglich verzehrt er 40–50 Stück.

Stimmt es, dass ...

man BLATTLÄUSE mit Schmierseife bekämpfen kann? — JA

Nur wenige der etwa 800 einheimischen Blattlausarten werden im Garten zu Schädlingen. Diese ernähren sich von Pflanzensäften und geben beim Saugen ihren Speichel in die Pflanze ab, was zur Verkrüppelung der Blätter führt. Sie übertragen dabei aber auch schädliche Pflanzenviren, die sie von anderen Pflanzen aufgenommen haben. Meist entsteht hierdurch der größte Schaden.

Ein altbewährtes Hausmittel gegen Blattläuse ist in Wasser gelöste Schmierseife (etwa 20 g auf 1 l heißes Wasser), mit der die befallenen Pflanzen besprüht werden.

Schmierseife wird verwendet, weil sie leichter biologisch abbaubar ist als andere Tenside und überdies für Mensch und Haustier ungefährlich. Dies gilt auch für einige Ökospülmittel, die sich zudem schnell in kaltem Wasser lösen.

Die Wirkungsweise der Seifenlösung ist einfach: Wie alle Insekten atmen Blattläuse über ein Tracheensystem, eine Art Geflecht von dünnwandigen Schläuchen, die den Körper durchziehen. In die Tracheen dringt normalerweise kein Wasser ein, außer die Oberflächenspannung wird durch Seife herabgesetzt. Dann ersticken die Blattläuse, mit ihnen jedoch auch auf den Pflanzen lebende Nützlinge.

Stimmt es, dass ...

BLATTSALAT am besten abends geerntet werden soll? (JA)

Als Vitaminspender sind Blattsalate wegen des oft sehr hohen Nitratgehalts in Verruf gekommen. Dieser ist in den frühen Morgenstunden am höchsten, fällt im Verlauf der Lichtphase ab und steigt während der Dunkelheit wieder an. Erntet man die Pflanze abends, ist der Nitratgehalt nur halb so hoch wie morgens um acht.

Nitrat an sich ist nicht giftig, kann aber im Körper oder im Nahrungsmittel selbst zu Nitrit abgebaut werden. In saurem Milieu, besonders im menschlichen Magen, entstehen aus Nitrit und bestimmten Eiweißbestandteilen Nitrosamine, die verdächtigt werden, Krebs zu erregen.

Nitrat ganz zu meiden ist nicht möglich. Es ist ein Nährstoff, der für das Pflanzenwachstum unentbehrlich ist, denn durch Sonneneinwirkung verwandelt es sich in Eiweiß. Fehlt die Sonne, bleiben Rückstände. Der Nitratgehalt von Blattsalat ist daher im Sommer und bei Freilandkulturen deutlich geringer als im Winter, wenn die meisten Pflanzen aus dem Treibhaus kommen.

Auf Blattsalate und deren positive Inhaltsstoffe muss daher niemand verzichten, der auf eine abwechslungsreiche Ernährung achtet. Sie sollte vor allem genügend Vitamin C enthalten, das die Bildung von Nitrosaminen im Körper hemmt.

Blattsalate aus dem Freiland-anbau enthalten weniger Nitrat als die aus Treibhauskulturen.

Stimmt es, dass ...

man BLUMEN mit abgestandenem Wasser gießen soll? (NEIN)

Abgestandenes Wasser enthält weniger Kohlendioxid (CO_2). Dadurch sinkt die Löslichkeit von Kalzium, und das Wasser wird „weicher". Auch ist es nicht so kalt wie Leitungswasser direkt aus dem Hahn.

Am Kalziumgehalt stören sich die meisten Pflanzen aber nicht, und kaltes Wasser schadet ihnen ebenfalls nicht, sondern führt schlimmstenfalls zur vorübergehenden Einschränkung der Wurzelaktivität.

Wahrscheinlich stammt der Tipp, nur mit abgestandenem Wasser zu gießen, aus einer Zeit, als das Trinkwasser zur Entkeimung noch stark chloriert wurde. Lässt man gechlortes Wasser mehrere Tage stehen, wird ein Großteil des Chlors an die Luft abgegeben, und die Anzahl radikaler Chloratome im Wasser ist geringer. Chlor wirkt auf alle Organismen, also auch auf Pflanzen, giftig. Seit über 40 Jahren wird jedoch in größerem Umfang Ozon, ein besonders aktives Sauerstoffgas, zur Wasseraufbereitung benutzt. Es verbindet sich rasch mit möglichen schädlichen Inhaltsstoffen und verändert diese so, dass sie herausgefiltert werden können. Heute wird Chlor in geringen Mengen nur noch dann dem Trinkwasser beigegeben, wenn dies für die Entkeimung auf den Transportwegen erforderlich ist. Es ist also unnötig, den Pflanzen zuliebe das Leitungswasser erst einmal abstehen zu lassen.

ABER: Es gibt einige Ausnahmen: Rhododendren und Azaleen brauchen einen sauren Boden und vertragen stark kalziumhaltiges Wasser schlecht. Und Usambaraveilchen sowie andere Pflanzen mit haarigen Blätter neigen zu Blattflecken, wenn sie mit kaltem Wasser besprengt werden. In diesem Fall gießt man in die Erde.

Stimmt es, dass...

man einen Cent ins BLUMENWASSER geben sollte? (NEIN)

Früher war es der Pfennig, der wegen seines Kupfergehalts Schnittblumen frisch halten sollte. Der Eurocent enthält gleich viel Kupfer, nützt aber genauso wenig wie die alte Münze.

Die Schnittflächen auch von sauberen Blumenstielen bilden einen Nährboden für Bakterien und Algen. Diese blockieren innerhalb von nur kurzer Zeit die Wasseradern im Stiel, sodass die Blumen bald vertrocknen. Fest steht, dass Kupfer in höherer Konzentration dem Bakterien- und Algenwachstum entgegenwirkt. Daher müsste schon das Leitungswasser selbst, das aus Kupferrohren kommt, für Schnittblumen ein wahrer Jungbrunnen sein. Wie viel Kupfer letztendlich freigesetzt wird, hängt allerdings von der Qualität und vom pH-Wert des Wassers ab. Um die Kupferrohre zu schützen, achten die Wasserwerke immer auch darauf, dass der pH-Wert ausreichend hoch ist. So ist das Lösungsvermögen des Leitungswassers bei Kupfer nur sehr gering, und ein Eurocent gibt genauso wenig davon an das Blumenwasser ab wie die Wasserleitung selbst.

Trotzdem kann man einiges tun, um Schnittblumen länger haltbar zu machen. Damit die Bakterienkonzentration im Vasenwasser gering bleibt, muss die Vase sauber sein und das Wasser, das handwarm eingefüllt wird, oft gewechselt werden. Dann entfernt man unnötiges Blattwerk und schneidet das Stielende bei jedem Wasserwechsel mit einem scharfen Messer nach.

Stimmt es, dass...

Eierschalen im BLUMENGIESSWASSER den Dünger ersetzen? (NEIN)

Eierschalen bestehen vorwiegend aus Kalziumkarbonat, etwas Magnesiumkarbonat und Kalzium- bzw. Magnesiumphosphat sowie organischen Verbindungen wie Zucker oder Aminosäuren. Werden Eier gekocht oder die Schalen im Blumenwasser angesetzt, dürfte etwas von diesen Stoffen im Wasser gelöst werden.

Pflanzen brauchen jedoch viel mehr als nur Kalzium, das ohnehin meist im Leitungswasser in höherer Konzentration enthalten ist, als die Pflanzen benötigen.

Hauptbestandteile eines Volldüngers sind Stickstoff, Phosphor und Kalium; in weitaus geringerem Umfang enthält er auch Kalzium, Magnesium, Schwefel und Eisen. Dazu kommen noch die Spurenelemente Kupfer, Mangan, Molybdän, Zink, Kobalt und Bor. Als grundsätzliche Düngungsempfehlung gilt: Grünpflanzen bevorzugen einen Dünger mit reduziertem, Blühpflanzen einen mit erhöhtem Phos-

phorgehalt. Wer das Kochwasser vom Frühstücksei zum Gießen verwendet, hilft also den Pflanzen nicht, schadet ihnen aber auch ebenso wenig. Auf den meist unappetitlichen Ansatz von Eierschalen kann man aber getrost verzichten.

Im Übrigen wird der Bedarf der Pflanzen durch die in frischer Blumenerde enthaltenen Nährstoffe für viele Wochen und sogar Monate gedeckt. Wenn man also das Substrat regelmäßig erneuert, muss man die Pflanzen eigentlich gar nicht düngen.

Wussten Sie schon, dass …
man Eier vor der Lagerung nicht waschen sollte?

Die Eierschale besteht größtenteils aus Kalk und ist von unzähligen feinen Poren durchsetzt. Das *Cuticula* genannte Eioberhäutchen überzieht die Kalkschicht und verhindert, dass Keime in das Ei dringen. Dieses Häutchen ist der eingetrocknete Rest der Schleimschicht, mit der das Ei vor der Ablage bedeckt ist. Wäscht man verschmutzte Eier, bevor man sie lagert, wird diese Schutzschicht zerstört, und Keime wie Salmonellen können eindringen. Es empfiehlt sich allerdings, den Schmutz abzuwaschen, kurz bevor man die Eier beim Kochen verarbeitet, da sonst Spuren davon in die Speisen gelangen könnten.

Stimmt es, dass …
jeder BRAND mit Wasser gelöscht werden kann?   (NEIN)

Einer der heimtückischsten Brände, der im Haushalt auftreten kann, ist der Fettbrand. Fängt ein mit Öl oder Fett gefüllter Topf Feuer, darf niemals mit Wasser gelöscht werden. Da Wasser schwerer als Fett ist, sinkt es nach unten. Das brennende Fett ist weitaus heißer als der Siedepunkt des Wassers, der bei 100 ºC liegt. Das Wasser verdampft schlagartig und schleudert das brennende Fett heraus. Es kommt zu einer Fettexplosion, und nicht selten sind schwerste Verbrennungen die Folge. Wird der Topf jedoch sofort mit einem Deckel verschlossen, erstickt das Feuer infolge des Sauerstoffentzugs sehr schnell.

Auch brennende elektrische Geräte dürfen keinesfalls mit Wasser gelöscht werden, denn es besteht die Gefahr eines Stromschlags. Vielmehr sollte, falls möglich, der Netzstecker gezogen oder die Sicherung ausgeschaltet werden. Dann erstickt man den Brand mit einer Löschdecke. Brennt ein

Fernsehapparat, darf man beim Löschen mit der Decke nur seitlich des Geräts stehen, da es implodieren kann.

Die verschiedenen brennbaren Materialien benötigen unterschiedliche Löschmittel. Über die Vor- und Nachteile sowie den richtigen Einsatz der zur Verfügung stehenden Mittel gibt die Feuerwehr Auskunft.

Bei einem Fettbrand muss den Flammen rasch der Sauerstoff entzogen werden, am besten, indem man einen Deckel über das Kochgeschirr stülpt.

RICHTIGES VERHALTEN BEI BRÄNDEN

Retten, alarmieren, löschen – in dieser Reihenfolge geht man bei einem Brand vor. Damit man im Ernstfall besonnen reagiert, empfiehlt es sich, ihn gedanklich immer wieder durchzuspielen. Bei der Brandbekämpfung zählt jede Sekunde. Auf keinen Fall darf man ein Risiko eingehen.
Zuerst bringt man sich und andere in Sicherheit, dann alarmiert man über Notruf die Feuerwehr. Den Aufzug darf man auf keinen Fall benutzen. Ist ein gefahrloser Weg ins

Freie nicht möglich, alle Fenster und Türen schließen, und Spalten mit nassen Tüchern abdichten. Am Fenster macht man auf sich aufmerksam.
Die Gase und Russteilchen, die bei Bränden entstehen, sind giftig – Räume, in denen es gebrannt hat, dürfen daher erst betreten werden, wenn sie erkaltet und gut gelüftet sind. Rauchmelder, Feuerlöscher und Löschdecke können Leben retten und sind eine Investition, die sich auszahlt.

Wie ein grünes Fell überzieht der Efeu dieses Haus – das sieht sehr romantisch aus, ist aber angesichts des offenen Mauerwerks keine optimale „Fassadenverkleidung".

Wussten Sie schon, dass ...
Efeu Gift- und Heilpflanze sein kann?

„Allein die Dosis macht, dass ein Ding kein Gift ist." Was der Arzt und Alchemist Paracelsus Mitte des 16. Jh. feststellte, trifft auch auf den Efeu zu. Als Heilpflanze kennt man ihn seit der Antike, und heute werden Efeublätter oft als Basis für Medikamente gegen Bronchialerkrankungen verwendet. Ihre Wirkung geht auf den Inhaltsstoff Hederasaponin zurück, der den Hustenreiz mildert, das Abhusten erleichtert, Krämpfe löst und Atemnot lindert. Efeublätter selbst sind jedoch giftig, und bereits kleine Mengen der Früchte können Erbrechen, Durchfall und Krämpfe verursachen.

Gewusst wie – auch beim einfachen Frühstücksei kann man Dinge richtig oder falsch machen.

Stimmt es, dass ...
EFEU intakte Mauern sprengen kann? — NEIN

Efeu, eine immergrüne Kletterpflanze, bildet feine Haftwurzeln an der vom Licht abgewandten Seite der Zweige aus. Diese verdicken sich, sterben ab, verbinden sich nahtlos mit dem Untergrund und geben der Pflanze dadurch Halt. Die Triebe wenden sich meist vom Licht ab und wachsen auch in Fugen oder Rissen von beschädigtem Mauerwerk; dort können sie großen Schaden anrichten. Auch Fassadenverkleidungen werden von Efeu hinterwachsen.

An intaktem Mauerwerk jedoch richtet Efeu keinen Schaden an. Das Fassadengrün leistet im Gegenteil sogar einen Beitrag zur Verbesserung der Lebensqualität des Menschen, indem es die Fassade dämmt und schützt und Tieren Unterschlupf gibt. Einiges ist jedoch zu beachten: Das Mauerwerk muss tragfähig sein und sollte den Trieben keine Gelegenheit bieten hineinzuwurzeln. Fassade und Anstrich dürfen keine Risse haben. Holzfassaden, Fachwerk, Schindelverkleidungen, Oberflächen mit kunststoffhaltigem Farbanstrich sind ungeeignet, Rauputz und Sichtbeton hingegen ideal. Zudem müssen Rollladenkästen, Fenster und Regenrinnen durch regelmäßigen Rückschnitt freigehalten werden.

Stimmt es, dass ...
man EIER nicht mit einem Silberlöffel essen sollte? — JA

Wenn man Eier, aber auch Pflanzliches wie Spinat oder Knoblauch erhitzt, wird Schwefelwasserstoff freigesetzt. Blankes Silber reagiert mit Schwefelwasserstoff unter Bildung von Silbersulfid. Dies ist daran zu erkennen, dass das Silber matt wird und grau anläuft. Aus diesem Grund verfärbt sich auch ein Silberlöffel, wenn man damit ein Ei isst. Zudem schmeckt das Ei unangenehm metallisch, weil man die Silber-Schwefel-Verbindungen mit verzehrt. Um dies zu vermeiden, sollten Eierlöffel immer aus Edelstahl, Kunststoff, Horn oder Perlmutt bestehen.

Übrigens lässt sich das angelaufene Silber leicht wieder säubern. Dazu kleidet man eine Plastikschüssel mit Aluminiumfolie aus, füllt sie mit warmem Wasser und fügt eine Hand voll Bleichsoda hinzu. Dann legt man das ergraute Silberbesteck hinein. Bereits nach kurzer Zeit ist es wieder blank. Auch mit den handelsüblichen Silberputzmitteln wie Silbermilch lässt sich Besteck und anderes Silber gut reinigen. Ein Silberputztuch eignet sich am besten für glatte Flächen ohne Verzierungen.

Stimmt es, dass ...

EISWÜRFEL beim Entfernen von Kaugummi helfen? (JA)

Nur wenige Orte der Welt sind kaugummifrei, und für die Reinigung von Papierkörben, öffentlichen Verkehrsmitteln und Gehsteigen müssen von den Stadtverwaltungen jährlich riesige Summen ausgegeben werden. Im privaten Bereich ist die festgetretene Kaumasse relativ leicht zu entfernen. Mit Eiswürfeln, in eine Plastiktüte verpackt, kühlt man den Kaugummi. Er wird hart und lässt sich leicht abheben. Um die Gummimasse aus einem Teppich zu entfernen, muss man sie nach dem Kühlen eventuell noch mit einem Hammer zerbröseln. Die Krümel können dann abgesaugt werden. Ganz ähnlich wird Kaugummi auch aus Kleidern entfernt: Man legt sie ins Gefrierfach und wartet mit der Säuberung, bis sich der Kaugummi verfestigt hat.

Der älteste erhaltene „Kaugummi" wurde in Südschweden in einer 9000 Jahre alten Siedlung gefunden; er bestand aus Birkenharz und Honig. Die Vorform des Kaugummis, den man heute kennt, stammt aus Mittelamerika. Mitte des 19. Jh. gelangte sie nach Nordamerika und wurde dort stark verändert. Anfang des 20. Jh. entstand der erste Bubble Gum, also der erste Kaugummi, mit dem man Blasen machen konnte. Blieben die Blasenreste im Gesicht hängen, mussten sie mit Terpentin entfernt werden! Der heutige Kaugummi wird in den meisten Fällen aus einer Kunststoff-Gummi-Masse hergestellt, der man natürliche und synthetische Stoffe hinzufügt, etwa Weichmacher wie Glyzerin und Mineralöl, sowie Zucker oder Süßstoffe und Aromastoffe in unterschiedlichen Geschmacksrichtungen. Zuckerfreier Kaugummi dient dazu, die Zähne nach dem Essen zu reinigen, und nachgewiesenermaßen hat das Kauen eine beruhigende Wirkung.

FLECKENTFERNUNGSTIPPS

Flecken sollte man nicht eintrocknen lassen; frisch lassen sie sich meist mit kaltem Wasser entfernen. Damit der Fleck sich nicht vergrößert, arbeitet man immer auf einer saugfähigen Unterlage und vom Fleckrand zur Mitte hin mit einem fusselfreien Tuch. Empfindliche Materialien prüft man vorher an einer unauffälligen Stelle auf Farbechtheit.

Blutflecken	Frischen Fleck mit kaltem Wasser ausspülen. Eingetrockneten Fleck in kaltem Wasser einweichen, reiben, waschen. Mit Waschbenzin nachbehandeln.
Kerzenwachs	Erst mit Eiswürfeln kühlen, vorsichtig abschaben, dann Löschpapier auflegen und ausbügeln.
Kakao	In Seifenlauge einweichen, dann waschen.
Kugelschreiber	Mit Spiritus ausreiben.
Obstflecken	Mit Essig beträufeln, dann in Seifenlauge waschen.
Rotwein	Kohlensäurehaltiges Mineralwasser verwenden.
Schlamm	Antrocknen lassen, dann ausbürsten.
Tinte	Tintenlöscher oder Zitronensaft anwenden.

Stimmt es, dass ...

ein paar Tropfen ESSIG im Kochwasser das Zerbrechen der Eierschale verhindern? (NEIN)

Nicht immer gelingt es, ein Ei zu kochen, ohne dass die Schale platzt. Entgegen der verbreiteten Meinung lässt sich das Platzen durch die Zugabe von Essig zum Kochwasser nicht verhindern.

Ein Ei ist von einer dünnen Kalkschale umgeben, die nur etwas mehr als 0,3 mm stark ist. Am stumpfen Ende befindet sich eine Luftkammer. Werden die Eier nun direkt aus dem Kühlschrank in kochendes Wasser gelegt, dehnt sich die Luft in der Luftkammer rasch aus, und infolge des Drucks zerbricht die Eierschale. Um dies zu verhindern, sticht man die Eier am stumpfen Ende vorsichtig mit einer Nadel oder einem Eierpiekser ein. Die Luft entweicht beim Kochen, und die Schale bleibt ganz. Das Platzen kann man auch verhindern, wenn man die Eier rechtzeitig aus dem Kühlschrank nimmt und bei Zimmertemperatur stehen lässt oder vor dem Kochen kurz in warmes Wasser legt, um einen Temperaturausgleich zu schaffen.

Ganz nutzlos ist die Essigzugabe jedoch nicht. Sie senkt den pH-Wert des Wassers, sodass das Eiweiß schneller gerinnt und

Wussten Sie schon, dass ... die größte Kaugummiblase einen Durchmesser von 58,4 cm hatte?

Mit einer solch beachtlichen Blase stellte eine Amerikanerin 1994 den Weltrekord auf. Kaum zu glauben, dass sie dazu nach den strengen Regeln des ernsthaft betriebenen Wettbewerbs nicht mehr als drei handelsübliche Kaugummis verwenden durfte.

weniger davon auslaufen kann, wenn trotz aller Vorsichtsmaßnahmen die Schale beschädigt wird – sei es, weil das Loch zu groß geraten ist oder weil man das Ei ins Wasser plumpsen lässt, sodass es zu hart auf den Topfboden aufschlägt.

Da die Luftkammer mit zunehmendem Alter immer größer wird, dient sie als Gradmesser der Frische des Eies: Wenn man Eier ins Wasser legt, schwimmen alte Eier an der Oberfläche, frische sinken dagegen nach unten.

Wussten Sie schon, dass ...
eine Frau den Geschirrspüler erfunden hat?

Nach einer Dinnerparty stellte die Amerikanerin Josephine Cochrane verärgert fest, dass ihr Personal beim Abwasch Teile ihres wertvollen Porzellans beschädigt hatte. Daraufhin entwickelte sie eine Maschine, die den Abwasch übernahm. Das Geschirr wurde in einem kreisförmigen Drahtgestell befestigt, das, von einem Motor angetrieben, in einem Kessel mit Seifenlauge rotierte. 1886 wurde der Geschirrspüler auf ihren Namen patentiert.

Dieser Geschirrspüler aus dem Jahr 1926 musste noch von Hand angetrieben werden.

Stimmt es, dass ...
FENSTERPUTZEN bei Sonnenschein Streifen erzeugt? (JA)

An schönen Tagen, wenn die Sonne ins Zimmer hereinscheint, fallen verschmutzte Fensterscheiben besonders unangenehm auf. Trotzdem sollte man sich nur über das schöne Wetter freuen und mit dem Fensterputz noch etwas warten.

Wenn die Fensterscheiben durch die Sonnenstrahlen erwärmt sind, verdampfen die Inhaltsstoffe einiger Glasreiniger rasch. Alkohol oder Ammoniak verflüchtigt sich, und die Reinigungskraft der Putzmittel schwindet teilweise, manchmal sogar ganz.

Dies kann ebenfalls passieren, wenn zur Herstellung der Reinigungslösung Wasser mit einer Temperatur von mehr als 20 °C verwendet wird oder das Reinigungsmittel vorher längere Zeit in der Sonne stand. Auch wenn die so genannte Reinigungs-

Ohne perfekte Wischtechnik und professionelles Handwerkszeug ist bei solchen Flächen der Kampf um spiegelnde Fenster aussichtslos.

flotte (das Gemisch aus Wasser, Schmutz und Reinigungsmittel) antrocknet, was auf stark erhitzten Scheiben sehr schnell geschieht, kann sie nicht mehr vollständig entfernt werden, und es kommt zur Schlierenbildung.

Stimmt es, dass ...
man von Hand gespültes GESCHIRR nachspülen muss? (NEIN)

Geschirr mit klarem Wasser nachzuspülen ist nicht nur unnötig, es zieht auch Folgearbeiten nach sich. Um Kalkflecken zu vermeiden, muss anschließend alles abgetrocknet werden – was sich bei nicht nachgespültem Geschirr erübrigt. Zudem spricht die Hygiene gegen das Abtrocknen, da gebrauchte Geschirrtücher bereits nach kurzer Zeit ein Hort für Milliarden von Keimen sind.

Vor allem die im Handgeschirrspülmittel enthaltenen waschaktiven Stoffe, die hautfreundlichen und vom Härtegrad des Wassers unabhängigen Tenside, setzen die Oberflächenspannung des Wassers herab. Dadurch kann das Wasser als dünner, gleichmäßiger Film nahezu rückstandsfrei ablaufen, ohne dabei Tropfen zu bilden, wenn das Spülgut zum Trocknen senkrecht in einen dafür geeigneten Ständer gestellt wird. Die auf dem Geschirr verbleibenden Spülmittelrückstände sind letztendlich nur noch so gering, dass sie als gesundheitlich unbedenklich gelten, selbst wenn Spuren davon über die Nahrung aufgenommen werden sollten.

Stimmt es, dass...

GRÜNDÜNGUNG mit Gelbsenf stets vorteilhaft ist? (NEIN)

Eine gute Methode, den Gartenboden zu verbessern und fruchtbarer zu machen, ist die Gründüngung. Die Wurzeln der Pflanzen lockern stark verdichtete oder brachgelegene Böden bis in tiefere Schichten. Nährstoffe werden durch sie gebunden, der Boden wird beschattet und verschlammt bei Regen nicht so leicht. Bei der Gründüngung wird das Pflanzenmaterial nicht geerntet, sondern beispielsweise mit einer Grabgabel eingearbeitet. Auf diese Weise führt man dem Erdreich organische Masse zu, die anschließend die Tätigkeit der Bodenorganismen anregt – nährstoffreicher Humus entsteht. Mit Gründüngungspflanzen lassen sich sogar hartnäckige Bodenkrankheiten sowie -schädlinge bekämpfen.

Allerdings muss auch bei der Gründüngung die Fruchtfolge bedacht werden. Wird länger bzw. häufiger dieselbe Pflanzenart an derselben Stelle angebaut, können wirtsabhängige Schädlinge im Boden deutlich zunehmen. Besonders empfindliche Gewächse derselben Pflanzenfamilie sollten deshalb nur alle 6 Jahre am selben Ort gepflanzt werden. Da der Gelbsenf zu den Kreuzblütlern gehört, ist er dort, wo andere Kreuzblütler wie Rettich oder Kohlgewächse angebaut wurden oder werden sollen, fehl am Platz. Eine Ausnahme ist die Senfsorte „Maxi", die Nematoden (Fadenwürmer) im Boden vernichten kann.

Fruchtfolgeprobleme lassen sich jedoch ganz leicht vermeiden, wenn man auf Gründüngungspflanzen einer Pflanzenfamilie ausweicht, die sonst nicht im Garten anzutreffen ist, beispielsweise den Bienenfreund (*Phacelia*).

Die richtige Gründüngung verbessert den Boden. Hier handelt es sich um ein Gemenge aus Ackerbohne und Gelbsenf.

VERWANDTE PFLANZENARTEN

Werden wiederholt Gemüsearten aus derselben Familie auf einem Beet angebaut, können sich Krankheiten und Schädlinge vermehrt ausbreiten. Zudem laugt der einseitige Nährstoffverbrauch den Boden aus. Die meisten verwandten Gemüsearten vertragen sich auch als unmittelbare Nachbarn schlecht, da die Wurzelausscheidungen wachstumshemmend wirken. Die Tabelle enthält eine Übersicht der Problemfälle.

Familie	Art
Doldenblütler	Dill, Fenchel, Kerbel, Kümmel, Möhren, Pastinake, Petersilie, Sellerie
Gänsefußgewächse	Mangold, Rote Rüben, Spinat
Korbblütler	Artischocke, Chicorée, Endivie, Löwenzahn, Salat, Schwarzwurzel, Topinambur
Kreuzblütler	Grünkohl, Kopfkohl, Kohlrabi, Kresse, Meerrettich, Radieschen, Rettich, Rosenkohl
Kürbisgewächse	Gurke, Kürbis, Zucchini
Liliengewächse	Knoblauch, Schnittlauch, Spargel, Zwiebel
Nachtschattengewächse	Aubergine, Kartoffel, Paprika, Tomate
Schmetterlingsblütler	Bohnen, Erbsen

Stimmt es, dass ...
Talkum GUMMI geschmeidig hält?　　NEIN

Für die Herstellung von Naturkautschuk wird bis heute die Rinde des Kautschukbaums angeritzt und der Milchsaft aufgefangen.

Wussten Sie schon, dass ...
das erste Gummikondom 1855 von Goodyear hergestellt wurde?

Das Kondom, das der irische Dramatiker George Bernard Shaw als die größte Erfindung des 19. Jh. bezeichnete, wurde zuerst vom Reifenhersteller Goodyear produziert. Es hatte eine Längsnaht, und seine Wandstärke betrug 1–2 mm. Heute ist ein Kondom nur noch 0,06 mm stark.

Gummi ist ein Hochleistungswerkstoff mit langer Tradition, der ursprünglich aus Kautschuk, dem Milchsaft des Kautschukbaums, hergestellt wurde. Das Wort leitet sich von *cahuchu* ab, das aus der Sprache südamerikanischer Ureinwohner stammt und etwa „weinendes Holz" bedeutet. Bei Ausgrabungen in Britisch-Honduras fand man fußballgroße Kautschukbälle aus dem 10. und 11. Jh. Als erster Europäer hielt wohl Christoph Kolumbus einen solchen Ball in Händen.

Die Ureinwohner überzogen irdene Gefäße mit dem Milchsaft und ließen ihn fest werden. Dann zerschlugen sie die Form, entfernten die Scherben und erhielten somit leichte, unzerbrechliche Flaschen. Erst Mitte des 18. Jh. brachte der französische Forschungsreisende de la Condamine Proben von Naturkautschuk nach Europa. Doch Kautschuk ist nur wenig elastisch und wird bald brüchig. 1839 entwickelte der Amerikaner Charles Goodyear das Verfahren der Vulkanisation, bei dem die Bauteile des Naturkautschuks, so genannte Makromoleküle, durch die Beigabe bestimmter schwefelhaltiger Chemikalien miteinander vernetzt und in elasti-

schen Gummi umgewandelt werden. Heute wird Gummi selten aus Kautschuk, sondern meist aus Erdöl hergestellt.

Talkum, ein natürliches Mineral in fein gemahlener Form, verwendet man bei der Gummiherstellung durchaus als Füllstoff und als Trennmittel. Füllstoffe verbilligen die Kautschukmischungen, können ihre Festigkeit erhöhen oder die Bruchdehnung herabsetzen. Durch Trennmittel lässt sich der Gummi leichter aus der Form lösen. Wird Talkum auf einen Gummigegenstand, etwa die Dichtungen von Autotüren, aufgetragen, verhindert es ein hitze- oder alterungsbedingtes Verkleben. Talkum ist auch ein gutes Gleitmittel, das die Reibung zwischen Reifen und Fahrradschlauch vermindert. Der Reckturner pudert sich vor der Übung die Hände mit Talkum, um sie gleitfähig zu machen, und Freikletterer benutzen es, damit die Hände nicht schwitzen. Auch Latexkleidung lässt sich leichter anziehen, wenn man sie mit Talkum bestäubt; die Kleidungsstücke schützt es zudem vor dem Verkleben.

Mit Talkum bepuderter Gummi fühlt sich zwar geschmeidiger an, der natürliche Alterungsprozess durch die Einwirkung von Wärme, Licht und Ozon, bei dem die Geschmeidigkeit verloren geht, wird aber nicht aufgehalten, denn Talkum hat keinen chemischen Einfluss auf Gummi. Damit er länger geschmeidig bleibt, gibt man ihm heute bestimmte Substanzen bei, so genannte Antiozonantien, die ein Aufbrechen der vernetzten Makromoleküle verhindern.

Stimmt es, dass ...
kräftiges HAAREBÜRSTEN dem Haar Glanz verleiht?　　NEIN

Täglich 100 Bürstenstriche bringen das Haar zum Glänzen – dies stimmte noch vor gut 100 Jahren, als das Haar nur selten gewaschen wurde und man kein Shampoo kannte. Damals wusch man das Haar mit Kernseife, deren Rückstände es glanzlos und stumpf erscheinen ließen. Durch Bürsten wurden die Kalk- und Seifenreste ent-

fernt; der Talg der Haut verteilte sich vom Ansatz her über das Haar und verlieh ihm Glanz und Geschmeidigkeit.

Heute wäscht sich jeder Zweite täglich das Haar, sodass sich an Kopfhaut und Haaren kaum noch Fett findet. Besonders empfindlich sind vor allem frisch gewaschene, nasse Haare, weil sie durch die

Erst die Vergrößerung lässt ahnen, wie stabil die aus Keratin bestehenden Haare tatsächlich aufgebaut sind: Das Haarmark ist von einer festen Rinde sowie einer Schüppchenschicht umgeben.

Wussten Sie schon, dass...
Blonde viel mehr Haare haben als Rothaarige?

Jeder Mensch mit normalem Haarwuchs hat abhängig von seiner Naturhaarfarbe unterschiedlich viele Haare auf dem Kopf. Für die einzelnen Haarfarben lassen sich Durchschnittswerte ermitteln: Blonde haben etwa 140 000 Haare, Brünette 100 000 und Rothaarige „nur" 80 000.

Feuchtigkeit aufgequollen sind. Die Haare dürfen dann nur mit einem grobzinkigen Kamm vorsichtig entwirrt werden.

Dauerwellen, heiße Föhnluft, Metallbürsten und Färbemittel – im Sommer aber auch Sonne, Wind und Salzwasser – greifen die Haare an. Die durch die unsachgemäße Behandlung aufgeraute Schuppenschicht lässt sie dann immer strohiger aussehen. Umso wichtiger ist in diesem Fall, dass man die Pflege mit Konditionern, die die einzelnen Haare mit einem schützenden Film umgeben, die Schuppenschicht glätten und das Haar leichter kämmbar machen, nicht vernachlässigt.

Werden durch kräftiges Bürsten die Haare überspannt, wird ihre möglicherweise schon angegriffene Schuppenschicht geschädigt, und das Haar verliert seinen Glanz. Sparsam eingesetzt, können gute Haarbürsten mit Naturborsten eventuell vorhandenen Talg im Haar verteilen und somit die Unregelmäßigkeiten in der Oberfläche der einzelnen Haare ausgleichen; auch vermögen sie Rückstände aus Pflege- und Stylingprodukten aufzunehmen, die das Haar stumpf wirken lassen. Die Lage der Haare zueinander ist für den Glanz ebenfalls von entscheidender Bedeutung, und durch maßvolles und behutsames Bürsten werden sie so geordnet, dass sie zueinander parallel liegen, was die glänzenden Lichteffekte verstärkt.

Der natürliche Glanz wird jedoch nicht nur von der Schuppenschicht der Haare bestimmt. Auch die Pigmentierung spielt eine Rolle – beispielsweise glänzt dunkles Haar deutlich stärker als helles. Und nicht zuletzt beeinflussen Haardurchmesser und Feuchtigkeitsgehalt sowie der allgemeine Gesundheitszustand das Aussehen.

Dieser hinduistische Sadhu, der hier in Kathmandu meditiert, lebt als Eremit und bettelnder Asket. Seine Haare sind noch nie geschnitten worden.

HAARE DER WELT

Vom Irokesenschnitt der Indianer Nordamerikas über den Zopf des chinesischen Kulis und die Tonsur der Mönche bis hin zu den kahl geschorenen Schädeln der buddhistischen Priester – die Haartracht oder auch ihr Fehlen, gehört häufig zum charakteristischen Erscheinungsbild bestimmter Gruppen oder Völker.

Bei der politisch-religiösen Bewegung der Rastafari symbolisieren beispielsweise die verfilzten Haarsträhnchen, die Rastas, den Stolz des Trägers auf seine afrikanische Abstammung. Und die Länge der Rastas spiegelt nach Meinung der Rastafari Weisheit wider.

Tirupati ist ein indischer Wallfahrtsort und eine der größten Quellen für Echthaar. Zu Tausenden pilgern gläubige Hindu in die Tempelstadt, um der Gottheit Venkateswara ihr Haar zu opfern. Hunderte von Friseuren stehen bereit, um die Köpfe der Pilger kahl zu rasieren. Besonders groß ist das Opfer der Frauen, da in Indien langes Haar wichtigstes Attribut weiblicher Schönheit ist.

Die Männer der Hulis, der größten ethnischen Gemeinschaft auf Papua-Neuguinea, lassen sich erst im Erwachsenenalter das Haar schneiden. Bis dahin wird es zu einer Art Matte verknotet, die dann von einem Perückenmacher abgenommen wird.

Zum Schönheitsbild der japanischen Geishas gehören auch die kunstvollen, mit Perlen und Blüten verzierten Frisuren. Um sie nicht zu zerstören, schlafen die Frauen traditionell mit einer Nackenstütze aus Holz anstelle eines Kissens.

Stimmt es, dass …

HECKEN nicht das ganze Jahr über geschnitten werden dürfen? JA

Eine Hecke im Haus- oder Schrebergarten erfüllt vielerlei Funktionen. Sie bietet Sichtschutz, hält den Wind ab, wirkt Lärm dämmend und ist dekorativ. Je nach Art des Gehölzes werden die meisten Hecken ein- oder zweimal im Jahr geschnitten.

Dabei sollte aber nicht vergessen werden, dass dieser „lebende Zaun" nicht nur unzählige nützliche Insekten beherbergt. Viele Kleinsäuger wie der Igel suchen in ihm Schutz, und Vögel wie Amsel, Mönchsgrasmücke, Nachtigall und Grünfink finden hier ihren Nistplatz. Da alle europäischen Vogelarten besonders geschützt sind, ist es grundsätzlich verboten, ihr Brutgeschäft zu beeinträchtigen und im Bau befindliche oder schon besetzte Nester zu entfernen oder zu zerstören. Gerade durch den Heckenschnitt werden aber die Vögel beim Nestbau behindert und beim Brüten gestört, manchmal so sehr, dass sie ihre Brut aufgeben. Im Sinn des Tierschutzes sollte also während der regional sehr unterschiedlichen Fortpflanzungs- und Brutzeit, die meist im Sommerhalbjahr anzusiedeln ist, der Heckenschnitt tabu sein.

Ökologisch besonders geeignet sind daher naturnahe Hecken aus heimischen Wildgehölzen und Blütensträuchern, die nur selten geschnitten werden müssen.

DIE HECKE ALS LEBENSRAUM

Eine Hecke ist in unterschiedlichen Schichten aufgebaut. Von der Boden- über die Kraut- bis hin zur Strauch- und manchmal sogar Baumschicht bietet sie den unterschiedlichsten Tierarten einen Lebensraum.

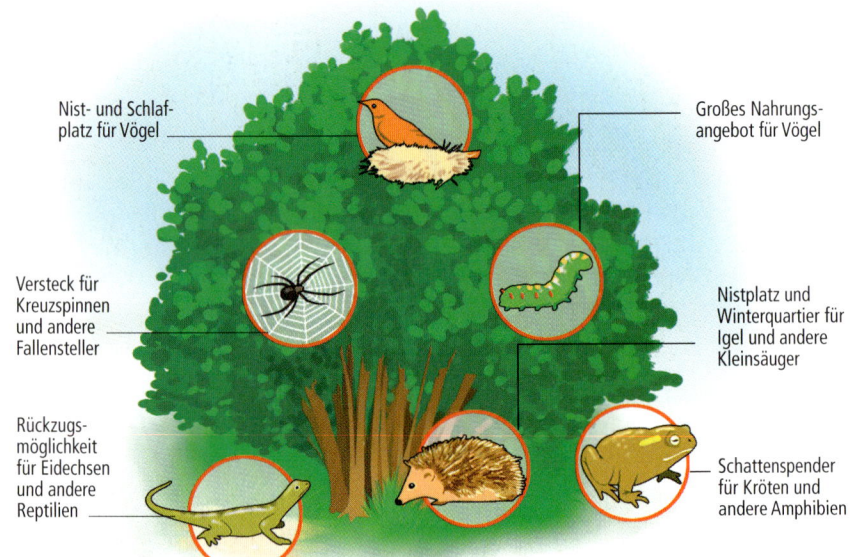

Nist- und Schlafplatz für Vögel

Versteck für Kreuzspinnen und andere Fallensteller

Rückzugsmöglichkeit für Eidechsen und andere Reptilien

Großes Nahrungsangebot für Vögel

Nistplatz und Winterquartier für Igel und andere Kleinsäuger

Schattenspender für Kröten und andere Amphibien

Wussten Sie schon, dass … mehr als die Hälfte aller heimischen Vogelarten gefährdet ist?

In der Roten Liste der Brutvogelarten des Jahres 2002 gelten nur etwa 44 % der Brutvögel als ungefährdet. Die Lage hat sich in den letzten Jahren weiter verschärft, und auch ehemals häufige Arten wie der Haussperling und die Feldlerche mussten inzwischen in die Vorwarnliste aufgenommen werden, weil ihre Zahl immer geringer wird.

Stimmt es, dass …

HORTENSIEN sich blau färben, wenn man Eisen in die Erde gibt? NEIN

Als vor mehr als 200 Jahren Hortensien aus Japan nach Europa eingeführt wurden, fiel den Botanikern bald auf, dass manche Sorten je nach Standort ihre Farbe von Rosa in Blau veränderten. Ende des 19. Jh. wurden die Vermutungen über die Ursache des Phänomens durch Versuche bestätigt: Hortensien sind in der Lage, Aluminium, das für die meisten Pflanzenarten schon in geringer Konzentration giftig ist, in großen Mengen in ihre Kelchblätter, die so

Die der Hortensie ganz eigene Blaufärbung nehmen nicht alle Pflanzen an.

genannten Sepalen, zu verlagern. Der Farbstoff Delphinidin in den rosafarbigen Hortensien bildet dann mit dem Aluminium den blauen Farbstoff. Die Aufnahme über die Wurzel ist aber nur möglich, wenn das Aluminium als Aluminiumsalz vorliegt. Zudem können Hortensien nur auf leicht sauren Böden mit einem pH-Wert nicht höher als 4,5 ausreichend Aluminium aufnehmen. Nicht jede rosa blühende Sorte

neigt zudem gleich stark zum Farbumschlag; weiß blühende Sorten enthalten den nötigen Farbstoff nicht und können ihre Blütenfarbe nicht verändern.

Eisen spielt beim Farbumschlag keine Rolle. Aluminium kommt aber oft in eisenhaltigen Böden vor. Diese färben sich durch Oxidation rostrot, und daraus hat man den falschen Schluss gezogen, Eisen sei für die Blaufärbung verantwortlich.

Stimmt es, dass …
Schneckenkorn den IGELN schadet?   NEIN

Herkömmliches Schneckenkorn, das Methiocarb oder Metaldehyd enthält, steht im Ruf, Igeln zu schaden. Schuld sollen die vergifteten Schnecken sein, die sie im Garten fressen. Forschungen haben diese Vermutung weitgehend entkräftet. So zeigten Tests, dass selbst sehr große Mengen mit Metaldehyd bzw. Methiocarb vergifteter Schnecken, die an Igel verfüttert wurden, für die meisten Tiere folgenlos blieben.

Ob Igel in der freien Natur eine schädliche Dosis vergifteter Schnecken aufnehmen, ist ungewiss, denn sie ernähren sich hauptsächlich von Laufkäfern und Regenwürmern. Bei den meisten Igeln, die krank aufgefunden werden, sind Parasitenbefall und Lungenentzündung die Ursache.

Allerdings ist Methiocarb ein Nervengift, das auch Menschen schaden kann. Daher müssen zwischen der Anwendung im Beet und dem Verzehr geernteter Pflanzen mindestens 2 Wochen liegen. Schneckenkorn mit Metaldehyd scheint Haustieren zu

Nach durchschnittlich 35 Tagen Tragezeit bringt eine Igelmutter 2 bis 10 Junge zur Welt.

schmecken und sollte nur benutzt werden, wenn man sie fern halten kann. Am besten jedoch wählt man Schneckenkorn mit dem Wirkstoff Eisen-III-Phosphat, das für Tiere vollkommen ungefährlich sein soll.

GEFAHREN IM GARTEN

Ungezählte Igel fallen Jahr für Jahr dem Straßenverkehr zum Opfer. Doch tödliche Gefahren lauern auch an Orten, wo man sie vielleicht gar nicht vermutet. Oft genügt etwas Umsicht, um den stacheligen Insektenfresser vor größerem Unheil zu bewahren. Ein mit einem Gitter bedeckter Lichtschacht verhindert, dass ein Igel hineinfallen und verhungern kann. Gartenteiche ohne flachen Uferbereich können mit einem Brettchen o. Ä. als Ausstiegshilfe versehen werden.

Bevor man mit dem Rasentrimmer oder -mäher an unübersichtlichen Stellen im Garten, etwa unter Sträuchern, arbeitet, sollte man sicherstellen, dass dort kein Igel schläft. Das Gleiche gilt auch, wenn man Gartenabfälle entsorgt oder den Komposthaufen umsetzt. Ein lockerer Haufen Zweige und Äste in einer ruhigen, schattigen Ecke des Gartens bietet dem gern gesehenen Gast einen idealen Unterschlupf und ist ein wichtiger Beitrag zum Igelschutz.

Wussten Sie schon, dass …
Igel wahre Langstreckenläufer sind?

Je nach Alter und Geschlecht legt der Igel auf seinen nächtlichen Streifzügen zwischen 0,6 und 2 km zurück. Ein Igelmännchen auf Brautschau scheut auch weitere Wegstrecken nicht und läuft sogar bis zu 6 km weit durch die Nacht.

Wussten Sie schon, dass...
Napoleon Bonaparte die Erfindung der Konservendose initiierte?

Um seinen Truppen eine gute Verpflegung in Kriegszeiten zu sichern, setzte Napoleon Ende des 18. Jh. einen Preis von 12 000 Goldfrancs für ein Verfahren aus, das Lebensmittel dauerhaft haltbar machte. François Appert, Koch und Konditor, entwickelte daraufhin eine Methode, bei der man Lebensmittel erhitzte und unter Luftabschluss erkalten ließ. 1810 wurde ihm „für die Kunst, alle animalischen und vegetabilischen Substanzen in voller Frische zu erhalten", das Preisgeld ausbezahlt. In einem Kochbuch, das 1822 auch in Deutsch erschien, verriet er der Öffentlichkeit das Geheimnis der Konservierung von Obst, Fleisch und Gemüse.

Konservengläser sollen möglichst gut verschlossen sein – aber wenn es dann ans Öffnen geht, kann diese Eigenschaft plötzlich zum Problem werden.

Stimmt es, dass...
Magnetfelder KALKABLAGERUNGEN in Leitungen verhindern? **NEIN**

Die Hersteller chemiefreier Wasserbehandlungsgeräte versprechen Abhilfe bei Kalkablagerungen und Korrosion durch die physikalische Wasseraufbereitung – ein Verfahren, bei dem das Wasser an Magneten vorbeigeleitet wird.

Kritiker bezweifeln ihre Wirksamkeit, und negative Testergebnisse von unabhängigen Prüfstellen geben ihnen Recht: Bei jedem Test fielen nahezu alle Geräte durch. Bei keinem Gerät, das völlig chemiefrei arbeitet, konnte nachgewiesen werden, dass es Korrosion verhindert oder bereits vorhandene Kalkablagerungen in Boilern oder Rohren reduziert. Der Kalk lagert sich auch weiterhin an Fliesen, Sanitärobjekten oder in Wasserkochern ab. Die Enthärtung von Wasser auf magnetischem Weg konnte zudem bisher noch nicht physikalisch erklärt werden.

Wenige der getesteten Geräte zeigten jedoch eine deutliche Wirkung. Sie vermindern die Kalkablagerungen im Boiler um mehr als 60 %. Doch dabei handelt es sich ausschließlich um Modelle, die nach 1998 auf den Markt kamen und die nicht nur nach dem Prinzip der Magnetfelder arbeiten, sondern zusätzlich chemische Verfahren einsetzen. Aber auch diese Geräte können die Bildung von Kalkflecken auf Fliesen und die Ablagerungen im Wasserkocher nicht vollständig verhindern.

Stimmt es, dass...
KONSERVENGLÄSER sich durch einen Schlag auf den Boden leichter öffnen lassen? **JA**

Konservengläser müssen fest verschlossen sein, denn nur so wird der Inhalt gut vor Beschädigung und Verunreinigungen geschützt. Um dies zu erreichen, wird das Füllgut heiß eingebracht und das Glas dann mit einem Twist-Off-Verschluss verschlossen, einem Schraubdeckel, in dem meist zusätzlich noch eine Gummidichtung eingelassen ist. Wenn der Inhalt abkühlt, zieht sich die im Glas verbleibende Luft zusammen, und ein Unterdruck entsteht. Je stärker der ist, desto besser schließt der Deckel. Durch die federelastischen Eigenschaften der Dichtung entsteht beim Zuschrauben des Deckels zudem eine Vorspannung des Gewindes, die zusätzlich verhindert, dass sich der Deckel bereits bei kleinen Erschütterungen vom Glas löst.

Der Schlag auf den Boden des Glases setzt das Lösemoment etwas herab. Zudem versetzt das Füllgut dem Deckel einen Schlag von innen, sodass er leicht angehoben wird. Etwas Luft dringt ein – gelegentlich hört man das Zischen –, und die Vorspannung wird verringert. Jetzt kann man den Deckel leichter abschrauben.

Falls sich eine Konserve auch diesem Verfahren widersetzt, hilft es, wenn man den Rand des Deckels mit einem Löffelstiel etwas anhebt.

Stimmt es, dass...
es LÄUSEKOT ist, was man im Sommer als klebrige Substanz auf Autos findet? **JA**

Bei der Nahrungssuche dringen verschiedene saugende Insekten mit ihrem Stechrüssel bis in das so genannte Phloem vor, das Gefäßsystem der Pflanzen, in dem die zuckerhaltigen Endprodukte der Photosynthese transportiert werden. Da diese Stoffe nur wenige der Aminosäuren enthalten, die die Insekten brauchen, nehmen sie sehr viel Pflanzensaft auf und mit ihm mehr Kohlenhydrate, als sie verwerten können. Diesen Überschuss scheiden sie als Honigtau aus, dessen Name daher rührt, dass er sich wie Tau niederschlägt. Früher glaubte man, der zuckrige Belag komme aus den Pflanzen selbst oder sei gar von Gott gesandt. Im 17. Jh. erkannte dann aber ein Abt: „… so ist es der Auswurf, den sie (die Laus) aus ihrem Hintern von sich gibt.“

Nicht nur Blattläuse, auch Blattflöhe, Schildläuse, Zikaden und viele andere Insekten scheiden den klebrigen Kot aus.

Er bedeckt im Sommer die Autos und Fahrräder, die unter stark von Blattläusen befallenen Bäumen abgestellt werden.

Besonders die Ausscheidungen der Wolligen Napfschildlaus, die sich gern auf Linden niederlässt, stehen im Ruf, den Autolack zu schädigen. Doch nicht der Honigtau ist schuld, sondern Rußtaupilze, die sich auf ihm ansiedeln. Deren Stoffwechselprodukte sind so aggressiv, dass sie bis zu 1 mm tiefe Verätzungen im Lack verursachen können. Sie sollten rasch abgewaschen werden, um bleibende Schäden zu vermeiden.

Stimmt es, dass …

das Blumenwasser von **MAIGLÖCKCHEN** giftig ist? NEIN

Maiglöckchen tragen auch den Namen Marientränen, weil sie der Überlieferung nach dort entstanden sind, wo Maria am Kreuz Jesu ihre Tränen vergoss. Sie gelten als Symbol der innigen und reinen Liebe und werden deshalb in viele Brautsträuße eingebunden. Auch manche Mutter bekommt am Muttertag ein Sträußchen mit Maiglöckchen geschenkt. Doch bei all der lieblichen Schönheit der glockenförmigen Blüten und dem betörenden Duft, der zu zahlreichen Parfüms inspiriert hat, darf man nicht vergessen, dass sämtliche Teile der Pflanze, von den Blättern über die

roten Beeren bis hin zu den Blütenstielen, giftig sind. Übelkeit, Erbrechen, Durchfall und in seltenen Fällen schwerwiegende Herzrhythmusstörungen können Symptome einer Maiglöckchenvergiftung sein. Die Berührung der Blüten und Blätter kann Haut- und Augenreizungen verursachen.

Dass auch das Blumenwasser von Maiglöckchen hochgiftig ist, konnten neuere Forschungen jedoch nicht belegen. Einer der wichtigsten giftigen Wirkstoffe, Convallatoxin, ist nur sehr schwer wasserlöslich. Die Gefahr

Gerade weil die schön blühende Engelstrompete derzeit so beliebt ist, muss vor ihrer Giftigkeit gewarnt werden.

GIFTIGE PFLANZEN (AUSWAHL)

Wenn Pflanzenteile verzehrt werden, kann dies zu schweren Vergiftungen führen. Pflanzen, die als giftig bekannt sind, sollten daher in Haushalten mit kleinen Kindern tabu sein. Diese Liste erhebt keinen Anspruch auf Vollständigkeit.

Name	Giftigkeit	Name	Giftigkeit
Zimmerpflanzen		**Freilandpflanzen**	
Alpenveilchen (Cyclamen persicum)	XX	Efeu (Hedera helix)	XX
Dieffenbachie (Dieffenbachia)	XX	Eisenhut (Aconitum napellus)	XXX
Flamingoblume (Anthurium)	X	Engelstrompete (Datura suaveolens)	XXX
Maiglöckchen (Convallaria majalis)	X	Goldregen (Laburnum anagyroides)	XXX
Oleander (Nerium oleander)	XX	Herbstzeitlose (Colchicum autumnale)	XXX
Philodendron (Philodendron)	X	Kirschlorbeer (Prunus laurocerasus)	XX
Weihnachtsstern (Euphorbia pulcherrima)	X	Seidelbast (Daphne mezereum)	XXX
Wolfsmilchgewächse (Euphorbia)	XX	Tollkirsche (Atropa belladonna)	XXX

X: schwach giftig   *XX*: giftig   *XXX*: sehr giftig

einer Vergiftung durch das Vasenwasser ist daher nur sehr gering.

ABER: Bei den Beratungsstellen der Giftinformationszentralen ist zwar kein Fall von schweren Vergiftungserscheinungen infolge von Maiglöckchen-Blumenwasser dokumentiert, es wird jedoch von Magen-Darm-Beschwerden berichtet, die mit Fieber einhergehen. Auch wenn die Giftigkeit des Blumenwassers früher wohl überschätzt wurde, haben Maiglöckchen daher in Haus und Garten nichts verloren, wenn sich dort auch Kinder bewegen.

Neun von zehn Vergiftungsfälle kommen im häuslichen Bereich vor. Etwa die Hälfte der Betroffenen sind dabei Kinder, wobei 75 % der Fälle in die Altersgruppe der bis zu Vierjährigen fallen. Dies hängt vor allem damit zusammen, dass Kleinkinder ihre Umwelt oft entdecken, indem sie Gegenstände in den Mund nehmen. Da ihr Geschmackssinn noch nicht fein ausgeprägt ist, nehmen sie auch größere Mengen von unangenehm schmeckenden Stoffen auf. Giftpflanzen müssen deshalb aus dem häuslichen Umfeld verbannt werden.

Wussten Sie schon, dass …
Marder keine bestimmten Kabel bevorzugen?

Entgegen landläufiger Meinung nagen Marder bestimmte Fahrzeugteile nicht deswegen an, weil sie ihnen besonders gut schmecken. Zündkabel, Kühlwasserschlauch und Niederspannungskabel werden von Mardern auffallend häufig beschädigt, weil sie bei manchen Fahrzeugtypen sehr leicht zugänglich sind. Hieraus erklärt sich auch, dass das Risiko eines Marderschadens bei einigen Automodellen bis zu 20-mal größer ist als bei anderen, bei denen der Hersteller den Zugang durch technische Maßnahmen erschwert hat.

Stimmt es, dass …
es gegen MARDER wirksame Methoden der Abwehr gibt?   NEIN

Der Steinmarder, auch Dach- oder Hausmarder genannt, ist ein Einzelgänger; zu zweit treten sie nur während der Paarungszeit auf. Selbst die Jungtiere werden aus dem Revier vertrieben, sobald sie sich selbst ernähren können. Der Marder verbringt den Tag in Verstecken und geht erst in der Dämmerung auf Nahrungssuche. Wenn sich Erd- und Baumhöhlen in geeigneten Jagdrevieren nicht mehr in ausreichender Zahl als Nist-

platz finden lassen, sucht er für sich einen neuen Unterschlupf. Als Ruheplatz wählt das Kleinraubtier dann bevorzugt Scheunen, Dachstühle oder die Hohlräume zwischen zwei Wänden – wer einmal einen Marder im Haus hatte, weiß, wie lautstark er vor und nach seinem Beutezug auf dem Dach herumtollt.

Wie es bei vielen Tieren und Vögeln der Fall ist, hat sich der Lebensraum des Steinmarders immer mehr vom Land in die Stadt ausgebreitet. Der Allesfresser, dessen Nahrung von Kleinsäugern über Hühnereier bis zu Kirschen reicht, verschmäht auch die Abfälle nicht, die in den Städten reichlich vorhanden sind. Doch den Motorraum eines Autos sucht der Marder als Unterschlupf auf und nicht etwa, weil er gern Kabel und Schläuche frisst – bei den wenigsten Marderbesuchen in der Motorhaube sind Verbissschäden die Folge. Vielmehr prüft er die Beschaffenheit seiner Umgebung mit den Zähnen, wobei der Spieltrieb wohl ab und zu mit ihm durchgeht. Verbissschäden entstehen meist, wenn ein anderer, revierfremder Marderrüde den Motorraum mit seinem Duft markiert hat. Dies löst im Marder Aggressionen aus, die er in Ermangelung eines leibhaftigen Gegners durch Zerstörungswut austobt. Nach einem Marderschaden ist daher eine gründliche Motorwäsche zu empfehlen.

Autobesitzer fürchten den Besuch eines Marders im Motorraum.

Um Marder vom Motor fern zu halten sind Hausmittel wie Mottenkugeln, Menschenhaare und alte Socken, die im Motorraum ausgelegt werden, völlig unwirksam. Seine bemerkenswerte Anpassungsfähigkeit erlaubt es dem Marder sogar, sich an akustische Störreize von Ultraschallgeräten zu gewöhnen, die der Abschreckung dienen sollen. Eine weitere Methode besteht darin, ein großes Stück Maschendraht unter der Motorhaube auszulegen, um dem Marder den Einstieg zu erschweren. Aber auch hier besteht die Gefahr, dass er sich an das Hindernis gewöhnt.

ABER: Am erfolgreichsten sind Hochspannungsgeräte, die man nachrüsten kann und die dem Marder beim Einstieg in den Motorraum einen leichten Stromschlag versetzen. Zudem könnten die meisten Schäden verhindert werden, wenn die Automobilhersteller entsprechende Verkleidungen und Schutzgitter einbauen würden.

Stimmt es, dass ...
MAULWÜRFE Salatwurzeln fressen?   NEIN

Der Europäische Maulwurf, der zur Ordnung der Insekten fressenden Säugetiere gehört, zählt zu den besonders geschützten Arten, die nicht gejagt, verletzt, verfolgt oder gar getötet werden dürfen.

Der Maulwurf legt ausgedehnte kunstvolle Gangsysteme an, die in bestimmten Abständen von spitzkegeligen Erdhaufen, den so genannten Maulwurfshügeln, überdeckt sind. Maulwürfe haben einen sehr großen Hunger und nehmen täglich Nahrung in Höhe ihres Körpergewichts zu sich – das sind im Jahr bis zu 36 kg. Zu 90 % besteht die Nahrung aus Regenwürmern, der Rest setzt sich aus anderen wirbellosen Tieren wie Schnecken, Engerlingen und Asseln zusammen. Pflanzliches ist aber nicht dabei.

Weil lockere, feuchte Erde ihm das Graben erleichtert, sucht der Mauwurf bevorzugt neu angelegte Gärten und frisch bearbeitete Felder auf. Gartenbesitzer tolerieren ihn nicht besonders gern auf ihrem Grundstück und fürchten um die Wurzeln ihrer Salatpflanzen.

Doch warum hat ein Tier, das Pflanzliches höchstens zufällig zu sich nimmt, einen so schlechten Ruf? Die Erklärung ist einfach: Es gibt einen weiteren Ganggräber, der Gemüsebeete untertunnelt. Die Wühlmaus, auch Schermaus oder Wasserratte genannt, ist im Gegensatz zum Maulwurf reine Vegetarierin und weiß die Wurzeln und Knollen von Gemüsepflanzen sehr zu schätzen. Auch das Wurzelwerk von Obstbäumen und Beerensträuchern ist vor ihr nicht sicher. Im Unterschied zum Maulwurf legt die Wühlmaus hochovale Gänge an; die flachen Haufen liegen immer neben den Gängen. Da sie jedoch manchmal bereits angelegte Maulwurfsgänge nutzt, werden ihre Untaten häufig dem Maulwurf angekreidet.

Mit seinen großen Grabhänden legt der Maulwurf verzweigte Gangsysteme an.

Wer sich über die Maulwurfshügel ärgert, sollte bedenken, dass die kleinen Pelztiere den Boden lockern und Schädlinge vertilgen. Man kann die Erdhaufen wegharken, darf dabei aber den Gang nicht verschütten, denn beim Räumen seines Ganges schafft der Maulwurf die Erde wieder nach oben, und die Mühe war umsonst.

Wussten Sie schon, dass ...
ein Maulwurf in 1 Stunde 5 m weit graben kann?

Wie schnell er mit seinen großen, fünffingrigen Grabhänden einen völlig neuen Gang gräbt, hängt allerdings von der Beschaffenheit der Erde ab. Die maximale Grabgeschwindigkeit von 5 m pro Stunde erreicht er in weichen, sandigen Böden.

Stimmt es, dass ...

MESSING glänzend wird, wenn es mit Zitrone eingerieben wird?　　JA

Wussten Sie schon, dass ...

Messing im 17. Jh. wiedererfunden wurde?

Erst im Jahr 1691 wurde auf die Herstellung von Messing, einer Legierung aus Kupfer und Zink, ein Patent eingetragen. Und dies, obwohl Messing bereits im alten Ägypten bekannt war. Im Lauf der Jahrtausende war die Erfindung einfach in Vergessenheit geraten.

Messing ist die Bezeichnung für Legierungen aus Kupfer und Zink, wobei der Kupferanteil je nach Verwendungszweck bei 56–90 % liegt. Legierungen mit hohem Kupfergehalt werden bevorzugt zu Kunstgegenständen oder Schmuck verarbeitet; solche mit geringem Kupfergehalt zu Rohren oder Armaturen. Je nach Kupferanteil reicht das Farbspektrum von Goldrot bis hin zu Hellgelb. Der Werkstoff zeichnet sich durch gute Verformbarkeit, hohe Festigkeit und eine ausgezeichnete Korrosionsbeständigkeit aus.

Wird es der Luft ausgesetzt, überzieht sich Kupfer mit einem grünlichen Schutzfilm, der so genannten Patina. Auch unbehandeltes Messing wird im Lauf der Zeit von einer schwärzlich grünen, grafitähnlichen Oxidschicht bedeckt und erscheint dadurch dunkler. Bei Gebrauchsgegenständen kann Messing noch andere Bestandteile wie Aluminium, Eisen oder Nickel enthalten, die ebenfalls oxidieren können.

Der schöne Glanz von Messing kann beispielsweise durch eine Behandlung mit Zitronensäure wiederhergestellt werden. Für den Hausgebrauch ist aber eine normale Zitrone besser geeignet. Die vielseitige Zitrusfrucht ist also nicht nur Vitaminspender und Würzmittel, sondern auch ein Pflegemittel für Messing. Um die Patina mit einer Zitrone zu entfernen, reibt man einfach mit der Schnittfläche einer halbierten Zitrone über die stumpfe Messingoberfläche, lässt anschließend die Säure kurz einwirken und poliert zum Schluss unter kräftigem Druck mit einem Tuch sorgfältig nach. Für empfindliche, hochwertige Gegenstände empfiehlt es sich jedoch, einen der handelsüblichen Messingreiniger zu verwenden, die weniger aggressiv sind.

Übrigens können auch die schwefelhaltigen Verbindungen einer Zwiebel Messing wieder zum Glänzen bringen, die Ergebnisse sind jedoch in den meisten Fällen weniger befriedigend.

Messing wird häufig für Blasinstrumente verwendet, hier beispielsweise bei einer Trompete.

Stimmt es, dass ...

sich MÜCKEN mit Gerüchen vertreiben lassen?　　JA

Nur die weiblichen Stechmücken sind es, die die Menschen traktieren, denn sie benötigen das Eiweiß aus dem Blut für die Produktion ihrer Eier. Die Männchen sind Vegetarier und geben sich mit Pflanzensäften zufrieden. Vor allem die Mücken der Gattungen *Anopheles*, *Aedes* und *Culex* haben es auf den Menschen abgesehen. In unseren Breiten verursachen die Stiche meist nur leichten Juckreiz und kleine Schwellungen. Doch weltweit fallen den Krankheiten, die die Blutsauger übertragen können – darunter so gefährliche wie Gelb- und Denguefieber –, unzählige Menschen zum Opfer. Allein an Malaria sterben jährlich 1–3 Mio. Menschen.

Auch heute ist noch nicht restlos geklärt, was Stechmücken anzieht. Sie reagieren jedoch auf ein Gemisch aus Substanzen, die der Mensch freisetzt und das sie mit einer Art Geruchssinn orten. Vor allem Milchsäure und Kohlendioxid spielen hier eine Rolle sowie Wärme, Feuchtigkeit, Bewegung und Farbe. Mückenabwehrmittel heißen Repel-

Ätherische Öle verströmen einen angenehmen Duft, können aber meist keine Mücken vertreiben.

thetischen Mittel sind ihnen weit überlegen, auch wenn es keinen vollkommenen Schutz gibt. Nachdem diese Mittel wegen ihrer Nebenwirkungen lang in Verruf standen, gibt es inzwischen eine neue Substanz, die gut wirkt und wenig negative Begleiterscheinungen hat.

Die Wirkungsweise der Mittel ist noch nicht genau bekannt. Möglicherweise verwirren sie die Sinne der Insekten und lenken sie vom Opfer ab, oder die auf der Haut verdunstenden Stoffe bilden eine Art Schutzmantel aus Gerüchen; vielleicht werden sie aber auch einfach nur als unangenehm empfunden. Übrigens schützen gängige Repellents auch vor Zeckenbissen, durch die gefährliche Krankheiten wie Lyme-Borreliose und Hirnhautentzündung übertragen werden können.

ABER: Alle Repellents wirken nur auf kurze Distanz oder bei Kontakt. Nähern sich die Stechmücken, werden sie erst kurz vor der Landung abgeschreckt. Deshalb müssen die Mittel flächendeckend aufgetragen werden, da die Blutsauger bereits kleinste unbehandelte Hautstellen finden.

lents (vom lateinischen *repellere*, das vertreiben oder fern halten bedeutet) und enthalten chemisch-synthetische Wirkstoffe oder natürliche ätherische Öle. Die Naturprodukte erfreuen sich zwar zunehmender Beliebtheit, aber sie sind meist wirkungslos. Ausnahmen sind solche, die Lavendel- und Citronellaöl enthalten. Die chemisch-syn-

Wussten Sie schon, dass …
Tomaten und Basilikum auf der Fensterbank Mücken abwehren?

Um die Zahl der Mücken, die in die Wohnung gelangen, zu reduzieren, gibt es ein einfaches Hausmittel: Eine Tomatenpflanze oder Basilikum im Topf wirkt, auf der Fensterbank platziert, wie ein Schutzschild. Die Mücken mögen den Geruch dieser Pflanzen nicht und drehen wieder um.

Wussten Sie schon, dass …
es bereits vor 2000 Jahren erste Automaten gab?

Um 60 n. Chr. lebte in Alexandria der Mathematiker und Physiker Heron, dessen zahlreiche Erfindungen von einer sich mittels Dampfdruck öffnenden Tempeltür bis zu schweren Katapulten für den Einsatz bei Belagerungen reichen. Auch der erste Automat ist von ihm gebaut worden und diente dazu, Weihwasser zu verkaufen: Der Einwurf einer 5-Drachmen-Münze setzte einen Hebelmechanismus in Gang.

Stimmt es, dass …
man MÜNZEN an Automaten reiben sollte, wenn sie mehrmals durchfallen? NEIN

Überall, wo Münzautomaten stehen, wird mit der Münze am Automaten gerubbelt und gerieben – in der Hoffnung, die Münze falle derart behandelt nicht mehr ganz durch. Doch damit erreicht man nichts und beschädigt nur den Lack des Automatengehäuses.

Ob ein Geldstück angenommen wird, entscheidet allein der Münzprüfer im Inneren des Automaten. Früher waren mechanische Münzprüfer die Regel; sie messen mit einer Münzwaage das Gewicht und den Durchmesser der Geldstücke. Beim modernen elektronischen Münzprüfer werden der Münzdurchmesser und die Materialbeschaffenheit geprüft, jedoch nicht das Gewicht; optische Münzprüfer können sogar die Münzprägung erkennen. In einem Computer ist gespeichert, welche

Messwerte für welche Münzen akzeptiert werden. Vor der Einführung des Euros wurden europaweit Standardlegierungen für bestimmte Münzen festgelegt, damit die Euromünzen der verschiedenen Länder in ganz Europa von allen Automaten als Zahlungsmittel erkannt werden. Da das Reiben der Münzen keine der vom Automaten geprüften Eigenschaften verändert, kann es auch nichts bewirken.

Aber was kann man tun, um einen Automaten schließlich doch noch zur Annahme eines Geldstücks zu bewegen? Nach Aussage von Fachleuten befindet sich die betreffende Münze wahrscheinlich im Grenzbereich der tolerierten Messwerte. Mit etwas Glück wird sie doch noch angenommen, wenn man sie umgedreht einwirft oder es wiederholt probiert.

Die Zutaten für einen Mürbeteig müssen kühl sein und dürfen nur kurz geknetet werden, sonst wird der Teig zäh.

Wussten Sie schon, dass ...
Ägypter und Chinesen bereits vor 5000 Jahren Essig herstellten?

In Ägypten und China war bereits vor etwa 5000 Jahren bekannt, dass aus alkoholhaltigen Flüssigkeiten, die länger lagerten, Essig gewonnen werden konnte. Er wurde etwa bei Ohrenschmerzen als Heilmittel verwendet. In Ägypten setzte man ihn dann ab etwa 2000 v. Chr. auch zum Konservieren von Lebensmitteln ein.

Stimmt es, dass ...
Essig den MÜRBETEIG besonders fein und mürbe macht? — NEIN

Mürbeteig ist ein sehr fettreicher Teig, der nur wenig aufgeht, da er weder Hefe noch Backpulver enthält. Das Fett, dessen Anteil etwa 35 % beträgt, trennt die Mehlkörner voneinander und macht dadurch den Teig mürbe. Die wasserunlöslichen Eiweißbestandteile des Mehls, Gliadin und Glutenin, werden von einem feinen Fettfilm umhüllt und können weniger Flüssigkeit binden. Die Kleberbildung, die im Rührteig die Masse lockert, ist beim Mürbeteig unerwünscht und wird durch den Fettfilm gehemmt. Je höher die Fettmenge, desto zarter der Teig. Die Zutaten müssen kühl sein und so schonend und rasch wie möglich verarbeitet werden, da der Teig durch starkes Kneten zäh wird. Essig würde den Teig nur brüchig machen und könnte außerdem einen unangenehmen Beigeschmack hinterlassen.

Früher fügte man dem Teig für Hartkekse Essig zu, damit er geschmeidiger wurde. Hartkeksteig hat jedoch einen Fettanteil von nur 10–15 %; ein Backtriebmittel wird beigesetzt, um ihn mürbe zu machen, und er wird mindestens 30 Minuten bei etwa 40 °C geknetet. Im Englischen werden sowohl der Hartkeks als auch der Mürbekeks als *biscuit* bezeichnet. Die Behauptung, dass man mit Essig einen besonders feinen Mürbeteig erhält, ist wahrscheinlich auf diese Doppelbedeutung zurückzuführen.

Stimmt es, dass ...
OBST nicht in der Nähe von Schnittblumen gelagert werden soll? — JA

Eine Schale mit reifen Äpfeln, Birnen und Bananen, daneben eine Vase mit einem prächtigen Blumenstrauß – eine Augenweide, an der man aber nicht sehr lange Freude haben wird. Denn die Früchte verströmen das Pflanzenhormon Ethylen, das verschiedene Stoffwechselprozesse in Gang setzt, die u. a. für das Weichwerden oder die Aromabildung verantwortlich sind. Das farblose, schwach süßlich riechende Gas wird während der Reife und besonders bei Zersetzung abgegeben – weshalb es es auch als Fäulnis- oder Reifegas bezeichnet wird. Dieses Gas beeinflusst auch die Alterung von in der Nähe liegenden Obstsorten sowie von Gemüse und Schnittblumen. Die Ethylenbildung und die Ethylenempfindlichkeit sind bei den einzelnen Pflanzenarten sehr unterschiedlich. Viel Ethylen geben beispielsweise Äpfel, Avocados, Bananen, Birnen, Pfirsiche, Pflaumen und Tomaten ab. Kirschen und einige Beeren wie Johannisbeeren bilden hingegen nur wenig Ethylen und beeinflussen die Reife anderer Früchte nicht. Besonders empfindlich sind Auberginen, grüne Bohnen, Kopfsalat, Möhren, Paprika und Petersilie. Vorbeugend sollten Gemüse und Früchte nicht mit reifenden Obstsorten, die viel Ethylen abgeben, zusammen gelagert werden.

Auch Schnittblumen lassen in der Nähe von Ethylen ausscheidenden Früchten schnell die Köpfe hängen. Der Alterungsprozess wird beschleunigt, die Blüten welken schneller und bleichen aus. Der schöne Strauß sollte also in einem Raum stehen, in dem sich kein Obst befindet.

Die Ethylenbildung ist ein völlig normaler Vorgang. Allerdings sollte darauf geachtet werden, dass der Reifeprozess gesunder Früchte nicht durch beschädigte Exemplare, die sich zersetzen, beschleunigt wird.

Neben den Äpfeln sind die Blumen wohl bald verwelkt. Jan Breughel d. Ä. (1568 bis 1625) hat ihre Schönheit für immer festgehalten.

Stimmt es, dass ...

von manchem OBST immer zwei Exemplare gepflanzt werden müssen?   `JA`

Neben Standort, Nährstoffversorgung, Bewässerung und Schnitt spielt im Obstanbau die Auswahl der Sorten eine wichtige Rolle. Von der richtigen Zusammenstellung hängt die Befruchtung und damit der Ertrag ab.

Unter Befruchtung versteht man die Übertragung des Blütenpollens auf die Narbe derselben oder einer anderen Blüte, wo er mit der Eizelle im Innern des Fruchtknotens verschmilzt. Sie ist die Voraussetzung für die Entwicklung des Fruchtknotens zur Frucht. Bei vielen Obstarten benötigen die meisten Sorten eine Fremdbefruchtung durch den Blütenpollen anderer Sorten derselben Obstart, da sie sich nicht oder nicht ausreichend selbst befruchten können. Beide Sorten müssen zur gleichen Zeit blühen. Den Transport des Pollens übernimmt der Wind oder Bienen und Hummeln. Wenn sich im Umkreis von 500 m nur wenige verschiedene Sorten einer Obstart befinden, sollte man im eigenen Garten unterschiedliche Sortenvertreter anpflanzen. Zu den Fremdbefruchtern gehören Süßkirschen, Äpfel, Birnen und Mirabellen.

Darüber hinaus müssen bei Apfel und Birne noch gute von schlechten Pollenspendern unterschieden werden. Bei der komplizierten Sortenauswahl lässt man sich am besten von einem Fachmann beraten.

BEFRUCHTUNGSVERHÄLTNISSE BEI OBSTARTEN

Falls keine anderen Grundstücke mit Obstbäumen in der Nähe sind, muss bei der Anlage eines Obstgartens berücksichtigt werden, ob die gewählten Sorten selbstbefruchtend oder – wie alle Äpfel- und Birnensorten – auf Bestäubung durch sortenfremden Pollen angewiesen sind. In diesem Fall muss Platz für verschiedene Sortenvertreter vorhanden sein. Beerenobst ist in der Regel selbstfruchtbar oder teilweise selbstfruchtbar und auch weniger problematisch, weil ohnehin meist mehrere Exemplare gepflanzt werden.

Nicht selbstfruchtbar

Diese Obstarten benötigen eine Fremdbefruchtung durch Pollen anderer Sorten derselben Obstart, um einen genügenden Fruchtansatz zu bilden.

Äpfel
Birnen
Mirabellen
Süßkirschen
Walnuss

Teilweise selbstfruchtbar

Bei diesen Obstarten gibt es Selbstbefruchter, Fremdbefruchter und sämtliche Übergänge.

Pflaumen
Rote und Schwarze Johannisbeeren
Sauerkirschen
Zwetschgen

Selbstfruchtbar

Oft wirkt sich eine Fremdbefruchtung günstig auf die Fruchtgröße aus.

Brombeeren
Erdbeeren
Hauszwetschge
Himbeeren
Quitten
Stachelbeeren

Stimmt es, dass ...

Stimmt es, dass ...

Pflanzen, die mit ÖKOLOGISCHEN DÜNGEMITTELN gedüngt wurden, besser gedeihen? **NEIN**

Ein nach ökologischen Methoden arbeitender Bauer bereitet vor der Pflanzung von Gemüse den organischen Stickstoffdünger zum Ausbringen vor.

Pflanzen gedeihen gut, wenn sie all die Nährstoffe in ausreichender Menge bekommen, die sie für ein gesundes Wachstum benötigen. Ob diese im Boden natürlich vorkommen oder über Düngemittel, gleich welcher Art, zugeführt werden, spielt für die Pflanzen letztlich keine Rolle. Als Hauptnährstoffe brauchen sie Stickstoff, Phosphor, Kalium, Kalzium und Magnesium, als Spurennährstoffe u. a. Eisen und Mangan. Nicht alle diese Stoffe sind in jedem Boden immer vorhanden und müssen daher durch Düngemittel zugesetzt werden. Pflanzen dürfen aber auch nicht überdüngt werden. Sie gedeihen in diesem Fall nicht besser, sondern werden sogar anfälliger für Schädlinge und Krankheiten.

Auch wenn das Gedeihen der Pflanzen nicht von der Art der Düngemittel abhängt, so haben die ökologischen, also alle organischen Dünger Vorteile: Sie schonen das Grundwasser und fördern die längerfristige Fruchtbarkeit des Bodens. Da sie meist aus tierischen Abfallprodukten bestehen, müssen sie erst durch die im Boden lebenden Mikroorganismen aufgespalten werden, bevor die Nährstoffe für die Pflanzen verfügbar sind. Sie wirken daher langsam.

Mineraldünger basieren dagegen auf anorganischen Stoffen. Sie werden industriell hergestellt, stammen teilweise aber auch, wie etwa die Kalisalze, aus natürlichen Vorkommen. Sie werden schnell von den Wurzeln der Pflanzen aufgenommen und wirken daher rasch. Allerdings können sie durch Regenwasser leicht ins Grundwasser geschwemmt werden und auf längere Sicht den Boden versalzen. Sie müssen zudem sehr genau dosiert werden, damit es nicht zu einer Überdüngung kommt.

Wussten Sie schon, dass ...
Italien die größte ökologische Anbaufläche Europas hat?

Ende 2002 waren in Italien etwa 1,2 Mio. ha Land als ökologisch genutzte Anbaufläche ausgewiesen. Weit abgeschlagen folgten Großbritannien mit rund 720 000 ha und Deutschland mit knapp 700 000 ha. Betrachtete man das Verhältnis der ökologischen zur gesamten Anbaufläche, lag Österreich vorn: Dort wurden 8,7 % der Fläche ökologisch bearbeitet. In Deutschland betrug der Anteil nur 4,1 %.

Stimmt es, dass ...

man keine ORANGENSCHALEN auf den Komposthaufen werfen darf? **NEIN**

Guter Kompost ist ein ausgezeichneter natürlicher Dünger für den Garten. Er entsteht, indem unzählige Mikroorganismen organische Abfälle in frischen, nährstoffreichen Humus umwandeln. Jeder Hobbygärtner weiß, dass er nicht alle Küchenabfälle auf dem Komposthaufen entsorgen kann, und bei Orangenschalen gibt es Vorbehalte, weil die Früchte oft mit Schädlingsbekämpfungsmitteln behandelt wurden. Doch solange es sich um haushaltsübliche Mengen handelt, dürfen auch die Schalen von behandelten Zitrusfrüchten kompostiert werden. Die Pestizide werden im Verlauf der so genannten Rotte weitgehend abgebaut, die Qualität des entstehenden Humus wird nicht beeinträchtigt.

Manche Hobbygärtner befürchten aber auch, dass die

DER KOMPOSTHAUFEN

Ein Komposthaufen muss richtig aufgebaut werden, damit Humus entsteht. Er muss direkten Kontakt zum lebendigen Boden haben, damit die Mikroorganismen aus der Erde in den Komposthaufen gelangen.

Mantel aus Laub, Stroh oder Grasschnitt

dünner Humusmantel

dünne Zwischenlage, z. B. stickstoffhaltiger Dünger, Gartenerde

Schichten aus gemischten Abfällen (hier: fünf), je 20–30 cm hoch

Basis aus gröberem Material wie Zweige, Heckenschnitt usw., etwa 20 cm hoch

Säure der Südfrüchte und die natürliche oder künstliche Wachsschicht den Rotteprozess stören. Doch auch in diesem Punkt braucht man keine Bedenken zu haben. Die Schalen verrotten genauso gut wie andere organische Abfälle, nur etwas langsamer, und die Säure schadet der Qualität der Komposterde nicht.

ABER: Größere Mengen an Abfällen von behandelten Zitrusfrüchten sollten nicht kompostiert werden. Da Zitrusschalen zudem zu Schimmelbildung neigen, empfiehlt es sich, auf gute Kompostpflege zu achten, damit die Schalen möglichst schnell verrotten. Ausgepresste Früchte sollten außerdem zerkleinert werden, bevor sie auf den Kompost kommen.

WAS DARF AUF DEN KOMPOST?

Die meisten organischen Abfälle aus Garten und Haushalt eignen sich für die Kompostierung. Voraussetzung für eine gute Verrottung ist, dass das gesammelte Material sorgfältig zerkleinert und gut vermischt wird, bevor man es auf den Haufen gibt. Man schichtet es dann locker und luftdurchlässig – auf diese Weise kann genügend Sauerstoff zirkulieren.

Kompostierbare Abfälle:	Nicht kompostierbare Abfälle:
Pflanzen und Pflanzenteile	kranke Pflanzen bzw. Pflanzenteile
Hecken- und Baumschnitt	gekochte Küchenabfälle
angetrockneter Rasenschnitt	Fleisch- und Wurstabfälle, Knochen
Unkraut (eingeschränkt)	imprägnierte Holzabfälle
trockenes Laub	farbig bedrucktes Papier
Mulch	Katzenstreu
verbrauchte Topferde	Staubsaugerbeutel
rohe Küchenabfälle	Asche aus Stein-, Braun- und Grillkohle
Kaffeesatz und Teeblätter	Plastikreste
Stroh und Heu	
Papier und Karton (angefeuchtet)	
Asche aus Holz und Holzkohle	

Stimmt es, dass …

manche PARFÜME Exkremente von Tieren enthalten? JA

Betörende Düfte, die die Sinne umschmeicheln, edle Flakons, die wie kleine Skulpturen wirken, klangvolle Namen, die Luxus pur verheißen: Parfüme bringen „Glamour" in den Alltag, heben die Stimmung und sollen die Träger attraktiver machen. Kaum vorstellbar, dass diese Luxusartikel Exkremente von Tieren enthalten sollen. Und doch ist es so, denn Duftstoffe aus dem Tierreich spielen traditionell eine wichtige Rolle bei der Parfümherstellung. Heute können Duftstoffe zwar preiswert im Chemielabor hergestellt werden, und viele Parfüme basieren inzwischen auf synthetischen Substanzen. Die Schöpfer besonders exklusiver Parfüme schwören jedoch nach wie vor auf Originalduftstoffe, da die Qualität der Essenzen aus der Retorte nicht an die der Substanzen aus der Natur heranreichen. Die tierischen Essenzen gehören zu den kostbarsten Stoffen, die in Parfümen eingesetzt werden.

Die Tiere, die in der Welt der Luxusdüfte eine Rolle spielen, sind vor allem Pottwal, Moschushirsch, Biber und Zibetkatze. Sie liefern Amber bzw. Ambra, eine Ausscheidung des Pottwals, Moschus, das Geschlechtssekret des männlichen Moschustiers, Castoreum, das Geschlechtssekret des Bibers, sowie Zibet, das Markierungssekret der Zibetkatze. Diese Substanzen sind nicht nur Träger von Duftstoffen. Sie werden hauptsächlich als Fixateure verwendet, d. h., sie sorgen für eine längere Haltbarkeit, indem sie die Verdunstung der im Parfüm enthaltenen leicht flüchtigen ätherischen Öle verlangsamen.

Die aus dem Darm von Pottwalen ausgeschiedenen Amberstücke schwimmen auf der Meeresoberfläche und werden beispielsweise an die Strände Neukaledoniens im Südpazifik gespült. Amber wird auch toten Walen entnommen, muss dann aber noch etwa ein Jahr lang in Meerwasser liegen bleiben, denn er ist übel riechend und verändert seinen Geruch erst durch die Einwirkung von Sonnenlicht und Sauerstoff. Die Sekrete der Zibetkatze, des Moschushirsches und des Bibers werden aus den Duftdrüsen der Tiere gewonnen – die Zibetkatze bleibt dabei unversehrt, Moschushirsch und Biber müssen dafür aber ihr Leben lassen.

Wussten Sie schon, dass…
Moschus der teuerste Duftstoff der Welt ist?

Das stark riechende Brunftsekret des männlichen Moschustieres ist weit mehr wert als Gold. Für 1 kg werden Preise über 50 000 Euro erzielt. Im Vergleich dazu: 1 kg Amber kostet rund 8000 Euro, und für 1 kg Rosenöl, das aus 5 t Rosenblüten gewonnen wird, müssen rund 5000 Euro bezahlt werden. Moschus ist sehr begehrt, denn es wird nicht nur in der Parfümindustrie, sondern auch in der asiatischen Medizin eingesetzt. Die in Asien beheimateten hirschartigen Tiere sind inzwischen in ihrem Bestand gefährdet.

Stimmt es, dass …

PFLANZEN auf Musik reagieren? **NEIN**

Viele Pflanzenfreunde sind davon überzeugt, dass Pflanzen ausgesprochene Musikliebhaber sind. Kaum lassen die Topfpflanzen auf der Fensterbank ein paar Blätter fallen, wird eine Mozart- oder Vivaldi-CD aufgelegt, und die Töne und Schwingungen der Musik sollen ihre heilsame Wirkung ausüben. Doch leider ließ sich bislang nicht nachweisen, dass die Klangfülle klassischer Konzerte oder der Sound eingängiger Popmusik von Pflanzen wahrgenommen wird, geschweige denn sie besser gedeihen lässt. Es wurde zwar bereits in einigen Studien zu zeigen versucht, dass Musikstücke von Mozart, Beethoven oder Tschaikowsky das Wachstum von Pflanzen anregen, doch bis jetzt konnten keine Beweise dafür erbracht werden.

Bei einem vom WDR initiierten Experiment wurden im Pflanzenversuchslabor des Forschungszentrums Jülich Sonnenblumen in Versuchskammern unter simulierten idealen Umweltbedingungen mit Musik beschallt, und zwar mit klassischen Musikstücken, die sich dem Thema Natur widmen, beispielsweise mit Robert Schumanns *Waldszenen* und dem Blumenwalzer aus der *Nussknacker-Suite* von Peter Tschaikowsky. Die Pflanzen wurden dabei einer gleichmäßigen Beleuchtung ausgesetzt. Es wurde untersucht, ob sich die Musik auf die Photosynthese auswirkt, denn äußere Einflüsse auf Pflanzen zeigen sich in Veränderungen im sensiblen Stoffwechsel. Das Resultat: Die Musik hatte keine Auswirkungen auf die Photosynthese der Blumen, sie reagierten also nicht auf die Beschallung. Neben der Photosynthese wurde auch erforscht, ob bei der Abgabe von Spurengasen Effekte auftraten, denn auch diese zeigen an, ob Pflanzen in dieser Hinsicht beeinflusst werden. Hier ergab sich ebenfalls keine Veränderung.

Anders sah es aus, als man die Lichtintensität veränderte – sofort waren Auswirkungen auf die Photosynthese und die Abgabe von Spurengasen an die Luft nachweisbar. Pflanzen nehmen Licht also deutlich wahr. In dem genannten Versuch wurde auch getestet, ob sich Sprache und andere Geräusche auf die Blumen auswirken, und wieder ergab sich das gleiche Bild. Die Pflanzen reagierten nicht. Egal, um welche Töne und Geräusche es sich handelt – Pflanzen hören offenbar nichts.

Wenn Pflanzenfreunde entgegnen, bei ihren Pflanzen zu Hause habe Musik aber Wunder gewirkt, so hat dies wohl andere Ursachen. Wer seinen Pflanzen Musik vorspielt, um ihnen Gutes zu tun, wird sich auch sonst liebevoll um sie kümmern, sie richtig gießen, düngen und bei Bedarf von Schädlingen befreien – und das lässt alle Pflanzen aufblühen.

Wussten Sie schon, dass …
Pflanzen „sehen" können?

Pflanzen besitzen Sensoren, mit denen sie wahrnehmen, woher das Licht kommt. Bei diesen Sensoren handelt es sich um Sehproteine, die sich vor allem in den Sprossspitzen befinden. Die „Sehorgane" ermöglichen es den Pflanzen, sich zum Licht hin auszurichten. Ohne diese Fähigkeit könnten Pflanzen nicht existieren, denn das Licht liefert ihnen die notwendige Energie, die sie zum Wachsen benötigen.

Pflanzen danken die gute Pflege mit gesundem Wachstum und üppiger Blüte.

Stimmt es, dass …

PFLANZEN Dünger auch über die Blätter aufnehmen können? **JA**

Pflanzen ernähren sich hauptsächlich, indem sie über ihre Wurzeln die notwendigen Nährstoffe aus der Erde entnehmen. Dabei spielt es keine Rolle, ob die Nährstoffe natürlich vorkommen oder durch Düngung hinzugefügt wurden. Manche Flüssigdünger können aber auch über die Blätter der Pflanzen aufgenommen werden, wenn man sie direkt auf die Blattoberflächen spritzt. Die Blattdüngung hat den Vorteil, dass sie sehr rasch wirkt, denn die Nährstoffe werden in gelöster Form schnell aufgenommen. Sie wird häufig im Obst- und im Weinbau angewendet, aber auch bei Getreide kann sie bei Bedarf eingesetzt werden.

Für den Hobbygärtner hat die Blattdüngung zwar nur geringere Bedeutung, aber sie ist in Notfällen sehr hilfreich. Wenn im Garten Obstgehölze und Gemüsepflanzen unter Mangelerscheinungen leiden, beispielsweise bei lang anhaltender Trockenheit, oder wenn Wurzeln krank sind und dringend mit Nährstoffen versorgt werden müssen, kann man mit der Blattdüngung gute Erfolge erzielen.

Als Blattdünger nimmt man vor allem Harnstoffdünger – einen hoch konzentrierten Stickstoffdünger – sowie flüssigen Volldünger. Vor der Anwendung werden sie mit Wasser verdünnt und anschließend mit einem Spritzgerät aufgebracht. Wenn Niederschlag angekündigt ist, muss die Blattdüngung verschoben werden. Andernfalls wäscht der Regen die Lösung ab, bevor sie aufgenommen wird und ihre Wirkung entfalten kann.

Auch wenn Zimmerpflanzen oder Topf- und Kübelpflanzen auf Balkon oder Terrasse kränkeln, ist Blattdünger ein verlässlicher Helfer in der Not. Nach dem Besprühen erholen sie sich schnell wieder.

Vorsicht ist allerdings bei Pflanzen mit behaarten Blättern geboten, denn sie könnten fleckig werden. Empfindliche Blüten sollten nicht besprüht werden. Für alle Pflanzen gilt: Die Blattdüngung darf nicht bei direkter Sonneneinstrahlung ausgebracht werden, denn die Blätter können sonst Verbrennungen erleiden.

Wussten Sie schon, dass …
man Äpfel durch eine spezielle Blattdüngung haltbarer machen kann?

Die Haltbarkeit von Äpfeln lässt sich verbessern, wenn Blätter und Früchte von Apfelbäumen ab dem Sommer bis kurz vor der Ernte regelmäßig mit Kalziumdüngern bespritzt werden. Damit beugt man der Stippe vor, einer Stoffwechselkrankheit, die durch Kalziummangel in den Früchten verursacht wird. Sie tritt meist nach der Ernte auf und ist an kleinen bräunlichen Flecken zu erkennen. Die Behandlung wirkt auch gegen Fleischbräune und andere Lagerkrankheiten, die Äpfel können also länger aufbewahrt werden.

Stimmt es, dass …
man PFLANZEN im Freien frühmorgens wässern sollte? JA

Herrlich blühende Blumenbeete, sattgrüne Sträucher, gesunde Gemüsepflanzen – das ist der Stolz eines jeden Gärtners. Damit die Gartenpracht erhalten bleibt, ist es vor allem in heißen Sommern äußerst wichtig, die Pflanzen richtig und ausreichend zu wässern, denn Wasser ist für sie lebenswichtig.

Ganz falsch ist es, in der Mittagszeit in der prallen Sonne zu gießen, denn viel Wasser verdampft ungenutzt, ehe es bis zu den Wurzeln im Boden gelangt, und die Blätter können verbrennen, wenn sie mit Wassertropfen benetzt werden. Die frühen Morgenstunden eignen sich am besten für das Gießen, denn dann wird das Wasser optimal aufgenommen. Gegen abendliches Wässern ist ebenfalls wenig einzuwenden, es sollte aber nicht zu spät erfolgen, denn sonst können Pflanzen von Pilzkrankheiten befallen werden. Auch wenn man Probleme mit Nacktschnecken hat, die den Garten heimsuchen, ist abendliches Gießen nicht empfehlenswert. Die nachtaktiven Tiere lieben die Feuchtigkeit und werden von ihr angezogen.

Ob Blumen, Sträucher und Gemüsepflanzen heiße Sommertage gut überstehen, hängt aber nicht nur vom Zeitpunkt des Wässerns ab. Wer seine Pflanzen richtig versorgen will, sollte noch einiges mehr beachten. Eine Grundregel lautet, den Boden im Wurzelbereich der Pflanzen zu wässern, während die Blätter möglichst trocken bleiben. Häufiges, oberflächliches Gießen ist ungünstig; besser ist es, weniger

oft, dann aber gründlich zu wässern. Dabei sollte man sich Zeit lassen, mit feinem Strahl arbeiten und den Pflanzen keinen kräftigen Wasserguss verabreichen, denn sonst verschlammt der Boden. Bei ausdauerndem Gießen wird er dagegen gut durchfeuchtet, und die Wurzeln können sich weiterentwickeln und ausbreiten. Das wiederum bedeutet, dass sie in Trockenphasen Wasser aus tieferen Bodenschichten aufnehmen können. Wie viel Wasser gebraucht wird, hängt u. a. von der Bodenart ab. Sandiger Boden hält das Wasser schlecht. Bei lehmigem Boden besteht wiederum die Gefahr von Staunässe.

Damit der Boden im Sommer nicht zu stark austrocknet, empfiehlt sich eine Mulchdecke zwischen den Pflanzen. Dadurch verdunstet weniger Wasser, und man muss weniger gießen. Um die Wasserkosten zu reduzieren, kann man auch mit einer Tonne Regenwasser auffangen.

Woran viele nicht denken: Immergrüne Pflanzen brauchen auch im Winter Wasser, damit sie nicht austrocknen. Wenn es längere Zeit keinen Niederschlag gab und kein Frost herrscht, sollte man die Pflanzen mit dem notwendigen Wasser versorgen.

Ein Bewässerungsgerät sorgt bei Topf- und Kübelpflanzen für gleichbleibende Feuchtigkeit und spart zudem Wasser.

Stimmt es, dass...

PFLANZEN im Zimmer nachts gefährliche Gase abgeben?   NEIN

Manche Menschen wagen es nicht, ihr Schlafzimmer mit Pflanzen zu schmücken. Sie befürchten, dass Gase, die nachts von den Pflanzen ausgehen, ihrer Gesundheit schaden könnten. Diese Ängste sind aber unbegründet. Pflanzen geben zwar gasförmige Stoffe ab – dazu gehören auch Duftstoffe, die manche Pflanzen verströmen und die bei einigen Menschen Kopfschmerzen auslösen können –, aber diese sind für den Menschen ungefährlich. Wenn Pflanzen aus dem Schlafzimmer verbannt werden, dann auch deshalb, weil sie angeblich Sauerstoff verbrauchen und dafür die Luft mit Kohlendioxid anreichern. Dass diese Ansichten weit verbreitet sind, liegt daran, dass die meisten Menschen wenig über den Stoffwechsel von Pflanzen wissen und bestimmte Vorgänge falsch deuten.

Was passiert nun tatsächlich? Bei der Photosynthese wandeln Pflanzen tagsüber mithilfe des Sonnenlichts Kohlendioxid aus der Luft und Wasser aus dem Boden in Kohlenhydrate um und setzen dabei Sauerstoff frei. Der umgekehrte Prozess, der Dissimilation genannt wird, findet zu jeder Tages- und Nachtzeit statt, da er unabhängig vom Licht ist. Die Pflanzen wandeln dabei Kohlenhydrate in Kohlendioxid und Wasser um. Dabei wird Energie erzeugt, die die Pflanze braucht, um viele lebenswichtige Funktionen aufrechterhalten zu können. Bei diesem Vorgang wird zwar tatsächlich Sauerstoff verbraucht, aber die Sauerstoffmenge, die nachts der Luft entzogen wird, ist verschwindend gering – ebenso wie die abgegebene Menge an Kohlendioxid völlig unbedeutend ist.

Wussten Sie schon, dass...
bestimmte Grünpflanzen die Luftfeuchtigkeit in Räumen erhöhen?

Während der Heizperiode ist die Raumluft meist sehr trocken. Dagegen helfen Grünpflanzen als natürliche Luftbefeuchter – vor allem solche, die viel Wasser brauchen –, denn sie verdunsten das Wasser über die Blätter, geben es also wieder in die Raumluft ab. Zu den geeigneten – d. h. durstigen – Pflanzen gehören Philodendron, Zimmerlinde, Farn und Zyperngras, also solche mit großen oder vielen zarten Blättern. Einzelne Exemplare genügen allerdings nicht; damit die wohltuende Wirkung zu spüren ist, müssen in jedem Raum mehrere Pflanzen vorhanden sein.

Stimmt es, dass...

man ROSEN nicht wieder am selben Standort pflanzen sollte?   NEIN

Blütenkaskaden von Kletterrosen, dichte Rosensträucher, ein Blütenteppich von bodendeckenden Rosen oder edle Einzelrosen – der Anblick lässt jedes Gärtnerherz höher schlagen. Rosen können viele Jahre gut gedeihen – doch was tun, wenn sie allzu sehr in die Jahre gekommen sind und ihre Pracht sich nicht mehr entfalten kann? Auch wenn die landläufige Meinung anders lautet, man kann durchaus am selben Standort neue Rosen anpflanzen. Wenn Rosen, die an der alten Stelle gepflanzt wer-

EINTEILUNG DER ROSEN

Es gibt nur wenige Pflanzen in einer so reichen Vielfalt an Formen, Farben und Düften wie die Rose, die zu den ältesten Blumen auf der Erde gehört und schon in der Antike als Königin der Blumen bezeichnet wurde. Für jeden Garten finden sich geeignete Rosensorten, ob für einen bunten Bauerngarten oder eine elegante, klassische Anlage. Damit die Fülle an Sorten ein wenig überschaubarer wird, teilt man Rosen in mehrere Gruppen ein, deren Mitglieder gemeinsame charakteristische Merkmale besitzen.

Gruppe	Merkmale	bewährte Sorten
Edelrosen	große, meist gefüllte, duftende Einzelblüten an einem Trieb, sehr gut als Schnittblumen, blühen zwischen Juni und Oktober	'Erotica' (dunkelrot), 'Gloria Dei' (hellgelb mit kupferrotem Rand)
Kletterrosen	hoch wachsend, brauchen Stützgerüste, blühen einmal oder mehrmals im Jahr (Juni, Juli)	'Sympathie' (dunkelrot), 'New Dawn' (zartrosa)
Strauchrosen	hoher, buschiger Wuchs, reich blühend, einfache oder gefüllte Blüten, blühen einmal oder mehrmals (Juni bis September)	'Schneewittchen' (weiß), 'Westerland' (kupferorange)
Beetrosen	buschiger Wuchs, reich blühend, große Blütenbüschel, einfache oder gefüllte Blüten, blühen von Juni bis Oktober	'Lilli Marleen' (feuerrot), 'Goldtopas' (orangegelb)
Zwergrosen	buschiger Wuchs, werden nur 20–30 cm hoch, reich und öfter blühend, kleine gefüllte Blüten, erscheinen im Juni und Juli	'Baby Maskerade' (kupferrot bis gelb), 'Starina' (lachsrot)
Bodendecker-rosen	niedrig wachsende Büsche, die ihre Zweige auf dem Boden ausbreiten, für flächige Bepflanzung geeignet	'Sommerwind' (rosa), 'Immensee' (perlmuttrosa)
Hochstamm-rosen	schlanker, aufrechter, kahler Stamm, auf den eine Edel-, Beet- oder Strauchrose veredelt wird	'Duftwolke' (rot), 'Rosarium Uetersen' (rosa)

Nicht nur für Rosenfreunde ein Genuss ist dieser aus Rosen gebildete Laubengang in einem Park.

den, nicht richtig wachsen, kann das ein Anzeichen für Bodenmüdigkeit sein. Dies ist zwar oft auf Vermehrungsflächen von Baumschulen ein Problem, im Privatgarten jedoch selten. Wählt man besonders widerstandsfähige Rosensorten, ist der Austausch einfach. Dann reicht es, nach dem Entfernen der alten Rosen den Boden tief zu lockern, von Pflanzenresten zu befreien und vor dem Einpflanzen der neuen Rosen organische Substanz einzuarbeiten.

ABER: Fällt die Wahl auf Rosen, die nicht ausgesprochen widerstandsfähig sind, sollte man vorsichtiger vorgehen. Dazu hebt man den Boden zunächst ungefähr 50 cm tief aus. So werden alle Bakterien und schädlichen Substanzen entfernt, die von den Vorgängerrosen stammen. Danach füllt man neue Erde ein, die zuvor mit Kompost, Horn-, Knochen- und Steinmehl vermischt wurde, und pflanzt die neuen Rosen ein.

Stimmt es, dass...
Salz ROTWEINFLECKEN entfernt? NEIN

Die Stimmung ist hervorragend, das Essen gelungen, und zum Trinken hat man einen edlen Tropfen ausgewählt. Da passiert es – ein Gast stößt aus Versehen ein Glas mit Rotwein um, und die Flüssigkeit ergießt sich ausgerechnet auf den hellen Teppich. In solchen Fällen soll ein altes Hausmittel helfen, das bis heute immer wieder propagiert wird: Man streue Salz auf den frischen Fleck, lasse es einwirken und entferne es dann mit der darin gebundenen Flüssigkeit. Leider haben praktische Versuche ergeben, dass diese Methode nicht den versprochenen Erfolg zeigt. Zwar saugt das Salz den Wein zum Teil auf, doch wenn man das Salz entfernt, bleibt ein hässlicher Fleck zurück. Anschließendes Auswaschen mit Wasser bringt keine nennenswerte Verbesserung mehr.

Auch andere vermeintlich bewährte Hausmittel gegen Rotweinflecken halten dem Praxistest nicht stand. So bleiben bei einer Behandlung mit Zitronensaft oder nur mit warmem Wasser ebenfalls schwache Flecken zurück. Am besten wirkt spezielles Fleckensalz für Rotweinflecken. Damit wird der Fleck vollständig entfernt. Eine kleine Einschränkung gibt es allerdings auch hier, denn farbempfindliche Materialien können durch die Behandlung ein wenig ausbleichen.

Bei waschbaren Stoffen ist die Chance größer, den Fleck ohne Fleckensalz zu entfernen. Man wäscht den möglichst noch frischen Fleck mit Wasser aus, behandelt ihn mit Gallseife und wäscht die Textilie dann wie üblich in der Waschmaschine.

Rotwein verursacht hartnäckige Flecken, bei denen alle empfohlenen Hausmittel versagen.

Stimmt es, dass...

SAUERKRAUT hilft, wenn Gegenstände verschluckt wurden? `NEIN`

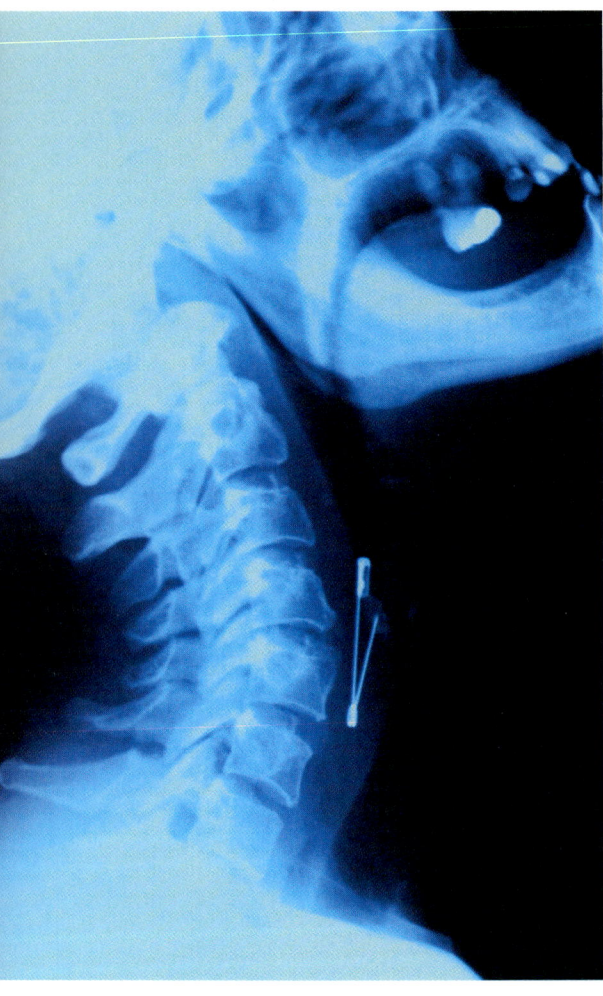

Hier tut Eile Not: Die Röntgenaufnahme zeigt eine Sicherheitsnadel in der Speiseröhre einer Frau.

Wer kleine Kinder hat, wundert sich manchmal, was sich so alles in den Windeln findet: Knöpfe, Murmeln, Geldstücke und andere Kleinteile. Säuglinge und Kleinkinder entdecken die Welt zunächst vor allem mit dem Mund, und deshalb kommt es gerade bei ihnen häufiger vor, dass sie Gegenstände verschlucken. Meist passieren diese die Speiseröhre und den Magen-Darm-Trakt, ohne dass es dabei zu Komplikationen kommt. Sie werden dann einfach nach einigen Tagen mit dem Stuhl ausgeschieden.

Für die Behauptung, dass Sauerkraut hilfreich ist, wenn ein Gegenstand verschluckt wurde, gibt es keine wissenschaftlichen Beweise. In den problemlosen Fällen kommt der Fremdkörper bald von selbst wieder zum Vorschein; sitzt er dagegen fest, müssen auf jeden Fall ärztliche Maßnahmen ergriffen werden.

Bleibt ein Fremdkörper schon in der Speiseröhre oder in den Atemwegen stecken, kann es gefährlich werden – er muss so schnell wie möglich von einem Arzt entfernt werden. Gelangt der Gegenstand gleich in den Magen, bleibt dort aber mehr als 5–7 Tage liegen, sollte er ebenfalls entfernt werden, denn er ist offensichtlich zu groß, um durch den Magenausgang zu gelangen. Bei Knopfbatterien, die Verätzungen verursachen können, ist besondere Vorsicht geboten. Bleiben sie im Magen liegen, müssen sie spätestens nach 72 Stunden mithilfe eines Endoskops über die Speiseröhre entfernt werden.

Wenn Eltern nur den Verdacht haben, dass ihr Kind etwas verschluckt haben könnte, oder nicht wissen, was verschluckt wurde, kann ebenfalls ein Arzt weiterhelfen. Die meisten Fremdkörper können beim Röntgen oder mithilfe von Metalldetektoren entdeckt werden.

ABER: Manche Ärzte empfehlen Sauerkraut, wenn ein „ungefährlicher" Fremdkörper verschluckt wurde. Sie gehen davon aus, dass die Zeit, die der Körper braucht, um den Gegenstand durch den Verdauungstrakt zu bewegen, verkürzt wird, da Sauerkraut – wie andere Nahrungsmittel auch – die Verdauung anregt.

Wussten Sie schon, dass...
man mit Metalldetektoren Metallteile im Körper aufspüren kann?

Wenn ein Metallteil verschluckt wurde, kann ein spezieller Detektor es mit einer Sicherheit von 95 % im Körper aufspüren. Bei 80 % der Gegenstände, die von Kindern verschluckt werden, handelt es sich um Münzen. Diese sowie Knopfbatterien und Teile aus Aluminium können mit dem Gerät gut geortet werden, sodass oft eine Röntgenuntersuchung überflüssig wird.

Stimmt es, dass...

gegen SCHNECKEN im Garten Bier hilft? `JA`

Ein feuchter Sommer kann Schnecken im Garten zur Plage werden lassen. Die feuchtigkeitsliebenden Weichtiere sind dann besonders aktiv. Gartenbesitzern erweisen sie zwar auch nützliche Dienste, indem sie verwesendes Material und totes Kleingetier fressen. Sie zersetzen Pflanzenreste und unterstützen so die Bildung von Humus. Doch ihre Beliebtheit hält sich in engen Grenzen, denn vor allem die gehäuselosen Nacktschnecken können großen Schaden anrichten. Blätter, die vom Rand her angefressen oder löchrig sind, weisen auf Schneckfraß hin. Besonders befallen werden Jungpflanzen, Sämlinge und Pflanzen mit wasserreichem Gewebe wie Salat sowie Früchte wie Erdbeeren.

Eine beliebte Methode, den gefräßigen Tieren das Handwerk zu legen, ist das Aufstellen einer Bierfalle: Ein Plastikbecher wird halb in die Erde eingegraben und zur Hälfte mit hellem Bier gefüllt; der erhöhte Rand sorgt dafür, dass keine Nützlinge wie Laufkäfer hineinfallen. Im Handel sind

sogar Bierfallen mit Regenhütchen erhältlich. Ein Teil der angelockten Schnecken fällt schließlich in die Fallen und ertrinkt.

ABER: Da Schnecken einen feinen Geruchssinn besitzen, lockt man mit der Bierfalle möglicherweise zusätzliche Exemplare von außerhalb des eigenen Gartens an. Und da nur ein Teil der Tiere in den Becher hineinfällt, ist eine Bierfalle nur dann sinnvoll, wenn man sie innerhalb einer kleineren Fläche einsetzt, die mit einem Schneckenzaun oder einem anderen Hindernis umgeben ist.

SCHNECKEN – SO WIRD MAN SIE LOS

Neben der Bierfalle gibt es noch weitere Methoden, um der Schnecken Herr zu werden. Man kann gefährdete Beete mit einem Schneckenzaun einfassen oder einen Ring aus Sägemehl, Gesteinsmehl oder Kalk um Beete oder einzelne Pflanzen streuen. Pflanzen wie Bohnenkraut oder Kamille, um die Beete gesetzt, wehren ebenfalls Schnecken ab. Zudem gibt es ein spezielles Schneckenkorn, dessen Wirkstoff Eisen-III-Phosphat für Haustiere, Igel und Vögel ungiftig ist.

Hilfreich ist es auch, Unterschlupfmöglichkeiten für die Schnecken zu schaffen, also Hohlziegel, große Gemüseblätter, umgedrehte Blumentöpfe und Ähnliches auszulegen. Die Tiere sammelt man dort ab und bringt sie beispielsweise auf eine Wiese. Oder man fördert die Ansiedlung natürlicher Feinde der Schnecken, indem man Reisig- oder Steinhaufen als Unterschlupf für Spitzmäuse, Igel, Blindschleichen und Kröten anlegt und Nistplätze für Vögel schafft.

Stimmt es, dass ...

SCHNEIDBRETTCHEN aus Kunststoff hygienischer sind als die aus Holz?   (NEIN)

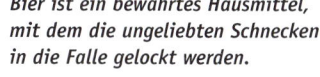

Bier ist ein bewährtes Hausmittel, mit dem die ungeliebten Schnecken in die Falle gelockt werden.

Früher hatten Küchenbrettchen aus Holz in jeder Küche einen festen Platz. Heute glauben viele, man könne sie wegen ihrer Oberflächenstruktur nicht gut genug reinigen, und sie seien deshalb ein Nährboden für schädliche Keime. Doch wissenschaftliche Untersuchungen haben gezeigt, dass Holzbrettchen zu Unrecht ein schlechtes Image bekommen haben. Beim Vergleich von Kunststoff- und Holzbrettchen stellte sich heraus, dass beide gleichermaßen hygienisch sind, wenn man sie richtig säubert. Holz hat zwar eine rauere Oberfläche als Kunststoff, aber dies ist nicht unbedingt ein Nachteil. Es trocknet deswegen schneller als Kunststoff, Bakterien brauchen jedoch Feuchtigkeit, um sich auszubreiten.

Bei bestimmten Holzarten, beispielsweise bei Eichenholz, können Bakterien, die ins Holz eingedrungen sind, durch die natürlichen Gerbstoffe des Holzes sogar abgetötet werden. Hainbuchenholz, das auch Weißbuchenholz genannt wird, hat sich als besonders resistent gegen Keime erwiesen. Deshalb ist diese Holzart für den Gebrauch in der Küche am besten geeignet.

Es empfiehlt sich, Holzbrettchen von Hand mit Bürste und Spülmittel zu reinigen. Noch hygienischer ist es, wenn man sie zusätzlich mit 5%iger Essiglösung abwäscht. Nach dem Spülen stellt man die Brettchen immer senkrecht auf, denn so trocknen sie am schnellsten. Sie gehören übrigens nicht in die Spülmaschine, da das Holz aufquillt und stumpf wird. Holzbrettchen, die schon lange in Gebrauch sind und größere Risse bekommen haben, sollte man durch neue ersetzen. Denn in den Rissen sammeln sich Schmutzpartikel, die sich schlecht entfernen lassen.

Wussten Sie schon, dass ...
man Narzissen nicht sofort mit anderen Blumen in ein Gefäß stellen darf?

Narzissen, aber auch Lilien und Dahlien sondern einen Schleim ab, der giftige Stoffe enthält und andere Blumen, die mit in der Vase stehen, schneller welken lässt. Deshalb sollte man die Stiele dieser Blumen schräg anschneiden und zunächst einige Stunden allein in Wasser stehen lassen. Anschließend können sie zu anderen Blumen in die Vase gestellt werden.

Stimmt es, dass ...
Aspirin SCHNITTBLUMEN länger frisch hält?   NEIN

Jeder, der einen schönen Blumenstrauß kauft oder geschenkt bekommen hat, möchte etwas tun, damit die Freude an dem bunten Gebinde möglichst lange währt. Zu den Mitteln, die helfen sollen, die Haltbarkeit von Schnittblumen zu verlängern, zählt auch Aspirin. Wissenschaftliche Untersuchungen scheinen tatsächlich einen Anhaltspunkt dafür zu liefern, dass dieser Trick funktionieren könnte. Verantwortlich dafür, dass Schnittblumen welken, sind u. a. Mikroorganismen, und es wurde nachgewiesen, dass synthetisch hergestelltes Aspirin, die Acetylsalicylsäure, bei Pflanzen die natürliche Abwehr gegen diese Mikroorganismen aktiviert. Doch einen konkreten Nachweis, dass Aspirin den Strauß länger frisch hält, gibt es nicht. Die Wirkung auf Mikroorganismen scheint nicht so stark zu sein, dass die Haltbarkeit von Blumen verbessert wird. So ergab beispielsweise ein Versuch bei dem Wettbewerb „Jugend forscht" im Jahr 2002, dass die Blühdauer von Schnittblumen nicht verlängert wird, wenn Acetylsalicylsäure ins Blumenwasser gegeben wird. Aspirin gilt zwar als das erfolgreichste Medikament aller Zeiten, aber es hilft wohl eher Menschen als Schnittblumen.

Trotzdem muss man einen Blumenstrauß nicht einfach seinem Schicksal überlassen. Nachweislich wirksam sind handelsübliche Frischhaltemittel, die dem Blumenwasser zugesetzt werden. Sie bestehen vor allem aus zuckerartigen Verbindungen und enthalten einen Bakterienhemmstoff. In guten Blumengeschäften werden beim Kauf eines Blumenstraußes Tütchen mit solchem Pulver kostenlos mitgegeben.

Den Blumen liefern diese Mittel Nahrung und hemmen zugleich das Bakterienwachstum im Wasser – verhindern also Fäulnis. Sie senken zudem den pH-Wert des Wassers, was besonders bei hartem Leitungswasser von Vorteil ist. Wenn man Frischhaltemittel verwendet, tauscht man das Wasser nicht wie üblich hin und wieder komplett aus, sondern füllt es nur bei Bedarf nach. Das Mittel wird nur einmal am Anfang zugesetzt und nicht mehr erneuert. Wichtig ist, dass man sich an die angegebene Dosierung hält. Vorsicht ist allerdings bei Alpenveilchen, Calla und Strelitzie geboten, denn diese Schnittblumen vertragen keinerlei Zusätze.

WO SCHNITTBLUMEN GEKAUFT WERDEN

Deutschland ist weltweit das Land, in dem die meisten Blumen gekauft werden. Der überwiegende Teil davon wird aus dem Ausland eingeführt und gelangt dank ausgeklügelter Logistik zum Verbraucher. Sogar Blumen, die von weit her kommen, beispielsweise aus Kenia, sind spätestens 2,5 Tage nach dem Schnitt im Handel. In Fachgeschäften und Gärtnereien werden immer noch die meisten Schnittblumen verkauft, doch Supermärkte, Discounter, Baumärkte und Tankstellen machen dem Fachhandel Konkurrenz. Betrachtet man die verkaufte Menge, so ist die beliebteste Schnittblume der Deutschen die Rose, danach folgen Chrysantheme, Tulpe, Lilie und Gerbera.

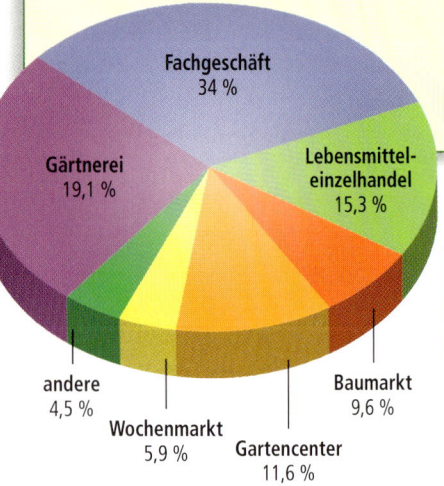

Fachgeschäft 34 %
Gärtnerei 19,1 %
Lebensmitteleinzelhandel 15,3 %
andere 4,5 %
Wochenmarkt 5,9 %
Gartencenter 11,6 %
Baumarkt 9,6 %

Stimmt es, dass ...
SCHNITTBLUMEN länger halten, wenn man sie anritzt?   JA

Damit Schnittblumen nicht so schnell die Köpfe hängen lassen, werden die Blumenstiele angeritzt. Das Wasser soll dadurch besser aufgenommen werden, und eine optimale Wasseraufnahme ist ja eine wichtige Voraussetzung dafür, dass Schnittblumen lange haltbar sind.

Tatsächlich haben Untersuchungen mit Alpenveilchen ergeben, dass Blumen mit angeritzten Stielen länger frisch bleiben. Die angeritzte Stelle muss dabei aber ganz vom Blumenwasser bedeckt sein. Das Wasser steigt im Schlitz auf und wird so leichter zu den Blüten transportiert. Bei Versuchen mit Gerbera wurde allerdings kein positiver Effekt festgestellt. Diese Frischhaltemethode wirkt also nicht bei allen Blumenarten. Floristen haben jedoch die Erfah-

*Die Ernte in den riesigen Blumen-
feldern in den Niederlanden ist
Schwerstarbeit.*

rung gemacht, dass sie auch
Rittersporn und Nelken gut
tut, und empfehlen sie außerdem noch bei Christrosen
und Orchideen – allesamt
empfindliche Blumen, die
schnell unter Wassermangel
leiden.

Bei allen Blumen sollten die
Stiele unten schräg ange-
schnitten werden, bevor man
sie in die Vase stellt. Je größer
die Schnittfläche, desto mehr
Wasser kann aufgenommen
werden. Beim Schneiden und
Anritzen muss das Messer
ganz scharf sein, denn sonst
werden die Stiele gequetscht,
und man würde genau das
Gegenteil der gewünschten
Wirkung erzielen. Bei Quet-
schungen setzen sich Zellma-
terial und Bakterien in den
Leitungsbahnen der Blumenstiele fest, und das behindert
den Wassertransport.

Wussten Sie schon, dass …
Blumenwasser langsam in die Vase gefüllt werden sollte?

In kaltem Wasser, vor allem wenn
es bei hohem Druck und dazu noch
durch Perlatoren aus der Leitung
kommt, befindet sich reichlich Sauerstoff, der die Haltbarkeit von Schnittblumen herabsetzt. Daher empfiehlt es
sich, die Vase immer langsam mit eher
lauem Wasser zu füllen und darauf zu
achten, dass sich dabei möglichst keine Luftbläschen im Wasser bilden.

Stimmt es, dass …
ein Löffel in der SEKTFLASCHE die Kohlensäure im Sekt hält?   (NEIN)

Wo immer es einen Anlass zum Feiern
gibt, gehört ein edler Schaumwein
meist dazu. Bleibt am Schluss eine angebrochene Flasche Sekt oder Champagner
übrig, möchte man natürlich verhindern,
dass das Getränk schal wird, um den Rest
später noch genießen zu können.

Ein bekannter Tipp lautet, einen Löffel in
den Flaschenhals zu hängen. Er soll dafür
sorgen, dass die Kohlensäure nicht entweicht und somit der Sekt frisch bleibt.
Dahinter steckt folgende Überlegung: Der
Löffel hat eine hohe Wärmeleitfähigkeit,
vor allem wenn er aus Silber besteht. Wenn
warm gewordener Sekt in den Kühlschrank
gestellt wird, müsste also die Wärme über
den Löffel schnell abgeleitet werden. Und
in kalter Flüssigkeit ist Kohlensäure besser

löslich als in warmer. Daraus folgt nun,
dass der angebrochene Schaumwein seinem Namen immer noch alle Ehre machen
müsste, wenn er so gelagert wird.

Was in der Theorie sehr einleuchtend
klingt, konnte in Versuchen jedoch nicht
bestätigt werden. Bei einem Experiment
wurden geöffnete Sektflaschen unter gleichen Bedingungen kühl gestellt. Lediglich
die Verschlüsse waren verschieden, denn in
einige Flaschen war ein Silberlöffel einge-
hängt, in andere ein Löffel aus Edelstahl,
andere wiederum waren mit einem druck-
dichten Klemmverschluss versehen, und
einige Flaschen wurden ganz ohne Vorkeh-
rung gegen das Schalwerden gelagert. Das
Ergebnis war verblüffend – alle Flaschen
enthielten nach 24 Stunden noch die glei-

che Menge Kohlensäure; nach 48 Stunden schnitten die Flaschen mit Klemmverschluss am besten ab. Sie enthielten knapp ein Viertel mehr Kohlensäure als der Rest. Bei den anderen drei Varianten gab es so gut wie keine Unterschiede – ein Löffel in der Flasche hat also gar keinen Effekt. Der Klemmverschluss ist auch noch aus einem anderen Grund sehr empfehlenswert: Der Geschmack des Sekts blieb bei dieser Verschlussvariante am längsten erhalten.

Stimmt es, dass ...
SILBER nicht anläuft, wenn man Schulkreide dazulegt? (NEIN)

Wird Silber der Luft ausgesetzt, verliert es bald den schönen Glanz.

Wussten Sie schon, dass ...
ein Viertel der Silberproduktion aus dem Recycling stammt?

Die Nachfrage nach Silber ist seit längerer Zeit größer als die Produktion, und die Silbervorkommen auf der Erde werden in absehbarer Zeit erschöpft sein. Deshalb wurden Verfahren entwickelt, um Silberabfall wiederzugewinnen – mit Erfolg. Recyclingsilber macht heute weltweit ein Viertel der Silberproduktion aus. Silberschrott gibt es reichlich, vor allem aus der Fotoindustrie. 75 % des auf Fotopapier vorhandenen Silbers werden im Fixierbad bzw. beim Wässern gelöst. Den Bädern kann man das Silber entziehen und es dann wieder verwenden.

Zur festlich gedeckten Tafel gehört feines Silberbesteck, ergänzt durch silbernes Serviergeschirr und Kerzenleuchter. Doch ehe es so weit ist, muss in der Regel alles wieder zum Glänzen gebracht werden, denn nach einer längeren Lagerung ist Silber meist angelaufen. Auch silberne oder versilberte Gegenstände, die täglich in Gebrauch sind, laufen mit der Zeit schwarz an. Dies geschieht, wenn das Silber eine Zeit lang mit Schwefelverbindungen in Kontakt ist, was sich kaum vermeiden lässt, weil Spuren von Schwefelwasserstoff als Verunreinigung in der Luft vorhanden sind. Silber reagiert mit Schwefelwasserstoff zu Silbersulfid, das sich als schwarze Schicht auf dem Edelmetall zeigt. An dieser Reaktion ist Sauerstoff als Oxidationsmittel beteiligt.

Schulkreide, die man zu silbernen Gegenständen und zu Silberschmuck legt, verhindert das unschöne Anlaufen leider nicht. Die heute übliche Schulkreide besteht aus Gips und ist inert, d. h., sie besitzt keine Reaktionsfähigkeit und kann damit auch keinen Schwefelwasserstoff binden. „Echte" Schreibkreide aus Rügen, die auf der Basis von Kalziumkarbonat hergestellt wird, kann zwar Schwefelwasserstoff binden, aber man müsste das Silber vollständig mit geriebener Kreide bedecken, um dem Anlaufen entgegenzuwirken. Man bewahrt Silber am besten in speziellen Abdecktüchern und -taschen auf. Sie verhindern, dass Schwefelwasserstoff und Sauerstoff an Besteck oder Schmuck gelangen.

Beim Putzen kann Kreide allerdings hilfreich sein. Zeigen sich schwarze Stellen auf den Silberteilen, mischt man Champagnerkreide aus dem Künstlerbedarf mit Wasser und trägt die Paste mit einem Wattestäbchen ganz vorsichtig auf. Mit der Paste entfernt man auch die Flecken.

Stimmt es, dass ...
Eigelb versalzene SPEISEN rettet? (JA)

Die Gäste sitzen am Tisch und warten auf den ersten Gang, eine Gemüsecremesuppe. Beim Abschmecken in der Küche der Schreck: Die Suppe ist versalzen.

Zum Glück gibt es einige Tricks, Versalzenes wieder genießbar zu machen. Zu den zahlreichen Pannenhelfern zählt Eigelb. So lässt sich bei Cremesuppen der salzige Geschmack mildern, wenn man ein Eigelb verquirlt, es nach Belieben mit etwas Sahne oder Crème fraîche vermischt, mit etwas heißer Suppe verrührt und in die nicht mehr kochende Suppe gibt. Man kann auch einfach etwas Milch, Sahne oder Crème fraîche unter die versalzene Suppe rühren. Saucen lassen sich auf die gleiche Weise retten. Falls die Suppe oder die Sauce durch die Rettungsaktion zu dünn geworden ist, rührt man etwas Speisestärke zum Eindicken unter.

Bei gebundenen Suppen und Saucen sowie bei Eintöpfen hat sich seit Großmutters Zeiten noch eine andere Methode bewährt, wenn man den Salzstreuer zu großzügig eingesetzt hat: Man gibt rohe Kartoffelscheiben in die Suppe, lässt sie 5–10 Minuten mitkochen und nimmt sie dann wieder heraus. Die in den Kartoffeln enthaltene Stärke hat das überschüssige Salz aufgenommen.

Bei klaren Suppen hilft zwar kein Eigelb, dafür rührt man aber ein rohes Eiweiß hinein. Man lässt die Suppe kurz aufkochen und nimmt dann das geronnene Eiweiß mit einem Schaumlöffel heraus. Das Eiweiß bindet bei klaren Suppen einen Teil des Salzes.

Versalzene Speisen sind also kein Grund zum Verzweifeln. Man kann sie in vielen Fällen noch retten – mit und ohne Eigelb.

Stimmt es, dass …
im Garten STEINE „nachwachsen"?　　JA

Jedes Jahr im Frühjahr schauen sich viele Hobbygärtner verwundert im Garten um. Wie es scheint, sind im Lauf des Winters Steine aus dem Boden gewachsen. Auch wer im Frühjahr einen Spaziergang an Feldern entlang unternimmt, kann den Eindruck gewinnen, im Winter seien auf geheimnisvolle Weise Steine über den Acker gestreut worden.

Was fast wie eine übernatürliche Erscheinung wirkt, hat eine handfeste Ursache, die Geologen als Frosthebung oder Frosthub bezeichnen – ein Phänomen, das vor allem in Gegenden mit steinigem Boden zu beobachten ist.

Der Erdboden besteht aus festen Bodenbestandteilen, den Körnern, die je nach Bodenart unterschiedlich groß sind. Sandkörner sind beispielsweise größer als Tonkörner. Zwischen den Körnern liegen Hohlräume, die Bodenporen genannt werden und ebenfalls verschieden groß sind. Die Poren sind mit Wasser oder Luft oder mit beidem gefüllt. Wenn im Winter an einem sonnigen Tag der Boden erwärmt wird, erwärmen sich auch die Steine, die versteckt unter der Oberfläche liegen. Die Steine leiten die Wärme an ihre Unterseite. Dort bildet sich im Porenraum des Bodens Wasserdampf, der zu Wasser kondensiert, sobald der Boden wieder kälter wird. Bei Bodenfrost gefriert das Wasser in den Poren zu Eis. Wasser dehnt sich aber bekanntlich beim Gefrieren aus, d. h., das Volumen der mit Wasser gefüllten Poren nimmt zu. So entstehen Druckkräfte, die den Boden unter den Steinen anheben. Bei Tauwetter schmilzt das Eis wieder, und feine Körner fallen durch die großen Bodenporen nach unten. Scheint die Sonne, bildet sich unter den Steinen erneut Wasserdampf, der sich beim Abkühlen verflüssigt und bei Frost wieder zu Eis gefriert. Je öfter Frost und Tauwetter sich abwechseln, desto mehr Wasser sammelt sich im Porenraum unter den Steinen. Sie werden bei Frost immer weiter nach oben gedrückt und kommen schließlich an die Oberfläche. Im Frühjahr hat es dann den Anschein, als seien die Steine neu aus der Erde gewachsen.

Stören die Steine im Garten, bleibt dem Hobbygärtner nichts anderes übrig, als sie aufzusammeln. Verhindern lässt sich das „Nachwachsen" der Steine nicht.

Wussten Sie schon, dass …
Eigelb mehr Eiweiß enthält als das so genannte Eiweiß (Eiklar)?

Eier enthalten viele Vitamine und Mineralstoffe und zeichnen sich durch einen hohen Gehalt an Protein (Eiweiß) aus. Ein mittelgroßes Ei mit einem Gewicht von 58 g liefert 7 g Protein und deckt damit 15 % des täglichen Eiweißbedarfs eines Erwachsenen. Aber nicht das Eiklar, im Volksmund Eiweiß genannt, ist der Lieferant, denn es besteht überwiegend aus Wasser. Der Dotter hat zwar nur einen Anteil von 30 % am gesamten Ei, doch in ihm konzentrieren sich die Nährstoffe.

Wussten Sie schon, dass...
Solingen das deutsche Zentrum für die Schneidwarenindustrie ist?

Schon im späten Mittelalter spezialisierten sich die Handwerker im Raum Solingen auf die Herstellung von Schwertern und Degenklingen. Heute ist die Stadt im Bergischen Land für die Produktion von Messern und Scheren bekannt. Auch wenn die Schneidwarenindustrie in Solingen nicht mehr so bedeutend ist wie vor 50 Jahren, haben heute noch über 90 % der deutschen Besteckhersteller ihren Sitz in der „Klingenstadt".

Wussten Sie schon, dass...
man manche Sträucher gar nicht zurückschneiden sollte?

Langsam wachsende Sträucher wie Japanischen Ahorn, Magnolie, Zaubernuss, Perückenstrauch und Goldregen schneidet man möglichst gar nicht. Höchstens vorsichtiges Auslichten alle paar Jahre ist erlaubt. Ein Rückschnitt verhindert bei diesen Sträuchern, dass sich ihre natürliche Wuchsform entwickelt.

Stimmt es, dass...
STOFFSCHEREN stumpf werden, wenn man Papier damit schneidet? JA

Schon die Urgroßmutter achtete darauf, Stoffscheren nicht zum Schneiden von Papier zu benutzen. Sie wusste, dass die harten Papierfasern die Schneiden von Stoffscheren stumpf machen und darin sogar kleine Kerben hinterlassen können. Mit einer stumpfen Schere kann ein Stoff aber nicht mehr sauber geschnitten werden.

Was früher galt, gilt heute immer noch, wenn auch in etwas abgeschwächter Form. Stoffscheren bestehen heute aus härterem Stahl als im 19. Jh., sie sind also widerstandsfähiger. Sie können aber trotzdem stumpf werden, wenn man Papier damit schneidet, vor allem, wenn es sich um gröberes Packpapier oder strukturiertes Geschenkpapier handelt.

Inzwischen gibt es für die verschiedensten Materialien spezielle Scheren, deren Schneiden auf die Struktur des jeweiligen Materials abgestimmt sind. Erhältlich sind beispielsweise Scheren zum Schneiden von

Scherenschleifer wie dieser um 1910 in Berlin gehörten einst zum Alltagsbild.

technischen Textilien wie Glasfasergeweben und Elektroscheren für Polstermöbelstoffe, Teppiche oder Blech.

Stimmt es, dass...
manche STRÄUCHER kaum blühen, wenn sie im Herbst geschnitten werden? JA

Damit Sträucher ihre volle Blütenpracht entwickeln, ist in den meisten Fällen ein regelmäßiger Rückschnitt erforderlich. Dadurch bleiben sie gesund und können besser neue, Blüten treibende Zweige entwickeln. Wichtig ist dabei vor allem der Zeitpunkt des Rückschnitts.

Tatsächlich gibt es eine Reihe von Sträuchern, die nicht im Herbst geschnitten werden sollten. Dies sind die Spätwinter- und Frühlingsblüher, die ihre Blüten am vorjährigen Holz tragen. Diese werden vor dem Herbst angelegt, und die Knospen gehen im kommenden Spätwinter oder im Frühjahr auf. Schneidet man diese Sträucher im Herbst zurück, entfernt man einen Teil oder alle Blütenansätze, und im Folgejahr blühen sie dann nur schwach oder überhaupt nicht. Der Rückschnitt sollte bei diesen Gehölzen direkt nach der Blüte, also spätestens im Juni, ausgeführt werden. Dann bilden die Sträucher gleich wieder viele neue Triebe mit Blütenknospen für das kommende Jahr aus.

RICHTIGER PFLANZENSCHNITT

Die Triebe sollten mit einer scharfen Garten- oder Astschere glatt durchtrennt werden, damit die Wunde schnell heilt. Werden sie gequetscht oder abgerissen, wird das Gewebe geschädigt.

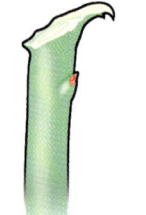 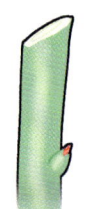 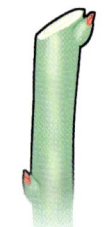 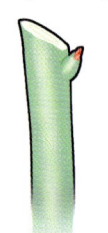 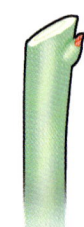

Falsch: Schnitt zerfranst

Falsch: Schnitt zu hoch

Falsch: Schnitt zu tief

Falsch: Schnitt zum Auge hin

Richtig: Leicht schräg, knapp über einem nach außen gerichteten Auge

Zu den Sträuchern, die den Rückschnitt im Herbst nicht vertragen, gehören Kornelkirsche, Winterjasmin, Zierquitte, Goldglöckchen, auch Forsythie genannt, viele Arten von Zierkirsche und Mandel, alle Weiden und einige Schneeballarten, zudem u. a. Flieder, Kolkwitzie, Zierjohannisbeere, Schneespiere und Rhododendron.

Und so schneidet man die Sträucher richtig: Jeder Trieb, der Blüten getragen hat, wird bis zu einer nach außen gerichteten Triebansatzstelle (Auge) oder Knospe zurückgeschnitten. Dabei entfernt man auch abgestorbene, beschädigte und kranke Triebe bis ins gesunde Holz hinein. Beim Rhododendron muss man besonders umsichtig vorgehen: Hier knipst man die verwelkten Blüten vorsichtig mit den Fingern ab und entfernt anschließend ausschließlich Frost- und Altersschäden.

Stimmt es, dass ...

man bei STROMSCHLAG den Betroffenen nicht anfassen darf?

JA

Einen Menschen zu berühren, der gerade einen Stromunfall erleidet, kann lebensgefährlich sein. Bei einem Stromschlag gerät der Körper in einen Stromkreis, und zwar meist zwischen einem Gegenstand aus Metall, der Strom führt, und der Erde – der Körper steht also im Wortsinn unter Strom. Fasst man den Betroffenen an, wird der Strom sofort auch über den eigenen Körper zur Erde weitergeleitet, man erfährt also selbst einen Stromschlag, der sogar tödlich sein kann.

Wie sich ein Stromschlag im Einzelfall konkret auswirkt, hängt von der Stromstärke ab, von der Dauer der Einwirkung des Stroms und vom Weg des Stroms durch den Körper. Liegt das Herz im Stromfluss, kommt es beispielsweise zu Herzrhythmusstörungen. Solange der Strom auf den Betroffenen einwirkt, verkrampfen sich seine Muskeln. Eindeutiges Zeichen für einen Stromschlag sind auch die so genannten Strommarken: Brandwunden an den Stellen, an denen der Strom in den Körper ein- und wieder austritt. In vielen Fällen leidet der Betroffene außerdem unter Benommenheit und Schwindel, im Extremfall wird er bewusstlos, oder es kommt sogar zu einem Herzstillstand.

Ein luftiger, aber auch ein sehr gefährlicher Arbeitsplatz – die Arbeit an Starkstromleitungen erfordert besondere Sicherheitsvorkehrungen.

ERSTE HILFE BEI EINEM STROMSCHLAG

Für den Betroffenen ist die Erste Hilfe lebenswichtig. Dabei darf sich der Ersthelfer aber nicht selbst gefährden. Nach den Sofortmaßnahmen muss der Notruf möglichst schnell veranlasst werden.

Als Erstes unterbricht man die Stromzuleitung. Den Schalter am Gerät nicht betätigen, sondern den Stecker ziehen oder die Sicherung ausschalten.

Ist dies unmöglich, stellt man sich auf isolierendes Material wie Zeitungen oder Holz und zieht den Verletzten an der Kleidung von der Stromquelle weg. Dabei darf man ihn nicht am Körper berühren. Sicherer ist, ihn mit einem nicht leitenden Gegenstand, etwa einem Besenstiel, aus der Gefahrenzone zu schieben. Bewusstlose Verletzte bringt man in die stabile Seitenlage. Bei Herz-Kreislauf-Stillstand versucht man eine Herz-Lungen-Wiederbelebung mittels Herzdruckmassage. Brandwunden bedeckt man keimfrei und betreut den Verletzten, bis der Notarzt eintrifft.

Stimmt es, dass...

TIEFKÜHLKOST in kaltem Wasser schneller auftaut als in warmer Luft? [JA]

So unglaublich es auch klingen mag: In kaltem Wasser taut Tiefkühlkost schneller auf als in warmer Luft. Es kommt beim Auftauen nämlich nicht nur auf die Temperatur an, von der ein Tiefkühlprodukt umgeben ist. Die Ursache des Phänomens ist vielmehr darin zu suchen, dass Luft und Wasser unterschiedliche Stoffeigenschaften haben.

An der Bundesforschungsanstalt für Ernährung in Karlsruhe wurde am Institut für Verfahrenstechnik mithilfe von Computersimulationen untersucht, wie sich Tiefgekühltes beim Auftauen in kaltem Wasser und in warmer Luft verhält. Beim Vergleich wurden in der Simulation Eisblöcke gleicher Form und Größe, die eine Anfangstemperatur von –18 °C hatten, in 8 °C kaltem Wasser sowie bei 60 °C und 100 °C Lufttemperatur aufgetaut: Über die Kontaktfläche zwischen Eisblock und Umgebung fließt ein Wärmestrom von der höheren zur niedrigeren Temperatur. Wie schnell dieser Wärmestrom fließt, hängt von einer bestimmten physikalischen Größe der beteiligten Materialien ab, der so genannten Wärmeeindringzahl, auch Wärmeleitwert genannt. Dieser Wert ergibt sich aus der Wärmeleitfähigkeit, der spezifischen Wärmekapazität und der Dichte des jeweiligen Materials. Da der Wärmeleitwert von Luft wesentlich niedriger ist als der von Wasser und Eis, verläuft der Wärmetransport aus der Luft ins Eis erheblich langsamer als der aus dem Wasser ins Eis. In kaltem Wasser taut ein Eisblock deshalb schneller auf, d. h., er erreicht schneller eine mittlere Temperatur von 2 °C. Bei 100 °C Lufttemperatur taut der Eisblock zwar erwartungsgemäß rascher auf als bei 60 °C, aber immer noch langsamer als in kaltem Wasser. Entsprechend länger dauert der Auftauvorgang bei Raumtemperatur (22 °C).

Das bedeutet aber nicht, dass man Tiefkühlkost immer zum Auftauen in kaltes Wasser legen sollte. Viele Tiefkühlprodukte kann man sofort zubereiten, nachdem sie dem Gefriergerät entnommen wurden. Manche taut man am besten langsam im Kühlschrank auf, beispielsweise Fleisch, das schnelles Auftauen nicht verträgt, weil es dann trocken wird und an Geschmack verliert. Auch ganze Fische, Torten, Butter und Käse taut man besser im Kühlschrank auf, genauso wie Früchte, die roh verzehrt werden sollen, und Teige, die man vor dem Backen noch formen muss.

Wussten Sie schon, dass...
„Schütteltests" der Qualität von Tiefkühlkost schaden?

Anders als viele Verbraucher glauben, gibt das Schütteln von Tiefkühlprodukten keinen Aufschluss darüber, ob die Tiefkühlkette unterbrochen wurde: Eiskristalle, die den Inhalt der Packung aneinander haften lassen, können sich auch bei Temperaturen unter –18 °C bilden, also auch wenn die Kühlkette lückenlos bleibt. Beim Schütteln riskiert man allenfalls, dass die Zellwände von Obst und Gemüse platzen, die Lebensmittel brechen oder die Panade abbröckelt.

Stimmt es, dass...

TOILETTENGERUCH durch Anbrennen eines Streichholzes beseitigt wird? [JA]

Gegen unangenehme Toilettengerüche gibt es allerlei Mittel im Handel. Nur die wenigsten davon können Gerüche wirklich neutralisieren, meist überdecken sie nur mit intensiven Duftstoffen die „dicke Luft". Wem es nicht auf den Duft nach Zitronen, Lavendel, Apfel oder Meer ankommt oder wer die künstlichen Raumdüfte zu aufdringlich findet, kann einfach ein Streichholz anzünden und es abbrennen lassen. Nach kurzer Zeit ist der störende Geruch weitgehend verschwunden.

Wenn ein Streichholz abbrennt, entstehen nicht nur die Stoffe, die auch sonst beim Verbrennen von Holz gebildet werden, sondern zudem noch geringe Mengen an Schwefeldioxid. Denn in den Streichholzköpfen ist etwas Schwefel enthalten, der beim Entzünden mit Sauerstoff zu Schwefeldioxid reagiert. Dieses farblose Gas kann geruchsaktive Stoffe, in diesem Fall die der Darmgase und der Fäkalien, zerstören. Zudem riechen die Gase, die freigesetzt werden, wenn man ein Streichholz anzün-

det, intensiver als der Toilettengeruch und überdecken ihn zum Teil. Es lohnt sich also, eine Streichholzschachtel griffbereit in der Toilette zu haben. Das Lüften sollte dies aber trotzdem nicht ersetzen.

Übrigens helfen Streichhölzer auch, nach einem Fondueabend den Käsegeruch zu vertreiben.

Stimmt es, dass ...

bei der TROCKENREINIGUNG Textilien trocken gereinigt werden? (NEIN)

Manche Textilien sind nicht waschbar, d. h., sie vertragen kein Wasser und müssen deshalb chemisch gereinigt werden. Was passiert aber genau mit dem Jackett, der Seidenbluse oder den anderen Kleidungsstücken, die man in der Reinigung abgibt und nach ein paar Tagen sauber wieder abholt? Die gängige Meinung ist, dass Textilien bei der so genannten Trockenreinigung nicht mit Flüssigkeit in Berührung kommen. Diese Auffassung ist aber falsch – der Begriff Trockenreinigung führt in die Irre. Richtig ist vielmehr, dass bei der Trockenreinigung kein Wasser verwendet wird.

Statt mit Wasser werden die Textilien in einem Lösungsmittelbad gereinigt: Nach einer Vorbehandlung, bei der eventuell vorhandene Flecken mithilfe einer Sprühpistole entfernt werden, kommen die Textilien in die Trommel einer Reinigungsmaschine, die wie eine sehr große Waschmaschine aussieht. Dort werden sie in dem Reinigungsbad aus Lösungsmitteln hin- und herbewegt. Textilien, auf deren Pflegeetikett der Buchstabe P steht, werden mit Perchlorethylen gereinigt; ist der Buchstabe F angegeben, werden sie dagegen mit einem Kohlenwasserstoff-Lösemittel (KWL) behandelt. Im Unterschied zum

Waschen mit Wasser quellen die Fasern der Gewebe im Reinigungsbad nicht auf; deshalb ist diese Reinigungsart für empfindliche Stoffe geeignet.

Nach dem Reinigungsbad werden die Textilien geschleudert. Danach bleiben sie, anders als beim Waschen in der Waschmaschine, in der Trommel liegen. Die Lösungsmittel lässt man unter Wärmezufuhr verdunsten, und die Textilien werden dann trocken der Maschine entnommen. Die Lösungsmittel werden anschließend wieder verflüssigt und für den nächsten Reinigungsvorgang verwendet.

Wussten Sie schon, dass ...
seit 1983 jeder in Deutschland Streichhölzer herstellen darf?

Anfang des 20. Jh. erhielt der Schwede Ivar Kreuder als Gegenleistung für Kredite u. a. von Deutschland das Zündwarenmonopol. Obwohl sein Imperium während der Weltwirtschaftskrise 1929/30 Pleite machte, wurde sein Monopol erst 1983 aufgehoben. Seitdem darf in Deutschland jeder, der es möchte, Streichhölzer herstellen und vertreiben.

Wussten Sie schon, dass ...
Textilreiniger ein anerkannter Ausbildungsberuf ist?

Während ihrer 3-jährigen Ausbildung erlernen Textilreiniger nicht nur, wie man Textilien aller Art säubert, sondern auch, wie man sie trocknet, aufbügelt, färbt und imprägniert, außerdem wie die Maschinen bedient und gewartet werden. Textilreiniger arbeiten nicht nur in Reinigungen, sondern beispielsweise auch in Krankenhäusern.

Beim Fachmann sind empfindliche Textilien gut aufgehoben.

Das von den Beeten entfernte Unkraut darf durchaus auf den Kompost, wenn man bestimmte Regeln beachtet.

Wussten Sie schon, dass...
Gras mit anderen Abfällen vermischt auf den Kompost kommen sollte?

Wird frischer Grasschnitt oder Laub in einer dicken Schicht auf den Kompost gegeben, wird der Luftaustausch unterbunden. Dann besteht die Gefahr, dass sich Fäulnisbakterien entwickeln und der Kompost fault. Laub ist zudem oft stark säurehaltig. Deshalb sollte man Gras und Laub mit anderen Abfällen mischen, am besten mit grobem Material wie zerkleinerten Zweigen, Heckenschnitt oder Stroh. Damit ist für eine gute Durchlüftung des Komposthaufens gesorgt, und der Rotteprozess kann ungehindert verlaufen.

Stimmt es, dass...
man UNKRAUT nicht auf den Komposthaufen werfen darf?   NEIN

Unkraut – heute bevorzugt man in Fachkreisen das Wort Wildkräuter – macht sich in Windeseile im Garten breit und hält jeden auf Trab, der einen gepflegten Garten haben möchte. Kein Wunder, dass viele glauben, Unkraut gehöre nicht auf den Komposthaufen. Sie befürchten, die Reste der Pflanzen könnten mit der fertigen Komposterde auf den Beeten ausgestreut werden und das Unkrautwachstum auf diese Weise erst recht fördern. Handelt es sich um junges Unkraut, ist diese Befürchtung jedoch nicht gerechtfertigt. Das Unkraut verrottet vollständig, und wenn der fertige Kompost im Garten ausgestreut wird, kann es kein Unheil mehr anrichten.

ABER: Anders ist es bei samentragenden Unkräutern und Pflanzen wie Winden, Quecken und Giersch, die stark wuchern. Sie dürfen nur auf den Komposthaufen, wenn eine Heißkompostierung erfolgt. Sonst würde man ihre Samen tatsächlich mit der Komposterde im Garten verbreiten.

Bei der Heißkompostierung werden die problematischen Unkräuter in die Mitte des Komposthaufens gegeben. Dort entsteht die größte Hitze, und der Kern der Miete kann sich auf 50–60 °C erwärmen. Die Hitze verhindert, dass die Samen der Unkräuter keimen, und macht sie dadurch unschädlich. Durch die Hitze werden auch die wuchernden Wurzelkräuter rasch zersetzt. Die Kompostmiete muss für eine Heißkompostierung allerdings ein Volumen von etwa 3 m³ haben. Eine Alternative sind Thermokomposter; sie benötigen weniger Platz, in ihnen entwickelt sich ebenfalls große Hitze, und das organische Material zersetzt sich rasch.

Eine schnelle Rotte ist bei problematischen Unkräutern in jedem Fall günstig. Deshalb sind die im Handel erhältlichen Kompoststarter empfehlenswert. Sie enthalten Substanzen, die den Zersetzungsprozess beschleunigen, und werden zwischen den Schichten des Haufens verteilt.

Stimmt es, dass...
Edelstahl unangenehmen ZWIEBELGERUCH an den Händen beseitigt?   NEIN

Zwiebeln sind in der Küche unentbehrlich, denn sie geben vielen Speisen eine würzige Note – und zudem sind sie auch gesund. Leider muss man bei ihrer Zubereitung lästige Nebenwirkungen in Kauf nehmen. Die Augen tränen beim Schneiden, und an den Fingern haftet noch lange der durchdringende Geruch. Es kursieren viele altbewährte Tricks und Tipps, wie man das Zwiebelaroma schnell wieder los wird. Eine Erfindung der neueren Zeit sind Edelstahlseifen. Diese sind in verschiedenen Formen erhältlich: in der klassischen Seifenform und als rundes oder dreieckiges Gebilde. Die massiven Edelstahlstücke sollen nicht nur Zwiebelgeruch, sondern auch andere unangenehme Duftnoten wie Fisch- und Knoblauchgeruch schonend von den Händen beseitigen, wenn man die Hände damit 30–40 Sekunden unter kaltem oder warmem Wasser wäscht. Beim Praxistest bekommt man zunächst den Eindruck, dass es stimmt, was die Hersteller der Edelstahlseifen versprechen.

Wissenschaftliche Untersuchungen können diese Wirkung jedoch nicht bestätigen. Edelstahl ist ein Metall, das eine geringe Reaktionsfähigkeit besitzt. Es ist beispielsweise sehr korrosionsbeständig und rostet deshalb nicht. Eine chemische Reaktion, die Gerüche von den Händen entfernt, kann es daher gar nicht geben. Das Geheimnis der Edelstahlseifen liegt woanders: Beim Händewaschen mit dem Metallstück lösen sich die Gerüche einfach durch das Reiben, es handelt sich also um eine rein mechanische Reaktion. Und diese Wirkung lässt sich mit jedem beliebigen Gegenstand erzielen – der Edelstahl selbst spielt dabei keine Rolle.

Tiere und Pflanzen

Nicht nur die exotische Fauna und Flora bieten Anlass für erstaunliche Fragen, auch bei den heimischen Tieren und Pflanzen müssen wir so manches lieb gewordene Klischee fallen lassen.

Der nordamerikanische Weißkopfseeadler nutzt seine Sehkraft bei der Fischjagd.

Stimmt es, dass ...
ADLER sehr scharf sehen?
JA

Adler haben wie alle Greifvögel besonders gut entwickelte Augen und sehen sechs- bis achtmal schärfer als ein Mensch. Dennoch ist das Auge eines Adlers im Prinzip genauso aufgebaut wie das eines Säugetiers: Auf der Rückseite des Auges befindet sich die Netzhaut, auch Retina genannt, in die die Sinneszellen (Rezeptoren) eingebettet sind. Dabei handelt es sich zum einen um die so genannten Stäbchen, die dem Dämmerungssehen dienen, zum anderen um die Zapfen, die für das Helligkeitssehen und die Wahrnehmung von Farben verantwortlich sind. Doch während ein Mensch nur etwa 200 000 Lichtsinneszellen pro mm² besitzt, haben Greifvögel ungefähr 1 Mio. pro mm².

Zudem besitzen die Augen eines Adlers zwei so genannte Foveas statt nur einer wie die Menschen. Die Fovea ist der Punkt der höchsten Sehschärfe in der Netzhaut, da

dort die Dichte der Zapfen am größten ist. Und weil Adler tagaktive Vögel sind, befinden sich in ihrer Netzhaut sowieso deutlich mehr Zapfen als Stäbchen. Deshalb können sie am Tag sehr viel weiter und schärfer sehen als ein Mensch. Umgekehrt besitzen nachtaktive Greifvögel wie beispielsweise Eulen sehr viel mehr Stäbchen als Zapfen, da sie im Dunkeln bei der Jagd nach kleinen Nagetieren sehr gut sehen müssen.

Dank ihrer hoch entwickelten Augen sind Greifvögel sogar in der Lage, im schnellen Flug Beutetiere zu entdecken und Jagd auf sie zu machen. Um eine genauso gute Wahrnehmung wie die Greifvögel zu haben, müssten Menschen durch ein Fernglas mit ungefähr 7facher Vergrößerung schauen. Wir erkennen eine Maus vielleicht gerade noch aus 50 m Entfernung, ein Adler erspäht sie schon aus 350 m Abstand.

Wussten Sie schon, dass ...
Adler einen fast perfekten Rundumblick haben?

Adler haben ein viel größeres Gesichtsfeld als die Menschen. Während die Augen bei uns nach vorn blicken und deshalb das Gesichtsfeld zur Seite hin eingeschränkt ist, sitzen die Augen der Greifvögel an den Seiten des Kopfes. So kann jedes Auge unabhängig vom anderen in einem Winkel von 150° sehen – Adler haben also einen nahezu perfekten Rundumblick, sodass ihnen kaum ein Beutetier in ihrer Umgebung entgehen kann.

Stimmt es, dass ...
AFFEN im Fell ihrer Artgenossen nach Läusen suchen?
NEIN

Auch wenn es so aussieht, als ob Affen Läuse im Fell ihrer Artgenossen suchen und diese dann fressen – in Wirklichkeit führen sie Partikel von Salzkrusten, die sich auf der Haut abgelagert haben sowie abgestorbene Hautschuppen oder Zecken zum Mund. Wenn ab und zu tatsächlich eine Laus dabei ist, dann ist das Zufall, denn im

Allgemeinen sind Affen sehr saubere Tiere und haben daher nur selten Parasiten.

Das hingebungsvolle „Lausen" dient in erster Linie dem Zusammenhalt der Affenhorde. Die Fellpflege baut Aggressionen und Konflikte zwischen den einzelnen Tieren ab und wird – wie Forscher jüngst herausgefunden haben – sogar ganz gezielt

Schimpansen pflegen ihre sozialen Bindungen, indem sie sich gegenseitig „lausen". Damit erkaufen sich die Affen mehr Anerkennung in der Gruppe.

zum Aufbau sozialer Bindungen und zur Festlegung der Rangfolge benutzt. Bei der intensiven Fellpflege nehmen Affen Kontakt miteinander auf, schließen Freundschaft, umwerben Artgenossen oder versuchen auch, sich mit dem Anführer der Affengruppe gut zu stellen. Der englische Fachausdruck für dieses Verhalten lautet *grooming* und bedeutet so viel wie pflegen.

Südafrikanische Forscher gehen sogar davon aus, dass dieses Verhalten als „Währung" auf dem „Markt der Bedürfnisse" der Affen dient. Mit der Fellpflege können sich die Tiere bestimmte Privilegien regelrecht erkaufen. Hat ein junges Pavianweibchen beispielsweise das Fell einer Affenmutter gekrault, darf es dafür das Junge der Mutter halten. Gibt es in einer Gruppe wenige Babys, muss länger gekrault werden, als wenn mehrere Babys vorhanden sind. Wenn rangniedere Tiere ranghöhere Artgenossen „lausen", wollen sie sich bei ihnen einschmeicheln oder an Nahrung herangelassen werden. Oft wird die Pflege des Fells auch mit gleicher Münze zurückbezahlt: Dann kraulen sich die Tiere gegenseitig.

Stimmt es, dass ...
ALGEN blühen? NEIN

Mit Blühen hat das massenhafte Auftreten von Algen in Seen oder im Meer nichts zu tun, wohl aber mit Vermehrung. Algen können überhaupt nicht blühen, denn sie gehören nicht zu den Blütenpflanzen. Bei der so genannten Algenblüte handelt es sich vielmehr um eine Massenvermehrung von mikroskopisch kleinen, einzelligen Algen, die sich einfach durch Zellteilung vervielfachen. So kann ein Gewässer innerhalb weniger Tage in eine grüne Suppe verwandelt werden.

Die explosionsartige Vermehrung entsteht vor allem dann, wenn zu viele Nährstoffe wie etwa Nitrat und Phosphat durch Abwasser oder über die Luft in das Wasser eingetragen werden. Diese Substanzen wirken wie ein Dünger. Steigt dann zusätzlich im Frühsommer die Wassertemperatur an, finden die Algen ideale Wachstumsbedingungen – und verderben uns die Lust am Baden. Doch nicht nur das: Manche Algen sorgen mit ihrer „Blüte" nicht nur für einen unappetitlichen Anblick, sondern können sogar zu einem Fischsterben führen.

So sind etwa winzige, einzellige Meeresalgen, wie beispielsweise die Dinoflagellaten, verantwortlich für die so genannten Roten Tiden. Bei diesem Phänomen wird das Meerwasser durch den Farbstoff der sich extrem vermehrenden Algen rot gefärbt. Manche dieser Algen produzieren zudem giftige Inhaltsstoffe, die sich in der Nahrungskette anreichern. Menschen können nach dem Verzehr von Muscheln oder Fischen, die mit solchen Giften belastet sind, sogar krank werden.

Wussten Sie schon, dass ...
Algen auch auf dem Land leben?

Diese vielfältigen primitiven Lebewesen, die zu den ältesten Pflanzen der Erde gehören, kommen bei weitem nicht nur im Süßwasser oder im Meer vor. An Land leben Algen in Symbiose mit Pilzen und bilden mit diesen so genannte Flechten. So können sie Baumrinden besiedeln und sogar Felsen mit ihrem oft bunten Gewebe überziehen. Und sie sind weit verbreitet: In nur 1 g Ackerboden lassen sich hierzulande bis zu 100 Mio. Algenzellen nachweisen.

Nitrat- und phosphatreiche Gewässer fördern das Algenwachstum. Ist ein Fluss schon so zugewachsen, leidet er unter der Algenpest.

ALGEN: VIELFÄLTIG EINSETZBAR

Algen sind aus unserem Alltag nicht wegzudenken. Seit der Antike werden in Küstengebieten Algen gewonnen und zu Dünger verarbeitet. Schon vor 4000 Jahren wurden sie beispielsweise in China als Mittel gegen Vitamin-Mangelkrankheiten eingenommen. Heute findet man Algen im Sushi, in Suppen, als Gemüse, in Salaten oder Saucen. Die Blätter des Meersalats werden in Südamerika oder Westindien auch als Salat gegessen. Zuckertang wurde in Schottland zu einer Art Marmelade verarbeitet. Spitzenreiter unter den Algenköchen sind jedoch die Hawaiianer, die etwa 75 Algenarten verwenden.

In der Lebensmittel-, aber auch in der Kosmetikindustrie sind Algen unverzichtbar. Aus ihnen gewinnt man Alginsäure, Carrageen und Agar-Agar, die die Konsistenz von Nahrungsmitteln fester und geleeartig machen. Andere Algen wie etwa Spirulina oder die AFA-Alge liefern hochwertige Eiweiße sowie reichlich Vitamine und Mineralien.

Wussten Sie schon, dass …
es Krokodile bereits seit 150 Mio. Jahren auf der Erde gibt?

Krokodile gab es schon, als die Dinosaurier noch lebten. Doch im Gegensatz zu diesen haben 21 verschiedene Arten der urzeitlichen Echsen bis heute überlebt. Sie tummeln sich in den Gewässern und Meeren der Tropen und Subtropen und gelten als die am höchsten entwickelten Reptilien der Erde.

Wussten Sie schon, dass …
bis zu 2 Mio. Arbeiterinnen in einem Ameisenstaat leben können?

Ameisen sind soziale Tiere und leben in großen Staaten. Sie errichten bis zu 2 m hohe Nester, in denen die Arbeiterinnen, die Königin und wenige Männchen zusammenleben. Die Arbeiterinnen bilden die Masse des Ameisenstaats. Sie sind unfruchtbare, flügellose Weibchen, die verantwortlich für Bau und Reparatur des Nestes, für die Beschaffung der Nahrung, für die Fütterung und Pflege der Larven sowie die Verteidigung des Nestes sind.

Stimmt es, dass …
im New Yorker Kanalsystem ALLIGATOREN leben?　　NEIN

Auch wenn die Meldungen über Krokodile oder Alligatoren regelmäßig in den Schlagzeilen auftauchen und sich selbst Hollywood dieses Themas bereits angenommen hat: Es steht außer Zweifel, dass New Yorks Unterwelt nicht von ganzen Horden unheimlicher und mörderischer Reptilien bevölkert wird.

Betrachtet man die Schreckensmeldungen nüchtern, sieht die Wirklichkeit schon etwas weniger bedrohlich aus. In der seriösen *New York Times* wurde beispielsweise zwischen 1905 und 1993 insgesamt 13-mal über die gefürchteten Tiere berichtet. Allerdings bekam man nur in den seltensten Fällen bei der Suche nach den angeblich gesichteten Reptilien tatsächlich auch welche zu sehen. Und bei den wenigen Malen, in denen es gelang, wirklich einen Alligator oder ein Krokodil aufzustöbern und einzufangen, zeigte sich schnell, dass die Tiere kürzlich aus nahe gelegenen Privatgehegen entkommen waren. So wurde beispielsweise 2001 von der Polizei ein Kaiman aus einem See im Central Park gefischt. Die meisten Berichte jedoch erwiesen sich lediglich als Zeitungsenten.

Doch, so mag mancher befürchten, wenn etwa Reptilienhalter ihre zu groß gewordenen Haustiere in der Kanalisation verschwinden lassen, besteht dann nicht die Gefahr, dass sie sich dort vermehren könnten? Auch diesbezüglich geben Experten Entwarnung. Ihrer Meinung nach haben Alligatoren in der New Yorker Kanalisation so gut wie keine Überlebenschancen. Denn die Temperaturen sind dort für die Reptilien viel zu niedrig, und außerdem ist die Belastung durch Bakterien und andere Krankheitserreger zu hoch.

Nicht nur in den USA gibt es Falschmeldungen über Krokodile. Ein im Sommer 2001 im Rhein entdecktes Tier entpuppte sich als Exemplar aus Holz.

Stimmt es, dass …
AMEISEN sich Blattläuse halten?　　JA

Die Nutzgemeinschaft zwischen Ameisen und Blattläusen nennt man Trophobiose.

Eine Reihe von Ameisenarten hat sich tatsächlich auf eine ganz besondere Nahrungsquelle spezialisiert: Während andere Ameisen kleine Insekten jagen, ernähren sie sich von den Ausscheidungen von Blatt- und Schildläusen. Diese Läuse stechen die Leitgefäße von Pflanzen mit ihrem Rüssel an und saugen sich mit den zuckerhaltigen Pflanzensäften voll. Meist nehmen sie dabei so viel zu sich, dass sie gar nicht alles verwerten können. Ein großer Teil der Nahrung wird deshalb unverdaut als so genannter Honigtau wieder ausgeschieden. Und dieser Honigtau ist für die Ameisen hochwertige und energiereiche Kraftnahrung.

Um an den Honigtau zu gelangen, hat sich zwischen Ameisen und Läusen ein regelrechtes Ritual entwickelt. Sobald die Ameisen mit ihren Fühlern den Körper der Blattläuse betasten, heben diese ihren Hinterleib an und scheiden tröpfchenweise den Honigtau aus, der von den Ameisen dann sofort aufgesogen wird.

Zu den Ameisenarten, die sich auf die Blattlaushaltung spezialisiert haben, gehören beispielsweise die bei uns heimischen Wiesenameisen. Sie halten die Blattläuse fast wie Viehherden, legen Straßen zu den Blattlauskolonien an und ernten regelmäßig bei „ihren" Läusen den süßen Honigtau. Manchmal tragen die Ameisen die Läuse sogar zu besonders geeigneten Futterpflanzen und bringen sie abends oder wenn Regen und Unwetter drohen, in den Ameisenbau zurück, wo sie geschützt sind.

Die Blattläuse profitieren aber auch noch in ganz anderer Hinsicht von ihren „Hirten": Die Ameisen töten andere Insekten, die den Blattläusen gefährlich werden könnten – wie beispielsweise Marienkäferlarven oder andere Blattlausjäger. So sind die von den Ameisen gehaltenen Läuse vor ihren natürlichen Fressfeinden sicher, und die Nahrungsquelle der Ameisen bleibt erhalten.

Stimmt es, dass …
jeder BAMBUS nach der Blüte abstirbt?   NEIN

Blüht Bambus, so stirbt nach der Blüte in manchen Fällen die ganze Pflanze ab, weil sie sich durch der Bildung der Früchte im Anschluss an die Blütezeit völlig erschöpft. Einige Bambuszüchter vermuten, dass nur horstbildende Bambusarten nach der Blüte meistens absterben, wohingegen Arten, die Ausläufer bilden, die Blütezeit häufig überleben.

Die Bambusblüte ist aber noch immer eines der großen Geheimnisse im Pflanzenreich. Die meisten Bambusarten blühen relativ selten, und das Ereignis wiederholt sich nur alle 25, 60, 90 oder 120 Jahre. Dennoch sind die Wissenschaftler zumindest sicher, dass entgegen häufigen Behauptungen nicht immer alle Pflanzen einer Bambusart weltweit zur gleichen Zeit blühen. Warum das so ist, weiß niemand. Denn einige Bambusarten in Südamerika und Asien blühen sehr viel öfter und vermehren sich rasch durch Samen.

Zudem kann sich die Blütezeit über lange Zeit erstrecken. Es gibt Pflanzen, die schon vor oder noch nach der eigentlichen Hauptblüte blühen, sodass sich die Blütezeit auf bis zu 20 Jahre ausdehnen kann. Sorten der Bambusart *Fargesia murielae* blühten beispielsweise von 1993 bis 1998. Und obwohl eine erneute Blüte erst 80 Jahre später erwartet wurde, blühte die Art bereits 2003 wieder. Züchter vermuten daher, dass die Bambusblüte durch die Hormonbehandlung bei der Vermehrung im Labor ausgelöst oder verzögert werden kann.

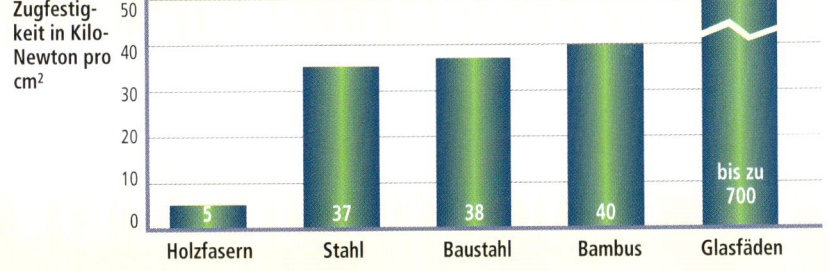

ZUGFESTIGKEIT VERSCHIEDENER BAUMATERIALIEN

Bambus ist ein erstaunlich stabiles Material: Es hat eine höhere Zugfestigkeit als Holz, Stahl oder Baustahl. Untersuchungen ergaben, dass bei Erdbeben und Orkanen Stahl am wenigsten stabil ist, gefolgt von Beton. Bambus ist hier ein wesentlich besseres Material. Die Pflanzenstängel, die zu 50 % aus Zellulose und zu 30 % aus Lignin bestehen, halten auch größten Erschütterungen und Stürmen stand.

Zugfestigkeit in Kilo-Newton pro cm^2

Holzfasern	Stahl	Baustahl	Bambus	Glasfäden
5	37	38	40	bis zu 700

Die Bieg- und Belastbarkeit von Bambus konnte am ZERI-Pavillon bei der „Expo 2000" in Hannover bewundert werden – er bestand überwiegend aus Bambus.

Bären schneller laufen können als Menschen?

Bären sind gut zu Fuß. Normalerweise läuft ein Bär mit einer Geschwindigkeit von 3–5 km/h durch die Wälder – was für ihn aber ein recht gemütliches Tempo ist. Bei Gefahr oder einem Angriff können die pelzigen Jäger 50 km/h schnell werden. Grizzly-Bären, die nordamerikanische Unterart des Braunbären, erreichen ein Tempo von über 60 km/h – und Eisbären sogar 70 km/h. Selbst ein trainierter 100-m-Läufer, der kurzzeitig fast 40 km/h erreichen kann, hat dagegen keine Chance.

In Mitteleuropa sieht man – außer in Tierparks oder Zoos – fast nirgends mehr Bären in der Sonne dösen. Das größte Landraubtier der Erde ist in seinem Bestand stark bedroht.

Stimmt es, dass ...
BÄREN Winterschlaf halten? NEIN

Bären sind für einen Winterschlaf viel zu groß. Es würde zu lange dauern, bis sich ihr mächtiger Körper im Frühjahr wieder auf die normale Körpertemperatur erwärmt. Zudem würde dieser Prozess die Tiere auch zu viel Energie kosten.

Bären, die in kalten oder gemäßigten Klimazonen leben, müssen aber in der kalten Jahreszeit eine so genannte Winterruhe halten, da sie in diesen Monaten nicht genug Futter finden würden. Winterruhe und Winterschlaf sind aber zwei ganz verschiedene Dinge. Denn die Winterruhe ist nichts anderes als ein länger dauernder Schlaf, bei dem die Körpertemperatur und der Stoffwechsel kaum gesenkt werden. Die Werte entsprechen dann den unteren Werten des Wachzustands. Messungen bei Braun- und Schwarzbären ergaben, dass die Körpertemperatur in der Winterruhe von 38 °C auf 33–34 °C absinkt. Herz- und Atemfrequenz sind leicht herabgesetzt und stimmen mit den Werten beim normalen Schlaf überein. In dieser Zeit können die Tiere kurzzeitig wieder aufwachen und aktiv werden. Bei einem echten Winterschlaf dagegen, wie in ihn etwa Murmeltiere oder Igel halten, sinkt die Körpertemperatur bis auf unter 5 °C ab, und die Stoffwechselvorgänge sind bis auf etwa 5 % der normalen Werte reduziert. Tiere im Winterschlaf rollen ihren Körper zusammen und sind fast völlig starr. In diesem Zustand reagieren sie auch kaum auf äußere Reize.

Um die Zeit der Winterruhe zu überdauern, fressen sich die Bären im Spätsommer und Herbst einen dicken Speckvorrat an. Im Winter hungern Schwarz- und Braunbären dann bis zu 5 Monate und bauen dabei ihre Fettreserven ab. In dieser Zeit geben sie auch keinen Kot und Urin ab. Ein spezielles Hormon, das so genannte Winterruhehormon, verhindert, dass die Muskulatur während des Winters abgebaut wird. Ein Mensch dagegen würde in einer so langen Ruhephase einen großen Teil seiner Muskelkraft verlieren.

Dass Bären in der Winterruhe tatsächlich aktiv sein können, wird nicht zuletzt dadurch bewiesen, dass sie in dieser Zeit ihre Jungen zur Welt bringen.

Stimmt es, dass ...
ein BAUM abstirbt, wenn man einen Kupfernagel in den Stamm schlägt? NEIN

Kupfer ist für alle Lebewesen – also für Tiere, Pflanzen und natürlich auch den Menschen – ein wichtiges Spurenelement, ohne das der Stoffwechsel nicht richtig funktionieren kann. Kupfermangel könnte bei Pflanzen beispielsweise zu einer Hemmung der Chlorophyllsynthese führen. Dies hat dann zur Folge, dass die Blätter an den Spitzen vertrocknen. In höheren Konzentrationen ist Kupfer jedoch giftig. Trotzdem ist es unmöglich, einen ausgewachsenen Baum abzutöten, indem man einen Kupfernagel in den Stamm schlägt.

Wissenschaftler der Universität Stuttgart-Hohenheim haben 1979 bei Versuchen mit Fichten, Zierkirschen, Birken und anderen

Bäumen festgestellt, dass die Bäume das Einschlagen eines Kupfernagels ohne weiteres überstehen. Auch Nägel aus Messing, Blei oder Eisen richteten keinen Schaden an. Das liegt ganz einfach daran, dass ein Nagel für einen Baum nur eine lokal begrenzte und kleine Verletzung darstellt. Dringt der Nagel tief bis ins Kernholz ein, so ist dies kein Problem, da die Zellen dort abgestorben sind – eventuell aus dem Nagel gelöste Ionen können also keinen Schaden anrichten. Und im noch lebenden Gewebe wie dem Splintholz werden Schadstoffe aus dem Kupfernagel durch die Abwehrreaktion des Baumes unschädlich gemacht: Bei einer Verletzung bildet der Baum so genannte Phenole. Diese verbinden sich mit den gelösten Metallionen zu einem Komplex und machen sie so unwirksam. Kupfer kann einem Baum nur schaden, wenn es in flüssiger Form über das Wurzelsystem aufgenommen wird.

AUFBAU EINES BAUMSTAMMS

Zentrales Element eines Baumstamms ist die so genannte Kambiumschicht. Sie gibt nach innen Holzzellen ab und nach außen Zellen, die den Bast und die Borke bilden. Im Bast findet der Nährstofftransport statt.

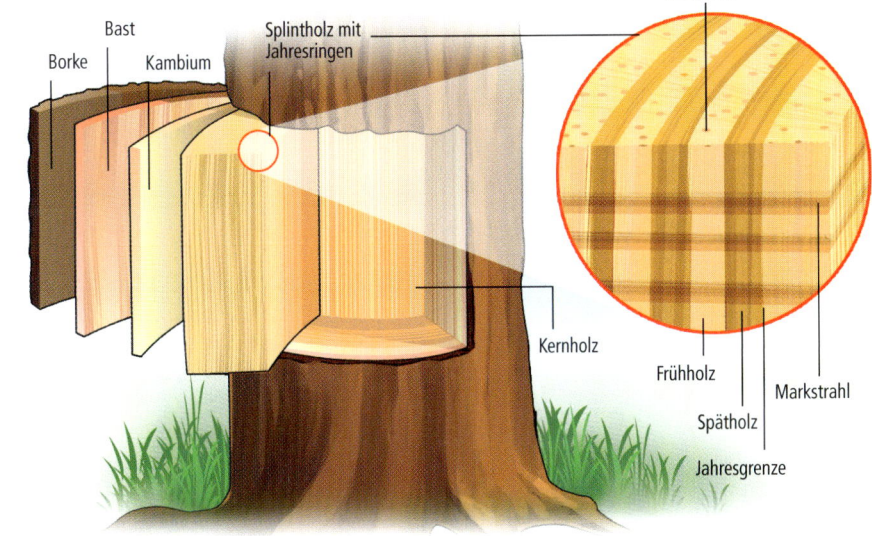

Stimmt es, dass ...

BÄUME älter als jedes andere Lebewesen auf diesem Planeten werden?   NEIN

Früher galt eine Borsten- oder Grannenkiefer in den White Mountains im östlichen Kalifornien als das älteste Lebewesen der Welt. Sie soll über 4700 Jahre alt sein. Forscher vermuten, dass solche Bäume sogar bis zu 5000 Jahre alt werden können. In dieser Region gibt es mindestens 17 Grannenkiefern, die über 4000 Jahre alt sind. Sie wachsen so langsam, dass ihr Umfang in 100 Jahren nur etwa 3 cm zunimmt.

Dann wurde ein Busch entdeckt, der etwa doppelt so alt ist. Ein Creosote-Strauch in der Wüste von Palm Springs soll nach Schätzungen seit mehr als elf Jahrtausenden seine knorrigen Zweige in die Luft strecken. Die einzelnen Triebe des bis zu 2 m hohen und 20 m langen Busches sind zwar nur 100 bis 200 Jahre alt. Das ganze System der Pflanze, inklusive abgestorbener Pflanzenteile mit ihren genetisch identischen Zellen, soll aber 11 000 Jahre alt sein.

Als rekordverdächtig gilt auch der vor 20 Jahren im antarktischen Wedellmeer

Wussten Sie schon, dass ... Bäume weit über 100 m hoch werden können?

Der höchste Baum ist mit über 113 m eine Küstensequoie an der Küste Kaliforniens. Übertroffen wird sie allerdings von einem Baum, der im Jahr 1872 gefällt wurde. Dies war ein Königseukalyptus im australischen Bundesstaat Viktoria, der bis zu 160 m hoch gewesen sein soll. Der dickste Baum ist ein Mammutbaum im kalifornischen Sequoia-Nationalpark. Dieser Baum mit dem Namen „General Sherman" hat einen Umfang von 31 m und ist vermutlich über 2200 Jahre alt.

Diese Grannenkiefer im Great Basin National Park im amerikanischen Bundesstaat Nevada gehört zu den ältesten Pflanzen der Welt.

Wussten Sie schon, dass…

auch Brombeeren und Himbeeren keine Beeren sind?

Brombeeren und Himbeeren sind Sammelsteinfrüchte. Wie bei der Erdbeere verdickt sich bei ihnen der Blütenboden. Die kleinen Samen, die außen auf einer Himbeere oder einer Brombeere sitzen, sind aber botanisch gesehen nicht wie bei der Erdbeere Nüsschen, sondern werden als Steinfrüchtchen bezeichnet, weil die innere Schicht der Fruchtwände verholzt ist.

Man glaubt es kaum: Während Erdbeeren botanisch gesehen gar keine Beeren sind, weist die Kiwi alle Merkmale einer echten Beere auf.

entdeckte Riesenschwamm der Art *Scolymastra joubini*. Schwämme haben keine Jahresringe wie die Bäume, an denen sich das Alter leicht ablesen lässt. Deshalb wurde für einen Zeitraum von 10 Jahren das Wachstum des Schwamms protokolliert. Außerdem wurde gemessen, wie viel Sauerstoff er verbraucht. Bei dieser Methode zur Altersbestimmung geht man davon aus, dass ein Tier umso weniger Sauerstoff verbraucht, je langsamer sein Stoffwechsel funktioniert und je langsamer es wächst. Aus den Ergebnissen schloss man, dass der Schwamm über 10 000 Jahre alt ist.

Stimmt es, dass …

Erdbeeren **BEEREN** sind?   NEIN

Erdbeeren sind keine Beeren, sondern Sammelnussfrüchte. Darunter verstehen Botaniker Früchte, bei denen sich nach der Blüte der Blütenboden verdickt. Dieser Blütenboden besteht aus dem weißlichen, zylinderförmigen Mark und der fleischigen, rot gefärbten Rinde. Die eigentlichen Früchte sind die kleinen Nüsschen, die außen auf der Erdbeere sitzen. Sie entwickeln sich aus den Fruchtblättern, ihre Fruchtschalen sind hart und miteinander verwachsen – daher die Bezeichnung „Nüsschen". Aus ihnen können, wenn sie im Boden keimen, wieder neue Pflänzchen entstehen. Meist werden Erdbeeren aber über Ableger vermehrt.

Beeren dagegen sind Früchte, deren Fruchtschalen saftig und fleischig sind. Bei ihnen sind die Samen immer im Innern der Frucht eingeschlossen und können erst keimen, wenn die Frucht verrottet oder gegessen wird und dadurch die Samen freigesetzt werden. Zu ihnen gehören Stachelbeeren, Heidelbeeren, Preiselbeeren und Weintrauben – aber auch Früchte, von denen man nicht vermutet, dass die Botaniker sie zu den Beeren zählen wie beispielsweise Tomaten, Gurken, Bananen, Datteln, Avocado, Kiwi und Melonen.

Stimmt es, dass …

BIBER planvoll Bäume fällen können?   NEIN

Lange wurde Bibern nachgesagt, dass sie die Richtung, in der die von ihnen gefällten Bäume stürzen, festlegen könnten und dass sie Bäume so fällen, dass deren Kronen sich nicht in denen der Nachbarbäume verfangen. Doch so geschickt diese Nagetiere als Baumeister auch sein mögen, für so viel Planung gibt es keine Beweise.

Wenn am Ufer von Seen oder Bächen stehende Bäume von Bibern gefällt werden und meist zum Wasser hin fallen, dann liegt das einfach daran, dass die zum Wasser zeigende Seite der Bäume mehr Sonnenlicht bekommt. Deshalb entwickeln sich auf dieser Seite mehr sowie längere Zweige und mehr Blätter. Der Baum ist auf dieser Seite also schwerer und kippt in Richtung Wasser. Fällen Biber weiter vom Wasser entfernt stehende Bäume, so fallen diese in eine beliebige Richtung.

Am liebsten aber fällen Biber Bäume, die am Ufer stehen, da sie sich am Wasser

GESCHICKTE STAUDAMMBAUER

Biberdämme sorgen für einen konstant hohen Wasserspiegel. Besonders in Amerika findet man ausgedehnte Biberdämme, die das Werk mehrerer Bibergenerationen sind.

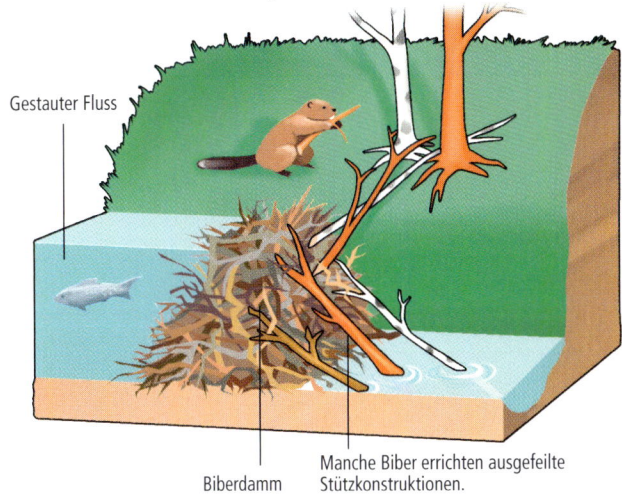

Gestauter Fluss

Biberdamm

Manche Biber errichten ausgefeilte Stützkonstruktionen.

liegt immer unter dem Wasserspiegel. So können die Biber, wenn sie verfolgt werden, im Wasser abtauchen und ungehindert in ihren Bau flüchten.

Steigt der Wasserspiegel an und überflutet den Bau, erweitern die Biber die Anlage nach oben. Um die Decke zu stabilisieren, häufen sie Stämme, Zweige und Erdreich darüber, bis die typischen Biberburgen entstehen. Liegt der Eingang zum Biberbau bei Niedrigwasser frei, beginnen die Biber, Dämme aus Stämmen, Zweigen, Steinen und Blättern aufzubauen. Das Wasser staut sich stärker, und der Eingang liegt erneut unter dem Wasserspiegel.

sicherer fühlen und dort in Ruhe Blätter und Rinde fressen können. Zudem bauen Biber auch ihre unterirdischen Höhlen in Ufernähe. Der Eingang zu dieser Höhle

Stimmt es, dass...
BIENEN nach einem Stich sterben müssen?   JA

Ein Bienenstachel besteht aus zwei gezähnten, stilettförmigen Teilen, die beim Stechen beide abwechselnd auf einer Führungsschiene verschoben werden. In der Mitte dieser drei Teile liegt der Giftkanal. Die Zähne dieser Stilette wirken wie Widerhaken. Wenn Bienen einen Menschen stechen, bleibt der Stachel in der weichen und elastischen menschlichen Haut hängen. Beim Versuch nach einem äußerst schmerzhaften Bienenstich die Angreiferin loszuwerden, reißt man meist den gesamten Stechapparat aus dem Hinterleib der Biene, und an dieser Verletzung stirbt das Tier.

ABER: Normalerweise ist ein Bienenstachel dafür gedacht, dass eine Biene ein anderes Insekt sticht. Dringen beispielsweise Hornissen oder andere Insekten in den Bienenstock ein, so wehren die Bienen die Angreifer ab, indem sie sie stechen. Aus dem harten Chitinpanzer können Bienen ihren Stachel ohne Probleme herausziehen und dann auch wiederholt stechen. Doch nicht nur Feinde, auch Artgenossen bekommen den Stachel zu spüren. Überzäh-

lige Königinnen oder Drohnen, also männliche Bienen, die nach der Paarung nicht mehr gebraucht werden, werden durch Stiche vertrieben.

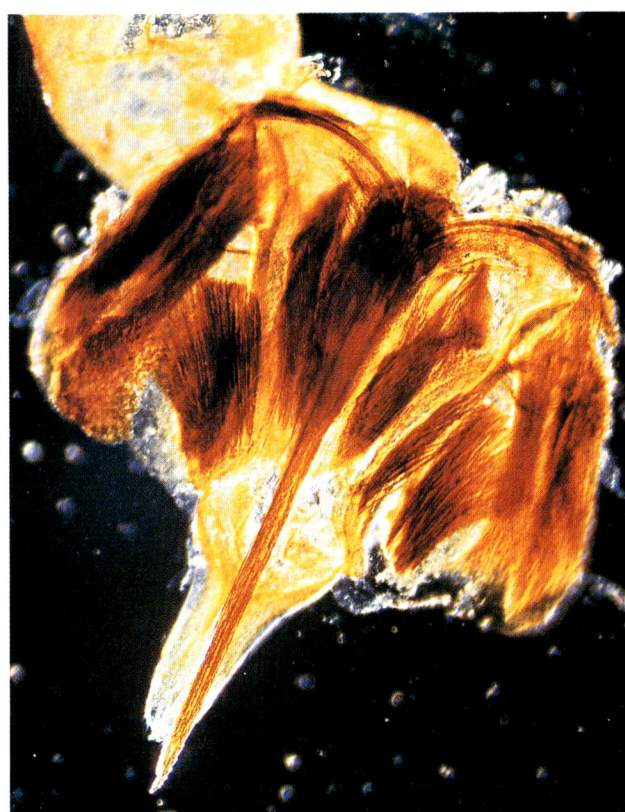

Unter dem Mikroskop betrachtet sieht der Stechaparat einer Honigbiene mit seinem Giftsack recht bedrohlich aus – der Stich ist aber für den gesunden Menschen harmlos.

Statt Eier zu legen wie der Großteil der Insekten, kann ein Blattlausweibchen auch lebende Junge gebären. Diese Form der Fortpflanzung nennt man Viviparie.

Wussten Sie schon, dass...
der Honigtau der Blattläuse auch von Bienen gesammelt wird?

Nicht nur Ameisen mögen Honigtau. Der berühmte Tannenhonig aus dem Schwarzwald entsteht dadurch, dass dort Honigbienen bei starkem Blattlausbefall der Bäume die Ausscheidungen der Läuse sammeln wie sonst Blütennektar. Dieser Honig gehört zu den teuersten der Welt.

Stimmt es, dass...
BLATTLÄUSE lebende Junge gebären?   JA

Blattläuse haben eine äußerst komplizierte Fortpflanzung, denn bei ihnen wechseln sich geschlechtliche und ungeschlechtliche Vermehrung ab. Das bedeutet, dass sich Blattläuse zum einen paaren, zum anderen aber auch zur so genannten Parthenogese, der Jungfernzeugung, fähig sind. So können die Weibchen, ohne sich zu paaren, lebende Junge bekommen.

Im Herbst paaren sich die Blattläuse, und die Weibchen legen befruchtete Eier ab. Diese Eier sind sehr stabil und unempfindlich gegen Kälte. Sie werden daher auch Winter- oder Dauereier genannt.

Aus diesen Eiern schlüpfen im Frühjahr nur Weibchen, da die Spermien, aus denen sich Männchen entwickeln würden, zugrunde gingen. Die auf diese Weise entstandenen Weibchen nennt man Stammmütter oder Fundatrix. Sie pflanzen sich nur parthenogenetisch fort, paaren sich also nicht. Manchmal legen diese Weibchen Eier, meist jedoch bringen sie lebende Junge zur Welt. So sparen sie sich die Zeit für die Partnersuche und können sofort viele Nachkommen produzieren. In der Regel sind es nur Weibchen, die ebenfalls parthenogenetisch Junge zur Welt bringen. Im Herbst gebären diese Weibchen dann plötzlich weibliche und männliche Junge. Diese Nachkommen pflanzen sich sexuell fort, und der Kreislauf beginnt von Neuem.

Stimmt es, dass...
BLINDSCHLEICHEN Schlangen sind?   NEIN

DER KLEINE UNTERSCHIED

Am Skelett der Blindschleiche sind noch deutlich die Ansätze der hinteren Extremitäten zu erkennen, bei Schlangen fehlen sie.

Beckengürtel mit Rudimenten der Hinterbeine

Blindschleiche

Schlange

Blindschleichen sind Verwandte der Eidechsen. Sie gehören nicht zu den Schlangen, sondern zur Familie der Schleichen und wie die Eidechsen und viele andere Reptilien zur Ordnung der Schuppenkriechtiere. Im Lauf ihrer Entwicklung haben sie die Beine zurückgebildet, da sie in Lebensräumen mit dichtem Unterwuchs leben, in denen Beine hinderlich sind und es einfacher ist, sich schlängelnd fortzubewegen. Am Skelett – am Beckengürtel – sind noch Reste der ehemaligen Extremitäten sichtbar. Am Schultergürtel ist aber fast nichts mehr zu erkennen.

Auch an den Augen kann man sehen, dass Blindschleichen nicht zu den Schlangen gehören. Während Blindschleichen wie die Eidechsen bewegliche Augenlider haben, besitzen Schlangen keine Lider, die sie öffnen oder schließen können.

Typisch für Blindschleichen und Eidechsen ist auch ihre Fähigkeit, den Schwanz abzuwerfen, was bei Schlangen unmöglich ist. Die Schwanzwirbel einer Blindscheiche sind so angelegt, dass der Schwanz an bestimmten Stellen in der Mitte der Schwanzwirbel abbrechen kann. So bleibt die Schwanzspitze im Schnabel eines Vogels oder im Maul eines kleinen Raubtiers zurück, während sich die Blindschleiche in Sicherheit bringen kann. Die entstandene Wunde heilt rasch, und ein neues, kürzeres Schwanzende wächst nach. Auf diese Eigenschaft bezieht sich auch ihr wissenschaftlicher Name, denn *Anguis fragilis* bedeutet „zerbrechliche Schleiche".

Auf den ersten Blick könnte man eine Blindschleiche durchaus für eine Schlange halten.

Wussten Sie schon, dass ...

der Name Blindschleiche aus dem Althochdeutschen kommt?

Die Bezeichnung „Blindschleiche" bedeutet nicht, wie man vermuten könnte, dass Blindschleichen blind sind. Der Name kommt vielmehr vom althochdeutschen Wort für „blenden". Es beschreibt die glänzende, bronzefarbige Schuppenhaut der beinlosen Reptilienart.

Stimmt es, dass ...

BLUTEGEL noch heute in der Medizin eingesetzt werden?   (**JA**)

Die Therapie mit Blutegeln erfährt derzeit eine regelrechte Renaissance. Medizinische Blutegel können bei vielerlei Beschwerden, wie Rheuma, Blutergüssen, Krampfadern oder Arthrose, helfen. Wenn sie sich mit ihrem sternförmigen Kiefer in der Haut festbeißen, saugen sie nicht nur Blut, sondern geben auch Speichel ab. Dieser enthält Substanzen wie Hirudin, Histamin und Hyaluronidase. Diese Stoffe hemmen die Blutgerinnung und wirken schmerzlindernd und entzündungshemmend. Zudem fördern sie die Immunabwehr sowie die Durchblutung. Wie die heilende Wirkung der Blutegel genau zustande kommt, ist noch nicht geklärt.

Erste Berichte über den Einsatz von Blutegeln stammen bereits aus der Zeit um 1500 v. Chr. aus Babylonien. Doch Ägypter, Inder und Chinesen setzten die zu den Ringelwürmern gehörenden Tiere ebenso zur Therapie ein. Im 2. Jh. v. Chr. wurden Blutegel auch in Griechenland verwendet.

Die Blütezeit der Behandlung mit Blutegeln in Europa war die Zeit vom Mittelalter bis zur Mitte des 19. Jh. – nicht zuletzt deshalb, weil sich die arme Bevölkerung keine andere Behandlung als die mit Blutegeln leisten konnte. Aber mit dem Aufkommen der modernen Medizin verschwanden die Egel nach und nach aus den Behandlungszimmern.

Erst als in Amerika zur Mitte der 1980er-Jahre Blutegel für die Transplantationschirurgie wiederentdeckt wurden, erlebten die Würmer ein Comeback: Blutegel werden

Im 17. Jh. gehörte das Ansetzen von Egeln zum festen Bestandteil der Medizin (Holzschnitt von 1638). Auch heute werden die Tiere noch eingesetzt, beispielsweise bei Transplantationen.

heute beispielsweise bei Hauttransplantationen aufgesetzt, um die Durchblutung zu fördern und den Fluss von Blut und Lymphflüssigkeit anzuregen, sodass das transplantierte Gewebe besser anwachsen kann. Aus hygienischen Gründen kommt heute jeder Blutegel nur einmal zum Einsatz und wird dann vernichtet. Die Patienten haben weniger mit Schmerzen als mit Ekelgefühlen zu kämpfen. Denn man spürt nur ein leichtes Brennen, und nach etwa 1 Stunde lassen die Egel von selbst los.

Bremsen sind nicht nur aggressiv, sondern gelten in tropischen Ländern auch als Krankheitsüberträger.

Wussten Sie schon, dass...
Bremsen gar nicht stechen?

Jeder kennt die schmerzhaften Angriffe der Bremsen an sommerlichen Badeseen. Doch anders als Mücken stechen Bremsen nicht mit den Mundwerkzeugen oder wie Bienen und Wespen mit ihrem Stachel, sondern schneiden mit ihren messerartigen Mundwerkzeugen die Haut ihrer Opfer auf. Im Unterschied zu Mücken saugen Bremsen das Blut nicht auf, sondern geben zunächst gerinnungshemmende Substanzen in die Wunde, um dann das dünnflüssige Blut mit ihrem Rüssel aufzutupfen. Daher können durch Bremsen verursachte Wunden noch lange, nachdem die Bremsen verschwunden sind, weiterbluten.

Stimmt es, dass...
BREMSEN und Wespen vor Gewittern aggressiv sind? | JA

Bremsen und Wespen gehören als Insekten zu den wechselwarmen Tieren, deren Körpertemperatur deutlich von der Temperatur der Umgebung abhängt. Je wärmer es ist, umso aktiver sind die Tiere. Daher kann es bei höheren Temperaturen für den Menschen eher zu unangenehmen Begegnungen mit diesen Insekten kommen. Das könnte der Grund für die häufige Beobachtung sein, dass Wespen und Bremsen bei schwülwarmer Witterung oder während eines Gewitters aggressiver reagieren als sonst.

Allerdings sollte man die Gefahr, die von diesen Insekten ausgeht, nicht überbewerten. Wer beispielsweise angesichts einer Wespe ruhig bleibt und sich nicht plötzlich hektisch bewegt, hat größere Chancen, nicht gestochen zu werden. Diese Strategie hat jedoch bei den Blut saugenden Bremsen leider keine Aussicht auf Erfolg.

Wenn man gestochen wird, ist dies nur selten mit Problemen verbunden. Ein Wespenstich ist zwar schmerzhaft, aber nicht gefährlich. Nur für Menschen, die eine Allergie haben, besteht eine ernsthafte Gefahr für die Gesundheit. Wer jedoch nach einem Stich Kreislaufprobleme bekommt oder in den Mund gestochen wurde, sollte sofort zum Arzt gehen.

Bremsenbisse sind ebenfalls schmerzhaft, über eventuelle Allergien ist aber so gut wie nichts bekannt. Bremsen beißen, weil sie das Blut von Warmblütern als Nahrung brauchen. Hierzulande häufig vorkommende Arten sind die bis zu 1 cm langen Blindbremsen sowie die etwas größeren Regenbremsen. Beide können zwar den Aufenthalt am Badesee zur Qual machen, sind aber nicht gefährlich. Nur Arten in tropischen Ländern spielen als Überträger von Krankheitserregern eine Rolle.

Stimmt es, dass...
der BRENNENDE BUSCH (Diptam) wirklich brennen kann? | JA

Die Fruchtstände des Diptams enthalten große Mengen ätherischer Öle. Ist es im Sommer außergewöhnlich heiß, verdunsten die Öle, die entflammbar sind. Vor allem in den Abendstunden umgeben sie die Pflanze wie eine Wolke. Hält man also ein Streichholz in die Nähe des Busches, so beginnen die Öle zu brennen. Vielleicht handelte es sich ja auch bei dem brennenden Busch, den Moses sah, als er von Gott dazu berufen wurde, das Volk Israel nach Ägypten zu führen, um einen Diptam, dessen ätherische Öle sich bei großer Hitze selbst entzündet hatten.

Der Diptam ist eine zu den Rautengewächsen gehörende Staude und wird etwa 120 cm hoch. Er stammt aus Mittel- und Südeuropa, ist aber auch in Russland und Ostasien zu finden. Er gedeiht auf kalkhaltigen Böden und an warmen, sonnigen bis halbschattigen Standorten. Diptam blüht von Mai bis Juni mit rosafarbenen Blüten, die intensiv nach Zitrone duften. Allerdings sollten sich empfindliche und zu Allergien neigende Menschen hüten, die Pflanze anzufassen. Der Diptam enthält Alkaloide wie Dictamnin und Skimmianin, die denen des Wiesenbärenklaus und der

Der Diptam kann zu Hautreizungen führen und ist im Extremfall sogar leicht entflammbar.

Herkulesstaude ähneln und die zu starken Hautreizungen führen können. Wer einen Diptam im Garten stehen hat, sollte deshalb bei Arbeiten an der Pflanze unbedingt Handschuhe tragen. Ungeklärt ist, ob die Bezeichnung „Brennender Busch" von den brennbaren ätherischen Ölen herrührt oder auf die hautreizenden Eigenschaften der Pflanze zurückgeht.

Stimmt es, dass ...

DELPHINE andere Wale und sogar Artgenossen angreifen? JA

Bei all den Berichten über hochintelligente und menschenfreundliche Delphine wird häufig vergessen, dass sie Raubtiere sind. Sie jagen und fressen Fische und haben es dabei zu einem außerordentlichen Geschick gebracht.

Auch im Kontakt mit Artgenossen ist der „liebe Flipper" nicht immer der freundliche Meeressäuger, den viele Menschen in ihm sehen wollen. Bei einigen Arten wird die Rangordnung in einer Gruppe durch aggressive Kämpfe festgelegt. Narben an rangniedrigeren Tieren zeigen, dass es dabei manchmal auch blutig zugeht. In Meeresaquarien gehaltene Delphine legen ebenfalls eine Hierarchie fest. So verjagen ranghöhere Männchen rangniedrigere, junge Tiere mit Bissen oder einem kräftigen Schlag ihres Schwanzes, wenn diese versuchen, sich einem Weibchen zu nähern. Forscher haben zudem beobachtet, dass Große Tümmler andere Delphinarten wie etwa die mit ihnen nah verwandten Schweinswale angreifen, verjagen oder sogar töten. Vor der schottischen Küste wurden mehrere tote Schweinswale gefunden, die eindeutig Bissspuren von Großen Tümmlern aufwiesen.

Aber es gibt es auch Berichte, nach denen Menschen von Delphinen gerettet wurden. So wird u. a. behauptet, dass sie in einem neuseeländischen Aquarium einen scheinbar Ertrinkenden an die Wasseroberfläche gehoben haben.

Auch wenn sie spielerisch aussehen, so können die Rangkämpfe zwischen Zügeldelphinen bei den Bahamas blutig enden.

DELPHIN-THERAPIE

In den 1970er-Jahren begannen Forscher, sich damit auseinander zu setzen, wie das freundliche Verhalten von Delphinen gegenüber Menschen sich positiv auf die Heilung psychisch kranker Erwachsener und Kinder auswirkt. Die amerikanische Anthropologin und Erziehungswissenschaftlerin Dr. Betsy Smith brachte in Florida Delphine mit autistischen Kindern zusammen und stellte fest, dass sich die Konzentrationsfähigkeit der Kinder nach dem Kontakt mit den Tieren verbessert hatte und dass sie ruhiger und ausgeglichener waren. Der Psychologe Dr. David Nathanson setzte die Arbeiten von Smith fort, und auch er konnte bestätigen, dass das Zusammensein mit den Delphinen dazu führt, dass sich die Kinder besser entspannen und konzentrieren können. Ein Teil der Entspannung ist jedoch darauf zurückzuführen, dass bereits der scheinbar „schwerelose" Aufenthalt im Wasser Menschen hilft, sich leichter zu entkrampfen.

Wussten Sie schon, dass...
es Delphine gibt, die im Süßwasser leben?

Die meisten der rund 45 Delphinarten kommen in den Meeren vor – außer in den Gewässern rund um den Polarkreis. Einige Arten leben aber auch im Süßwasser. Diese Fluss- oder Süßwasserdelphine sind sofort an ihren langen Schnauzen erkennbar. Zu ihnen gehören die Ganges-, La-Plata- und Amazonas-Delphine sowie die Chinesischen Flussdelphine. Sie gelten als die primitivsten heute noch lebenden Delphine.

Stimmt es, dass...
DELPHINE eine Sprache haben?   JA

Delphine verfügen über ein erstaunliches Repertoire an Lauten: Sie können pfeifen, zirpen, quieken, stöhnen oder ächzen. Ein lautes Klappern mit den Kiefern und das Schlagen des Schwanzes signalisieren Ärger. Glucksen hört man Delphine, wenn sie miteinander schmusen, und das Pfeifen scheint der Identifizierung der einzelnen Tiere zu dienen. Doch entschlüsselt haben die Wissenschaftler die Sprache der Delphine bis heute nicht. Niemand weiß also wirklich, was die einzelnen Laute oder Lautfolgen bedeuten. Allerdings ist es auch sehr schwierig, die Bedeutung der Laute zu enträtseln, da Delphine meist in Gruppen auftreten und dabei „durcheinander reden". Außerdem geben sie die Laute in sehr rascher Folge von sich.

Dass Delphine wirklich kommunizieren können, zeigen Versuche, sie eine Zeichensprache zu lehren, die der Gebärdensprache der Taubstummen gleicht. Die Delphine mussten Fragen beantworten, indem sie Schilder mit Ja oder Nein berührten. Dabei lernten sie, mehrere Dutzend Begriffe in Form von Symbolen zu unterscheiden. Selbst nach einer sechsmonatigen Pause hatten sie das Gelernte nicht vergessen.

Sicher ist auch, dass Schall im Leben der Meeressäuger eine entscheidende Rolle spielt. Mit ihrem Echolotsystem senden sie Ultraschalltöne aus, mit denen sie das Meer beispielsweise nach Beutefischen regelrecht ausloten – Menschen hören diese Geräusche als Klick-Laute. Die Laute werden wahrscheinlich entweder im fettartigen Gewebe in der Stirn, der so genannten Melone, oder mithilfe der Schädelknochen gebündelt und ausgestrahlt. Über das Echo kann der Delphin wahrnehmen, wie groß und wie weit entfernt ein Objekt ist.

DAS ECHOLOT DER DELPHINE

Unklar ist, ob Delphine die Ultraschalllaute im Kehlkopf oder an den Luftausgängen zum Blasloch erzeugen. Die reflektierten Laute werden mit dem Unterkiefer wahrgenommen und liefern dem Delphin Informationen über Gegenstände im Wasser.

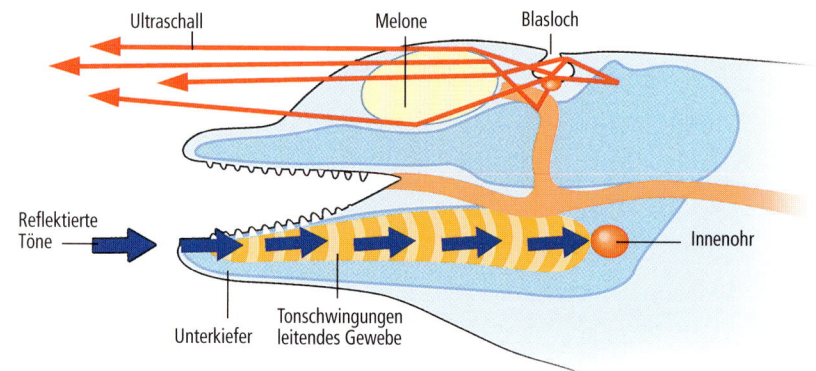

Ultraschall — Melone — Blasloch

Reflektierte Töne

Innenohr

Unterkiefer

Tonschwingungen leitendes Gewebe

Stimmt es, dass...
DROMEDARE und Kamele zwei Wochen lang ohne Wasser auskommen?   JA

Dromedare und Kamele leben in den heißesten und trockensten Gebieten der Erde. Sie sind daher auf vielfältige Weise an ein Leben angepasst, in dem das Wasser manchmal knapp ist. Wie lange sie ohne Wasser auskommen können, hängt stark davon ab, wie heiß es ist und was sie zu fressen bekommen. Bei relativ niedrigen Temperaturen und saftiger Nahrung kann ein Dromedar sogar länger als 14 Tage darauf verzichten, Wasser zu trinken.

Die Tiere haben mehrere Strategien zum Wassersparen entwickelt. Zum einen können sie mit einem kräftigen Muskel die Nasenlöcher verschließen, sodass der Wasserdampf in der ausgeatmeten Luft in der Nase wieder aufgenommen werden kann. Darm und Niere sind in der Lage, Wasser im Körper zurückzuhalten. Deshalb ist der nur kastaniengroße Kot sehr trocken und der Urin sehr viel konzentrierter als bei anderen Tieren.

Am wichtigsten ist jedoch die Anpassung der Körpertemperatur: Dromedare und Kamele können in Trockenzeiten nachts ihre Körpertemperatur auf 34 °C absenken und am Tag auf 41 °C erhöhen. Am Tag schwitzen die Tiere dank der hohen Körpertemperatur nicht, weil ein sehr viel geringeres Gefälle zwischen der Körper- und der

Weil sie lange ohne Wasser auskommen, sind Dromedare begehrte Lasttiere in der Sahara.

Wussten Sie schon, dass…
im Höcker von Dromedaren und Kamelen kein Wasser gespeichert wird?

Auch wenn Kamele nach langem Aufenthalt in der Wüste mit schlaffen Höckern zurückkehren – die Höcker enthalten kein Wasser, sondern Fett, das als Energiespeicher dient. Die Konzentration des Körperfetts auf eine Körperstelle ist sinnvoll: Das isolierende Fett schützt einerseits vor Sonnenstrahlen, andererseits kann über die fettfreien Körperpartien leichter überschüssige Körperwärme abgegeben werden. Sind Nahrung und Wasser knapp, wird das Fett des Höckers im Körper abgebaut und liefert Energie und Flüssigkeit.

Außentemperatur besteht. Die Tiere nehmen die Wärme nur langsam in den kühleren Körper auf. Zusätzlich wirken Höcker und Fell wie eine Isolierschicht gegen die Hitze der Sonne – man hat festgestellt, dass geschorene Kamele viel stärker schwitzen als Tiere mit einem normalen Fell.

Kamele und Dromedare können zudem einen Wasserverlust von etwa einem Viertel ihres Körpergewichts verkraften (bei Menschen sind 10 % lebensbedrohlich). Dies ist möglich, da ihr Blut auch bei einer höheren Körpertemperatur nicht dickflüssig wird und so weiterhin über die Haut Wärme abgeben kann. Erreichen die Tiere nach einer Wüstenwanderung wieder eine Oase, können sie den Flüssigkeitsverlust in ihrem Körper in allerkürzester Zeit wieder ausgleichen. Sie sind in der Lage, etwa 120 l Wasser in kaum 10 Minuten zu trinken.

Stimmt es, dass …
EFEU Bäumen Wasser und Nährstoffe entzieht?　　　**NEIN**

Efeu ist eine Kletterpflanze, die sich mithilfe von Haftwurzeln an Mauern oder Bäumen festhält und so bis zu 20 m in die Höhe wächst. In Extemfällen kann er sogar 25 m hoch emporklettern. Weil Efeu nicht angebunden werden muss und auch sonst keine zusätzliche Stütze braucht, damit er klettern kann, wird er als Selbstklimmer bezeichnet.

Efeu dringt jedoch nicht wie eine Schmarotzerpflanze in die Bäume ein und entzieht ihnen deshalb weder Wasser noch Nährstoffe. Auch in bezug auf die Nährstoffe aus dem Boden ist er für die Bäume kein ernsthafter Konkurrent, da deren Wurzeln so tief reichen, dass sie sich problemlos versorgen können. Allerdings kann es passieren, dass Efeu im Lauf der Jahre einen Baum so eng umschlingt, dass er diesen regelrecht „erwürgt" und der Baum langsam eingeht.

Efeu wächst von den Kanarischen Inseln über Nordafrika und Europa bis nach China und Japan. Als Zierpflanze ist er wegen seiner attraktiven Blätter beliebt, die kleinen Blüten sind dagegen unscheinbar. Sie reifen zu schwarzen oder orangegelben Früchten heran und sind eine begehrte Winternahrung vieler Vögel. Für Menschen ist der Efeu jedoch giftig: Alle Pflanzenteile von den Blättern bis zu den Früchten können bei Verzehr zu Unwohlsein und Übelkeit führen. Zudem kann der Saft frischer Blätter Hautausschläge hervorrufen.

Ein Meer von Licht und Grün – in diesem Teil des Waldes hat der Efeu eine geradezu beherrschende Stellung erobert.

Wussten Sie schon, dass…
Efeu mit zunehmendem Alter die Blattform ändert?

Efeu ist eine wandlungsfähige Pflanze. Die Blätter der jungen Triebe sind meist tief drei- bis fünffach gelappt und oft gelb-grün gemustert. Mit zunehmendem Alter der Pflanze verändern die Blätter jedoch ihre Form: Sie werden immer runder und ungeteilt und verlieren zudem ihr Muster. Da es jedoch viele Efeusorten gibt, können sich auch junge Blätter in Form und Farbe stark unterscheiden.

Stimmt es, dass ...

EICHEN von allen deutschen Bäumen das härteste Holz liefern? NEIN

Gemeinhin gilt das Holz der Eiche als das härteste einheimische Holz – tatsächlich ist dies jedoch Buchenholz.

Allerdings gibt es beim Holz keine absolute Härte. Sie ist abhängig vom Feuchtigkeitsgrad des Holzes und von seinem Ursprungsort. Daher können die Härteangaben schwanken. Eichenholz hat beispielsweise eine Härte von 34–41 Brinell.

Eiche das härteste und stabilste Bauholz, das von keiner anderen einheimischen Baumart in der Kombination von Härte, Festigkeit und Elastizität übertroffen wird.

Der Wert des Eichenholzes rührt auch daher, dass es sehr enge Jahresringe hat. Deshalb ist es vor allem für die Herstellung von Furnieren geeignet. Eichen haben einen hohen Anteil an festem, unempfindlichem Kernholz, die äußere, gegen Pilz- und Insektenbefall empfindliche Splintholzschicht misst nur 2–5 cm.

Eichenholz ist hart und schwer, lässt sich aber trotzdem leicht bearbeiten. Außerdem enthält es eine Vielzahl verschiedener Gerbstoffe, die es unempfindlich gegen Verwitterung machen. Diese Gerbstoffe kann man an frisch geschlagenem Eichenholz am leicht säuerlichen Geruch wahrnehmen. So ist Eichenholz auch unter Wasser fast unbegrenzt haltbar. Im Moor unter Luftabschluss liegende Eichenstämme bleiben jahrhunderte- oder jahrtausendelang unversehrt. Ihr Holz färbt sich jedoch braun bis blauschwarz.

Das härteste Eichenholz ist das Holz der Stieleiche. Sie kommt in fast ganz Europa und in Kleinasien vor. Ihr Holz wird am Bau, für Möbel, aber auch für Cognac- und Whiskyfässer verwendet. Weinfässer wurden früher fast ausschließlich aus Eichenholz hergestellt.

HÄRTEGRADE VERSCHIEDENER PARKETTHÖLZER

Die Härte eines Holzes wird von Zellaufbau und Wassergehalt bestimmt. Fichte, Erle oder Kiefer zählen zu den Weichhölzern, Eiche und Buche zu den Harthölzern.

Unsere einheimischen Bäume werden jedoch von tropischen Hölzern in der Härte übertroffen. Hier werden einige verbreitete Parketthölzer vorgestellt.

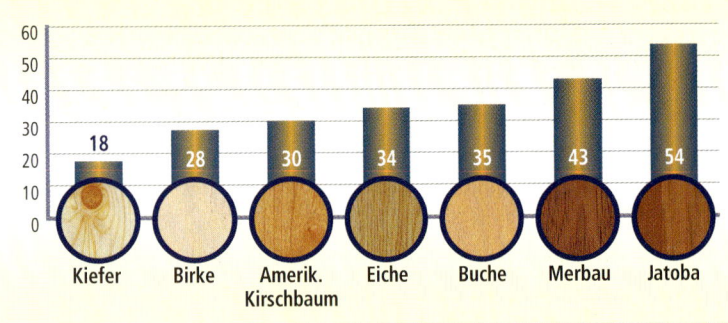

Holzhärte in Brinell

Kiefer	Birke	Amerik. Kirschbaum	Eiche	Buche	Merbau	Jatoba
18	28	30	34	35	43	54

Wussten Sie schon, dass ...
Eichen über 1000 Jahre alt werden können?

Und das ist nicht einmal eine Seltenheit, denn Eichen mit einem Alter von mehr als 1000 Jahren findet man recht häufig. Kein Wunder, liegt ihr Durchschnittsalter schon bei stattlichen 700 Jahren. Eine der ältesten deutschen Eichen steht in Erle im Münsterland. Sie soll 1400 Jahre alt sein. Alte Eichen erreichen auch respektable Höhen: Sie werden gut 42 m hoch.

Brinell ist die nach dem schwedischen Ingenieur Johan August Brinell benannte Maßeinheit, mit der die Härte von Stoffen angegeben wird. Dazu wird eine Stahlkugel mit 10 mm Durchmesser unter langsam steigender Belastung mit bis zu 500 Newton in das Holz gedrückt. Dann wird die Größe der Vertiefung gemessen und die jeweilige Härte berechnet.

ABER: Buchen haben zwar härteres Holz als Eichen, doch ihr Holz ist wesentlich schwerer zu verarbeiten und reißt leichter. So ist das Holz der

Eines der ältesten Eichenmöbel Frankreichs ist der Sakristeischrank aus dem 12. Jh. in Notre-Dame de la Nativité in Aubazine.

182

Stimmt es, dass...

EICHHÖRNCHEN auch Fleisch fressen?   JA

Eichhörnchen gehören zwar zu den Hörnchenartigen und damit zur Ordnung der Nagetiere, sind aber keineswegs reine Vegetarier. Während im Winter und Frühjahr pflanzliche Nahrung den Speisezettel der Eichhörnchen dominiert, fressen sie im Sommer durchaus auch Fleisch. Sie sind geschickte Nesträuber, die Eier aus Vogelnestern stehlen und fressen. Eichhörnchen machen selbst vor Jungvögeln nicht Halt. Wenn Vögel zur Brutzeit laut schimpfend in den Bäumen sitzen, dann versuchen sie meist, aufdringliche Eichhörnchen zu verjagen, die sich den Nestern nähern. Die flinken Kletterer lassen sich überdies Schnecken und Insekten schmecken, wenn sie sie finden.

In erster Linie fressen Eichhörnchen aber Samen, Rinde, Triebe, Knospen, Blüten und Früchte von Bäumen und mögen vor allem die für uns Menschen giftigen Eibensamen. Jeder Wald-Spaziergänger kennt die Spindeln von Tannen- oder Fichtenzapfen, die von Eichhörnchen abgefressen wurden. Ebenso beliebt sind bei ihnen Hasel- und Walnüsse, die sie mit ihren kräftigen Nagezähnen knacken. Auf dem Speiseplan der Tiere stehen schließlich auch verschiedene Früchte wie Beeren und Pilze.

Dass Pflanzen den Großteil der Hörnchen-Kost bilden, hat natürlich Gründe. Zum einen leben Eichhörnchen vor allem in Sträuchern und Bäumen und müssen daher nicht lange suchen, um Nahrung zu finden. Zum anderen ernähren sie sich im Winter vegetarisch, weil sie dann fast nur auf Vorräte zurückgreifen. Wenn es reichlich Nahrung gibt, verstecken sie Nüsse, Bucheckern, Zapfen und Eicheln in Baumlöchern, leeren Vogelnestern und in der Erde. Im Winter graben sie ihr Futter unter dem Schnee wieder aus. Sie sammeln aber viel mehr, als sie später verbrauchen. Die restlichen Samen können im Frühjahr keimen – und so sorgen Eichhörnchen für die Ausbreitung vieler Strauch- und Baumarten.

Wussten Sie schon, dass...
nordamerikanische graue Eichhörnchen in Europa die roten verdrängen?

In Großbritannien wurde Ende des 19. Jh. das nordamerikanische Grauhörnchen eingebürgert und hat heute das einheimische rote Eichhörnchen fast ganz verdrängt: Auf 66 graue Tiere kommt nur noch 1 rotes. Nach Italien kamen Grauhörnchen 1948. Dort plündern sie im Winter die Vorratskammern der roten Eichhörnchen und stehlen Nüsse und Samen. In manchen Regionen können die roten Eichhörnchen deshalb nur noch von zwei Dritteln ihrer Vorräte zehren und verlieren im Winter deutlich an Gewicht. Die Folge: Die Weibchen bringen im Frühjahr weniger Junge zur Welt.

Stimmt es, dass...

EIDECHSEN bei Gefahr ihren Schwanz abwerfen?   JA

Nicht nur bei wirklicher Gefahr, sondern bereits bei der geringsten Bedrohung werfen Eidechsen ihren Schwanz ab und bringen sich in Sicherheit.

Die Fähigkeit, ein Körperteil bei Gefahr abzuwerfen, nennen Fachleute Autotomie. Vom 6. Schwanzwirbel an besitzt jeder Wirbelkörper eine vorgebildete Bruchstelle. In diesem Bereich des Schwanzes sind außerdem sowohl das Bindegewebe als auch die Muskulatur schwächer ausgebildet. Dies hat zur Folge, dass der Schwanz der Eidechse relativ leicht abreißen kann, wenn er von einem Fressfeind wie beispielsweise einem Vogel gepackt wird. Dann zieht sich der Ringmuskel an der entsprechenden

Sollbruchstelle zusammen, und der Schwanz wird abgeworfen. Da sich der abgestoßene Schwanzteil dank seines autonomen Nervensystems noch weiterhin heftig schlängelnd hin und her bewegt, sind die Angreifer meist durch diesen überraschenden Anblick derart gebannt, dass sie ihre ganze Konzentration auf das Schwanzstück richten und die Eidechse unbehelligt entkommt.

Der Verlust des Schwanzes schadet der Eidechse nicht, er wächst sogar wieder nach. Allerdings enthält er nun keine richtigen Knochen mehr, sondern lediglich einen stützenden Knorpelstab. Dieser nachgewachsene Schwanz kann dann nicht mehr abgeworfen werden. Lediglich wenn ganz junge Tiere ihren Schwanz verlieren, kann er fast bis zur ursprünglichen Länge wieder nachwachsen. Wird der nachgewachsene Schwanz dann noch ein-mal verletzt, kommt es in seltenen Fällen zu einem kuriosen Phänomen: Aus der Wunde wachsen mehrere Schwanzstummel, es bildet sich ein so genannter Gabel-schwanz.

Wussten Sie schon, dass...
die Larven von Eintags-fliegen länger leben als die erwachsenen Tiere?

So kurz das Leben der erwachsenen Eintagsfliegen ist, so lange dauert ihre Entwicklung vom Ei zum fertigen Tier. Die Spanne reicht – je nach Art – von einigen Monaten bis zu 3 Jahren. Diese Zeit verbringen die Larven im Wasser. Sie bevorzugen fließende Gewässer, aber man findet sie auch in Seen und Teichen. Sie ernähren sich von Blattresten und von Algen und atmen mithilfe von Kiemen, die an ihrem Hinterleib hängen. 8- bis 30-mal, bei einigen Arten sogar bis zu 50-mal müssen sich die Larven während ihres Lebens im Wasser häuten.

Stimmt es, dass...
EINTAGSFLIEGEN nur einen Tag leben?   JA

Eintagsfliegen leben tatsächlich nur wenige Stunden bis maximal einen Tag. Ihr kurzes Leben dient allein der Fortpflanzung: Zwischen April und Oktober schwärmen sie in der Dämmerung aus. Die Männchen führen dann ihre Hochzeitstänze auf, bei denen sie in dichten Wolken über dem Wasser schweben. Die Weibchen fliegen nun in den Schwarm hinein. Jedes Männchen packt ein Weibchen mit seinen langen Vorderbeinen, die es um die Brust des Weibchens schlingt. Mit speziellen Greifzangen hält es das Hinterende des Weibchens fest und vollzieht die Paarung. Dabei hat das Männchen die Flügel über dem Rücken zusammengeklappt, das Weibchen hat die ihren ausgebreitet. So schweben beide nach unten. Kurz über dem Boden trennen sich die Paare, und das Weibchen legt die Eier ins Wasser ab.

Nach der Paarung ist der Lebenszweck der Eintagsfliegen erfüllt, die Tiere sterben. In ihrem kurzen Leben fressen sie nicht einmal, weshalb ihre Mundwerkzeuge verkümmert sind. Ihr wissenschaftlicher Name *Ephemeroptera* leitet sich übrigens vom griechischen *ephemeros* ab, was so viel bedeutet wie „nur einen Tag lebend".

Die zarten Insekten sind nicht mit den Fliegen verwandt und sehen auch ganz anders aus. Meist haben sie einen schlanken, lang gezogenen Körper mit drei langen Schwanzfäden – das typische Erkennungszeichen der Eintagsfliegen – sowie vier durchsichtige, geäderte Flügel. Eintagsfliegen gehören zu den entwicklungsgeschichtlich ältesten geflügelten Insekten der Welt, es gibt sie seit etwa 300 Mio. Jahren. Heute existieren noch etwa 1000 verschiedene Arten von Eintagsfliegen.

Stimmt es, dass...
die Haut des EISBÄREN schwarz ist?   JA

Obwohl der Eisbär nicht gerade ein Sonnenanbeter ist, genießt auch er an schönen Polartagen ein Bad in der Sonne.

Hat man im Zoo die Möglichkeit, schwimmende Eisbären durch eine Glasscheibe zu beobachten, kann man, wenn man genau hinsieht, manchmal die schwarze Haut durch den dicken weißen Pelz schimmern sehen. Diese Farbe ist in der eisigen Umwelt der Eisbären durchaus von Vorteil, denn dunkle Flächen speichern Wärme besser als helle. Dass das Eisbärenfell selbst aber weiß ist, hat natürlich ebenfalls einen guten Grund. Mit einem schwarzen Fell würde der Eisbär in der weißen Eislandschaft der Arktis so sehr auffallen, dass jedes potenzielle Beutetier – vorwiegend Robben – ihn von weitem sehen und daher entkommen könnte. Der Eisbär müsste verhungern.

Lange dachte man, dass die hohlen, etwa 3 cm langen Haare des Eisbärenfells das Licht direkt zur Haut leiten und dort in Form von Wärme speichern. Genauere Untersuchungen des amerikanischen Wissenschaftlers Daniel W. Koon ergaben jedoch, dass der Wärmespeicher der Bären anders funktioniert. Seine Messungen zeigten, dass durch den Hohlraum der Haare nur wenig Licht bis zur Haut vordringen kann. Der Forscher entwickelte ein anderes Erklärungsmodell: Die schwarze Haut der Eisbären wirkt als so genannte Wärmefalle und nimmt viel Sonnenwärme von außen auf. Das wenige Licht, das zusätzlich durch die Haare auf die Haut geleitet wird, verstärkt diesen Effekt nur leicht. Der eigentliche Zweck des dichten Fells ist vielmehr seine isolierende Wirkung. Die Luftkammern in den Haaren wirken wie eine mit Hohlfasern gefüllte Thermojacke und verhindern, dass der Bär Wärme verliert. Außerdem hat das Tier unter der Haut eine rund 10 cm dicke Speckschicht, die zusätzlich vor Kälte schützt. Dank dieses dreifachen Isolierprinzips – Fell, schwarze Haut und Fett – bringen auch Polarstürme mit bis zu –35 °C Eisbären nicht zum Frieren.

Stimmt es, dass …
ELEFANTEN ein besonders gutes Gedächtnis haben? **JA**

Manche Berichte über Elefanten, die sich noch nach vielen Jahren an einstigen Quälgeistern rächen, sind eindeutig übertrieben. Aber Elefanten haben wirklich das sprichwörtlich gute Gedächtnis und können sich noch an Jahre zurückliegende Ereignisse erinnern.

Versuche einer Verhaltensforscherin im Amboseli-Nationalpark in Kenia ergaben beispielsweise, dass sich die grauen Riesen die Rufe von über 100 verschiedenen Artgenossen merken können. Die Wissenschaftlerin spielte weiblichen Elefanten die Kontaktrufe von Tieren vor, die zu verschiedenen Elefantenfamilien gehörten. Kannten die Elefantendamen die Tiere, riefen sie zurück. Rufe von Elefanten, mit denen sie nur locker Bekanntschaft gemacht hatten, wurden ignoriert. Rufe fremder Elefanten lösten dagegen Unruhe aus. Selbst wenn die Herde manche Tiere jahrelang nicht getroffen hatte, erkannten die Dickhäuter die Rufe wieder.

Ganz ähnliche Ergebnisse brachten Versuche mit in Gefangenschaft gehaltenen Elefanten. Tiere, die in Dressuren lernten, zwölf verschiedene Töne und Tonreihen zu unterscheiden, erkannten nach 18 Monaten Pause immerhin noch neun Töne. Ein anderer Elefant lernte insgesamt 13 Bildpaare zu unterscheiden. Ein Jahr später erkannte er zwölf Bildpaare auf Anhieb wieder. Andere Exemplare, die an ähnlichen Versuchen teilgenommen hatten, erinnerten sich noch über 30 Jahre später an den Ablauf der Versuche. Die Motive erkannten sie aber nicht mehr.

Ein gutes Gedächtnis ist für die grauen Riesen überlebensnotwendig. So weiß man,

dass Elefanten in der freien Wildbahn ein gutes Ortsgedächtnis haben. Noch nach Jahren können sie sich an Wege zu weit entfernten Weiden erinnern, und sie spüren auch in Trockenzeiten Wasserlöcher wieder auf, die viele Kilometer entfernt sind.

Wussten Sie schon, dass …
Elefanten gut schwimmen können?

Wie allen Säugetieren ist Elefanten das Schwimmen angeboren, und sie sind gute und ausdauernde Schwimmer. Vor allem junge Elefanten lieben das nasse Element. Forscher vermuten, dass Elefanten sogar von Südindien schwimmend nach Sri Lanka kamen und die Insel auf diesem Weg eroberten. Elefanten schwimmen, indem sie wie beim Laufen alle vier Beine bewegen. Der Mund liegt meist unter Wasser, daher wird zum Atmen der Rüssel wie ein Schnorchel eingesetzt.

Auch wenn sie als schwergewichtige Dickhäuter gelten, sind Elefanten sehr gute Schwimmer.

Stimmt es, dass...
ELEFANTEN Angst vor Mäusen haben?   (NEIN)

Welt verkehrt: kleiner Elefant mit großer Maus – seit mehr als 30 Jahren sind die Zeichentrickfiguren der „Sendung mit der Maus" die besten Freunde.

Auch wenn es noch so viele Witze über Elefanten gibt, die beim Anblick einer Maus sofort panisch die Flucht ergreifen – mit der Wirklichkeit hat dies überhaupt nichts zu tun. Als friedliche Pflanzenfresser reagieren Elefanten zwar ängstlich und vorsichtig, wenn sie etwas nicht kennen. Mäuse können ihnen aber keine Angst einjagen. Vor allem Elefanten in Zoos und im Zirkus kennen die kleinen Nagetiere, da diese im Heu und Stroh eines jeden Elefantenstalls zu finden sind und dort nach Futter suchen.

Versuche, die bereits von Bernhard Grzimek im Frankfurter Zoo durchgeführt wurden, bewiesen, dass Elefanten Mäuse nicht fürchten. Ganz im Gegenteil: Sie be-schnupperten die Mäuse zunächst voller Neugierde – und zertraten sie dann. Dies gelang ihnen sogar recht mühelos, denn Elefanten sind trotz ihrer Größe überraschend wendige und schnelle Tiere, die problemlos eine flüchtende Maus erwischen können.

Schweizer Untersuchungen ergaben zudem, dass Mäuse durchaus nachts über einen schlafenden Elefanten laufen können, ohne dass dies die grauen Riesen stört oder gar um den Schlaf bringt.

Auch die weit verbreitete Behauptung, Elefanten fürchteten Mäuse, weil diese in ihren Rüssel krabbeln und sie daran ersticken könnten, entbehrt jeder wissenschaftlichen Grundlage. Selbst wenn sich eine Maus in einen Rüssel verirren würde – was mehr als unwahrscheinlich ist –, würde das einen Elefanten bestenfalls zu kräftigem Niesen bringen. Die Maus dagegen würde aus dem Rüssel geschleudert und das „Abenteuer" sicher nicht überleben. Wenn bei einer Begegnung zwischen Elefant und Maus also jemand Angst haben muss, dann ist das ganz eindeutig die Maus.

Wussten Sie schon, dass...
Elefanten gar keine Dickhäuter sind?

Im Vergleich zum mächtigen Körper ist die Elefantenhaut eher dünn. Sie misst im Schnitt gerade mal 2–4 cm und ist sehr gut durchblutet. An manchen Stellen wie am Rüsselansatz oder Rücken ist sie dicker, hinter den Ohren, an Bauch und Brust dagegen papierdünn. Deshalb reagieren Elefanten auch sehr empfindlich auf Berührungen.

Stimmt es, dass...
es ELEFANTENFRIEDHÖFE gibt?   (NEIN)

Elefantenfriedhöfe waren in zahllosen Abenteuergeschichten das Ziel gieriger Weißer, die auf der Suche nach dem wertvollen Elfenbein in unbekannte Regionen Afrikas vorstießen. Und tatsächlich gibt es in Afrika Orte, an denen vermehrt Elefantenskelette zu finden sind.

Doch dies heißt noch lange nicht, dass die Tiere zum Sterben gezielt bestimmte Plätze aufsuchen. Zu diesen Ansammlungen von Knochen und Elfenbein, die aufgrund der geringen räumlichen Ausdehnung die Bezeichnung „Friedhof" sowieso nicht verdienen, kommt es vielmehr, weil sehr alte Elefanten sich oft von der Herde absondern und in Sumpfgebiete wandern. Dort finden sie als Nahrung weichere Pflanzen als in den Gebieten, in denen die Herde unterwegs ist.

Spätestens in einem Alter von 65 Jahren sind die Zähne eines Elefanten abgenutzt, und die Tiere haben Mühe, noch geeignetes Futter zu finden. Das normale Gras und Laub können sie nicht mehr ausreichend zerkauen, also suchen sie nach weichen Gräsern, die ihren abgenutzten Zähnen wenig Widerstand bieten. Diese Nahrung reicht für die Versorgung der mächtigen Tiere aber nicht aus, sodass die alten Elefanten nach und nach immer schwächer werden und schließlich verhungern, wenn sie nicht vorher im Sumpf versinken und auf diese Art und Weise den Tod finden.

Meistens verenden Elefanten jedoch auf ihren großen Wanderungen irgendwo in der Savanne. Dann fallen ihre Überreste nicht so auf, weil sie nur vereinzelt zu finden sind. Der Altersrekord liegt übrigens

Hunderte von Elefanten mussten in Kenia für die Profitgier von Wilddieben ihr Leben lassen – Elfenbein, das man beschlagnahmen konnte, wurde dann öffentlich verbrannt.

DER ELFENBEINSCHMUGGEL BOOMT

Obwohl der internationale Handel mit Elfenbein bereits 1989 weltweit verboten wurde, blüht das Geschäft mit den Stoßzähnen weiter. 1997 wurde das Handelsverbot aufgeweicht, weil die südafrikanischen Länder Namibia, Botswana und Simbabwe auf der Konferenz des Washingtoner Artenschutzabkommens einen einmaligen Verkauf von Elfenbein aus ihren alten Lagern durchsetzten. Und im Jahr 2000 erreichte Südafrika eine Lockerung des Schutzes seiner Elefanten.

Tierschutzorganisationen wie Pro Wildlife sehen in dieser schrittweisen Liberalisierung des Elfenbeinhandels die Gefahr, dass Wilderei und Schmuggel mit Elfenbein wieder deutlich mehr Auftrieb erhalten. Seit der Handel erneut möglich ist, lassen sich die Zähne gewilderter Tiere wieder Gewinn bringend absetzen. In den letzten Jahren wurde nach Schätzungen illegales Elfenbein von mehr als 3000 Elefanten von Behörden in Afrika, China und Südostasien beschlagnahmt.

bei einem asiatischen Arbeitselefanten, der angeblich 69 Jahre alt geworden ist. In freier Wildbahn dürfte kaum ein Elefant dieses Alter erreichen.

Der Mythos vom Elefantenfriedhof hält sich vielleicht auch deshalb so hartnäckig, weil sich die sympathischen Dickhäuter zum Teil sehr liebevoll um kranke oder sterbende Artgenossen kümmern. Manchmal halten sie sogar bei Knochen toter Herdenmitglieder Wache, bevor sie wieder weiterziehen. Angesichts dieser scheinbar so menschlichen Verhaltensweisen liegt es nahe, jenen Gerüchten zu glauben, die auch die letzte Ruhestätte der Elefanten „vermenschlichen".

Wussten Sie schon, dass …
Elefanten in ihrem Leben sechsmal ihre Zähne wechseln?

Elefanten benutzen jeweils nur einen Backenzahn, der sich langsam abnutzt, Stück für Stück abbricht und vom nächsten nachwachsenden Zahn im Kiefer nach vorn geschoben wird, bis er völlig verbraucht ist. Die ersten drei Zähne sind das „Milchgebiss" des Elefanten und werden bis zum Alter von 9 Jahren aufgebraucht. Dann folgt der vierte Zahn, der bis zum Alter von 25 Jahren hält. Weitere Zahnwechsel folgen im Alter von etwa 36 und 45 Jahren. Der letzte Zahn hält dann noch etwa 20 Jahre.

Stimmt es, dass …
ELSTERN Glitzerndes stehlen?

NEIN

Die „diebische Elster" zählt zu den Irrtümern über das Tierreich, die anscheinend nicht auszurotten sind. Weder in irgendeinem ornithologischen Standardwerk noch in dem berühmten Nachschlagewerk *Grzimeks Tierleben* findet sich eine einzige Bestätigung dafür, dass frei lebende Elstern tatsächlich glitzernde und glänzende Gegenstände in ihrem Schnabel davontragen. Ganz im Gegenteil: Kein Vogelforscher konnte bisher in den Nestern von Elstern gestohlene, glitzernde Gegenstände entdecken. Denkbar ist allenfalls, dass zahme Elstern, die in der Obhut des Menschen leben, sich an irgendwelchen glitzernden Gegenständen vergriffen haben, denn Elstern sind, wie alle Rabenvögel, neugierige und intelligente Tiere. Es gibt Berichte darüber, dass zahme Rabenvögel von glänzenden Gegenständen angezogen werden und mit ihnen spielen.

Woher die Mär von der diebischen Elster stammt, bleibt unklar. Möglicherweise entstand der schlechte Ruf auch dadurch, dass sie wie viele andere Rabenvögel die

Elstern, die Perlenketten stehlen, gehören zu den Legenden. Doch sie sind sehr gelehrig, und man kann ihnen das Stehlen durchaus antrainieren.

Angewohnheit haben, in Zeiten mit großem Nahrungsangebot, Futter zu verstecken. Sie hacken dann Löcher in den Boden, geben die Futterbrocken hinein und decken sie mit Erde und Pflanzenresten zu – da liegt der Verdacht nahe, dass die Vögel auf dieselbe Weise ihr angebliches „Diebesgut" verstecken. Zudem sind Elstern Allesfresser und vergreifen sich ab und zu an den Eiern fremder Vögel oder rauben sogar Jungvögel aus dem Nest. Das gibt Minuspunkte auf der Sympathieskala der Menschen – und so traut man den Tieren auch ohne weiteres zu, „diebisch" zu sein.

Hauptanbaugebiete der Erdnuss sind Indien, China, die USA und Afrika.

Stimmt es, dass ...
ERDNÜSSE unterirdisch wachsen?

JA

Zunächst wächst die Erdnusspflanze ganz normal: Aus den Achseln der Keimblätter wachsen bis zu 80 cm lange Triebe mit paarig gefiederten Blättern. In den Achseln der Blätter wiederum entstehen jeweils zwei bis sechs gelbe Blüten. Diese Blüten sind nicht besonders auffällig, aber ungewöhnlich aufgebaut: Der Fruchtknoten sitzt unter der Blütenhülle an der Basis des stielförmigen Blütenbodens. Erdnussblüten sind nur wenige Stunden geöffnet, bestäuben sich selbst und verwelken anschließend.

Nun passiert etwas sehr Außergewöhnliches: Die Basis des Fruchtknotens wächst, und der Fruchtträger, von Botanikern auch Karpophor genannt, entsteht. Der Fruchtträger krümmt sich bald nach unten und wächst 0,5–6 cm tief in den Boden hinein. Dort entwickelt sich im Lauf der nächsten 4–5 Monate an der Spitze des Karpophors die Erdnuss. Eine Erdnusspflanze kann zwar im Lauf ihres einjährigen Lebens 600 bis 1000 Blüten bilden, aber allerhöchstens 20 % von ihnen bilden Früchte.

Zur Ernte durchtrennt man die Pfahlwurzel der Pflanze und holt die Sprosse mit den Nüssen mit einer Hacke oder einem Pflug aus der Erde. Vor der Weiterverarbeitung, werden die Früchte samt Kraut getrocknet. Weil sie sehr viel Fett und Eiweiß enthalten, sind Erdnüsse in vielen Ländern ein wichtiges Nahrungsmittel.

Der Name Erdnuss ist allerdings sehr irreführend. Botanisch gesehen ist sie keine Nuss, sondern eine Bohne.

Wussten Sie schon, dass ...
man bereits vor Jahrtausenden Erdnüsse in den Anden kultivierte?

Die Erdnuss gehört zu den wenigen Pflanzen, deren ursprüngliche Wildform heute unbekannt ist. Als die ersten Europäer nach Südamerika kamen, bauten die Indios Erdnüsse bereits auf Feldern an. Inzwischen vermutet man, dass in den kolumbianischen Anden bereits 3000 v. Chr. Erdnüsse kultiviert wurden. Die Urheimat der Erdnuss liegt wahrscheinlich in Brasilien; dort findet man heute noch einige wilde mit der Erdnuss verwandte Arten.

Stimmt es, dass ...
ESEL dumm sind?

NEIN

Wissenschaftler sind sich einig, dass Esel keinesfalls dumm sind. Ganz im Gegenteil gelten Esel bei ihnen sogar als ausgesprochen klug. Was uns als Dummheit erscheint, ist in Wirklichkeit nichts anderes als Vorsicht. Wenn Gefahr droht, rennen Esel nicht einfach kopflos davon, wie es etwa die Pferde tun, sondern bleiben erst einmal stehen und studieren die Situation. Sie überlegen, wie sie am besten auf Ungewohntes reagieren sollten, und verhalten sich in gefährlichem Terrain sehr umsichtig. Esel weigern sich oft, über unsichere Stege oder schwankende Brücken zu gehen. Und nur weil sie sich dem Menschen nicht einfach unterordnen und ihm nicht blind folgen, sondern ihren eigenen Kopf haben, werden sie häufig als stur, störrisch und damit letztlich auch als dumm bezeichnet.

Doch meist hat diese Sturheit ihren Grund und entpuppt sich als rettender

Umstand, nicht immer nur für das Tier. So heißt es in einem spanischen Sprichwort: „Folge einer Ziege, und du wirst in einen Abgrund stürzen. Folge einem Esel, und er führt dich ins Dorf." Angesichts solcher Aussagen überrascht es nicht, dass die Partnerschaft zwischen Mensch und Esel sehr alt ist: Aus dem Nubischen Wildesel wurden schon vor etwa 4000 Jahren im unteren Niltal die ersten Hausesel gezüchtet. Die Grautiere erwiesen sich als treue Gefährten ohne große Bedürfnisse. Selbst bei sehr kargem Nahrungsangebot sind sie noch in der Lage, schwere Arbeit zu verrichten.

Esel lassen sich auch dressieren. Allerdings muss man die Übungen unzählige Male wiederholen und das richtige Verhalten belohnen, bis die Tiere „mitspielen".

Auch wenn der Esel oft als störrisch erscheint, so ist er doch seit Jahrtausenden ein treuer Gefährte des Menschen, der mit Ausdauer und sprichwörtlicher Eselsgeduld schwere Lasten trägt.

Stimmt es, dass ...

auch **FISCHE** an der Taucherkrankheit sterben können?   `JA`

Bei Fischen nennt man das der Taucherkrankheit ähnliche Phänomen Gasblasenkrankheit. Sie tritt vor allem in Fischzuchten oder in Aquarien auf. Erwärmt sich beispielsweise das Wasser durch die Sonneneinstrahlung, geben die Pflanzen im Wasser sehr viel mehr Sauerstoff ab als im Durchschnitt. Zudem löst sich unter diesen Bedingungen auch mehr Sauerstoff im Wasser, das nun, ebenso wie das Blut der Fische, mit Sauerstoff übersättigt ist. Geht die Sonneneinstrahlung dann stark zurück, lässt zum einen die Sauerstoffproduktion der Wasserpflanzen rasch nach, zum anderen sinkt die Wassertemperatur, und es kann sich weniger Sauerstoff im Wasser lösen. Der Sauerstoffgehalt des Wassers und damit der Gasdruck sinken also rasch ab. Der Sauerstoffgehalt im Blut der Fische kann jedoch so schnell nicht absinken, und es bilden sich Gasbläschen im Blut der Tiere. Die Blasen können dann sogar unter der Haut am Kopf, an den Augen oder an den Kiemen sichtbar sein. Sie zerreißen das Gewebe und

Sich rasch ändernde Druckverhältnisse können Taucher und Fische auf ähnliche Weise gefährden.

Wussten Sie schon, dass ... militärische Sonarsignale bei Walen Taucherkrankheit auslösen können?

Ein Team britischer und spanischer Wissenschaftler hat herausgefunden, dass das Sonarsystem der Wale durch militärische Sonarsignale so gestört werden kann, dass die Tiere zu schnell aus tiefen Wasserschichten auftauchen. In ihrem Blut bilden sich dann ähnlich wie bei Menschen, die an der Taucherkrankheit leiden, Gasbläschen, die Gefäße verstopfen. Die Forscher untersuchten im Jahr 2002 Schnabelwale, die kurz nach Beginn eines Marinemanövers vor den Kanarischen Inseln Fuerteventura und Lanzarote verendet waren. Eine andere Theorie geht davon aus, dass die Schallwellen selbst zur Bildung der Gasbläschen im Blut führen könnten.

können lebenswichtige Blutgefäße verstopfen. In schweren Fällen sterben die Fische an dieser Krankheit.

Die Gasblasenkrankheit tritt jedoch meist nur dann auf, wenn das Wasser mit Stickstoff übersättigt ist. Dies beruht darauf, dass zu viele organische Stoffe wie Pflanzenreste oder Düngemittel ins Wasser gelangen, faulen und stickstoffhaltige Gase abgeben. Setzt man Fische rechtzeitig in normales Wasser um, können sie die Gasblasenkrankheit überleben.

Das Flamingojunge muss noch viele Carotinoide zu sich nehmen und mindestens 3 Jahre alt werden, bevor es so schön gefärbt ist wie die Mutter.

Stimmt es, dass …
FLAMINGOS immer rosafarbenes Gefieder haben?   NEIN

Bekommen Flamingos nicht ihr übliches Futter, verlieren sie bald ihre rosa Farbe und werden ziemlich unscheinbar. Das leuchtende Lachsrosa, das die langbeinigen Vögel mit dem merkwürdig gekrümmten Schnabel so attraktiv macht, hat also offensichtlich seine Ursache in einem Farbstoff, den sie mit ihrer Nahrung aufnehmen.

Flamingos ernähren sich in erster Linie von winzigen Krebsen sowie von Algen und Einzellern. Diese enthalten die Carotinoide Astaxanthin und Canthaxanthin, die den Federn der Flamingos ihre typische Farbe verleihen. Um diese winzigen Nahrungsorganismen aus dem Wasser fischen zu können, ist der Schnabel der Flamingos mit einem speziellen Lamellenapparat ausgestattet. Die Vögel saugen das Wasser mit der Schnabelspitze ein, filtern es durch die Lamellen und stoßen es an den Schnabelwinkeln wieder aus. Die Krebschen und Planktonorganismen bleiben im Schnabel zurück. Fehlt den Flamingos diese Nahrung, werden ihre Federn nach und nach grau. Deshalb bekommen Flamingos im Zoo auch Futter, das künstlich mit den entsprechenden Carotinoiden angereichert ist. Das dient nicht nur dazu, dass Zoobesucher an den Vögeln wesentlich mehr Gefallen finden, sondern macht offensichtlich auch Flamingomännchen für die Weibchen attraktiver. Denn wenn sie ihre rosa Farbe verlieren, werden sie von den Flamingo-Damen verschmäht, und es kommt zu einem deutlichen Nachwuchsmangel.

Die rosa Farbe des Gefieders ist nicht angeboren, denn das Jugendgefieder der Flamingos ist grau bis graubraun. Erst nach der ersten Mauser beginnen rosafarbene Federn zu wachsen. Wenn die Flamingos dann 3–4 Jahre alt sind, ist die rosa Färbung voll ausgeprägt.

Stimmt es, dass …
FLEDERMÄUSE Vampire sind?   NEIN

Fledermäuse pauschal als Vampire zu bezeichnen, ist falsch. Vor allem in den Tropen lebende Fledermäuse ernähren sich ausschließlich von Früchten und Blüten aller Art oder saugen Blütennektar. Viele Arten, wie auch unsere einheimischen Fledermäuse, jagen nach den verschiedensten Insekten. Aber es gibt sogar richtige Nahrungsspezialisten – eine Fledermausart, das Große Hasenmaul aus Südamerika, ernährt sich beispielsweise ausschließlich von Fischen: Diese Fledermaus taucht aus dem Flug mit ihren langen Hinterfüßen ins Wasser, packt mit den starken Krallen einen Fisch und fliegt mit ihm davon. Um ihre Nahrung gut zerkleinern zu können, besitzt sie sehr spitze Zähne. Insgesamt gibt es auf der Erde 18 verschiedene Fledermausfamilien mit knapp 800 Arten. Alle bis auf drei Arten ernähren sich auf eine der bisher genannten Methoden.

ABER: Eine einzige Fledermausfamilie, der diese drei Arten angehören, hat sich darauf spezialisiert, Blut zu saugen. Sie sind die einzigen Fledermäuse, die den Namen „Vampir" zu Recht tragen, und alle leben in Südamerika. Ihre bevorzugten Opfer sind Rinder und Pferde, manchmal auch

ECHOPEILUNG DER FLEDERMAUS

Fledermäuse orientieren sich und jagen mithilfe des Echolot-Prinzips: Sie senden mit dem Kehlkopf Ultraschalltöne aus (rot). Diese werden von Beutetieren reflektiert, und dieses Echo (blau) wird von den Fledermäusen wahrgenommen.

Vögel oder Reptilien und nur in sehr seltenen Fällen Menschen.

Wenn diese „Vampire" ein Opfer gefunden haben, umkreisen sie es zunächst im Flug, landen in der Nähe und kriechen vorsichtig an das schlafende Tier heran, um es nicht zu wecken. Sie suchen sich eine geeignete Stelle an Rücken oder Hals, saugen sich so fest, dass sie die Haut zwischen den Schneidezähnen einklemmen können, beißen ein kleines Stück Haut ab, lassen das Opfer los und spucken die Haut aus. Dann kehren sie zurück und saugen das Blut aus der offenen Wunde. Vampire schaden ihrem Wirt nicht direkt, da sie durchschnittlich nur 20 ml Blut aufnehmen, können aber Krankheiten übertragen.

Hoher Ton, der von der Fledermaus ausgeht.

Das Echo des Tons wird vom Falter reflektiert.

Stimmt es, dass ...
FLUSSPFERDE Blut schwitzen?

NEIN

Flusspferde leben amphibisch und verbringen einen großen Teil der Zeit im Wasser. Das ist wichtig, damit die mächtigen Tiere nicht überhitzen. Flusspferde haben fast keine Haare, die als isolierende Schicht wirken könnten. Vielmehr muss der Temperaturausgleich zwischen Körper und Umgebung über die mehrere Zentimeter dicke Haut geregelt werden. Sie schützt die Tiere im Wasser vor Auskühlung und an der Sonne vor Überhitzung. Eine Anpassung an das Leben im Wasser sind auch die hoch auf dem Kopf sitzenden Augen und Ohren sowie die auf der Oberseite des Mauls liegenden Nasenlöcher. Mit Augen, Ohren und Nase über der Wasseroberfläche können Flusspferde geschützt im Wasser liegen und haben trotzdem die Umgebung genau im Blick.

Wenn Flusspferde an Land gehen, um beispielsweise zu fressen, sind sie den aggressiven Sonnenstrahlen besonders stark ausgesetzt. Ist dann auf der Haut der Flusspferde eine rötlich braune Schmiere zu sehen, schwitzen die Tiere aber keineswegs Blut, wie man glauben könnte. Die Flusspferde sondern vielmehr aus speziellen Drüsen ein salzhaltiges, rotbraunes Sekret ab, das sie vor den brennenden UV-Strahlen der afrikanischen Sonne schützt und das dafür sorgt, dass ihre Haut auch dann noch feucht bleibt, wenn sie sich außerhalb des Wassers aufhalten. Woraus dieser Schleim genau besteht, wurde jedoch bislang nicht erforscht.

Wussten Sie schon, dass ...
sich Flusspferdbullen in gefährlichen Kämpfen messen?

So gemütlich und behäbig sie auch wirken – Flusspferde können nicht nur bis zu 40 km/h schnell rennen, sie haben auch ein Gebiss, mit dem sie mühelos ein Krokodil in zwei Hälften teilen können. Die mächtigen Hauer der Bullen werden 50–60 cm lang und sind mit einem sehr harten Schmelz überzogen. Kämpfen Flusspferdbullen miteinander um ein Revier oder um die Weibchen, können diese Hauer zu tödlichen Waffen werden. Meist verlaufen die Kämpfe zwar harmlos und es bleibt bei Drohungen, manchmal kommt es aber auch zu Auseinandersetzungen und Verletzungen, die die Tiere nicht überleben.

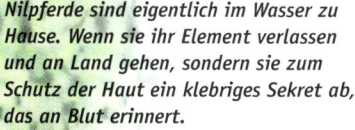

Nilpferde sind eigentlich im Wasser zu Hause. Wenn sie ihr Element verlassen und an Land gehen, sondern sie zum Schutz der Haut ein klebriges Sekret ab, das an Blut erinnert.

Mit lauten Lockrufen und kräftigem Farbenspiel werben die Azur-Baumsteiger-Männchen im südamerikanischen Regenwald um Weibchen.

Stimmt es, dass ...
es himmelblaue **FRÖSCHE** gibt?

JA

Wer glaubt, blaue Frösche gäbe es, wenn überhaupt, nur in den Tropen, der irrt. Denn auch einer unserer einheimischen Frösche färbt sich himmelblau, wenn im Frühjahr die Paarungszeit naht. Die Moorfroschmännchen legen dann ein blaues Hochzeitskleid an, um die Weibchen mit ihrer Farbenpracht zu beeindrucken. Moorfrösche leben – wie es der Name nahe legt – in Mooren und sumpfigen Gebieten, vor allem in Nord- und Ostdeutschland.

Zu den tropischen Fröschen in leuchtenden Blautönen gehört beispielsweise der Färberfrosch *(Dendrobates tinctorius)*, der von Biologen der Familie der Pfeilgiftfrösche zugeordnet wird. Zwar ist sein Rücken schwarz, doch an Bauch und Beinen ist er leuchtend blau gefärbt. Ebenfalls blau gemustert ist der Rotaugenlaubfrosch aus Mittelamerika: Er hat blaue Vorderbeine und Schenkel und trägt blaue Streifen an seinen Flanken.

Blaue Verfärbungen an Bauch und Beinen haben auch einige Arten der Buntfröschchen, die auf der ostafrikanischen Insel Madagaskar zu Hause sind.

Wussten Sie schon, dass ...
viele besonders hübsche, grellbunte tropische Frösche giftig sind?

Vor allem die südamerikanischen Pfeilgiftfrösche haben eine unglaubliche Farbenvielfalt. Doch dabei geht es nicht um Schönheit, denn mit ihren auffallenden, leuchtenden Farben warnen die giftigen Pfeilgiftfrösche ihre Fressfeinde. Berührt man einen der Frösche, beginnt die Haut zu brennen, und man verspürt starke Übelkeit. Für kleinere Tiere kann das Gift tödlich sein. Es stammt vermutlich ursprünglich von Ameisen, von denen sich die Frösche vor allem ernähren, und wird über Drüsen auf dem Rücken ausgeschieden. Die Indios Südamerikas nutzen es seit langem für die Jagd.

Stimmt es, dass ...
FÜCHSE schlau sind?

JA

Wenn wir jemanden, dessen raffinierte Intelligenz uns beeindruckt, als „schlauen Fuchs" bezeichnen, dann ist dieser Vergleich durchaus berechtigt.

Die Intelligenz von Füchsen ist unbestreitbar. Sie zeigt sich beispielsweise daran, dass sie geschickt Köder aus Fallen stehlen können, ohne selbst in Gefahr zu geraten.

Füchse wenden sogar Tricks an, um Beute zu machen. Rollen sich beispielsweise Igel zu einer stacheligen Kugel zusammen, schubsen die Füchse sie ins Wasser, sodass sie ihre Schutzhaltung aufgeben müssen, um nicht zu ertrinken. Nun können die Füchse sie problemlos überwältigen.

Ein russischer Tierfotograf bewies mit einer Fotoserie ebenfalls die Schlauheit der Füchse: Um Aasfresser wie Krähen anzulocken, stellte sich der kleine Jäger tot. Näherten sich die Vögel dem vermeintlich toten Fuchs, griff er an.

Übrigens bedeutet die Bezeichnung „Reineke Fuchs" nichts anderes als „der durch seine Schlauheit Unüberwindliche".

Nicht selten wurde der Fuchs als Räuber mit Dolch dargestellt, wie in diesem Stahlstich aus dem 19. Jh.

Stimmt es, dass ...

der GEPARD das schnellste Säugetier der Welt ist?   JA

Geparden beschleunigen in wenigen Sekunden auf 100 km/h – und sind damit so schnell wie ein Sportwagen. Sie erreichen Höchstgeschwindigkeiten von bis zu 120 km/h und können bis zu 7 m weit springen. Allerdings halten sie diese Geschwindigkeit nicht besonders lange durch: Nach etwa 800 m muss ein Gepard die Hetzjagd aufgeben.

Dass Geparden perfekte Sprinter sind, kann man schon an ihrem Körperbau erkennen. Durch ihre hohen, dünnen Beine haben sie eher die Gestalt eines Windhunds als einer Katze. Der Kopf ist klein und der Rumpf lang gestreckt, schmal und flach. So ist der Luftwiderstand beim Laufen gering. Außerdem ist die Wirbelsäule eines Geparden extrem biegsam. Zusammen mit den langen Beinen werden so das hohe Tempo und die weiten Schritte möglich. Auch die Nasenlöcher und die Lunge sind extrem groß, sodass die Tiere genug Sauerstoff für ihre Sprinthöchstleistung aufzunehmen vermögen. Schließlich können Geparden im Gegensatz zu anderen Katzen ihre Krallen nicht ganz einziehen. Diese wirken dann beim Rennen wie Spikes.

Da sie nicht wie Löwen in der Gruppe, sondern lieber alleine jagen und ihr hohes Tempo nicht lange durchhalten, versuchen Geparden, sich so nah wie möglich an ihre Beute heranzupirschen und sie dann in einer kurzen Hetzjagd zu schlagen. Beim Anschleichen hilft ihnen auch ihr geflecktes Fell, durch das sie in ihrer Umgebung nur schwer zu entdecken sind.

Im Vergleich mit anderen Großkatzen ist das Gebiss eines Geparden relativ schwach: Er versetzt seiner Beute einen Schlag mit der Pranke und hält sie dann an der Kehle fest. Meist sterben die Beutetiere an Sauerstoffmangel, Herzversagen und Blutverlust. Doch auch Geparden treibt die Hetzjagd an ihre körperlichen Grenzen. Nachdem sie die Beute erlegt haben, müssen sie sich erst einmal etwa 30 Minuten ausruhen, bevor sie mit dem Fressen beginnen können – eine gefährliche Zeit, in der ihnen die Beute oft von anderen Raubtieren wie Löwen oder Hyänen streitig gemacht wird.

Im alten Ägypten machte man sich die enorme Geschwindigkeit von Geparden und ihr Jagdverhalten zunutze. Die Tiere wurden gezähmt und ähnlich wie heute Hunde bei Hetzjagden eingesetzt.

Ein Symbol für Kraft, Geschmeidigkeit und Eleganz – ein Gepard schnellt über die Savanne auf der Jagd nach Beute.

DIE SCHNELLSTEN SÄUGETIERE IM VERGLEICH

Schneller als die anderen zu sein, spielt für viele Tiere eine lebenswichtige Rolle: Entweder müssen sie ihren Feinden entkommen, oder sie müssen in der Lage sein, ihre Beute einzuholen. Sehr unterschiedlich ist aber die Ausdauer. Während Geparden zu den ausgesprochenen Kurzstreckensprintern zählen, beweisen Pferde eher Durchhaltevermögen. Manche Tiere setzen aber auch auf Langsamkeit: Das Faultier beispielsweise bewegt sich so wenig, dass es von potenziellen Feinden schlichtweg übersehen wird.

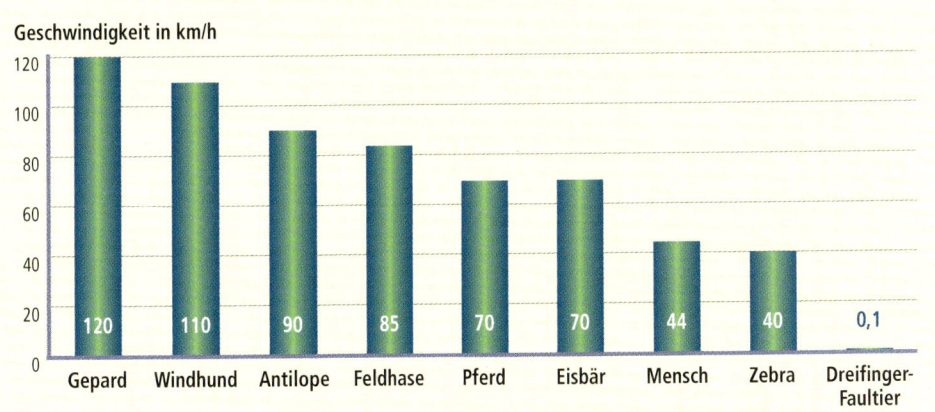

Geschwindigkeit in km/h

Gepard	Windhund	Antilope	Feldhase	Pferd	Eisbär	Mensch	Zebra	Dreifinger-Faultier
120	110	90	85	70	70	44	40	0,1

Wussten Sie schon, dass...
Vögel bis zu 25 Halswirbel haben?

Im Gegensatz zu den Säugetieren ist die Zahl der Halswirbel bei anderen Wirbeltieren sehr viel flexibler: Beispielsweise haben Vögel zwischen zehn und 25 Halswirbel. So kann etwa ein Schwan seinen Hals nur deshalb so kunstvoll s-förmig verbiegen, weil er 25 Halswirbel besitzt. Bei Reptilien schwankt die Halswirbelzahl zwischen sieben und acht, ausgestorbene Reptilien hatten sogar bis zu 70.

Der Nachteil eines langen Halses ist ein hoher Blutdruck, damit das Gehirn mit Blut versorgt werden kann. Der belastete Kreislauf führt dazu, dass die meisten Giraffen im Alter von ungefähr 28 Jahren sterben.

Stimmt es, dass...
GIRAFFEN mehr Halswirbel haben als andere Säugetiere? NEIN

Auch wenn ausgewachsene Giraffenbullen ihren Kopf bis zu 6 m über dem Boden tragen, haben sie wie fast alle Säugetiere nur sieben Halswirbel. Allerdings ist jeder dieser Halswirbel stark verlängert und misst etwa 40 cm. Dies führt dazu, dass ein Giraffenhals ziemlich steif und längst nicht so beweglich ist, wie er uns erscheint. Gestützt wird der Hals durch eine sehr kräftige Muskulatur.

Der hochragende Hals ist das Ergebnis einer langen evolutionären Entwicklung: Während die Vorfahren der Giraffen noch kurze Hälse hatten und auch das nah verwandte Okapi noch heute mit einem normalen Hals durch die Urwälder Afrikas zieht, haben sich Giraffen an das Leben in der Savanne angepasst. Um an die von anderen Tieren nicht genutzten Blätter hoch in den Kronen der Laubbäume zu gelangen, bildete sich der typische Giraffenhals aus.

Doch wenn die Länge des Halses auch die Nahrungsaufnahme erleichtert, so behindert sie die Tiere beim ebenso lebenswichtigen Trinken: Die Tiere können den Boden durch einfaches Senken des Kopfes nicht erreichen und müssen daher mit den Vorderbeinen in die Grätsche gehen – erst dann kommen sie mit dem Kopf bis zum Wasser hinab.

Gegenbeispiele zur Giraffe sind übrigens die im Wasser lebenden Säugetiere, wie beispielsweise Wale und Delphine. Bei ihnen sind die sieben Halswirbel im Lauf der Evolution so extrem verflacht, dass ihr Hals für den Laien im äußeren Erscheinungsbild gar nicht mehr zu erkennen ist.

Nur ganz wenige Säugetiere haben mehr oder weniger als sieben Halswirbel. So haben die zu den Seekühen gehörenden Dugongs nur sechs. Bei den südamerikanischen Faultieren schwankt die Zahl dagegen von Art zu Art. Das Zweifingerfaultier hat ebenfalls nur sechs. Dagegen nimmt das Dreifingerfaultier den Spitzenplatz als Säugetier mit neun Halswirbeln ein. Betrachtet man das Skelett genauer, erkennt man, dass zwei der Halswirbel umgewandelte Brustwirbel sind, die sogar noch Reste von Rippenansätzen aufweisen. Die zusätzlichen Wirbel verleihen diesem Faultier große Beweglichkeit: Es kann seinen Hals um 180° drehen. Daher ist es den Faultieren, die meist an ihren Krallen in den Bäumen hängen, möglich, mühelos nach unten und nach vorn zu sehen – und müssen dabei den Körper kaum bewegen.

Stimmt es, dass...
GOLDHAMSTER ideale Haustiere für Kinder sind? NEIN

Sie sind niedlich und sehen kuschelig aus, außerdem gelten sie als pflegeleicht. Aber trotzdem sind die in den deutschen Kinderzimmern sehr weit verbreiteten Goldhamster keine für Kinder geeigneten Haustiere.

Dies liegt vor allem daran, dass Goldhamster rein nachtaktive Tiere sind. So haben Kinder kaum Gelegenheit, mit ihren Lieblingen zu spielen, da die Hamster erst dann richtig aktiv werden, wenn die Kinder bereits zu Bett gehen. Außerdem brauchen die kleinen Nagetiere sehr viel Auslauf, da sie in ihrem natürlichen Lebensraum auf der Suche nach Nahrung große Gebiete durchstreifen müssen. Aus diesem Grund ermöglicht ein kleiner Hamsterkäfig keinesfalls eine artgerechte Tierhaltung. Selbst ein großes Laufrad, in dem der Hamster wenigstens einen kleinen Teil seines Bewegungstriebs abreagieren kann, ersetzt nicht die Weiten von Feldern oder Steppen.

Ein weiterer Nachteil der Goldhamster besteht darin, dass die Tiere Einzelgänger sind. Selbst aus der Gesellschaft ihrer Artgenossen machen sich die kleinen Nagetiere nichts. Sogar zur Paarungszeit müssen

Kinder haben nur in seltenen Momenten Freude an den nachtaktiven Goldhamstern.

chend und beißend ablehnen. Ein liebevolles Verhältnis zwischen Männchen und Weibchen gibt es auch nach der Paarung nicht. Nur wenige Tage danach vertreiben die Weibchen die Männchen schon wieder aus ihrem Bau.

Und wenn das weiche, dichte Fell der Tiere auch noch so sehr zum Kuscheln einlädt – man sollte Kindern besser ein anderes Haustier schenken. Denn so wenig Goldhamster Wert auf den Kontakt mit anderen Hamstern legen, so wenig schätzen sie es, in die Hand genommen und gestreichelt zu werden.

wilde Hamstermännchen erst einmal mühsam und mit sehr viel Geduld die Aggressionen der Weibchen besänftigen, die zunächst alle Annäherungsversuche fauchend

Stimmt es, dass …

HAIE nicht nur von Blut, sondern auch von Geräuschen angelockt werden? JA

Haie können Geräusche noch über mehrere Kilometer wahrnehmen. Dabei kommt ihnen zu Hilfe, dass sich der Schall im Wasser vier- bis fünfmal schneller fortbewegt als in der Atmosphäre. Geräusche sind daher im Wasser nicht nur viel besser zu hören als in der Luft, sondern auch über viel größere Entfernungen.

Haie nehmen vor allem niederfrequente Töne unter 100 Hertz wahr. So können sie die Geräusche von Beutetieren, beispielsweise eines zappelnden Fisches, von den vielen anderen Tönen, wie etwa Wellen, genau unterscheiden. Versuche mit harpunierten Fischen zeigten, dass Haie durch diese Geräusche schon aus großer Entfernung angelockt werden.

Haie können Schall aber nicht nur mit ihrem Gehör erfassen, sondern auch mit dem so genannten Seitenlinienorgan, das sich vom Kopf aus über beide Seiten des Körpers bis zum Schwanz zieht. Damit können Haie Schall und Erschütterungen auf dem ganzen Körper spüren.

Ebenfalls perfekt an das Leben im Wasser angepasst ist der Geruchssinn der Haie: Die Knorpelfische können Gerüche über mehr als 100 m Entfernung erkennen. Meeresbiologen fanden heraus, dass Graue Riffhaie Extrakte von Barschen noch in einer Verdünnung von 1 zu 10 Milliarden Teilen riechen können. Dabei ist die Nase der Haie vor allem auf die Wahrnehmung von Aminosäuren spezialisiert – das sind die Substanzen, aus denen Fleisch und Blut, also die Beute der Haie, besteht.

Wussten Sie schon, dass …
Haie so genannte Hautzähne besitzen?

Die Haut der Haie fühlt sich an wie ein Reibeisen, denn sie ist von unzähligen Hautzähnen bedeckt. Dabei handelt es sich um winzige, nach hinten gerichtete Fortsätze der Haut. Dank dieser Hautzähne können sich Haie im Wasser hervorragend bewegen. Bei einer glatten Haut würden beim Schwimmen kleine bremsende Strudel und Wirbel im Wasser entstehen. Die Hautzähne verhindern diese Wirbel und setzen den Widerstand beim Schwimmen deutlich herab.

DER 6. SINN DER HAIE

Haie besitzen ein besonderes Sinnesorgan, mit dem sie elektrische Felder wahrnehmen können: die Lorenzinischen Ampullen. Diese Organe sitzen in Form winziger Löcher rund um die Schnauze der Haie. Sie bestehen aus unzähligen kleinen Kanälen und Hohlräumen, die mit einer gallertartigen Masse gefüllt sind. Lange dachte man, dass sie vor allem der Druck- und Temperaturwahrnehmung dienen. Heute weiß man jedoch, dass Haie damit äußerst schwache elektrische Felder, die der Stärke einer 1,5-V-Batterie entsprechen, spüren können. Jedes Lebewesen wird von einem bioelektrischen Feld umgeben, das durch Muskelaktivitäten und elektrochemische Reaktionen im Körper erzeugt wird.

Mit den Lorenzinischen Ampullen können Haie sogar noch Veränderungen des elektrischen Feldes von Beutetieren wahrnehmen, die durch die Atemmuskeln entstehen. Zudem fühlen Haie die Richtung und Stärke des elektrischen Feldes, sodass sie ihre Beute auch im Dunkeln orten.

Wussten Sie schon, dass...
pro Jahr nur etwa 3 bis 9 Menschen durch Unfälle mit Haien sterben?

Gemessen an dem, was Medienberichte behaupten, ist die tatsächliche Anzahl der Menschen, die bei Haiangriffen jährlich ums Leben kommen, sehr gering. Es sind nur 3 bis 9 Personen. Bei etwa 13 Mrd. im Meer badenden Menschen pro Jahr weltweit entspricht das einer durchschnittlichen Wahrscheinlichkeit von ungefähr 0,00000005 %. Umgekehrt kommen pro Jahr etwa 200 Mio. Haie allein in den Netzen von Fischern um.

Stimmt es, dass ...
HAIE wegschwimmen, wenn man auf sie zuschwimmt?   (JA)

Versuche haben eindeutig bewiesen, dass Haie sofort Abstand nehmen oder davonschwimmen, wenn ein Mensch auf sie zuschwimmt. Dies beruht darauf, dass Haie nicht damit rechnen, dass irgendein Lebewesen ihnen entgegenschwimmt. Sie kennen ein solches Verhalten bestenfalls von noch größeren Haien, denen sie selbst lieber aus dem Weg gehen. Fraglich ist jedoch, ob jeder Taucher bei der Konfrontation mit einem Hai tatsächlich ruhig bleiben und dem Hai Paroli bieten kann, anstatt Reißaus zu nehmen.

Allerdings reicht auch schon ein leichtes Wedeln mit der Hand in Richtung Haikopf und Kiemen aus, um die großen Raubfische auf Abstand zu halten. Die Bewegung führt zu einer Reizung des Seitenlinienorgans. Mit dem für Fische typischen Sinnesorgan, das von den Kiemen über beide Körperseiten bis zum Schwanz verläuft, nehmen

Haie Druckwellen und Schall im Wasser wahr. Die durch die schnelle Bewegung mit der Hand ausgelösten Wellen zeigen den Haien, dass sich ein größeres Objekt nähert. Das bewirkt bereits, dass die Tiere instinktiv abdrehen und davonschimmen.

Die Distanz, bei der Haie lieber umkehren statt sich einem unbekannten Objekt wie etwa einem Taucher noch weiter zu nähern, ist von Art zu Art verschieden. Manche drehen relativ früh ab, andere kommen so nah heran, dass Taucher sie mit der Hand berühren könnten.

Warum es überhaupt zu Angriffen von Haien auf Menschen kommt, ist umstritten. Dass Menschen im Wasser oder Surfer in das Beuteschema der Haie passen, weil sie an eine verletzte Robbe erinnern, wird von einigen Forschern heute bezweifelt. Richtig ist, dass Taucher oder Badende die Neugier der Haie auf sich ziehen. Die Haie wollen das ungewohnte Objekt erkunden. Wenn es zu einer solchen Begegnung kommt, hängt es meist von der Reaktion des Menschen ab, wie sie endet. Wer Ruhe bewahrt und eine senkrechte Position im Wasser einnimmt (im Wasser gibt es in der Regel keine Objekte, die senkrecht stehen), hat gute Chancen, dass der Hai das Interesse verliert und sich abwendet. Anschließend sollte man sich langsam zurückziehen. Kommt es trotzdem zu einem Haiangriff, hat der Mensch den Hai meist unbewusst provoziert.

Für Taucher ist es deshalb wichtig, die Drohgebärden der Haie zu erkennen: Fühlt sich beispielsweise der Graue Riffhai in die Enge getrieben, wölbt er den Rücken zum Buckel, schüttelt Kopf und Schwanz und schwimmt eine horizontale Spirale oder Achterfiguren. Manche Haiarten zeigen jedoch nur Teile dieses Verhaltens, sodass es für die Taucher schwierig ist, die Bewegungen richtig zu interpretieren. Am unwahrscheinlichsten ist jedoch, dass Haie Menschen aus Hunger angreifen. Meist beißen sie nur einmal zu, lassen los und schwimmen dann davon.

Organisierte Begegnungen mit Haien sind inzwischen Highlights für viele Taucher geworden.

Stimmt es, dass...

HENNEN auch Eier legen, wenn kein Hahn auf dem Hof ist?   JA

Ein Hahn hat keinerlei Einfluss darauf, ob die Hennen Eier legen und wie viele. Der Eisprung findet bei den Hennen ab einem gewissen Alter und bei guter Ernährung regelmäßig statt, und zwar unabhängig davon, ob sich ein Hahn mit der Henne paart oder nicht. Deshalb werden in modernen Legebatterien auch nur Hennen gehalten und keine Hähne.

Auf dem Weg vom Eierstock über den Eileiter zur Kloake, dem gemeinsamen Ausgang von Darm, Harnwegen und Geschlechsorganen, findet die Entwicklung der Eizelle zur Dotterkugel und zum fertigen Ei mit Eiweiß und Schale statt. Dieser Vorgang dauert etwa 24 Stunden. Übrigens können sich bei einem Eisprung auch zwei Eizellen aus dem Eierstock lösen. Die Henne legt dann aber keine zwei Eier, sondern es entsteht ein Ei mit zwei Dotterkugeln.

Gibt es einen Hahn auf dem Hof, der sich mit einer Henne paart, legt diese etwa 10 Tage lang hauptsächlich befruchtete Eier ab. Werden die Eier nicht eingesam-

melt, sondern von der Henne ausgebrütet, schlüpfen nach etwa 3 Wochen die Küken. Meistens jedoch gelangen auch die befruchteten Eier in ein Kühlregal und anschließend auf unseren Frühstückstisch.

Gleichgültig, ob ein Hahn auf dem Hof ist oder nicht, unsere Haushühner sind fleißige Eierlieferanten.

Wussten Sie schon, dass... die wilden Verwandten unserer Hühner nur 36 Eier im Jahr legen?

Mit dieser spärlichen Legeleistung würde eine Bankiva-Henne – eine wilde Form unseres Haushuhns – in einer Legebatterie nicht lange überleben. Ein heutiges „Hochleistungshuhn" ist auf Rekorde gezüchtet und legt bis zu 300 Eier pro Jahr. Doch allzu lange hält das keine Henne durch. Nach etwa einem Jahr bis maximal 18 Monaten setzt die Mauser ein, und die Legeleistung lässt nach. Die Hennen werden dann geschlachtet und durch junge Tiere ersetzt.

Stimmt es, dass...

drei HORNISSENSTICHE einen Menschen, sieben ein Pferd töten können?   NEIN

Der Glaube, dass der Stich einer Hornisse gefährlicher sei als der einer Biene oder Wespe, entstand ausschließlich dadurch, dass eine Hornisse deutlich größer ist. Sie wird etwa 3,5 cm lang, während Biene und Wespe nur etwa 1,5 cm messen. Daraus zu folgern, dass Hornissenstiche gefährlicher sind, ist jedoch falsch.

Letztlich sind Hornissen für Tier und Mensch sogar ungefährlicher, da sie sehr viel weniger aggressiv sind und viel seltener stechen. Und ob ein Hornissenstich gefährlich ist, hängt wie bei einem Wespen- oder Bienenstich in erster Linie davon ab, wohin gestochen wird. Sticht das Insekt in die Hand, den Arm oder den Fuß, sind die Folgen zwar schmerzhaft, aber es kommt selten zu Komplikationen. Sticht es dagegen in den Mund oder in die Zunge,

kann es zu so starken Schwellungen kommen, dass ein Mensch ernsthafte Atembeschwerden bekommen oder sogar ersticken kann. Im Normalfall besteht aber wirkliche Gefahr bei einem Hornissenstich nur für Menschen, die darauf allergisch reagieren – sie sind aber durch Bienen oder Wespen genauso gefährdet. Und diese Menschen können in seltenen Fällen sogar an einem einzigen Stich sterben.

Hornissenstiche sind zwar nicht gefährlicher als die von Bienen oder Wespen, aber deutlich schmerzhafter. Ihr Gift enthält sehr viel Serotonin, Acetylcholin und Histamin, die in der Mischung starke Schmerzen auslösen. Trotzdem ist es äußerst unwahrscheinlich, dass durch Stiche eine Giftdosis erreicht würde, die einen Menschen oder gar ein Pferd töten könnte. Bei

Zwar sehen Hornissen aufgrund ihrer Größe gefährlich aus, doch sie sind weit weniger aggressiv als Wespen.

Wussten Sie schon, dass...
Hornissen auch bei Nacht fliegen und Nektar sammeln?

Hornissen sind auch noch bei Dämmerung und sogar nach Einbruch der Dunkelheit unterwegs. Während sie tagsüber zu rund 36 % Insekten fangen und in das Nest tragen, sind es nachts nur noch höchstens 10 %. Denn nach Einbruch der Dunkelheit fliegen nur noch wenige Insekten umher. Der größte Teil der gesammelten Nahrung besteht nun aus Blütennektar oder Baumsäften.

Gefahr geben Hornissen einen speziellen Duftstoff ab. Dieses so genannte Alarmpheromon versetzt die Tiere in die Stimmung zu stechen. Doch heute kommt es immer seltener zu einer unangenehmen Begegnung zwischen Hornissen und Menschen. Denn durch den Einsatz von Pestiziden sind die gelb-schwarz gezeichneten Insekten so selten geworden, dass sie inzwischen sogar unter Schutz gestellt wurden.

Stimmt es, dass...
HÜHNER nach dem Abtrennen ihres Kopfes noch herumlaufen können? JA

Auch wenn man es kaum glauben mag, Hühner können nach dem Abtrennen des Kopfes noch für eine gewisse Zeit laufen oder sogar kurze Strecken flatternd fliegen. Grund dafür ist, dass bei Vögeln – anders als bei Säugetieren – die Bewegung nicht überwiegend vom Gehirn gesteuert wird, sondern von den so genannten vertebralen Ganglien. Dabei handelt es sich um Nervenknoten, die im Rückenmark liegen und autonom, also unabhängig vom Gehirn, die Bewegungsabläufe von Beinen und Flügeln regeln. Das Gehirn aktiviert diese Bewegungen nur, es liefert sozusagen den ersten Impuls. Wird dem Huhn beim Schlachten der Kopf abgetrennt, können Bewegungen wie Laufen oder Fliegen noch weiter stattfinden – allerdings sind sie jetzt unkoordiniert, das Huhn torkelt und flattert ziellos umher.

Ähnliche Phänomene sind auch von anderen Tieren bekannt: In Stücke geschnittene Aale können sich noch längere Zeit bewegen. Und von den Dinosauriern weiß man, dass ihre größten Vertreter Nebenhirne in verschiedenen Körperbereichen besaßen, die die Bewegungen der Tiere im Zusammenspiel mit dem Gehirn steuerten. Auch bei uns Menschen gibt es vergleichbare Strukturen: Das so genannte Bauchgehirn ist in die Wand des Darmes eingebettet und regelt fast unabhängig vom Zentralnervensystem Verdauungsvorgänge und einige Stoffwechselprozesse.

Wussten Sie schon, dass...
Hummeln vor dem Stechen Zeichen geben?

Hummeln stechen nicht nur sehr selten, sondern warnen vorher sogar noch. Reckt eine Hummel ein mittleres Bein ihrer drei Beinpaare in Richtung Angreifer, wird sie gleich zustechen. Will sie noch deutlicher drohen, brummt die Hummel sehr laut, dreht sich auf den Rücken und streckt ihr Hinterteil nach oben.

Stimmt es, dass...
HUMMELN nicht stechen? NEIN

Hummeln können genauso stechen wie Bienen, Wespen oder Hornissen. Die etwas behäbigen Brummer haben nur deshalb einen viel „besseren" Ruf, weil sie dies sehr selten tun.

Stechen können außerdem nur die weiblichen Tiere, also Arbeiterinnen und Königinnen. Die männlichen Drohnen haben keinen Stachel, da sie ihr kurzes Leben ausschließlich der Fortpflanzung widmen.

Hummeln sind jedoch so wenig aggresiv, dass sie nur in Notsituationen stechen – beispielsweise wenn man ein Tier festhält oder es daran hindert, den Bau zu verlassen. Der Stich ist zudem relativ harmlos, denn im Gegensatz zu Wespen, die einen Feind chemisch markieren, sodass er auch von Artgenossen verfolgt und gestochen werden kann, ist dies Hummeln nicht möglich.

Für Menschen sind Hummeln nomalerweise sogar völlig ungefährlich. Die Muskulatur an ihrem Stechapparat ist derartig schwach ausgeprägt, dass die Tiere nicht ausreichend Kraft haben, um den Stachel durch unsere feste Haut zu bohren. Möglich ist das nur, wenn man die Hummel festhält, sodass sie sich abstützen kann, oder wenn das Tier rücklings auf dem Boden liegt. In diesem Fall bietet ihr der feste Untergrund so viel Widerstand, dass sie genug Kraft hat, um einen Menschen zu stechen.

Stimmt es, dass ...
HUMMELN zum Fliegen eigentlich viel zu plump sind? NEIN

Nach der Hypothese aus den 1930er-Jahren, die besagt, dass Hummeln nach den Gesetzen der Aerodynamik nicht fliegen könnten, dürften auch die meisten anderen Insekten nicht fliegen können. Doch jede Hummel beweist das Gegenteil, wenn sie behäbig und laut brummend durch die Luft surrt.

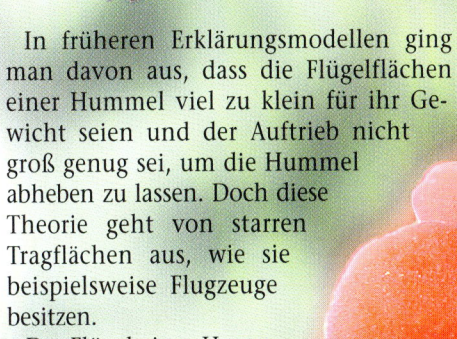

In früheren Erklärungsmodellen ging man davon aus, dass die Flügelflächen einer Hummel viel zu klein für ihr Gewicht seien und der Auftrieb nicht groß genug sei, um die Hummel abheben zu lassen. Doch diese Theorie geht von starren Tragflächen aus, wie sie beispielsweise Flugzeuge besitzen.

Der Flügel einer Hummel ist aber völlig anders aufgebaut. Er hat eine steife Vorderkante und eine bewegliche Hinterkante. Der Flügel ist also nicht starr, sondern verformbar. Bei der Abwärtsbewegung des Flügels entsteht über der Vorderkante ein gro-ßer spiralförmiger Luftwirbel, der vom Flügelansatz zu den Flügelspitzen verläuft. Da er nicht nach jedem Flügelschlag abbricht, sondern noch etwas fortbesteht und mit dem nächsten Flügelschlag ein neuer Wirbel entsteht, überlagern sich mehrere Luftwirbel, und es entsteht Auftrieb, der die Hummel förmlich in die Höhe saugt.

Zudem bewegen Hummeln und andere Insekten ihre Flügel nicht einfach von oben nach unten, sondern drehen sie gleichzeitig um ihre Längsachse. Sie können diese Bewegungen so fein abstimmen, dass sie in der Lage sind, in Sekundenbruchteilen die Geschwindigkeit und die Flugrichtung zu ändern.

Wussten Sie schon, dass ...
die Kuckuckshummel ihrem Namen alle Ehre macht?

Kuckuckshummeln sind Hummeln, die sich nicht die Mühe machen, eigene Nester zu bauen. Ein Kuckuckshummelweibchen dringt zunächst in das Nest einer anderen Hummelart ein. Dort wird sie zwar anfangs von den Arbeiterinnen heftig bekämpft, nach einigen Tagen setzt sich die Kuckuckshummel jedoch durch. Bei diesen Kämpfen gehen viele Arbeiterinnen zugrunde, und die alte Königin stirbt meist, weil sie von ihren Arbeiterinnen nicht mehr versorgt wird. Schließlich frisst die Kuckuckshummel die Eier der alten Königin und legt ihre eigenen Eier im Nest ab.

Auch wenn oft etwas anderes behauptet wird – die Gesetze der Aerodynamik gelten auch für Hummeln, die im Übrigen hervorragende Flieger sind.

Wussten Sie schon, dass...
bereits vor 12 000 Jahren Hunde als Haustiere gehalten wurden?

Schätzungsweise vor 100 000 Jahren begann im Nahen Osten oder in Asien die Domestizierung des Wolfes zum Hund. Doch es dauerte sehr lange, bis dieser Prozess der Zähmung und Züchtung abgeschlossen und aus dem Wildtier Wolf der Haushund entstanden war. Wie bedeutend Hunde schon seit Jahrtausenden für den Menschen waren, zeigt der Fund eines Hundeskeletts in einem Menschengrab, das auf 12 000 Jahre datiert wird.

Stimmt es, dass...
HUNDE die klügsten Haustiere sind? — NEIN

Schweine gelten als intelligenter als Hunde. Nach Versuchen an der niederländischen Universität Wageningen lernen Schweine nicht nur schneller, sondern lassen sich auch leichter dressieren. Und immerhin machen schon die ersten Drogenschweine im Dienst bei der Polizei den Spürhunden Konkurrenz, weil ihr Geruchssinn besser sein soll als der von Hunden.

Dennoch haben auch Hunde ihre Intelligenz in objektiven Tests unter Beweis gestellt. So fand ein brasilianischer Verhaltensforscher heraus, dass Hunde bis zu einem gewissen Grad „zählen" können. Bei den Experimenten zeigte man den Tieren einige Leckerli und verdeckte anschließend die Sicht darauf mit einem Schirm. Gab der Forscher Leckerli dazu oder nahm welche weg und entfernte dann den Sichtschutz wieder, so reagierten die Tiere irritiert und starrten länger auf das Futter, als wenn die Anzahl unverändert geblieben war. Erklärt werden die „mathematischen" Fähigkeiten damit, dass Haushunde im Grunde Rudel-

tiere sind und daher noch über die Verhaltensmuster ihrer wilden Vorfahren verfügen – und diese müssen genau Bescheid wissen, wie viele Verbündete und wie viele Gegner sie in ihrem Rudel haben.

Wahre Meister sind Hunde jedoch darin, Gestik und Mimik des Menschen zu interpretieren. Darin übertreffen sie sowohl Katzen als auch Schimpansen. Beispielsweise sollten in vergleichenden Versuchen mit Hunden und Schimpansen Vertreter beider Arten verstecktes Futter finden, auf das der Trainer mit einem Blick oder einem Fingerzeig hinwies. Für die Hunde war das kein Problem. Neun von elf verstanden die Geste. Bei den Schimpansen gelang das nur zwei von elf Tieren.

Unter den Hunderassen gibt es aber große Unterschiede, was die Intelligenz betrifft. Beagles, Border-Collies oder Berner Sennenhunde lernen zwar schnell und haben ein gutes Gedächtnis, schneiden aber bei Problemlösungstests schlecht ab. Terrier, Schnauzer oder West-Highland-White-Terrier sind dagegen findig im Lösen von Problemen, lernen dafür aber schwerer und vergessen vieles wieder. Besondere Leistungen erbringen bekanntermaßen Such- und Blindenhunde.

Stimmt es, dass...
HUNDE und Katzen sich nicht vertragen? — NEIN

Hunde und Katzen vertragen sich fast wie von selbst, wenn sie beispielsweise von klein auf miteinander aufgewachsen sind. Dann haben sie von Anfang an die Chance, die „Sprache" des anderen zu erlernen. Denn die unterschiedlichen Ver-

haltensweisen, Laute und Gesten sind der Hauptgrund dafür, dass die beiden liebsten Haustiere des Menschen so leicht aneinander geraten.

Hebt ein Hund die Pfote, so fordert er zum Spielen auf. Für eine Katze ist diese Geste eine Drohgebärde. Während Hunde vor Freude mit dem Schwanz wedeln, tun dies Katzen aus Ärger und Erregung. Legt ein Hund die Ohren zurück, zeigt er, dass er sich unterordnet, und signalisiert zudem den Wunsch nach Streicheleinheiten. Eine Katze, die die Ohren anlegt, hat schlechte Laune und ist zum Angriff bereit. Dagegen missversteht ein Hund das behagliche Schnurren als Knurren. Die Streitigkeiten beruhen also meist schlicht auf Kommunikationsproblemen. Einen Beweis für eine angeborene Abneigung zwischen Hund und Katze gibt es nicht.

Ob auch ältere Katzen und Hunde sich aneinander gewöhnen oder einen jungen Neuankömmling der anderen Art akzeptieren, hängt im Wesentlichen davon ab, wie der Mensch auf die Tiere eingeht und wie er sie erzieht. Ein gut erzogener Hund wird ein kleines Kätzchen schon nach relativ kurzer Zeit akzeptieren, wenn man beruhigend auf ihn einredet, während man ihm den neuen Mitbewohner zeigt. Nähert er sich dann dem neuen Familienmitglied

freundlich, ist natürlich ein großes Lob fällig. Und ausgiebiges Streicheln beider Tiere hilft, dass keiner auf den anderen eifersüchtig wird.

Hat sich der Hund schließlich an das Kätzchen gewöhnt, wird er es bald beschützen wollen. Die Freundschaft kann sogar so weit gehen, dass beide einträchtig aus demselben Futternapf fressen. Wer dagegen seinen Hund auf Katzen hetzt, braucht sich nicht zu wundern, wenn sie sich sprichwörtlich verhalten „wie Hund und Katz". Hetzjagden, blutige Hundenasen und fauchende Katzen mit gesträubtem Fell sind dann die Folge.

Wussten Sie schon, dass…
es heute über 300 verschiedene Hunderassen gibt?

Die verschiedenen Hunderassen haben sich über Jahrhunderte oder gar Jahrtausende entwickelt. Stand früher die Verwendung eines Hundes als Hirtenhund, Jagdhund oder Wächter des Hauses im Vordergrund, hat die Züchtung in moderner Zeit auch Rassen hervorgebracht, über deren Schönheit sich trefflich streiten lässt. Das Spektrum reicht vom bewährten Deutschen Schäferhund über die muskulösen Bullterrier, lebenslustige Jack-Russel-Terrier bis zum Hund im Handtaschenformat, dem Yorkshireterrier.

Stimmt es, dass…

HUNDE und auch Katzen vorhersehen, wann ihr Herrchen zurückkommt?   JA

Es gibt zahllose Berichte, in denen Hunde- und Katzenbesitzer erzählen, dass ihre Tiere sehr wohl ahnen, wann sie nach Hause kommen. Der Naturwissenschaftler und Philosoph Rupert Sheldrake hat in Europa und Nordamerika über 500 solcher Berichte zusammengetragen, die belegen sollen, dass es vielleicht doch so etwas wie Telepathie zwischen Mensch und Tier geben könnte.

Beispielsweise warten Hunde jahrelang Tag für Tag pünktlich am Gartentor auf ihren Herrn, auch wenn dieser immer zu verschiedenen Zeiten von der Arbeit zurückkommt. Andere Hunde ahnen bei längerer Abwesenheit ihres Herrn schon Stunden oder Tage im Voraus, wann er wieder heimkommt, und zeigen dies durch ihr aufgeregtes Verhalten. In manchen Fällen ließe sich diese Vorahnung dadurch erklären, dass der Hund seinen Herrn riecht oder hört. Doch viele Hunde reagieren bereits, wenn der Mensch noch weit entfernt ist. Insgesamt fand Sheldrake in Umfragen heraus, dass etwa 51 % der Hunde die Rückkehr ihres Herrn vorausahnten. Die meisten werden etwa 10 Minuten vor der Heimkehr unruhig, zwischen 16 und 25 % sollen aber schon mehr als 10 Minuten vorher deutlich reagiert haben.

Das Ausmaß der Reaktion eines Hundes hängt u. a. davon ab, wie eng seine Beziehung zu diesem Menschen ist. Ein ähnli-

HAUSTIERE IN DEUTSCHLAND

Lange war der Hund das liebste Haustier der Deutschen. Inzwischen hat die Katze ihm den Rang abgelaufen. Überhaupt hat sich das Spektrum der tierischen Mitbewohner stark erweitert. 25,2 Mio. Haustiere sollen es nach der letzten Zählung sein, hinzu kommen auch immer mehr Exoten vom Krokodil bis zu Vogelspinnen.

Tiere in Mio.

Katzen	Kleintiere (z. B. Zwergkaninchen)	Ziervögel	Hunde	Fische
6,9	5,7	4,9	4,7	3,0

ches Verhalten wird auch von Katzen berichtet. Allerdings scheinen sie etwas weniger „hellseherisch" begabt zu sein: Nur 30 % sahen laut Umfrage die Rückkehr ihrer Besitzer voraus.

ABER: Auch wenn Sheldrakes Untersuchungen zumindest nahe legen, dass Hunde und Katzen vorhersehen können, wann ihr Herrchen zurückkommt – es gibt noch keinerlei wissenschaftlichen Beweis dafür, dass es tatsächlich so ist. Einen „sechsten Sinn", mit dem dies den Tieren möglich wäre, hat man bisher jedenfalls noch nicht gefunden.

Seit über 150 Jahren wird der Dobermann als Wach- und Polizeihund gezüchtet. Trotzdem gilt er auch als ein meist sehr kinderlieber Familienhund.

Stimmt es, dass ...

HUNDE, die bellen, nicht beißen?　　　(NEIN)

Wie und aus welchem Grund ein Hund bellt, hängt ganz von den Umständen ab. Hunde können laut bellen, weil sie zum Spiel auffordern oder weil sie ihrer Freude

aus. Sind jedoch die Nackenhaare gesträubt und beim Bellen die Zähne gefletscht, ist der Hund bereit anzugreifen. Aggressive Hunde richten ihren Körper außerdem hoch auf, um größer zu erscheinen und dem Gegenüber zu imponieren. Auch schauen sie ihrem Gegner starr in die Augen. Wenn einem ein Hund derart aggressiv begegnet, sollte man beruhigend auf das Tier einsprechen.

Es gibt verschiedene Gründe für die Aggression von Hunden. Beispielsweise beißen Hunde, die Angst haben oder verunsichert sind, leichter zu als selbstbewusste Artgenossen. Manche Hunde verteidigen auch einfach nur ihr Revier. Andere wollen ihren Herrn vor einem vermeintlichen Angriff schützen oder verteidigen im Übereifer die Kinder der Familie, wenn diese mit Freunden Streit haben.

Meist sind bissige Hunde aber das Ergebnis falscher Behandlung. Oft vergessen Hundebesitzer, dass man das ehemalige Rudeltier Hund so erziehen muss, dass es seinen Platz am unteren Ende der Rangordnung kennt und akzeptiert. Hunde, die auf Schärfe gezüchtet und zu regelrechten Kampfmaschinen abgerichtet werden, sind dagegen kaum zu bändigen und müssen sehr vorsichtig behandelt werden.

DIE VERBREITETSTEN HUNDERASSEN

Wer sich einen Hund zulegen will, muss nicht nur überlegen, ob er genug Zeit für ihn hat, sondern auch, welche Rasse sich am besten eignet. Ob es ein Familienhund mit unkompliziertem Charakter sein soll oder eher ein Hund, der vergleichsweise wenig Auslauf braucht, sollte schon vor dem Kauf entschieden werden.

Rasse	Charakter	Lebensdauer
Dt. Schäferhund	gelehrig, mutig, sensibel	bis 14 Jahre
Dackel	lebendig, mutig, gelehrig	bis 14 Jahre
Pudel	anhänglich, kontaktfreudig	über 12 Jahre
Rottweiler	mutig, robust	bis 10 Jahre
Deutscher Boxer	intelligent, mutig, robust	bis 10 Jahre
Westie	selbstbewusst, robust	bis 14 Jahre
Cockerspaniel	verspielt, anhänglich, sensibel	bis 16 Jahre
Golden Retriever	freundlich, kinderlieb	bis 14 Jahre
Irish Setter	anhänglich, kontaktfreudig	bis 15 Jahre

Ausdruck geben wollen. Das Bellen kann jedoch auch eine Drohung sein und davor warnen, dass ein Hund gleich zubeißt.

Allerdings zeigen Hunde bei den verschiedenen Arten des Bellens auch eine sehr unterschiedliche Körpersprache: Bellt der Hund und wedelt gleichzeitig mit dem Schwanz, geht kaum eine Gefahr von ihm

Stimmt es, dass ...
IGEL gegen Schlangengifte immun sind?   (NEIN)

Igel können am Biss einer Schlange, wie beispielsweise dem einer Kreuzotter, durchaus sterben. Allerdings gelingt es der Schlange selten, durch das dichte, lange Stachelkleid eines zu einer Kugel zusammengerollten Igels zu dringen. Schafft sie es doch, ihn im Gesicht oder am Bauch zu beißen, kann der Igel an dem Gift verenden – auch wenn es dann einige Tage dauern kann, bis er stirbt.

Der Irrglaube, Igel seien gegen Schlangengift immun, entstand vermutlich deshalb, weil Igel Schlangen auch als Beute schätzen. Der mittelhochdeutsche Name „Igel" bedeutet nichts anderes als der „zur Schlange gehörende" oder „Schlangenfresser". Die Schlange beißt nur in die Stacheln und vergeudet ihr Gift, sodass der Igel sie schließlich gefahrlos mit einem Biss ins Rückgrat überwältigen und fressen kann. Normalerweise ernähren sich Igel jedoch von Insekten, Regenwürmern, Schnecken, Fröschen und manchmal auch von Mäusen.

ABER: Igel vertragen manche tierischen Gifte sehr gut. Sie fressen beispielsweise die zu den Ölkäfern gehörenden giftigen Maiwürmer und auch Spanische Fliegen, die von den meisten anderen Insektenfressern verschmäht werden.

Laut *Grizmeks Tierleben* töten 0,1 g Gift dieser Insekten ungefähr 25 Menschen, aber anscheinend nur einen Igel. Ebenso wenig empfindlich scheinen Igel gegen Blausäure zu sein. Auch das Gift von Bienen, Wespen oder Hornissen kann den stacheligen Säugetieren nichts anhaben.

Wussten Sie schon, dass... man Igel nicht mit Milch füttern darf?

Igel sind Insektenfresser. Sie vertragen keine Milch, weil sie einen hohen Milchzuckeranteil hat, der im Darm des Igels nicht verwertet werden kann. Auch mit Wasser verdünnte Milch bekommt den Tieren nicht. Das eiweißhaltige Getränk führt bei Igeln zu so starkem Durchfall, dass sie daran sogar verenden können.

Igel, die zum Überwintern zu schwach sind, füttert man am besten mit Hunde- oder Katzenfutter aus der Dose.

Stimmt es, dass ...
ISLANDMOOS ein Moos ist?   (NEIN)

Islandmoos ist kein Moos, sondern eine Flechte. Damit gehört es zu jenen Lebewesen, die sich aus zwei Organismen zusammensetzen. Denn Flechten bestehen zum einen aus Algen und zum anderen aus Pilzen, die eine Symbiose bilden.

Von Symbiose spricht man, wenn zwei Organismen aus verschiedenen Arten zum gegenseitigen Nutzen zusammenleben. Auch Pilz und Alge profitieren voneinander: Denn nur die Algen enthalten den grünen Farbstoff Chlorophyll und können Photosynthese betreiben – d. h. aus Licht, Wasser und Kohlendioxid Zucker herstellen. Diese Zucker- oder Stärkemoleküle sind Lebensgrundlage für die Pilze, die mit so genannten Saughyphen in die Algen eindringen und die lebensnotwendigen Stoffe aufnehmen. Umgekehrt bieten die Pilze den Algen Schutz vor Austrocknung und liefern ihnen Mineralien. So können Flechten auch sehr unwirtliche Lebensräume besiedeln und sogar auf Glas oder Blech wachsen.

Die als Islandmoos bekannte Flechte hat heute noch eine große Bedeutung als Heilmittel gegen Husten, Entzündungen, Akne und Verdauungsstörungen.

Das in Island weit verbreitete Islandmoos wird hierzulande oft auch getrocknet und dann im Modellbau verwendet.

Stimmt es, dass ...

KÄNGURU-BABYS bei der Geburt nur die Größe einer Kaffeebohne haben?

JA

Wussten Sie schon, dass ...

es über 50 verschiedene Känguru-Arten in Australien gibt?

Das Spektrum reicht von den Bänderkängurus, die maximal 40 cm lang werden, über die Hasenkängurus und die bis zu 105 cm großen Wallabys bis zu den Riesenkängurus. Das größte von ihnen ist das Rote Riesenkänguru. Sein Körper wird bis zu 160 cm lang, dazu kommt der bis zu 105 cm lange Schwanz. Die Tiere wiegen maximal 70 kg. Weibchen sind jedoch deutlich kleiner als Männchen.

Alle Känguru-Babys sind eigentlich Frühgeburten. Sie werden nach einer kurzen Tragzeit von nur 30–40 Tagen geboren und sind deshalb noch sehr unterentwickelt – und dementsprechend winzig. Je nach Känguru-Art sind manche nur so groß wie eine Kaffeebohne, andere messen immerhin 3 cm. Das Neugeborene eines Roten Riesenkängurus wiegt beispielsweise gerade einmal 0,75–1 g. Augen und Ohren der Mini-Babys sind noch nicht richtig entwickelt, sodass sie sich nur mit ihrem Geruchssinn orientieren können.

Etwa 2 Stunden vor der Geburt des Jungen leckt die Kängurumutter mit der Zunge ihren Beutel aus. Sofort nach der Geburt krabbelt das winzige Baby mit schlängelnden Bewegungen selbstständig in den schützenden Beutel. Dabei hält es sich mit den Zehen und Krallen der Vorderfüße im Fell der Mutter fest. Die Mutter leckt nur hinter ihm Schleim und Blut weg. Im Beutel schließt das Junge sein Mäulchen um eine Zitze, die dann knollenartig anschwillt. So ist dafür gesorgt, dass es die Zitze nicht verliert und verhungert.

Nackt und blind saugt sich das Neugeborene des Roten Riesenkängurus an der knollenartig verdickten Zitze der Mutter fest.

Die Babys eines Roten Riesenkängurus wachsen etwa 235 Tage im Beutel der Mutter und wiegen schließlich 2–4 kg. Dann ist es Zeit für den ersten Ausflug. Doch der Beutel bleibt ein wichtiger Zufluchtsort, und das Junge wird weiter gesäugt. Ist es für den Beutel zu groß, steckt es zum Trinken nur noch den Kopf hinein. Übrigens: Wird die Känguru-Mutter befruchtet, solange noch ein Junges im Beutel ist, fällt das neue Baby in eine Art Keimruhe, bis das ältere Geschwister dem Beutel „entwachsen" ist.

Ein typisches Straßenschild im Australischen Alice Springs: Vor allem in den ländlichen Gebieten ist die Gefahr, ein Känguru zu überfahren, besonders groß.

Stimmt es, dass ...

dreifarbige KATZEN immer Weibchen sind?

JA

Dreifarbige Katzen sind orange, schwarz und weiß gefärbt und sind tatsächlich immer Weibchen. Sie werden auch Glücks- oder Kaliko-Katzen genannt.

Der Grund für diese Dreifarbigkeit ist in den Gesetzmäßigkeiten der Vererbung zu finden. Katzen haben 19 Chromosomenpaare, auf denen die Gene mit den Erbinformationen untergebracht sind. Das 19. Chromosomenpaar bestimmt, ob ein Tier ein Männchen oder ein Weibchen ist: Weibchen haben je ein X-Chromosom von der Mutter und eines vom Vater, Männchen haben dagegen ein X-Chromosom von der Mutter und ein Y-Chromosom vom Vater.

Die Erbinformation für die Fellfarbe Orange oder Schwarz sitzt auf dem X-Chromosom. Nach der Ausbildung des Geschlechts bei den Weibchen wird jedoch ein X-Chromosom deaktiviert – entweder das des Vaters oder das der Mutter.

VERERBUNG BEI KALIKO-KATZEN

Dieses Diagramm eines möglichen Vererbungsgangs zeigt, dass Kaliko-Katzen nur Weibchen sein können – weil nur bei ihnen die Erbinformationen für Orange, Schwarz und Weiß (weißes Kreissymbol) zusammen auftreten können.

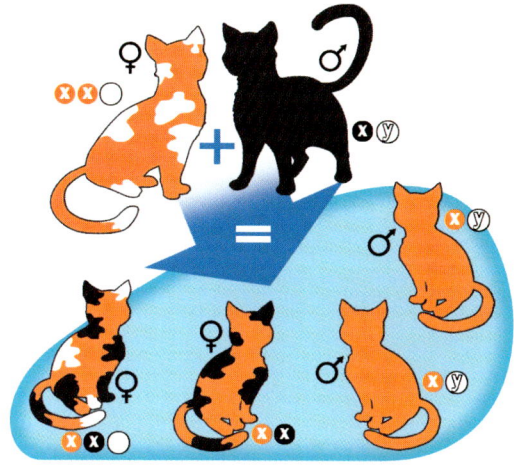

Es wird deshalb nur die Erbinformation jeweils eines X-Chromosoms pro Zelle für die Fellfarbe abgelesen – also Orange oder Schwarz. Da in manchen Fellpartien das X-Chromosom der Mutter, in anderen das des Vaters aktiv ist, sind einige Partien des Fells schwarz gefärbt, andere orange – allerdings nur dann, wenn die Katze ein X-Chromosom mit der Information „Orange" von einem Elternteil und ein X-Chromosom mit der Information „Schwarz" vom anderen Elternteil geerbt hat.

Da nur Weibchen zwei X-Chromosomen haben, können auch nur bei ihnen beide Farben auftauchen. Die Männchen mit einem einzigen X-Chromosom von der Mutter können lediglich die Information für Orange oder für Schwarz haben, nie aber für beide Farben. Die dritte Farbe Weiß wird durch ein Gen vererbt, das nicht auf dem X-Chromosom sitzt.

Stimmt es, dass ...

KATZEN auch im Dunkeln sehen können? (NEIN)

Wo kein Licht ist, nützen die besten Augen nichts. Bei völliger Dunkelheit, beispielsweise in einem lichtlosen Raum, können auch Katzen nichts sehen.

ABER: Bei sehr starker Dämmerung sehen Katzen sehr viel besser als wir. Sie sind nachtaktive Raubtiere und darauf angewiesen, auch bei wenig Licht noch Beute zu finden. Deshalb sind ihre Augen besonders gut entwickelt. Zum einen sorgt die Lage an der Vorderseite des Kopfes dafür, dass sich der Blickwinkel der Augen überschneidet. Dadurch können Katzen räumlich sehen und sehr gut Entfernungen abschätzen. Zum anderen können sie ihre Pupillen bis auf etwa 90 % der Augenfläche weiten, sodass mehr Licht einfällt. Katzen reicht deshalb ein Sechstel der Lichtmenge, die wir brauchen, um noch etwas zu sehen. Und während wir nur 200 000 Lichtsinneszellen pro mm² Netzhaut besitzen, haben Katzen 400 000. Zudem befindet sich an der Augenrückseite eine reflektierende Schicht, die das wenige bei Dunkelheit einfallende Licht zurückwirft – weshalb Katzenaugen im Dunkeln leuchten.

Die bei Tageslicht schlitzförmigen Pupillen können sich bei Dunkelheit stark erweitern.

Wussten Sie schon, dass ...
die meisten Sinne bei Katzen viel stärker ausgeprägt sind?

Katzen hören etwa dreimal so gut wie ein Mensch, können etwa doppelt so gut riechen und sind wahre Weltmeister im Tasten: Dazu haben sie die Tast- bzw. Schnurrhaare an Ober- und Unterlippe, über den Augen sowie an Kinn, Wangen und Vorderbeinen. Diese Tasthaare sind an den besonders tief liegenden Haarwurzeln mit zahlreichen Nevenenden verbunden, die jede Berührung und Vibration an das Gehirn weiterleiten. Ganz besonders empfindlich sind außerdem die Sohlenballen der Katze, mit der sie noch feinste Erschütterungen wahrnehmen können.

KATZEN immer auf den Beinen landen? (JA)

Dass Katzen Stürze aus großen Höhen unversehrt überleben und dabei auf ihren Beinen landen, war im Mittelalter ein Grund dafür, dass sie als Dämonen galten. Um diese fast unheimliche Überlebensfähigkeit etwas genauer zu untersuchen, begann im Jahr 1894 die französische Akademie der Wissenschaften mit einer Studie.

Aufklärung brachten dann noch im gleichen Jahr die sensationellen Filmaufnahmen des französischen Professors Étienne Jules Marey: Der Film zeigte, dass Katzen, die mit dem Rücken nach unten fallen, sich in der Luft blitzschnell um die eigene Achse drehen können und so mit den Beinen voraus auf dem Boden ankommen.

Nach den Gesetzen der Physik bleibt der Drehimpuls eines Körpers jedoch konstant, solange keine weiteren Kräfte von außen auf ihn einwirken. Dreht die Katze also den Vorderkörper nach links, müsste der Hinterleib eigentlich automatisch nach rechts drehen – wodurch sich der Katzenkörper in sich verdrehen würde.

Um dem entgegenzuwirken, setzen Katzen einen Trick ein, den jeder Eiskunstläufer vom Pirouettendrehen kennt: Mit angezogenen Armen erhöht sich die Geschwindigkeit, mit ausgestreckten wird die Bewegung langsamer. Katzen ziehen beim Fallen zuerst die Vorderbeine eng an den Körper und strecken die Hinterbeine im rechten Winkel vom Körper weg. Nun drehen sie den Vorderkörper rasch um 180°. Die automatische Gegenbewegung des Hinterleibs wird so viel langsamer und die Drehung kleiner. Dann strecken die Katzen die Vorderbeine vom Körper weg, ziehen die Hinterbeine an und drehen das Hinterteil in dieselbe Richtung wie vorher den Vorderkörper, der sich dabei nur wenig in die Gegenrichtung dreht. Und so ist der Körper der Katze nach unten ausgerichtet, und sie landet sicher auf den Pfoten. Die exakte Ausrichtung der Bewegung erfolgt durch Korrekturen mithilfe von feinsten Bewegungen der Muskulatur und der Schwanzwirbel. Für diesen hoch komplexen Bewegungsablauf benötigt eine Katze gerade mal $1/8$ Sekunde.

Übrigens können auch taube Katzen dieses schwierige Flugmanöver problemlos durchführen. Verbindet man den Katzen allerdings die Augen, plumpsen sie ungeschickt zu Boden. Katzen orientieren sich demnach beim Fallen vor allem mit den Augen und erst in zweiter Linie mithilfe ihres Gleichgewichtssinns. Und je tiefer Katzen fallen, umso weniger verletzen sie sich: Ab 30 m Fallhöhe werden sie nicht mehr schneller, sodass das Gefühl für Beschleunigung verschwindet. Daraufhin entspannt sich der Körper, und die Beine werden optimal für die Landung ausgerichtet – freiwillig springen die Tiere aber nicht aus solchen Höhen.

Katzen sind in der Lage, im Fallen durch bewusste Steuerung eine Drehung auszuführen. So landen sie immer sicher auf ihren Pfoten.

KATZEN selbst über weite Distanzen den Weg nach Hause finden? (JA)

Katzen können tatsächlich über große Entfernung nach Hause zurückkehren. Dabei finden sie sich auch in unbekanntem Gebiet zurecht. Genau erforscht ist dieses Phänomen noch nicht, wenngleich Untersuchungen gezeigt haben, dass Katzen wirklich so etwas wie ein „Heimfindevermögen" besitzen. So konnten vor allem ältere Katzen auch dann den Weg zurück finden, wenn sie über 12 km von zu Hause entfernt ausgesetzt wurden.

Über wie viele Kilometer diese Fähigkeit reicht, ist aber nicht bekannt. Ebenso wenig weiß man, wie genau die Katzen sich zurechtfinden. Da an ihrem Körper angebrachte Magnete die Tiere verwirrten und vom rechten Weg abbrachten, geht man davon aus, dass sie sich dabei in erster Linie ähnlich wie Zugvögel am Magnetfeld der Erde orientieren.

Zusätzlich haben Katzen ein sehr genaues optisches und akustisches Bild von ihrer

Umgebung, sodass für das Heimfinden in der näheren Umgebung vermutlich auch Geräusche und Bilder ihrer Heimat eine Rolle spielen.

Doch auch anderen Haustieren wie Hunden oder sogar Pferden und Schafen werden solche Fähigkeiten nachgesagt. Unumstritten ist das Heimfindevermögen der Tauben, die seit Jahrhunderten vom Menschen als Briefboten eingesetzt werden. Berühmt wurde der Orientierungssinn von Haustieren u. a. durch den Walt-Disney-Film „Die unglaubliche Reise", in dem eine alte Siamkatze, ein Bullterrier und ein Neufundländer gemeinsam über 500 km den Weg nach Hause finden.

Wussten Sie schon, dass...
es auch in Südamerika Beuteltiere gibt?

Fällt das Stichwort „Beuteltiere", denken die meisten Menschen an Australien. Doch Beuteltiere gibt es auch in Amerika. Dort lebt die Familie der Beutelratten, zu der neben dem nordamerikanischen katzengroßen Opossum zahlreiche Beutelratten in Mittel- und Südamerika gehören. Darunter beispielsweise die Zwergbeutelratte, deren Junge nur so groß wie ein Reiskorn sind, aber auch die Wollbeutelratte oder das Mausopossum.

Stimmt es, dass...
der **KOALA** ein Bär ist?

NEIN

Auch wenn sie noch so sehr an Bären erinnern und sogar das Vorbild für den Teddybären gewesen sein sollen: Koalas sind keine Bären. Selbst ihr lateinischer Name *Phascolarctos cinereus* legt eine falsche Fährte, denn er bedeutet übersetzt „grauer Beutelbär". Koalas sind jedoch mit den Kängurus verwandt und gehören zur Ordnung der Beuteltiere, genauer zu den Kletterbeutlern. Das sind maus- bis fuchsgroße Beuteltiere, die alle einen Schwanz tragen – mit Ausnahme des Koalas.

Im Naturhaushalt nehmen Kletterbeutler in Australien den Platz ein, den in Afrika, Asien oder Südamerika die Affen besetzen. Wie bei den Kängurus kommen auch ihre nur 5,5 g leichten Jungen sehr früh nach nur 25–30 Tagen Tragzeit in einem unterentwickelten Zustand zur Welt. Danach verbringen sie noch viele Monate im Beutel der Mutter, bis sie voll entwickelt und außerhalb des Beutels lebensfähig sind.

Koalas sind die größten Kletterbeutler und werden etwa 50 cm groß. Sie haben ein dichtes, graues Fell. Typisch sind auch die abstehenden Plüschohren und die dicke, schwarze Nase. In Zoos sind sie nur selten zu sehen, da sie ausgesprochene Nahrungsspezialisten sind, die sich nur von Eukalyptusblättern ernähren. Diese Fixierung auf einen Futtertyp ist sehr ungewöhnlich, denn die meisten Säugetiere haben ein großes Nahrungsspektrum. Um die harten und nur schwer verdaulichen Eukalyptusblätter überhaupt verwerten zu können, haben die Koalas einen 1,8–2,5 m langen Blinddarm. Von den

Bis zu 1 kg Eukalyptusblätter fressen die so niedlich aussehenden Beuteltiere am Tag.

rund 350 verschiedenen Arten der Eukalyptusbäume stehen jedoch nur die Blätter von 20 Arten auf dem Speiseplan der Koalas – wovon sie fünf bevorzugen. Am liebsten knabbern sie die Blätter von Manna- oder Zuckereukalyptus, gefolgt vom Gefleckten und Rötlichen Eukalyptus.

Und als ob dies alles an Spezialisierung nicht schon genug wäre, sind Koalas sogar noch regionale Feinschmecker: Tiere aus dem Bundesstaat Victoria bevorzugen andere Eukalyptusarten als Exemplare aus Queensland.

Die Koalas wurden in den 1930er-Jahren des letzten Jahrhunderts fast ausgerottet: Ihr Fell war begehrt, und deshalb wurden sie unbarmherzig gejagt. Heute stehen sie zwar unter Schutz, sind jedoch wegen der Zerstörung ihres Lebensraums noch immer bedroht.

Wussten Sie schon, dass...
das Great Barrier Reef das größte Korallenriff der Welt ist?

Das Great Barrier Reef vor der australischen Ostküste besteht aus etwa 3000 einzelnen Korallenriffen, die zwischen 20 und 150 km vor der Küste liegen. Insgesamt umfassen die Riffe eine Fläche von etwa 350 000 km². Damit ist das Great Barrier Reef das größte Korallenriff der Welt. Es erstreckt sich über eine Länge von 2000 km und reicht an manchen Stellen bis zu 300 m in die Tiefe. Rund 340 verschiedene Korallenarten sind an diesem größten „Bauwerk", das von Lebewesen je geschaffen wurde, beteiligt.

Stimmt es, dass...
KORALLEN Pflanzen sind?   NEIN

Sie wachsen ortsfest im Meer und zählen doch nicht zu den Pflanzen. Korallen sind Tiere – genauer gesagt gehören sie zu dem großen und artenreichen Stamm der Hohltiere, zu dem auch Quallen, Seeanemonen und Seenelken zählen. Korallen gibt es in rund 2500 verschiedenen Arten.

Sie sind polypenförmig und scheiden an ihrer Fußscheibe nach außen ein hartes Steinskelett ab. Dieses besteht aus dem Mineral Aragonit, das sich wiederum vor allem aus Kalziumkarbonat zusammensetzt. Die Polypen haben wie alle Hohltiere eine große Körperhöhle, die der Verdauung der Nahrung dient. Dieser Magen ist durch Scheidewände, so genannte Mesenterien, unterteilt und von Tentakeln umgeben, mit denen die Korallen ihre Beute fangen, die aus Zooplankton besteht.

Der einzelne Polyp ist sehr klein. Ihre Größe erhalten Korallen erst dadurch, dass sich sehr viele Tiere zusammenschließen und durch das Ausscheiden des Kalkskeletts Riffe bilden. Je nach Korallenart sehen die Kalkgebilde sehr unterschiedlich aus: Sie können krusten-, platten- oder pilzförmig sein – oder auch halbkugelig oder baumartig verzweigt. In ruhigeren Gewässern findet man fein verästelte Korallen, solche in bewegten Meereszonen sind dick und robust. Je nach Standort kann dieselbe Korallenart aber auch ganz verschiedene Wuchsformen ausbilden.

Korallen findet man überwiegend in tropischen Gewässern. Erst vor kurzem entdeckten Forscher in großer Tiefe jedoch auch Korallenriffe im Nordatlantik. Während viele Korallen selbstständig leben, sind die Riffe bildenden Korallen auf die Symbiose mit bestimmten Algen angewiesen, die in ihrem Körpergewebe leben. Sie existieren deshalb meist nur in Tiefen, die noch vom Licht erreicht werden.

Zu den schönsten, aber gefährdetsten Riffen der Welt gehörten die Korallenriffe bei Indonesien schon, bevor der Tsunami im Dezember 2004 sie schwer schädigte.

KORALLENSTERBEN

Korallenriffe gelten neben den tropischen Regenwäldern als artenreichste Ökosysteme und bieten schätzungsweise 400 000 Tier- und Pflanzenarten einen Lebensraum, von denen aber erst 60 000 Arten richtig erforscht sind. Diese Paradiese sind jedoch bedroht. Schon vor der Flutkatastrophe 2004 galten 11 % aller Korallenriffe als zerstört. Weltweit ist etwa ein Drittel der Riffe geschädigt, bis zum Jahr 2030 könnten 60 % dieser Ökosysteme ganz vernichtet sein. Besonders stark sind die Schäden in der Karibik, in Südostasien und im Indischen Ozean.

Als 1998 durch das Klimaphänomen El Niño die Wassertemperatur in einigen Meeresregionen um 2 °C anstieg, setzte ein Massensterben der Korallen ein, weil sie die mit ihnen in Symbiose lebenden Algen abstießen. Davon könnten sich die Riffe vermutlich erholen. Doch es gibt andere, dauerhafte Ursachen für das Sterben: Dynamitfischerei, Umweltverschmutzung und die Überdüngung der Meere.

Stimmt es, dass ...
KROKODILE weinen können? JA

Krokodile vergießen tatsächlich Tränen. Allerdings tun sie dies nicht aus Trauer oder sonstigen Gefühlsregungen, sondern einfach dann, wenn sie besonders große Stücke eines Beutetiers verschlingen. Passen diese Fleischbrocken kaum noch in ihren Rachen, ist das Hinunterwürgen für sie so anstrengend, dass ein tränenähnliches Sekret aus den Augen läuft.

Diese Flüssigkeit wird von den so genannten Harder'schen Drüsen ausgeschieden, die in der Oberlippe sitzen und neben kleinen Tränendrüsen dafür verantwortlich sind, die Augen der Krokodile feucht zu halten. In Unkenntnis dieser nüchternen Erklärung berichtete im 13. Jh. ein französischer Mönch, dass Krokodile aus Trauer über die von ihnen getöteten Menschen weinen, und auch eine englische Satire aus dem 16. Jh. erzählt vom weinenden Krokodil. Noch heute gelten Krokodilstränen sprichwörtlich als ein Zeichen für vorgetäuschte, falsche Reue.

Das Leistenkrokodil ist nicht nur das größte Krokodil, sondern auch das am stärksten bedrohte. Dank seiner Salzwasserverträglichkeit kann das Reptil weite Strecken im Ozean zurücklegen.

Stimmt es, dass ...
nicht alle LAUBGEHÖLZE ihre Blätter abwerfen? JA

Längst nicht alle Laubgehölze werfen im Herbst ihre Blätter ab: Von Buchsbaum, Kirschlorbeer, Rhododendron, Ilex und Zwergmispel über Efeu, Immergrün und Spindelstrauch bis zu Feuerdorn, Schneeball und Berberitze behalten viele Gehölze im Winter ihr Laub und sorgen dafür, dass

unsere Gärten auch in der kalten Jahreszeit nicht allzu kahl aussehen.

Alle diese als „Immergrüne" bezeichneten Gewächse haben Blätter, die beispielsweise durch eine dicke Wachsschicht vor dem Austrocknen im Winter geschützt sind. Bäume und Sträucher mit weichem Laub müssen dagegen ihre Blätter abwerfen, weil sie sonst im Winter bei schönem Wetter Wasser verdunsten würden, aber aus dem gefrorenen Boden keines wieder aufnehmen können, um den Verlust zu ersetzen. Wenn Pflanzen im Winter vertrocknen, wird dies als „Frosttrocknis" bezeichnet. Aber auch Immergrüne wechseln ihr Laub. Alte Blätter werden nach und nach das ganze Jahr über abgeworfen und durch neue ersetzt.

Die immergrüne Stechpalme ist relativ frostempfindlich und gedeiht nur in wintermilden Gebieten gut.

Wussten Sie schon, dass ...
nicht alle Nadelbäume immergrün sind?

Neben unserer einheimischen Lärche und weiteren Lärchenarten werfen auch andere Nadelbäume ihre Nadeln im Winter ab. Dazu gehören beispielsweise der aus China stammende, bis zu 35 m hohe Urweltmammutbaum, die Sumpfzypresse und der Ginkgo, der zu den Nadelgehölzen gezählt wird, auch wenn seine Blätter flächig und nicht nadelförmig sind.

LEMMINGE sich kollektiv zu Tode stürzen?   NEIN

Berichte, Bilder oder Filmaufnahmen, die den Massenselbstmord von Lemmingen beschreiben oder angeblich zeigen, sind gefälscht und gehören ins Reich der Legende. Zu diesem Irrglauben kam es vermutlich ursprünglich deshalb, weil die Zahl der Lemminge sehr großen Schwankungen unterliegt.

Seit 1988 untersucht ein deutsch-finnisch-französisches Forschungsteam die kleinen Nagetiere im Nordosten Grönlands und fand heraus, dass die Zahl der Lemminge im Vier-Jahres-Rhythmus schwankt. Bei hoher Populationsdichte wandern mehr Lemminge, wobei es vorkommen kann, dass einzelne Tiere beim Durchschwimmen eines Gewässers sterben und durch die Strömung an bestimmten Stellen angeschwemmt werden. Massenwanderungen wurden aber nie beobachtet.

Der Grund für die starken Bestandsschwankungen der Tiere ist das Wechselspiel zwischen den Lemmingen und ihren vier Raubfeinden: Hermelin, Polarfuchs, Schnee-Eule und Falkenraubmöwe. Die wichtigste Rolle spielen die Hermeline, die das ganze Jahr über Lemminge jagen. Ist die Jagdsaison für die Räuber erfolgreich, geht die Zahl der Lemminge stark zurück. Als Folge sinkt zeitlich versetzt auch die Zahl der Lemmingeräuber, da diesen die Nahrung ausgeht. Diese Chance nutzen die Lemminge zur Vermehrung. Da sie öfter und mehr Junge werfen als ihre Feinde, kann sich ihr Bestand rasch wieder erholen, und der Zyklus beginnt von vorn.

Wussten Sie schon, dass ...
Lemminge auch im Winter in Grönland genug zu fressen finden?

Die kleinen Wühlmaus-Verwandten müssen keinen Winterschlaf halten, sondern entziehen sich den eisigen Stürmen der Arktis, indem sie unter der dicken Schneedecke Gänge und Nester anlegen. Dort sind die Temperaturen erträglich, und die Lemminge finden außerdem genug Wurzeln und Gräser zum Fressen. Die Knochen ihrer Vorderbeine sind speziell zum Graben im gefrorenen Boden geeignet, außerdem besitzen sie besondere Krallen zum Graben, die im Herbst an den Zehen der Vorderbeine wachsen und im Frühjahr wieder ausfallen.

POPULATIONSENTWICKLUNG DER LEMMINGE UND HERMELINE

Hermeline profitieren, wenn es viele Lemminge gibt. Da sie aber einen langsameren Fortpflanzungszyklus haben, erreicht ihre Zahl erst 1–1,5 Jahre nach einem guten Lemmingejahr ihren Höhepunkt. Die Zahl der Lemminge wird durch das Zählen ihrer Nester, die Zahl der Hermeline durch das Zählen der von ihnen besiedelten Lemmingenester bestimmt.

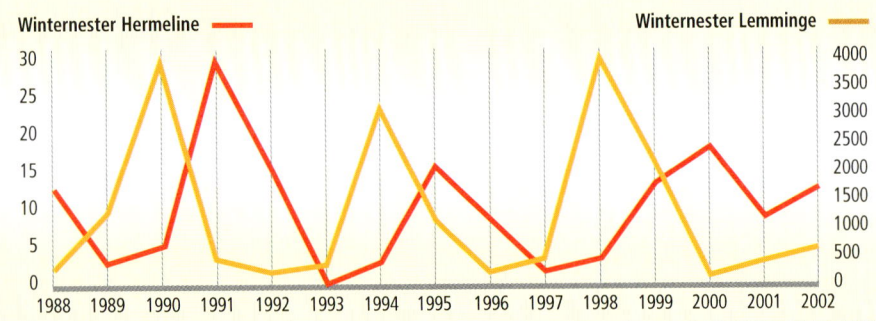

Winternester Hermeline ━━━   Winternester Lemminge ━━━

LIBELLEN stechen können?   NEIN

Libellen haben keinen Stachel und können daher einen Menschen, wenn er sie mit der Hand festhält, bestenfalls mit ihren kräftigen Kiefern in die Haut zwicken, mehr aber auch nicht.

Betrachtet man eine Libelle genau, erkennt man, dass die Weibchen an ihrem Hinterleib, wo bei anderen Insekten der Stachel sitzt, lediglich einen Legeapparat tragen, mit dem sie die Eier ablegen. Die Männchen haben dort eine Zange. Diese dient dazu, das Weibchen beim komplizierten Paarungsflug festzuhalten. Dabei fliegt das Männchen über das Weibchen und packt es mit seinen Hinterleibszangen. Großlibellen halten das Weibchen am Kopf fest, Kleinlibellen an Kopf und Vorderbrust. Während der Kopulation bildet das Libellenpaar eine Paarungskette, wobei das Männchen vorn und das festgehaltene Weibchen hinten fliegt. Dann biegt das Weibchen den Hinterleib so stark um, dass seine Geschlechtsöffnung den Geschlechtsapparat in der Körpermitte des Männchens erreicht – das so genannte Paarungsrad entsteht. Oft fliegen die Partner auch nach der Paarung noch eine Zeitlang als Paarungskette umher, bevor sie sich wieder trennen.

Ein Stachel wäre für die geschickten Räuber beim Beutefang sowieso überflüssig. Libellen können ihre Beute im Flug fangen. Haben sie ein Opfer erspäht, ergreifen sie es mit ihren Beinen, die eine Art Fangkorb bilden. Auch die räuberischen Larven der Libellen kommen ohne einen Stachel aus. Sie lauern zwischen Wasserpflanzen versteckt auf ihre Opfer wie beispielsweise Mückenlarven oder Wasserasseln. Nähert sich ein Tier, packen sie es mit ihrer Unterlippe, die zu einer aufklappbaren Fangmaske umgebildet ist.

Stimmt es, dass …
alle LIPIZZANER Schimmel sind? (NEIN)

Es gibt durchaus auch braune, ja sogar schwarze Lipizzaner. Aber die meisten Lipizzaner sind tatsächlich Schimmel, also weiß gefärbt. Die Fohlen sind braun oder schwarz und färben sich mit zunehmendem Alter um.

Lipizzaner sind eine alte Pferderasse, deren Vorfahren sich bis in das Jahr 800 zurückverfolgen lassen. Der Name leitet sich von ihrem Stammgestüt im nahe Triest gelegenen Lipizza in Slowenien ab, das 1580 vom österreichischen Erzherzog Karl II. gegründet wurde. Der Zweck des Gestüts war es, den Hof der Habsburger mit standesgemäßen Pferden zu versorgen. Lipizzaner sind keine Rennpferde, sondern vor allem für die Hohe Schule und als Freizeitpferde geeignet. Sie gelten als ausdauernd, intelligent, gelehrig, gutmütig und gehorsam. Lippizaner sind relativ kräftig und muskulös, ihr Hals ist robust und gebogen. Sie werden etwa 150–160 cm hoch. Damit entsprachen die Lipizzaner dem Schönheitsideal eines barocken Prunkpferdes. Entstanden sind sie aus der Kreuzung von Karstpferden mit andalusischen

Pferden, die von Erzherzog Karl II. von Spanien nach Österreich gebracht worden waren. Ab 1826 wurden auch arabische Vollbluthengste zur Zucht verwendet.

Im Ersten Weltkrieg wurde das Gestüt nach Laxenburg in Niederösterreich und 1920 nach Piber in der Steiermark verlegt. Dort werden bis heute Lipizzaner für die Spanische Hofreitschule in Wien gezüchtet. Und bereits im 19. Jh. wurde vom österreichischen Kaiser ein Erlass herausgegeben, dass alle für diese Hofreitschule gezüchteten Lipizzaner Schimmel sein müssen – kaiserliche Pferde hatten aus ästhetischen Gründen weiß zu sein.

Wussten Sie schon, dass …
alle heute existierenden Lipizzaner von nur sechs Hengsten abstammen?

Nur sechs Hengste sind die Stammväter aller Lipizzaner-Pferde – und ausschließlich Pferde, die in direkter Linie von ihnen abstammen, dürfen heute als Lipizzaner bezeichnet werden. Diese Hengste trugen klangvolle Namen: Es waren Pluto, Conversano, Favory, Neapolitano, Siglavy und Maestoso.

Während alle Lipizzaner der Spanischen Hofreitschule Schimmel sind, zeigt der Hengst im Bild oben, dass dies nicht immer so sein muss.

Wussten Sie schon, dass...
es weltweit 4500 verschiedene Marienkäferarten gibt?

Die wenigsten der 4500 Marienkäferarten leben aber in Europa. Hier sind nur rund 100 Arten der gepunkteten Käfer heimisch. Einige von ihnen sind nützliche Helfer im Kampf gegen tierische Schädlinge wie Blattläuse. Selbst haben die Krabbeltiere wenig zu befürchten: Sie schmecken so eklig, dass kaum ein Vogel oder kaum ein anderer Insektenfresser sich nach dem ersten Versuch noch ein zweites Mal an ihnen vergreifen mag.

Stimmt es, dass...
MARIENKÄFER beißen können? — JA

Marienkäfer besitzen wie alle Käfer beißende Mundwerkzeuge, mit denen die kleinen Raubinsekten ihre Beute wie etwa Blattläuse packen und beißen können. Und mit diesen zangenähnlichen Mundwerkzeugen können sie auch einen Menschen in die Haut kneifen – eine Verletzung haben wir von den Insekten allerdings nicht zu befürchten. Dazu ist die menschliche Haut für die Mundwerkzeuge der Käfer einfach zu stabil.

Unter dem Mikroskop oder mit einer starken Lupe betrachtet, wirken die Beißwerkzeuge der Käfer aber sehr beeindruckend: Sie sind gerade nach vorn gerichtet und liegen vor dem Kopf – sind also nicht wie bei den Wirbeltieren ein Teil des Kopfes. Die Mundwerkzeuge bestehen aus den kräftigen, zangen- oder sichelförmigen beiden Oberkiefern, die auch Mandibeln genannt werden. Manchmal ist die Innenkante der Mandibeln gezahnt, so dass sie aussehen wie winzige Sägen. Bei einigen Käfern sind die Mandibeln aber auch extrem verlängert wie etwa beim Hirschkäfermännchen. Die fast körperlangen Mandibeln dienen in diesem Fall nicht mehr zum Fressen, sondern sind Waffen im Kampf mit männlichen Artgenossen.

Die meist flachen Unterkiefer oder Maxillen dienen zum Festhalten oder Ablegen der Nahrung. Auf den Tastern oder Palpen der Unterkiefer sitzen Sinnesorgane, mit denen die Nahrung untersucht wird. Die Unterlippe dient ebenfalls zum Festhalten der Nahrung. Die Oberlippe liegt über den Mandibeln und bildet quasi ein Dach über den Mundwerkzeugen.

Wie alle Käfer zerbeißen und kauen Marienkäfer ihre Beute aber nicht – die Mandibeln dienen in erster Linie zum Festhalten und Zubeißen. Dann erbrechen die Tiere Mitteldarmsaft in die Wunde ihrer Beute, der eiweiß- und fettverdauende Substanzen enthält. So wird die Nahrung oder Beute rasch aufgelöst, in einen Brei oder Saft verwandelt und schließlich von den Käfern aufgesaugt.

Stimmt es, dass...
die Punkte auf dem Rücken des MARIENKÄFERS sein Alter anzeigen? — NEIN

Die Zahl der Punkte eines Marienkäfers hat mit seinem Alter nichts zu tun. Marienkäfer gehören zu den so genannten Blattkäfern mit kugeliger Gestalt, die es in verschiedenen Farben – meist ist die Grundfarbe Rot oder Gelb – und mit einer unterschiedlichen Zahl von meist schwarzen, manchmal aber auch hellen Punkten gibt.

Die Zahl der Punkte ist von der Art, zu der ein Marienkäfer gehört, abhängig und dadurch genau festgelegt. Der bekannteste und häufigste unserer Marienkäfer ist der Siebenpunkt-Marienkäfer. Die Zahl der Punkte sind auch für den wissenschaftlichen Namen – *Coccinella septempunctata* (siebengepunktet) – ausschlaggebend. Statt mit vielen Punkten überzeugt der Zweipunkt-Marienkäfer mit seinen beiden Farbvarianten. Ihn gibt es sowohl in Rot mit schwarzen Punkten als auch Schwarz mit roten Punkten. Viel mehr Punkte hat der gelbe, schwarz gepunktete Zweiundzwanzigpunkt-Marienkäfer oder der ebenfalls gelb-schwarze Vierzehnpunkt-Marienkäfer. Der orange-schwarze Luzernemarienkäfer weist 24 Punkte auf.

Die Zahl der Punkte verändert sich auch nicht mit dem Alter des Käfers. Außerdem können Marienkäfer zwar überwintern und damit auch länger als einen Sommer leben – aber mehr als ein Jahr oder gar mehrere Jahre dürften sie kaum erleben.

Sinn und Zweck der Punkte könnte sein, Augen zu imitieren und dadurch Feinde abzuwehren, was aber keine besonders abschreckende Strategie wäre. Im Notfall bleibt den Käfern nur übrig, sich tot zu stellen. Während dieser Starre sondern sie

Im Mittelalter galten Marienkäfer als Himmelsboten der Mutter Gottes – daher auch ihr Name.

Marienkäfer durch ihre rasche Vermehrung und eine große Zahl von Nachkommen ausgleichen. Die Weibchen des Siebenpunkt-Marienkäfers legen beispielsweise nach der Überwinterung rund 400 Eier ab. Bereits nach 5–8 Tagen schlüpfen die Larven, die ebenfalls Blattläuse jagen. In den 2 Monaten ihrer Entwicklung häuten sich die Insektenlarven viermal und verpuppen sich dann. Schon nach 6–9 Tagen schlüpfen die fertigen Käfer. Am Ende der Saison überwintern sie und beginnen im nächsten Frühjahr den Kreislauf von vorn.

dann noch eine orangefarbene bis rote Blutflüssigkeit aus der Mundöffnung und anderen Körperöffnungen ab. Diese dient mit ihrem unangenehmen Geruch und Geschmack ebenfalls der Abschreckung.

Verluste, etwa durch Brackwespen, die ihre Eier in die Käfer legen, oder durch einige Vögel, die sich auch vom bitteren Geschmack nicht abschrecken lassen, können

Stimmt es, dass ...
MAULWÜRFE blind sind?

NEIN

Maulwürfe sind nicht blind, sondern haben nur winzig kleine Augen, die gerade mal so groß wie der Kopf einer Stecknadel sind. Außerdem sind sie so tief im dichten plüschigen Fell versteckt, dass sie kaum zu erkennen sind. Besonders gut sehen können Maulwürfe mit diesen Augen allerdings nicht.

Wer fast sein ganzes Leben in dunklen Gängen unter der Erde verbringt, muss sich aber sowieso auf andere Sinne als das Sehen verlassen. Deshalb ist die Schnauze der Maulwürfe rüsselartig verlängert und bildet ein hervorragendes Riech- und Tastorgan. Auch das Hinterteil des Maulwurfs ist mit einem sensiblen Tastorgan versehen, denn der kurze, fast nackte Schwanz dient quasi als Blindenstock, mit dem der Maulwurf genau fühlen kann, was sich hinter ihm befindet. Zwar sind auch die Maulwurfohren sehr klein und tief im Fell versteckt, dennoch verfügt der pelzige Insektenfresser über einen außergewöhnlich guten Gehörsinn.

Mit diesen feinen Sinnen spüren Maulwürfe ihre Beutetiere wie Regenwürmer, Asseln, Käfer, Engerlinge, Insektenlarven und auch Mäuse unter der Erde auf. Ihr Appetit ist so gewaltig, dass sie pro Tag so viel fressen, wie sie selbst wiegen. Längere Hungerkuren vertragen sie nicht, da ihr

Stoffwechsel sehr schnell ist und sie rasch an Gewicht verlieren.

In Gärten sind Maulwürfe unbeliebt, weil sie Rasen oder Beete mit ihren Maulwurfshaufen verunstalten. Trotzdem sind sie ein sehr wichtiges Glied im Naturhaushalt, da sie viele schädliche Insektenlarven vertilgen, und außerdem sind sie geschützt.

Wussten Sie schon, dass ...
Maulwürfe in ihrem Bau Vorratslager anlegen?

Maulwürfe sorgen vor: Um auch in schlechten Zeiten ausreichend Nahrung zu haben, sammeln sie Insektenlarven und vor allem Regenwürmer in ihren Nestern. In einem Maulwurfsbau fand man die rekordverdächtige Menge von 18 Engerlingen und 1280 Regenwürmern. Von den Regenwürmern beißen die Maulwürfe den Kopf und die ersten Körpersegmente ab. Die Tiere sind dann noch am Leben und bleiben frisch, sind aber orientierungslos und können nicht mehr fliehen.

MAULWURFSBAU

Maulwürfe legen unterirdische Gangsysteme an: Sie bestehen aus einem Hauptnest, Vorratskammern sowie Ausweichnestern. Zudem gibt es Verbindungs- und Jagdgänge. Das ganze Gangsystem kann pro Maulwurf 200–300 m lang sein.

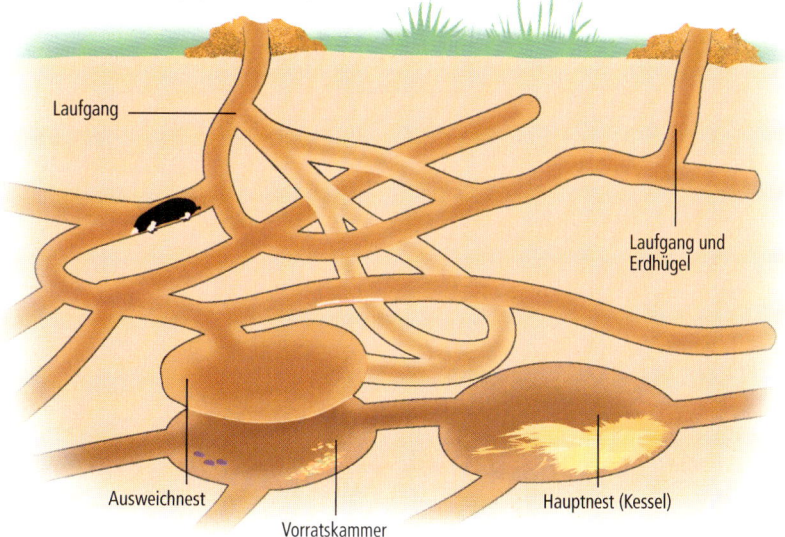

Laufgang

Laufgang und Erdhügel

Ausweichnest

Vorratskammer

Hauptnest (Kessel)

213

Wussten Sie schon, dass...
von rund 2500 Mücken-arten nur 130 Arten stechen?

Rund 2500 verschiedene Stechmückenarten schweben weltweit durch die Luft, aber die lästigen Plagegeister, die auch Menschen stechen, gehören nur zu etwa 130 Arten. Es stechen nur die Weibchen. Sie haben einen Stechrüssel, der aus einem Bündel von sechs Stechborsten besteht. Diese liegen in der zur Stechborstenscheide umgewandelten Unterlippe. Letztere knickt beim Stechen knieförmig nach hinten ein, sodass ihr Ende als Führung für die Stechborsten dient.

Stimmt es, dass...
MÜCKEN Menschen mit süßem Blut bevorzugen? NEIN

Ob wir von Mücken gestochen werden, hat nichts damit zu tun, ob unser Blut süß ist, d. h., ob es – wie bei Diabetikern – einen erhöhten Zuckergehalt hat. Die Mückenweibchen brauchen das Blut, damit sich ihre Eier richtig entwickeln können. Mückenmännchen begnügen sich dagegen mit Blütennektar. Warum nun aber manche Menschen mehr gestochen werden als andere, konnte bis jetzt noch nicht genau geklärt werden.

Wissenschaftler haben herausgefunden, dass Mücken aus der Ferne zunächst von Farben – etwa von bunter Kleidung – angelockt werden. Kommen sie näher, spielt das vom Menschen ausgeatmete Kohlendioxid eine Rolle, das von den Mücken mit ihren Antennen wahrgenommen wird. Ein wichtiger Faktor ist auch der individuelle Körpergeruch. Wer viel schwitzt, ist für Mückenweibchen besonders attraktiv.

Wenn es um das Blut geht, dann scheinen aber vor allem Menschen, die einen hohen Cholesterinspiegel haben und deren Blut viel Vitamin B enthält, anziehend für Mü-cken zu sein. Denn beides sind Substanzen, die die Mücken zum Leben benötigen, aber in ihrem Körper nicht selbst produzieren. Zusätzlich können aber auch Duftstoffe in Kosmetika Mücken anlocken. Einer der wichtigsten Faktoren, ob man von einer Mücke gestochen wird oder nicht, ist wohl die Temperatur der Haut: Bei manchen Menschen ist diese um einige Zehntel Grad wärmer als bei anderen, und damit sind diese Menschen für Mücken ein begehrtes Ziel.

Ob wirklich alle Stechmückenweibchen Blut benötigen, ist bis heute umstritten. Zu den Hauptplagegeistern gehört *Culex pipiens*, die Gemeine Stechmücke. Die nah verwandte Art *Culex molestus* scheint dagegen nicht unbedingt Blut und die darin enthaltenen Nährstoffe zu brauchen. Aber es gibt noch mehrere Dutzend Mückenarten in Mitteleuropa, die uns warme Sommerabende verderben können.

Ein Mückenweibchen legt in einer Woche rund 100 000 Eier – meist in ein stehendes Gewässer, es reicht aber auch eine Wassertonne im Garten.

Nach vorsichtigen Annäherungsversuchen wagen manche Taucher, Muränen zu füttern, wie hier in Key Largo, Florida.

Stimmt es, dass...
MURÄNEN Taucher angreifen? JA

Muränen haben ein bedrohliches Gebiss und können tatsächlich auch Taucher angreifen und kräftig zubeißen. Ihr Biss kann große Wunden hinterlassen, die sich schnell entzünden können.

Von den weltweit rund 120 Muränen-Arten, die in tropischen und subtropischen Meeren leben, sollen einige an der Basis der Zähne sogar Giftdrüsen besitzen, die sich beim Zubeißen entleeren, was von manchen Forschern allerdings sehr stark bezweifelt wird.

Tagsüber halten sich Muränen in Löchern und Spalten in Felsen und Korallenbänken verborgen. Richtig aktiv werden sie erst bei Dämmerung: Dann kommen sie aus ihren Verstecken hervor und gehen auf Nahrungssuche. Die meisten Muränen fressen Fische, manche auch Krebse, Muscheln und Schnecken. Bei der Futtersuche lassen sie sich von ihrer Nase leiten, denn Muränen haben einen hervorragenden Geruchssinn. Sie besitzen vier Nasenöffnungen, die zum Teil röhrenförmig ausgezogen sind und bei manchen Arten wie Hörner aussehen.

Neben schlicht braunen Muränen gibt es einige Arten, die sehr bunt gefärbt sind und vielfältige Muster tragen. Auch die Größen sind sehr unterschiedlich: Sie reichen von 10 cm kurzen Tieren bis zum 3 m langen Pampan aus dem Indischen und Pazifischen Orean.

Muränen gelten außerdem als hervorragende Speisefische und wurden schon im alten Rom gemästet. Sie sind auch heute auf jedem Fischmarkt rund ums Mittelmeer und in Asien zu finden.

ABER: Muränen sind im Grunde sehr friedliche Tiere und greifen nur im Notfall an, wenn sie sich bedroht fühlen. Sicher ist auch, dass die meisten Berichte über angreifende Muränen übertrieben sind, denn die Fische mit dem schlangenförmigen, muskulösen Körper sind zwar eine beeindruckende Erscheinung, leben aber sehr versteckt. Ein Grundsatz für Taucher ist deshalb, nie in Löcher oder Spalten zu greifen oder gar Muränen, die den Kopf aus ihrem Versteck strecken, berühren zu wollen – denn dann könnte ein äußerst schmerzhafter Biss die Folge sein.

Stimmt es, dass ...
NACHTIGALLEN nur nachts singen?   NEIN

Die unscheinbaren Vögel mit der großen Stimme singen längst nicht nur bei Dunkelheit. Forscher von den Universitäten in Basel und Bielefeld haben das Singverhalten der Nachtigallen ausgiebig untersucht. Sie stellten fest, dass sowohl Männchen als auch Weibchen zunächst einmal tagsüber ihr Repertoire von beachtlichen 260 verschiedenen Melodien zum Besten geben.

Nachts sind die meisten Nachtigallen sogar still, und nur einige von ihnen singen weiter. Der Grund dafür, so die Forscher, ist die Partnersuche. Bei den Nachtigallen kehren nämlich die Männchen etwas früher aus den Überwinterungsgebieten zurück als die Weibchen. Sie nutzen diesen Vorsprung, um ein Revier zu besetzen, und beginnen dann auch sofort mit den nächtlichen Gesängen, die die ankommenden Weibchen anlocken sollen. Sobald sie eine Nachtigallenfrau erobert haben, verstummen die Männchen.

Die Forscher fanden heraus, dass nur jene männlichen Tiere weitersangen, die noch keine Partnerin gefunden hatten. Etwas später, kurz vor der Eiablage, begannen aber auch die Männchen gemeinsam mit ihrer Partnerin wieder nachts zu singen. Für dieses Verhalten haben die Biologen bislang noch keine Erklärung, sondern nur die Theorie, dass die Nachtigallenmännchen in dieser Zeit potenzielle Nebenbuhler abschrecken oder die Partnerinnen anderer Männchen zu einem Seitensprung verführen wollen. Eine weitere Theorie besagt, dass die Nachtigallenmännchen mit ihrem Gesang das eigene Weibchen in Stimmung bringen möchten, damit dieses mehr und qualitativ bessere Eier legt. Denkbar ist auch, dass eine Kombination all dieser Gründe für die nächtlichen Lieder verantwortlich ist.

Doch das Singen spielt nicht nur bei Partnersuche und Fortpflanzung eine bedeutende Rolle. Nachtigallen trällern auch, um sich mit ihren Reviernachbarn zu verständigen und um ihre Konkurrenten fern zu halten. Dabei beweisen Nachtigallen eine ziemlich große Ausdauer, denn manche ihrer Gesänge können über 400 Strophen lang sein.

Wussten Sie schon, dass...
rund 4000 Vogelarten zu den Singvögeln gehören?

Von den etwa 8600 weltweit bekannten Vogelarten gehören rund 4000 zur Gruppe der so genannten Singvögel. Diese unterscheiden sich dadurch von anderen Vögeln, dass sie mehr als drei Paar Muskeln an ihrem Stimmorgan besitzen. Zu den Singvögeln gehören nach dieser Definition aber auch Arten, denen niemand gesangliche Fähigkeiten zuspricht, wie etwa Raben und Elstern.

Die Nachtigall gilt als der Vogel mit der schönsten Stimme. Sie ist vor allem in Süd- und Mitteleuropa zu Hause.

Wussten Sie schon, dass...
Przewalski-Pferde doch nicht die Vorfahren der Hauspferde sind?

Neueste genetische Untersuchungen ergaben, dass das Urwild- oder Przewalski-Pferd doch nicht – wie lange Zeit vermutet – der direkte Vorfahr unseres domestizierten Hauspferdes ist. Wiener Genetiker untersuchten das männliche Y-Chromosom beider Pferdegruppen und fanden heraus, dass diese sich deutlicher unterscheiden, als man bisher annahm. Vermutlich entwickelten sich vor 120 000–140 000 Jahren die gentischen Linien von Haus- und Przewalski-Pferd auseinander. Als Vorfahren des Hauspferdes kommen nun eventuell der Wald- sowie der Steppentarpan in Betracht.

Stimmt es, dass...
es in Deutschland noch wild lebende PFERDE gibt? JA

Bei den einzigen wild lebenden Pferden Deutschlands handelt es sich um die Dülmener Wildpferde. Sie leben in einem nur 350 ha großen Gebiet nahe Dülmen in Westfalen, dem Merfelder Bruch. Dort finden diese Pferde zwischen Moor, Heide und verschiedenen Wäldern noch genug Weideflächen. Der Bestand ist sehr klein und umfasst etwa 300 Tiere. Die Pferde leben das ganze Jahr im Freien, nur in strengen Wintern wird Heu zugefüttert. Da sie ganz ohne menschliche Hilfe auskommen, haben sie sich zu einer sehr robusten Pferderasse entwickelt.

ABER: Als reine Wildpferde kann man die Dülmener Wildpferde nicht mehr bezeichnen. Zwar beweisen die vielen Tiere, die ein graues oder falbfarbenes Fell haben, dass sie noch nah mit den Urwildpferden verwandt sind, dennoch sind die Einflüsse der Zucht nicht zu leugnen. Der Herde, die bereits 1316 erwähnt wurde und seit

Die Dülmener Wildpferde sind die einzigen noch wild lebenden Pferde Deutschlands.

600 Jahren in freier Wildbahn lebt, wurden auch dem Tarpan-Wildpferd ähnliche Konik-Pferde zugeführt, um Inzucht zu vermeiden und die Herde zu vergrößern.

Stimmt es, dass...
die PFERDE in den Wilden Westen exportiert wurden? JA

Die Indianer nutzten Pferde vor allem bei der Büffeljagd (Holzstich von 1848).

Auch wenn nordamerikanische Indianer und Pferde in unserer Vorstellung untrennbar miteinander verbunden sind, trafen sie erst aufeinander, nachdem die Spanier im 16. Jh. die ersten Pferde nach Nordamerika brachten. Richtig ist aber, dass die urzeitlichen Vorfahren der heutigen Pferde aus Nordamerika stammen.

Doch die Entwicklungsgeschichte der Pferde ist noch verschlungener: Ursprünglich gab es die Vorfahren der Huftiere auch in Europa, doch dort verschwanden sie im Oligozän (vor 35–25 Mio. Jahren). Danach ging die Entwicklung zum Pferd in Nordamerika weiter. Dort entstanden durch Klimaveränderungen die Vorfahren der Pferde, die Gras fraßen und bereits an das Leben in der Steppe angepasst waren. Ihr Nachfolger im Evolutionsprozess war der *Pliohippus*, der bereits stark unseren Pferden ähnelte und vor 3–10 Mio. Jahren entstand. Diese Tiere wanderten weit umher und gelangten so über die damals noch bestehende Landbrücke zwischen Asien und Amerika nach Asien, Europa und Afrika. Weitere Klimaveränderungen und Eiszeiten führten dazu, dass diese Pferdeahnen im Quartär vor 2,5 Mio. Jahren in Nordamerika ausstarben. Die Entwicklung des Pferdes setzte sich nun in Zentralasien fort. Dort entstanden schließlich vor etwa 70 000 Jahren in der Altsteinzeit die Wildpferde. Zu ihnen gehörten der Tarpan, das Przewalski-Pferd sowie zwei Unterarten des europäischen Waldwildpferdes.

Die Domestizierung der Wildpferde nahm dann vermutlich 5500 v. Chr. ihren Anfang, eventuell auch früher. Im 3. Jahrtausend v. Chr. wurden Pferde als Fleisch- und Milchlieferanten sowie als Last- und Zugtiere und ab etwa 1500 v. Chr. auch als Reittier genutzt. Erst diese domestizierte Form kam wieder nach Nordamerika.

Stimmt es, dass ...
PFERDE nicht kotzen können?   JA

Bisher hat noch niemand Pferde kotzen sehen, weil sie das aus anatomischen Gründen gar nicht können. Pferde haben am Mageneingang einen speziellen Schließmuskel, der dafür sorgt, dass die zerkaute Nahrung, die in den Magen gelangt, diesen nicht wieder verlassen kann.

Wenn Pferde doch einmal den Mageninhalt von sich geben, dann sind sie an der so genannten Graskrankheit erkrankt. Dabei wird der Magenschließmuskel gelähmt, und der flüssige Mageninhalt kann in die Speiseröhre zurückfließen. Als richtiges Erbrechen, wie wir Menschen es kennen, kann man diesen Vorgang jedoch nicht bezeichnen, da er nicht ruckartig abläuft.

Ein anderes Phänomen, das ebenfalls nur scheinbar mit Erbrechen zu tun hat, ist die Schlundverstopfung. Bei dieser Krankheit würgen die Tiere Futter, das sich im Schlund angesammelt hat, wieder hervor. Da aber das Futter vorher noch nicht im Magen war, kann man auch diesen krankheitsbedingten Vorgang nicht als Erbrechen bezeichnen.

Gerade weil Pferde sich nicht übergeben können, sind sie beim Fressen heikel und sehr empfindlich gegen Fehler beim Füttern. Schließlich können sie weder verdorbenes Futter von sich geben noch erbrechen, wenn ihr Magen überfüllt ist. Das Verdauungssystem der Pferde ist vor allem an schwer verdauliche Pflanzenkost angepasst. Diese zermahlen sie zunächst gründlich mit ihren Backenzähnen. Das erleichtert die sich daran anschließende Arbeit der Verdauungsenzyme im Darm. Bekommen Pferde jedoch zu viel jungen Klee oder Raufutter, schlucken sie es oft zu schnell, ohne es richtig zu zerkauen, und werden krank. Um 1 kg Heu oder Stroh zu zer-

mahlen, braucht ein Pferd etwa 40–50 Minuten Die gleiche Menge Hafer frisst es in nur 10 Minuten, da dieses Futter aus kleineren Bestandteilen zusammengesetzt ist.

Beim Kauen vermischen Pferde das Futter mit viel Speichel. Dann gelangt der zerkaute Speisebrei in den Magen. Der Magen ist bei Pferden relativ klein und fasst nur 15–20 l Inhalt. Für Pferde ist das ausreichend, da sie unter natürlichen Bedingungen nur kleine Mengen fressen, dafür jedoch über den ganzen Tag verteilt.

Pflanzen sich auch gegen andere Pflanzen wehren können?

Die von Pflanzen produzierten Phytonzide wirken nicht nur gegen tierische Schädlinge, sondern hemmen, wenn sie beispielsweise über die Wurzeln ausgeschieden werden, auch das Wachstum benachbarter Gewächse. So halten sich Pflanzen Konkurrenten um Wasser und Nährstoffe fern.

Stimmt es, dass ...
PFLANZEN den Schädlingen hilflos ausgeliefert sind? NEIN

Einige Pflanzen sind durchaus in der Lage, sich gegen gefräßige Pflanzenschädlinge und Krankheitserreger zur Wehr zu setzen. Ebenso wie Pflanzen angenehme Duftstoffe entwickeln, mit denen sie Insekten zur Bestäubung anlocken, können sie auch Substanzen produzieren, die Schädlinge vertreiben oder sogar giftig für die Angreifer sind. Diese so genannten Phytonzide wurden durch die Arbeiten des russischen Forschers und Biologen Boris P. Tokin in den Jahren zwischen 1930 und 1940 bekannt. Er entdeckte, dass beispielsweise die Inhaltsstoffe des Knoblauchs Keime abtöten.

Ein weiteres gutes Beispiel für ein natürliches pflanzliches Abwehrsystem bietet der Walnussbaum. Er hält mit seinen Ausdünstungen Fliegen und Mücken fern. Ein Verfahren, das auch Wermut und Eukalyptus einsetzen. Nachdem das Interesse an den Phytonziden mit der Entwicklung chemischer Pflanzenschutzmittel nach dem Zweiten Weltkrieg nachgelassen hatte, werden diese Kenntnisse heute von Hobbygärtnern und auch immer mehr professionellen Gärtnern wiederentdeckt.

Pflanzen geben nicht nur über die oberirdischen Pflanzenteile Abwehrstoffe ab, auch über die Wurzeln werden Phytonzide ausgeschieden. Genutzt wird dies beispielsweise bei Mischkulturen, in denen die Studentenblume mit ihren über die Wurzeln freigesetzten Abwehrstoffen im Boden lebende Pflanzenschädlinge auch von Nachbarpflanzen fern hält.

Pflanzen haben aber noch andere Abwehrmechanismen: Dornen und Stacheln halten hungrige Mäuler vom Fressen ab, und auch brennende Haare („Brennnessel"), die einen starken Juckreiz auslösen, verjagen potenzielle Fressfeinde.

Stimmt es, dass ...
alle PFLANZEN von Insekten bestäubt werden? NEIN

Es sind zwar viele, aber eben doch nicht alle Pflanzen, die bei der Bestäubung auf die Mithilfe von Insekten angewiesen sind. Etwa 80 % der Blütenpflanzen locken durch leuchtende Farben, Düfte oder Nektar Bienen, Hummeln und andere Insekten an, doch die restlichen 20 % setzen auf andere Methoden.

Beispielsweise sorgen in tropischen Regionen nicht nur Insekten für die Bestäubung: Hier bestäuben Nektar suchende Vögel wie die Kolibris die Blüten, und auch Fledermäuse übertragen Pollen von Blüte zu Blüte. Weltweit verlassen sich Gräser sowie Nadelhölzer und Bäume wie Pappeln, Eichen und Erlen darauf, dass ihre Pollen vom Wind weitergetragen werden. Ein seltenes Phänomen ist die Bestäubung mithilfe von Wasser. Naturgemäß findet man diese vor allem bei Wasserpflanzen, etwa dem Hornblatt.

Andere Pflanzen wiederum bestäuben sich selbst. Dazu zählen etwa die Erbse und der Weizen. Manche Gewächse bilden sogar Samen, ohne dass überhaupt eine Bestäubung nötig ist. Zu ihnen gehören u. a. das Habichtskraut und der Frauenmantel.

Stimmt es, dass...

PFLANZEN einen Sonnenbrand bekommen können?   (JA)

Pflanzen benötigen zwar das Sonnenlicht zum Leben, aber dennoch können ihnen die in diesem Licht enthaltenen UV-Strahlen ebenso gefährlich werden wie uns Menschen. Stehen Pflanzen an einem Südfenster in der prallen Sonne, bekommen die Blätter durch die starken Sonnenstrahlen rasch braune Flecken und gehen im Extremfall sogar ein.

Dasselbe passiert, wenn man junge, vorgezogene Pflänzchen im Frühjahr zu früh und zu lange nach draußen stellt. Sie sind den Sonnenstrahlen, die sie bis zu diesem Zeitpunkt noch gar nicht gewöhnt sind, buchstäblich nicht gewachsen. Ganz besonders gefährdet sind Pflanzen, die in der Natur an schattigen Standorten gedeihen wie etwa Orchideen. Fehlt ihnen der „Sonnenschirm" aus Urwaldbäumen, ist es mit ihrer Blütenpracht rasch vorbei. Ein Schattenspender aus Vorhängen oder Seidenpapier ist hier unerlässlich.

Selbst Weintrauben können Sonnenbrand bekommen. Entfernen Winzer zu viele Blätter, damit die Beeren mehr Sonne erhalten und so ein besseres Aroma entwickeln, steigt auch die Belastung durch UV-Strahlen. So kann ein Sonnenbrand entstehen, und die Beeren werden trocken und runzelig. Je dünner die Haut einer Beere ist, umso leichter kann die Traube geschädigt werden.

Besonders heftig reagieren Weintrauben – so haben Botaniker der Universität Würzburg herausgefunden – nach einigen Tagen mit schlechtem Wetter. Scheint die Sonne wieder, sind die Pflanzen deutlich empfindlicher als üblich.

Wussten Sie schon, dass...

das Ozonloch auch Auswirkungen auf das Pflanzenwachstum hat?

Die vermehrte UV-Strahlung, die durch die Zerstörung der Ozonschicht auf die Erde trifft, führt nicht nur beim Menschen zu höheren Hautkrebsraten, sondern schädigt auch andere Organismen. So ging beispielsweise die Photosyntheserate des Phytoplanktons – im Meer lebende mikroskopisch kleine Algen – in der Antarktis aufgrund des Ozonlochs um 6–12 % zurück. Auch bei Landpflanzen wirkt sich die erhöhte UV-Strahlung fatal aus. Bei über 200 getesteten Kulturpflanzen verringerte sich das Wachstum im Durchschnitt um 10 %.

Stimmt es, dass...

manche PFLANZEN Brandblasen verursachen können?   (JA)

Manche Pflanzen enthalten derart aggressive Stoffe, dass sie bei Menschen Hautreizungen bis hin zu Brandblasen verursachen können.

Zu weiter Bekanntheit gelangte beispielsweise der Riesenbärenklau, aber nicht wegen seiner imposanten Größe – er wird bis zu 3,5 m hoch und entwickelt Blütendolden, die einen Durchmesser von 0,5– 1 m haben –, sondern aufgrund seiner giftigen Inhaltsstoffe, die die Haut verbrennen. Berührt man das aus dem Kaukasus stammende und im 19. Jh. als Zierpflanze nach Europa eingeschleppte Gewächs, gelangen die so genannten Furokumarine über die Haut in den Körper. Scheint außerdem noch die Sonne stark auf die Haut, entsteht nicht nur eine Dermatitis, sondern es entwickeln sich richtige Brandblasen.

Solche Hautschäden können ausgesprochen langwierig und schwer zu heilen sein. Diese Verletzungen werden von Medizinern zu den Verbrennungen 2. Grades gezählt. Sie heilen oft erst nach Wochen ab und hinterlassen in einigen Fällen sogar Narben. Manchmal verursachen die Furokumarine auf der Haut auch Verfärbungen, die monatelang anhalten können.

Besonders gefährdet durch den Bärenklau sind Kinder, die die dicken, röhrenartigen Stängel des Bärenklaus zum Spielen verwenden wollen. Die Schädigung der Haut lässt sich in gewissen Fällen noch in Grenzen halten, wenn man den Pflanzensaft nach dem Hautkontakt schnell mit Wasser abwäscht. Ab und zu können jedoch schon die Dämpfe Schaden anrichten. Sie entstehen, wenn die Inhaltsstoffe der Pflanze an sehr heißen Tagen im Sonnenlicht verdampfen. Wegen all dieser Gefahren versucht man derzeit vielerorts, die Ausbreitung des Bärenklaus einzuschränken.

Doch auch harmlos anmutende Pflanzen können sich als Gefahrenherd entpuppen: So bewirken beispielsweise die Inhaltsstoffe der als Naturheilmittel bewährten Pflanzen Johanniskraut, Baldrian und Arnika, dass die Empfindlichkeit der Haut gegenüber Sonnenstrahlen stark erhöht wird. Schwach pigmentierte Hautstellen können schon durch den bloßen Kontakt mit den Inhaltsstoffen stark gereizt werden. Auch

Der Riesenbärenklau wird wegen seiner imposanten Größe im Volksmund auch Herkuleskraut genannt.

Wussten Sie schon, dass...
Pflanzensamen unter ganz unterschiedlichen Bedingungen keimen?

Abhängig von der Klimaregion, aus der sie kommen, keimen manche Samen erst nach einer Frostperiode. Andere keimen, sobald es warm wird, sie eine gewisse Zeit im Dunkeln verbracht haben oder wenn sie ans Licht kommen. Entsprechend nennt man sie Kaltkeimer, Warmkeimer, Lichtkeimer und Dunkelkeimer.

Der Maiskeimling entwickelt nach 3–4 Tagen eine Primärwurzel, die in alle Richtungen wachsen kann.

die ätherischen Öle der Weinraute führen vor allem bei gleichzeitiger Sonnenbestrahlung unter Umständen zu Jucken, Ausschlägen und der Bildung von Blasen. Und selbst Gemüse wie Sellerie oder Möhren haben es in sich: Werden sie von einem bestimmten Pilz befallen, produzieren die normalerweise harmlosen Gewächse plötzlich große Mengen Furokumarine, die eine Dermatitis auslösen.

Stimmt es, dass...
PFLANZENSAMEN Jahrtausende überdauern können? `JA`

Pflanzensamen sind Überlebenskünstler. Sie können in manchen Fällen auch noch nach Jahrhunderten oder sogar nach Jahrtausenden keimfähig sein. Derzeit gelten die Samen einer Lotosblume, die in China in einem ausgetrockneten Flussbett gefunden wurden, als Rekordhalter. Wissenschaftler datierten ihr Alter mithilfe der Radiokarbonmethode auf ungefähr 1450 Jahre – und diese Samen keimten tatsächlich noch. Allerdings ist die Mutationsrate derartig alter Samen hoch, da sie lange der radioaktiven Bodenstrahlung ausgesetzt waren.

Dass Samen so haltbar sind, ist für eine erfolgreiche Fortpflanzung der Pflanzen wichtig. Wenn Samen sofort keimen würden, obwohl die Wachstumsbedingungen eigentlich nicht ideal sind, würden die empfindlichen Keimlinge verdorren oder erfrieren. Also sind sie darauf eingerichtet, unter Umständen Jahre im Boden zu überdauern, bis die äußeren Umstände wie Temperatur und Feuchtigkeit günstig sind.

ABER: Jahrhunderte oder gar Jahrtausende bleiben die meisten Pflanzensamen im Allgemeinen nicht keimfähig. Viele Samen treiben jedoch bei sachgemäßer Lagerung auch nach 4 bis maximal 10 Jahren noch problemlos aus.

Diese Zeitspanne ist auch immer von der Pflanzenart abhängig. Das älteste zur Keimfähigkeit von Samen laufende Forschungsprojekt wird seit mehr als 120 Jahren an der Universität von Michigan durchgeführt. Dort wurden Samen von 20 verschiedenen Pflanzenarten mit feuchtem Sand vermischt, in Glasflaschen gefüllt und im Boden vergraben. Zuerst wurden davon alle 5, danach alle 10 und seit 1980 alle 20 Jahre Samen entnommen und auf ihre Keimfähigkeit getestet. Am ausdauerndsten erwiesen sich dabei Samen der Königskerze sowie von Malven.

In einem anderen Projekt wollen Forscher im botanischen Garten im englischen Kew bei London bis zum Jahr 2010 die Samen von 24 000 Pflanzenarten sammeln. Dabei konzentriert man sich besonders auf gefährdete Arten aus Wüsten und Halbwüsten sowie auf Samen der Blütenpflanzen Großbritanniens. Die Samen werden bei –20 °C in Kühlräumen gelagert. So sollen sie mindestens 200 Jahre lang keimfähig bleiben. Alle 10 Jahre wird die Keimfähigkeit getestet.

Stimmt es, dass...
PILZE über Nacht wachsen können? `JA`

Pilze wachsen extrem schnell. Beispielsweise wächst der Kellerschwamm bis zu 1 cm pro Tag, der Schichtschwamm sogar bis zu 2 cm. Bekannte Speisepilze wie beispielsweise der Riesenbovist, der bis zu 50 cm Durchmesser erreichen kann, sollen in nur einer Minute bis zu 20 000 neue Zellen bilden können – die Behauptung, dass Pilze förmlich über Nacht wachsen können, ist also durchaus berechtigt.

Etwas irreführend ist nur die Formulierung „über Nacht". Pilze, die neben dem Reich der Tiere und dem der Pflanzen eine eigene Gruppe bilden, haben kein Chlorophyll wie die Pflanzen und betreiben deshalb auch keine Photosynthese. Sie sind im

FORTPFLANZUNG BEI PILZEN

Pilze vermehren sich durch Sporen. Diese entstehen im Fruchtkörper entweder geschlechtlich durch Verschmelzung zweier Zellkerne oder ungeschlechtlich, indem sie von den Enden der Hyphen abgeschnürt werden.

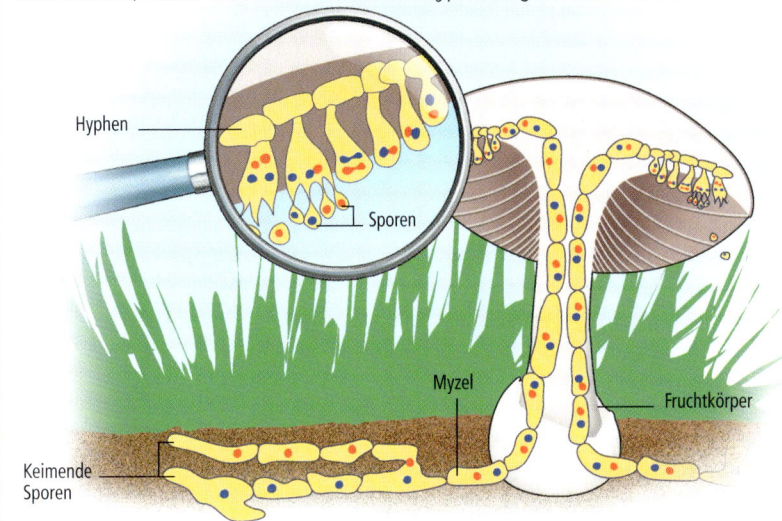

Wachstum also nicht vom Sonnenlicht abhängig, sondern gedeihen einfach dann besonders gut, wenn die Umgebung warm und feucht ist. Mit der Tageszeit hat dies nichts zu tun, und deshalb wachsen Pilze sowohl am Tag als auch in der Nacht.

Pilze bestehen aus so genannten Pilzfäden, den Hyphen, die ein Geflecht bilden, das als Myzel bezeichnet wird und vor allem unterirdisch wächst. Aus diesem Myzel wächst der Fruchtkörper, der der Fortpflanzung dient. Der Fruchtkörper ist jener Teil des Pilzes, den man landläufig „Pilz" nennt – meist ein Gebilde aus einem Stiel und einem Hut, an dessen Unterseite je nach Art entweder Lamellen oder röhrenförmige Strukturen zu sehen sind.

Zum Leben benötigen Pilze Sauerstoff, Wasser, Kohlenhydrate und Stickstoff. Oft leben sie in Symbiose mit anderen Lebewesen wie etwa Bäumen oder Algen. Pilze, die in einer derartigen Lebensgemeinschaft eingebunden sind, nehmen Wasser und Nährstoffe mithilfe ihrer Hyphen aus den Wurzeln der Pflanzen auf oder werden von den Algen mit Nährstoffen versorgt. Manche können sogar den Stickstoff direkt aus dem Gewebe abgestorbener Tiere oder Pflanzen gewinnen. Pilze gehören zu den vielfältigsten Lebewesen – die Wissenschaftler kennen bisher mehr als 100 000 verschiedene Pilzarten.

Wussten Sie schon, dass ...
das größte Lebewesen der Welt ein Pilz ist?

Ein Pilz in Amerika gilt als das größte Lebewesen der Erde. Dabei handelt es sich um einen Hallimasch, dessen unterirdisch wucherndes Myzel sich auf einer Fläche von über 15 ha verteilt hat. Der Pilz, dessen Alter auf etwa 1500 Jahre geschätzt wird, wiegt ungefähr 10 t.

Stimmt es, dass ...
PINGUINE keine Knie haben?   **NEIN**

Pinguine haben wie alle anderen Vögel ein Kniegelenk, denn auch ihre Beine bestehen aus Oberschenkel, Knie, Schienbein und Wadenbein. Wenn Pinguine hocken, gehen sie wie wir in die Knie und sind dann etwa 10 cm kleiner als im aufgerichteten Zustand.

Dass Pinguine auf ihren kurzen Beinchen nur watscheln können und immer etwas tolpatschig erscheinen, ist für die Tiere im Regelfall unproblematisch. Denn an Land haben sie in ihrem natürlichen Lebensraum so gut wie keine Feinde. Und in ihrem eigentlichen Element, dem Wasser, sind sie herausragende Schwimmer. Ihr stromlinienförmiger Körper macht sie zu blitzschnellen Unterwasserjägern. Ihr Strömungswiderstand ist geringer als der eines U-Boots, und der Körper ist so geformt, dass sich keine bremsenden Wirbel bilden. Dadurch verbrauchen Pinguine beim Schwimmen sehr wenig Energie. Sie können am Tag bis zu 100 km weit schwimmen und erreichen Geschwindigkeiten von bis zu 25 km/h.

Wussten Sie schon, dass ...
Pinguine auch in warmen Regionen vorkommen?

Pinguine gibt es nicht nur in der eisigen Antarktis. So leben etwa Magellanpinguine in Argentinien auf der Valdéz-Halbinsel und in Südchile, wo ein gemäßigtes Klima herrscht. Ebenfalls wärmeunempfindlich sind die Zwergpinguine, die in Australien und Neuseeland brüten. Und die Galápagospinguine brüten sogar auf den Galápagosinseln in Äquatornähe.

Der südafrikanische Goldschopfpinguin wirkt nur an Land unbeholfen.

Stimmt es, dass ...

bei manchen **PINGUINARTEN** die Männchen das Ei ausbrüten?

JA

TAUCHTIEFEN DER PINGUINE

Pinguine sind nicht allein dank ihres stromlinienförmigen Körpers und der zu Rudern umgewandelten Flügel optimal an das Tauchen angepasst. Ihre Knochen sind, anders als bei flugfähigen Vögeln, mit Knochenmark gefüllt, sodass sie relativ schwer sind. So liegen sie tief im Wasser, die Auftriebskräfte sind gering.

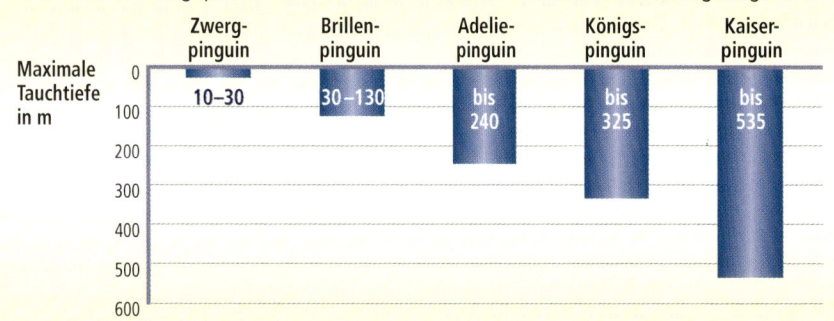

Maximale Tauchtiefe in m	Zwerg-pinguin	Brillen-pinguin	Adelie-pinguin	Königs-pinguin	Kaiser-pinguin
	10–30	30–130	bis 240	bis 325	bis 535

Wussten Sie schon, dass ...
Pinguine immer kalte Füsse haben?

Pinguine verfügen nicht nur über eine dicke Fettschicht und ein dichtes Federkleid, um sich vor der Kälte zu schützen, sondern auch noch über ein spezielles Energiesparprogramm: Ihre Füße werden bei Kälte nur mit sehr wenig Blut versorgt. So kann die Körpertemperatur etwa bei 37 °C liegen, die der Füße aber bei nur 0 °C. Auf diese Weise wird verhindert, dass Pinguine wertvolle Körperwärme verlieren.

Kurz nachdem die Kaiserpinguin-Küken geschlüpft sind, übernimmt die Mutter die Aufgabe, sich um den Nachwuchs zu kümmern.

Bei den Kaiserpinguinen und bei den Adeliepinguinen übernehmen tatsächlich nur die Männchen das Wärmen der Eier. Doch was oberflächlich betrachtet wie eine ungerechte Rollenverteilung aussieht, ist in Wirklichkeit ein ausgeklügelter Plan, um das Überleben der Jungen zu sichern. So legt das Kaiserpinguinweibchen wenige Tage nach der Befruchtung sein einziges, etwa 11 cm großes Ei, das sofort vom Männchen mithilfe des Schnabels auf seine Füße unter die Bauchfalte befördert wird, wo sich der einzig warme Platz weit und breit befindet – denn im Brutgebiet der Kaiserpinguine gibt es kein Material, um Nester zu bauen. Die übrigen Pinguinarten brüten dagegen in Regionen, in denen sie Nester bauen oder sich eine Erdhöhle graben können.

Kurz nachdem das Kaiserpinguin- oder Adeliepinguinweibchen sein Ei gelegt hat, verlässt es die Brutkolonie und wandert zum Meer, um dort zu fressen und seine Fettreserven aufzufüllen. Dazu müssen die Tiere manchmal Strecken von bis zu 100 km zurücklegen, da große Gebiete des Meeres mittlerweile zugefroren sind.

Erst nach etwa 2 Monaten kehrt das Weibchen zu seinem Partner zurück – genau zu dem Zeitpunkt, zu dem das Junge geschlüpft ist. So kann das Weibchen das Küken mit seiner ersten Mahlzeit aus hochgewürgtem Futter versorgen. Umgekehrt verlässt nun das ausgezehrte Männchen die Brutkolonie und wandert zum Meer, um zu fressen.

Auch andere Pinguinarten verlassen zum Fressen die Kolonie, doch je nach Lage des Brutgebiets und Pinguinart dauern die Phasen nur zwischen einem und 14 Tagen. Die Kaiserpinguine bilden also mit 2 Monaten Abwesenheit vom Brutgebiet eine Ausnahme. Allen Arten gemein ist wiederum, dass das Männchen die erste Brutschicht übernimmt. Wenn ein Partner nicht mehr zur Ablösung erscheint, weil er beispielsweise einem Seelöwen oder Orka zum Opfer gefallen ist, verlässt der andere schließlich das Nest und gibt das Junge auf, um nicht selbst zu verhungern. Meist sind Pinguine übrigens monogam: Sie paaren sich jedes Jahr mit dem gleichen Partner.

ABER: Bei den meisten Pinguinen brüten keinesfalls ausschließlich die Männchen. So wechseln sich beispielsweise bei den Königspinguinen, den Zwergpinguinen und auch den Gelbaugenpinguinen die Männchen und die Weibchen beim Brüten ab und versorgen später die Jungen ebenfalls gemeinsam.

Stimmt es, dass…

PIRANHAS in wenigen Minuten Menschen oder größere Tiere fressen können? NEIN

Sämtliche Horrorfilme und Schreckensmeldungen, dass Piranhas Menschen oder große Tiere in wenigen Minuten bis auf das Skelett abnagen können, gehören ins Reich der Fabel. Zwar verfügen diese Raubfische aus den großen südamerikanischen Flüssen über ein Gebiss mit messerscharfen Sägezähnen, doch sie sind keine aggressiven Mörderfische. Sie gelten eher als die Gesundheitspolizei in Amazonas und Orinoko, wo sie für die Beseitigung von Aas verantwortlich sind.

Zudem greifen von den 18 bekannten Piranha-Arten gerade mal vier an – und auch nur, wenn sie von Blut angelockt werden. Zwar können sie ganze Fleischstücke aus einem Tier beißen, doch für einen ganzen Körper benötigt ein Piranha-Schwarm mehrere Stunden. Normalerweise ernähren sich Piranhas von Fischen, Insekten und Würmern, aber ebenso von Artgenossen, die krank oder verletzt sind. Zu solch kannibalischen Attacken kommt es auch in Trockenzeiten, wenn der Wasserspiegel sinkt und die Nahrung knapp wird. Unter normalen Bedingungen führt aber selbst das Ausfechten der Rangordnung kaum zu Verletzungen – sie wird durch Scheinkämpfe und mithilfe von durch die Schwimmblase erzeugten Drohlauten festgelegt.

Ganz und gar nicht ins Bild blutrünstiger Killerfische passen zwei Piranha-Arten, die kürzlich von französischen Forscher entdeckt wurden. Statt sich an Warmblütern zu vergreifen, was auch bei anderen Arten eher selten vorkommt, fressen die Fische ausschließlich pflanzliche Nahrung.

Die Fähigkeiten der Piranhas nutzen Indios für ihre Bestattungsrituale. Ist es in Zeiten von Hochwasser nicht möglich, die Toten zu begraben, werden sie ins Wasser gehängt, bis die Piranhas die Körper bis auf das Skelett abgefressen haben. Dann werden die sauber abgenagten Knochen auf den hochgelegenen Begräbnisstätten in den Pfahldörfern der Indios aufbewahrt.

Die Zähne der Piranhas bilden eine ununterbrochene, sägeartige Schneide und sind fest im Kieferknochen verankert.

Stimmt es, dass…

RABEN schlechte Eltern sind? NEIN

Die negative Bezeichnung „Rabeneltern" hat mit der Wirklichkeit in Raben- und Krähennestern rein gar nichts zu tun. Rabenvögel leben nicht nur in einer „eheähnlichen Beziehung", sondern sind auch sehr gute Eltern, die ihre Jungen gemeinsam versorgen und sie vor Gefahren, etwa Beute suchenden Greifvögeln, beschützen.

Während das Weibchen brütet, wird es vom Männchen mit Futter versorgt. Später füttern beide Eltern die Jungen mit Insekten und kleinen Fleischbrocken, bis die kleinen Raben nach 40 Tagen flügge werden. Erwachsen sind die Jungen allerdings erst mit etwa 2 Jahren. Bis dahin ziehen sie in größeren Gruppen gemeinsam umher.

Auch außerhalb der Brutzeit sind Rabenvögel sehr soziale Tiere und haben in ihren Schwärmen eine ausgeprägte Sozialstruktur. Kürzlich haben Forscher in Nordspanien sogar entdeckt, dass die Brutfürsorge bei den Rabenvögeln nicht nur auf die Elterntiere beschränkt ist. Einige junge Raben bleiben, nachdem sie schon flügge sind, noch in nächster Nähe zu ihren Eltern. Sie werden von diesen auch nicht aus dem Revier vertrieben. Der Sinn der Großfamilie liegt darin, dass im nächsten Frühjahr die älteren Geschwister helfen, die folgende Brut aufzuziehen.

Dieses Phänomen scheint jedoch nicht angeboren zu sein und nicht für alle Raben zu gelten. Beispielsweise verlassen in der Schweiz die Raben ihre Eltern relativ rasch. Als die Forscher jedoch spanischen Raben Schweizer Rabeneier unterschoben und diese von den Adoptiveltern ausbrüten ließen, waren die Schweizer Küken ebenso anhänglich wie ihre spanischen Stiefgeschwister. Die Mehrzahl blieb bei ihren Zieheltern und half bei der Aufzucht der Jungen im nächsten Jahr.

Wussten Sie schon, dass… der Kolkrabe eine Flügelspannweite von bis zu 125 cm hat?

Der Kolkrabe ist der größte Vertreter unserer einheimischen Rabenvögel. Er wird bis zu 1300 g schwer und hat eine Flügelspannweite von bis zu 125 cm. Und während die schönen, majestätischen Vögel in Europa vielerorts als Unglücksboten verschrien waren, gelten sie bei den Ureinwohnern Alaskas und Nordsibiriens als die Schöpfer der belebten Erde. In vielen Teilen Europas sind sie heute allerdings ausgerottet.

Wussten Sie schon, dass…
Schildkröten mit ihrem Panzer fühlen können?

Auch wenn er noch so hart und starr aussieht – ein Schildkrötenpanzer ist nicht gefühllos. Der Panzer besteht aus Knochenplatten, die von großen, aus der Oberhaut entstandenen Hornschilden bedeckt sind. Zwischen den Hornschilden und den Knochenplatten liegt eine Hautschicht, die von vielen Blutgefäßen und Nerven versorgt wird. Fährt man mit dem Fingernagel über den Panzer einer Schildkröte, wird sie sich irritiert zurückziehen, da sie dies als unangenehm empfindet.

Stimmt es, dass…
die beiden Hälften eines zerteilten REGENWURMS weiterleben?   **NEIN**

Regenwürmer bestehen aus einem Kopf sowie aus etwa 140 Körpersegmenten. Diese Segmente sind identisch aufgebaut und enthalten alle lebenswichtigen Organe. Zudem haben die Ringelwürmer ein großes Regenerationsvermögen – aber trotzdem können aus zwei Hälften keine zwei neuen Würmer entstehen. Normalerweise überlebt nach einer Teilung nur die vordere Hälfte des Wurms. Diese bildet dann nach und nach ein neues Hinterende, das aber kürzer ist als das ursprüngliche.

In einigen Fällen kann auch das Hinterende allein überleben und ein neues Vorderende mit Kopf bilden. Der Wurm rege-

neriert sich sogar vollständig, wenn nur die Spitze des Wurms, die vor der Mundöffnung liegt und Prostomium heißt, mit den nächsten vier Segmenten entfernt wird. Werden allerdings bis zu 16 Segmente entfernt, können nur noch drei bis vier Segmente und das Prostomium neu gebildet werden. Der Regenwurm ist dann zwar sehr klein, überlebt aber meist.

Werden größere Teile des Vorderendes entfernt, kann das Hinterende dies nicht mehr ausgleichen, und der Wurm geht ein. Ebenso verhält es sich mit einem zu kurzen vorderen Teil: Auch in diesem Fall kann kein neuer Wurm heranwachsen.

Stimmt es, dass…
manche SCHILDKRÖTEN gefährlich beißen können?   **JA**

Schildkröten haben zwar keine Zähne, dafür aber starke Hornschneiden im Maul, die die Kieferknochen bedecken. Mit diesen Hornschneiden können sie sowohl pflanzliche als auch tierische Nahrung problemlos klein schneiden. Bei einigen Arten sind diese Hornschneiden zusätzlich gezähnt und werden von einem Hornschnabel

ergänzt, der oft eine hakenförmige, nach unten gekrümmte Spitze besitzt und dadurch fast an den Schnabel eines Greifvogels erinnert.

Außerdem sind viele Schildkröten entgegen landläufiger Meinung nicht nur harmlose Vegetarier, sondern Fleischfresser. Als besonders bissig gelten die amerikanischen Schnappschildkröten, die mit ihrem gefährlich Hornschnabel nicht nur Tiere erbeuten, sondern sogar badenden Menschen einen Zeh abbeißen können.

Klein, aber aggressiv: Die amerikanischen Schnappschildkröten halten sich oft im Schlamm von Flachgewässern versteckt und können kräftig zubeißen.

SO ALT WERDEN SCHILDKRÖTEN

Schildkröten sind sehr urtümliche Tiere. Einige der heute noch lebenden Arten gab es schon vor etwa 180 Mio. Jahren auf der Erde. Zudem können die Reptilien ein sehr hohes Alter erreichen. Den Rekord hält wohl eine Seychellen-Schildkröte, die als erwachsenes Tier auf die Insel Mauritius kam und dort noch 152 Jahre lang gepflegt wurde.

Name	lateinischer Name	Alter
Seychellenschildkröte	*Testudo gigantea*	> 152
Elefantenschildkröte	*Geochelone elephantopus*	152
Carolina-Dosenschildkröte	*Tearrapene carolina carolina*	138
Europ. Sumpfschildkröte	*Emys orbicularis*	120
Dornand-Weich-Schildkröte	*Trionyx spiniferus*	> 60
Lederschildkröte	*Dermochelys coriacea*	50
Gewöhnliche Suppenschildkröte	*Chelonia mydas*	42
Tropfenschildkröte	*Clemmis guttata*	< 40
Unechte Karettschildkröte	*Caretta caretta*	30

Auch Terrarienbesitzer, die Schildkröten halten, müssen sich vor den scheinbar so behäbigen und langsamen Tieren, die teilweise kräftig zubeißen können, in Acht nehmen. Beispielsweise haben amerikanische Weichschildkröten, die häufig als Heimtiere gehalten werden, einen so langen Hals, dass sie ihren Kopf sehr weit nach hinten drehen können. Hält man diese Tiere nun am Panzer fest, gelingt es ihnen durchaus, dem Störenfried in die Hand zu beißen. Sogar die sehr beliebten Rotwangenschmuckschildkröten beißen manchmal zu – allerdings gibt es hier große individuelle Unterschiede zwischen einzelnen Tieren: Nicht alle sind bissig.

Stimmt es, dass ...

das Züngeln von SCHLANGEN eine Drohgebärde ist?   NEIN

Obwohl Schlangen gut sehen können, verlassen sich die Reptilien wesentlich stärker auf ihren Geruchssinn, der im so genannten Jacobson'schen Organ beheimatet ist. Dieses Organ besteht aus zwei Sinnesgruben, die in einer Vertiefung im Gaumen vor der Nasenhöhle versteckt liegen. Züngelt die Schlange, so nimmt sie mit den haarfeinen Enden ihrer Zunge Duftstoffe aus der Luft auf und führt sie im Maul zu diesem Geruchsorgan. Dabei steckt die Schlange die Spitzen ihrer gespaltenen Zunge in die beiden Öffnungen des Jacobson'schen Organs. Mit einer Drohgebärde hat das Züngeln also überhaupt nichts zu tun.

Mithilfe des Züngelns können Schlangen auch noch feinste Gerüche wahrnehmen und minutenlang die Spur eines von ihnen gebissenen Tieres verfolgen. Auch wenn das verletzte Opfer noch einige Meter weit flieht, findet die Schlange es zielsicher. Außerdem kann sie beim Züngeln genau feststellen, in welcher Richtung sich ein Beutetier befindet. Außer zur Wahrnehmung von Duftstoffen nutzen Schlangen ihre gespaltene Zunge noch als Tastsinn. Dabei müssen sie beim Züngeln nicht einmal das Maul öffnen, denn die schmale Zunge passt durch eine spezielle Öffnung, die als Rostral-Lücke bezeichnet wird.

Dank ihres hoch spezialisierten Geruchsorgans sowie der Fähigkeit, Vibrationen und Wärme wahrzunehmen, haben sich Schlangen zu hervorragenden Jägern entwickelt. Ihre Schnelligkeit und ihr Geruchssinn ermöglichen es ihnen sogar, Vögel, Fische und Säugetiere zu jagen.

Wenn Schlangen wirklich drohen, tun sie dies je nach Art auf verschiedene Weise: Einige fauchen lediglich, andere reißen das Maul weit auf, um ihre Giftzähne zu zeigen. Weithin bekannt ist das Drohverhalten der Kobra: Sie kann die Halshaut mithilfe ihrer beweglichen Rippenknochen auseinander spreizen und zu einem Schild, dem so genannten Hut, aufstellen.

Schlangengift, das man durch das „Melken" der Schlangen gewinnt, wird in der Medizin genutzt, um Antiserum herzustellen und chronische Entzündungen zu hemmen.

Wussten Sie schon, dass ...
die giftigste Schlange der Welt in Australien lebt?

Australien hat den zweifelhaften Ruhm inne, Heimat der giftigsten Schlange der Welt zu sein. Der zu den Giftnattern gehörende Inland-Taipan lebt im Zentrum des Kontinents und kann bis zu 3 m lang werden. Der Biss des als sehr aggressiv geltenden Tieres ist in 80 von 100 Fällen tödlich, wenn nicht rechtzeitig ein Antiserum gespritzt wird.

Stimmt es, dass ...

SCHLANGEN ihre Opfer hypnotisieren? NEIN

Viele Menschen erstarren in sehr gefährlichen Situationen vor Schreck. Auch Tiere wie Vögel oder Frösche tun dies – beispielsweise beim Anblick einer Schlange.

Mit Hypnose hat diese Reaktion allerdings überhaupt nichts zu tun. Versuche zeigten, dass diese Tiere auch dann in die Schreckstarre verfielen, wenn man sie mit einer schlangenähnlichen Attrappe, beispielsweise einem Schlauch, konfrontierte. Eine solche Reaktion erscheint zunächst völlig sinnlos, ist jedoch ein einfacher Trick, um die Schlange zu überlisten, die vor allem auf Bewegungen reagiert. Sitzt ein potenzielles Beutetier wie zu Stein erstarrt da, hat es eine geringe Chance, nicht bemerkt zu werden und mit dem Leben davonzukommen. Schlangen beißen tatsächlich oft erst dann blitzschnell zu, wenn sich das Beutetier bewegt und fliehen will.

Ob die Angst vor Schlangen und die entsprechende Reaktion den Menschen angeboren ist, bleibt umstritten. Einige Forscher führen an, dass Kinder bis zum Alter von etwa 2 Jahren noch keine Angst vor Schlangen zeigen. Andere wiederum sind überzeugt, dass diese Angst im Menschen seit Urzeiten tief verwurzelt ist.

Eine gehörige Portion Respekt vor den kriechenden Reptilien war für unsere Vorfahren sicher eine gute Überlebensstrategie: Wer unvorsichtig war und gebissen wurde, starb in diesen Zeiten, als an Gegengifte noch nicht zu denken war. Während in vielen Ländern der Erde die Vorsicht vor Schlangen durchaus ihre Berechtigung hat, ist sie hierzulande völlig unnötig. In Deutschland ist seit 100 Jahren niemand mehr am Biss einer Kreuzotter gestorben.

Nur in Walt Disneys berühmter Verfilmung des Dschungelbuchs ist es der Schlange Kaa möglich, ihre Opfer zu hypnotisieren.

Wussten Sie schon, dass ...
es sehr viel mehr Giftschlangen gibt, als bisher angenommen?

Nach einem neuen Forschungsbericht soll es nicht nur, wie bisher angenommen, etwa 250 verschiedene Arten von giftigen Schlangen geben, sondern bis zu 2700. Selbst bei bislang als ungiftig geltenden Arten haben Forscher verschiedene Gifte nachweisen können. Allerdings produzieren viele Schlangen nur ein schwaches Gift oder sind fast nie aggressiv, sodass sie als harmlos gelten.

Stimmt es, dass ...

sich SCHLANGEN zur Musik bewegen? NEIN

Ursprünglich hatten wahrscheinlich auch Schlangen ein Gehör, doch im Lauf der Entwicklung ist es stark verkümmert. Deshalb fehlt den Schlangen das Außenohr, das Trommelfell, die Paukenhöhle und die Eustachische Röhre. Somit sind Schlangen im eigentlichen Sinne taub.

Dennoch besitzen Schlangen ein funktionsfähiges Innenohr, mit dem sie Vibrationen und niederfrequente Schallwellen wahrnehmen können. Wenn also auf einem orientalischen Markt ein Flötenspieler zu spielen beginnt, spüren sie quasi mit ihrem Körper die Musik und leiten die Vibrationen vom Körper über den Unterkiefer zum Innenohr weiter.

Wesentlich bedeutender ist jedoch, dass Schlangen ein gutes Sehvermögen haben und vor allem Bewegungen außerordentlich gut registrieren können. Sie nehmen daher die rhythmischen Bewegungen, die ein Flötenspieler mit seinem Körper und seinem Instrument macht, genau wahr und reagieren darauf. Denn für die Tiere stellt der Flötenspieler eine potenzielle Gefahr dar, die es genau zu beobachten

Schlangenbeschwörer sind häufig Tierquäler – damit sie nicht gebissen werden, brechen sie der Schlange die Giftzähne heraus.

Geringste zu tun haben. Nach einiger Zeit ermüden die Tiere sehr stark und stumpfen ab, sodass sie angeblich sogar ohne Gefahr berührt werden können.

Die Kunst der Schlangenbeschwörer ist alt: Schon im antiken Ägypten sollen Kobras zur Musik von Flötenspielern „getanzt" und Menschen in ihren Bann gezogen haben. Schlangenbeschwörer war in orientalischen Ländern ein sehr angesehener Beruf, der früher sogar in Zünften organisiert wurde.

Die Faszination, die entsteht, wenn sich eine Kobra aus ihrem Korb aufrichtet und elegant ihren Körper auf und ab bewegt, hat für Touristen aus westlichen Ländern bis heute nicht nachgelassen.

gilt. Bei den rhythmischen Bewegungen der Schlange handelt es sich also in Wirklichkeit um Abwehr- und Angriffsbewegungen, die mit Tanzen nach der Musik nicht das

Wussten Sie schon, dass...
Zitronenfalter und viele andere Schmetterlinge bei uns überwintern?

Schmetterlinge entwickeln sich im Winter zu wahren Überlebenskünstlern. Die zarten Insekten können als Ei, Raupe, Puppe oder sogar als fertiger Falter überwintern – meist suchen sie dazu gezielt Dachböden auf. Geradezu frostfest scheinen Zitronenfalter zu sein, die den Winter ungeschützt auf einem Zweig sitzend verbringen. Ein spezielles „Frostschutz-Programm" sorgt dafür, dass sie nicht erfrieren. Die Falter scheiden Wasser aus, sodass die Zellsäfte konzentriert werden. Dadurch sinkt der Gefrierpunkt der Körperflüssigkeit. Zusätzlich bilden die Tiere Glycerin als Frostschutzmittel.

Stimmt es, dass...

einige SCHMETTERLINGSARTEN den Winter im Süden verbringen?

JA

Das Phänomen der herbstlichen Wanderung, das wir meist nur von den Zugvögeln kennen, gibt es tatsächlich auch bei Schmetterlingen. Im Herbst ziehen einige Arten Hunderte oder gar Tausende von Kilometern in Richtung Süden, um fern von Schnee und Eis zu überwintern.

Ein Musterbeispiel für diese Schmetterlinge ist der Monarchfalter. Der etwa 8 cm große, orange-braun-schwarz gefärbte Falter lebt in Amerika, wo er vor allem in tropischen und subtropischen Gebieten Mittelamerikas vorkommt. Monarchfalter wandern im Sommer in die USA und bis Kanada. Dort pflanzen sie sich fort, und jedes Weibchen legt mehrere hundert Eier auf die Blätter von Schwalbenwurzgewächsen, von denen sich die Monarchraupen ausschließlich ernähren.

Die Raupen verpuppen sich nach 2 Wochen, und 10 Tage später kriechen die neu-

en Falter bereits aus der Puppenhülle. Diese Falter pflanzen sich ebenfalls fort, und so entsteht eine weitere Generation. Da die Tiere nicht an das kalte Winterklima ange-

TIERWANDERUNGEN

Lange Wanderungen kommen im Tierreich häufiger vor. Fast alle Tiergruppen begeben sich im jahreszeitlichen Wechsel von Herbst und Winter auf Wanderschaft: Vom Europäischen Flussaal über Wale, Schmetterlinge, Gnu-Herden bis zur Küstenseeschwalbe laufen, schwimmen oder fliegen die Tiere dahin, wo der Tisch reicher gedeckt ist oder die Aufzuchtbedingungen, wie Klima oder Nahrungsvorkommen, für den Nachwuchs perfekt sind. Die zurückgelegten Strecken sind erstaunlich.

Tier	Wanderstrecke
Küstenseeschwalbe	30 000 km
Rauchschwalbe	12 000 km
Wal	mehr als 10 000 km
Lachs	7000 km
Monarchfalter	bis 6000 km
Europäischer Aal	5000 km
Storch	4600 km
Ringelgans	4000 km
Gnu-Herden	1000 km

passt sind, fliegt die letzte Monarchgeneration schließlich im Herbst zurück in tropische Gefilde. Die Schmetterlinge legen dabei pro Tag ungefähr 70 km zurück und brauchen somit für ihre bis zu 6000 km lange Reise 8–12 Wochen.

Doch auch einige der bei uns heimischen Falter, wie beispielsweise der Admiral, machen sich im Herbst auf in Richtung Mittelmeer. Weitere Reisende in wärmere Gefilde sind das Taubenschwänzchen und auch der Distelfalter, der rund um das Mittelmeer überwintert. Einzelne Exemplare dieser Schmetterlinge erweisen sich sogar als wahre Marathonflieger und ziehen bei ihrer Rückreise im Sommer über Mitteleuropa hinaus bis weit in den Norden – sogar bis an den Polarkreis.

Wussten Sie schon, dass...
37 % der Menschen Angst vor Spinnen haben?

Laut einer Umfrage in den USA, bei der 37 % der Befragten angaben, Angst vor Spinnen zu haben, scheint diese ähnlich tief im Menschen verwurzelt zu sein wie die Angst vor Schlangen, vor denen sich 63 % der Bevölkerung fürchten. Doch im Grunde ist diese Angst eher unsinnig. So kommen beispielsweise in den USA jährlich nur zehn Personen durch Spinnen- und Schlangenbisse ums Leben, durch Blitzschläge aber immerhin 141.

Stimmt es, dass...
der Biss der SCHWARZEN WITWE absolut tödlich ist? NEIN

Unter dem Namen Schwarze Witwe sind drei Spinnenarten der Gattung *Latrodectus* bekannt. *Latrodectus macatans* lebt in Nord- und Südamerika, *L. tredecimguttatus* im Mittelmeerraum und *L. hasselti* von Südinden bis Australien. Die Weibchen werden 10–14 mm groß, die Männchen messen nur 4 mm. Ihren wenig schmeichelhaften Namen bekam die Schwarze Witwe übrigens deshalb, weil die Männchen oft nach der Begattung gefressen werden.

Der Biss eines Weibchens der Schwarzen Witwe ist nur selten lebensgefährlich: Im Mittelmeerraum sollen von 662 Bissen zwei zum Tod geführt haben. Allgemein gilt, dass etwa 2 % der Bisse tödliche Folgen haben – aber nur, wenn kein Antiserum gegeben wird.

Dass es überhaupt relativ häufig zu Bissen kommt, liegt daran, dass diese Spinnen oft ihre Netze unter Toilettendeckeln in Toilettenhäuschen im Freien anlegen. Der Biss selbst ist fast schmerzlos und wird deshalb zunächst meist nicht bemerkt. Erst nach 10 bis 60 Minuten treten die ersten Symptome auf, wie Schmerzen in den Lymphknoten und starke Krämpfe. In sehr schweren Fällen können Menschen schließlich sogar an Atemlähmung sterben. Meist aber klingen die Symptome nach etwa 12 Stunden wieder von selbst ab. Außerdem gibt es auch ein schnell wirkendes Antiserum.

Ebenfalls weit verbreitet ist die Meinung, das Gift der Schwarzen Witwe sei das giftigste Spinnengift der Welt. Diese zweifelhafte Ehre kann jedoch die australische Sydney-Funnel-Web-Spider für sich in Anspruch nehmen. Diese zu den Trichternetz-Vogelspinnen gehörende Art gilt als sehr aggressiv. Ihre Waffen sind mächtige Beißwerkzeuge und ein äußerst wirksames Gift. Seit 1927 starben 13 Menschen daran – weitaus mehr als am Gift der Schwarzen Witwe. Da es jedoch seit 1981 ein Gegengift gibt, ist laut offiziellen Angaben seither niemand mehr durch den Biss dieser Spinne ums Leben gekommen.

Als beste Erste-Hilfe-Maßnahme bei einem Biss der Schwarzen Witwe helfen kalte Kompressen. Danach sollte allerdings sofort ein Arzt aufgesucht werden.

Stimmt es, dass...
SCHWEINE Ersatzorgane für Menschen liefern sollen? JA

Da menschliche Spenderorgane sehr knapp sind, untersuchen Forscher bereits seit langem, ob einem Menschen von Tieren entnommene Organe implantiert werden können. Diese Methode bezeichnet man als Xenotransplantation (XTP).

Geforscht wird vor allem an der Transplantation von genmanipulierten Organen von Schweinen, deren genetisch identische Organe wie Herz, Leber und Nieren Menschen eingesetzt werden könnten. Doch noch ist diese Art der Organübertragung eine Vision. Während manche Mediziner bereits vom Ende des Ersatzorganmangels träumen, warnen Experten der deutschen Bundesärztekammer vor zu großer Euphorie. Zumindest 15–20 Jahre Forschungsarbeit sollen noch nötig sein, um die Probleme mit der Abstoßung des fremden Gewebes durch das Immunsystem des Körpers und die Gefahr von Infektionen zu bannen.

Bislang wurden genmanipulierte Organe von Schweinen auf Affen übertragen. Doch trotz starker Medikamente, die die Abstoßung verhindern sollten, wurden die Fremdorgane nach 62 bis 99 Tagen abgestoßen. Auch Probleme durch die mögliche Übertragung von Krankheitserregern wie Viren sind noch nicht gelöst. Wissenschaftler erinnern daran, dass auch das Aids-Virus ursprünglich nur in Tieren vorkam, die Artschranken jedoch überwinden konnte und deshalb heute auch Menschen infiziert.

Nicht zu vergessen sind auch mit diesen Transplantionen verbundene ethische Probleme: Dürfen Tiere überhaupt als Organlieferanten „benutzt" werden? Ebenso unklar ist, wie es sich auf die Psyche von Menschen auswirkt, wenn sie Ersatzorgane von Tieren in sich tragen, und ob sie von der Gesellschaft akzeptiert würden.

Wussten Sie schon, dass …
die Organe des Schweins denen des Menschen am ähnlichsten sind?

Schweine und Menschen sind Allesfresser und gleichen sich nicht nur anatomisch und im Stoffwechsel sehr stark. Die Organe von Schweinen haben etwa dieselbe Größe wie die des Menschen und scheinen deshalb für eventuelle Transplantationen besonders geeignet zu sein. Zudem sind Schweine sehr fruchtbar, sodass in relativ kurzer Zeit zahlreiche Tiere bzw. Organe gezüchtet werden könnten.

Stimmt es, dass …
SCHWEINE leicht Sonnenbrand bekommen können?   JA

Nicht nur wir Menschen bezahlen zu ausgiebige Sonnenbäder mit einem gesundheitsschädigenden Sonnenbrand, sondern auch Schweine und andere Tiere können Opfer der gefährlichen UV-Strahlen werden. Aufgrund ihrer rosafarbenen Haut ohne Pigmente sind Schweine besonders gefährdet und können einen so starken Sonnenbrand bekommen, dass sich sogar Blasen auf der Haut bilden.

In der Natur schützen sich die Tiere vor den sengenden Sonnenstrahlen, indem sie sich im Schlammbad suhlen. Denn die Schlammkruste kühlt nicht nur und hält Parasiten fern, sondern dient gleichzeitig als Sonnenschutz. Außerdem suchen Schweine bei großer Hitze instinktiv den Schatten auf und ziehen sich unter Büsche und Bäume zurück. Denn neben einem Sonnenbrand können sie bei starker Überhitzung einen Hitzschlag bekommen, der bis zur Atemlähmung und zum Tod führt. Schweine in Auslaufhaltung brauchen deshalb immer Schattenplätze, um sich auch im Sommer wohl zu fühlen.

Einen natürlichen Sonnenschutz haben die Wollschweine, die auch Mangalitza-Schweine genannt werden, entwickelt. Diese alte ungarische Haustierrasse ist meist am Rücken schwarz und am Bauch weiß gefärbt und trägt ein dichtes, wolliges Fell. Damit sind sie an die harten Lebensbedingungen in der Puszta perfekt angepasst. Denn im Sommer schützt sie das Fell vor Hitze und Sonne, im Winter vor Kälte und Schnee.

Übrigens können auch Kühe und, was sich kaum jemand vorstellen kann, Elefanten einen Sonnenbrand bekommen.

Ganz offensichtlich fühlen sich die Schweine in der Suhle „sauwohl" – aber das Schlammbad nützt auch der Haut, denn es schützt vor zu viel Sonnenstrahlen.

Dank ihrer acht Augen gelingt es dieser Springspinne, die Entfernung zum Opfer richtig einzuschätzen und es mit einem Sprung zu überwältigen.

Wussten Sie schon, dass...
Spinnfäden reißfester sind als Stahl?

Spinnfäden sind wahre Wunderwerke der Natur. Während ein Menschenhaar 0,05–0,1 mm dick ist, misst ein Spinnwebfaden nur 0,012 mm im Durchmesser. Die allerdünnsten erreichen sogar nur 0,000015 mm Dicke. Doch so dünn sie sind, so fest und elastisch sind sie auch. Der Faden einer Spinne ist etwa 2,5-mal so fest wie Stahl und etwa 5-mal so reißfest wie Wolle.

Stimmt es, dass...
alle SPINNEN Netze knüpfen? NEIN

Netze aus hauchfeinen, klebrigen Fäden zu spinnen ist eine bewährte Methode vieler Spinnen, um Beute zu machen. Manche Arten ziehen es jedoch vor, versteckt in Blüten oder unter Blättern auf ihre Beute zu harren oder in regelrechten Jagdzügen umherzuziehen. So lauern beispielsweise die in den Tropen und Subtropen lebenden Vogelspinnen ihrer Beute in Verstecken auf. Sie fressen Insekten, andere Spinnen und sogar Mäuse oder Eidechsen. Allerdings müssen sich die potenziellen Opfer bewegen, um überhaupt von der Spinne erkannt zu werden. Die Beute wird mit den zangenartigen Mundwerkzeugen gepackt und mit einem Giftbiss getötet. Dann spritzen die Spinnen ein Verdauungssekret in ihr Opfer und saugen die vorverdaute Nahrung auf.

Eine bei uns heimische Vertreterin der Spinnen, die ohne Netzbau auskommen, ist die Zebraspringspinne. Sie wird etwa 5 mm groß, ist schwarz-weiß gestreift und häufig an Hauswänden zu beobachten. Auf der Jagd pirscht sich diese Spinne vorsichtig an die Beute heran, überwältigt sie mit einem Sprung und tötet sie dann mit ihren Giftklauen. Damit die Zebraspringspinnen bei ihren waghalsigen Sprüngen nicht abstürzen, spinnen sie meist einen so genannten Sicherheitsfaden, der am Untergrund angeheftet ist und den sie hinter sich herziehen.

Auch die Krabbenspinne, die mit ihrem gelben oder weißen Körper perfekt getarnt in Blüten lauert, braucht nur zu warten, bis ihr ein Beutetier in die Fänge kommt.

Stimmt es, dass...
gefährliche SPINNEN in Yuccapalmen nach Europa kommen? NEIN

Die Erzählungen von Spinnen, die mit Yuccapalmen importiert werden und ahnungslose Zimmerpflanzenbesitzer zu Tode erschrecken, gehört ins Reich der Legende. Die Geschichte wird in unzähligen Variationen erzählt, die meist damit

beginnen, dass die Pflanzenbesitzer beim Gießen merkwürdige Geräusche aus dem Blumentopf hören. Statt einfach nachzusehen, was sich dahinter verbirgt, werden in allen Versionen der Geschichte sofort Tropeninstitute oder gleich Feuerwehren alarmiert, deren Vertreter in Schutzanzügen erscheinen und die Pflanze samt ihrer mysteriösen Fracht mitnehmen. Natürlich handelt es sich dabei nicht etwa um harmlose Spinnen, sondern gleich um eine ganze Tarantelfamilie. In anderen Varianten versuchen die Spinnen sogar, die Besitzer der Pflanzen anzugreifen – was so gut wie keine Spinne der Welt tun würde, es sei denn, sie fühlt sich in die Enge getrieben oder bedroht. Neben Yuccapalmen wurde auch schon die Madagaskarpalme als Hort für ungebetene blinde Passagiere in Form von Spinnen genannt.

Diese Geschichten, die in Deutschland bereits seit Anfang der 1980er-Jahre vor allem im Raum Kassel kursierten, hatten im Jahr 1984 eine Parallele in Großbritannien. Dort hatten sich bei einer Firma, die Palmen als Zimmerpflanzen verkauft, mehrere Kunden über Geräusche aus den Blumentöpfen beschwert. Doch bei der von der Firma durchgeführten Prüfung der Töpfe wurde keine einzige Spinne entdeckt.

Bleibt am Ende die Frage, warum solche modernen Märchen immer wieder in unterschiedlichster Form auftauchen: Vermutlich spiegelt sich darin wider, das Fremdes und Exotisches die Menschen gleichzeitig ängstigt und fasziniert – außerdem lassen sich damit hervorragend nachrichtenarme Zeiten überbrücken.

Wussten Sie schon, dass...
Spinnen keine Insekten sind?

Spinnen gehören zwar wie die Insekten zu den Gliedertieren, unterscheiden sich von diesen aber in einigen wesentlichen Merkmalen. Zum einen besitzen Spinnen acht Beine und nicht sechs wie Insekten, zum anderen haben sie nie Flügel. Außerdem besteht ihr Körper nur aus zwei Abschnitten, nämlich Kopf und Hinterleib, während Insekten sich aus Kopf, Brust und Hinterleib zusammensetzen.

Stimmt es, dass...
STIERE Rot sehen können?   NEIN

Lange Zeit glaubte man, dass Stiere wie viele andere Säugetiere auch so gut wie keine Farben wahrnehmen können. Inzwischen ist es bewiesen, dass Rinder wie auch Katzen und Hunde durchaus Farben erkennen. Allerdings ist ihre Netzhaut nur mit zwei Zapfentypen ausgestattet, mit denen sie Grün und Blau sehen können. Deshalb nehmen sie Farben nur eingeschränkt wahr, ähnlich wie ein Mensch, der rotgrünblind ist. Stiere sind also nicht wirklich farbenblind, sondern können die Farbe Rot nur nicht wahrnehmen.

Generell gilt, dass das Sehvermögen bei Stieren wie bei allen Rindern ziemlich schwach entwickelt ist, was auf größere Enfernungen bei der Orientierung allerdings so gut wie keine Rolle zu spielen scheint. Dass beim Stierkampf ein rotes Tuch verwendet wird, hat daher vermutlich nur einen ästhetischen Grund. Für den Stier könnte es genausogut grün oder gelb sein. Er reagiert vor allem auf die Bewegungen des Toreros und das aufreizend vor ihm hin und her geschwenkte Tuch an sich. Zusätzlich wird der Stier verletzt, um seine Angriffslust zu steigern und dem Publikum eine spannende Darbietung zu liefern.

Ein weiterer Trick, um das Publikum zu begeistern, ist das Niederknien des Toreros vor dem Stier. Damit beweist er keinesfalls seinen Mut, sondern führt nur das instinktive Erlöschen der Angriffslust des Stieres

Das leuchtende Rot des Tuches ist eher ein Blickfang für das Publikum – der Stier reagiert auf die Bewegung.

vor, da diese Haltung an die Demutsstellung eines unterlegenen Gegners erinnert.

Dass Stiere manchmal auch Menschen angreifen, wenn sie auf der Weide sind, liegt ebenfalls nicht an der roten Kleidung der betreffenden Person. Hier geht es vielmehr darum, dass der Stier die Weide als sein Revier betrachtet und sie gegen jeden Eindringling, egal ob Mensch oder Artgenosse, verteidigen will.

Stimmt es, dass ...

der Vogel STRAUSS bei Gefahr seinen Kopf in den Sand steckt?   NEIN

Wussten Sie schon, dass ...

ein Straußenei etwa 25 Hühnereiern entspricht?

Ein Straußenei, das größte Vogelei der Welt, ist quasi ein Hühnerei im Großformat: Sein Inhalt entspricht ungefähr dem von 25 Hühnereiern. Das Riesenexemplar wiegt etwa 1500 g, und seine Schale ist so dick wie Porzellan, sodass man es nur mit Werkzeugen wie beispielsweise einem Hammer öffnen kann. Straußeneier sollen übrigens gut gekühlt bis zu 1 Jahr frisch bleiben. Geschmacklich sind sie von Hühnereiern so gut wie nicht zu unterscheiden.

Die Behauptung, dass Strauße bei Gefahr ihren Kopf in den Sand stecken, haben zuerst die Araber mündlich verbreitet und aufgeschrieben. Sie beobachteten das Phänomen, dass verfolgte Strauße plötzlich scheinbar spurlos verschwunden waren. Bei genauem Hinsehen stellte sich jedoch heraus, dass sich die Tiere mit lang ausgestrecktem Hals flach auf den Boden gelegt hatten und so im hohen Gras nicht mehr zu sehen waren. Dabei stecken sie aber niemals den Kopf in den Sand. Kommt der Verfolger näher, springen sie plötzlich auf und rennen davon.

Ähnlich verhalten sich brütende Strauße, die sich bei nahender Gefahr möglichst flach auf das Gelege drücken. Zusätzlich ziehen sie den langen Hals ein und legen den Kopf auf den Boden. Nun sehen die großen Laufvögel für ihre Feinde, wie etwa Löwen, von fern wie halbhohe Büsche aus und werden ignoriert.

Diese Liegehaltung nehmen auch junge Strauße ein, wenn sie sich ausruhen. Und zum Schlafen legen sich Strauße ebenfalls grundsätzlich mit ausgestrecktem Kopf

Strauße legen bis zu 30 Eier pro Gelege.

und Hals auf den Boden. Doch selbst dann verharren sie nicht allzu lange in dieser Position, denn ihre tiefen Schlafphasen dauern nur 1–16 Minuten.

Termiten ernähren sich von zellulosehaltigen Stoffen – und so sind auch Bücher durch ihre Gefräßigkeit bedroht.

Stimmt es, dass ...

TERMITEN Häuser zum Einsturz bringen können?   JA

Der Name Termite leitet sich vom griechischen Wort *terma* ab, was übersetzt „Ende" bedeutet. Die Römer bezeichneten mit dem Begriff *termes* dann ganz allgemein Tiere, die durch ihre nagende Tätigkeit Holz zerstören. Diese Beschreibung trifft exakt auf Termiten zu, die tatsächlich ganze Häuser zerfressen können.

Termiten leben vor allem in tropischen Regionen. Nur wenige Arten kommen auch in gemäßigten Gebieten vor. Sie ernähren sich fast nur von Holz und anderen zellulosehaltigen Stoffen. Diese normalerweise unverdauliche Nahrung können sie nur verwerten, weil in ihrem Darm winzige Einzeller, die so ge-

TERMITENBAU

Ein Termitenbau besteht aus der Kammer für die Königin sowie Kammern, in denen der Nachwuchs aufgezogen wird. Alle Kammern sind durch Laufgänge verbunden.

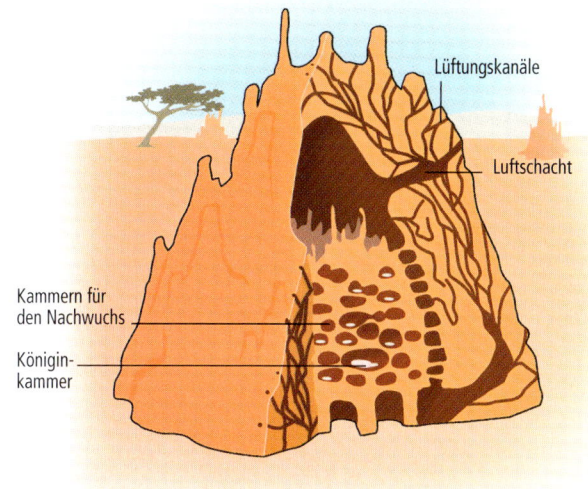

Lüftungskanäle

Luftschacht

Kammern für den Nachwuchs

Königin-kammer

nannten Protozoen leben. Diese „Untermieter" bilden Enzyme, die Zellulose spalten können.

Um Termiten in den Tropen in ihre Grenzen zu weisen, werden häufig Insektizide in großen Mengen eingesetzt. Außerdem verwendet man für Fundamente von Häusern nur Beton, um die hungrigen Insekten von den Holzteilen des Hauses abzuhalten. Nur wenige können sich ein Haus aus Teakholz leisten, das selbst für die kräftigen Mundwerkzeuge der Termiten zu hart ist.

Termiten bilden Staaten, die aus König und Königin sowie zahlreichen Arbeiterinnen und Soldaten bestehen. Nur die „Oberhäupter" sind geflügelt, während Arbeiterinnen und Soldaten keine Flügel und auch keine Augen ausbilden. Die Nester der Termiten werden zunächst unterirdisch oder in Holz angelegt. Nur die älteren ragen bis zu 7 m in die Höhe. Sie bestehen aus Erde sowie zerkautem Holz und Darmausscheidungen.

Wussten Sie schon, dass…
Termiten nicht mit den Ameisen verwandt sind?

Termiten werden zwar oft auch als „weiße Ameisen" bezeichnet, doch dieser Name ist irreführend. Termiten sind nicht mit den Ameisen verwandt, sondern mit den Schaben. Sie gehören damit zu den ältesten und urtümlichsten Insekten der Erde. Ihre Entwicklung reicht etwa 200 Mio. Jahre zurück.

Wussten Sie schon, dass…
rund 12 000 Pflanzen- und Tierarten auf der Roten Liste stehen?

Im Jahr 2003 gab es 58 Tier- und Pflanzenarten nur noch in Gefangenschaft bzw. Kultur, und rund weitere 12 000 Arten galten als vom Aussterben bedroht. Hauptgründe dafür sind die Nutzung von Pflanzen und Tieren durch den Menschen, das Einschleppen fremder Arten und die Zerstörung von Lebensräumen.

Stimmt es, dass…
man ausgestorbene TIERARTEN rückzüchten kann? NEIN

Eines der berühmtesten Beispiele dafür, dass man Tierarten, die ausgestorben sind, nicht mehr rückzüchten kann, sind die Auerochsen. Die letzte Auerochsenkuh war im Jahr 1627 in Polen getötet worden, und damit war die gesamte Art ausgestorben. In den 1930er-Jahren versuchten die Brüder Heck, zwei Zoodirektoren aus München und Berlin, die stattlichen Tiere wieder rückzuzüchten. Da in jedem Hausrind auch noch etwas von den Genen der Auerochsen, ihrer wilden Vorfahren, steckt, schien dies möglich zu sein. Doch statt der Auerochsen entstand durch Auslese die neue Rasse der Heckrinder. Zwar sehen diese Tiere den Auerochsen erstaunlich ähnlich, sie sind jedoch etwas kleiner als ihre Vorfahren. Heckrinder werden rund 1,4 m hoch, Auerochsen waren dagegen 1,6 m groß, Bullen bis 1,8 m.

Trotzdem versuchen Zoologen in der Nähe von Soest weiterhin, durch Züchtungen den Auerochsen möglichst nahe zu kommen. Die mittlerweile entstandenen Tiere werden bis 1,5 m hoch. Diese Rasse ist sehr robust und erträgt Temperaturen von bis zu –30 °C. Doch richtige Auerochsen werden aus diesen Tieren ebensowenig gezüchtet werden können – bestenfalls Rinder, die ihnen stark gleichen. Eine auf der Erde ausgestorbene Art kann nicht wieder „auferstehen", denn trotz aller Züchtungsversuche lässt sich deren ursprüngliches Erbgut niemals exakt reproduzieren.

BEDROHTE TIERARTEN

Rund 475 Wirbeltierarten gelten in Deutschland als bedroht. Spitzenreiter sind Vögel und Säugetiere, die bei uns immer weniger Raum zum Leben finden. 5 % der Wirbeltierarten gelten bereits als ausgestorben.

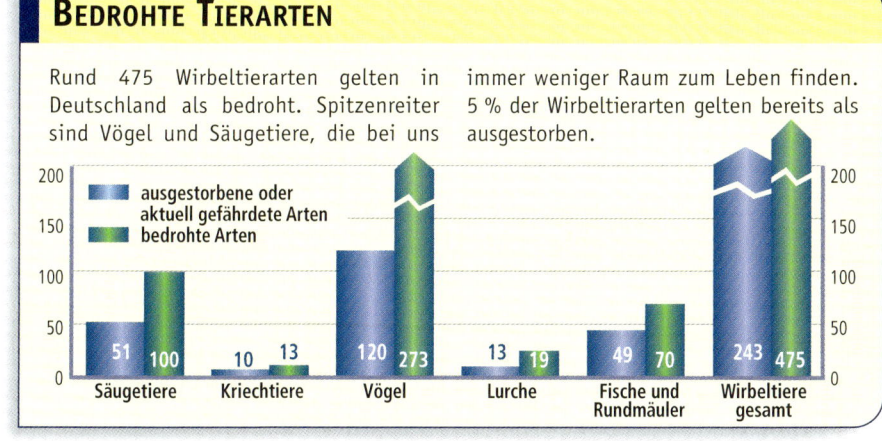

- ausgestorbene oder aktuell gefährdete Arten
- bedrohte Arten

Säugetiere	Kriechtiere	Vögel	Lurche	Fische und Rundmäuler	Wirbeltiere gesamt
51 / 100	10 / 13	120 / 273	13 / 19	49 / 70	243 / 475

Stimmt es, dass ...
sich TIERE im Spiegel wiedererkennen?   JA

In einem New Yorker Aquarium installierten Forscher zu Versuchszwecken verschiedene Spiegel und bemalten die im Aquarium schwimmenden Delphine mit ungiftiger Tinte. Daraufhin betrachteten sich die Tiere im Spiegel deutlich länger als normal. Sie blickten auch sehr intensiv und lang auf die bemalten Körperseiten. Dagegen betrachteten sich Delphine, die nicht bemalt waren, im Spiegel kaum. Wurden diese aber berührt und scheinbar mit Tinte bemalt, schwammen auch die unbemalten Delphine wie die bemalten Tiere auf den Spiegel zu und betrachteten sich ausgiebig. Aufgrund dieses und anderer Versuche geht man inzwischen davon aus, dass Delphine ebenso wie Primaten ein Ichbewusstein

haben – denn Experimente mit Schimpansen hatten schon vor längerer Zeit zu ganz ähnlichen Ergebnissen geführt.

Vor kurzem haben Forscher auch entdeckt, dass sich Elstern im Spiegel ebenfalls selbst erkennen können. Die Rabenvögel bekamen zu Versuchszwecken einen roten Farbfleck auf ihre Kehle. Hielt man ihnen dann einen Spiegel vor, richtete sich ihr Interesse nur auf den ungewohnten roten Fleck. Diese Reaktion blieb aus, als die Elstern statt vor einem Spiegel vor einer ausgestopften Elster saßen – selbst wenn die Attrappe ebenfalls einen roten Kehlfleck besaß. Für die Forscher gilt dies als starker Hinweis darauf, dass auch Elstern eine Vorstellung von sich selbst haben.

Wussten Sie schon, dass ...
Kapuzineraffen Tausendfüßler zur Insektenabwehr nutzen?

Um an das Gift von Tausendfüßlern zu gelangen, schlagen und quetschen Kapuzineraffen die vielbeinigen Gliedertiere. Dann reiben die Affen ihr Fell mit den Tausendfüßlern ein, denn die giftigen Substanzen halten lästige Moskitos fern. Stellten Wissenschaftlern den Affen mit der giftigen Substanz getränkte Tücher zur Verfügung, griffen diese begeistert zu und rieben sich damit ein. Auf Dauer könnte das natürliche Mückenmittel den Affen jedoch schaden: Es ist nicht nur giftig, sondern gilt auch als Krebs erregend.

Stimmt es, dass ...
auch TIERE Medizin kennen?   JA

Bereits in den 1920er-Jahren gab es Berichte aus Afrika, nach denen etwa Zwergschimpansen fünf verschiedene Pflanzenarten verwenden, wenn sie krank sind. Dabei handelte es sich um Pflanzen, die allesamt auch von den dort lebenden Menschen als Heilmittel genutzt werden.

Schimpansen wenden angeblich sogar 30 Pflanzen ganz gezielt als Medizin an. Die intelligenten Menschenaffen schlucken beispielsweise die Blätter bestimmter Pflanzen unzerkaut, wenn sie

unter Darmparasiten leiden. Die besonders rauen und behaarten Blätter „schmirgeln" die Darmwand regelrecht ab und transportieren so die Parasiten nach draußen.

Um Ungeziefer in den Schlafnestern zu vermeiden, polstern Gorillas sie mit speziellen Farnen aus, die mit ihrem Geruch und Geschmack die Läuse fern halten sollen. Zudem lieben die großen Affen die belebende Wirkung von Pflanzen und Früchten wie etwa der koffeinhaltigen Nuss des Cola-Baums.

Bären haben offenbar ebenfalls eine Art „Hausapotheke". Braunbären in Alaska fressen z. B. vor der Winterruhe große Mengen faseriges Riedgras, das ihnen hilft, Bandwürmer auszuscheiden und so diese Parasiten vor dem Kräfte zehrenden Winter loszuwerden.

Auch die so genannte Geophagie ist im Tierreich weit verbreitet: Vom Ara über Antilopen bis zum Elefanten fressen viele Tiere mineralhaltige Erde, die im Körper Giftstoffe bindet und neutralisiert.

Orang-Utans gelten als Kenner von pflanzlichen Heilmitteln: Sie wissen genau, welche Pflanzen Wirkstoffe enthalten, die bei Erkrankungen helfen.

Alle Tiere haben einen ausgeprägten Instinkt. So können sie Umweltreize und auch Erdbeben besser und früher wahrnehmen und entsprechend – meist mit Flucht – darauf reagieren.

Stimmt es, dass ...
TIERE Erdbeben im Voraus spüren?　　JA

Schon in der Antike gab es Berichte über Ratten, die kurz vor Erdbeben unruhig herumliefen, und über Tiere, die aus ihren Ställen ausbrechen wollten. Und 1974 wurde in China in der Stadt Haicheng ein Großversuch gestartet, bei dem die Bewohner ungewöhnliches Verhalten ihrer Tiere melden sollten. Als sich die Meldungen häuften, entschloss man sich zur Evakuierung der Bevölkerung. Zwei Tage später, am 4. Februar 1975, wurden 90 % der Stadt durch ein Erdbeben zerstört.

Mittlerweile glauben daher auch Wissenschaftler, dass Tiere eine Art sechsten Sinn für Erdbeben haben. Japanische Forscher beobachteten, dass Mäuse offenbar elektromagnetische Wellen registrieren, wie sie kurz vor einem Erdbeben auftreten. Auf diese Wellen, die Menschen nicht wahrnehmen können, reagieren die Mäuse mit Unruhe: Sie laufen im Käfig hin und her und kratzen sich vermehrt die Schnauze. 1995 beobachteten Forscher dieses Verhalten an Mäusen zufällig erstmals am Tag vor einem Beben mit der Stärke 7,3. Nach einer zweiten Theorie könnten Tiere aber auch positiv geladene Ionen in der Luft bemerken, die vor Beben verstärkt auftreten.

Stimmt es, dass ...
manche TIERE tatsächlich blaues Blut haben?　　JA

Sowohl bei der Gruppe der Arthropoden, zu denen Krebse, Spinnen und Skorpione gehören, als auch bei der Gruppe der Mollusken, wie Schnecken und Muscheln, wird der Sauerstoff im Körper an den Blutfarbstoff Hämocyanin gebunden, der sich von unserem Hämoglobin unterscheidet. Anders als beim roten Hämoglobin, bei dem der Sauerstoff an ein Eisenatom gebunden wird, halten beim Hämocyanin zwei Kupferatome ein Sauerstoffmolekül fest und färben so das Blut blau.

Für Wissenschaftler ist das Proteinmolekül Hämocyanin weniger wegen seiner Färbung interessant. Hämocyanin scheint vielmehr ein starkes Pilzgift zu sein, bei dem aber auch einige Varianten als starkes Antigen im menschlichen Körper wirken und so das Immunsystem zur Abwehr anregen. Dadurch könnte es nach Operationen im Körper dazu benutzt werden, verbliebene Krebszellen zu bekämpfen.

Es wäre auch möglich, die ein Millionstel Millimeter kleinen Moleküle als winzige biologische Schalter zu nutzen. Denn der Proteinkomplex kann nicht nur die Veränderungen im Stoffwechsel registrieren, sondern misst und verrechnet auch äußere Einflüsse wie etwa die Temperatur. Je nach Ergebnis werden dann Sauerstoffmoleküle gebunden oder freigesetzt. In der Medizin werden die Moleküle bereits in der Immuntherapie bestimmter Krebsformen und bei Bluttests für Bilharziose erprobt.

Wussten Sie schon, dass ...
es auch Tiere mit grünem Blut gibt?

Bei einigen wenigen Familien der Borsten- und Ringelwürmer wird das Blut bzw. die Körperflüssigkeit durch den Farbstoff Chlorocruorin grün gefärbt. Seine Molekülstruktur gleicht der des roten Hämoglobins und ist ein Protein mit einem eisenhaltigen Prophyrinring.

Stimmt es, dass ...
bei den meisten **TIEREN** die Weibchen schwächer sind als die Männchen? **NEIN**

Bei vielen Tierarten unterscheiden sich Männchen und Weibchen in der Größe nicht. Doch bei Greifvögeln, Reptilien, Amphibien, Tiefseefischen und vielen Wirbellosen überragen die Weibchen ihre Partner um einiges an Kraft und Größe. Zwar gibt es dafür keine wissenschaftlich belegte Erklärung, doch die Forscher gehen davon aus, dass größere Weibchen bei Insekten und Spinnen mehr und bessere Eier legen.

Bei einem Fisch, dem Tiefseeangler, ist der Größenunterschied besonders extrem. Das winzige Männchen beißt sich bei der Paarung als lebendes Anhängsel am Weibchen fest. Bei manchen Arten verwachsen die beiden sogar miteinander und haben einen gemeinsamen Blutkreislauf.

ABER: Natürlich gibt es auch Tiergruppen, wie beispielsweise Vögel und zahlreiche Säugetiere, bei denen die Männchen größer sind. Je mehr bei diesen Arten Kraft und Durchsetzungsvermögen über den Paarungserfolg entscheiden, umso größer werden auch die Männchen.

Bei der Paarung klammert sich das kleinere Grasfroschmännchen am Rücken des Weibchens fest.

Wussten Sie schon, dass ...
der Blauwal das größte Tier ist, das heute auf der Erde lebt?

Fest steht, dass der Blauwal das größte heute lebende Tier der Erde ist: Er wird bis zu 33 m lang. Lange glaubte man, dass er auch das größte Tier ist, das jemals gelebt hat, also sogar größer als die größten Dinosaurier. Neue Fossilienfunde zeigen jedoch, dass einst Saurier über die Erde stapften, die bis zu 50 m lang und 20 m hoch gewesen sein sollen. Diese Werte sind allerdings nur geschätzt. Zudem bringt der Blauwal deutlich mehr Masse auf die Waage: Die Meereessäuger wiegen bis zu 130 t.

Stimmt es, dass ...
WALE beim Auftauchen Wasser in die Luft blasen? **NEIN**

Wale sind Säugetiere und müssen deshalb zum Atmen regelmäßig an die Wasseroberfläche schwimmen. Im Lauf der Evolution ist ihre Nasenöffnung jedoch an die Oberseite des Kopfes gewandert und hat sich zudem deutlich verengt. Wenn Wale nach ihren langen Tauchgängen zum Atmen auftauchen, stoßen sie zuerst die verbrauchte, warme Luft unter hohem Druck aus der Nasenöffnung aus. Durch den starken Temperaturunterschied zwischen Atemluft und der umgebenden Atmosphäre kondensiert dabei das in der Atemluft enthaltene Wasser zu Wasserdampf.

Dies ist der so genannte Blas, der beim Buckelwal etwa 2 m und bei Glattwalen ungefähr 3–4 m hoch aufsteigt. Je größer der Wal, umso höher ist auch der Blas. So ragt der Wasserdampf bei Blauwalen bis zu 6 m und bei Pottwalen sogar bis zu 8 m empor. Bei ihren gewaltigen Atemzügen tauschen Wale innerhalb weniger Sekunden über 2000 l Luft aus. Dabei wechseln sie etwa 90 % der Luft in ihren Lungen. Beim Menschen sind es dagegen bei einem normalen Atemzug gerade mal 15 %. Mit diesem gewaltigen Luftvorrat können Wale lange unter Wasser bleiben. Grauwale tauchen beispielsweise bis zu 40 Minuten, Pottwale bis zu 90 Minuten und Schnabelwale sogar bis zu 2 Stunden.

Obwohl das Fassungsvermögen der Wallungen im Verhältnis zur Körpergröße relativ klein ist, reicht ihnen die Luft trotzdem für diese langen Zeiträume. Denn ein Wal kann viel mehr Sauerstoff in den Muskeln speichern als etwa ein Mensch. Während bei Walen etwa 41 % des Sauerstoffvorrats in den Muskeln an ein spezielles Molekül, das Myoglobin, gebunden werden, sind es

Den Orca erkennt man nicht nur an seinem Blas, sondern auch an der schwertförmigen Rückenfinne.

beim Menschen nicht mehr als 12 %. Dadurch kann das sauerstoffreiche Blut auch über längere Zeit ins Gehirn und zu anderen lebenswichtigen Organen transportiert werden. Aufgrund des roten Pigments Myoglobin ist das Fleisch der Wale auch viel dunkler als das von Landsäugern.

Jede Walart hat übrigens einen anders geformten Blas. Während Blauwale einen hohen, feinen Strahl ausstoßen, bildet der Blas bei Pottwalen eher die Form einer Wolke. Da Grauwale zwei Nasenlöcher haben, produzieren sie natürlich auch eine zweifache Wolke. Bei Glattwalen hat der Blas die Form eines „V".

WALE

Zu den größten Walen und den größten lebenden Tieren überhaupt zählen die Bartenwale (z. B. Blauwal). Sie filtern ihre Nahrung, den Krill, mit ihren Barten aus dem Wasser. Zahnwale (z. B. Pottwal) machen Jagd auf Fische und andere Meerestiere.

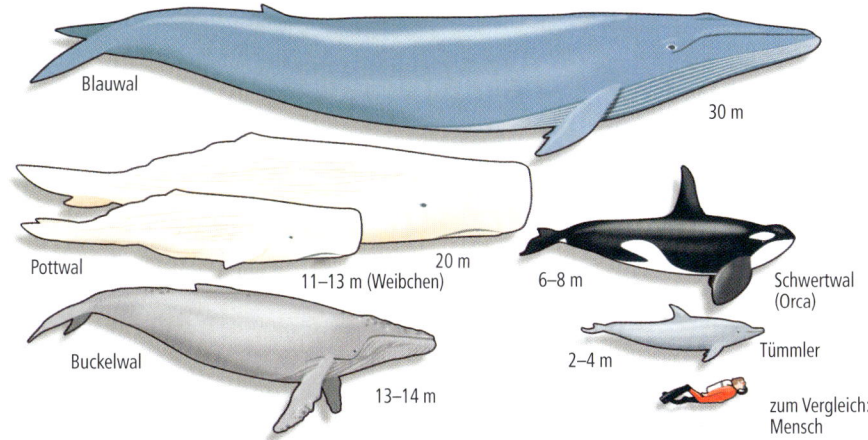

Blauwal — 30 m
Pottwal — 11–13 m (Weibchen) — 20 m
Buckelwal — 13–14 m
Schwertwal (Orca) — 6–8 m
Tümmler — 2–4 m
zum Vergleich: Mensch

Stimmt es, dass …

WESPEN im Herbst sterben?   JA

Die Wespen, die uns im Sommer und Herbst begegnen, sterben, wenn die Saison zu Ende geht. Doch während die Arbeiterinnen eines Wespenvolkes vor der kalten Jahreszeit zugrunde gehen, überwintern die befruchteten Königinnen. Sie schützen sich vor der Kälte, indem sie sich in Ritzen und Spalten in Baumstämmen und Ästen versteckt halten.

Im Frühjahr ziehen die Königinnen dann aus ihren befruchteten Eiern die erste Generation der Arbeiterinnen alleine auf. Sind diese dann erwachsen, übernehmen sie die Aufzucht und Pflege der nachfolgenden Generationen. Im Spätsommer sind die neuen Wespenköniginnen herangewachsen und nach der Befruchtung ausgeflogen. Zurück bleiben nur noch die Arbeiterinnen, die im Spätherbst ebenfalls das Nest verlassen und schließlich sterben.

Ein Wespennest, das man im Winter im Haus findet, kann deshalb gefahrlos entfernt werden. Es wird von den Königinnen mit Sicherheit im nächsten Jahr nicht mehr genutzt, da Wespen jedes Jahr neue Nester bauen.

Wussten Sie schon, dass … Nelkenöl gegen Wespen hilft?

Wespen werden wie Bienen von Gerüchen angezogen. Doch während Schweiß, Parfüm und manche Kosmetika die Tiere anlocken und zum Stechen animieren, können andere Duftstoffe die Plagegeister vertreiben. Als besonders wirkungsvoll haben sich Nelken- und Zitronenöl erwiesen. Am einfachsten spickt man eine halbe Zitrone mit Gewürznelken und platziert sie auf der Terrasse in der Nähe der Kuchentafel.

Stimmt es, dass …

WESPEN im Spätsommer angriffslustiger sind?   NEIN

Wespen fallen im Spätsommer vermutlich nur deshalb unangenehmer auf als im Frühjahr und Sommer, weil sie dann stärker in Erscheinung treten. Die warme Jahreszeit über waren sie mehr mit der Aufzucht und Pflege der neuen Wespengenerationen sowie mit dem Bau des Nestes beschäftigt. Wenn diese Arbeit im Sommer beendet ist, fliegen die Wespen vermehrt umher und suchen nach Nahrung. Und da in einem Volk bis zu 5000 Wespen heranwachsen können, fallen plötzlich zahlreiche der gelbschwarzen Insekten über Kuchenbuffets und Früchte her. Angriffslustiger sind sie deshalb aber nicht.

Wenn der Herbst naht, ziehen die meisten Wespen außerdem süße Nahrung, wie beispielsweise Obst oder Saft, einem Schinkenbrot vor. Denn eiweißreiche Nahrung, die aus kleineren Insekten oder Fleischstücken bestehen kann, wird von den Arbeiterinnen ausschließlich an die Larven verfüttert. Die jetzt erwachsenen Arbeiterinnen ernähren sich dagegen nur noch von zuckerhaltigen Säften und Früchten.

Mit ihren Mundwerkzeugen können Wespen sowohl saugen als auch beißen.

Die Braune Hundezecke kommt nur in warmen Regionen vor. Sie gilt als Überträgerin von Fleckfieber.

Wussten Sie schon, dass ...

Zecken zu den Milben und damit zu den Spinnentieren gehören?

Die Familie der Zecken gehört zu den so genannten Schmarotzermilben und damit zur Klasse der Spinnentiere. Allerdings fallen Zecken unter den Milben durch ihre beachtliche Größe auf: Während Milben bestenfalls 0,5 mm groß werden, erreicht ein mit Blut voll gesogenes Zeckenweibchen immerhin die Größe von 11 mm. Wie alle Spinnentiere haben erwachsene Zecken acht Beine.

Zecken leben nicht auf Bäumen, sondern sind vielmehr an Gräsern, auf dem Boden oder bestenfalls an niedrigen Sträuchern zu finden. In Bezug auf die lästigen Blutsauger ist also das Sonnenbad in der Blumenwiese viel gefährlicher als ein Spaziergang unter Bäumen. Blut saugen aber nur die Zeckenweibchen, denn die erwachsenen Männchen haben nur noch verkümmerte Mundwerkzeuge und nehmen keine Nahrung mehr zu sich.

Zur Wahrnehmung ihrer Opfer besitzen Zecken ein spezielles Organ, das so genannte Haller'sche Organ. Es sitzt auf dem letzten Segment des ersten Beinpaares der Zecken. Mit ihm können die Tiere Gerüche, Temperaturreize sowie Erschütterungen wahrnehmen. Besonders stark reagieren Zecken auf Buttersäure, die in unserem Schweiß enthalten ist.

Die Weibchen warten geduldig auf ihre Opfer. Nähert sich ein warmblütiges Säugetier oder ein Reptil, klammern sie sich daran fest. Ihre Mundwerkzeuge sind so umgebildet, dass sie sich damit sowohl festbeißen als auch die Haut durchbohren können. Haben die Zecken sich dann richtig mit Blut voll gesogen, fallen sie vom Wirt einfach ab. Meist werden sie aber schon vorher entdeckt, weil die Bissstellen kräftig jucken.

Zwiebeln, Knollen und Rhizome einiger Pflanzen, wie beispielsweise Iris, Krokus und Narzissen, haben so genannte Zugwurzeln, die sich durch Erhöhung des Zellinnendrucks in bestimmten Teilen des Wurzelgewebes zusammenziehen können. Diese Verkürzung vollzieht sich im Wurzelansatz und führt zu einer Bewegung der Pflanze im Boden entlang der Wurzelachse.

Die Kraft wirkt sich sowohl auf die Wurzelspitzen der Pflanze als auch auf die Wurzelbasis aus. Die Zwiebel oder Knolle wird aber nach unten gezogen, weil die Wurzelspitzen meist durch Wurzelhaare und Seitenwurzeln fest im Boden verankert sind. Wissenschaftliche Versuche zeigten, dass Wurzeln sich in knapp 30 Tagen um ungefähr 15 mm bewegen können.

Eine ähnliche Methode, um sich in die richtige Wachstumstiefe zu bringen, haben auch viele Pflanzensämlinge entwickelt. Doldenblütler und viele andere Pflanzen können ihre Wurzel ebenfalls durch die Erhöhung des Drucks kontrahieren und sich so tiefer in die Erde vorarbeiten.

Gesteuert wird die Bildung der Zugwurzeln über verschiedene Faktoren, zu denen u. a. auch die Bodentemperatur gehört. Denn sind die Schwankungen von warm und kalt zu groß, zieht sich die Pflanze in die Tiefe zurück, wo gleichmäßigere Bedingungen herrschen.

Klima
und Umwelt

Alle reden vom Wetter – wir natürlich auch,
denn Wetterregeln gibt es jede Menge. Die
Frage ist nur, welche einen wahren Kern
haben und sich für Vorhersagen eignen.

SO ENTSTEHEN DIE FARBEN DES HIMMELS

Durch die Streuung der Lichtstrahlen an den in der Atmosphäre enthaltenen Teilchen wird das weiße Sonnenlicht auf dem Weg bis zur Erdoberfläche in die Spektralfarben unterschiedlicher Wellenlänge aufgespalten.

Abend- und Morgenrot

Die langwelligen purpurroten Strahlen werden am wenigsten aus ihrer Richtung abgelenkt. Bei tiefem Stand der Sonne und entsprechend langem Weg durch die Lufthülle gelangen nur sie noch bis zur Erde und färben den Himmel rot.

Himmelblau

Bei hohem Sonnenstand und kurzem Weg durch die Atmosphäre gelangt ein größerer Anteil des kurzwelligen blau-violetten Lichts, das am stärksten gestreut wird, bis zur Erde. Es verteilt sich gleichmäßig über den Himmel und lässt ihn blau erscheinen.

Spektralfarben des Sonnenlichts

Erdatmosphäre

Wussten Sie schon, dass …

man das schönste Abendrot etwa 30 Minuten nach Sonnenuntergang sieht?

Die Sonne steht zu diesem Zeitpunkt etwa 4° unter dem Horizont. Erste zarte Orange- bis Rottöne erscheinen rund 10 Minuten nach Sonnenuntergang am Himmel; nach spätestens 50 Minuten verschwinden sie wieder. Bei günstigen Beobachtungsverhältnissen ist aber mitunter 1–2 Stunden nach Sonnenuntergang ein zweites schwaches Abendrot zu sehen. Umgekehrt leuchtet das Morgenrot eine knappe halbe Stunde vor Sonnenaufgang am stärksten.

Abendrot ist zwar oft wunderschön anzusehen, doch gänzlich ungeeignet für eine Wettervorhersage.

D er Abend rot und weiß das Morgenlicht, dann trifft uns böses Wetter nicht." Auf diese und viele andere ähnliche Regeln über die Wetterbedeutung des Abendrots kann man sich leider nicht immer verlassen.

Ein feurig roter Abendhimmel ist aus zwei Gründen kein zuverlässiger Schönwettervorbote: Die roten bis purpurnen Farbtöne am Abendhimmel entstehen durch Streuung des Sonnenlichts an den gasförmigen, festen und flüssigen Teilchen der Atmosphäre. Besonders stark ist die Streuung in einer durch Teilchen aus Vulkanausbrüchen getrübten Schicht der Stratosphäre. Diese Schicht in 20–25 km Höhe hat jedoch auf die kurz- bis mittelfristige Entwicklung des Wetters keinen unmittelbaren Einfluss.

Ein roter Sonnenuntergang deutet zudem darauf, dass die bodennahen Luftschichten sehr feucht sind, und aus dem Wasserdampf könnten sich Regenwolken entwickeln – ein Effekt der beispielsweise zu der Bauernregel „Westwind und Abendrot machen die Kälte tot" führte. Nach dieser Regel lassen rote Himmelsfarben an einem Winterabend in den nächsten Tagen eine deutliche Milderung, meist verbunden mit Regen oder Schnee, erwarten. Am ehesten sprechen winters wie sommers ein goldgelber Sonnenuntergang oder ein „stilles" Abendrot in Zartrosa nach einem sonnigen Tag mit Ostwind für die Fortdauer des schönen Wetters.

Das Morgenrot gilt, im Gegensatz zum Abendrot als Schlechtwettervorbote: „Geht die Sonne feurig auf, folgen (oft) Wind und Regen drauf." Die Entstehungsweise der beiden Lichtphänomene ist jedoch genau dieselbe.

Stimmt es, dass ...

der ALTWEIBERSOMMER in Mitteleuropa regelmäßig auftritt?

JA

In rund sieben von zehn Jahren stellt sich im September nach einem kurzen Vorstoß kaltfeuchter Luftmassen um die Monatsmitte zwischen der Nordsee und den Alpen warmtrockenes Wetter ein: der Altweibersommer. Meist beginnt er um den 25. September, doch auch ein bis zwei Wochen früher sind möglich, wie der Frühherbst 2003 zeigte. Am 20. September stieg die Temperatur in Süddeutschland vielerorts noch über 30 °C. Das sonnige, tagsüber sommerlich warme, nachts aber schon recht kalte und neblige Wetter hält häufig bis in die erste Oktoberhälfte an. Ein über Mitteleuropa gelegenes Hochdruckgebiet ist für das schöne Wetter verantwortlich. Denn es blockiert die wichtigsten Zugbahnen atlantischer Tiefdruckwirbel und lenkt trockene Warmluft aus südlichen bis östlichen Himmelsrichtungen ins zentrale Europa.

in der Luft schweben und an die langen, silbergrauen Haare älterer Frauen erinnern. Beide Theorien führen also hin zu den Spinnentieren, die in den warmen Jahreszeiten ihre Netze knüpfen oder wie die Baldachin- und Zwergspinnen Fäden produzieren, um sich an ihnen vom Wind zu neuen Lebensräumen treiben zu lassen. Durch den Tau, der sich in den kühlen Nächten des Altweibersommers an der Erdoberfläche absetzt, werden diese fein gesponnenen Gebilde, die man sonst kaum erkennt, in dieser Zeit des Jahres sichtbar.

Besonders die seltsam glänzenden Spinnenfäden haben die Phantasie der Menschen von jeher beflügelt. Als „Marienfäden" sollen sie aus dem Mantel der Gottesmutter stammen, bei den Germanen galten sie als „Lebensfäden", und bis heute hält sich

Wussten Sie schon, dass ...

es an „offiziellen" Sommertagen mindestens 25 °C warm sein muss?

Meteorologen bezeichnen einen Tag als „Sommertag", wenn das Tagesmaximum der Lufttemperatur im Schatten wenigstens 25 °C beträgt. Ein „heißer Tag" ist für sie ein Tag mit einer Höchsttemperatur von mindestens 30 °C. Seit Beginn der Messreihe im Jahr 1901 zählte man im Sommer 2003 am Oberrhein die bisher größte Zahl von „Sommertagen" (bis zu 84) und „heißen Tagen" (bis zu 54). In diesem „Rekordsommer" lag an manchen Tagen sogar die Tiefsttemperatur über 25 °C.

Der Altweibersommer verwandelt Spinnennetze in mit Tau verzierte Kunstwerke.

REGELFÄLLE DER WITTERUNG IN MITTELEUROPA

In Mitteleuropa stellen sich in den meisten Jahren zu bestimmten Zeiten charakteristische Witterungen ein. Auf dieser Erfahrung beruhen u. a. die alten Bauernregeln. Die Witterungsregelfälle treten aber keinesfalls in jedem Jahr auf, außerdem gibt es große regionale Abweichungen.

- ▪ kühl- bis kalttrocken
- ▪ mild bis kaltnass
- ▪ warmtrocken

Witterungsregelfall	Mittl. Eintrittsdatum	Witterungsregelfall	Mittl. Eintrittsdatum
Hochwinter	04.–09.01	Hochsommer	03.–14.07.
Tauwetterperiode	22.–30.01.	Monsunwelle	17.–24.08.
Spätwinter	14.–20.02.	Spätsommer	29.08. bis 05.09.
Märzwinter	07.03.		
Vorfrühling	23.–27.03.	Altweibersommer	25.–26.09.
Vormonsunwelle	07.–12.04.	Herbstumschwung	13.–16.10.
Mittfrühling	17.–22.04.	Herbstmilderung	23.–25.10.
Eisheilige	07.–18.05.	Spätherbst	28.10. bis 01.11.
Frühsommer	02.–08.06.		
Schafskälte	10.–12.06.	Tauwetterperiode	27.–28.11.
Siebenschläfer	27.06. bis 01.07.	Vorwinter	30.11. bis 02.12.

Woher die markante herbstliche Schönwetterperiode ihren Namen hat, ist umstritten. Nach einer Theorie verbirgt sich im Begriff „Altweibersommer" das althochdeutsche Wort „weban", was so viel wie „flechten", „knüpfen" oder „weben" bedeutet. Eine andere Theorie erklärt ihn mit dem Hinweis auf die zahlreichen mit Tau benetzten Spinnenfäden, die in dieser Zeit

der Aberglaube, dass sie den Menschen, an denen sie hängen bleiben, Glück bringen.

Als Regelfall der Witterung ist der Altweibersommer beinahe weltweit bekannt: In der Schweiz spricht man vom „Witwensömmerli", in den skandinavischen Ländern heißt das Phänomen „Birgittasommer", und in Nordamerika kann man den „Indian Summer" erleben.

Stimmt es, dass …
in der ANTARKTIS gar keine Pflanzen wachsen? NEIN

Wussten Sie schon, dass …
Pflanzen auch im Innern von Gesteinen gedeihen?

Manche Pflanzenarten – vor allem Flechten und Algen – siedeln unter der Oberfläche fester Gesteine. Sie benutzen durch Verwitterung geschaffene Risse, dringen in die Hohlräume poröser Gesteine vor oder schaffen sich durch Säureausscheidungen ihre Wohnhöhlen selbst, indem sie lösliche Bestandteile des Gesteins zersetzen. Die Pflanzen decken ihren Flüssigkeitsbedarf durch Wasser, das im Fels versickert, und entnehmen die notwendigen mineralischen Nährstoffe direkt dem Gestein.

Pinguine düngen den spärlichen Pflanzenbewuchs der Antarktis.

Das Bild völlig unbelebter Eis- und Felswüsten, das man aus vielen Fernsehsendungen über das zu 98 % seiner Fläche vergletscherte Antarktika vor Augen hat, täuscht. Verglichen mit anderen Regionen der Erde ist die Pflanzenwelt des Südpolargebiets zwar sehr artenarm, aber Biologen zählten auf dem Kontinent mindestens 300 Algenarten, über 200 verschiedene Flechten, etwa 85 Moose, zwei Dutzend Lebermoose und sogar zwei Blütenpflanzenarten – das Gras *Deschampsia antarctica* und das Doldengewächs *Colobanthus quitensis*. Diese beiden Blütenpflanzen dringen bis auf rund 2400 km Entfernung zum Südpol vor, Moose und Flechten wachsen sogar nur 400 km weit vom Pol entfernt.

Besonders reich ist die Pflanzenwelt im Bereich der Pinguinbrutkolonien. Dort wird der Boden durch den Kot der Vögel ausreichend mit Nährstoffen versorgt. Zu den Rändern der Antarktis hin nimmt die Artenzahl und die Dichte der Vegetation rasch zu. Auf den Antarktika vorgelagerten Inseln finden sich sogar schon mehr als zwei Dutzend Arten von Blütenpflanzen.

Stimmt es, dass …
es am ÄQUATOR am wärmsten und an den Polen am kältesten ist? NEIN

Bauern in Äthiopien im Kampf gegen die Dürre – sie leben in einer der heißesten Regionen der Welt.

Die höchsten Lufttemperaturen werden entgegen der landläufigen Meinung nicht am Äquator, sondern in den Subtropen südlich und nördlich der Wendekreise gemessen, wo sehr beständige Hochdruckgebiete die Bildung von Wolken verhindern und die Sonne deshalb fast das ganze Jahr scheint. In den Zonen am Äquator ist der Himmel dagegen unter dem Einfluss von Tiefdruckgebieten oft bedeckt. Als heißester Ort der Erde gilt die libysche Oasenstadt El Azizia. Dort stieg die Temperatur am 13. September 1922 auf 58 °C – fast 20 °C höher, als in den Stationen am Äquator jemals gemessen wurde! Beinahe ebenso heiß ist es im Tal des Todes (Kalifornien), im Innern Australiens oder im Industiefland. Mit 34,4 °C hat der nordostafrikanische Ort Dallol das weltweit höchste Jahresmittel der Lufttemperatur. Der so genannte thermische Äquator, der die Orte mit den durchschnittlich höchsten Temperaturen auf der Erde miteinander verbindet, verläuft im Schnitt rund 1000 km nördlich des geographischen Äquators.

Auch die Kältepole der Erde decken sich nicht mit den geographischen Polen. Den sibirischen Ort Oimjakon, den Kältepol der Nordhalbkugel (bis zu –77,8 °C, gemessen im Winter 1938), trennen fast 3000 km vom Nordpol. Der Kältepol der Südhalbkugel (bis zu –88,3 °C, gemessen am 24. August 1960), die russische Forschungsstation Wostok in der Ostantarktis, liegt mehr als 1100 km vom geographischen Südpol entfernt.

Stimmt es, dass ...

es in Großstädten nur wenige ARTEN von Pflanzen und Tieren gibt? NEIN

Großstädte haben eine erstaunlich reichhaltige Flora und Fauna und gliedern sich in viele kleine Lebensräume, die zuweilen von vielen hundert Pflanzen- und Tierarten besiedelt sind. Dabei kann es sich beispielsweise um eine Allee, einen Kirchturm oder eine Zierhecke handeln.

In Hamburg zählt man beispielsweise rund 360 einheimische und eingebürgerte Gehölzarten, gut 250 mehr als im überwiegend ländlichen Schleswig-Holstein. Selbst in der fast vegetationslosen „Stein- und Betonwüste" der Innenstädte können über 350 Insektenarten leben. Manche Vogelarten kommen inzwischen überwiegend oder fast nur in Städten und Siedlungen vor, etwa der Turmfalke und der Hausrotschwanz, der Mauersegler und die Türkentaube. Säugetiere entdecken gleichfalls zunehmend die Vorzüge des Großstadtlebens und werden dabei oft zur Plage wie der Steinmarder, der Kabel und Schläuche in Autos zerbeißt, oder der Fuchs, der mit Vorliebe Mülltonnen nach Speiseresten durchwühlt.

Neben dem größeren Nahrungsangebot, u. a. durch Fütterung der Vögel im Winter, macht besonders das kleinräumige Mosaik unterschiedlichster Lebensräume Städte für zahlreiche Pflanzen und Tiere attraktiv.

Am artenreichsten sind Parks und Friedhöfe sowie parkartige Villengebiete mit altem Baumbestand, begrünten Häusern und fugenreichen Mauern. Dort tummeln sich beispielsweise Eichhörnchen, Igel und Fledermäuse. Hinzu kommt – sieht man von der stärkeren Luftverschmutzung ab – das im Vergleich mit dem Umland meist günstigere Klima der Städte. Vom Stadtrand zur Innenstadt steigen die Lufttemperaturen deutlich an: 4–5 °C Unterschied sind keine Seltenheit, in Winternächten können es auch 10 °C sein.

Wussten Sie schon, dass ...
auf tropischen Inseln die Lufttemperaturen am gleichmäßigsten sind?

Zu den Eigenarten des tropischen Klimas gehören die sehr geringen jahreszeitlichen Temperaturschwankungen. Der ausgleichende Einfluss der sie umgebenden Wassermassen dämpft die Schwankungen auf küstenfernen tropischen Inseln noch weiter ab. Die am Äquator gelegene Pazifikinsel Nauru verzeichnet beispielsweise ein Jahresmittel von 27,7 °C; die mittleren Temperaturen des wärmsten und kältesten Monats weichen von diesem Wert nur um ein halbes Grad ab. Selbst zwischen den absoluten Temperaturextremen liegen auf vielen Inseln lediglich 10–12 °C.

Auch hierzulande haben sich Waschbären inzwischen mit den Lebensbedingungen in einer Großstadt arrangiert.

Als höchstes Bauwerk in Paris wirkt der eiserne Eiffelturm wie ein gigantischer Blitzableiter (Foto von 1919).

Wussten Sie schon, dass ...
Blitze manchmal auch von der Erde aus zum Himmel zucken?

Die so genannten Erde-Wolken-Blitze zünden zwischen der meist negativ geladenen Erdoberfläche und dem positiv geladenen oberen Teil einer Gewitterwolke. Sie gehen am häufigsten von Bergspitzen oder hohen Gebäuden aus. Im Unterschied zu normalen Blitzen verzweigen sich diese recht seltenen Blitze von unten nach oben.

Wussten Sie schon, dass ...
pro Tag weltweit ungefähr 8 Mio. Blitze zucken?

In jeder Sekunde zucken rund um den Erdball etwa 100 Blitze über den Himmel. An einem Tag sind es also insgesamt etwa 8 Mio. Die elektrischen Entladungen sind jedoch sehr ungleichmäßig über den Globus verteilt. In Mitteleuropa zählt man beispielsweise im Durchschnitt 20–35 Gewittertage pro Jahr, in den Tropen hingegen oft über 180.

Stimmt es, dass ...
BLITZE stets in die jeweils höchste Stelle der Erdoberfläche einschlagen?   **NEIN**

Blitze halten sich nicht an von Menschen aufgestellte Regeln, sondern an die Naturgesetze. Wenn ein Wolke-Erde-Blitz stets den kürzesten Weg zur Erde nehmen würde, dann müsste die Blitzbahn eine schnurgerade Linie bilden, die auf die höchste Stelle der Erdoberfläche zielt. Fotos von Blitzeinschlägen beweisen jedoch, dass die Entladungen oft weite Umwege machen. Die Blitzbahn ist meist vielfach geknickt, wobei einzelne Abschnitte sogar nach oben gerichtet sind. Manchmal kommt es auch vor, dass ein Blitz kilometerweit fast parallel zur Erdoberfläche verläuft, um dann irgendwo einzuschlagen.

Der scheinbar regellos verlaufende Weg des Blitzes hängt von der Verteilung der elektrischen Ladungen in der Atmosphäre und an der Erdoberfläche ab. Dabei sind die negativen und positiven Ladungsträger sowohl in den Wolken als auch an der Erdoberfläche ungleichmäßig verteilt. Zusätzlich kann sich das Verteilungsmuster bei Regen oder Hagel ständig ändern.

In diesem bunten Mosaik von elektrisch geladenen Feldern sucht sich der so genannte Vorblitz in Sprüngen von jeweils etwa 50 m Länge einen Weg nach unten. Wegen der ungleichmäßigen Ladungsverteilung ändert er dabei ständig seine Richtung. Hat der Blitz die Erdoberfläche fast erreicht, kommt es zu einer Art Kurzschluss, und der Hauptblitz rast als vielfach stärkerer und schnellerer Funke in dem vom Vorblitz geschaffenen Kanal aufwärts. Dieses Wechselspiel der auf- und abwärts laufenden Stromstöße kann sich in Sekundenbruchteilen mehrmals wiederholen.

ABER: Beobachtungen zeigen, dass erhöhte Punkte der Erdoberfläche trotzdem überdurchschnittlich stark durch Blitzeinschlag gefährdet sind – ebenso wie Mulden, die feuchten Boden enthalten oder von Gewässern durchflossen werden.

Stimmt es, dass ...
BLITZ und Donner untrennbar zusammengehören?   **JA**

Der akustische Anteil eines Gewitterschauspiels ist mindestens genauso beeindruckend wie der optische. Nicht ohne Grund benannten beispielsweise die Germanen eine ihrer höchsten Gottheiten nach dem Donner. Die Naturerscheinung weckte in den Menschen das Erlebnis von göttlicher Macht. In ihren Mythen fuhr Donar in seinem von Böcken gezogenen Wagen unter großem Getöse am Himmelsgewölbe entlang.

Erst seit gut 100 Jahren ist die wahre Ursache des Donners bekannt. Danach entsteht er durch die explosionsartige Ausdehnung der Luft im Blitzkanal, wo die Temperaturen auf 5000–10 000 °C ansteigen können. In der Nähe des Einschlagsorts hört man einen lauten knallartigen Schlag, dem oft ein helles Pfeifen oder Kreischen vorausgeht. Aus größerer Entfernung hört sich der Donner eher grollend und polternd an. Diese typische Geräuschkulisse wird durch die vielfache Reflexion der Schallwellen des Donners an den Wolken und Landschaftsformen verursacht. Dabei nimmt auch der Anteil der hellen Töne zugunsten der tiefen ab.

Auf der engen Verbindung zwischen Blitz und Donner beruht eine praktische Regel: Die Schallgeschwindigkeit, mit der sich der Donner ausbreitet, beträgt rund 330 m/sek. Man erhält also die ungefähre Entfernung des Einschlagsorts in Kilometern, wenn man die Sekunden zwischen dem Aufleuchten des Blitzes und der Wahrnehmung des Donners zählt und diese Zahl dann durch Drei teilt.

ABER: Der Donner ist je nach Gelände und Zustand der Atmosphäre nur maximal etwa 25 km weit zu hören. Von weit entfernten Gewittern sieht man deshalb nur die Blitze bzw. ihren Widerschein als so genanntes Wetterleuchten an den Wolken. Den Donner hört man aber nicht mehr.

Stimmt es, dass …

ein Mensch einen **BLITZSCHLAG** ohne Schaden überleben kann? | JA |

Die Redewendung „Wie vom Blitz getroffen" verrät, dass ein Blitzschlag für die Betroffenen stets ein schockartiges Erlebnis ist – und für viele auch tödlich endet. Die Todesrate liegt immerhin bei etwa 40 %. Werden lebenswichtige innere Organe vom Strom des Blitzes durchflossen, kommt es zur Bewusstlosigkeit, zu Ausfällen des zentralen Nervensystems, Herzrhythmusstörungen, Lähmungen des Atemzentrums und Herzstillstand. Oft sind auch schwere Verbrennungen die Folgen eines Blitzes.

Viele Opfer eines Blitzschlags kommen aber mit einem Schock davon oder werden kaum verletzt. Im Sommer 2002 wurden beispielsweise in Bayern zwei Menschen vom Blitz getroffen. Der eine saß auf einem Motorrad und erlitt kaum Verletzungen, der andere, der etwas weiter weg Fußball spielte, erlitt dagegen so schwere Verbrennungen, dass er 2 Tage später starb.

Wieso ein Blitzschlag einmal tödlich und das andere Mal glimpflich endet, ist noch ungeklärt. Möglicherweise spielt die Klei-

RICHTIGES VERHALTEN BEI GEWITTER

● Beim ersten Donner schnell ein massives Haus mit Blitzschutzanlage aufsuchen. Im Haus sollte man sich von elektrischen Geräten und Anschlüssen fern halten, die Gerätestecker ziehen und die Fenster schließen. In Hütten und Zelten in der Mitte des Raums niederhocken, keinesfalls die Außenwände berühren. Autos bieten guten Schutz vor dem Blitzschlag.

● Im Freien höhere Punkte wie Bergspitzen, Felsgrate oder Türme meiden, ebenso einzeln stehende Bäume (egal ob Buchen oder Eichen!) sowie moorige Böden und die Ufernähe. Niemals bei Gewitter baden oder surfen. Radtouren abbrechen und die Fahrräder sowie Ausrüstungsgegenstände aus Metall in größerer Entfernung ablegen.

● Nicht an Waldrändern unterstellen, sondern im Waldesinnern Schutz suchen. In offenem Gelände in einer trockenen Mulde niederhocken, dabei die Füße eng beieinander halten, ansonsten kann sich bei einem nahen Einschlag eine tödliche Spannungsdifferenz zwischen den Füßen bilden.

dung eine wichtige Rolle – feuchte Kleider oder ein Helm könnten den Blitz an der Körperoberfläche ableiten. Eine weitere Theorie ist, dass Blitze je nach Stromstärke andere Wege nehmen: Die mit geringer Stromstärke fließen eher durch den Körper, während sehr starke Stromstöße meist der Körperoberfläche folgen.

Wussten Sie schon, dass …

ein Blitz mehrmals an derselben Stelle einschlägt?

Blitze schlagen durchaus mehrmals an derselben Stelle ein. Dies ist schon seit Jahrhunderten bekannt. Beispielsweise wurde der Glockenturm des Markus-Doms in Venedig in den Jahren zwischen 1388 und 1762 neunmal durch Blitzschläge beschädigt oder ganz zerstört. Aufnahmen mit Spezialkameras beweisen außerdem, dass ein einzelner Blitz mehrmals an derselben Stelle einschlägt. Während sich die zweite Entladung meist ein anderes Ziel sucht als die erste, ist die dritte und vierte dann aber wieder auf den Einschlagsort der ersten gerichtet.

Stimmt es, dass …

man im Auto vor dem **BLITZSCHLAG** geschützt ist? | JA |

Autos sowie Wohnmobile, Wohnwagen und andere Fahrzeuge mit einer Außenhaut aus Metall bieten einen guten Schutz vor Blitzeinschlägen. Sie bilden einen so genannten Faraday-Käfig, der das Innere des Fahrzeugs vor äußeren elektrischen Feldern abschirmt. In den nach dem englischen Physiker und Chemiker Michael Faraday (1791–1867) benannten Käfig können Blitze nicht eindringen. Der sicherste Ort ist ein geparktes Auto, denn die Gewitterböen sind gefährlicher als Blitze.

Das Prinzip des Faraday-Käfigs erklärt auch, warum Blitzschläge an Buchen kaum sichtbare Spuren hinterlassen, Eichen aber regelrecht zerfetzt werden. Zwar ist die Häu-

So gefährlich das Experiment auch aussieht, der Mensch in dem einer Voliere ähnlichen Faraday-Käfig ist vor den Blitzschlägen absolut sicher.

figkeit von Blitzeinschlägen bei beiden Baumarten gleich groß, doch die Blitze nehmen bei ihnen unterschiedliche Wege. Während bei Buchen der Blitz außen an der feuchten Baumrinde abfließt, dringt der Blitz bei Eichen – die nach den Lianen die leistungsfähigsten Wasserversorgungssysteme besitzen – in den feuchten Kern des Stamms ein. Das Wasser wird erhitzt und der entstehende Dampf sprengt den Baum.

Nach einem Brand im Yellowstone Nationalpark in den USA zeigen sich bald wieder die ersten Pflanzen.

Stimmt es, dass ...

BUSCH- UND WALDBRÄNDE die gesamte Pflanzen- und Tierwelt in dem betroffenen Gebiet vernichten? — NEIN

Die verheerenden Brände, die in der Vergangenheit in Australien, Kalifornien oder Portugal wüteten, hinterließen ausgedehnte „Feuerwüsten" und verursachten wirtschaftliche Schäden in Milliardenhöhe. Die Natur verträgt solche Katastrophen meist erstaunlich gut, die Pflanzenwelt verjüngt sich durch die Busch- und Waldbrände und gedeiht nach dem Feuer häufig sogar besser als zuvor.

Zerstörerische Kronenfeuer mit Temperaturen von über 1000 °C kommen in trockenen Wäldern, Savannen und Steppen glücklicherweise nur selten vor. Meist ziehen am Erdboden die weit weniger dramatischen Grundfeuer rasch durch, die an der Bodenoberfläche kurzfristig 70–100 °C erreichen. Tiere im Erdboden und jene, die sich vor der Feuerfront schnell genug in Sicherheit bringen können, haben daher gute Überlebenschancen. Unter den Pflanzenarten gibt es viele, die Brände ohne größere Schäden überstehen.

Für manche Pflanzen sind regelmäßige Feuer sogar von Vorteil oder überlebenswichtig. Diese Pyrophyten – der Begriff leitet sich von griech. *pyr* (Feuer) und *phytón* (Pflanze) ab – schützen sich oft durch eine dicke Borke oder werfen ihr Laub während der kritischen Trockenzeit ab. Bei vielen Arten von Kiefern, Eukalypten, Silberbaumgewächsen und anderen typischen „Feuerpflanzen" öffnen sich die Früchte nur nach Feuereinwirkung, um die Samen auszustreuen. Das hat den Vorteil, dass die Samen von den heißen aufsteigenden Luftströmungen über den Bränden weit verbreitet werden und dann in die nährstoffreiche Ascheschicht am Boden fallen. Die Keimlinge haben zudem auch weniger Licht- und Wurzelkonkurrenz durch nicht feuerresistente Pfanzenarten.

Stimmt es, dass ...

es nach den EISHEILIGEN im Tiefland nicht mehr friert? — NEIN

Die so genannten Eisheiligen sind bestimmte Tage im Mai, an denen häufig kalte Polarluft nach Mitteleuropa vorstößt und besonders in klaren Nächten Frost bringt. In Norddeutschland gelten Mamertus, Pankratius und Servatius als Eisheilige, in Süddeutschland kommen Bonifatius und die Kalte Sophie hinzu. Ihre Namenstage fallen auf den 11. bis 15. Mai.

Nachtfrost kann es aber nicht nur im Gebirge, sondern auch in tieferen Regionen noch weit bis in den Juni (etwa während der Schafskälte) oder sogar im Juli geben. So wurden beispielsweise im Allgäu am 4. Juni 1962 in 2 m Höhe über dem Erdboden –2,4 °C gemessen. Am Boden war es sicherlich noch einige Grad kälter.

Frühsommerliche Nachtfröste sind in abgeschlossenen Senken, in denen sich kalte, schwerere Luft sammeln kann, und vor allem in Moorgebieten nicht selten. Der Torf erwärmt sich dort durch Sonneneinstrahlung nur langsam, weil die oberste ausgetrocknete Schicht die Wärme schlecht leitet. Zudem geht viel Wärme durch Verdunstung verloren – denn Wasser braucht zum Verdunsten Energie, die es sich aus der Umgebung holt, sodass diese abkühlt.

Stimmt es, dass …
EISREGEN früher seltener vorkam? NEIN

Eisregen oder gefrierender Regen kommt in drei verschiedenen Formen vor: Er entsteht erstens, wenn Regentropfen aus einer warmen in eine kältere Luftschicht fallen und dabei zu Eiskörnern mit bis zu 4 mm Durchmesser gefrieren. Zweitens gibt es eisigen Niederschlag, wenn sich unterkühlter Regen, bei dem die Temperatur der Tropfen unter 0 °C liegt, beim Auftreffen auf die Erdoberfläche sofort in Glatteis verwandelt (auch als „Blitzeis" bekannt). Drittens können Regentropfen mit Temperaturen über dem Gefrierpunkt auf den gefrorenen Erdboden oder andere kalte Gegenstände fallen, dort ebenso schnell gefrieren und die Erdoberfläche mit einer Eisschicht überziehen.

In allen drei Fällen lagern wärmere Luftmassen über kälterer Luft in Bodennähe. Eine solche Schichtung entsteht bei uns vor allem, wenn nach einer Frostperiode

Tiefdruckausläufer relativ warme Luft aus westlicher Richtung heranführen, die milde Meeresluft die bodennahe schwerere Kaltluft aber nicht sofort verdrängen kann. Derartige Warmluftvorstöße gehören schon immer zum Winter Mitteleuropas.

Länger anhaltender Eisregen mit katastrophalen Folgen für Verkehr, Energieversorgung und Forstwirtschaft geht zwischen Nordsee und Alpen hauptsächlich dann nieder, wenn quer durch Mitteleuropa eine Luftmassengrenze zwischen milder Luft im Südwesten und kalter Luft im Nordosten verläuft.

An Heiligabend 2002 legte Eisregen den Verkehr in großen Teilen von Niedersachsen lahm.

Wussten Sie schon, dass …
Stromleitungen bei Eisregen reißen können?

Eisregen kann Freileitungen mit Eisschichten überziehen, die ein Gewicht von bis zu 30 kg pro Meter Leitung erreichen. Unter dieser eisigen Last können die Drähte leicht reißen, besonders bei stärkerem Wind. Denn der durchs Eis vergrößerte Querschnitt bietet auch eine bessere Angriffsfläche.

Stimmt es, dass …
alles Leben im EISZEITALTER beinahe erfroren wäre? NEIN

Die mehrfachen großflächigen Vereisungen in den letzten 2–3 Mio. Jahren der Erdgeschichte führten im Allgemeinen lediglich zu Verschiebungen der Klima- und Ökozonen ohne dramatische Artenverluste. Zu einem Massensterben innerhalb der Tierwelt, dem u. a. das Mammut zum Opfer fiel, kam es erst in der Übergangsphase von der jüngsten Eiszeit

zur jetzigen Warmzeit. Es ist allerdings umstritten, ob die Tiere den krassen Klimawechsel nicht verkrafteten oder von den Jägern der Steinzeit ausgerottet wurden.

In den Eiszeiten selbst nahm die Artenvielfalt der Fauna in vielen Regionen der Erde sogar zu, etwa weil sich in den tropischen Regenwaldinseln neue Arten entwickelten oder weil infolge der Absenkung des Meeresspiegels Landbrücken aus dem Ozean auftauchten, über die Tiere in andere Kontinente einwandern konnten. Zudem entwickelten sich aus den Arten

Wussten Sie schon, dass …
der Artenreichtum der Regenwälder eine Folge der Eiszeiten ist?

In den tropischen Regionen direkt am Äquator machten sich die Eiszeiten weniger durch tiefere Temperaturen als durch geringere Niederschläge bemerkbar. Die tropischen Regenwälder wurden deshalb auf die feuchtesten Standorte zurückgedrängt und bildeten schließlich nur noch einzelne Inseln in ausgedehnten Grasländern. Ähnlich wie auf den Inseln im Meer entwickelten sich in diesen isolierten Regenwaldinseln zahlreiche neue Pflanzen- und Tierarten.

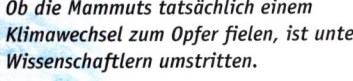

Ob die Mammuts tatsächlich einem Klimawechsel zum Opfer fielen, ist unter Wissenschaftlern umstritten.

der derzeitigen Wärmeperiode die „Kleine Eiszeit" vorausging?

Der Zeitraum von der Mitte des 16. Jh. bis zur Mitte des 19. Jh. war (unterbrochen von milderen Abschnitten) durch kühle und nasse Sommer und ungewöhnlich kalte Winter gekennzeichnet. Die Durchschnittstemperaturen lagen in diesem Zeitraum 1,5–2 °C unter den heutigen Werten. In der so genannten „Kleinen Eiszeit" stießen beispielsweise die Gletscher in den Alpen mehrmals bis weit über ihre gegenwärtigen Grenzen vor. Seit 1850 sind sie dann beträchtlich zurückgeschmolzen, zum Teil bereits ganz verschwunden.

Während die Elbe bei Dresden 2002 über die Ufer trat, ließ der Rekordsommer sie im folgenden Jahr fast austrocknen.

der Warmzeiten neue, an die Kälte angepasste Spezies wie das Wollhaarnashorn, der Moschusochse oder der Eisfuchs.

ABER: In der Pflanzenwelt, besonders in Mitteleuropa, gab es tiefere Einschnitte. Als von West nach Ost verlaufende Gebirgsbarriere verhinderten die Alpen, dass sich Wärme liebende Gewächse in den Eiszeiten nach Süden zurückziehen konnten.

Viele starben aus. Die mitteleuropäische Flora ist daher wesentlich artenärmer als die vergleichbaren Klimazonen Nordamerikas. Dort verlaufen die Gebirge von Nord nach Süd und ließen den Pflanzen damit einen Fluchtweg in wärmere Gebiete. Allerdings sind in den Eiszeiten auch einige Pflanzenarten aus dem hohen Norden nach Mitteleuropa eingewandert.

Stimmt es, dass...
die ERDATMOSPHÄRE sich in den letzten Jahrzehnten erwärmt hat? — JA

Die Lufttemperaturen in den unteren Schichten der Erdatmosphäre sind in der zweiten Hälfte des 19. Jh. und im gesamten 20. Jh. deutlich gestiegen. Von Jahr zu Jahr schwankten die Durchschnittstemperaturen zwar beträchtlich, doch der über die Jahrzehnte gemittelte Trend weist eindeutig nach oben. Im Jahr 2002 lag das weltweite Mittel beispielsweise um 0,57 °C über der Durchschnittstemperatur der Jahre 1880–2001, noch größer war die positive Abweichung in den Jahren 1998 und 2003.

Seit gut 25 Jahren steigt die Temperatur geradezu dramatisch an: Früher ging man von einem Anstieg von 0,6 °C pro Jahrhundert aus, die neuesten Werte deuten jedoch auf einen Temperaturanstieg von fast 2 °C pro Jahrhundert hin.

ABER: Der weltweite Temperaturanstieg gilt nur für das unterste Stockwerk der Erdatmosphäre. In der Stratosphäre, in Höhen zwischen 10 und 50 km, ist seit Jahrzehnten ein Abkühlungstrend zu erkennen.

KLIMASCHWANKUNGEN IN HISTORISCHER ZEIT

In Mitteleuropa gab es in den letzten 1000 Jahren vier längere Perioden mit vergleichsweise hohen oder tiefen Lufttemperaturen. Sie sind in der Grafik am Verlauf der blauen Kurve zu erkennen. Die rote Linie zeigt die mittelfristigen Temperaturschwankungen.

Temperaturabweichungen vom langjährigen Mittelwert in °C

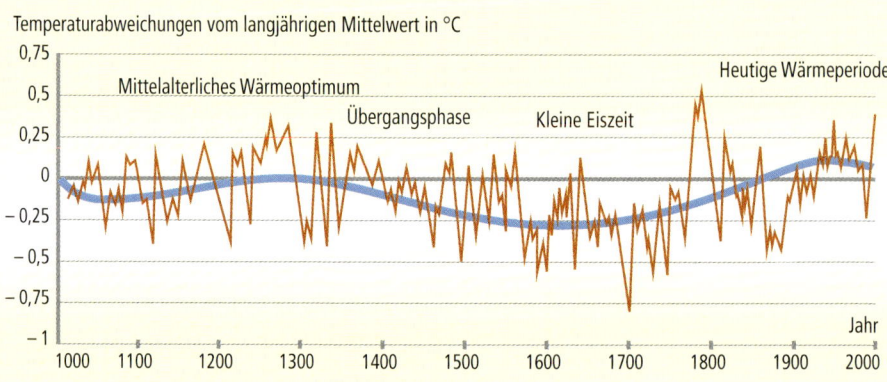

Stimmt es, dass...

ein einziger Liter ERDÖL 1 Mio. l Wasser verseuchen kann?   JA

Selbst kleinste Mengen öliger Substanzen können gewaltige Mengen Trinkwasser ungenießbar machen. Dies beweist ein einfaches Experiment: Man gibt einen winzigen, etwa 1 mm³ großen Tropfen eines duftenden ätherischen Öls, beispielsweise Lavendelöl, in 1 l Trinkwasser. Das Öl breitet sich rasch in dem Wasser aus und verleiht ihm einen angenehmen Geruch – trinkbar ist es jetzt jedoch nicht mehr. 1 mm³ Öl kann demnach 1 l Trinkwasser, also die einmillionenfache Menge, ungenießbar machen.

Das gilt erst recht für Erdöl und die daraus gewonnenen Produkte wie Heiz- oder Dieselöl. Jeder Tropfen Öl, der im Erdboden versickert und ins Grundwasser gelangt, stellt deshalb eine Gefahr dar.

Unabsehbare Folgen hat eine Ölpest nach einer Tankerhavarie, bei der mitunter Tausende Tonnen Öl ins Meer strömen. Die wasserlöslichen Bestandteile des Erdöls werden von Bakterien und Pilzen zwar relativ schnell und vollständig abgebaut, sofern genug Luftsauerstoff vorhanden ist. Schwerflüchtige Bestandteile wie Asphalt, die als Ölteppich das Wasser überziehen und in Klumpen an die Küste gespült werden, sind dagegen sehr viel schwerer abbaubar.

Nach dem Tankerunglück der Prestige versuchten Helfer im Dezember 2002 einen Strand in Galicien von Öl zu befreien.

Wussten Sie schon, dass...

sich die verheerendste Flutkatastrophe Mitteleuropas 1342 ereignete?

Bei dieser Katastrophe fiel im Flussgebiet des Mains in nur etwa 8 Tagen über die Hälfte der heute in der Region üblichen jährlichen Niederschlagsmenge. Der Fluss führte damals bei Frankfurt schätzungsweise 4000 m³ Wasser pro Sekunde – mehr als das 20fache der heute gemessenen mittleren Abflussmenge!

Stimmt es, dass...

FLUTKATASTROPHEN früher seltener waren?   NEIN

Seit Menschengedenken wird die Erde von katastrophalen Überschwemmungen heimgesucht. An der deutschen Nord- und Ostseeküste kam es in der Vergangenheit immer wieder zu verheerenden Sturmfluten (z. B. 1362 oder 1634), die Tausende Menschen das Leben kosteten und deshalb treffend als „Mandränken" bezeichnet werden. Die Chroniken berichten auch von vielen katastrophalen Hochwassern im Binnenland; zu den schwersten gehören die von 1342, 1595 und 1784.

Extreme Flutereignisse wären wahrscheinlich heute noch seltener, wenn der Mensch nicht auf verschiedenste Weise in die Natur eingegriffen hätte, beispielsweise durch die Begradigung von Flüssen, die Versiegelung des Erdbodens oder die Bebauung und Eindeichung der Flussauen.

FLUSSBEGRADIGUNG

Ursprünglich war der Oberrhein zwischen Neuenburg und Efringenkirchen in zahlreiche Wasserläufe aufgespalten. Durch die Regulierung wurde die Lauflänge verkürzt, Hochwasserwellen kommen jetzt schneller stromabwärts voran.

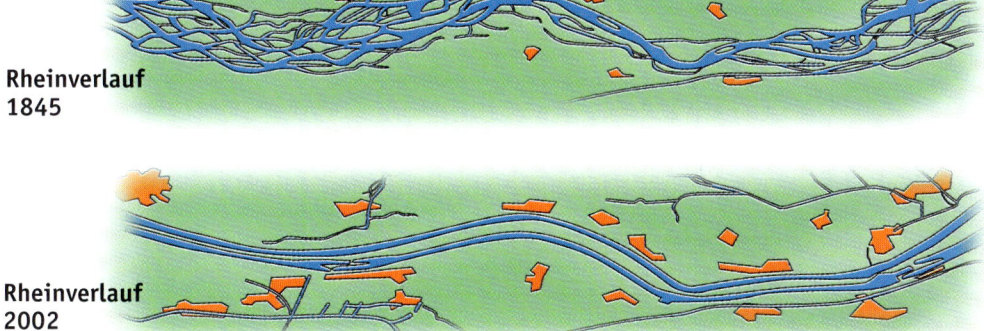

Rheinverlauf 1845

Rheinverlauf 2002

Stimmt es, dass ...
FÖHNWOLKEN schlechtes Wetter ankündigen? (JA)

Der Föhn, genauer der Südföhn, ist ein warmer, trockener und oft auch stürmischer Wind, der an manchen Tagen aus südlicher Richtung über die Kämme der Alpen, durch die Föhngassen des Gebirges und das nördliche Alpenvorland weht. Ähnliche Winde gibt es in vielen anderen Gebirgen der Erde, z. B. den Nordföhn oder Tedesco („der Deutsche") am oberitalienischen Alpenrand, den Autan in den Pyrenäen oder den Chinook an der Ostseite der Rocky Mountains. Die Winde bringen der dem Wind zugekehrten Seite der Gebirge, wo die Luftmassen aufsteigen müssen, meist ergiebige Niederschläge.

An der windabgewandten Seite sinken die Luftmassen dagegen ab und werden dabei immer wärmer und trockener. Die Wolkendecke reißt auf, und es zeigen sich nur noch einzelne linsenartige Wolken am Himmel, die etwa parallel zu den Bergketten angeordnet sind und auch als „Föhnfische" bezeichnet werden. Solange man diese sonderbar geformten Wolken sieht,

herrscht nahezu ideales Bergwetter mit viel Sonnenschein und exzellenter Fernsicht. Doch die Föhnwetterlage hält meist nur einige Stunden bis wenige Tage an, dann bricht der Föhn zusammen, und es kommt nicht selten zu einem Wettersturz.

Um diese Wetteränderung zu verstehen, muss man die Vorgänge um den Südföhn etwas genauer betrachten: Er setzt ein, wenn sich ein Tiefdruckgebiet vom Atlantik her Mitteleuropa nähert und dieses aus einem über den östlichen Alpen gelegenen Hochdruckgebiet Luft ansaugt – was den Föhn ergibt. Da Tiefs relativ schnell wandern, erreichen ihre Schlechtwetterfronten bald die Alpen, hinter dem Kern des Tiefdruckgebiets dreht der Wind abrupt von südlichen auf nordwestliche Richtungen und führt kühlfeuchte Luftmassen heran. Das Wetter schlägt dann innerhalb weniger Stunden um. Föhnwolken über den Nordalpen und dem Alpenvorland sprechen daher meist für eine deutliche Wetterverschlechterung innerhalb von 12–48 Stunden. Noch schneller trifft das Schlechtwetter ein, wenn sich die Wolken in der freien Atmosphäre, also ohne Gebirgshindernisse, über Mitteleuropa am Himmel zeigen.

Am Föhnwetter erkennt man, wie fragwürdig die Unterscheidung von gutem und schlechtem Wetter sein kann. Für Bergwanderer ist der Föhn (sofern er nicht zu stark weht) günstig, ebenso für Segelflieger, die sich von den Luftwellen auf der windabgewandten Seite des Gebirges wie Wellenreiter über große Strecken tragen lassen. Ungünstig ist der warme, trockene Wind hingegen für Wintersportler. Der Föhn gilt als „Schneefresser", der Schneedecken rasch dahinschwinden lässt. Für wetterfühlige Menschen ist Föhnwetter sogar eine denkbar ungünstige Wetterphase. Sie werden von Kopfschmerzen und Depressionen geplagt, Erkältungskrankheiten und Herz-Kreislauf-Probleme nehmen bei ihnen zu. Der Wetterumschlag wird daher vielfach als Erlösung empfunden.

Die typischen Föhnwolken (hier in der oberen Bildhälfte) verheißen zunächst warmes Wetter – doch ein Wetterumschwung folgt meist kurz danach.

Stimmt es, dass…

GEWITTER droht, wenn die Schafe auf der Weide die Köpfe zusammenstecken? NEIN

Schafe sind wie andere Tiere, bei denen die Füße den Erdboden in relativ großem Abstand berühren, stark bedroht, wenn in der Nähe ein Blitz einschlägt. Denn durch den großen Abstand der Füße entsteht zwischen ihnen ein hoher Spannungsunterschied, wenn sich nach dem Einschlag der Strom ringsum ausbreitet. Infolge dieser „Schrittspannung" kann es zu tödlichen Stromschlägen kommen. Falls Schafe also die elektrischen Entladungen wahrnehmen können, die von einer nahenden Gewitterwolke ausgehen, wäre es durchaus berechtigt, wenn sie sich ängstlich zusammendrängten – und sie könnten als Gewitterpropheten dienen.

Wesentlich wahrscheinlicher als diese These ist aber, dass Schafe durch ihr Verhalten Insekten abwehren wollen. Ihr Körper ist durch die Wolle vor den Plagegeistern gut geschützt, nur am Kopf können Fliegen und Bremsen angreifen. Dadurch, dass die Schafe ihre Köpfe zusammenstecken und aneinander reiben, werden sie der Plage wenigstens teilweise Herr.

ABER: Vielleicht warnen Schafe durch das Zusammenrücken doch vor Gewittern – denn Insekten sind bei schwülem Wetter, das häufig Gewitter bringt, besonders aktiv.

Schafe sind – wie alle Vierbeiner – bei Gewittern besonders gefährdet.

Stimmt es, dass…

man bei GEWITTER alle Gerätestecker herausziehen sollte? JA

Durchschnittlich schlagen in Mitteleuropa pro Jahr und Quadratkilometer nur 2–3 Blitze ein; die Gefahr, dass ein Haus direkt von einem Blitz getroffen wird, ist also relativ gering. Außerdem leiten bei den meisten Gebäuden Blitzableiter die Stromstöße zuverlässig ins Erdreich ab.

Doch dies ist kein Grund, sich in Sicherheit zu wiegen, denn schon ein einziger Erdblitz kann auf der Fläche eines Quadratkilometers große Schäden anrichten, weil plötzliche Überspannungen in der Größenordnung von mehreren Tausend Volt durch Strom- und Telekommunikationsleitungen in das Innere von Gebäuden eindringen. Dort schädigen sie vor allem empfindliche elektronische Geräte wie Computer, Fernseher oder Telefonanlagen.

Der Aufwand für Überspannungsschäden durch Blitze ist in der privaten Hausratversicherung innerhalb nur weniger Jahre auf das Dreifache gestiegen. Der einfachste Schutz gegen derartige Schäden besteht darin, die Antennen- und Netzstecker bei Gewitter oder längerer Abwesenheit aus der Steckdose zu ziehen.

Allerdings wird man sich kaum immer zu Hause aufhalten, wenn überraschend ein Gewitter aufzieht. Daher empfehlen Fachleute ein blitzstromfestes Überspannungsschutzgerät im Stromverteilerkasten als so genannten Grobschutz und weitere Überspannungsschutzgeräte, die als Feinschutz direkt vor die empfindlichsten Geräte in die Steckdose gesteckt werden. Dann kann man sich das Steckerziehen sparen.

Wussten Sie schon, dass… auch Pflanzen das Wetter vorhersagen können?

Diese „Wetterpflanzen" zeigen wie ein Wetterhäuschen Schwankungen der Luftfeuchtigkeit an und sind daher im Prinzip einfache Hygrometer. Bei der „Wetterdistel", der Silberdistel oder Eberwurz, ziehen die Hüllblätter der Blüten in feuchter Luft an der Unterseite Feuchtigkeit an, quellen dadurch und schließen sich. Bei trockenem Wetter geben sie Feuchtigkeit ab und öffnen sich wieder. Ähnlich reagieren die Früchte des Reiherschnabels oder der Wetterstern, ein Pilz.

Was man bei Ebbe kaum glauben mag: Wenn die Flut aufläuft, stehen die Pfahlbauten am Strand von St. Peter-Ording an der nordfriesischen Küste häufig im Wasser.

Wussten Sie schon, dass...
der Tidenhub mitunter bis über 16 m beträgt?

Der Höhenunterschied zwischen dem durch die Gezeiten verursachten Niedrigwasser und dem Hochwasser (Tidenhub) beträgt auf den Ozeanen normal nur wenige Dezimeter. An den Küsten kann der Pegelstand aber um mehrere Meter schwanken, und in trichterförmigen Buchten und Flussmündungen kann das Wasser mit der Flut sogar um über 10 m ansteigen – wie beispielsweise in der Fundy Bay an der Atlantikküste Kanadas, wo der maximale Tidenhub im innersten Winkel fast 17 m beträgt.

Stimmt es, dass...
für die GEZEITEN der Mond verantwortlich ist?   JA

Der Erdtrabant spielt bei der Entstehung der Gezeiten die wichtigste Rolle. Seine Masse ist zwar im Vergleich mit der von Planeten sehr klein (sie beträgt beispielsweise nur etwa ein Einundachtzigstel der Erdmasse), aber da er die Erde in einer relativ geringen Entfernung von durchschnittlich 384 400 km umkreist, übt er eine beachtliche Massenanziehungskraft auf sie aus.

Wäre der Erdkörper starr, gäbe es auf unserem Planeten keine Gezeiten. Die Erde – vor allem ihre Wasserhülle und Atmosphäre – ist jedoch durch entsprechende Kräfte in der Größenordnung von Dezimetern bis Metern verformbar. Sogar in der Erdkruste lassen sich die Gezeiten nachweisen.

Die Anziehungskraft der Himmelskörper nimmt mit wachsendem Abstand stark ab. Die durch die Kräfte des Mondes erzeugte Verformung ist deshalb an der dem Mond zugewandten Seite der Erde am größten. Dort entsteht eine Art Buckel, der „Flutberg". Auch Fliehkräfte, die bei der Bewegung der Erde und des Mondes um den gemeinsamen Schwerpunkt entstehen, verformen den Erdkörper. Sie übertreffen den Einfluss des Trabanten an der ihm abgewandten Seite, wo seine Anziehungskraft aufgrund der größeren Entfernung geringer ist. Dort bildet sich dann ein zweiter Flutberg. Unter jedem dieser beiden Flutberge dreht sich die Erde etwa einmal am Tag hindurch, was sich vor allem in Ebbe und Flut äußert.

ABER: Mit ihrer gewaltigen Masse hat die Sonne ebenfalls starken Einfluss auf die Stärke und den Rhythmus der irdischen Gezeiten: Stehen Sonne, Erde und Mond während der Mondphasen Vollmond und Neumond in einer Linie, überlagern sich die Anziehungskräfte von Sonne und Mond und erzeugen die hohen Springfluten. Umgekehrt wirken bei Halbmond, wenn Sonne und Mond im rechten Winkel stehen, die Anziehungskräfte der beiden gegeneinander, und es kommt zu den niedrigen Nippfluten.

ENTSTEHUNG DER GEZEITEN

Die Gezeiten erzeugenden Kräfte des Mondes sind auf der Erde mehr als doppelt so groß wie die der Sonne. Andere Himmelskörper haben praktisch keinen Einfluss auf die regelmäßigen Schwankungen des Meeresspiegels.

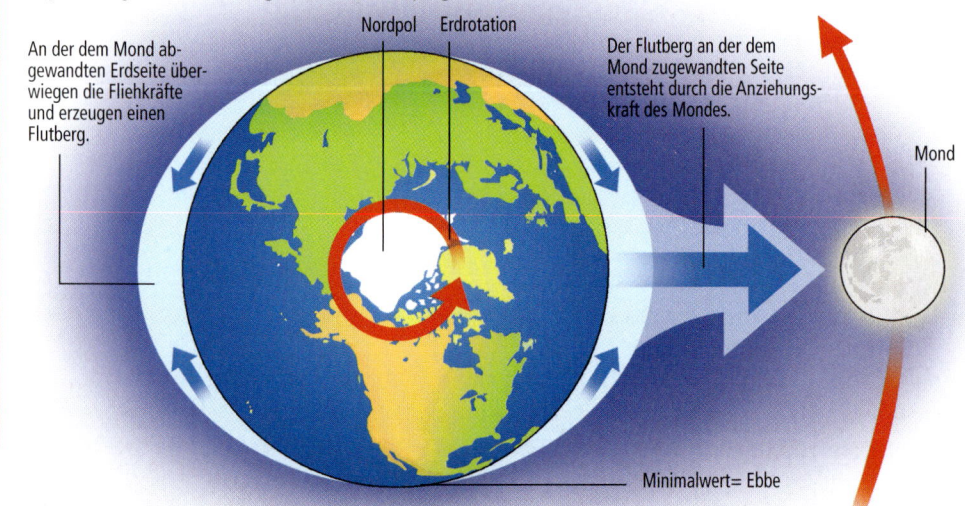

An der dem Mond abgewandten Erdseite überwiegen die Fliehkräfte und erzeugen einen Flutberg.

Nordpol   Erdrotation

Der Flutberg an der dem Mond zugewandten Seite entsteht durch die Anziehungskraft des Mondes.

Mond

Minimalwert = Ebbe

Stimmt es, dass ...

gelbliche Wolken **HAGEL** ankündigen?   JA

Hagelkörner fallen aus mächtigen Gewitter- und Schauerwolken, die in den mittleren Breiten der Erde bis in 13 km Höhe reichen. Ihre oftmals wie ein Amboss geformte Oberseite ist strahlend weiß, die Unterseite hat dagegen häufig eine pechschwarze Farbe, weil das Sonnenlicht auf dem Weg durch die Wolke stark geschwächt wird. Von der düsteren Wolkenbasis hängen büschel- oder fransenartige Gebilde herab. Sind diese ebenfalls dunkel gefärbt, ist mit heftigen Regengüssen zu rechnen. Sind sie aber gelblich weiß, dann gehen dort meist in einem eng begrenzten Gebiet große Mengen von Hagel- und kleineren Graupelkörnern nieder.

Das Gebiet mit dem heftigsten und größten Hagel liegt in der Regel knapp 10 km hinter der Böenwalze, wie die markante walzenartige Wolkenformation an der Vorderseite der Gewitterwolke genannt wird. Hat diese einen bestimmten Punkt erreicht, dauert es meist nur noch wenige Minuten, bis dort das Hagelunwetter beginnt.

ABER: Nicht jede gelbliche Wolke bringt sofort Hagel. Haufenwolken, die im Licht der tiefstehenden Sonne einen gelblichen Farbton annehmen, sind beispielsweise vollkommen harmlos.

Die charakteristische Böenwalze an der Vorderseite eines Gewitters kündigt das drohende Unwetter an.

Wussten Sie schon, dass ...
bereits walnussgroße Hagelkörner bis zu 90 km/h schnell sind?

Hagelkörner gehen erst zur Erde nieder, wenn sie so schwer geworden sind, dass die Aufwinde sie nicht mehr nach oben verfrachten oder in der Schwebe halten können. Auf dem Weg zur Erdoberfläche werden die Eisklumpen beschleunigt und erreichen die Erde mit großer Geschwindigkeit. Schon Körner von 3 cm Durchmesser fliegen mit 25 m/sek oder 90 km/h. Sehr großer Hagel prallt vermutlich mit bis zu 50 m/sek auf die Erde.

Stimmt es, dass ...

es in jedem Sommer **HUNDSTAGE** gibt?   JA

Mit Hunden haben die Hundstage nur sehr indirekt etwas zu tun. Der Zeitraum zwischen Ende Juli und Ende August hat seinen Namen nämlich vom „Hundsstern" Sirius. Sirius ist ein ungewöhnlich heller Stern im Sternbild des Großen Hundes, der im letzten Augustdrittel am Firmament erscheint.

Dieser gut 8 Lichtjahre entfernte Himmelskörper beeinflusst das irdische Wetter nicht. Sowohl die Römer als auch die Griechen schrieben ihm aber die große Hitze zu, die oft zwischen dem 23. Juli und dem 23. August in Europa herrscht, und nannten die Tage daher *dies caniculares,*

Tage des Hundssterns. So gesehen gibt es in jedem Sommer Hundstage.

Im übertragenen Sinn gelten die Hundstage als die heißesten Tage des Jahres. Zwar können die Lufttemperaturen in jedem Sommermonat ihr jährliches Maximum erreichen, doch in der Regel werden die

An Hundstagen ist Abkühlung oft dringend notwendig.

Höchsttemperaturen tatsächlich im letzten Julidrittel und in der ersten Augusthälfte gemessen. Dieser Zeitraum wird deshalb zum Hochsommer gerechnet. Die warme Witterung endet in Mitteleuropa allerdings schon meist Mitte August mit dem Einbruch kühler und feuchter Luftmassen aus nördlichen Breiten.

Das Auge dieses Hurrikans nördlich von Honduras ist besonders gut ausgeprägt.

Stimmt es, dass ...
es im Auge eines HURRIKANS windstill ist? NEIN

Im Zentrum der Wolkenspirale tropischer Wirbelstürme, wie beispielsweise der atlantischen Hurrikane, liegt eine nahezu wolkenfreie, meist ovale Zone – das so genannte Auge des Orkans. Dort lösen sich die Wolken in den absteigenden Luftbewegungen auf. Am Grund des 30–50 km durchmessenden Auges ist der Wind wesentlich schwächer als unter der benachbarten bis zu 20 km hohen Wolkenmauer, aber es ist nie vollkommen windstill. Die Windgeschwindigkeiten schwanken zwischen 10 und 30 km/h.

Dies wäre ideal zum Windsurfen – wenn die gewaltigen Wellen nicht wären. Deren Durchschnittshöhe liegt bei etwa 12 m, Einzelwellen können sogar gut doppelt so hoch sein. Sie laufen im Kern des Wirbelsturms aus verschiedenen Richtungen zusammen und erzeugen deshalb im Auge eine so genannte Kreuzsee, die auch großen Schiffen gefährlich werden kann.

Am Rand des Auges steigt die Windgeschwindigkeit sprunghaft bis auf weit über 200 km/h. an, zuweilen stürmt es noch 500 km vom Zentrum des Wirbels entfernt. Die Energiemengen, die ein solcher tropischer Wirbelsturm freisetzt, sind gewaltig: 6–18 Billionen Kilowattstunden pro Tag.

Wussten Sie schon, dass ...
jährlich 30–40 Tiefdruckwirbel zu Wirbelstürmen werden?

Die meisten tropischen Wirbelstürme entstehen im nordwestlichen Pazifik, der besonders weite Flächen mit warmem Wasser besitzt. Dort werden diese Stürme übrigens Taifune genannt. Im Atlantik erreichen im Jahresdurchschnitt nur etwa sechs Stürme die Stärke eines Hurrikans. Die Zonen direkt am Äquator bleiben von diesen Unwettern verschont. Aus noch unbekannten Gründen schwankt die Häufigkeit atlantischer Hurrikane im Zyklus von rund 30 Jahren. Danach ist im Atlantik bis zum Jahr 2020 vermutlich mit mehr tropischen Wirbelstürmen zu rechnen.

Stimmt es, dass ...
sich die JAHRESZEITEN in Mitteleuropa verschoben haben? JA

Das Jahr wird traditionell in vier etwa gleich lange Zeitabschnitte, die Jahreszeiten, eingeteilt. Die gebräuchlichste Einteilung beruht auf astronomischen Terminen: den Sonnenwenden, an denen die Mittagshöhe der Sonne ihren höchsten oder tiefsten Stand erreicht, und den Tag-und-Nacht-Gleichen, an denen Tag und Nacht weltweit etwa gleich lang sind. Auf der Nordhalbkugel beginnt der Frühling um den 21. März, der Sommer um den 21. Juni, der Herbst um den 23. September und der Winter um den 22. Dezember.

Eine weitere Jahreseinteilung basiert auf den meteorologischen Jahreszeiten, die mit den astronomischen nicht ganz übereinstimmen. Für die Nordhalbkugel gelten März bis Mai als Frühling, Juni bis August als Sommer, September bis November als Herbst und Dezember bis Februar als Winter. Diese Jahreszeiten sind verbindlich festgelegt und können sich folglich auch nicht verschieben.

Anders verhält es sich mit den so genannten phänologischen Jahreszeiten. Hierbei unterscheidet man in Mitteleuropa rund zehn Jahreszeiten, die nach Wachstumsabschnitten (Laubentfaltung, Blühbeginn usw.) bestimmter Wild- und Kulturpflanzen abgegrenzt werden. Die Laubentfaltung der Rosskastanie markiert dabei etwa die Mitte des so genannten Erstfrühlings. In Genf wird dieser Termin bereits seit 1808 festgehalten. Am Anfang des 19. Jh. geschah dies noch etwa Ende März, heute entfalten sich die Blätter schon Mitte Februar. Andere Gehölzarten ergrünen heute ebenfalls früher als noch vor einigen Jahrzehnten.

ABER: Während sich die phänologischen Jahreszeiten des ersten Halbjahres immer weiter nach vorn verschoben haben, sind die spätsommerlichen und herbstlichen Termine über die Jahre fast unverändert geblieben. Dies hängt wohl vor allem damit zusammen, dass die Entwicklung der Pflanzen nicht nur von der Temperatur, sondern auch von der Tageslänge bestimmt wird.

PHÄNOLOGISCHE JAHRESZEITEN

Der phänologische Kalender ist viel detaillierter und besser an den charakteristischen Jahresgang unseres Klimas angepasst als die starre Einteilung in vier astronomische und meteorologische Jahreszeiten. Er gilt aber immer nur für ein bestimmtes Gebiet (hier: Geisenheim im Rheingau).

Stimmt es, dass ...

im **KARIBISCHEN MEER** die Korallenriffe absterben?

JA

Die Karibik gilt als eines der artenreichsten Meeresgebiete der Erde. Forscher zählten dort rund 1200 Arten von Meerestieren. Das Karibische Meer ist zugleich die bedeutendste Riffprovinz des Atlantischen Ozeans, doch gerade die Korallenriffe sterben seit einigen Jahrzehnten ab. Auf manchen Riffen ist die von lebenden Korallen bedeckte Fläche in den letzten 30 Jahren von 50 % auf heute 10 % geschrumpft. In nur 10 Jahren sind über 90 % der Elchgeweihkorallen abgestorben. Die Stöcke dieser Korallenart überziehen sich mit weißen Pocken, das Gewebe löst sich auf, und nur das Skelett bleibt übrig. Hauptverursacher sind vermutlich Fäkalien, die aus den Städten und Touristenzentren ins Meer gelangen. Andere Forscher machen die Erwärmung der Erdatmosphäre für die so genannte Korallenbleiche verantwortlich. In dem wärmeren Wasser stoßen die hitzegestressten Korallenpolypen die Algen ab, die sie mit Nährstoffen versorgen, und gehen so zugrunde.

Ein Inselchen, umgeben von wunderschönen Riffen – doch dieses Karibik-Idyll ist gefährdet.

Wussten Sie schon, dass ...
der Frühling etwa 3 Tage braucht, um 100 Höhenmeter zu überwinden?

Im Unterschied zu den astronomischen und den meteorologischen Jahreszeiten beginnen und enden die phänologischen Jahreszeiten nicht an jedem Ort am selben Tag. Die Apfelblüte als Beginn des „Vollfrühlings" setzt beispielsweise in Karlsruhe durchschnittlich am 24. April ein, in Schleswig startet sie dagegen erst am 17. Mai. Der Frühling legt also rund 44 km am Tag von Süden nach Norden zurück. Die Überwindung von Höhenunterschieden geht bei weitem nicht so schnell. In den Gebirgen Mitteleuropas braucht der Frühling für 100 Höhenmeter etwa 3 Tage.

Die Brandrodung in tropischen Urwäldern, wie hier in Brasilien, hat große Auswirkungen auf das Weltklima.

Wussten Sie schon, dass...

aus 25 Ländern der Erde Wälder praktisch verschwunden sind?

Die Wälder der Erde werden zunehmend abgeholzt und niedergebrannt. Davon sind in erster Linie die tropischen Wälder betroffen. Seit Beginn der 1990er-Jahre haben beispielsweise afrikanische Länder wie Burundi, Ruanda oder Niger jährlich 4–9 % ihrer Waldfläche verloren. Aus weltweit etwa zwei Dutzend Staaten, darunter Benin, Togo und die Republik Guinea, sind die Wälder inzwischen praktisch verschwunden.

Stimmt es, dass...

das Verbrennen von Holz das **KLIMA** verändert?   JA

Das Verbrennen von Holz hätte nur dann keinen Einfluss auf das Klima, wenn im weltweiten Durchschnitt pro Jahr nur so viel Holz verbrannt würde, wie im gleichen Zeitraum nachwächst. Genau dies ist aber nicht der Fall.

In den Ländern der Subtropen und Tropen werden Jahr für Jahr Wälder auf riesigen Flächen niedergebrannt, um neues Acker- und Weideland zu gewinnen. Da bei der Verbrennung von Holz Kohlendioxid freigesetzt wird, nimmt der Anteil dieses Treibhausgases in der Erdatmosphäre zu. Rund ein Fünftel des vom Menschen verursachten Ausstoßes von Kohlendioxid geht auf die Vernichtung der Wälder zurück.

Doch das Verbrennen der Wälder hat nicht nur Auswirkungen auf den weltweiten Treibhauseffekt, sondern auch lokal: Das Klima wird trockener, denn auf den Flächen fließt mehr Niederschlag ab, und die Verdunstung geht zurück; in der Folge verwandeln sich die Flächen oft in staubige Steppen, über denen aufgewirbelter Staub die Sonneneinstrahlung schwächt. Die bodennahe Luft kühlt ab und steigt nicht mehr in größere Höhen, wo der Wasserdampf Regenwolken bilden kann.

Stimmt es, dass...

es von jeher **KLIMAKATASTROPHEN** und Wetterkapriolen gegeben hat?   JA

Mit dem Gemälde „Die Jäger im Schnee" schuf Pieter Breughel d. Ä. ein künstlerisches Dokument des strengen Winters von 1565.

Allein die Chroniken der letzten 1000 Jahre belegen, dass außergewöhnliche Wetterereignisse noch nie eine Seltenheit waren: Im trockenheißen Jahr 1540 sollen beispielsweise in Franken in 26 Wochen nur an insgesamt 5 Tagen ein paar Tropfen Regen gefallen sein; zwischen 1737 und 1747 gab es in Mitteleuropa dagegen gar keinen warmen Sommer;

im Winter 1783/84 häufte sich im sonst so milden Südwestdeutschland eine mehr als 1,5 m dicke Schneedecke an, die im Frühjahr zu verheerendem Hochwasser führte.

Klimaschwankungen von katastrophalem Ausmaß erlebten die Mitteleuropäer auch im 15. und 16. Jh. beim Übergang vom warmen Klima des Hochmittelalters zur Kälteperiode der „Kleinen Eiszeit", mit krassen Unterschieden zwischen den einzelnen Jahren. 1565 war extrem kalt, noch im Mai fiel vielerorts Schnee, im folgenden Jahr soll es so warm gewesen sein, dass im September die Rosen wieder zu blühen anfingen.

Stimmt es, dass …

die meisten Lawinenopfer die LAWINE selbst verursacht haben?   (JA)

Lawinenunfälle, die beispielsweise in den Alpen jährlich rund 100 Todesopfer fordern, werden meist von Wintersportlern selbst verursacht. Dies zeigen die Statistiken, die in den Alpenländern am Ende des Winters veröffentlicht werden. Im Winter 2001/02 zählte man beispielsweise in Österreich rund 80 Lawinenunfälle und in 80 % der Unfälle waren daran Skifahrer, Snowboarder und Tourengeher beteiligt. In dieser Gruppe war auch mit etwa 95 % der weitaus größte Anteil von Todesopfern zu beklagen. Und fast immer wurden sie Opfer von Schneebrettlawinen, die unter ihrer eigenen Last abbrachen.

ABER: Die meisten Lawinen werden ohne Einwirkung von Menschen ausgelöst. Besonders oft kommt es bei kräftigem Schneefall und stürmischem Wind oder bei Tauwetter zu Abgängen.

LAWINENGEFAHRENSTUFEN

Die Lawinengefahr wird von vielen Faktoren beeinflusst. Dazu gehören u. a. Hangneigung und Pflanzendecke, Neuschneemenge, Wind und Lufttemperaturen. Die entscheidende Rolle spielt aber der Zustand der Schneedecke, der je nach dem Witterungsablauf in den vergangenen Stunden, Tagen bis Wochen als stabil oder eher labil beurteilt werden kann. Auf diesem Hauptmerkmal beruht auch die in den Alpenländern gebräuchliche 5-stufige Skala der Lawinengefahr.

Gefahrenstufe	Bezeichnung	Zustand der Schneedecke (an Hängen)	Auslösung durch Menschen	Auslösung spontan
1	Gering	Überall gut verfestigt (stabil)	Extrem selten	Nur Rutsche
2	Mäßig	An einigen Steilhängen nur mäßig stabil	Möglich durch eine Gruppe	Nur Rutsche
3	Erheblich	An vielen Steilhängen eher schwach verfestigt (labil)	Auch bei geringer Belastung möglich	Möglich sind mittlere Lawinen
4	Groß	An den meisten Steilhängen schwach verfestigt (labil)	Verbreitet auch bei geringer Belastung	Verbreitet mittlere, örtlich große Lawinen
5	Sehr groß	An den meisten Hängen labil geschichtete Schneedecke	Verbreitet auch bei geringer Belastung	Verbreitet große Lawinen

Stimmt es, dass …

LAWINEN durch Geräusche ausgelöst werden können?   (JA)

Lawinenforscher sagen: „Eine Schneedecke vergisst nichts." Damit wollen sie ausdrücken, dass die in einem Winter aufeinander folgenden Witterungsperioden in den oft meterdicken Schneedecken wie auf den Seiten eines Tagebuchs festgehalten werden: Starker Schneefall bei Windstille, der Schichten von lockerem Schnee hinterlässt; heftiger Wind, der Neuschnee zu kompaktem Pressschnee verfestigt; mildes, sonniges Wetter, bei dem der Schnee tagsüber an der Oberfläche antaut und nachts wieder zu Harsch gefriert; Regengüsse, die den Schnee durchweichen usw.

Schneedecken bestehen daher fast immer aus mehreren Schichten unterschiedlicher Beschaffenheit und enthalten Schwächezonen, an denen die Schneemassen abbrechen könnten. Bei einem solch labilen Aufbau genügt bereits ein winziger Anstoß von außen, um eine Katastrophe auszulösen: ein einziger im Übermut geworfener kleiner Schneeball, ein unvorsichtiger Skifahrer, der sich abseits der sicheren Pisten im verschneiten Gelände bewegt und die labile Schneedecke mit seinem Gewicht belastet – und nicht zuletzt Schallwellen. Zuweilen führt schon der dumpfe Knall, der beim Abreißen eines Schneebretts entsteht, in der Umgebung zu weiteren Lawinen. Aus diesem Grund ist auch der Einsatz von Helikoptern bei der Rettung und Bergung von Lawinenopfern nicht ungefährlich, da man damit neue Lawinen auslösen kann.

Wussten Sie schon, dass … Lawinen mehr als 300 km/h schnell werden können?

Je nach Art gleiten und stürzen Lawinen mit verschiedenen Geschwindigkeiten talwärts. Schneebrettlawinen erreichen im Durchschnitt 80 km/h. Staublawinen stürzen dagegen mitunter mehr als viermal so schnell von steilen Felshängen. Das Gemisch aus Luft und fein verteiltem Schnee hebt dabei gewissermaßen vom Boden ab und gleitet auf einem Luftkissen mit bis zu 350 km/h den Berg hinunter. Staublawinen entfalten weniger durch den Schnee als durch die gewaltigen Druckwellen eine verheerende Zerstörungskraft.

Stimmt es, dass ...

die **LUFT** im Wald und am Meer mehr Sauerstoff enthält?

NEIN

ZUSAMMENSETZUNG DER ERDATMOSPHÄRE

Die Atmosphäre der Erde besteht aus einem Gasgemisch, das wir Luft nennen und das sich hauptsächlich aus vier Komponenten zusammensetzt: Stickstoff, Sauerstoff, Argon und Kohlendioxid. Diese Gase nehmen zusammen fast 99,94 % des Volumens der Atmosphäre ein. Der winzige Rest von rund 0,06 % verteilt sich auf die verschiedensten Gase wie Neon, Helium, Methan, Ozon, Wasserstoff oder Schwefeldioxid.

Diese Werte gelten für die „trockene", wasserdampffreie Atmosphäre. Rechnet man die gasförmige Form des Wassers, den so genannten Wasserdampf mit ein, ist dieser mit bis zu 4 % an der Zusammensetzung der Erdatmosphäre beteiligt.

Stickstoff (N$_2$)
78,1 %

Sauerstoff (O$_2$)
20,9 %

Weitere Edelgase sowie Kohlendioxid
0,1 %

Argon (Ar)
0,9 %

D as Klima in einem größeren Waldbestand unterscheidet sich deutlich von dem im offenen Gelände. Es zeichnet sich vor allem durch die geringe Sonneneinstrahlung unter dem Kronendach, hohe Luftfeuchtigkeit, gleichbleibend mäßige Wärme und schwache Luftbewegungen aus. Die Luft im Wald enthält jedoch genauso viel Sauerstoff wie die entsprechende Atmosphärenschicht in unbewaldeten Gebieten. Zwar erzeugen grüne Pflanzen bei Sonneneinstrahlung durch Photosynthese ständig Sauerstoff, doch bei Dunkelheit laufen im Inneren der Pflanzen Vorgänge ab, die Sauerstoff verbrauchen. Zusätzlich wird auch für die Zersetzung der am Waldboden angehäuften Biomasse Sauerstoff benötigt.

Der Sauerstoffgehalt von Meeresluft unterscheidet sich ebenfalls nicht von der Luft im küstenfernen Binnenland. Bei den meist kräftigen Luftströmungen und dem dadurch beschleunigten Austausch der Luftmassen wäre es auch unwahrscheinlich, dass gerade im ozeanischen Klima der Sauerstoffgehalt über den Durchschnittswert der Atmosphäre anstiege.

ABER: Die Luft im Wald und am Meer enthält mehr Sauerstoffanionen, als beispielsweise über Wiesen und Feldern oder gar in Städten vorhanden sind. Diese negativen Ionen entstehen u. a. bei der Reaktion feinster Wassertröpfchen mit den Luftmolekülen und durch die ultraviolette Strahlung der Sonne. Sie reinigen die Luft von Schadstoffen, außerdem fördert das Einatmen ionisierter Luft die Sauerstoffanreicherung im Blut und damit die Leistungsfähigkeit und die Abwehrkräfte.

Wussten Sie schon, dass ...

ein Laubbaum etwa 3 Mio. l Sauerstoff pro Jahr erzeugt?

Die Pflanzenwelt ist als Quelle des für Mensch und Tier lebensnotwendigen atmosphärischen Sauerstoffs unentbehrlich. Ein durchschnittlicher Laubbaum von etwa 15–20 m Höhe produziert während der Wachstumszeit rund 370 l Sauerstoff pro Stunde – womit der Sauerstoffverbrauch von fünf erwachsenen Menschen gedeckt werden könnte. Auf das gesamte Jahr umgerechnet, ergibt das eine Sauerstoffproduktion von etwa 3 Mio. l pro Baum.

Stimmt es, dass ...
Flechten saubere **LUFT** anzeigen?   JA

Flechten sind äußerst robuste Lebewesen, die selbst unter härtesten Klimabedingungen noch existieren können. Auf Schadstoffe in der Luft reagieren viele jedoch äußerst empfindlich. Vor allem Gase wie Schwefeldioxid oder die Stickstoffoxide, die Säuren bilden, schädigen Flechten. Hinzu kommen Belastungen durch Schwermetalle wie Blei oder Cadmium sowie durch Zement- und Kalkstaub. Der seit dem Beginn des Industriezeitalters zunehmenden Luftverschmutzung sind daher in Mitteleuropa zahlreiche Flechtenarten zum Opfer gefallen. Allein in Schleswig-Holstein waren dies über 200 Arten bzw. 35 % des früheren Bestands.

Dort, wo Flechten heute noch in größerer Artenzahl vorkommen, ist die Schadstoffbelastung der Luft meist gering. Zu diesen Reinluftgebieten gehören besonders die Küsten und die Gebirge abseits der Großstädte, Industrieviere und Verkehrsachsen. Die mit Abgasen belasteten Stadtzentren sind dagegen meist „Flechtenwüsten", in denen lediglich ein paar der unempfindlichsten Arten gedeihen.

ABER: Nur die Flechten, die auf Baumrinden und kalkfreien Gesteinen bzw. Baustoffen wachsen, zeigen zuverlässig saubere Luft an. Auf kalkhaltigem Untergrund neutralisiert der Kalk die Säuren und bewahrt so die Flechten vor Schädigungen.

Flechten auf Baumstämmen zeigen zuverlässig, dass die Umgebungsluft sauber ist.

Wussten Sie schon, dass ...
Flechten weit über 1000 Jahre alt werden können?

Flechten wachsen extrem langsam. Bei manchen Arten, die als Krusten Gesteine oder Pflanzen bedecken, beträgt der Zuwachs nur 0,1–2 mm pro Jahr. Dafür werden Flechten oft weit über 1000 Jahre alt. Wenn die Wachstumsrate genau bekannt ist, lässt sich aus der Größe der Krustenflechte das Alter der Oberfläche berechnen, auf der sie sich angesiedelt hat. Dieses Verfahren wird u. a. in der Geologie zur Altersbestimmung von Gesteinsblöcken angewendet.

Stimmt es, dass ...
unsere **LUFT** heute schlechter ist als vor 20 Jahren?   NEIN

In den ersten Jahren nach seiner Inbetriebnahme 1985 verpestete allein das Braunkohlekraftwerk Buschhaus nahe der Grenze zwischen Niedersachsen und Sachsen-Anhalt mit etwa 18 t Schwefeldioxid pro Stunde die Atmosphäre über Deutschland. Heute wird der Schwefel durch aufwändige Verfahren aus den Abgasen entfernt. Inzwischen sind auch Katalysatoren und bleiarme Kraftstoffe für Fahrzeuge Standard geworden. Ebenso haben strengere Bestimmungen zum Schadstoffausstoß, beispielsweise von Gebäudeheizungen, zur Verbesserung der Luftqualität beigetragen. Zudem ist das ökologische Bewusstsein bei vielen Menschen gewachsen.

Der Ausstoß der wichtigsten Luftschadstoffe wie Schwefeldioxid, den Stickoxiden, Ammoniak und Staub hat sich daher seit den 1980er-Jahren zum Teil um mehr als 80 % verringert. Der früher bei kaltem, windstillem Winterwetter beinahe alltägliche „Schwefeldioxid-Smog" tritt kaum noch in einer Stärke auf, dass Smog-Alarm ausgelöst werden muss. Auch die weniger

abgasempfindlichen Flechtenarten kehren in den Kern der Großstädte zurück.

ABER: Dieser Trend gilt nur für einige wenige Länder, die sich wie die Staaten Mitteleuropas modernste Technik leisten können. Weltweit gesehen ist die Luft in den vergangenen 20 Jahren deutlich schlechter geworden. Vor allem in den Ländern der Dritten Welt hat die Luftverschmutzung zum Teil katastrophale Ausmaße angenommen.

1976 wurden im Ruhrgebiet noch viele Schadstoffe ungefiltert in die Umgebung abgegeben.

Wussten Sie schon, dass...

es auch das Land bewohnende Leuchtorganismen gibt?

Organismen, die Licht ausstrahlen, bevölkern die verschiedensten Lebensräume, von der Tiefsee über Höhlen bis zu den tropischen Regenwäldern. Auf dem Land leben u. a. die Leuchtpilze, die wie der auf totem Holz angesiedelte Hallimasch im Dunkeln leuchten, oder die artenreiche Gruppe der Leuchtkäfer, von denen einige Arten so hell sind, dass sie von den Ureinwohnern Südamerikas als Lampe benutzt wurden. Die weniger hellen Vertreter sind in unseren Gefilden als Johanniskäfer oder Glühwürmchen bekannt.

Wussten Sie schon, dass...

in der jüngsten Eiszeit der Meeresspiegel mehr als 100 m tiefer lag?

Vor rund 18 000 Jahren, in der kältesten Periode der jüngsten Eiszeit, war etwa dreimal so viel Wasser wie heute als Eis in riesigen Gletschern auf dem Festland gebunden. Der Anteil des flüssigen Wassers an den Wasservorräten der Erde lag deshalb unter dem heutigen Wert, und folglich sank auch der Meeresspiegel. Die Meeresspiegelabsenkung betrug mindestens 100 m. In den beiden vorausgegangenen, kälteren Eiszeiten lag das Meeresspiegelniveau wahrscheinlich noch deutlich tiefer.

Stimmt es, dass...

das MEERESLEUCHTEN von Algen verursacht wird?   NEIN

Ein Flohkrebs leuchtet in geheimnisvollem Blau.

Die Oberfläche des Meeres oder auch der Strand leuchten nachts manchmal in einem vorwiegend blauen, seltener grünen oder gelben Licht. Dieses Phänomen ist vor allem in warmen Sommernächten und bei leichter Wellenbewegung zu beobachten. Verursacht wird es nicht durch Algen, sondern durch kleine Leuchtorganismen, die unter günstigen Bedingungen massenhaft auftreten. Vom Nachtlaternchen, einem Einzeller, kommen mitunter in 1 l Meerwasser rund 100 000 Tierchen vor. Dieses „Glühwürmchen des Meeres" verleiht beispielsweise der Nordsee in manchen Nächten ein mehr oder weniger großflächig schimmerndes Leuchten.

Zu den Organismen, die das Meeresleuchten verursachen, gehören aber noch viele andere Lebewesen aus den unterschiedlichsten Tiergruppen – etwa die Vielborster aus der Klasse der Gliederwürmer, verschiedene Krebs- und Manteltiere. Das Licht, das die Organismen ausstrahlen, ist immer ein „kaltes Licht". Es entsteht vor allem in den Zellen durch die chemische Aufspaltung bestimmter Stoffe und dient wahrscheinlich zur Erkennung von Artgenossen.

Stimmt es, dass...

der MEERESSPIEGEL infolge der Erwärmung der Erdatmosphäre ansteigt?   JA

Der Meeresspiegel ist in den vergangenen 100 Jahren insgesamt um durchschnittlich 10–20 cm angestiegen. Dieser Anstieg geht wahrscheinlich größtenteils auf die Erwärmung der Erdatmosphäre zurück. Höhere Lufttemperaturen haben dabei einen doppelten Effekt: Ein wärmeres Klima lässt viele Gletscher schmelzen, und durch den verstärkten Zustrom von Schmelzwasser ins Meer steigen die Pegel an. Zudem dehnen sich die Wassermassen der Ozeane bei den höheren Lufttemperaturen aus.

Eine weitere Erwärmung könnte bis zum Jahr 2100 einen zusätzlichen Anstieg des Meeresspiegels um 20–100 cm verursachen – mit verheerenden Folgen für die Bewohner flacher Inseln und Küsten. An der deutschen Küste geht man beim Deichbau von einem Meeresspiegelanstieg von ungefähr 25 cm in 100 Jahren aus. Eine Anstiegsrate von 50 cm bis zum Ende dieses Jahrhunderts, die im wahrscheinlichsten Berechnungsmodell vorausgesagt wird, würde also diesen eingeplanten Sicherheitszuschlag bei der Erhöhung der Deiche bereits in 50 Jahren aufzehren.

STURMFLUTEN AN DER NORDSEE

Steigt das Wasser an der Nordseeküste bei stürmischen Winden um mehr als 1 m über den mittleren Hochwasserstand an, spricht man von einer Sturmflut. Dieses durch das Zusammenspiel von Wind und Gezeiten entstehende Hochwasser kommt heute nicht häufiger vor als früher und fordert auch weit weniger Opfer als in vergangenen Jahrhunderten. Doch an der Deutschen Bucht scheint die Stärke zuzunehmen: Die „Jahrhundertflut" des 20. Jh. brachte am 3. Januar 1976 an der schleswig-holsteinischen Nordseeküste die höchsten bis dahin gemessenen Pegelstände.

Während der „Nordfriesland-Flut" am 24. November 1981 wurden diese Rekordwasserstände an der nordfriesischen Küste erneut übertroffen.

In historischer Zeit gab es kein Gegenstück zu der Serie von Sturm- und Orkanfluten, die vom 26. bis 28. Februar 1990 die deutsche Nordseeküste heimsuchten: In nur 3 Tagen wüteten dort vier außergewöhnlich heftige Fluten.

Vor allem die Bewohner von Großstädten spüren infolge des dichten Autoverkehrs, wie hier im kanadischen Toronto, die Auswirkungen des Ozonsmogs.

Stimmt es, dass …
OZON schädlich ist?　JA

Früher wurde in Prospekten von Luftkurorten noch die „ozonreiche" Waldluft beworben – etwas, das heute gewiss nicht mehr geschehen würde. Ozon ist nämlich ein sehr aggressives Gas. Es greift sogar Edelmetalle wie Silber an, schädigt Pflanzen, tötet Mikroorganismen und ist in höherer Konzentration auch für den Menschen schädlich. Beim so genannten Sommer- oder Ozonsmog kommt es durch Ozon bzw. dessen Begleitstoffe beispielsweise zu Augenreizungen, Schluckbeschwerden, Kopfschmerzen oder Kreislaufproblemen. Dadurch sind Menschen, die sich bei sommerlich warmen Temperaturen längere Zeit im Freien aufhalten und dort körperlich hart arbeiten, überdurchschnittlich stark gefährdet.

ABER: Das in den höheren Schichten der Atmosphäre enthaltene Ozon ist nicht schädlich, sondern im Gegenteil für alle Lebewesen ausgesprochen nützlich: Es wirkt wie ein Filter, der vor der ultravioletten Strahlung der Sonne schützt.

Wussten Sie schon, dass …
das meiste Ozon über den Tropen erzeugt wird?

Das vor allem in der Ozonschicht der Erdatmosphäre in 20–50 km Höhe angereicherte Gas wird dort unter dem Einfluss der ultravioletten Sonnenstrahlung aus dem Sauerstoff der Luft gebildet. Da in den Zonen am Äquator die Zufuhr von Sonnenenergie am stärksten und im Lauf des Jahres am gleichmäßigsten ist, entsteht über den Tropen der größte Anteil (schätzungsweise 95 %) des in den höheren Schichten der Atmosphäre enthaltenen Ozons. Die Erzeugung von bodennahem Ozon läuft dagegen in den mit Abgasen belasteten Regionen der Subtropen am intensivsten ab.

Stimmt es, dass …
sich das größte OZONLOCH über der Antarktis befindet?　JA

Ozon (O$_3$), die dreiatomige Form des Sauerstoffs, nimmt in der Häufigkeitstabelle der atmosphärischen Gase den 13. Platz ein und kommt in der Lufthülle nur in sehr geringen Mengen vor. Davon sind nur etwa 10 % in den untersten 10 km der Atmosphäre enthalten (der Anteil des bodennahen Ozons nimmt aber seit Jahren zu). Der Hauptanteil verteilt sich auf die Stratosphäre, die eine Höhe von ungefähr 13–50 km einnimmt und die so genannte Ozonschicht in 20–50 km über dem Erdboden einschließt. Die höchsten Ozongehalte werden über den Tropen in einer Schicht in 26 km Höhe gemessen, zu den Polen hin sinkt die Schicht jeweils um rund 10 km ab.

Sowohl beim Aufbau wie beim Abbau des Ozons ist die ultraviolette Strahlung der Sonne die treibende Kraft. Diese energierei-

DAS OZONLOCH

Die Ausdehnung des Ozonlochs hat sich zwar in den 1990er-Jahren etwas verlangsamt, in manchen Jahren erreicht es aber im Frühherbst Rekordwerte wie im September 2003 (30 Mio. km²). Ozongehalte werden in Dobson-Einheiten (DE) gemessen.

- < 150 DE (Ozonloch)
- 150–200 DE (Ozonloch)
- 200–250 DE
- 250–350 DE
- 350–450 DE

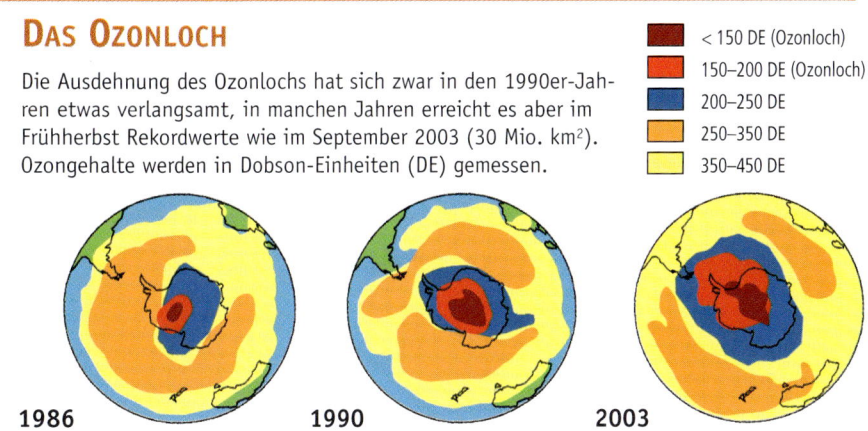

1986　　1990　　2003

chen Strahlen lassen Ozonmoleküle entstehen und vergehen. Unter natürlichen Bedingungen entsteht ein Gleichgewicht zwischen Aufbau und Abbau. Es gibt aber vom Menschen erzeugte Substanzen, die den Abbau beschleunigen. Dazu gehören u. a. die industriell hergestellten Fluorchlorkohlenwasserstoffe (FCKW), die als „Ozonkiller" gelten. Sie haben die Ozonschicht in den letzten Jahrzehnten stark geschwächt, vor allem über den Polargebieten.

Von einem „Ozonloch" spricht man, wenn der Gehalt an Ozon auf etwa zwei Drittel des Normalwerts gesunken ist. Um die Mitte der 1980er-Jahre wurde eine derart dramatische Schwächung der Ozonschicht erstmals über der Antarktis beobachtet. Seither liegt dort auch das größte Ozonloch, und die Ozongehalte, die in den Winter- und Frühjahrsmonaten regelmäßig am niedrigsten sind, sinken auf immer neue Tiefstwerte. Auf der Nordhalbkugel ist der Ozonschwund allgemein geringer geblieben, in manchen Jahren bildet sich aber auch in unseren Breiten ein Ozonloch.

Stimmt es, dass ...

PFLANZEN in der Lage sind, Gewässer zu reinigen?   JA

Durch den Bau weiterer Kläranlagen hat sich die Wasserqualität deutscher Gewässer in den letzten Jahrzehnten deutlich verbessert. Über 20 % der Bäche und Flüsse sind heute in einem naturnahen oder vom Menschen kaum veränderten Zustand. Das bedeutet jedoch andererseits, dass das Wasser in fast vier Fünfteln der Gewässer noch immer stark bis übermäßig verschmutzt ist.

An der Reinigung des Wassers haben neben Bakterien auch Pflanzen großen Anteil. Dichte Bestände von Wasserpflanzen sorgen in Fließgewässern einerseits für eine geringere Fließgeschwindigkeit und damit dafür, dass sich die oft mit schädlichen Substanzen belasteten mineralischen und organischen Schwebstoffe als Schlamm im ruhigeren Wasser am Grund des Gewässers absetzen. Andererseits nehmen Pflanzen übermäßig im Wasser enthaltene Nährstoffe und Schwermetalle auf. Die Kleine Wasserlinse etwa wirkt wie ein Filter für Radium. Schließlich versorgen Wasserpflanzen als Sauerstoffproduzenten die Gewässer mit Sauerstoff und fördern so den Abbau schädlicher Stoffe durch eine Vielzahl von Bakterien, Pilzen und Algen.

Schon lange werden Pflanzen wie das Schilfrohr oder auch Binsen beim so genannten Wurzelraumverfahren zur Abwasserklärung eingesetzt. Sie leiten Sauerstoff in die tieferen Bodenschichten und versorgen damit Sauerstoff benötigende Mikroorganismen, die Schadstoffe abbauen.

ABER: In extrem nährstoffreichen Gewässern ist das Pflanzenwachstum mitunter so stark, dass die Pflanzen bald die ganze Wasseroberfläche bedecken, sodass Sauerstoffmangel entsteht und das Gewässer-Ökosystem „umkippt".

Die Wasserlinse (rechts), sofern sie nicht übermäßig auftritt, gehört zu den Pflanzen, die einen Gartenschwimmteich (unten) auf natürliche Weise sauber halten können.

Stimmt es, dass ...

in den POLARGEBIETEN die Gletscher abschmelzen?   JA

Die zunehmende Erwärmung der Erdatmosphäre hinterlässt auch jenseits der Polarkreise eindeutige Spuren: Auf dem Spitzbergen-Archipel in der Arktis sind beispielsweise die Zungen des Blomstrand- und des Kongsvegengletschers in den vergangen 50–80 Jahren um 2–7 km zurückgeschmolzen. Die Gletscher Alaskas haben ebenfalls im Durchschnitt 0,5 m ihrer ursprünglichen Dicke eingebüßt. Wenn das ganze Eis in den Polargebieten der Erde schmelzen sollte und das Schmelzwasser dann in die Ozeane fließt, wird der Meeresspiegel weltweit um 68 m steigen.

ABER: Die polaren Gletscher reagieren ganz unterschiedlich auf die Erwärmung. Es gibt Eismassen, die aus der wärmeren und damit auch feuchteren Atmosphäre reichlicher mit Schnee genährt werden und deshalb vorstoßen. Dazu gehören insbesondere die Gletscher der Antarktis, die überwiegend wachsen.

Der Tschierva-Gletscher in der Schweiz zeigt im Vergleich (links um 1900, rechts 2001) dramatisch die Auswirkungen des Gletscherschwunds.

Stimmt es, dass ...

RAUREIF gefrorener Tau ist?   NEIN

Reif und Tau sind zwar beides Niederschlagsarten, die sich bei tieferen Lufttemperaturen aus feuchter Luft an der Erdoberfläche absetzen, aber Raureif ist eine völlig andere Form des Niederschlags als Tau. Raureif gehört vielmehr zum so genannten Nebelfrost und bildet sich, wenn bei hoher Luftfeuchtigkeit, leichtem Wind und Temperaturen unter dem Gefrierpunkt der Wasserdampf in der Luft und/oder in ihr schwebende Wassertröpfchen am Erdboden zu Eisnadeln und -schuppen erstarren. Tau entsteht dagegen bei Lufttemperaturen über dem Gefrierpunkt durch Kondensation des Wasserdampfs.

Oft werden die Reifschichten, die nach kalten, sternenklaren Nächten die Erdoberfläche überziehen und Glätte verursachen, als Raureif bezeichnet. Dabei handelt es sich aber um den so genannten Strahlungsreif. Diese verbreitetste Form des Reifs entsteht, wenn die Erdoberfläche rasch Wärme verliert und sich durch Wärmeausstrahlung bis unter den Gefrierpunkt abkühlt. Hier sind die dünnen Eisnadeln und -kristalle gleichmäßig in alle Richtungen angeordnet. Raureif oder Raueis dagegen bildet beispielsweise an Bäumen kompakte Schichten, die meist fest anhaften und zu einer bestimmten Himmelsrichtung hin am dicksten sind. Aus dieser Richtung werden die Nebelschwaden mit den Wassertröpfchen bzw. die feuchte Luft vom Wind gegen die Bäume getrieben.

Raureif bildet an Bäumen charakteristische Fahnen aus Eiskristallen, die bei länger anhaltendem Nebel und Frost mehrere Dezimeter lang werden können.

Stimmt es, dass …
auf starken Wind immer REGEN oder Schnee folgt? NEIN

Wussten Sie schon, dass …
ein Regentropfen aus rund 1 Mio. Wolkentröpfchen besteht?

Ein typischer Regentropfen hat einen Durchmesser von 2 mm. Die in der Luft schwebenden Wolkentröpfchen sind hingegen meist 100-mal kleiner. Das bedeutet, dass sich ungefähr 1 Mio. Wolkentröpfchen zu einem Regentropfen durchschnittlicher Größe zusammenschließen müssen. Das Wachstum der Regentropfen endet spätestens bei einem Durchmesser von etwa 5 mm; größere Tropfen werden beim Fall durch den Luftwiderstand zerrissen.

Heftige Winde führen nicht immer und überall Regen- oder Schneewolken heran. Stürmische bis orkanartige Fallwinde bewegen beispielsweise Luftmassen, die beim Abstieg aus der Höhe mit jedem Meter immer wärmer und trockener werden. Sie können daher überhaupt keinen Niederschlag bringen.

Auch den Gletscherorkanen der Antarktis folgen keine Schneefälle, sie wehen vielmehr den zuvor spärlich gefallenen Schnee aus den eisfreien Oasen des Kontinents am Südpol weit hinaus aufs Meer. Seewinde, die an tropischen und subtropischen Küsten zu steifen Brisen anschwellen können, sprechen ebenfalls für beständiges, schönes Wetter. Der Mistral, stürmischster aller Winde über dem westlichen Mittelmeer, führt allenfalls am südlichen Ende Europas zu Gewittern und Niederschlägen.

Bei großräumigen, kräftigen Luftströmungen in überwiegend horizontaler Richtung folgen in unseren Breiten manchmal Regen oder Schnee nach, es kann allerdings auch genau umgekehrt sein, nämlich dass vor dem Wind Niederschlag fällt.

Um diese beiden unterschiedlichen und doch miteinander verbundenen Phänomene zu verstehen, muss man die Vorgänge im Detail betrachten: In den Außenbereichen eines Tiefdruckgebiets kommt zunächst Wind auf, der bei dem geringen Luftdruckgefälle relativ schwach ist. Dann folgt im Allgemeinen nach einigen Stunden eine Warmfront mit gleichmäßigem Regen bzw. Schnee und in größerem Abstand die Kaltfront, *hinter* der kurze Schauer niedergehen. Näher am Zentrum des Tiefdruckgebiets verringert sich der Abstand zwischen den Fronten, weil die Kaltfront dort schneller vorankommt als die Warmfront. Bei derartigen schnell laufenden Kaltfronten liegt das Niederschlagsfeld oft *vor* der Luftmassengrenze. Regen oder Schnee setzen vor der Front ein, an der Front nimmt der Wind plötzlich zu, wobei heftige Böen auftreten.

Im Binnenland sollte man darauf achten, aus welcher Himmelsrichtung der auffrischende Wind weht. Zwei Wetterregeln bündeln die jahrhundertelangen Erfahrungen: „Wind von Sonnenaufgang ist schönen Wetters Anfang, Wind von Sonnenuntergang ist Regen Anfang" und „Der Nordwind ist ein rauer Vetter, aber er bringt beständig Wetter."

REGENREKORDE

Größte Regenmenge in 1 Minute:
38,1 l/m² am 26.11.1970 in Barot, Guadeloupe/Kleine Antillen
Größte Regenmenge in 15 Minuten:
198 l/m² am 12.05.1916 in Plumb Point/Jamaika
Größte 24-stündige Regenmenge:
1870 l/m², vom 15.03.1952 bis 16.03.52 in Cilaos, Insel La Réunion/Indischer Ozean
Größte Regenmenge in 1 Monat:
9300 l/m² im Juli 1861 in Tscherrapundschi/Indien

Größte Regenmenge in 1 Jahr:
26 461 l/m² vom 01.08.1860 bis 31.07.1861 in Tscherrapundschi/Indien
Größte durchschnittliche Regenmenge pro Jahr: 11 684 l/m² Mount Waialeale (1547m), Insel Kauai/Hawaii (Messreihe 1912–1945)
Ort mit den meisten Regentagen pro Jahr: 325 Tage, Campbell Island/Südpazifik (Messreihe 1941–1957)
Geringste durchschnittliche Regenmenge pro Jahr: 0,7 l/m² Oase Dakhla/Ägypten (Messreihe 1932–1985)

es sieben Wochen **REGEN** gibt, wenn es am Siebenschläfertag regnet?

NEIN

Die alte Bauernregel „Regnet es am Siebenschläfertag (27. Juni), es noch sieben Wochen regnen mag", kann so nicht zutreffen, denn sie wurde zu Zeiten formuliert, als in Deutschland der Julianische Kalender galt. Seit 1582 gilt aber der Gregorianische Kalender, wodurch sich eine Verschiebung um mittlerweile mehr als eine Woche ergeben hat. Das Eintrittsdatum läge demnach heute eher in der ersten bis zweiten Juliwoche.

Tatsächlich stellt sich in der Zeit vom 27. Juni bis 1. Juli in Mitteleuropa oft eine kühlnasse Witterungsperiode ein. Diese wird aber spätestens nach 2 Wochen vom warmtrockenen Hochsommer abgelöst,
der – was Temperaturen und Niederschläge betrifft – mit einer bemerkenswert hohen Wahrscheinlichkeit von mehr als 80 % eintritt. Unter dem Einfluss von Hochdruckgebieten hält das Sommerwetter dann meist bis Mitte August an; nur im letzten Julidrittel kommt es öfters zu Vorstößen kühlfeuchter Luftmassen.

ABER: Manche Experten beurteilen die Siebenschläfer-Regel weit weniger kritisch. Dies hat höchstwahrscheinlich damit zu tun, dass es beim Sommerwetter Mitteleuropas große regionale Unterschiede gibt. Im Alpenvorland leitet der Siebenschläfer durchaus häufiger längere Schlechtwetterperioden ein.

manche Fische durch ihr Verhalten Luftdruckschwankungen anzeigen?

Der Schlammpeitzger ist ein kleiner Süßwasserfisch aus der Familie der Schmerlen, der bei Wetteränderungen sehr unruhig wird. Mitunter springt der 20–30 cm große Fisch sogar über die Wasseroberfläche. Er wurde wegen dieses sonderbaren Verhaltens früher mancherorts als „Wetterfisch" gehalten. Er besitzt eine von Knochen und Membranen eingekapselte Schwimmblase, die sehr empfindlich auf Luftdruckschwankungen reagiert.

REGEN zu erwarten ist, wenn die Schwalben tief fliegen?

JA

„Siehst du die Schwalben niedrig fliegen, wirst du Regenwetter kriegen. Fliegen die Schwalben in den Höh'n, kommt ein Wetter, das ist schön." Auch wenn diese gereimte Wetterregel eher holprig klingt, so hat sie doch Recht. Bei regnerischem, windigem Wetter fliegen die Insekten und die Schwalben, die wie andere Vögel Jagd auf sie machen, dicht über der Erdoberfläche. Die Kerbtiere sparen so kostbare Energie im mühsamen Kampf mit dem Wind; in besonders stürmischen Gegenden der Erde bleiben sie ständig am Boden.

Bei schönem Wetter und starker Sonneneinstrahlung erhitzen sich die bodennahen Luftschichten, Heißluftblasen steigen auf und transportieren die Insekten in größere Höhen. Die Schwalben folgen ihrem Futter und jagen die Kleintiere hoch oben.

ABER: Genau genommen reichen die Prophezeiungen der Schwalben bestenfalls nur kurz in die Zukunft. Sie passen vielmehr ihre Jagdstrategie den bestehenden Witterungsverhältnissen an. Aufsteigende feuchte Heißluft kann sogar zum entgegengesetzten Ergebnis führen – zu Wolken, aus denen es kräftig regnet. Selbst die kurzfristigen Prognosen der Schwalben können also falsch sein. Ähnlich verhält es sich mit den Möwen, die gleichfalls als Wetterpropheten gelten: „Wenn die Möwen zum Land fliegen, werden wir Sturm kriegen" – die Seevögel fliegen nicht vor dem heraufziehenden Sturm her, sondern bewegen sich mit ihm zusammen aufs Festland.

Auf der Jagd nach Insekten wird auch diese Rauchschwalbe zum Wetterpropheten.

Wussten Sie schon, dass...
es auch roten und gelben Regen gibt?

Roter „Blutregen" geht nieder, wenn kräftige südliche Luftströmungen roten Staub aus den Wüsten Nordafrikas bis nach Mitteleuropa transportieren und Regen die Staubteilchen aus der Luft auswäscht. In der Hauptblütezeit der Waldbäume fällt zudem oft „Schwefelregen". Er ist durch den Blütenstaub schwefelgelb gefärbt.

Stimmt es, dass...
in London mehr REGEN fällt als in Rom? NEIN

Bezogen auf das Wetter, hat die Stadt an der Themse einen schlechten Ruf, während man sich die ewige Stadt am Tiber meist unter einem azurblauen Himmel vorstellt. In Rom fällt jedoch sehr viel mehr Regen als in London: im Jahresdurchschnitt rund 900 l/m² Boden und damit etwa 50 % mehr als in London. Dies gilt auch für die meisten anderen italienischen Städte, in denen im Jahresmittel deutlich mehr Niederschlag fällt als in englischen Städten wie Oxford oder Cambridge. Im Gegensatz zu der weit verbreiteten Vermutung geht also in Italien und den übrigen Ländern rund ums Mittelmeer nicht weniger Regen nieder als in West- und Mitteleuropa. Das Hinterland der Adriaküste beispielsweise gehört sogar zu den regenreichsten Regionen Europas.

ABER: Die Niederschlagsmenge allein bestimmt nicht den Charakter eines Klimas. Obwohl englische Meteorologen vorsichtshalber einen Tag erst als „Regentag" bezeichnen, wenn an ihm mindestens 0,25 l Niederschlag pro Quadratmeter fällt, ihre italienischen Kollegen dagegen die Grenze schon bei 0,1 l/m² ziehen, ist die Zahl der Regentage in Rom und den anderen Städten Italiens wesentlich kleiner als in England. In Rom regnet es im Jahresdurchschnitt an knapp 20 % der Tage, in London aber an über 40 %.

Hinzu kommt die unterschiedliche Verteilung der Niederschläge im Lauf des Jahres. Auf den Britischen Inseln fällt in allen Jahreszeiten Regen, die größten Mengen in den Sommer- und Herbstmonaten. In Rom regnet es im Juli und August dagegen kaum. Im Herbst und Winter schüttet es dafür dann wie aus Kübeln.

London im Dauerregen – ein Klischee, das bei 40 % Regentagen im Jahr allerdings nicht ganz unberechtigt ist.

Stimmt es, dass...
der tropische REGENWALD die „Lunge der Erde" ist? NEIN

Mit dem Atmungsorgan des Menschen und zahlreicher Tierarten ist der tropische Regenwald keinesfalls zu vergleichen. Die Lunge versorgt den Organismus mit Sauerstoff und entsorgt dafür andere Blutgase (vorwiegend Kohlendioxid). Der tropische Regenwald produziert dagegen beim Aufbau der pflanzlichen Biomasse große Mengen Sauerstoff und verbraucht beim Abbau vielleicht noch größere Mengen. Er nimmt durch Photosynthese Kohlendioxid auf, gibt es aber durch Zersetzung der abgestorbenen Pflanzenreste auch wieder frei. Der Regenwald gleicht in seinen Funktionen eher technischen Geräten: dem Luftbefeuchter und dem Luftfilter.

Etwa die Hälfte des Regens, der auf die tropischen Regenwälder fällt, erreicht den Boden nicht, sondern wird vor allem von den Blättern der Bäume aufgefangen und verdunstet auf ihnen. Bei den hohen Lufttemperaturen ist zudem die Transpiration der Pflanzen sehr groß. Die Feuchtigkeit kehrt daher als Wasserdampf in die Atmosphäre zurück und verwandelt sich dort in neuen Regen. Wird Regenwald abgeholzt, verringert sich die Verdunstung, und der oberirdische Wasserabfluss nimmt zu.

Auch der Regenwald, der ein Drittel Costa Ricas bedeckt, trägt seinen Teil zur Reinigung der Luft bei.

Ein Baum durchschnittlicher Größe hat rund 200 000 Blätter; die teilweise 50–60 m hohen Baumriesen der tropischen Regenwälder besitzen noch viel mehr. Mit ihrem Laub filtern die Bäume große Mengen Staub aus der Luft, ein einzelner Baum in staubbelasteten Gegenden jährlich mehrere Tausend Kilogramm. Nach einer neueren Theorie werden durch den Staub, den Winde aus den Wüsten Afrikas über den Atlantik wehen, den häufig ausgelaugten Böden der Regenwaldgebiete Amazoniens alljährlich wieder enorme Mengen an Nährstoffen zugeführt.

Stimmt es, dass …

SCHÄFCHENWOLKEN trockenes Wetter versprechen? JA

Es gibt zwei Gattungen von Schäfchenwolken: die Hohen oder Feinen Schäfchenwolken (Cirrocumulus), die im obersten Wolkenstockwerk (in unseren Breiten in 5–13 km Höhe) entstehen und vergehen, und die Groben Schäfchenwolken (Altocumulus), die vor allem im mittleren Wolkenstockwerk in Höhen zwischen 2 und 7 km zu sehen sind. Aus den Hohen Schäfchenwolken fallen zwar ab und zu ein paar wenige Eiskristalle, diese verdunsten jedoch bereits hoch über der Erdoberfläche wieder.

Die Groben Schäfchenwolken, die überwiegend aus in der Luft schwebenden Wassertröpfchen bestehen, bringen normalerweise aus denselben Gründen ebenfalls keinen Niederschlag. Die bekannte Wetterregel „Wenn Schäfchenwolken am Himmel stehn', kann man ohne Schirm spazieren gehn'" ist also grundsätzlich richtig.

Umgekehrt deuten dunkle, zuweilen pechschwarze Wolken, die aus dem untersten über das mittlere und manchmal bis in das oberste Wolkenstockwerk reichen, fast immer auf kräftige, ergiebige Niederschläge hin. Dauerregen ist beispielsweise aus den Regenschichtwolken (Nimbostratus) zu erwarten. Diese düsteren Wolkenformationen verhüllen den ganzen Himmel und bringen anhaltenden Regen oder Schnee. Kürzer, dafür aber meist heftiger sind die Schauer, die aus den kilometerhohen Gewitter- und Schauerwolken (Cumulonimbus) niedergehen. Oft mischen sich bei ihnen unter die großen Regentropfen dicke Hagel- und kleinere Graupelkörner.

ABER: Auch wenn die Hohen und die Groben Schäfchenwolken meist selbst keinen Regen oder Schnee bringen, sind sie

Wussten Sie schon, dass …

die Tropen eine wichtige Quelle des Treibhausgases Methan sind?

Methan (CH_4) kommt in der Erdatmosphäre nur in äußerst geringen Mengen vor. Das farb- und geruchlose Gas kann aber einen sehr viel größeren Anteil der langwelligen Wärmestrahlung als beispielsweise das viel häufigere Kohlendioxid aufnehmen. Dadurch erwärmt sich Methan viel stärker, und sein Einfluss auf das Klima ist beträchtlich. Als Hauptquellen dieses Treibhausgases gelten die Viehhaltung in den feuchten Tropen und der Nassreisanbau. Das „Sumpfgas" Methan entweicht in großen Mengen aus den überfluteten Reisfeldern, mindestens ebenso große Mengen (schätzungsweise 120 Mio. t pro Jahr) entstehen im Verdauungstrakt der rund 1300 Mio. auf der Erde lebenden Rinder.

WOLKENSTOCKWERKE (MITTLERE BREITEN)

Insgesamt gibt es 10 Gattungen, 14 Arten, 9 Unterarten sowie 9 Sonderformen von Wolken. Nach den Bereichen der Erdatmosphäre, in denen sie hauptsächlich vorkommen (siehe Höhenangaben), werden sie zu 4 Gruppen zusammengefasst.

Cirrus
In 5–13 km Höhe

Cirrostratus
In 5–13 km Höhe

Cirrocumulus
In 5–13 km Höhe

Cumulonimbus
In 0–13 km Höhe

Altocumulus
In 2–7 km Höhe

Altostratus
In 2–7 km Höhe

Nimbostratus
In 0–13 km Höhe

Stratus
In 0–2 km Höhe

Cumulus
In 0–13 km Höhe

doch oft Anzeichen einer bevorstehenden Wetterverschlechterung. Ziehen beispielsweise wellenförmige Felder von Hohen Schäfchenwolken aus westlichen Himmelsrichtungen heran, dann folgt in Mitteleuropa oft in den nächsten 18–36 Stunden schlechteres Wetter. Bei den Groben Schäfchenwolken gibt es Unterarten, die zerfaserten Wattebäuschen oder Burgmauern mit Zinnen gleichen. Sie gelten als Gewittervorboten, besonders wenn sie sich im Sommer frühmorgens am Himmel zeigen.

Stimmt es, dass ...
im Sommer immer die SCHAFSKÄLTE auftritt?   JA

Die Vorgänge in der Erdatmosphäre laufen nicht mit der Präzision eines Uhrwerks ab. Wie die Begriffe „chaotischer Himmel" oder „Chaostheorie", die man oft in Verbindung mit Wettervorgängen hört, andeuten, sind sie eher unberechenbar. Wenn sich eine Witterungsperiode aber mit einer Wahrscheinlichkeit von fast 90 % regelmäßig einstellt, dann kann man guten Gewissens von „immer" sprechen.

Die Schafskälte gehört zu den zuverlässigsten Witterungsregelfällen. Dabei handelt es sich um einen in Mitteleuropa auftretenden Kaltlufteinbruch aus nordwestlicher Richtung, der von unbeständigem, regnerischem Wetter begleitet wird und einen empfindlichen Temperaturrückgang verursacht. Nach dem ersten Junidrittel mit meist sonnigen und warmen Tagen beginnt um den 10.–12. des Monats eine nasskühle Witterungsperiode, die mitunter bis ins letzte Monatsdrittel andauert. Das kühle Wetter und der Regen können den frisch geschorenen Schafen gefährlich werden – daher der Name.

Im Jahr 2000 brachte die Schafskälte zwei Temperaturstürze: Um den 17. Juni gab es in den Mittelgebirgen Bodenfrost. Dann stieg die Temperatur bis zum 21. auf mehr als 30 °C, um 4 Tage später wieder ins Bodenlose zu stürzen. Ursache der Schafskälte ist die Luftdruckverteilung über Europa und dem Atlantik. Über dem noch kalten Ozean liegt ein Hochdruckgebiet, während sich der Kontinent durch die Sonne erwärmt. Die Luftmassen steigen auf und schaffen eine Tiefdruckrinne, durch die kalte Luft nach Mitteleuropa strömt.

Wussten Sie schon, dass ...
zuweilen drei oder sogar noch mehr Sonnen am Himmel stehen?

An 60–80 Tagen pro Jahr sind am Himmel rechts und links der Sonne helle Lichtflecken zu sehen, die in den Farben des Regenbogens schillern. Sie werden als Nebensonnen bezeichnet und entstehen durch Brechung und Spiegelung der Lichtstrahlen an Eiskristallen in der Atmosphäre. Sehr selten kommt es vor, dass noch mehr Nebensonnen am Himmel stehen. Am 20. Februar 1661 wurden beispielsweise laut zuverlässigen Berichten nicht weniger als 7 Nebensonnen über Danzig beobachtet.

Stimmt es, dass ...
der SONNENHOF schlechtes Wetter prophezeit?   JA

Eindrucksvolles Lichterspiel: Sonne (rechts) und Nebensonne (links) dicht über dem Horizont.

An etwa 80–120 Tagen im Jahr wird die Sonne oder der Mond von einem außen weißen und innen rötlich braunen Lichtring umschlossen. Oft ist der Ring nicht ganz zu sehen, sondern nur der obere Teil. Doch immer beträgt der Winkelabstand zwischen leuchtendem Kreis und Sonne im Mittelpunkt rund 22°. Dieser charakteristische Winkel entspricht etwa dem, den Daumen und Zeigefinger bei ausgestrecktem Arm und gespreizter Hand bilden.

Den Namen Sonnenhof hat der Lichtring von dem griechischen Wort *hálos*, das so viel wie runde Tenne bzw. Hof bedeutet. Dieses Phänomen nennt man dementsprechend auch eine Haloerscheinung. Bei seiner Entstehung spielt die Brechung des Sonnenlichts durch Eiskristalle die Hauptrolle. An sechseckigen, säulenförmigen Eiskristallen, die in der Atmosphäre schweben, werden die Lichtstrahlen beim Eintritt in das Eis etwas aus ihrer ursprünglichen Richtung abgelenkt. Auch beim Austritt aus dem Eis ändert sich die Richtung noch einmal. Zusammen macht die Ablenkung ungefähr 22° aus. Die parallel einfallenden Strahlen werden dadurch in einer kreisförmigen Zone um die Lichtquelle konzentriert, und der Himmel erscheint dort deutlich heller (siehe Illustration S. 269).

SONNENHOF

Der Sonnenhof ist das häufigste aller Halophänomene. Er entsteht durch die Brechung des Sonnenlichts an Eiskristallen, die in der Atmosphäre schweben.

Durch die gleichmäßige Ablenkung um 22° werden die Sonnenstrahlen in einem Lichtring konzentriert.

Von den Millionen sechseckigen, säulenförmigen Eiskristallen in jeder Eiswolke sind für den Lichtring nur die Kristalle verantwortlich, deren Längsachsen zufällig horizontal ausgerichtet sind.

Den Lichtring sieht man immer in der Richtung, in der die Sonne steht.

Da die Brechung der Strahlen von der Wellenlänge der Bestandteile des Sonnenlichts abhängt, kommt es zudem ähnlich wie beim Regenbogen zur Aufspaltung des weißen Sonnenlichts in Spektralfarben. Die Aufspaltung ist hier aber wesentlich schwächer ausgeprägt.

Wie die Bauernregel „Gibt Ring oder Hof sich Sonne und Mond, bald Regen und Wind uns nicht verschont" andeutet, ist der Lichtring ein Schlechtwetterbote. Denn für seine Entstehung sind Eiskristalle in der Atmosphäre erforderlich. Dünne Eiswolken ziehen aber den Ausläufern der Tiefdruckgebiete voraus. Wenn sie sich aus Westen nähern und Haloerscheinungen erzeugen, steht meist eine Wetterverschlechterung in 24–48 Stunden bevor.

Sämtliche Haloerscheinungen, von denen es mindestens ein Dutzend gibt, gelten als Vorboten schlechen Wetters. So muss man beispielsweise auch beim Anblick der Nebensonnen oder der sonderbaren Lichtsäulen über und unter der Sonne meist mit Regenwetter rechnen.

Stimmt es, dass ...

sich STRUDEL auf der Südhalbkugel andersherum drehen als auf der Nordhalbkugel?   (NEIN)

Die thematischen Karten in jedem Schulatlas zeigen, dass die Hochdruckgebiete auf der Nordhalbkugel von Luftströmungen, die sich im Uhrzeigersinn drehen, umkreist werden. In der südlichen Hemisphäre strömt dagegen die Luft gegen den Uhrzeigersinn um den Kern der Hochs. Ähnlich verhält es sich mit den Meeresströmungen: Die Wirbel in den Ozeanen drehen sich im Norden allgemein von links nach rechts, im Süden jedoch von rechts nach links. Sowohl bei den Winden wie bei den Meeresströmungen wird die Richtung der Luft- und Wassertransporte durch ein Naturgesetz bestimmt, das auf den beiden Erdhalbkugeln das entgegengesetzte Ergebnis hat.

Jeder kann selbst nachprüfen, dass sich Strudel mal nach links und mal nach rechts drehen.

Als treibende Kraft gilt der so genannte Coriolis-Effekt. Die ablenkende Kraft der Erdrotation soll angeblich auch bewirken, dass kleinräumige Strudel, wie der über

Wussten Sie schon, dass ...
der legendäre Mahlstrom tatsächlich existiert?

Kräftige Meeresstrudel, die kleinere Schiffe herumwirbeln können, gibt es in verschiedenen engen Meeresstraßen, wie beispielsweise in der Naruto-Straße am nordöstlichen Ausgang der japanischen Inlandsee. Die berühmteste Gezeitenströmung zwängt sich jedoch mit einer Geschwindigkeit von mehr als 10 km/Std. durch die Meerenge zwischen den norwegischen Inseln Mosken und Moskenesøy. Diese wurde schon von Chronisten des Altertums als Schiffe verschlingender Mahlstrom Moskenesstrom beschrieben.

dem Abfluss einer Badewanne, sich im Süden andersherum drehen als im Norden.

Man muss nicht nach Australien reisen, um diese Behauptung zu überprüfen. Vergleicht man mehrere Strudel im Abfluss, zeigt sich, dass diese sich mal nach links, mal nach rechts drehen. Die Coriolis-Kraft ist ungeeignet, den Drehsinn von kleinen Strömungen zu beeinflussen. Sie ist sehr schwach und entfaltet ihre Wirkung erst bei weiträumigen Strömungen über Tausende von Kilometern hinweg. Dabei werden Strömungen auf der Nordhalbkugel nach rechts und im Süden nach links abgelenkt.

Die Ursache der Ablenkung liegt darin, dass die Geschwindigkeit, mit der sich ein

Punkt der Erdoberfläche durch die Erdrotation von Westen nach Osten dreht, vom Äquator zu den Polen hin rasch abnimmt. Sie beträgt am Äquator etwa 1670 km/h, 3300 km nördlich oder südlich davon aber nur noch 887 km/h. Da bewegte Massen träge sind und ihre Geschwindigkeit und Richtung nur langsam an die Bewegung der Umgebung anpassen, nimmt eine Wassermasse, die sich auf der Nordhalbkugel vom Äquator aus nach Norden in Bewegung setzt, die höhere West-Ost-Geschwindigkeit aus ihrem Ursprungsgebiet mit. Sie eilt der geringeren Geschwindigkeit in höheren Breiten nach Osten voraus und wird vom Äquator aus gesehen nach rechts abgelenkt.

Wussten Sie schon, dass...
die Sonne an den Polen ein halbes Jahr lang nicht untergeht?

Der Polartag, an dem die Sonne nicht hinter dem Horizont verschwindet, dauert an den geographischen Polen etwa ein halbes Jahr – vom Frühjahr über den Sommer bis in den Herbst. Das Phänomen der „Mitternachtssonne" hat eine einfache Ursache: Die Drehachse der Erde steht nicht senkrecht, sondern ist um etwa 23,5° gekippt. Vom Frühlings- bis zum Herbstanfang neigt sich die Erde deshalb mehr der Sonne zu, und das Licht reicht über die Pole hinweg bis auf die sonnenabgewandte Seite der Erde.

Zu den vielfältigen Aufgaben des Forschungsschiffs Polarstern gehören auch Temperaturmessungen an den Rändern der Antarktis.

Stimmt es, dass...
es am SÜDPOL kälter als am Nordpol ist?   JA

Am geographischen Südpol werden tatsächlich sehr viel tiefere Lufttemperaturen gemessen als am entgegengesetzten Ende der Erde. Die US-amerikanische Forschungsstation Amundsen-Scott, die unmittelbar am Südpol auf dem kilometerdicken Inlandeis der Antarktis steht, verzeichnet eine Jahresdurchschnittstemperatur von rund –50 °C. Von Monat zu Mo-

nat schwanken die mittleren Temperaturen dort zwischen –27 °C im antarktischen Sommer und knapp –60 °C im Winter. Die höchsten bzw. tiefsten Temperaturen, die in den letzten Jahrzehnten gemessen wurden, liegen bei –14 °C bzw. –83 °C.

Im Vergleich mit solch eisiger Kälte herrscht am geographischen Nordpol ein fast schon mildes Klima. Da dieser Pol im Meer liegt, befindet sich dort keine ortsfeste Wetterstation. Die wenigen Klimadaten aus der Nähe des Nordpols stammen vor allem von schwimmenden Stationen, die in einigen hundert Kilometern Entfernung am Pol vorbeitrieben und auch nur Daten aus einem kurzen Zeitraum sammelten. Für einen Überblick reichen sie jedoch aus. Danach beträgt die Jahresmitteltemperatur im Zentrum des Nordpolarmeers etwa –18 °C. Im Winter sinken die Mitteltemperaturen auf rund –36 °C. Im Sommer werden Durchschnittstemperaturen um den Gefrierpunkt erreicht. Die absolut höchsten bzw. tiefsten Lufttemperaturen liegen bei + 3 °C bzw. knapp –50 °C.

Beim Vergleich der Temperaturen muss man jedoch bedenken, dass der Nordpol auf Meeresniveau, der Südpol aber auf einem ungefähr 2800 m hohen Eisplateau liegt. Da die Lufttemperaturen mit der Höhe allgemein abnehmen, müssen die am Südpol gemessenen Temperaturen

SCHNEEFALL AM SÜDPOL

Das Südpolargebiet beweist, dass in sehr kalten Gegenden nicht immer auch sehr viel Schnee fällt. Im Gegenteil: Am Südpol gehen jährlich insgesamt nur 7 l Niederschlag auf jeden Quadratmeter nieder. Dies ergibt eine etwa 7 cm dicke Neuschneedecke.

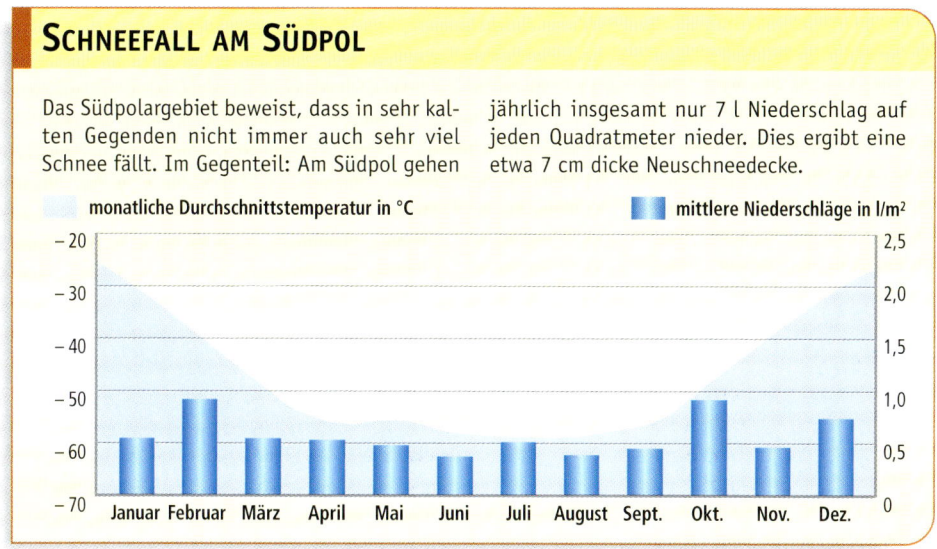

Legende: monatliche Durchschnittstemperatur in °C — mittlere Niederschläge in l/m²

reduziert, d. h. auf das Meeresniveau umgerechnet werden. Bei einer durchschnittlichen Temperaturabnahme von 0,65 °C pro 100 Höhenmeter, von der man in der Meteorologie meist ausgeht, erhält man einen Wert, der um rund 18 °C höher ist als die tatsächlich am Südpol gemessene Temperatur. Damit liegen die Mitteltemperaturen am Südpol aber immer noch deutlich unter denen am Nordpol.

Wussten Sie schon, dass…

allein die Flüsse jährlich etwa 3,5 Mrd. t Salze ins Meer transportieren?

Jahr für Jahr strömen vom Festland rund 40 000 km³ Wasser ins Meer. Mit den Wassermassen gelangen auch zahlreiche gelöste Stoffe in die Ozeane, darunter Chloride und Sulfate, die den Hauptanteil des Salzgehalts des Meeres ausmachen. Diese Salze stammen größtenteils aus der Verwitterung der Gesteine und der Auslaugung von Salzlagerstätten. Doch trotz der ständigen Zufuhr hat sich der Salzgehalt der Weltmeere in den Jahrmillionen der Erdgeschichte offenbar kaum verändert.

Stimmt es, dass…
auch SÜSSWASSER Salz enthält?

JA

Gewässerkundler unterscheiden anhand des Salzgehalts drei Hauptarten von Wasser: Meerwasser oder Salzwasser, das im Durchschnitt ungefähr 3,5 % gelöste Salze enthält, Süßwasser, dessen Salzgehalt lediglich etwa 0,05 % beträgt, und Brackwasser, das vom Salzanteil her den Übergangsbereich zwischen Meer- und Süßwasser einnimmt. Die Einteilung beruht hauptsächlich auf dem Gehalt an Natriumchlorid („Kochsalz") und Magnesiumsulfat („Bittersalz") im Wasser. Diese Salze verleihen dem Meerwasser den salzigen und bitteren Geschmack. Auch das Wasser in den Flüssen und Seen sowie das Grundwasser enthalten je nach Region einen mehr oder weniger großen Anteil gelöster Salze. Darunter befinden sich insbesondere Kalzium- und Magnesiumkarbonate („Kalk"), die das Wasser „hart" machen und sich in Waschmaschinen und anderen Geräten ablagern.

Wasser, das mehr als 0,05 % der typischen Meerwassersalze enthält, ist als Trinkwasser ungeeignet. Auch viele tierische und pflanzliche Organismen können nur im Süßwasser bzw. auf salzarmen Böden existieren. Zu ihnen gehören der Weizen und die Zitrone. Manche Arten, wie der Tabak oder die Dattelpalme, vertragen dagegen höhere Salzgehalte problemlos.

In feuchten Klimazonen werden die Salze rasch aus dem Boden ausgewaschen. Im heißtrockenen Klima ist die Verdunstung allerdings so stark, dass es zu einer Anreicherung der Salze in der Bodenkruste kommt. Daher birgt die Bewässerung mit Süßwasser aus Flüssen auch immer das Risiko der Bodenversalzung. Davon sind weltweit ungefähr 10 % der Landflächen betroffen. Experten schätzen, dass jährlich mehr Anbauflächen durch Versalzung verloren gehen, als gleichzeitig bei neuen Bewässerungsprojekten erschlossen werden.

Nach den seltenen Regengüssen strömt Wasser ins kalifornische Death Valley. Es enthält nur wenig gelöstes Salz, doch weil es so schnell verdunstet, bleiben im Lauf der Zeit mehr oder weniger dicke Krusten zurück.

Wussten Sie schon, dass…

sich jährlich pro Quadratmeter bis zu 200 l Tau absetzen können?

Im feuchten Klima Mitteleuropas spielt Tau als Wasserquelle für Pflanzen und Tiere nur eine untergeordnete Rolle. Hier werden pro Jahr nur 20–30 l Wasser auf dem Quadratmeter gemessen. Das entspricht einem Anteil von etwa 2–5 % am Gesamtniederschlag. Die Natur würde auch ohne dieses Wasser auskommen. In Trockengebieten ist Tau jedoch eine wichtige, mitunter die einzige Wasserquelle. Vor allem in den Küstenwüsten (beispielsweise Namib- oder Atacama-Wüste), wo die Luft relativ feucht ist, kann der Tauniederschlag jährlich bis zu 200 l/m² betragen.

Stimmt es, dass…

morgendlicher TAU schönes Wetter verheißt? (JA)

D ie Bauernregel „Reif und Tau machen den Himmel blau" ist zutreffend, denn die Wetterentwicklung der nächsten 12–24 Stunden hängt entscheidend vom Wasserdampfgehalt der bodennahen Luftschichten ab. Ist die Luft in Bodennähe sehr feucht, dann entsteht in sternenklaren Nächten durch Wärmeabstrahlung häufig Bodennebel. Tagsüber steigt die feuchte Luft oft auf und kühlt sich dabei ab. Dies wiederum führt dazu, dass irgendwann der Temperaturpunkt erreicht ist, an dem der Wasserdampf kondensiert. So entstehen neue Wassertröpfchen, die sich zu Regentropfen zusammenschließen und/oder in Eiskristalle verwandeln. Aufsteigender Nebel ist daher ein Zeichen für bevorstehendes schlechtes Wetter. In trockener Luft reicht der Wasserdampfgehalt meist nicht

Ein wunderschönes Naturphänomen: Morgentau.

für die Nebelbildung aus. Der wenige Wasserdampf setzt sich als Tau bzw. Reif an der Erdoberfläche ab, nährt also nicht die Wolken in der Höhe – ideale Voraussetzungen für schönes Wetter mit wolkenarmem, blauem Himmel.

Stimmt es, dass…

TIEFDRUCKGEBIETE immer Niederschläge bringen? (NEIN)

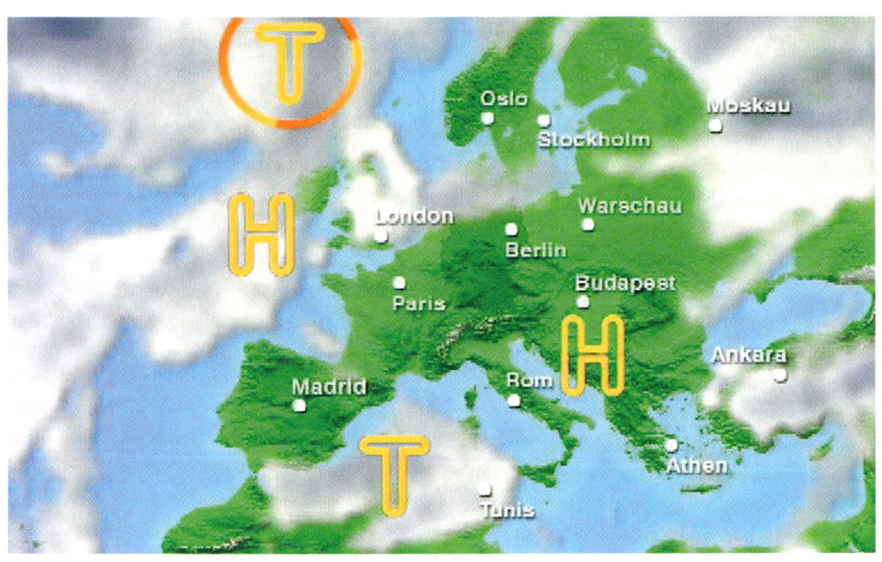

Die Wetterkarte zeigt deutlich, dass Tiefdruckgebiete zumindest in unseren Breiten häufig Regenwolken mit sich bringen.

W enn tatsächlich alle Tiefdruckgebiete Regen brächten, dann müsste es beispielsweise in der Sahara, in den Wüsten im Nordwesten Indiens oder in den Trockensteppen im Südwesten der USA im Sommer kräftig regnen. Die Luftdruckkarten für die Sommermonate zeigen dort

ausgeprägte Tiefs, so genannte Hitzetiefs. Diese entstehen durch starke Sonneneinstrahlung, die aufsteigende Luftbewegungen verursacht und damit durch den Abfluss von Luftmassen den Druck am Erdboden sinken lässt.

Normalerweise fördern aufsteigende Luftmassen die Entstehung von Regenwolken. Im Einflussbereich dieser Hitzetiefs fällt jedoch bestenfalls der berühmte Tropfen auf den heißen Stein. Zum einen enthält die Luft in den Trockengebieten nur sehr wenig Feuchtigkeit, aus der sich Wolken bilden könnten. Andererseits wird der Aufstieg der Luftmassen aus den Hitzetiefs bereits in relativ geringer Höhe über der Erdoberfläche von Hochdruckgebieten gebremst, die über den bodennahen Tiefs lagern. Sie setzen den aufsteigenden Luftströmungen mit Erfolg absinkende entgegen. Die warmen Luftmassen erreichen deshalb meist gar nicht die kühleren Stockwerke der Atmosphäre, in denen sich der Wasserdampf durch Kondensation in Wolkentröpfchen und anschließend in Regen verwandelt.

ABER: Betrachtet man eine Karte, die die durchschnittliche Verteilung der Niederschläge auf der Erde zusammenfasst, dann zeigt sich, dass die Regionen, in denen ständig tiefer Luftdruck herrscht oder die häufiger von den Ausläufern wandernder Tiefdruckgebiete berührt werden, die niederschlagsreichsten sind. Weltweite Regenrekorde werden beispielsweise innerhalb der Tiefdruckrinne gemessen, die am Äquator verläuft und sich im Sommer auf der Nordhalbkugel bis nach Südasien verlagert. Sie sorgt dort während des Sommermonsuns für sintflutartige Regengüsse. Und in den mittleren Breiten bringen die in nahezu endloser Folge von West nach Ost um den Erdball ziehenden Tiefdruckwirbel ergiebige Niederschläge.

Stimmt es, dass ...

TORNADOS in Europa auftreten können?   JA

Die verheerenden Wirbelstürme toben sich weltweit am häufigsten in der berühmt-berüchtigten „Tornado-Allee" im Mittleren Westen der USA aus. Aber auch Europa bleibt nicht ganz von den zerstörerischen Luftwirbeln verschont. Denn Tornados entwickeln sich bei bestimmten Wetterlagen, die auch diesseits des Atlantiks auftreten können. Mit Wirbelstürmen ist demnach vor allem zu rechnen, wenn kalte und warme Luft auf engstem Raum aufeinander treffen, etwa entlang einer scharf ausgeprägten Luftmassengrenze. Dabei werden die Luftmassen in der Höhe vom Wind mitunter in entgegengesetzter Richtung als am Boden bewegt, was zu Wirbeln führt. Allein in Deutschland, wo diese Wirbelstürme meist Wind- oder Wasserhosen genannt werden, wurden seit dem Ende des 16. Jh. mehr als 500 Tornados beobachtet. Sie kommen dort am häufigsten vor, wo man die meisten schweren Gewitter zählt. In Nordeuropa sind sie daher eher selten, im Mittelmeergebiet dagegen relativ häufig.

Die europäischen Tornados können sich in der Stärke durchaus mit ihren nordamerikanischen Gegenstücken messen. In Frankreich wüteten beispielsweise in den beiden letzten Jahrhunderten (1845 sowie 1967) zwei Tornados der Stärke F5 (siehe Tabelle rechts) mit Windgeschwindigkeiten von über 418 km/h.

Die Schäden durch diese Stürme sind beträchtlich. Schon kleinere Tornados mit Stärken zwischen F1 und F2, wie der am 3. November 2003 im hessischen Kirchhain, können Kosten von mehreren 100 000 Euro verursachen.

TORNADO-STÄRKEN

Als Maßstab zur Beurteilung der Stärke eines Tornados dient die Fujita-Skala. Sie wurde von Dr. Tetsuya Theodore Fujita (1920–1998) entwickelt, der auch als „Mr. Tornado" bekannt war.

Stärke	Windgeschwindigkeit (km/h)	Schäden
F0	64–117	leichte
F1	118–180	mäßige
F2	181–251	erhebliche
F3	252–330	schwere
F4	331–417	verheerende
F5	über 417	unübersehbare

Wussten Sie schon, dass ...
Häuser in einem Tornado regelrecht explodieren?

Beim Durchzug eines Tornados sinkt der Luftdruck am Erdboden in wenigen Sekunden um mindestens 20 hPa (Hektopascal), zuweilen um bis zu 100 hPa. Im Innern von Häusern, die von einem Tornado berührt werden, entsteht daher gegenüber der Außenluft ein plötzlicher Überdruck, dem auch massive Gebäude nicht standhalten können.

DER AUFBAU EINES TORNADOS

Im Wolkenrüssel eines Tornados sind Luftströmungen mit rasenden Geschwindigkeiten eng miteinander verflochten: Am Rand steigt Warmluft auf, im Kern stürzt kalte Luft nach unten.

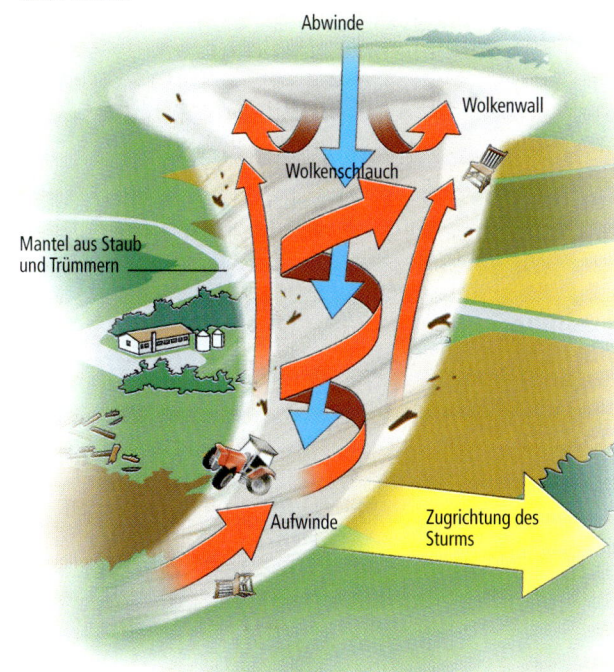

Abwinde

Wolkenwall

Wolkenschlauch

Mantel aus Staub und Trümmern

Aufwinde

Zugrichtung des Sturms

273

VULKANE das Klima verändern können? JA

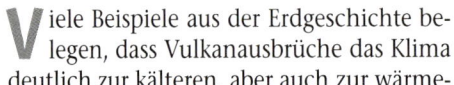

Viele Beispiele aus der Erdgeschichte belegen, dass Vulkanausbrüche das Klima deutlich zur kälteren, aber auch zur wärmeren Seite hin beeinflussen. Als vor 2–3 Mio. bzw. vor 300 Mio. Jahren die bisher längsten Eiszeiten einsetzten, gingen den Vereisungen beispielsweise Gebirgsbildungen mit kräftigen Vulkanausbrüchen voraus.

Vulkane beeinflussen das Klima vor allem auf zweierlei Weise: durch den Ausstoß von Kohlendioxid und anderen Gasen sowie durch vulkanischen Staub, der bei heftigen Eruptionen 30–50 km hoch geschleudert wird. Das starke Treibhausgas Kohlendioxid führt zur Erwärmung der Erdatmosphäre. In der Frühzeit der Erde, als die Lufthülle infolge des starken Vulkanismus rund 300-mal mehr Kohlendioxid als heute enthielt, war das Klima wahr-

scheinlich sehr viel heißer. Der vulkanische Staub, von dem jährlich zwischen 25 und 150 Mio. t in die Atmosphäre gelangen, bewirkt das Gegenteil – durch die vom Staub getrübte Luft wird die Zufuhr von Sonnenenergie verringert, und die bodennahen Luftschichten kühlen sich ab.

Nach der im Vergleich eher schwachen Eruption des Pinatubo auf den Philippinen im Sommer 1991 sank die Durchschnittstemperatur infolge des Staubs in den beiden folgenden Jahren weltweit etwa um 0,5 °C. Sehr viel stärker, schätzungsweise 5 °C, war der Temperatursturz nach dem Ausbruch des Tambora auf der indonesischen Insel Sumbawa im April 1815. Ihm folgte in Mitteleuropa der kälteste Winter seit Beginn der Wetteraufzeichnungen. Das auf der gesamten Nordhalbkugel außergewöhnlich kühle und nasse Jahr 1816 ist als „Jahr ohne Sommer" in die Klimageschichte eingegangen.

ABER: Nur sehr starker Vulkanismus, der über einen extrem langen Zeitraum andauert, kann eine anhaltende Änderung des Klimas der Erde bewirken. Einzelne heftige explosionsartige Ausbrüche in neuerer Zeit – wie die des Nevado del Ruiz in Kolumbien (1985) – lassen zwar die Temperaturkurve der bodennahen Luftschichten markant absinken, insgesamt gesehen ist jedoch die Temperatur in den letzten Jahrzehnten weltweit stark angestiegen.

Der Anblick eines ausbrechenden Vulkans (hier der Kilauea auf Hawaii) ist immer spektakulär – aber auch die Auswirkungen auf das Klima können dramatisch sein.

das Gestein in den Tropen oft mehrere hundert Meter tief verwittert ist?

In Mitteleuropa ist die verwitterte Gesteinsschicht meist nur wenige Dezimeter bis Meter dick. Am Äquator kann das Gestein dagegen in einer mehrere hundert Meter dicken Schicht verwittert sein. In dem feuchtwarmen Klima läuft die Verwitterung rasch ab und dringt bis in große Tiefe vor. Zudem herrscht in den Tropen schon seit Jahrmillionen warmes Klima, in unseren Breiten wurde die Bodenbildung mehrfach von Eiszeiten unterbrochen.

URWALDBODEN besonders fruchtbar ist? NEIN

Von allen Wäldern der Erde hat der tropische Regenwald die längste Geschichte, denn sie reicht mehrere Millionen Jahre zurück. Er beherbergt zudem viele schon vor sehr langer Zeit entstandene Arten, ist also tatsächlich in doppelter Hinsicht ein echter „Urwald". Wegen ihrer langen Entwicklung weisen die Regenwälder auch eine große Artenvielfalt auf. In ganz Mitteleuropa gibt es beispielsweise rund 3000 Arten von Blütenpflanzen, in Venezuela dagegen mindestens 42 000. Bei

dieser Fülle liegt der Gedanke nahe, dass die Pflanzenwelt von einem besonders fruchtbaren Boden genährt wird. Doch der tropische Regenwald gilt vielmehr als „reicher Wald auf armem Boden".

Infolge der tropischen Temperaturen und der vielen Niederschläge laufen die Bodenbildungsvorgänge rasch ab: Das Sickerwasser spült Nährstoffe aus, sodass selbst ursprünglich nährstoffreiche Böden schnell ausgelaugt sind. Eisen, das ebenfalls ausgewaschen wird, lagert sich einige Meter

Die Brettwurzeln von Urwaldriesen sorgen für gute Standfestigkeit, da eine Verankerung in der Tiefe im nährstoffarmen Boden nicht möglich ist.

unter der Bodenoberfläche ab und bildet für Wurzeln eine harte, fast undurchdringliche Sperrschicht. Hinzu kommt, dass in den Tropen vor allem jene Tonmineralien entstehen, die kaum Nährstoffe speichern können. Die Versorgung von Pflanzen ist deshalb nur möglich, wenn die in toten Pflanzen- und Tierresten gebundenen Nährstoffe möglichst schnell durch Verwesung freigesetzt und den Pflanzen wieder zur Verfügung gestellt werden. Dies geschieht in den obersten Bodenschichten, weshalb Regenwaldbäume sehr flach wurzeln.

BODENFAUNA UND -FLORA

Meist gilt, dass ein Boden umso fruchtbarer und ertragreicher ist, je mehr Organismen in ihm leben. Die im Erdboden heimischen Lebewesen (wie Pilze, Algen und Tiere) haben vor allem drei wichtige Aufgaben: Sie zersetzen die Reste abgestorbener Pflanzen und Tiere und setzen die darin enthaltenen Nährstoffe frei. Zudem fügen sie diese zu verwitterungsbeständigen Verbindungen aus mineralischen und organischen Substanzen zusammen und verhindern so, dass die wertvollen Stoffe ausgewaschen werden. Schließlich lockern sie das Erdreich auf und sorgen so für eine bessere Sauerstoffversorgung. Ein gewaltiges Heer von Organismen beteiligt sich an diesen Aufgaben. In einem 1 m² großen Bodenausschnitt leben bis in 30 cm Tiefe beispielsweise durchschnittlich 1 Mrd. Pilze, 10 Mrd. Strahlenpilze und gar 500 Mrd. Geißeltierchen. 1 Mio. Fadenwürmer und 1 Mio. Wimpertierchen kommen vor, und auch größere Tiere wie Schnecken, Käfer, Asseln und Regenwürmer sind im Boden noch in Beständen zwischen 50 und 300 vertreten.

Wussten Sie schon, dass ...
Schnee bis zu 95 % der Sonnenstrahlung zurückwirft?

Schnee ist schneeweiß, weil er wie kaum ein anderes natürliches Material den weitaus größten Anteil des kurzwelligen Sonnenlichts reflektiert. Zwischen 75 und 95 % werden zurückgeworfen. Zum Vergleich: Beim Ackerboden beträgt der Anteil maximal 17 %. Die langwellige Wärmestrahlung allerdings nehmen Schneedecken fast vollständig auf. Der reflektierte Anteil macht dabei nur 0,5 % aus.

Stimmt es, dass ...
es WÄRMER wird, sobald Schnee fällt? **JA**

Die Tiefausläufer, die Mitteleuropa Niederschlag bringen, kommen unabhängig von der Jahreszeit überwiegend aus westlichen Himmelsrichtungen vom Atlantischen Ozean her.

Die maritimen, d. h. vom Meer stammenden Luftmassen, die dabei zu uns gelangen, sind im Sommer in der Regel kühler als die Luft über dem Festland. Im Winter verfrachten die atlantischen Tiefdruckgebiete dagegen fast immer wesentlich wärmere Luft. Sie schiebt sich auf die kältere und damit schwerere Luft in Bodennähe, an der Grenzfläche zwischen den verschiedenen Luftmassen bilden sich Wolken, aus denen zunächst Schnee fällt. Es kann lange dauern, bis die Warmluft die bodennahe Kaltluft vollständig verdrängt hat (in dieser Übergangsphase fällt mitunter der gefährliche Eisregen). Irgendwann setzt die Warmluft sich aber bis zum Boden durch, und der Schnee geht verbreitet in Regen über. Schneefall leitet daher

In kalten, sternenklaren Nächten verwandelt sich der Wasserdampf in den untersten Luftschichten häufig in Eis und überzieht die Schneedecke mit einer Schicht aus funkelnden Reifkristallen.

bei uns tatsächlich häufig eine mildere Witterungsperiode ein.

ABER: Ebenso oft geht der Niederschlag auch allmählich in Schnee über. Nach einer hessischen Bauernregel bleibt der Schnee bei kaltem Wetter besonders lange liegen: „Schneit's auf'n Frost, schneit's umsonst, schneit's auf'n Dreck, geht'r bald nicht wieder weg." Bauernregeln treffen zwar nicht immer ein, aber in Mitteleuropa wird es tatsächlich nur dann sehr kalt, wenn zuvor Schnee gefallen ist. Über Schneedecken kühlen sich die bodennahen Luftschichten nämlich extrem stark ab.

Stimmt es, dass…
stille WASSER tief sind?　　　　　　NEIN

Die Redensart „Stille Wasser sind tief" trifft – wenn überhaupt – nur auf Menschen zu. Stillen, zurückhaltenden Menschen wird oft nachgesagt, sie hätten besonders tiefgründige Gedanken und Gefühle. In der Natur können stille Gewässer, vom Tümpel bis zum See, nur ein paar Zentimeter, aber auch viele Meter tief sein. Gerade bei den kleineren, seichteren Gewässern ist die Wasseroberfläche oft spiegelglatt, während bei den tiefsten Seen die Wassermassen durch Winde sowie Dichteunterschiede des Wassers und Luftdruckschwankungen ständig bewegt werden.

Würde die Redensart zutreffen, dann müsste beispielsweise der Baikalsee, mit 1637 m der tiefste See der Erde, ein besonders „stilles" Wasser sein, in Wirklichkeit peitschen ihn heftige Winde oft zu 4–6 m hohen Wellen auf. Dies geschieht vor allem im Herbst, bevor sich der See mit einer dicken Eisschicht überzieht und so tatsächlich zu einem „stillen Wasser" wird.

Bergseen sind meist sehr stille Gewässer – aber nicht besonders tief.

Wussten Sie schon, dass…
die klarsten Gewässer in der Regel die wenigsten Lebewesen beherbergen?

Sehr klares Wasser spricht meist für einen geringen Nährstoffgehalt, und ein nährstoffarmes Gewässer kann natürlich nur relativ wenige Lebewesen ernähren. In nährstoffarmen Gebirgsseen beträgt die Sichttiefe beispielsweise 20–25 m, und die Zahl der Pflanzen liegt oft nur bei 8 pro m². Bei nährstoffreichen Seen reicht die Sicht dagegen maximal bis in 2–10 m Tiefe. In ihnen zählt man aber häufig über 50 Pflanzen je m².

Stimmt es, dass…
die WASSERMENGEN oberirdisch gleich bleiben?　　NEIN

Wasser kommt auf der Erde im flüssigen, festen und gasförmigen Zustand vor, wobei das flüssige Wasser den weitaus größten Anteil hat. Die Tabelle auf S. 277 stellt jedoch nur eine Momentaufnahme dar, denn langfristig können die jeweiligen Anteile erheblich schwanken. Während der jüngsten Eiszeit hatten beispielsweise die gesamten Eismassen der Erde einen Rauminhalt von 77 Mio. km³ – das ist etwa dreimal so viel wie heute. In wärmeren Klimaperioden nimmt der Anteil des Wasserdampfs zu, denn warme Luft kann mehr Feuchtigkeit aufnehmen als kalte.

Entscheidend für die Wassermenge auf der Erde sind jedoch die beträchtlichen Wasserströme zwischen der Hydrosphäre, der Wasserhülle der Erde, und dem festen Erdkörper. Denn fast das gesamte Wasser an der Erdoberfläche kommt ursprünglich aus dem Innern der Erde. Die Erde enthält rund 30 Mrd. km³ Wasser, wovon sie im Lauf der Erdgeschichte schätzungsweise 3,4 Mrd. km³ an ihre Oberfläche abgegeben hat. Die hauptsächlichen „Wasserspender" sind dabei die Vulkane. Magma enthält zwischen 0,1 und 7 % Wasser. Im Durchschnitt werden bei der heutigen Magmaproduktion

WASSERVORRÄTE DER ERDE

Die gesamten oberirdischen und oberflächennahen Wasservorräte der Erde betragen etwa 1386 Mio. km³; gleichmäßig über den Globus verteilt würden sie eine 2718 m dicke Schicht ergeben. Davon entfielen auf das Süßwasser allerdings nur 68 m. Die bedeutendsten Süßwasser-Reservoire sind die Gletscher der Polargebiete, denn ihr Anteil am weltweiten Süßwasservorrat liegt bei fast 70 %.

Teil der Hydrosphäre	Wasservolumen in km³	Anteil in %
Weltmeere	1 338 000 000	96,54
Eis und Schnee	24 364 100	1,76
Grundwasser	23 400 000	1,69
Oberflächengewässer	189 990	0,013
Bodenfeuchte	16 500	0,001
Atmosphäre	12 900	< 0,001
Organismen	1120	< 0,001

von gut 30 km³ pro Jahr der Wasserhülle der Erde jährlich etwa 0,3 km³ Wasser zugeführt. Das scheint zwar nur sehr wenig zu sein, doch der ständige Wasserstrom aus den Vulkanen könnte beispielsweise den Wasserinhalt der Atmosphäre in rund 40 000 Jahren vollständig erneuern – was erdgeschichtlich gesehen ein kurzer Zeitraum ist. Andererseits kehren jährlich aber auch große Wassermassen mit den Sedimentgesteinen und den Organismen, aus denen beispielsweise Erdöl und Erdgas entstehen, ins Erdinnere zurück.

Die Wasservorräte der Erde sind übrigens sehr ungleich verteilt – vor allem das Süßwasser. Von den zur Zeit etwa 6,3 Mrd. Menschen leben nur rund 40 % in Klimazonen mit Wasserüberschuss, 60 % leiden dagegen unter Wassermangel.

Der ewige Kreislauf des Wassers ist eine der Grundvoraussetzungen des Lebens.

Stimmt es, dass ...

das WETTER in den folgenden Monaten umso besser wird, je frostiger der Januar ist? — JA

„Ist der Januar hell und weiß, wird der Sommer sicher heiß" – es gibt mindestens ein halbes Dutzend Wetterregeln, die frostige Witterung im Januar als Vorzeichen für schönes Wetter im Sommer deuten. Umgekehrt gilt ein milder Januar als Zeichen für schlechtes Wetter, wenigstens im Frühjahr: „Ist der Januar feucht und lau, wird das Frühjahr trocken und rau."

Die langjährige Wetterstatistik belegt, dass diese Regeln in den meisten Jahren zutreffen. Bei überdurchschnittlich viel Sonnenschein, länger andauernder Schneedecke und vielen Frosttagen im Januar folgt mit 60%iger Wahrscheinlichkeit ein insgesamt zu warmer Sommer mit heißem Wetter im Juli und August. In Süddeutschland ist die Wahrscheinlichkeit noch deutlich höher. Vor allem die Witterung um die Monatsmitte und im letzten Januardrittel hat für die langfristige Wetterprognose offenbar eine beachtliche Aussagekraft.

Hier liegt die Wahrscheinlichkeit für überdurchschnittlich warmes, sonniges und trockenes Wetter im Frühjahr und Sommer in manchen Regionen bei bis zu 75 %.

Im Jahr 2003 zählte man beispielsweise im Januar in Augsburg 24 Frosttage, an denen die Tiefsttemperaturen unter dem Gefrierpunkt lagen, und 11 Eistage, an denen die Höchsttemperatur 0 °C nicht überschritt. Selbst im milden Rheinland gab es etwa 14 Frosttage. Dafür war das Frühjahr ungewöhnlich regenarm und sonnig. Und dann folgte der „Supersommer" 2003, in dem ganz Europa unter extremer Hitze litt.

ABER: Mitteleuropa ist zu groß und klimatisch zu stark gegliedert, um die Wetterregeln auf die gesamte Region übertragen zu können. Allzu wörtlich sollte man die Regeln ohnehin nicht nehmen: Der Januar 2003 war zwar frostig, aber nicht besonders schneereich.

Wussten Sie schon, dass ...
das Wasser in der Atmosphäre alle 8–9 Tage ganz ausgetauscht wird?

Die Erdatmosphäre enthält nur wenig Wasser. Würde alles in ihr enthaltene Wasser als Regen niedergehen, dann fielen pro Quadratmeter weltweit nur etwa 25 l. In Wirklichkeit fallen jedoch im Jahresdurchschnitt und gleichmäßig über die Erde verteilt rund 1100 l/m², also 44-mal mehr. Durch den Wasserkreislauf wird das Wasser in der Atmosphäre also im Schnitt 44-mal pro Jahr ganz ausgetauscht, d. h. alle 8–9 Tage.

gutes **WETTER** zu erwarten ist, wenn Spinnen Netze bauen? JA

Wenn eine Kreuzspinne an ihrem Netz arbeitet, wird sie zum Wetterpropheten.

Sonniges, warmes Wetter „beflügelt" Insekten. Sie schwärmen aus, werden durch aufsteigende Luftströmungen vom Erdboden in die Höhe getragen – und geraten dabei viel häufiger in Spinnennetze als bei kühlem, regnerischem oder windigem Wetter, das den Bewegungsdrang der Wärme liebenden Kerbtiere bremst.

Für Spinnen lohnt es sich also, ihre Fangnetze rechtzeitig vor Beginn der schönen Witterung zu bauen. Sie gelten deshalb auch von alters her als Wetterpropheten. Sitzt eine Spinne mitten in ihrem Netz und webt daran, ist dies in aller Regel ein Anzeichen für anhaltend schönes Wetter. Verhält sie sich dagegen still oder verkriecht sie sich sogar in einem Schlupfwinkel, deutet dies auf baldiges Schlechtwetter hin.

Auch diese Verhaltensweise ist sinnvoll. Denn obwohl die nur etwa 0,0005 bis 0,005 mm dicken Spinnfäden extrem elastisch und gleichzeitig reißfest sind – beispielsweise mindestens dreimal fester als Stahlseile gleicher Dicke – ist die Gefahr, dass die kunstvoll geknüpften Netze bei schlechtem Wetter von aufprallenden Regentropfen oder stürmischen Windböen zerrissen werden, dennoch sehr groß.

Wussten Sie schon, dass…

Spinnen ihre Netze auch unter Wasser knüpfen?

Spinnennetze dienen keineswegs nur dazu, Beutetiere zu fangen. Die Wasserspinne, die einzige Webspinne, die ständig unter Wasser lebt, knüpft beispielsweise ein engmaschiges, glockenförmiges, unten offenes Gebilde. Darin sammeln sich aufsteigende Luftblasen. Erwachsene Wasserspinnen tragen stets einen Vorrat von kleinen Luftbläschen mit sich umher, jedoch benötigen ihre Jungen, die in der Luftglocke zur Welt kommen, den dort aufbewahrten Sauerstoff.

Moose nur an der **WETTERSEITE** von Bäumen wachsen? NEIN

Die rund 25 000 Moosarten der Erde sind fast alle Landpflanzen, können aber im Unterschied zu den Blütenpflanzen und Farnen ihren Wasserhaushalt nicht regulieren. Sie kommen deshalb nur selten in trockenen Klimazonen vor und bevorzugen feuchte Standorte. Wegen ihres großen Feuchtigkeitsbedarfs sind einige Moosarten im Lauf der Erdgeschichte sogar wieder zum Leben im Wasser übergegangen.

Eigentlich müsste die in Mitteleuropa vorherrschende Wetterseite für Moose ideal sein. Sie liegt meist an der Südwest- bis Nordwestseite von Bäumen oder Gebäuden, ist also den Himmelsrichtungen zugewandt, aus denen die Tiefdruckgebiete feuchte Meeresluft und Regenwolken bringen. An dieser Seite werden beispielsweise Häuserwände deutlich häufiger vom Regen durchfeuchtet als an der entgegengesetzten. Der stärkeren Zufuhr von Feuchtigkeit an der Wetterseite steht aber die dort ebenfalls höhere Verdunstung gegenüber. Bei sonnigem Wetter und kräftiger Sonneneinstrahlung steigt die Lufttemperatur in Mitteleuropa regelmäßig auf ihren Tageshöchstwert, wenn die Sonne im Südwesten am Himmel steht. In der erhitzten Luft verdunstet entsprechend viel Wasser, und die Wetterseite trocknet folglich viel schneller aus als die im Schatten gelegene Seite.

Hinzu kommt der austrocknende Wind, der zwischen Nordsee und Alpen an fast der Hälfte der Tage des Jahres aus südwestlicher bis nordwestlicher Richtung weht. Diese Wechselbäder von peitschendem Regen, sengender Sonne und heftigem Wind schaden den meisten Moosarten. Sie ziehen sich folglich an schattigere und windgeschütztere Standorte mit gleichmäßigerer Wasserversorgung zurück.

Grüne Pflanzenüberzüge an der Wetterseite von Bäumen bestehen daher auch weniger aus Moosen als vielmehr aus Flechten und Algen – Pflanzen, die gegen Austrocknung eher unempfindlich sind. Dichte, geschlossene Moosdecken auf Baumrinden findet man am häufigsten am Fuß der Baumstämme bis in etwa 0,5 m Höhe über dem Erdboden – oder unabhängig von der Himmelsrichtung rund um Baumstümpfe oder umgestürzte Baumstämme.

GEOGRAPHIE UND WIRTSCHAFT

Eine bunte Vielfalt von Fragen führt den Leser in diesem Kapitel rund um die Welt. Erstaunlich ist es, wie stark auch das Wissen über wirtschaftliche Dinge von Vorurteilen geprägt wird.

es in **AFRIKA** keine Gletscher gibt?   NEIN

Als einziger Kontinent besitzt derzeit nur Australien keine Gletscher. In Afrika ragen dagegen die drei höchsten Gebirgsmassive bis in das Stockwerk des ewigen Eises: der Kilimandscharo (5892 m), der Mount Kenia (5199 m) und der Ruwenzori (5119 m). Trotz ihrer Lage in der Nähe des Äquators tragen alle drei in Höhen oberhalb von 4500–5000 m kleinere Gletscher und mehrjährige Schneefelder, was der Kilimandscharo schon mit seinem Namen „glänzender (Schnee-)Berg" verrät. Insgesamt misst die vergletscherte Fläche jedoch nur etwas weniger als 12 km². Dagegen hatten in den Eiszeiten allein die Gletscher auf dem Mount Kenia eine Ausdehnung von 430 km².

ABER: Leider schrumpfen die afrikanischen Gletscher dramatisch. Die vergletscherte Fläche hat sich beispielsweise auf dem Kilimandscharo seit dem Beginn des 20. Jh. um rund 80 % auf ungefähr 2 km² verkleinert. Wenn der Schwund so schnell wie bisher fortschreiten sollte, wird es wohl spätestens 2020 in Afrika tatsächlich keine Gletscher mehr geben.

Als Ursache dieses rasanten Rückgangs gilt der gegenwärtige Klimawandel. Hier wirkt sich allerdings weniger die in den Tropen nur geringe Erwärmung der Erdatmosphäre aus, sondern eher die sinkenden Niederschlagsmengen.

EIS AM ÄQUATOR

Die höchsten Gebirge Afrikas ragen aus den Savannen und Bergwäldern bis über die Schneegrenze auf (hier: Mount Kenia). Für die Landwirtschaft hat das im Gletschereis gespeicherte Wasser enorme Bedeutung. Das Abschmelzen wäre daher eine wirtschaftliche Katastrophe.

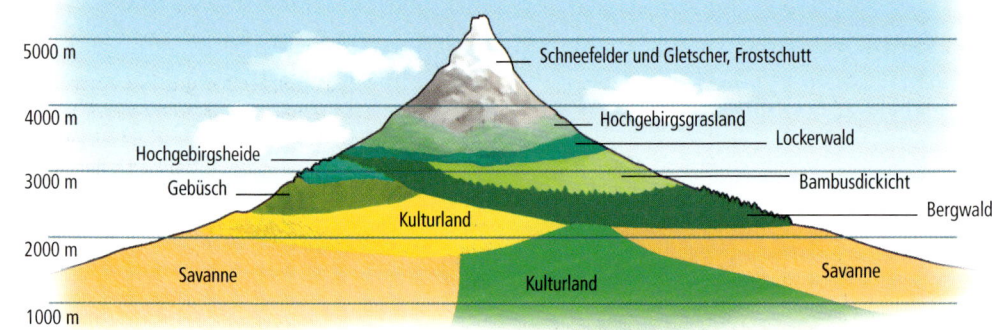

Wussten Sie schon, dass ...

in Südamerika manche Sechstausender nicht vergletschert sind?

Die Schneegrenze erreicht nicht – wie man vermuten könnte – am Äquator, sondern im Trockengürtel der Erde am Rand der Tropen ihre größte Höhe. In Südamerika findet man beispielsweise auf dem ruhenden Vulkan Llullaillaco an der Grenze von Argentinien und Chile trotz seiner imposanten Höhe von 6723 m kein „ewiges Eis". Dagegen verläuft in den Alpen die Schneegrenze bei maximal 3200 m Höhe.

Stimmt es, dass ...

es nicht nur in Athen eine **AKROPOLIS** gibt?   JA

Der vom Parthenon, Erechtheion und anderen großartigen Bauten der Antike gekrönte Hügel in der griechischen Hauptstadt ist zwar die berühmteste, doch keineswegs die einzige Akropolis. Ihr Name, der sich aus den griechischen Worten *akros* (oberst) und *polis* (Stadt) zusammensetzt, bedeutet so viel wie befestigte Oberstadt. Solche meist in der Antike errichteten Stadtteile gibt es an vielen Orten Griechenlands, wie beispielsweise in Korinth, Delphi oder in Lindos auf der Insel Rhodos – und zudem im ganzen Mittelmeerraum, von der Iberischen Halbinsel bis nach Kleinasien. In der Regel liegt der historische Ortskern der Städte auf einem Hügel oder Berg, in einer so genannten „Akropolislage".

Nach diesem mediterranen Vorbild legten auch die Kelten vor rund 2200 Jahren die Oppida, ihre befestigten Bergstädte, in Mitteleuropa an. Dazu gehören beispielsweise die Milseburg im Naturpark Hessische Rhön oder eine Siedlung im Heidengraben auf der Schwäbischen Alb. Die bei uns im Mittelalter gegründeten Städte liegen hingegen fast ausschließlich in den Tälern und an Flüssen.

Die exponierte Lage einer Siedlung auf einem Berg oder Hügel unterstreicht nicht nur ihre Bedeutung, sondern hat auch viele praktische Vorteile. Eine Höhensiedlung kann im Unterschied zu einem Ort in ebenem Gelände mit weniger Aufwand befestigt werden und ist gegen Angreifer leichter

Höhensiedlungen sind im gesamten Mittelmeerraum weit verbreitet – hier eine Akropolis auf der griechischen Insel Santorin.

zu verteidigen. Sie bietet zudem Schutz vor Überschwemmungen und hat in den heißen Mittelmeerländern ein günstigeres Klima. Denn auf den Höhen weht ein frischer Wind, der die Hitze erträglicher macht.

Außerdem war man auf den Höhen besser vor der damals weit verbreiteten Malaria geschützt, während in den feuchten Niederungen an den Küsten des Mittelmeers die Mücken zur Plage wurden.

Stimmt es, dass ...

AKTIENKURSE montags in der Regel niedriger waren als freitags?　　JA

Wenn die Aktienkurse am Freitag zum Börsenschluss höher sind als die Aktienkurse am Montag zum Börsenschluss, so nennt man das den „Montagseffekt". Ein Anleger, der am Freitag „teuer" Aktien kauft und sie am Montag „billig" wieder verkauft, macht dabei bei jeder Aktie einen Verlust.

Für diese Kursschwankung über das Wochenende gibt es verschiedene Erklärungen. Unternehmen veröffentlichen beispielsweise schlechte Nachrichten lieber am Wochenende, weil dann an der Börse nicht gehandelt wird.

Viele ältere Untersuchungen konnten den Montagseffekt tatsächlich für zahlreiche Länder nachweisen, darunter auch für Deutschland. Doch die Kursverluste, die auf diesem Effekt beruhten, waren sehr gering. Neueren Untersuchungen zufolge war der Montagseffekt auch noch Anfang der 1990er-Jahre zu beobachten.

ABER: Danach war er kaum mehr zu messen. Dies hat damit zu tun, dass Anleger solche Effekte nutzen, um risikolos Gewinne zu erzielen, wodurch die Effekte verschwinden.

Wussten Sie schon, dass ...
Aktienkurse sich im September meist ungünstig enwickeln?

Der September gilt in Deutschland als schlechter Aktienmonat. Das zeigt der Verlauf des Deutschen Aktienindex (DAX), der die Aktienkurse der 30 größten deutschen Aktiengesellschaften widerspiegelt. Von 1966 bis 2003 hat sich der DAX im September im Durchschritt schlechter entwickelt als in den übrigen Monaten. Auch wenn es in einzelnen Jahren anders war, in den weitaus meisten Fällen war der September der schlechteste Börsenmonat. Eine Erklärung für dieses Phänomen hat man noch nicht gefunden.

EFFEKTE AM AKTIENMARKT

Untersuchungen des Geschehens an Aktienmärkten weisen nach, dass sich die Kurse an den Börsen nach dem Kalender richten. Bekannt sind u. a. folgende Phänomene:
Der Januareffekt – die Kurse steigen im Januar stärker als in den restlichen Monaten des Jahres.
Der Monatseffekt – die Kurse steigen am letzten Tag des alten Monats und in den ersten drei Tagen des neuen Monats stärker als an den anderen Tagen des Monats.

Der Ferieneffekt – die Kurse steigen vor den Tagen, an denen die Börse Ferien macht, stärker als an anderen Tagen.
Zu den angegebenen Zeiten bewegen sich die Kurse so regelmäßig, dass Anleger diese Bewegungen eigentlich ausnutzen und damit Gewinne machen könnten. Doch die Gewinne betragen manchmal nur einige tausendstel Prozent pro Aktie. Solche regelmäßigen Kursschwankungen sind daher nur für wissenschaftliche Untersuchungen interessant.

Auch im scheinbar unberechenbaren Verlauf der Börsenkurse lassen sich Regelmäßigkeiten finden.

Wussten Sie schon, dass...

der Anteil der Aktionäre in Deutschland im Jahr 2000 am höchsten war?

Den höchsten Stand an Aktienbesitzern erreichte Deutschland nach mehreren sehr guten Jahren an der deutschen Börse im Jahr 2000 und nachdem die Anlageform Aktie in Deutschland etwas populärer geworden war. Trotzdem waren damals erst 9,7 % der Deutschen Aktienbesitzer. Verglichen mit 23 % in Großbritannien, 25,4 % in den USA und über 35 % in Schweden, ein eher bescheidener Anteil. In den Folgejahren ist die Zahl der Aktionäre dann wieder deutlich gesunken.

Stimmt es, dass ...

AKTIONÄRE persönlich für Schulden von Unternehmen haftbar gemacht werden können?   **NEIN**

Wenn ein Unternehmen, das Aktien ausgegeben hat (also eine Aktiengesellschaft), Kredite bei Banken aufnimmt, geht es damit eine Verpflichtung zur Zahlung von Zinsen an die Bank und zur Rückzahlung dieser Kredite ein. Kann die Aktiengesellschaft, beispielsweise durch Missmanagement oder in einer Wirtschaftskrise, ihrer Verpflichtung zur Zins- und Tilgungszahlung nicht mehr nachkommen, geht sie in Konkurs. Die Aktien dieses Unternehmens sind nichts mehr wert. Der Aktionär verliert also auf diesem Weg einen Teil seines Vermögens.

Persönliche Haftung hieße in diesem Fall, dass ein Aktionär zusätzlich zu diesem Verlust auch noch mit seinem weiteren Privatvermögen (beispielsweise Haus, Auto, Wertpapiere, Sparbuch) für die Schulden der Aktiengesellschaft eintreten muss. Dies ist aber nicht der Fall. Die Bank als Gläubiger des Unternehmens hat keine rechtlichen Möglichkeiten, Ansprüche gegenüber den Aktionären geltend zu machen. Dies ist auch im Aktiengesetz festgelegt: Für die Verbindlichkeiten der Aktiengesellschaft haftet gegenüber den Gläubigern nur das Gesellschaftsvermögen.

Stimmt es, dass ...

die sicherste ALTERSVORSORGE ein eigenes Haus ist?   **NEIN**

Die meisten Menschen legen während der Berufstätigkeit Geld an, von dem sie dann im Alter leben (oder mit dem sie ihre Rente aufbessern). Dazu können sie eine Lebensversicherung abschließen oder ihr Geld in Sparbüchern, festverzinslichen Wertpapieren, Aktien und/oder einem Haus anlegen. Sparbücher, Wertpapiere und eine Lebensversicherung unterliegen dem Risiko, dass eine Inflation das Vermögen ent-

WOHNEIGENTUM IN EUROPA

Im Allgemeinen werden in Statistiken Eigenheime und Eigentumswohnungen unter dem Oberbegriff „Wohneigentum" zusammengefasst. In Deutschland haben deutlich weniger Menschen Wohneigentum als bei fast allen europäischen Nachbarn. Die Reihenfolge der Länder bleibt dabei sehr stabil.

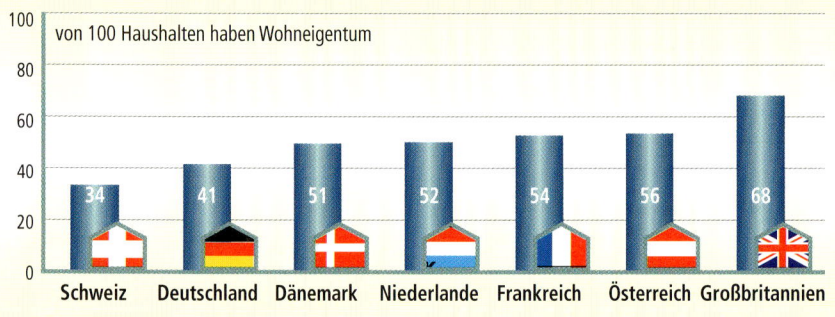

von 100 Haushalten haben Wohneigentum

Schweiz	Deutschland	Dänemark	Niederlande	Frankreich	Österreich	Großbritannien
34	41	51	52	54	56	68

Wer beabsichtigt, im Alter sein Haus selbst zu nutzen, muss bedenken, dass mit Immobilien auch immer Nebenkosten verbunden sind.

wertet. Aktien sind langfristig gesehen eine gute Anlage, da sie die größte Wertsteigerung versprechen, bergen aber die Gefahr, dass zum Zeitpunkt des Aktienverkaufs der Kurs niedrig ist. Ein Haus als Geldanlage kann auch verkauft werden, insofern ähnelt es einer Aktie, wenn auch der Immobilienwert nicht so stark schwankt wie der Aktienkurs. Am sichersten ist also ein Mix aus verschiedenen Anlageformen.

ABER: Ein Haus kann man auch selbst nutzen. Und dies ist tatsächlich eine sehr sichere Anlage – die aber neben zusätzlichem Kapital für die Lebenshaltung und Nebenkosten voraussetzt, dass man schon beim Kauf weiß, wo man im Alter lebt.

Stimmt es, dass ...
der AMAZONAS der längste Fluss der Erde ist?   NEIN

Auch aus dem Weltall ist der Nil beeindruckend – hier der Zusammenfluss von Weißem (unten) und Blauem Nil.

Um die Länge eines Flusslaufs exakt zu bestimmen, müssen die Quelle und die Mündung möglichst genau bekannt sein. Die Quelle des Kagera, des südlichsten Quellflusses des Nils, wurde vor gut 100 Jahren in Ruanda entdeckt, die Mündung des größten afrikanischen Stroms ins Mittelmeer ist den Geographen schon seit dem Altertum bekannt. Zwischen diesen beiden Punkten liegen genau 6671 km.

Die Quelle des Amazonas, ein kleiner See in den peruanischen Anden, kennt man erst seit wenigen Jahren. Die Forscher, die sie entdeckten, berechneten eine Lauflänge von 6788 km. Danach wäre also der Amazonas der längste Fluss der Erde. Im Unterschied zum Nil, dessen Mündung ins Mittelmeer sehr exakt angegeben werden kann, endet der größte Strom Südamerikas aber in einer weiten, trichterförmigen Meeresbucht. Bei Flut füllt sich diese Mündung mit Salzwasser, bei Ebbe drängt das Süßwasser rund 200 km weit in den Atlantik hinaus. Der Mündungspunkt des Amazonas lässt sich also nicht genau festlegen, der Strom geht nahtlos ins Meer über. Der spanische Seefahrer Vicente Pinzón, der Anfang 1500 an die Küste Brasiliens gelangte, nannte das Mündungsgebiet des Amazonas bezeichnenderweise *Mar Dulce* (Süßwassermeer). Den Rang des wasserreichsten Flusses der Erde darf der Amazonas für sich beanspruchen, längster Fluss ist jedoch weiterhin der Nil.

Wussten Sie schon, dass ...
der Amazonas bis über 70 m tief ist?

Im Allgemeinen sind sehr breite Flüsse vergleichsweise seichte Wasserläufe. Doch der Amazonas bildet eine Ausnahme: Er ist zwar schon im Oberlauf meist über 5 km breit und erreicht im Unterlauf sogar eine Ausdehnung von mehr als 25 km, und trotzdem hat er sich häufig 30–50 m, an manchen Stellen sogar bis über 70 m tief eingeschnitten.

Stimmt es, dass ...
es in der ANTARKTIS warme Salzseen gibt?   JA

Der Kontinent am Südpol hat zwar nicht viele Seen, aber dafür einige der sonderbarsten: Mindestens 70 verbergen sich unter kilometerdicken Eismassen. Oberirdische Seen findet man dagegen in den Trockentälern Victorialands. In diesen eisfreien Oasen gibt den Don-Juan-See, der auch bei Temperaturen um –60 °C nie zufriert, und daneben liegt der etwa 75 m tiefe Vanda-See, der trotz einer 3–5 m dicken Eisschicht am Grund über 25 °C warm ist.

Die Temperaturverteilung in diesem See widerspricht auf den ersten Blick den Naturgesetzen. Denn unter dem Eis liegt kälteres und damit schwereres Wasser über wärmerem und leichterem. Eigentlich müsste das kalte Wasser absinken und das warme aufsteigen. Dies wird aber durch den hohen Salzgehalt und die hohe Dichte des Tiefenwassers verhindert. Das Wasser am Grund des Vanda-Sees enthält 23 % Salz, also gut sechsmal mehr als Meerwasser. Noch höher, bis über 30 %, ist der Salzgehalt im Don-Juan-See, der deshalb nie zufriert.

Wäre der Vanda-See nicht ständig von Eis bedeckt, würden die oft orkanartigen Win-

Wussten Sie schon, dass…
es auf der Erde mindestens 500 aktive Vulkane gibt?

Die Zahl der tätigen Vulkane ist nicht genau bekannt, da sich die meisten der aktiven Feuerberge unter dem Meeresspiegel verbergen. Doch allein auf den Festländern gibt es über 500 Vulkane, die als tätig gelten. Davon erleben zu einem bestimmten Zeitpunkt durchschnittlich jeweils rund 20 Vulkane stärkere Ausbrüche. Etwa 80 % der gegenwärtig aktiven Feuerberge reihen sich im Umkreis des Pazifischen Ozeans auf. Diese Zone wird deshalb auch als „Pazifischer Feuerring" bezeichnet.

de, die durch die Trockentäler wehen, für eine Durchmischung der Wassermassen sorgen. Stattdessen fängt die Eisdecke wie die Glasscheiben eines Gewächshauses 80–99 % der Sonnenenergie während des langen Polartags ein. Das Licht dringt in dem kristallklaren Wasser bis in große Tiefen vor und lässt dort die Temperaturen innerhalb der Sole ansteigen.

Die Trockentäler Victorialands gehören zu den niederschlagsärmsten Regionen der Erde, und der hohe Salzgehalt des Wassers stammt vermutlich aus einer Zeit, als das Klima noch trockener war als heute.

Stimmt es, dass …
der ÄTNA der aktivste Vulkan Europas ist? (NEIN)

Der erste schriftliche Bericht über einen Ausbruch des Ätna stammt aus dem Jahr 693 v. Chr. Seither erlebte der Vulkan an der Küste Siziliens rund 400 stärkere Ausbrüche, die oft mehrere Jahre anhielten. Damit gehört der Ätna zu den aktivsten Feuerbergen der Welt. Mit einem Rauminhalt von rund 530 km³ und einer Höhe um 3350 m ist er auch der größte tätige Vulkan Europas. In der Zahl der Eruptionen wird der „Berg der Berge", wie ihn die Sizilianer nennen, allerdings vom Stromboli deutlich übertroffen. Denn dieser Vulkan auf der nördlichsten der Äolischen Inseln im Mittelmeer ist der einzige ständig aktive Vulkan Europas.

Seit über 2000 Jahren speit dieser „Leuchtturm des Mittelmeeres" in Abständen von Sekunden, Minuten und Stunden Lavafetzen aus. Meist haben die Eruptionen des Stromboli eine Stärke von VEI 1 (siehe Kasten links). Stärkere Ausbrüche kommen zwar vor, sind aber selten – ebenso wie längere Ruhepausen. Knapp 1000 m ragt der Stromboli über dem Meer auf, doch der kegelförmige Berg setzt sich unter dem Meeresspiegel bis in 2000 m Tiefe fort. Mit insgesamt etwa 3000 m ist der Feuerberg im Tyrrhenischen Meer also fast so hoch wie der Ätna.

DIE HEFTIGSTEN VULKANAUSBRÜCHE

Ein Maßstab zur Klassifizierung von Vulkanausbrüchen ist der so genannte Vulkan-Explosivitäts-Index (VEI), der 9 Stufen umfasst. Danach war der Ausbruch des Tambora im April 1815 die heftigste Eruption in historischer Zeit. Sie erreichte die Stufe 7 und forderte die meisten Todesopfer. Die Zahl der Opfer hängt aber nicht nur von der Explosionsstärke ab, denn auch bei der schwachen Eruption des Nevado del Ruiz (VEI 3) starben Zigtausende.

Jahr	Vulkan	Todesopfer
1986	Nyos, Kamerun	über 1 700
1985	Nevado del Ruiz, Kolumbien	25 000
1902	Montagne Pelée, Martinique	29 000
1883	Krakatau, Indonesien	36 000
1815	Tambora, Indonesien	92 000
1792	Unzen, Japan	15 000
1783	Laki, Island	9 000
1586	Kelut, Indonesien	10 000
79	Somma (Vesuv), Italien	über 3 300

Auch auf dieser historischen Illustration von Willem Schellinks (1627–78) zeigt der Stromboli vulkanische Aktivität.

Stimmt es, dass …
AUTOMOBILHERSTELLER ihre Autos selbst herstellen? (JA)

Das traditionelle Bild eines Automobilherstellers verkörperte Ford Ende der 1920er-Jahre, allerdings im Extrem. Denn fast alles, was die Firma Ford zum Bau eines Fahrzeugs benötigte, stellte sie selbst her: die Bauteile Motor, Getriebe, Kupplung, Achsen, Räder, Fenster usw. sowie die dafür erforderlichen Rohmaterialien. Ford besaß eigene Erzbergwerke, eine Kautschukplantage, eine Glasfabrik und sogar Schiffe für den Transport von Eisenerz.

Doch diese Zeiten sind längst vorbei. Heute kaufen die Automobilhersteller fertige Bauteile von Zulieferern ein: Bremsen, Kupplung, Getriebe, Sitze und Stoßfänger sind Beispiele. In jüngster Zeit ist insbesondere die Elektronikausstattung eines Autos immer wichtiger geworden. Motorsteuerung, Airbag, elektronisches Stabilitätsprogramm und Fahrzeugnavigationsgeräte werden neben vielen anderen Komponenten eines Autos von Zulieferern produziert,

Bei der Smart-Produktion geht man ungewöhnliche Wege: Um Transportstrecken zu verkürzen, wurden die Zulieferfirmen nahe der Produktionsstätte der Fahrzeuge angesiedelt.

die sich auf derartige Technik und Zusammenarbeit spezialisiert haben. Die Automobilhersteller selbst lassen die Bauteile, die teilweise schon fertig lackiert angeliefert werden, in ihren Fabriken immerhin noch zusammenbauen. Inzwischen gibt es aber schon erste Überlegungen, auch diese Montage an Zulieferer abzugeben. Die „Automobilhersteller" der Zukunft könnten sich dann ausschließlich auf Kompetenzen wie beispielsweise die Entwicklung neuer Fahrzeuge, den erforderlichen Vertrieb sowie die Pflege ihrer jeweiligen Marken konzentrieren.

Stimmt es, dass …
der **AYERS ROCK** der größte Monolith der Erde ist? NEIN

Der Begriff Monolith, der sich von den griechischen Worten *mónos* (einzeln, allein) und *líthos* (Stein) herleitet, bedeutet so viel wie „einzelner Stein". In der Kunstgeschichte bezeichnet man damit eine aus einem einzigen Gesteinsblock gehauene Statue. Ein monolithischer Berg müsste demnach aus kompaktem, gleichartigem Gestein bestehen. Diese Forderung trifft jedoch für den Ayers Rock in Australien, der von den Aborigines Uluru genannt wird, eindeutig nicht zu.

Der markante Berg besteht vielmehr aus vielen verschiedenen Gesteinsschichten unterschiedlicher Härte. Dabei handelt es sich hauptsächlich um feldspatreichen Sandstein, so genannte Arkose. Sie sind steil gestellt und sind an den Felswänden, je nach Verwitterung, als Vertiefungen oder Erhöhungen erkennbar.

Doch selbst wenn man derartige geologische Details nicht berücksichtigen würde, wäre der Ayers Rock trotzdem nicht der größte Monolith der Erde, denn der in Westaustralien gelegene Mount Augustus oder Burringurrah ist mit einer Länge von 8 km und einer Grundfläche von knapp 50 km² mehr als doppelt so groß wie der Ayers Rock.

Der Ayers Rock ist ein typischer Inselberg. So bezeichnet man Berge, die einzeln wie Inseln aus der Umgebung aufragen und meist steile, felsige Flanken aufweisen.

Wussten Sie schon, dass …
der Ayers Rock der älteste bekannte Berg der Erde ist?

Die höchsten Berge der Erde sind nach geologischen Zeitmaßstäben relativ junge Landschaftsformen, die noch vor wenigen Millionen Jahren kaum über den Meeresspiegel ragten. Erst in den jüngsten Epochen der Erdgeschichte sind sie zu ihrer heutigen Höhe aufgestiegen. Der Ayers Rock war dagegen vermutlich schon vor über 60 Mio. Jahren eine markante Erhebung im Innern Australiens. Für diese Vermutung sprechen 60 Mio. Jahre alte Ablagerungen eines Sees, die auf den weiten Ebenen im Umkreis des Berges zu finden sind.

Jede Beratung in einer Bank bildet die Grundlage für ein Geschäft, das beiden Parteien Vorteile bringen soll. Objektivität ist also nicht garantiert.

Wussten Sie schon, dass ...
in Deutschland jedes dritte Girokonto ein Onlinekonto ist?

Onlinekonten zu führen ist in Deutschland seit 1984 möglich. Nach der Einführung von Bildschirmtext begannen Banken, ihren Kunden „BTX-Homebanking" anzubieten. Im Juni 1986 waren etwa 200 Banken an das BTX-System angeschlossen, rund 40 000 Onlinekonten existierten. Mit dem Aufkommen des Internets in den 1990er-Jahren und der Verbesserung der Technik wurden Onlinekonten komfortabler und billiger. Damit wuchs auch die Zahl der Konten: Mitte der 1990er-Jahre wurde die Millionengrenze überschritten. Heute gibt es etwa 30 Mio. Onlinekonten.

Stimmt es, dass ...
die Beratungen in einer BANK nicht immer objektiv sind? | JA

Ein Kunde möchte Geld anlegen und lässt sich von einer Bank beraten, weil diese einen Informationsvorsprung hat, einen besseren Überblick über die verschiedenen Anlagemöglichkeiten, die jeweiligen Zinsen und die damit verbundenen Risiken. Wie könnte nun in dieser Situation eine objektive Beratung aussehen? Vermutlich hat der Kunde davon eine andere Vorstellung als die Bank, und eine Verbraucherberatungsstelle sieht es wieder ganz anders.

Im Kern geht es bei der Beratung in Banken, wie bei fast allen anderen Beratungen auch, um die Vorbereitung eines Geschäfts, das die Vertragsparteien zum beiderseitigen Vorteil abschließen wollen. Die Basis bilden dabei aber auf beiden Seiten subjektive Erwartungen: Der Kunde ist an Informationen interessiert, die er nicht hat. Die Bank ihrerseits möchte Kunden gewinnen, wird aber auch bemüht sein, das Verhältnis von Beratungskosten und „Gewinn" zu wahren. Bei kleineren Geldbeträgen ist damit zu rechnen, dass – aus Sicht der Bank – einfacher zu beschaffende Informationen weitergegeben werden. Mit zunehmendem Vermögen wird die Beratung intensiver und damit individueller. Kunden mit sehr großen Vermögen werden sogar von einem eigenen Anlageberater betreut.

Stimmt es, dass ...
BANKEN in Deutschland steigende Gewinne erzielen? | NEIN

BANKGEHEIMNISSE

Das „Bankgeheimnis" sollte eigentlich „Bankkundengeheimnis" heißen, denn geschützt wird der Kunde und nicht die Bank. In Europa gibt es keine einheitliche Regelung des Bankgeheimnisses, sondern nur Regelungen auf der Ebene der einzelnen Staaten. Diese unterscheiden sich erheblich. In Deutschland beruht das Bankgeheimnis auf der Vertragsbeziehung zwischen Bank und Kunde, aber nicht auf einer gesetzlichen Regelung. In Österreich ist es gesetzlich geregelt und sogar ein Bestandteil der Verfassung, die nur mit Zweidrittelmehrheit zu ändern ist. In der Schweiz, in Luxemburg und in Liechtenstein ist das Bankgeheimnis ebenfalls gesetzlich geregelt, seine Verletzung ist strafbar. In jüngster Zeit gibt es verschiedene Bestrebungen, das Bankgeheimnis in Ausnahmefällen zu lockern, um besser gegen internationale kriminelle Vereinigungen vorgehen zu können.

Banken erzielen Gewinne vor allem aus Zinsgeschäften und Provisionen. Überschüsse aus Zinsgeschäften entstehen, weil der Zins auf Kredite höher ist als der auf Einlagen. Provisionen erhalten Banken, wenn sie im Auftrag von Unternehmen Aktien an den Aktienmarkt bringen, Gelder von Kunden anlegen oder im Auftrag von Kunden handeln. Die Kosten der Banken umfassen u. a. Gehälter, Mieten und EDV. In der zweiten Hälfte der 1990er-Jahre sind nicht nur die Überschüsse aus Zinsgeschäften gestiegen, sondern auch die Provisionen. Damals wollten viele Unternehmen an den Aktienmarkt gehen, und viele Kunden beauftragten Banken, Aktien zu kaufen. Trotzdem blieben die Gewinne fast gleich, weil die Kosten stark zunahmen. Um 2000 gingen die Provisionen zurück, weil die Aktienkurse einbrachen und sich viele vom Aktienmarkt zurückzogen. Doch die Kosten stiegen weiter und ließen die Gewinne zurückgehen. Erst in jüngster Zeit sinken die Kosten, und die Gewinne steigen wieder.

Wussten Sie schon, dass …
die Schweiz eine „Zinsinsel" ist?

„Zinsinsel" heißt: In der Schweiz waren die Zinsen lange deutlich niedriger als in anderen europäischen Ländern. So betrug der Abstand zum Zins auf langfristige Wertpapiere in Deutschland Anfang der 1980er-Jahre etwa 4 Prozentpunkte, von 1992 bis 2003 aber nur noch 1,5 bis 2 Prozentpunkte.

Stimmt es, dass …
es in der Schweiz ein BANKGEHEIMNIS gibt? JA

Das Schweizer Bankgeheimnis verpflichtet Banken, über Informationen Stillschweigen zu bewahren, die Geschäfte von Kunden oder Dritten betreffen. Das Bankgeheimnis ergibt sich zum einen aus der Vertragsbeziehung zwischen Bank und Kunde, andererseits ist es auch seit 1934 im Gesetz über Banken und Sparkassen verankert. Die Schweigepflicht des Bankiers wird als berufliche Pflicht aufgefasst, und eine Verletzung dieser Pflicht ist strafbar, auch wenn sie fahrlässig begangen wurde. Das Bankgeheimnis findet seine Grenzen im Willen des Kunden, der es aufheben kann, und in verschiedenen gesetzlichen Vorschriften, die Ausnahmen vom Bankgeheimnis vorsehen. Damit soll vor allem dem Missbrauch des Bankgeheimnisses begegnet werden.

Das Bankgeheimnis wird aufgehoben, wenn es einen Verdacht auf kriminelles Verhalten gibt, beispielsweise bei Hinweisen auf terroristische Aktivitäten, organisiertes Verbrechen oder Geldwäsche. Bei Steuerhinterziehung wird es nicht aufgehoben, es gibt aber mit verschiedenen Staaten vertraglich geregelte Ausnahmen.

Schweizer Banken verbindet man automatisch mit dem berühmten Bankgeheimnis dieses Landes.

Stimmt es, dass …
im BERMUDA-DREIECK Flugzeuge und Schiffe verschwinden? JA

Der Mythos Bermuda-Dreieck ist sicher teilweise das Werk geschäftstüchtiger Autoren, die sich seit den 1960er-Jahren mit seinen Rätseln beschäftigen und sie mit den gewagtesten Theorien zu erklären versuchen. Angeblich berichteten Piloten und Kapitäne, die heil zurückkehrten, von sonderbaren Wolken. Andere behaupteten, auf dem Meeresgrund seltsame Strukturen entdeckt zu haben, die an Straßen oder Bauwerke erinnern. Und anscheinend öffneten sich vor manchen Inseln unter dem Meer dunkle Schlünde.

Die Zahl der bisher nur unzureichend geklärten Unfälle führte dazu, dass die US-Marine eine Kommission zur Untersuchung der Ereignisse einsetzte. Nach Ansicht der Experten ist das Meeresgebiet wegen verschiedener natürlicher Umstände tatsächlich besonders gefährlich. Zum

BERMUDA-DREIECK

Als Bermuda-Dreieck gilt ein etwa 1,3 Mio. km² großes Meeresgebiet im Nordatlantik. Dabei bilden die Bermuda-Inseln, Puerto Rico und die Südspitze Floridas die Eckpunkte des Dreiecks.

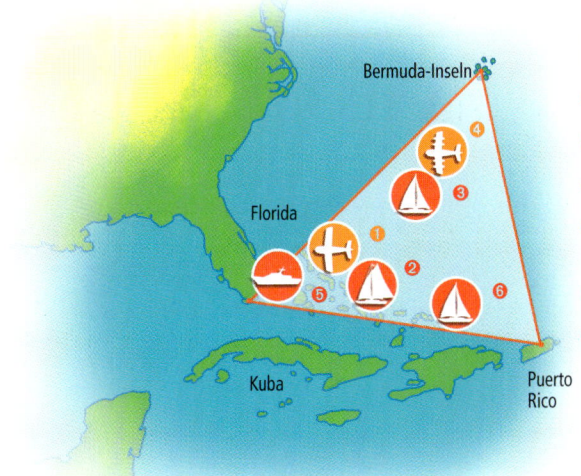

Im Bermuda-Dreieck verschwundene Schiffe und Flugzeuge (Auswahl)

❶ 05.12.1945 5 TBM-Torpedo-Bomber (Flug 19)
❷ 02.12.1946 City Belle (Schoner, verlassen wieder gefunden)
❸ September 1955 Connemara IV (Segeljacht)
❹ 28.08.1963 zwei vierstrahlige Stratotanker der amerikanischen Luftwaffe
❺ 22.12.1967 Witchcraft (Kabinenkreuzer)
❻ 22.03.1973 Degiance (Segeljacht)

Ob die mittelamerikanischen Blue Holes, tiefe, steil abfallende Grotten im Meer, etwas mit dem Verschwinden von Schiffen zu tun haben, ist ungeklärt – Theorien dazu gibt es allerdings viele.

Wussten Sie schon, dass ...
der „Schwarze Freitag" in den USA 1929 gar kein Freitag war?

Der Begriff „Schwarzer Freitag" ist heute die Bezeichnung für einen Börsentag mit großen Kursverlusten. Ursprünglich bezog er sich auf den 25. Oktober 1929, einen Freitag, an dem die schlechten Nachrichten von der New Yorker Börse Europa erreichten und dort für fallende Kurse sorgten. In den USA waren die Kurse aber bereits am Vortag, am Donnerstag, gefallen. Noch stärkere Kursverluste erlebte die Wall Street jedoch am Montag und am Dienstag der darauf folgenden Woche. Dieser 29. Oktober 1929 wurde als „Schwarzer Dienstag" bezeichnet.

einen sind die Anomalien des Erdmagnetfelds in der Region verhängnisvoll, da diese Abweichungen bei der Navigation zu gefährlichen Fehlern führen können.

Weitere mögliche Ursachen sind heftige Gewitterböen und tornadoartige Wirbelwinde, die kleinere Schiffe in Sekunden-

schnelle kentern lassen. Zudem ist das Bermuda-Dreieck durch zahlreiche Riffe ein tückisches Fahrwasser. Nach einer neueren Theorie könnten auch große Methangasblasen, die aus dem Schlamm am Meeresgrund aufsteigen und die Dichte des Wassers verringern, Schiffe in die Tiefe reißen.

Stimmt es, dass ...
es einen **BÖRSENCRASH** wie in den USA 1929 heute nicht mehr geben kann? (**NEIN**)

Nachdem die Aktienkurse an der New Yorker Börse in den 1920er-Jahren fast kontinuierlich gestiegen waren, begannen sie während des Spätsommers 1929 leicht

zu fallen. Am Donnerstag, den 24. Oktober 1929, gab es dann einen regelrechten Kurssturz. Viele Aktionäre wollten ihre Aktien zum herrschenden Kurs verkaufen, aber kaum jemand wollte sie haben. Die Kursmakler begannen, den Kurs für die Aktien zu senken, in der Hoffnung, dass sich als Folge genügend Anleger für einen Kauf entscheiden würden. Doch an diesem Donnerstag fanden sich kaum Kaufinteressenten, sodass die Kurse fielen und fielen. Erst Kaufaufträge von Banken, die sich abgesprochen hatten, die Kurse zu stützen, verhinderten ein noch größeres Desaster.

Heute wird an der New Yorker Börse der Handel bei starken Kursausschlägen unterbrochen. Doch dies verhindert weder einen Kursanstieg noch einen Kurssturz. Deswegen ist ein Börsencrash wie 1929 auch heute vorstellbar, wenn beispielsweise viele Aktionäre oder Großaktionäre ihre Aktien verkaufen wollen und kaum kaufwillige Interessenten bereitstehen.

BÖRSENCRASH: EINST UND JETZT

Der amerikanische Dow Jones Index spiegelt die Kursentwicklung der 30 bedeutendsten Aktien der USA wider. Die Kurse gingen 1929 wie 1987 schon vor dem Bör-

sencrash im Oktober zurück. Der Einbruch 1987 war sogar stärker als der 1929. In beiden Fällen stabilisierten sich die Kurse nach einigen Monaten wieder.

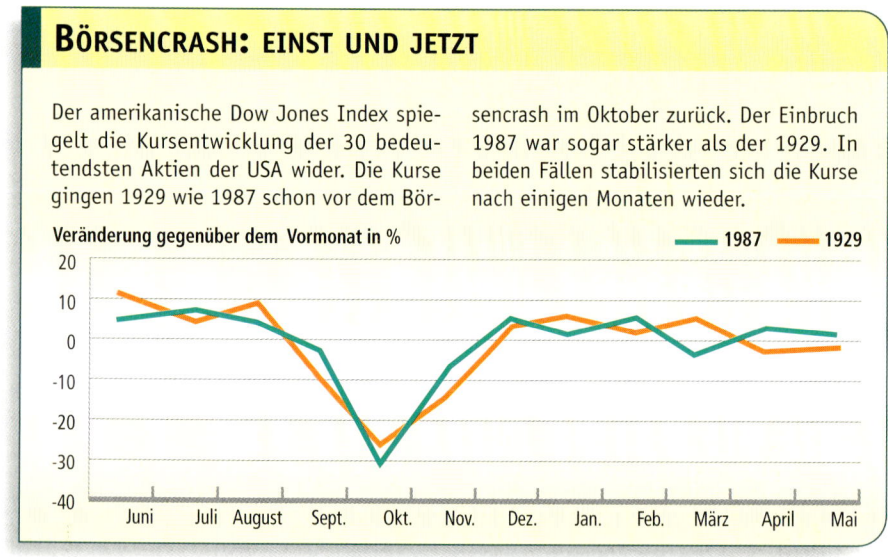

Veränderung gegenüber dem Vormonat in %

— 1987 — 1929

Stimmt es, dass …
COMPUTER das papierlose Büro bringen? NEIN

Auch Herr Lohse alias Loriot glaubt in dem Film Papa ante portas *nicht an das papierlose Büro – und kauft einen großen Vorrat für die nächsten Jahre.*

Der Begriff „papierloses Büro" wurde (angeblich) von der amerikanischen Zeitschrift *Business Week* schon im Juni 1975 verwendet. Die Vision vom papierlosen Büro beruhte auf der Vorstellung, dass Telefon und Computer den Schriftverkehr und elektronische Dateien Papierdokumente (wie Bestellungen, Listen, Handbücher) ersetzen können.

Doch Papier ist bis heute nicht aus den Büros verschwunden. Im Gegenteil – der Papierverbrauch steigt sogar an. Studien für die USA zeigen beispielsweise, dass der Verbrauch von Büropapier, das gewöhnlich zum Drucken und Kopieren verwendet wird, von Jahr zu Jahr wächst. Auch in den 1980er- und 1990er-Jahren, als die Personal Computer und das Internet Einzug in die Büros hielten, wuchs der Papierverbrauch weiter. Eine Erklärung dafür liegt in den Vorteilen, die Papier gegenüber elektronischen Dokumenten hat: Papier lässt sich in die Hand nehmen, durchblättern, man kann es überall lesen, und bei Bedarf können auch verschiedene Personen Notizen auf einem Dokument machen, ohne den Originaltext zu verändern.

Stimmt es, dass …
mit der Einführung der D-MARK das Wirtschaftswunder begann? NEIN

Die D-Mark wurde am 20. Juni 1948 in den drei Westzonen eingeführt. In den Tagen nach der Währungsreform verschwand der bis dahin existierende Schwarzmarkt für Güter aller Art, die Einzelhändler boten wieder Waren an, und die Produktion der Wirtschaft begann. Das war aber nicht das „Wirtschaftswunder". Die baldige Einführung einer neuen Währung war damals allgemein erwartet worden. Kein Händler wollte seine „gute Ware" gegen altes „schlechtes Geld" hergeben. Deshalb wurden Waren gehortet und erst nach der Währungsreform angeboten.

Das eigentliche „Wirtschaftswunder" begann erst 1952 – damit werden verbunden: wachsende Produktion, steigende Beschäftigung, steigende Löhne, stabile Preise und Exportüberschüsse. Bis das jedoch erreicht war, erlebte die Wirtschaft starke Schwankungen der Preise und zeitweilige Engpässe in der Versorgung. Während des Korea-Krieges (1950–53) drohte der Bundesrepublik sogar die Zahlungsunfähigkeit, weil sie zu viele Güter aus dem Ausland kaufte.

In den 1950er-Jahren trat der Fernseher – eines der Symbole für wachsenden Wohlstand – seinen Siegeszug in die deutschen Wohnzimmer an.

Wussten Sie schon, dass …
das Einführen der E-Mail den Papierverbrauch um 40 % erhöhen kann?

Nach einer Untersuchung der Universität Surrey in Großbritannien werden in Unternehmen viele Dokumente, die man sich am Bildschirm anschauen kann, zusätzlich ausgedruckt. Insbesondere nach der Einführung der E-Mail stieg der Papierverbrauch an. Viele Mail-Empfänger wollen die elektronische Post auch noch auf Papier verfügbar haben – auch deshalb, weil die Zeichen auf dem Papier immer noch leichter zu lesen und zu erfassen sind als Zeichen auf dem Bildschirm.

Stimmt es, dass...

es in der festen Erdkruste EBBE und Flut gibt? JA

Die Gezeiten erzeugenden Kräfte des Dreigespanns Erde, Mond und Sonne wirken sich keineswegs nur auf das leicht bewegliche Wasser aus. In der Luft äußern sie sich beispielsweise in regelmäßigen Luftdruckschwankungen. Ebbe- und Flutwellen durchlaufen zudem zweimal am Tag sogar die scheinbar so starre Erdkruste. Im Unterschied zu den Meeresgezeiten, die durch die regelmäßigen Schwankungen der Wasserstände für jedermann zu erkennen sind, laufen die Erdgezeiten für den Menschen allerdings unsichtbar ab.

Um die Deformationen des Erdkörpers zu ermitteln, werden weltweit in über 360 Stationen hochpräzise Geräte eingesetzt. Die dabei gebräuchlichsten Instrumente sind Gravimeter, die geringste Änderungen im Schwerefeld der Erde anzeigen. Im globalen Durchschnitt ist der Tidenhub bei den Erdgezeiten etwa fünfmal kleiner als bei den Meeresgezeiten. In Mitteleuropa beträgt er beispielsweise rund 30 cm.

Solche im Vergleich mit dem Erddurchmesser verschwindend kleinen Höhenänderungen stellen jedoch bei der exakten Vermessung der Erde erhebliche Störfaktoren dar. Möglicherweise lösen die Wellen der Erdgezeiten darüber hinaus auch Erdbeben und Vulkanausbrüche aus, zermürben das Gestein und bewirken langsame Bodenbewegungen an Berghängen.

Wussten Sie schon, dass...
man in einer Zahlung nicht mehr als 50 Münzen annehmen muss?

Die EG-Verordnung Nr. 974 vom 3. Mai 1998 und, in Deutschland, das Münzgesetz von 1999 regeln die Annahmepflicht von Euro-Münzen. Sie wird auf 50 Münzen in einer Zahlung für Privatpersonen begrenzt – allerdings ohne einen Geldbetrag zu nennen, den die Zahlung nicht übersteigen darf. Ein Betrag von 50 Cent darf also mit 50 1-Cent-Stücken bezahlt werden.

Dieser Mitarbeiter der Staatlichen Münze Berlin prüft die Qualität frisch geprägter Euro-Münzen.

Stimmt es, dass...

EURO-MÜNZEN immer wieder in ihr Ursprungsland zurücktransportiert werden? NEIN

Die Euro-Münzen werden von den einzelnen Staaten des Euro-Raums in Münzprägeanstalten geprägt. Sie haben einheitliche Vorderseiten, aber unterschiedliche Rückseiten – je nach Herkunftsland. Alle Euro-Länder verfügen über eine Münzprägeanstalt, mit Ausnahme der Bundesrepublik, die fünf solcher Einrichtungen betreibt, und Luxemburg sowie einiger Kleinstaaten, die ihre Münzen nicht selbst prägen. Daher lassen sich alle Euro-Münzen jeweils an ihren Rückseiten einer nationalen Münzprägeanstalt zuordnen.

Die deutschen Euro-Münzen tragen zudem noch einen Buchstaben als Kennzeichen für die jeweilige Münzprägeanstalt.

Alle Euro-Münzen sind in den Ländern des Euro-Raums gesetzliches Zahlungsmittel. So kann ein deutscher Urlauber, der eine in Griechenland geprägte 1-Euro-Münze mit nach Hause bringt, hier wie dort mit einem deutschen oder einem anderen 1-Euro-Stück bezahlen. Ein Rücktransport der Euro-Münzen in ihr Herkunftsland ist somit nicht erforderlich und wird deshalb auch nicht durchgeführt.

Stimmt es, dass...

FINNLAND das „Land der tausend Seen" ist? NEIN

In Finnland bedecken nicht nur 1000, sondern rund 56 000 mehr als 1 ha große Seen knapp 10 % der Landesfläche. Im Süden und Osten des Landes nehmen Seen fast 50 %, mit den kleineren Gewässern sogar über 75 % der Fläche ein.

Zu den Eigenarten der finnischen Seen gehört der meist bizarre Verlauf ihrer Ufer-linien. Dadurch kommt eine sehr große Gesamtlänge von rund 130 000 km Ufer zusammen. Typisch für die Seen Finnlands ist außerdem, dass sie sich zu ausgedehnten Seenplatten zusammenschließen, wie beispielsweise rund um den Saimaa, den mit 1490 km^2 größten Binnensee des nordeuropäischen Landes.

Die große Zahl der Seen vermittelt allerdings ein falsches Bild von den in ihnen gespeicherten Wassermassen. Mit durchschnittlich 5–20 m Tiefe sind die Gewässer relativ seicht. Genau genommen könnten alle finnischen Seen zusammen nicht einmal das Becken des Onegasees im benachbarten Russland füllen. Wegen der geringen Tiefe schreitet die durch systematische Trockenlegung unterstützte Verlandung der Seen rasch fort. Finnland hat dadurch beispielsweise allein in der ersten Hälfte des 20. Jh. über 500 Seen verloren.

ZEUGEN DER EISZEIT

Nordeuropas Seen liegen meist in Senken, die in den Eiszeitaltern von Gletschern ausgeschürft wurden. Nach dem Rückzug der Eismassen füllten sich diese Senken mit Wasser.

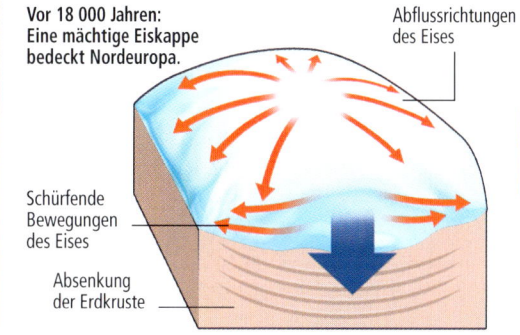

Vor 18 000 Jahren: Eine mächtige Eiskappe bedeckt Nordeuropa.

Abflussrichtungen des Eises

Schürfende Bewegungen des Eises

Absenkung der Erdkruste

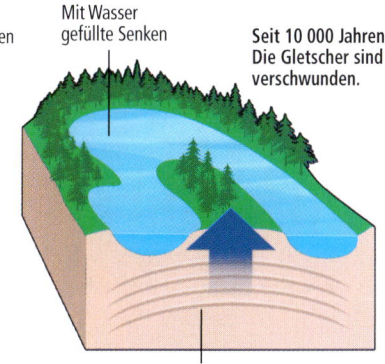

Mit Wasser gefüllte Senken

Seit 10 000 Jahren: Die Gletscher sind verschwunden.

Aufwölbung der Erdkruste

DIE GRÖSSTEN SEEN DER KONTINENTE

Die größten stehenden Gewässer der Kontinente werden nicht selten „Meere" genannt und erreichen tatsächlich manchmal die Fläche und Tiefe von Nebenmeeren, wie beispielsweise das Kaspische Meer, das etwa die gleiche Fläche wie die Ostsee umfasst.

Kontinent	See	Fläche in km²	Größte bekannte Tiefe (m)
Asien	Kaspisches Meer (Kaspisee), Südwestasien	370 998	1 025
Nordamerika	Oberer See (Lake Superior), USA/Kanada	82 100	405
Afrika	Viktoriasee, Tansania/Uganda/Kenia	69 490	85
Europa	Ladogasee, Russland	17 703	230
Antarktika	Wostoksee (unter 4 km dickem Inlandeis)	~ 14 000	~ 900
Südamerika	Maracaibosee, Venezuela	13 300	35
Australien	Eyresee (Salzsee), Südaustralien	bis 9300	1

Wussten Sie schon, dass…
manche Ströme an zwei weit entfernten Orten ins Meer münden?

Tieflandströme spalten sich oft kurz vor ihrer Mündung in mehrere Arme auf, die weit voneinander entfernt im Meer enden, wie beispielsweise die Mündungsarme des Rheins, die etwa 50 km auseinander liegen. Sehr selten erfolgt die Gabelung schon im Ober- oder Mittellauf, wie beispielsweise beim Orinoco, dessen einer Arm an der Nordostküste Südamerikas endet und dessen anderer Arm sich mit dem Amazonas vereinigt und etwa 1600 km vom Delta des Orinoco entfernt in den Atlantik mündet.

Stimmt es, dass…
FLÜSSE mitunter auch talaufwärts fließen?

JA

B ei Flüssen, die in ein Meer mit stärkeren Gezeiten münden, ist die regelmäßige Umkehr der Fließrichtung im untersten Laufabschnitt normal. Aber auch unabhängig von Ebbe und Flut strömen manche Flüsse im Binnenland mal flussabwärts und mal flussaufwärts. Das wohl bekannteste Beispiel dafür ist der Tonle-Sap-Fluss, der den Tonle-Sap-See in Kambodscha mit dem Mekong verbindet. Während der Trockenzeit von November bis Mai strömt Wasser dem natürlichen Gefälle folgend aus dem

Wenn der Spiegel des Tonle Sap (Kambodscha) in der Regenzeit ansteigt, gehen die Fischer mit ihrem gesamten Hab und Gut (und zuweilen ihrem Haus im Schlepptau) auf die Reise.

See in den Mekong. Wenn jedoch im Juni die Monsunregen einsetzen, dann steigt der Pegel, und ein Teil des Wassers fließt durch den Tonle-Sap-Fluss zurück in den See. Dadurch steigt das Wasser im See von 2 m auf über 10 m an, und die Fläche des Sees verdoppelt sich. Mit dem Beginn der Trockenzeit ändert der Fluss wiederum seine Fließrichtung, was von der Bevölkerung traditionell mit dem großen Wasserfest gefeiert wird. Der Tonle-Sap-Fluss ist weltweit kein Einzelfall. Bei vielen Flüssen, deren Pegelstand im Lauf des Jahres stark schwankt, kommt es vor, dass bei Hochwasser die Wassermassen des Hauptflusses in die Nebenflüsse drücken.

Wussten Sie schon, dass...
die Arzneimittelpreise in den letzten 10 Jahren leicht gefallen sind?

Statistische Untersuchungen verfolgen die Preisentwicklung von Medikamenten, die zulasten der gesetzlichen Krankenversicherung verordnet werden. Sie zeigen bis 1992 steigende und dann insgesamt leicht fallende Preise. Auch Anfang 2005 hat sich diese Tendenz fortgesetzt. Die Gesundheitsreform, die am 1. Januar 2004 in Kraft trat, hatte keinen Einfluss auf diese Entwicklung – sie betraf nur die Zuzahlungen der Patienten zu den Medikamenten.

Hightech-Medizin, hier ein Magnetresonanztomograph, ist mit dafür verantwortlich, dass der Anteil der Krankenhäuser an den Gesundheitskosten in den letzten Jahren gestiegen ist.

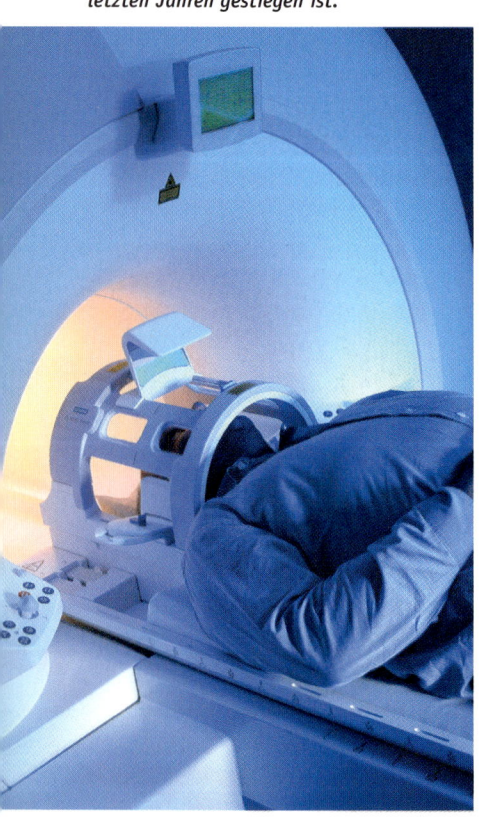

Stimmt es, dass...
man den FÜHRERSCHEIN auch durch Trunkenheit beim Fahrradfahren verlieren kann? (NEIN)

Wenn jemand betrunken Fahrrad fährt, handelt es sich um das Führen eines Fahrzeugs in fahruntüchtigem Zustand. Da gesetzlich nur festgelegt ist, dass man zum Führen eines Kraftfahrzeugs einen Führerschein benötigt, lässt sich daraus schließen, dass zum Führen eines Fahrrads kein Führerschein erforderlich ist. Und da er nicht erforderlich ist, kann man ihn auch nicht verlieren.

ABER: Unter bestimmten Bedingungen kann auch einem betrunkenen Fahrradfahrer der Führerschein entzogen werden – beispielsweise dann, wenn er mit besonders viel Alkohol im Blut Fahrrad fährt. Denn dies lässt generelle Zweifel daran zu, ob die betreffende Person überhaupt geeignet ist, ein Kraftfahrzeug zu führen. Diese Zweifel werden in der Regel durch ein medizinisch-psychologisches Gutachten ausgeräumt – oder bestätigt. Und dies kann am Ende sehr wohl zum Führerscheinverlust führen.

Das Bundesverwaltungsgericht bestätigte 1995 die Entscheidung einer Straßenverkehrsbehörde, einem Fahrradfahrer den Führerschein zu entziehen. Der Fahrradfahrer war einmalig wegen Trunkenheit beim Fahrradfahren aufgefallen. Der Bluttest ergab einen Blutalkoholwert von etwa 2,3 Promille. Der Fahrradfahrer weigerte sich aber, an der Erstellung eines medizinisch-psychologischen Gutachtens mitzuarbeiten. Die Behörde war laut Bundesverwaltungsgericht dazu berechtigt, dann auf die mangelnde Eignung zum Führen eines Kraftfahrzeugs zu schließen.

Stimmt es, dass...
die GESUNDHEITSKOSTEN in den letzten Jahren explodiert sind? (NEIN)

Unter Gesundheitskosten werden die Ausgaben der Gesetzlichen Krankenversicherung (GKV) verstanden. Hintergrund dieser Festlegung ist die Relevanz dieser Ausgaben für den Arbeitsmarkt. Die meisten Beschäftigten sind Pflichtmitglieder in der GKV. Ein Teil ihres Lohns geht als Beitrag an die GKV, die damit ihre Ausgaben finanziert. Wenn die Gesundheitskosten zunehmen, steigen die Beiträge der Versicherten und damit auch die Lohnnebenkosten und möglicherweise die Arbeitslosenzahlen. Die Ausgaben der GKV – und nur sie – lassen sich gesetzlich beeinflussen, beispielsweise mit der Entscheidung, ob die Krankenkassen oder die Versicherten Zahnersatz zahlen. Der Staat könnte also letztlich die Höhe der Arbeitslosigkeit beeinflussen, wenn er die Ausgaben der GKV neu regelt. Und deswegen konzentriert man sich auf die Ausgaben der GKV.

Der Begriff „Kostenexplosion" wird in der politischen Diskussion oft benutzt, ohne dass klar wird, was damit gemeint ist. Eine vernünftige Definition ist beispielsweise, darunter ein jährliches Wachstum der Kosten von 7 % zu verstehen – dann verdoppeln sich die Ausgaben der GKV etwa alle

GESUNDHEITSKOSTEN

Einnahmen und Ausgaben der Gesetzlichen Krankenversicherung sind stetig gestiegen. Die Ausgabenquote, d. h. der Anteil der Ausgaben an der Wirtschaftsleistung (Bruttoinlandsprodukt: BIP), stieg bis 1996 an, blieb danach aber weitgehend konstant.

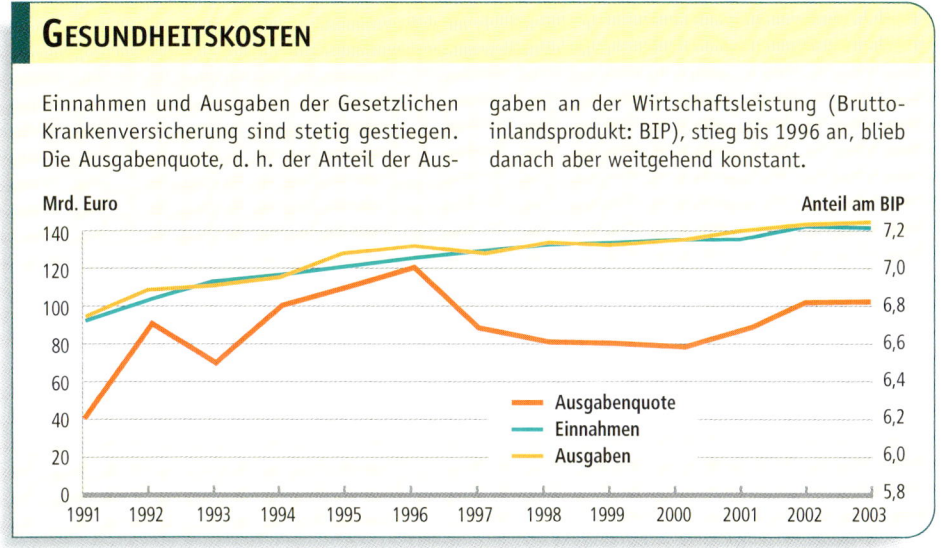

Mrd. Euro — Anteil am BIP

- Ausgabenquote
- Einnahmen
- Ausgaben

1991 1992 1993 1994 1995 1996 1997 1998 1999 2000 2001 2002 2003

10 Jahre. Tatsächlich sind die Ausgaben in dieser Zeit aber nur um etwa 4 % jährlich gewachsen. Das bedeutet eine Verdoppelung der Ausgaben alle 18 Jahre – was nach allgemeinem Verständnis keineswegs eine „Kostenexplosion" ist. Man kann aber diesen Begriff auch so verstehen, dass in den letzten Jahren der Anteil der Gesundheitskosten an der Wirtschaftsleistung der Bundesrepublik Deutschland herausragend stark gestiegen ist. Das ist aber auch nicht der Fall (siehe Grafik oben).

Wussten Sie schon, dass ...
der größte pure Goldklumpen gut 70 kg wog?

Gold kommt im Gestein meist in dünnen Adern oder noch häufiger als feiner Staub und Goldsand vor. Der größte goldhaltige Gesteinsbrocken, der je gefunden wurde, wog über 200 kg. Er war aber von vielen Quarzbändern durchzogen. Als schwerster, zu etwa 98 % reiner Goldklumpen gilt das so genannte Welcome-Stranger-Nugget. Es wurde 1869 im australischen Bundesstaat Victoria gefunden und wog 72 kg.

Stimmt es, dass ...
GOLD nur in Goldminen vorkommt? NEIN

Die Weltvorräte von Gold, die beim heutigen Stand der Technik und den derzeitigen Marktpreisen mit Gewinn gefördert werden könnten, betragen lediglich rund 56 000 t. Sie dürften in 20, spätestens 30 Jahren erschöpft sein, sofern die jährlichen Fördermengen nicht deutlich zurückgehen.

Das gelbe Edelmetall kommt in der Erdkruste in einer durchschnittlichen Konzentration von 0,003–0,005 g/t vor. Die tiefsten Goldminen, die sich in Südafrika befinden, reichen bis in 3,8 km Tiefe und erschließen deshalb nur die obersten Schichten der festen Erdrinde. Trotzdem enthalten diese Schichten schätzungsweise 7 Mrd. t Gold. Die Ausbeutung von Lagerstätten lohnt sich jedoch nur dann, wenn der Goldgehalt des Gesteins rund 1000-mal höher als die durchschnittliche Konzentration innerhalb der Erdkruste ist. Zu gering ist auch die Goldausbeute, die aus den Sedimenten in Flussbetten ausgewaschen werden kann.

Auch in South Dakota suchte man in den 1880er-Jahren nach Gold (oben). Andere spekulierten lieber mit Aktien von Minengesellschaften (1910).

Dagegen enthalten die Weltmeere vermutlich etwa 6 Mio. t gelöstes Gold. Sollten irgendwann geeignete Verfahren der Extraktion zur Verfügung stehen, wird dies eine fast unerschöpfliche Quelle sein.

Stimmt es, dass …
GOLD eine sichere Vermögensanlage ist? (NEIN)

Eine sichere Vermögensanlage sollte drei Eigenschaften haben: Sie schützt den Anleger vor einer Entwertung durch Inflation, sie verspricht möglichst sichere Zinsen, und sie verhindert einen Wertverlust des Vermögens.

Betrachtet man nun Gold unter diesen Aspekten, stellt man Folgendes fest: Gold bietet keinen Schutz vor Inflation, und es gibt auf Gold auch keine Zinsen. Der Käufer kann nur darauf setzen, dass der Goldpreis steigt und er mit Gewinn wieder verkaufen kann – sein Vermögen also größer wird. Doch der Preis von Gold schwankt ganz beträchtlich. Ein Anleger, der Gold kauft, kann schnell Verluste machen. Gold schützt also auch nicht vor einem Werteverlust des Vermögens.

Eine Spekulation auf einen langfristig steigenden Goldpreis ist ebenfalls nicht gerechtfertigt – jedenfalls nicht, wenn man die Entwicklung der letzten 25 Jahre betrachtet (siehe Grafik unten). Aber vielleicht spielen beim Kauf von Gold auch psychologische Motive eine Rolle, etwa die (falsche) Vorstellung, dass Gold an sich schon wertvoll sei und deswegen immer einen gewissen Preis habe.

Im berühmten Fort Knox lagert ein Teil der amerikanischen Goldreserven.

GOLDPREISE

Der Goldpreis schwankte seit 1980 stark. Erfahrene Anleger haben diese Schwankungen ausgenutzt und damit gut verdient. Aber für Otto Normalverbraucher ist Gold keine sichere Vermögensanlage, zumal der Preis gegenüber 1980 stark abgenommen hat. Die Grafik zeigt den Goldpreis in London jeweils zum Ende eines Jahres.

US-Dollar je 31,1 g (Feinunze)

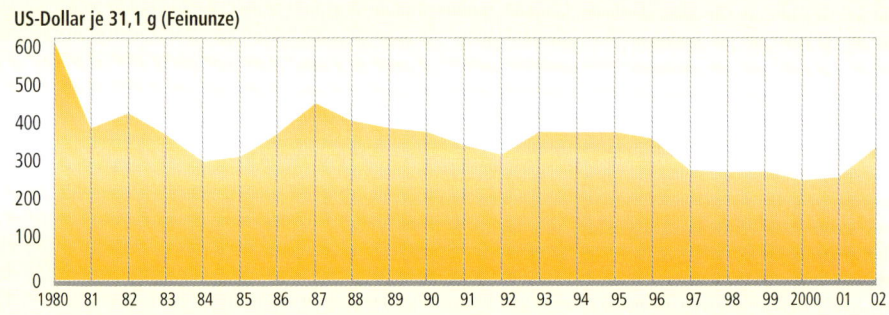

Wussten Sie schon, dass …
in der Zentralbank des Staates New York das meiste Gold lagert?

Das auf der Welt geförderte Gold wird verwendet für industrielle Zwecke, als Schmuck und als Währungsreserve, die Zentralbanken, Länder und internationale Organisationen vorhalten. Ungefähr ein Viertel der Goldreserven der Welt lagert im Keller der Federal Reserve Bank of New York in Manhattan. In diesem Tresor befinden sich ungefähr 7100 t Gold, darunter auch ein Teil des Goldes, das der Deutschen Bundesbank gehört. An keinem anderen Ort der Welt lagert so viel Währungsgold.

Stimmt es, dass …
HANDWERKSBURSCHEN heute noch immer auf die Walz gehen? (JA)

Die Tradition der Walz ist etwa 800 Jahre alt. „Die Walz" bedeutet, dass der Geselle seinen Heimatort verlassen und auf Wanderschaft gehen muss. Je nach „Schacht", so heißen die Bruderschaften, in denen sich die Gesellen organisieren, gelten spezielle Regeln für die Wanderschaft. Bei den meisten Schächten darf der Geselle seinem Heimatort während einer Dauer von 3 Jahren und 1 Tag nicht näher als 50 km kommen. Die Voraussetzungen für ein solches Leben sind streng: Der Geselle muss schuldenfrei, unverheiratet, kinderlos und jünger als 31 Jahre sein. Er darf kein Auto besitzen und während dieser Zeit nur zu Fuß oder per Anhalter unterwegs sein. Der Geselle muss seinen Lebensunterhalt in Handwerksbetrieben seines Berufs verdienen. Er darf bei Bäckern und Fleischern um Essen bitten, wenn er gerade kein Einkommen hat.

Früher sollte der Geselle auf der Walz Erfahrungen und Fertigkeiten sammeln und so seine Ausbildung vervollständigen, bevor er Meister werden konnte. Oft gab es auch keine Arbeit im Heimatort des Gesellen. Aber der Geselle sollte und soll auch heute noch lernen, sich durchzusetzen, und erwachsen werden. In den 1970er-Jahren waren in Deutschland nur noch wenige Gesellen unterwegs, Schätzungen gehen

von 20 Gesellen pro Jahr aus. Mittlerweile ist das Interesse an der Walz wieder größer, pro Jahr sind etwa 700–800 Gesellen unterwegs.

In Deutschland gibt es noch sechs Schächte, u. a. den Rolandsschacht und den Fremden Freiheitsschacht. Die Mitglieder gehören zu den Bauberufen, sind Maurer, Zimmerer, Schreiner, Dachdecker, Steinmetz oder Fliesenleger. Zwei Schächte nehmen auch Frauen auf: Schacht Axt & Kelle und Freier Begegnungsschacht.

Handwerksburschen auf der Walz (hier Tischlergesellen) sind heutzutage eher selten zu sehen.

Stimmt es, dass …

es im HIMALAJA nur Schnee und Eis gibt? NEIN

Von den Tiefländern im Norden Indiens aus gesehen bietet der gewaltigste Gebirgszug der Erde mit seinen grünen Randketten und den schneeweißen Gipfeln einen prächtigen Anblick. Seit Urzeiten heißt das Gebirge deshalb auch „himaalaya", was in der altindischen Sprache Sanskrit „Heim des Schnees" bedeutet. Schnee und Eis bedecken jedoch nur einen kleinen Teil seiner Fläche. Die von Gletschern und mehrjährigen Schneefeldern eingenommene Fläche beträgt schätzungsweise 30 000 km²; dies entspricht nur 5 %

der Gesamtfläche von 600 000 km². 95 % sind also ständig oder fast das ganze Jahr über frei von Schnee und Eis.

An der Süd- und Südwestflanke des Himalaja, die man vom nordindischen Tiefland aus sieht, fallen während des Sommermonsuns starke Niederschläge in Form von Schnee. Dadurch entsteht dort das Bild eines schneereichen Gebirges. An der Nord- und Nordostflanke gibt es dagegen kaum Niederschlag wie etwa im wüstenhaften Ladakh, wo jährlich nur ungefähr 100 l/m² niedergehen.

Wussten Sie schon, dass …
im Himalaja noch in 6000 m Höhe Blütenpflanzen wachsen?

Wie in anderen Hochgebirgen nimmt auch die Zahl der Pflanzen im Himalaja mit wachsender Höhe rasch ab. Dennoch wachsen hier rund 100 Blütenpflanzengattungen in 5000 m Höhe. Die 6000-m-Höhenlinie wird jedoch nur noch von etwa einem halben Dutzend Blütenpflanzenarten überschritten. Dazu gehören drei Nelkengewächse und ein Enzian. Mit rund 6400 m hält ein Kreuzblütler den Höhenrekord. Anspruchslose Gewächse wie Flechten und Pilze sollen an eisfreien Berghängen aber sogar noch in Höhen über 7000 m vorkommen.

Auch im niederschlagsarmen indischen Distrikt Ladakh finden sich Täler, die überraschend dicht bewachsen sind.

Stimmt es, dass ...
der HIMALAJA immer höher wird?   (JA)

Das höchste Gebirge auf dem Festland ist in den letzten 50 Mio. Jahren infolge der Kontinentalverschiebung durch den Aufprall der Indisch-Australischen auf die Eurasische Platte entstanden. Diese beiden Platten der festen Erdrinde sind kontinentale Massen, die aus leichten Gesteinen bestehen. Bei der Kollision einer ozeanischen Platte mit einer kontinentalen Platte taucht in der Regel die aus schwereren Gesteinen aufgebaute ozeanische Platte unter der kontinentalen Masse ab und wird im Erdinnern aufgeschmolzen.

Wenn jedoch wie an der Grenze zwischen der Indischen und der Eurasischen Platte sozusagen zwei gleich starke Gegner aufeinander treffen, schieben sich die Bruchstücke der Kruste übereinander und bilden eine dicke kontinentale Erdkruste. Unter dem Himalaja ist sie 60–80 km dick;

ASIENS WICHTIGSTE KNAUTSCHZONE

Die Ketten des Himalaja markieren die Grenze zwischen der Indisch-Australischen und der Eurasischen Platte. Seit 50 Mio. Jahren bohrt sich der indische Subkontinent immer tiefer in seinen nördlichen Nachbarn.

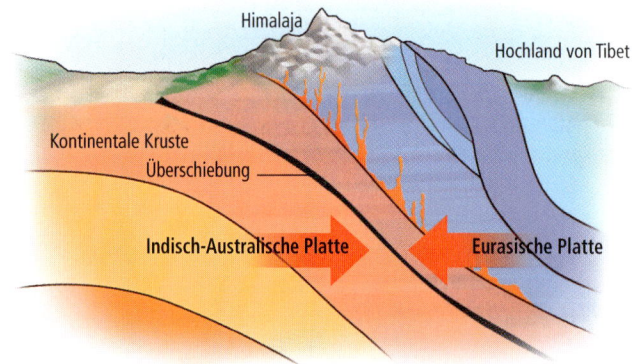

normalerweise misst sie gerade etwa die Hälfte. Der mächtige Gebirgssockel lagert auf den schwereren, teilweise halbflüssigen Gesteinen des Erdmantels. Darauf schwimmt er ähnlich wie ein Schiff und erfährt einen starken Auftrieb, der zu einer Hebung des Gebirges führt. Beim Himalaja beträgt die Hebung 5–8 mm, an manchen Orten sogar 10 mm pro Jahr.

Die Berge des Himalaja wachsen allerdings nicht ungebremst in den Himmel, sondern erreichen „nur" eine Maximalhöhe von 8–9 km. Denn eine derart dicke Krustenmasse ist nicht stabil, sondern „zerfließt" vielmehr unter ihrer eigenen Last. Zudem wird jedes Gebirge ständig abgetragen. Hinweise für die kräftige Erosion sind die riesigen Mengen von Schlamm, Sand und Geröll, die der Ganges aus dem Himalaja verfrachtet. Seine Sedimentfracht ist viermal größer als die des Amazonas.

Dass die Berge im Himalaja immer höher werden, hat für Bergsteiger keine praktischen Auswirkungen – die Änderungen sind zu gering.

Stimmt es, dass...

es die meisten HÖHLEN im Gebiet des ehemaligen Jugoslawien gibt? **JA**

Der Flächenanteil der Gesteine, die zur Verkarstung und damit zur Höhlenbildung neigen, beträgt im weltweiten Durchschnitt etwa 15 %. An der Landesfläche des früheren Jugoslawien hat der Karst hingegen einen doppelt so großen Anteil. Das Dinarische Gebirge, das von Slowenien bis nach Montenegro reicht, gilt als Lehrbuchbeispiel eines verkarsteten Gebirges.

Die meisten Begriffe, die heute für Karstphänomene benutzt werden, stammen aus dieser Region – wie beispielsweise Jama, mit dem eine schachtförmige Höhle, in den südslawischen Sprachen aber auch jede andere Höhle bezeichnet wird. Rund 12 000 Jamas wurden auf dem Gebiet des früheren Jugoslawien erforscht, doch dies sind wahrscheinlich nur etwa 20 % aller Höhlen. Damit gibt es in keinem anderen ähnlich großen Land mehr Höhlen. Allein in Slowenien zählt man fast 40 Höhlen, die tiefer als 300 m und/oder länger als 3000 m sind.

Zum Vergleich: In Deutschland, das eine um 40 % größere Landesfläche als das frühere Jugoslawien hat, gibt es nur rund 11 000 Höhlen.

HÖHLENREKORDE

Die größten Höhlen der Erde sind fast immer Karsthöhlen, die durch Lösungsvorgänge in Kalkstein oder Gips entstanden.

Tiefste Karsthöhle der Erde/Europas Voronja-Höhle, Georgien (1710 m)/Lamprechtsofen-Vogelschacht, Österreich (1632 m)

Längste Karsthöhle der Erde/Europas Mammuthöhlensystem, USA (563,27 km)/Optimisticheskaya, Ukraine (208 km)

Größte Karsthöhlenkammer der Erde/Europas Sarawak-Kammer, Malaysia (162 700 m²)/Torca del Carlista, Spanien (76 620 m²)

Längste überflutete Karsthöhle der Erde/Europas Sistema Ox Bel Ha, Mexiko (104 km)/Doux de Coly, Frankreich (5,6 km)

Tiefster senkrechter Karstschacht der Erde und Europas Höllenhöhle (Höllenloch), Österreich (450 m)

Längste Lavahöhle der Erde/Europas Kazumura-Höhle, Hawaii (65,5 km)/Cueva del Viento, Spanien (17,032 km)

Stimmt es, dass...

in HÖHLEN viele uralte Organismen leben? **JA**

Oberflächlich betrachtet sind Höhlen unwirtliche Lebensräume in ständiger Dunkelheit, mit knappem Nahrungsangebot und beengtem Raum. Andererseits bieten die Hohlräume Schutz vor Feinden und der aggressiven ultravioletten Strahlung der Sonne. Somit bieten sie ein ausgesprochenes „Schonklima" mit geringen Temperaturschwankungen, ausreichend Feuchtigkeit und selten stärkeren Luftbewegungen.

Eine ganze Reihe von Tiergruppen haben sich deshalb im Lauf der Erdgeschichte in die Höhlen und mit Wasser gefüllte Klüfte des Gesteins zurückgezogen. In dieser Umgebung blieben sie auch von den verschiedenen oberirdischen Massensterben verschont. Die meisten urtümlichen Höhlentiere sind nur wenige Millimeter groß. Dazu gehören die Brunnen- oder Höhlenkrebse, die als lebende Fossilien die letzten Vertreter einer fast ausgestorbenen Gruppe von Urkrebsen darstellen und deren Überreste man sonst vor allem in mehr als 300 Mio. Jahre alten Steinkohleschichten findet.

Noch weiter in die Vergangenheit zurück reicht die Geschichte der Doppelschwänze, die zu den Ur-Insekten gehören und im Unterschied zu den meisten jüngeren Insekten keine Flügel besitzen.

Der Grottenolm ist einer der fremdartigsten Bewohner von Unterwasserhöhlen.

Typische Höhlentiere sind blind und haben eine dünne, farbstofflose Haut wie der Grottenolm. Dieser vor allem in der slowenischen Höhlenlandschaft rund um die Postojnska jama (Adelsberger Grotte) heimische Lurch gehört zu den urtümlichen Schwanzlurchen, die es seit etwa 150 Mio. Jahren auf der Erde gibt. Seine nächsten Verwandten, die Furchenmolche, leben in Höhlen und Gewässern Nordamerikas.

Stimmt es, dass...

ein INSOLVENZANTRAG auch von Privatpersonen gestellt werden kann? **JA**

Weil manche Menschen unkontrolliert einkaufen, geraten sie in die Schuldenfalle.

Insolvenz heißt Zahlungsunfähigkeit – die eingegangenen Zahlungsverpflichtungen können also nicht mehr erfüllt werden. Bei einer Privatperson entsteht dieser Zustand meist aus Überschuldung, d. h., sie kann die Zins- und Tilgungszahlungen auf ihre Kredite nicht mehr leisten.

Ein Insolvenzrecht für Privatpersonen gibt es schon seit längerer Zeit. Doch die Bedingungen waren früher sehr streng. Die Gläubiger konnten 30 Jahre lang die restlichen Schulden eintreiben, während die Privatperson oft nicht einmal mehr in der Lage war, auch nur die Zinsen für die Kredite zu zahlen.

Seit dem 1. Januar 1999 gilt jedoch ein neues Verbraucherinsolvenzverfahren: Der Betroffene muss sich zuerst um eine außergerichtliche Einigung mit den Gläubigern bemühen. Scheitert dieser Versuch, kann anschließend ein Verfahren beim zuständigen Gericht beantragt werden. Das Gericht versucht dann, alle Gläubiger zur Zustimmung zu einem Schuldenbereinigungsplan zu bewegen. Lehnen die Gläubiger diesen Plan ab, wird ein vereinfachtes Verfahren angewandt.

Der überschuldete Privathaushalt muss 6 Jahre lang den pfändbaren Teil seines Einkommens an einen Dritten abtreten. Ist diese Bedingung erfüllt, kann das Gericht beschließen, den Privathaushalt von seinen Restschulden zu befreien.

Stimmt es, dass...

JAPAN viele Jahre Exportweltmeister war? **NEIN**

Verkauft Deutschland Güter an Frankreich, spricht man aus deutscher Sicht von Exporten. Von Deutschland typischerweise exportierte Güter sind Maschinen, chemische Erzeugnisse, Elektronikprodukte und Autos. Beim Titel „Exportweltmeister" geht es um das Land, das weltweit die meisten Güter an das Ausland verkauft hat. In den letzten Jahren waren die USA der größte Exporteur, dann folgte Deutschland und an dritter Stelle Japan. Angesichts der Größe der USA und ihrer Wirtschaftskraft ist dies vielleicht wenig verwunderlich.

ABER: Deutschland kauft auch Güter aus Frankreich ein, dann spricht man von deutschen Importen. In der Regel verkauft Deutschland mehr Güter an Frankreich, als es Güter aus Frankreich einkauft – im Handel mit Frankreich gibt es also einen Exportüberschuss. Manche Länder erzielen

Gameboys gehören zu den berühmtesten japanischen Exportprodukten.

DIE GRÖSSTEN EXPORTEURE

Seit 1990 war Deutschland nur dreimal ganz knapp vor den USA Exportweltmeister, sonst belegten immer die USA den Spitzenplatz. Japan landete in diesem Zeitraum mit einigem Abstand regelmäßig auf Platz drei.

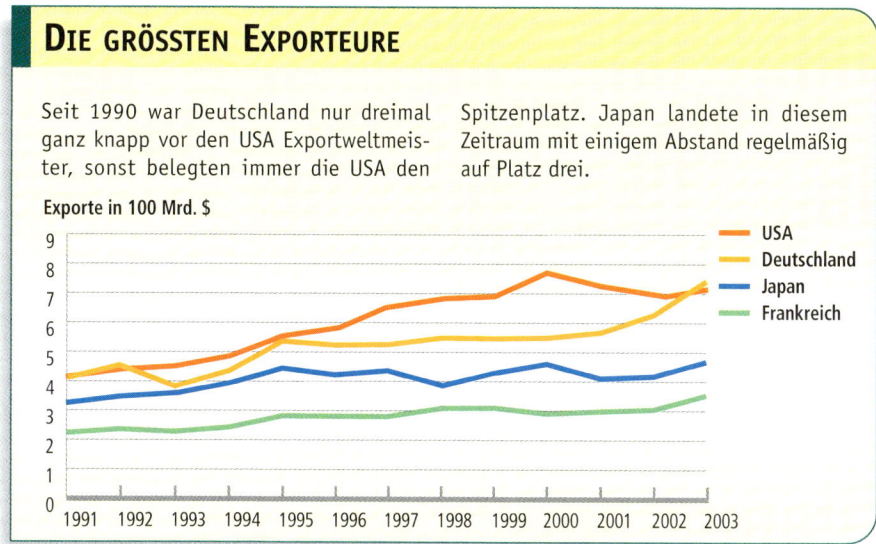

Exporte in 100 Mrd. $

- USA
- Deutschland
- Japan
- Frankreich

nur zeitweise einen Exportüberschuss, andere erreichen dies dauerhaft. Zu diesen Ländern gehören die USA seit 1976 nicht mehr. Dagegen haben Japan und Deutschland seit Mitte der 1970er-Jahre fast durchgängig Exportüberschüsse erzielt; für Deutschland galt das nur 1991 und 1992 nicht. Dabei war der Exportüberschuss Japans in den 1990er-Jahren immer größer als der Deutschlands.

Stimmt es, dass …
der KANALTUNNEL der längste Eisenbahntunnel ist? (NEIN)

Zwischen den Portalen des Eurotunnels, der auf 38 km Länge unter dem Ärmelkanal verläuft und Großbritannien mit dem Festland verbindet, liegen 50,45 km. Dieser 1994 eröffnete Eisenbahntunnel wird zur Zeit nur von einem einzigen Tunnel übertroffen: dem 53,85 km langen Seikan Tonneru in Japan. Er bildet seit 1988 unter der Tsugaru-Meeresstraße hindurch eine Verbindung zwischen den Inseln Honshu und Hokkaido. Etwa 23 km der Strecke liegen unter dem Meer. Ausschlaggebend für den Tunnelbau ab 1964 war ein Fährunglück, bei dem 1954 während eines Taifuns mehr als 1400 Menschen starben.

Gegenwärtig sind mehrere große Eisenbahntunnel im Bau. An erster Stelle steht der Gotthard-Basistunnel im Rahmen des Projekts Alptransit. Der Tunnel, der im Jahr 2010 eröffnet werden soll, wird eine Länge von 57 km haben. Die längsten Eisenbahntunnel sind übrigens mehr als doppelt so lang wie die Straßentunnel. In dieser Kategorie führt der Laerdal-Tunnel (24,51 km) in Norwegen, gefolgt vom knapp 17 km langen St.-Gotthard-Tunnel in der Schweiz.

Deutschlands längste Tunnel haben dagegen bescheidene Dimensionen: Mit 7,9 km führt der Rennsteig-Tunnel in Thüringen die Liste der Straßentunnel an. Mit 10,8 km ist der Landrücken-Tunnel an der ICE-Strecke Fulda–Würzburg der längste Eisenbahntunnel in Deutschland.

Der Kanaltunnel ist ein eindrucksvolles Beispiel für Ingenieurskunst – auch wenn er nicht der längste Tunnel der Welt ist.

Wussten Sie schon, dass …
auch für Schiffe Tunnel gebaut werden?

Tunnel für die Schifffahrt sind gar nicht einmal so selten. Vor allem in Frankreich und Großbritannien wurden seit dem Ende des 18. Jh. Dutzende gebaut. Sie sind fast ausschließlich Bestandteile von Kanälen. Mit 7120 m ist der (inzwischen geschlossene) Tunnel Le Rove im Kanal Marseille-Rhône der längste Kanaltunnel der Welt. In Deutschland ist der 195 m lange Tunnel, der bei Weilburg den Bergrücken innerhalb einer Schleife der Lahn durchzieht, der einzige Schiffstunnel.

Manche Pflanzen können als Kompass dienen: Die Blattachsen des Stachellattichs weisen zur Mittagszeit von Norden nach Süden.

Stimmt es, dass ...

der KOMPASS an Nord- und Südpol versagt?   JA

Der Kompass, der wahrscheinlich eine Erfindung der Chinesen ist, wird in Europa seit dem Ende des 12. Jh. zur Richtungsbestimmung verwendet. Beim Magnetkompass, der ältesten und einfachsten Form des Richtungsweisers, richtet sich eine frei bewegliche Magnetnadel parallel zu den Feldlinien des irdischen Magnetfelds aus. Die Spitzen der Nadel zeigen also zu den magnetischen Polen der Erde. Auch in Zeiten satellitengestützter GPS-Navigation leistet der Magnetkompass sehr gute Dienste: Er ist fast ganz unempfindlich gegenüber Witterungseinflüssen, und selbst im Urwald oder in Höhlen erfüllt er weiterhin seinen Zweck.

In den Polargebieten wird die magnetische Richtungsbestimmung allerdings unzuverlässig oder versagt sogar ganz. Da die Positionen der magnetischen Pole der Erde nicht mit der der geographischen Pole übereinstimmen, kommt es zur so genannten Missweisung. Dabei zeigt die mit „N" bezeichnete Spitze der Kompassnadel beispielsweise auf der Nordhalbkugel der Erde nicht die geographische – die „wahre" – Nordrichtung an, sondern weist, wenn man genau am Nordpol steht, südwärts zum magnetischen Pol der nördlichen Hemisphäre. Und dieser verändert seine Lage ohnehin ständig (siehe S. 307).

Ein weiterer Grund, warum der Richtungsweiser in der Nähe der magnetischen Pole versagt, ist die Tatsache, dass die Feldlinien des Erdmagnetfelds in Polnähe praktisch senkrecht zur Erdoberfläche stehen. Die Magnetnadel, die sich streng nach den Feldlinien ausrichtet, kommt dadurch manchmal mit dem Kompassgehäuse in Berührung und kann sich dort verhaken. Folglich zeigt der Kompass die Himmelsrichtung ebenfalls sehr unzuverlässig an.

Wussten Sie schon, dass ...
verschiedene Pflanzenarten sich als einfacher Kompass eignen?

Eine ganze Reihe von Pflanzen ist „sonnenwendig" und richtet ihre Blüten im Lauf des Tages zur Sonne hin aus. Bei der Sonnenblume beispielsweise geschieht dies, um möglichst viel Sonnenlicht zu empfangen. So zeigen ihre Blütenknospen zur Mittagszeit fast immer nach Süden. Andere Pflanzen drehen dagegen ihre Blätter mittags mit den schmalen Kanten in die Nord-Süd-Richtung, um so die Energiemenge der Strahlung zu vermindern und Wasserverlusten vorzubeugen. Dazu gehören beispielsweise viele Eukalyptusarten, aber auch Korbblütler wie die Kompasspflanze in den Prärien Nordamerikas.

Stimmt es, dass ...

die KONTINENTE sich bewegen?   JA

Der Abstand zwischen den Festländern der Erde wächst in vielen Regionen, wie beispielsweise zwischen dem südwestlichen Asien und dem nordöstlichen Afrika, wo das Rote Meer pro Jahr um etwa 2 cm breiter wird. Afrika und Südamerika entfernen sich jährlich sogar um etwa 4 cm voneinander. Andererseits schrumpft der Abstand zwischen Nordafrika und der Balkanhalbinsel sowie Kleinasien. Folglich könnte das Mittelmeer in ferner Zukunft irgendwann verschwinden.

Verfolgt man in Gedanken die Bewegungen zurück und schiebt beispielsweise Afrika und Südamerika auf der Landkarte wieder zusammen, dann fügen sich die Kontinente oft wie Puzzlesteine ineinander. Um dieses bemerkenswerte Phänomen zu erklären, entwickelte der deutsche Geophysiker Alfred

Wenn bei der Kontinentalverschiebung Platten kollidieren, werden große Gesteinspakete gehoben und gegeneinander verschoben.

Wegener schon vor fast 100 Jahren die Theorie der Kontinentalverschiebung.

Der Begriff der Kontinentalverschiebung ist aber nach den heutigen Erkenntnissen teilweise irreführend. Richtig ist, dass die Kontinente durch langsame Materieströmungen im Erdmantel passiv verschoben werden, also nicht aktiv aus eigener Kraft wandern. Von dieser Drift, die an die Bewegungen von Treibeisschollen auf dem Meer erinnert, sind allerdings nicht nur die Kontinente, sondern weitaus größere Bruchstücke der festen Erdrinde, die so genannten Platten, betroffen. Deren Grenzen decken sich nur in Ausnahmen mit den Umrissen der Kontinente. Die Kontinente gehen also nicht selbstständig auf Wanderschaft, sondern werden nach der Theorie der Plattentektonik gewissermaßen huckepack auf den Platten verfrachtet.

Geologen haben im Gegenteil sogar herausgefunden, dass die Landmassen offenbar die Drift der Platten abbremsen. Die überwiegend kontinentalen Eurasischen und Nordamerikanischen Platten entfer-

Das Geo-Puzzle

Die feste Erdrinde ist in ungefähr ein Dutzend große Bruchstücke zerborsten. Diese Platten werden durch Strömungen im Erdmantel gegen- und auseinander getrieben. In der Illustration ist eine Auswahl der Platten dargestellt.

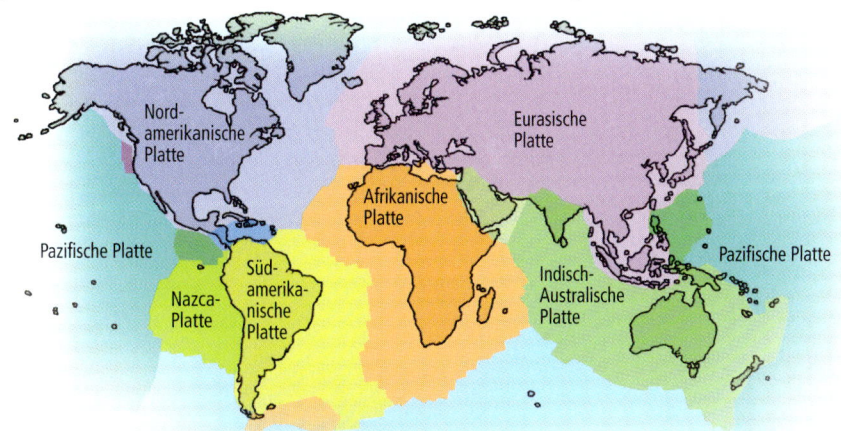

nen sich beispielsweise mit rund 2 cm pro Jahr voneinander, während die Platten unter dem Pazifischen Ozean, auf denen keine kontinentalen Platten lagern, jährlich um bis zu 18 cm auseinander driften.

Stimmt es, dass...

KRANKMELDUNGEN am Freitag und Montag häufiger als im Durchschnitt sind?   NEIN

Ende der 1990er-Jahre fiel nach einer Untersuchung der AOK jede dritte Krankmeldung auf einen Montag. Nimmt man an, dass die Wahrscheinlichkeit krank zu werden, an allen Wochentagen gleich groß ist, wäre das eindeutig überdurchschnittlich, und das Ergebnis würde die bekannten Redewendungen vom „Blaumachen am Montag" bzw. vom „blauen Montag" bestätigen.

Es muss jedoch auch berücksichtigt werden, dass am Wochenende in der Regel nur Notfälle behandelt werden – am Sonnabend und Sonntag also wesentlich weniger Krankschreibungen erfolgen können. Deswegen müssen die Krankschreibungen vom Montag auf das gesamte Wochenende verteilt werden. Dann entfallen auf den Montag nur noch 13 % aller Krankmeldungen. Damit ist er nach dem Freitag (11 %) der Tag mit den wenigsten Krankmeldungen in der Woche. Spitzenreiter ist dagegen der Dienstag mit fast 20 % aller Krankmel-

dungen. Es folgen Mittwoch mit 15,5 % und Donnerstag mit 14,8 %.

Auch der Krankenstand, der angibt, wie viel Prozent der Mitarbeiter an einem Tag krankgeschrieben sind, folgt einem Muster. Am Montag liegt er bei 5,0 % und steigt bis zum Freitag stetig an; dann erreicht er 5,6 %. Dies liegt daran, dass Ärzte die Patienten in der Regel bis zur Wochenmitte oder gleich bis zum Wochenende krankschreiben.

Bis heute ist übrigens nicht sicher geklärt, woher der Begriff „blaumachen" stammt. Eine mögliche Erklärung kommt aus dem Bereich der Färberei. Wolle wurde früher mit einem aus dem Färberwaid, einem Kreuzblütengewächs, gewonnenen Farbstoff blau gefärbt. Das geschah in zwei Schritten: Zunächst wurde sonntags die Wolle 12 Stunden lang ins Farbbad gelegt. Montags musste sie dann 12 Stunden lang trocknen. So lange hatten die Färbergesellen nichts zu tun – sie machten also „blau".

Wussten Sie schon, dass ...
der Krankenstand seit Ende der 1990er-Jahre eher niedrig ist?

Noch Mitte der 1990er-Jahre lag der Krankenstand in Deutschland bei 5 %, Ende der 1990er-Jahre betrug er 4,2 %, und seitdem ist er noch einmal gesunken. Damit ist der Krankenstand auf dem niedrigsten Wert seit 1970. Mögliche Gründe dafür sind die steigende Arbeitslosenzahl, vermehrt körperlich leichtere Tätigkeiten in der Arbeitswelt, eine abnehmende Zahl älterer Beschäftigter, eine verbesserte Gesundheitsvorsorge und eine kürzere Lohnfortzahlung bei Krankheit. Auch die Jahreszeit hat einen Einfluss auf den Krankenstand: Im Winter und im Herbst steigt er an.

Stimmt es, dass ...
die englische Versicherung **LLOYD'S** alles versichert? （NEIN）

Lloyd's of London darf man nicht mit Lloyd's Register verwechseln, einem Unternehmen, das Risikobewertung und -management betreibt. Beide Unternehmen gehen auf ein 1688 in London gegründetes Kaffeehaus zurück, das von Edward Lloyd betrieben wurde. Dort trafen sich reiche Privatleute, die Schiffe und Schiffsladungen versicherten.

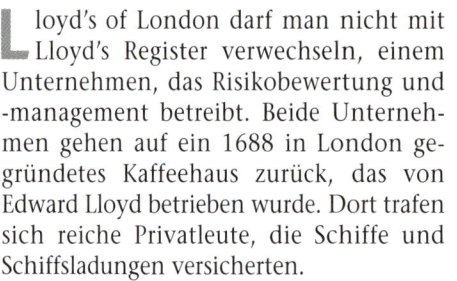

Auch heute ist Lloyd's keine Versicherung im üblichen Sinn, sondern der Name für eine Art „Marktplatz", der Versicherungsnehmer, Makler, Kapitalgesellschaften und vermögende Privatpersonen zusammenbringt. Bei Lloyd's wurden häufig Dinge versichert, die zuvor keine andere Gesellschaft der Welt versichert hatte. Dazu gehörte die erste Versicherung eines Autos, der ersten Atlantiküberquerung per Flugzeug und der ersten Linienflüge. Auch die Versicherung der *Titanic* wurde bei Lloyd's abgeschlossen. Es ist zudem immer wieder die Rede davon, dass bekannte Stars Körperteile wie Beine oder Hände bzw. ihre Stimme bei Lloyd's versichert hatten. Derzeit ist das nicht mehr üblich, stattdessen werden private Unfallversicherungen abgeschlossen.

Zum Geschäft von Lloyd's gehören heute die Versicherung von Juwelen, Ölbohrinseln, Untergrundtransportnetzen, Fluggesellschaften und Versicherungen gegen terroristische Anschläge. Standardisierbare Risiken wie Kraftfahrzeugversicherungen werden von Lloyd's nicht übernommen.

Berichten zufolge ließ Marlene Dietrich ihre Beine bei Lloyd's versichern. Deren Zentrale in London ist ein eindrucksvolles Bauwerk.

Wussten Sie schon, dass ...
man sich gegen die Entführung durch Außerirdische versichern kann?

Die Hullberry Insurance Company (gegründet 1985) mit Sitz in Amsterdam versichert auch gegen die Entführung durch Außerirdische. Die Versicherungsgesellschaft bietet noch weitere ungewöhnliche Versicherungen an: gegen Wucherpreise bei Benzin, gegen ein „Nein" auf dem Standesamt, gegen den Ausfall des Handys wegen Funkstille, bis hin zu einer Versicherung dagegen, auf die „Versteckte Kamera" hereinzufallen.

Stimmt es, dass ...
„MADE IN GERMANY" als Qualitätssiegel eingeführt wurde? （NEIN）

Ab Mitte des 19. Jh. verschlechterte sich die Position der bis dahin führenden englischen Industrie. Deutsche Hersteller kopierten britische Produkte und konnten sie deswegen in Großbritannien billiger verkaufen als die dortigen Hersteller, die dadurch in starke Bedrängnis gerieten. So suchten sie politische Unterstützung gegen die deutsche Industrie. Als Reaktion führte das britische Parlament am 23. August 1887 per Gesetz (*Merchandise Marks Act Chapter XXVIII, Section 16*) das Logo „Made in Germany" ein. Jedes deutsche Produkt, das nach England verkauft wurde,

musste fortan diesen Herkunftsnachweis tragen. Der war nun keinesfalls als Qualitätssiegel gedacht, denn die Qualität der deutschen Produkte ließ nach Ansicht der englischen Industrie oft zu wünschen übrig. Das Logo „Made in Germany" sollte die englischen Käufer im Gegenteil über die – angeblich – qualitativ schlechteren deutschen Produkte informieren, es sollte also eine Warnung sein. Indirekt war es gleichzeitig eine Aufforderung, einheimische Produkte zu kaufen.

Doch die deutsche Industrie tüftelte neue Herstellungsverfahren aus, die eine Pro-

„Made in Germany" wurde im Ausland auch oft Ziel von Spott – wie hier in einer Karikatur auf Wilhelm II. im Ersten Weltkrieg.

lien, Eisen und Stahl. Der 1856 gegründete Verein Deutscher Ingenieure versammelte Experten für die Standardisierung und Normierung von Rohstoffen und Bearbeitungsverfahren. Die Qualität der deutschen Produkte verbesserte sich so sehr, dass das als Warnhinweis eingeführte Zeichen nach kurzer Zeit zum Ausweis hochwertiger Produkte wurde. „Made in Germany" entwickelte sich zum Qualitätssiegel und zu einem der wichtigsten Qualitätskennzeichen im 20. Jh. Die Standards und Normen der deutschen Wirtschaft wurden in aller Welt nachgeahmt.

duktion nach planvollen, strengen und berechenbaren Regeln ermöglichten. Staatliche Stellen entwickelten Vorgaben für die Herstellung, etwa für Werkstoffe, Chemika-

Stimmt es, dass …

MANAGERGEHÄLTER bis zum 60fachen des Gehalts von mittleren Angestellten betragen?   (JA)

Der Begriff „Manager" umfasst viele berufliche Positionen in der Wirtschaft, dementsprechend sind mit diesen Positionen auch viele Gehaltsklassen verbunden. Gegen Ende der 1990er-Jahre verdiente beispielsweise ein Abteilungsleiter im Durchschnitt 75 000 Euro, ein Hauptabteilungsleiter 100 000 Euro, ein Geschäftsführer 200 000 Euro und Vorstandsmitglieder von Aktiengesellschaften 340 000 Euro. Dabei handelt es sich nicht um feste Gehälter, sondern in diesen Beträgen sind auch erfolgsabhängige Zahlungen enthalten, die bei den Geschäftsführern durchschnittlich

25 % der Bezüge erreichen. Jeder Manager verdient umso mehr, je größer das Unternehmen ist, in dem er arbeitet. Nicht im Gehalt berücksichtigt sind Zusatzleistungen wie ein Dienstwagen: Über 70 % der Hauptabteilungsleiter, aber nur knapp 40 % der Abteilungsleiter fahren einen Dienstwagen. Dagegen fahren 96 % der Geschäftsführer einen Dienstwagen, in der Regel Audi, BMW oder Mercedes.

Die Bezüge von Vorstandsmitgliedern sind zwischen 1990 und 2000 um ungefähr 97 % gestiegen, die Gehälter von Angestellten in der Industrie stiegen im gleichen

Wussten Sie schon, dass …

Aktienoptionen das Gehalt von Top-Managern vervielfachen können?

Eine Aktienoption berechtigt den Inhaber dazu, innerhalb eines bestimmten Zeitraums Aktien „seines" Unternehmens zu einem bestimmten Kurs zu kaufen, dem Bezugskurs. Wichtig ist, ob der Bezugskurs von vornherein vereinbart wird oder ob er an die Kursentwicklung der Aktie angepasst wird. Liegt der Bezugskurs über dem Kurs der Aktie, so ist die Aktienoption wertlos. Interessanter ist der Fall, in dem der Bezugskurs unter dem Aktienkurs liegt. Dann können, je nach Höhe des Kursunterschieds, die Aktien mit großem Gewinn wieder verkauft werden und das Gehalt des Inhabers beträchtlich erhöhen.

MANAGER: GEHÄLTER UND AKTIENKURSE

Das eigentliche Interessante an den Gehältern von Top-Managern ist nicht so sehr die Höhe. Solange Gehalt und Leistung in einem entsprechenden Verhältnis stehen, ist die Höhe des Gehalts für die meisten Wirtschaftssachverständigen unproblematisch. In den letzten Jahren hat sich die Überzeugung herausgebildet, dass die Aufgabe des Vorstands einer Aktiengesellschaft darin besteht, für hohe Dividenden und steigende Aktienkurse zu sorgen, also das Vermögen

der Aktionäre zu vermehren. Vergleicht man nun die Höhe des Gehalts mit der Vermögensveränderung der Aktionäre, ergibt sich für die größten 30 deutschen Aktiengesellschaften ein buntes Bild: Die meisten Top-Manager vermehren das Vermögen der Aktionäre für ein relativ geringes Gehalt, manche erhalten auch hohe Gehälter. Es gibt sogar Top-Manager, die das Vermögen der Aktionäre verringern – und auch dafür hohe Gehälter beziehen.

Zeitraum jedoch nur um etwa 40 %. Der eigentliche Anstieg der Vorstandsgehälter fand vor allem in der zweiten Hälfte der 1990er-Jahre statt.

In der Regel werden in den Geschäftsberichten der Aktiengesellschaften die Gehälter einzelner Vorstandsmitglieder nicht genannt. Gehaltsexperten vermuten aber, dass ein Vorstandsvorsitzender ungefähr das 1,75fache eines einfachen Vorstandsmitglieds verdient. Schätzungen für die 30 größten deutschen Aktiengesellschaften zufolge kann sich das Gehalt eines Vorstandsvorsitzenden pro Jahr durchaus auf 2–3 Mio. Euro belaufen, es sind aber in Ausnahmefällen auch 4 oder fast 6,5 Mio. Euro bezahlt worden. Wenn man für einen mittleren Angestellten ein Jahresbruttoeinkommen von 50 000 Euro ansetzt, bilden solche Gehälter von Vorstandsvorsitzenden also das 60fache, im Spitzenfall sogar das 130fache davon.

Wussten Sie schon, dass...
in einigen arabischen Ländern die Männer stark in der Überzahl sind?

In den meisten Ländern der Erde haben die Frauen einen deutlich größeren Anteil an der Bevölkerung als die Männer. In Deutschland kommen beispielsweise im Durchschnitt auf 1000 Frauen nur etwa 960 Männer. Genau umgekehrt ist es in Katar, Kuwait und den anderen arabischen Staaten am Persischen Golf. Dort sind die Männer klar in der Überzahl. In Katar leben beispielsweise fast doppelt so viele Männer wie Frauen. Der wichtigste Grund dieses bemerkenswerten Männerüberschusses ist die hohe Zuwanderung von Gastarbeitern.

Stimmt es, dass...
es einen reinen **MÄNNER**-Staat gibt?   JA

Das kleine Staatswesen auf dem östlichen Finger der griechischen Halbinsel Chalkidike umfasst eine Fläche von 321 km² und ist damit etwa fünfmal größer als die Republik San Marino. Es zählt rund 1700 Einwohner, die hauptsächlich aus verschiedenen Ländern Ost- und Südosteuropas stammen, besitzt 20 größere und eine Vielzahl von kleineren Siedlungen, eine Hauptstadt (Karyés), eine eigene Verfassung, Volksvertretung und Regierung.

Dieser Staat gehört zwar zu Griechenland, genießt aber den Status einer autonomen Republik, so wie viele andere Länder der Erde. In einem wichtigen Punkt unterscheidet sich Athos (Agion Oros) jedoch vom Rest der Welt: Die Republik hat ausschließlich männliche Einwohner, die als Mönche verschiedener orthodoxer Glaubensgemeinschaften in 20 Großklöstern und vielen Einsiedeleien nach strengen asketischen Regeln leben.

Im Jahr 963 entstand am Fuß des Berges Athos das erste große Kloster. Rund 100 Jahre später wurde in der Mönchsrepublik das Gesetz erlassen, dass keine weibliche Person den heiligen Boden von Athos betreten dürfe. Trotz einer Aufforderung des EU-Parlaments, das diskriminierende Verbot aufzuheben, ist bis heute Frauen der Zugang strikt untersagt, und auch Männer benötigen zum Besuch eine amtliche Genehmigung. Touristen können jedoch an einer Bootsfahrt entlang der steilen Küste teilnehmen und dabei von fern einen Blick auf die malerisch an die Felsen gebauten Klöster und Einsiedeleien werfen.

Die Mönche in dem kleinen Staat Athos leben in Bauwerken mit großer kulturhistorischer Bedeutung. Seit 1988 gehören die Klöster auf dem Berg Athos zum UNESCO-Weltkulturerbe.

Der Panamakanal verbindet den Pazifik mit dem Atlantik – zwei Meere mit unterschiedlich hohem Meeresspiegel.

Wussten Sie schon, dass...
der Spiegel des Mittelmeers ohne Zustrom pro Jahr um etwa 1 m fiele?

Im Mittelmeerraum ist die Verdunstung von den Wasserflächen fast überall viel höher als der jährliche Niederschlag. Zudem münden nur wenige größere Flüsse in das Binnenmeer. Zum Ausgleich der Wasserverluste strömt ständig Ozeanwasser durch die Straße von Gibraltar ins Mittelmeer. Ohne den Zufluss würde das Meer in wenigen tausend Jahren austrocknen.

Stimmt es, dass...
der MEERESSPIEGEL nicht bei allen Ozeanen gleich hoch ist?   JA

Vor der Entwicklung genauer Verfahren zur Bestimmung der Meerestiefe gingen viele Forscher davon aus, der Meeresspiegel sei auf großen Gebieten eben. Doch seit der Einführung der Satellitenaltimetrie, wie der Fachausdruck für die Bestimmung von Höhen auf der Erde vom Weltraum aus lautet, weiß man, dass auch die scheinbar ebene Wasserfläche in Wirklichkeit beachtliche Buckel und Senken aufweist. Die Höhe des Meeresspiegels weicht weltweit von einem festgelegten Vergleichswert um rund 100 m nach oben und unten ab.

Ungewöhnlich tief liegt der Meeresspiegel beispielsweise im Indischen Ozean, sehr hoch dagegen im Nordatlantik. Hauptursache ist das weltweit ungleichmäßige irdische Schwerefeld, das durch die Gestalt des Erdkörpers bestimmt wird. Hinzu kommen geringe Höhenunterschiede, die durch die Erwärmung und damit durch die Ausdehnung der obersten Wasserschichten sowie aufgrund oberflächennaher Strömungen erzeugt werden. Als Folge davon schwillt der Spiegel tropischer Meere teils um 80 cm über den Mittelwert an.

Wussten Sie schon, dass...
ein fabrikneues Auto ein Jahr alt sein darf?

Der Bundesgerichtshof hat entschieden: „Fabrikneu" ist ein Auto selbst dann, wenn zwischen Herstellung und Verkauf 12 Monate vergangen sind. Danach verschlechtert sich sein Zustand durch Materialermüdung, Oxidation (Rost) und andere Veränderungen des Materials so sehr, dass es nicht mehr als fabrikneu gelten kann.

Stimmt es, dass...
es MONTAGSAUTOS gibt?   JA

Montagsauto ist die scherzhafte Bezeichnung für ein Auto, das relativ viele Fehler aufweist, jedenfalls deutlich mehr als ein anderes Auto der gleichen Modellreihe. Solche „Ausreißer" gibt es tatsächlich, wenn auch äußerst selten.

Daneben zeigt sich immer wieder, dass bestimmte Modelle eines Herstellers mehr Fehler haben als vergleichbare Modelle anderer Hersteller. Die ADAC-Pannenstatistik listet Jahr für Jahr solche Autos auf. Ob sie tatsächlich alle oder wenigstens überwiegend an Montagen hergestellt wurden, ist nicht untersucht worden. Es spricht jedoch wenig dafür, dass die Bezeichnung „Montagsautos" im Wortsinn auch für die in der Pannenstatistik führenden Autos zutrifft. Die Automobilherstellung ist automatisiert, Menschen koordinieren oder überwachen vor allem die Arbeit. Deshalb ist die Qualität der Autos innerhalb einer Modellreihe weitgehend gleich. Wenn pannenanfälligere Autos produziert werden, beruht das daher eher auf generell geringerer Qualität der Produktion.

Zudem betreiben Automobilhersteller heute weitgehend nur noch Montage. Mängel an einem Auto entspringen also auch dem Zusammenbau fehlerhafter Bauteile. Der Grund für die Produktion von „Montagsautos" läge dann nicht darin, dass man sie an einem Montag montierte, sondern dass Zulieferer mangelhafte Teile produzieren.

Autos mit außergewöhnlich vielen Fehlern gibt es immer wieder – und dann ist oft die Hilfe der „Gelben Engel" gefragt.

Je nachdem, welchen Bezugspunkt man wählt, könnte man auch den Chimborasso in Ecuador als höchsten Berg der Welt bezeichnen.

Wussten Sie schon, dass...
der größte bekannte Berg des Sonnensystems auf dem Mars ist?

Die Feuerberge Hawaiis sind die größten Vulkane der Erde. Sie haben unter Wasser teilweise einen Basisdurchmesser von gut 100 km und ragen mitunter vom Fuß bis zum Gipfel mehr als 9000 m auf. Mit den Vulkanen auf dem Mars können sie sich trotzdem nicht messen, denn diese sind um ein Vielfaches größer. Der im Tharsis-Bergland gelegene Olympus Mons, wohl der größte Vulkan des gesamten Sonnensystems, hat beispielsweise einen Durchmesser von 650 km und erhebt sich etwa 26 km über sein Umland.

Stimmt es, dass...
der MOUNT EVEREST der höchste Berg der Erde ist? JA

Der höchste Berg des Himalaja gipfelt in zwei schnee- und eisbedeckten Felsspitzen an der Grenze zwischen Nepal und Tibet. Den eindrucksvollsten Anblick des Bergriesen, den die Tibeter Tschomolungma („Göttin-Mutter der Erde") nennen, hat man von Norden, vom Tibetischen Hochland her, das er um rund 3600 m überragt. Die exakte Höhe des Mount Everest und damit sein Rang als höchster Berg der Erde war lange Zeit umstritten. Das liegt weniger an der um 2–6 m Höhe schwankenden Schnee- und Eisschicht auf seinen beiden Gipfeln als an unzuverlässigen Vermessungsmethoden. Als wahrscheinlichster Wert gelten heute 8850 m.

ABER: Die Höhenangaben für Berge beziehen sich im Allgemeinen auf das mittlere Meeresniveau. Wie man heute weiß, liegt diese Vergleichsbasis jedoch nicht überall auf dem Erdball in der exakt gleichen Höhe, außerdem verändert sie sich im Lauf der Zeit durch Schwankungen des Meeresspiegels. Praktisch unveränderlich ist dagegen der Abstand zwischen dem Erdmittelpunkt und dem Gipfel eines bestimmten Berges. So gemessen wäre nicht der Mount Everest, sondern der Chimborasso, ein Vulkan in den ecuadorianischen Anden, der höchste Berg der Erde. Er liegt in der Nähe des Äquators. Dort weist der Erdball eine Art Wulst auf, und so übertrifft der Chimborasso die absolute Höhe des Mount Everest um gut 2000 m.

DIE HÖCHSTEN ERHEBUNGEN DER KONTINENTE

Die Erde ist ein flacher Planet: Nur knapp 8 % seiner Oberfläche liegen in mehr als 1000 m Meereshöhe. Beinahe so hoch (925 m) ist die mittlere Höhe Asiens, des höchsten aller Kontinente, das eisbedeckte Antarktika ausgenommen. Alle 14 Achttausender und über 200 Siebentausender der Erde ragen in Asien empor.

Kontinent	Berg	Gipfelhöhe (m ü. d. M.)
Afrika	Kilimandscharo, Tansania	5892
Antarktika	Mount Vinson	5140
Asien	Mount Everest, Nepal/Tibet	8850
Australien	Mount Kosciusko, Neusüdwales	2228
Europa	Mont Blanc, Frankreich/Italien	4810
Nordamerika	Mount McKinley (Denali), USA	6198
Südamerika	Cerro Aconcagua, Argentinien	6960

Stimmt es, dass...
MÜNCHEN die Bierhauptstadt Deutschlands ist? JA

Bayern und Nordrhein-Westfalen stellten Ende der 1990er-Jahre ungefähr die Hälfte des in Deutschland gebrauten Bieres her. Der Bierausstoß Nordrhein-Westfalens lag dabei in den letzten Jahren immer über dem Bayerns, wo jährlich etwa 23 Mio. Hektoliter Bier hergestellt werden. Wenn es nun um die reine Menge des in einer Stadt gebrauten Bieres geht, gibt es zwei Städte als Anwärter auf den Titel „Bierhauptstadt Deutschlands": Dortmund und München. Ganz exakte Zahlen, die den Vergleich entscheiden könnten, liegen zwar nicht vor, aber Schätzungen des Vereins Münchner Brauereien. Die Dortmunder Brauereien stellten Ende der 1990er-Jahre etwa 5 Mio. Hektoliter Bier pro Jahr her. In München

Die Kellnerinnen auf dem Münchner Oktoberfest sind Meisterinnen im „Mass"-Halten.

produzierten die Brauereien zur gleichen Zeit etwa 5,8 Mio. Hektoliter Bier.

München kann auf eine lange Brautradition zurückblicken und ist bekannt für das Hofbräuhaus, seine Biergärten und natürlich für das Oktoberfest – auf der „Wiesn" werden jedes Jahr ungefähr 6 Mio. „Mass" getrunken, das macht 60 000 Hektoliter Bier.

Von den einst zahlreichen Münchner Brauereien sind heute nur noch zwei selbstständig: Hofbräu und Augustiner. Hofbräu produziert rund 230 000 Hektoliter pro Jahr, Augustiner 850 000 Hektoliter und soll damit in München Marktführer sein.

In den Münchner Biergärten gibt es 130 000 Plätze für Besucher, die nach alter Tradition dort auch mitgebrachtes Essen verzehren dürfen. Als die Münchner Brauer seinerzeit begannen, ihr Bier direkt an die Münchner zu verkaufen, protestierten die Gastwirte. Sie erreichten bei König Ludwig I. eine Verfügung, dass die Brauereien kein Essen verkaufen dürfen. Doch dieses Bewirtungsverbot ist längst vergessen.

Wussten Sie schon, dass...
der magnetische Nordpol zum magnetischen Südpol werden kann?

Das irdische Magnetfeld hat sich im Lauf der Erdgeschichte häufig umgekehrt, im Durchschnitt etwa alle 500 000 Jahre, letztmals vor rund 730 000 Jahren. Dabei tauschten der magnetische Nordpol und der magnetische Südpol offenbar innerhalb weniger tausend Jahre ihre Position. Zusätzlich zu den längeren Epochen mit normaler (wie heute) und umgekehrter Feldrichtung gab es auch zahlreiche kurzfristige Umpolungen. Die Ursachen dieser periodischen Änderungen des Erdmagnetfelds sind unbekannt.

Stimmt es, dass...
sich der geographische vom magnetischen NORDPOL unterscheidet?

JA

Leider stimmt die Position des geographischen Nordpols nicht mit der des magnetischen Nordpols überein, sonst wäre die Navigation auf der Erde wesentlich einfacher. Ebenso wenig deckt sich der geographische Südpol mit dem magnetischen Südpol. Beide Arten von Polen liegen weit voneinander entfernt, im Nordpolargebiet rund 1300 km, im Südpolargebiet sogar etwa 2700 km.

Die geographischen Erdpole sind die Endpunkte der Achse, um die sich unser Planet dreht. Als magnetische Pole gelten die Punkte, an denen die Feldlinien des Erdmagnetfelds senkrecht in den Erdkörper eintauchen. Die magnetische Achse der Erde ist gegenüber der Drehachse um etwa 11,4° geneigt, was den Lageunterschied zwischen den beiden Polen erklärt. Sie endet zur Zeit auf der Nordhalbkugel in der

kanadischen Arktis, auf der Südhalbkugel vor den Küsten des eisbedeckten Kontinents Antarktika.

Die Erdpole verschieben sich durch von innen und außen auf die Erde einwirkende Kräfte ständig. Die Bewegung der geographischen Pole verläuft dabei relativ langsam und ist nur über längere Zeiträume hinweg bedeutend, die magnetischen Pole driften aber erstaunlich schnell über die Erdoberfläche: der magnetische Nordpol mit 7–8 km pro Jahr, sein antarktisches Gegenstück mit jährlich etwa 10 km.

Dieser Blick auf die nördliche Erdhalbkugel veranschaulicht die große Distanz zwischen dem geographischen (●) und dem magnetischen Nordpol (●).

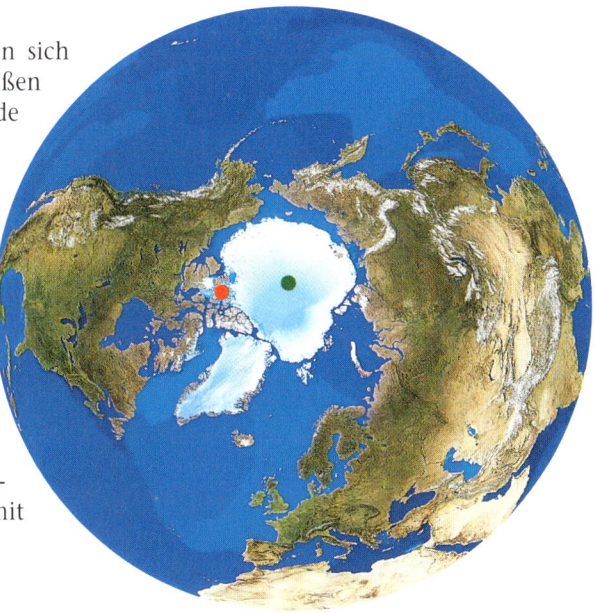

Auch wenn in Österreich, wie hier im Wiener Café Central, die Café-Kultur besonders gepflegt wird, ist der Pro-Kopf-Verbrauch an Kaffee nicht sehr hoch.

Wussten Sie schon, dass…
Österreich rund ein Drittel des eingeführten Kaffees wieder ausführt?

Österreich kauft jedes Jahr rund 1,5 Mio. Sack Kaffee im Ausland ein. Gleichzeitig werden etwa 500 000 Sack pro Jahr wieder an das Ausland verkauft. Ausgeführt wird zum einen Rohkaffee, den österreichische Importeure weiterverkaufen – Österreich dient bei diesem Handel als Transitland. Zum anderen wird Röstkaffe ausgeführt. Österreichische Röster kaufen Rohkaffee, rösten und verpacken ihn und beliefern dann das Ausland. In Deutschland verhält es sich mit den Ein- und Ausfuhren von Kaffee ähnlich.

Stimmt es, dass…
in ÖSTERREICH der meiste Kaffee getrunken wird? NEIN

Gemessen am Jahresverbrauch von Kaffee stehen die USA mit etwa 1,2 Mio t an der Spitze, danach kommen die Bundesrepublik mit ungefähr 540 000 t und Japan mit 420 000 t. Österreich liegt mit knapp 60 000 t recht weit hinten. Dass die USA mit 290 Mio. Einwohnern auch der weltweit größte Kaffeeverbraucher sind, verwundert kaum. Doch schon die Bundesrepublik Deutschland hat mit 82 Mio. eine geringere Einwohnerzahl als Japan mit 127 Mio., verbraucht aber deutlich mehr Kaffee. Der Verbrauch pro Einwohner ist daher die interessantere und aussagekräftigere Größe. Auch hier liegt Österreich mit 7 kg pro Einwohner jährlich eher im Mittelfeld. An der Spitze mit über 11 kg liegt Finnland, es folgen Norwegen, Belgien/Luxemburg und Schweden mit ungefähr 9 kg. Deutschland liegt mit gut 6 kg hinter Österreich.

In Europa wurde Kaffee übrigens erstmals 1624 durch venezianische Kaufleute bekannt gemacht. Und in Venedig findet man auch ein sehr berühmtes Café, das Café Florian, das am 29. Dezember 1720 eröffnet wurde und noch heute existiert.

GROSSHÄNDLER IN SACHEN KAFFEE

Kaffee wird in 60-kg-Säcken gehandelt. Angegeben ist jeweils die Zahl der gehandelten Säcke in Millionen von 1991 bis 2000. Überraschend ist, dass Vietnam einer der großen Kaffee-Exporteure ist. Die USA, der größte Kaffee-Importeur, rangieren beim Pro-Kopf-Verbrauch mit knapp 4 kg relativ weit hinten in der Liste.

Die größten Kaffee-Exporteure

in Mio. Sack

Brasilien	Kolumbien	Indonesien	Vietnam	Mexiko
180,9	116,2	53,2	47,2	38,7

Die größten Kaffee-Importeure

in Mio. Sack

USA	Deutschland	Frankreich	Japan	Italien
202,8	137,7	65,7	60,7	55,3

Stimmt es, dass…
POLARLICHTER über den geographischen Polen am häufigsten sind? NEIN

Die Häufigkeit von Polarlichtern nimmt vom Äquator, wo die Lichtphänomene bestenfalls einmal in 100 Jahren zu bewundern sind, zu den Polargebieten hin zu. Über Mitteleuropa treten sie im langjährigen Durchschnitt in 1–3 Nächten pro Jahr auf. Am häufigsten, fast in jeder Nacht, kann man Polarlichter im so genannten Polarlichtoval beobachten, einer ovalen Zone, die auf der Nordhalbkugel in 65–75°

nördlicher Breite den magnetischen Nordpol umschließt. Zum Kern des Polargebiets hin nimmt die Häufigkeit der Lichter am Himmel dann aber wieder rasch ab.

Die Verteilung der Polarlichter hängt vor allem vom Verlauf der Feldlinien des irdischen Magnetfelds ab. Vom Polarlichtoval führen die Feldlinien direkt in die Plasmaschicht, die Schicht, in der sich elektrisch geladene Teilchen sammeln (siehe unten). Von dort werden sie auf verschlungenen Bahnen in die Atmosphäre transportiert. Die Feldlinien im Kern des Polargebiets steigen dagegen steil in den Weltraum auf, ohne die Plasmaschicht zu berühren.

Polarlichter sind eindrucksvolle, vielfarbige Himmelserscheinungen, deren Entstehung kompliziert ist.

UNSER PLANET IM SONNENWIND

Das Farbenspiel am nächtlichen Himmel entsteht, wenn vom Sonnenwind herangeführte, elektrisch geladene Teilchen mit den Luftbestandteilen zusammenstoßen.

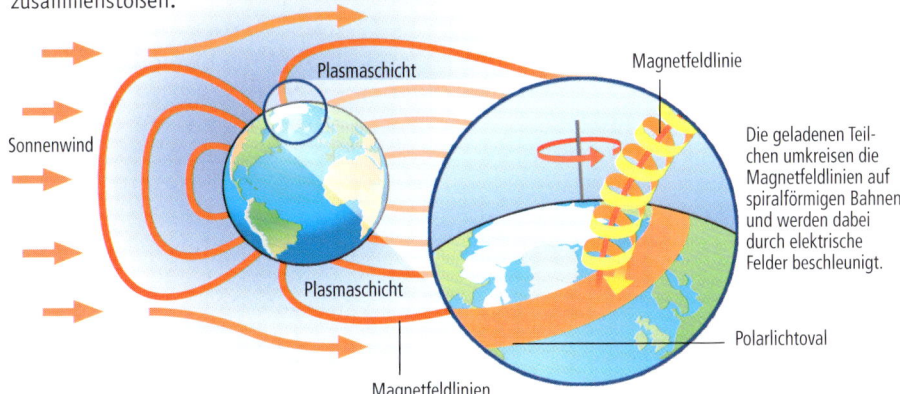

Sonnenwind

Plasmaschicht

Plasmaschicht

Magnetfeldlinien

Magnetfeldlinie

Die geladenen Teilchen umkreisen die Magnetfeldlinien auf spiralförmigen Bahnen und werden dabei durch elektrische Felder beschleunigt.

Polarlichtoval

Wussten Sie schon, dass ...
starke Sonnenstürme Erdöl-Pipelines beschädigen können?

Gemeinsam mit den farbenprächtigen Lichtern am Himmel treten bei besonders starkem Sonnenwind rasch schwankende Magnetfelder auf, die beispielsweise in Hochspannungsleitungen Überspannungen erzeugen und dadurch mitunter ganze Stromversorgungsnetze zusammenbrechen lassen. In Rohrleitungen aus Metall führen die elektrischen Ströme an den Verbindungsstücken der Rohre zu verstärkter Korrosion. Bevor man die Ströme durch nicht leitende Bauelemente unterbrach, wurden auf diese Art die Erdöl-Pipelines in Alaska häufig beschädigt.

Stimmt es, dass ...
man eine RECHNUNG im Lokal nach drei vergeblichen Versuchen nicht mehr bezahlen muss?   NEIN

Nachdem der Gast die Bestellung aufgegeben hat, ist zwischen ihm und dem Wirt ein Vertrag zustande gekommen. Wenn der Gast während und nach dem Essen keine Reklamationen hat, ergibt sich daher für ihn die Pflicht zur Bezahlung. Kommt der Wirt trotz deutlich wahrnehmbarer, mehrfacher Aufforderung nicht zum Kassieren, ändert das nichts an dieser Pflicht. Verlässt der Gast nun einfach das Lokal, dann kann ihm Zechprellerei vorgeworfen werden. Diesem Vorwurf kann der Gast zwar begegnen, indem er beispielsweise Zeugen aufbietet, die bestätigen, dass

er mehrmals die Rechnung verlangt hat. Aber die Abwehr des Vorwurfs der Zechprellerei kann viel Aufwand – Anwalt, Ermittlungsverfahren sowie Vernehmungen – bedeuten und weitere Kosten verursachen.

Um deutlich zu machen, dass er zu zahlen gewillt ist, sollte der Gast wenigstens dreimal auf die Rechnung drängen. Ist das erfolglos, gibt er am besten dem Personal im Lokal Namen, Anschrift und Telefonnummer. Damit kann der Wirt seine Forderung gegen den Gast zu einem späteren Zeitpunkt geltend machen, beispielsweise indem er ihm die Rechnung zustellt.

Die aufwändige Herstellung macht Safran zum teuersten Gewürz der Welt.

Stimmt es, dass …

SAFRAN das teuerste Gewürz ist?

JA

Der schon seit 5000 Jahren verwendete Safran zählt zu den kostbarsten Naturerzeugnissen. Die Jahresproduktion des Gewürzes beträgt heute etwa 300 t, mehr als 80 % davon werden im Iran und in Spanien erzeugt. Unter Feinschmeckern genießt der Safran aus der spanischen Landschaft La Mancha den besten Ruf. Ein einziges Gramm der höchsten Qualitätsstufe kostet rund 2 Euro. Der hohe Preis erklärt sich durch die aufwändige Herstellungsweise. Safran wird aus den Blütennarben des Safrankrokus gewonnen. Für 1 kg Safran müssen ungefähr 150 000–200 000 Blütennarben in mühevoller Handarbeit geerntet und getrocknet werden.

Wussten Sie schon, dass …
Gewürze früher für fast alle unerschwinglicher Luxus waren?

Während der römischen Kaiserzeit kostete beispielsweise 1 Pfund Zimt etwa 1500 Denare, mehr als die meisten Römer in 10 Jahren verdienen konnten. Im Mittelalter war 1 Pfund Safran noch so viel wert wie ein Pferd, 1 Pfund Ingwer so viel wie ein Schaf, und Pfefferkörner wurden teilweise in Gold aufgewogen.

ROHSTOFFE BELIEBTER GEWÜRZE

Nahezu alle Gewürze werden aus Pflanzen oder Pflanzenteilen gewonnen. Von den über 100 verschiedenen Gewürzpflanzen haben etwa 40 weltweite Bedeutung. Die meisten Gewürzpflanzen stammen aus Asien und wurden schon früh in andere Erdteile verbreitet.

Gewürz	Rohstoff
Anis	Früchte des Anis, eines hauptsächlich im Mittelmeergebiet verbreiteten Doldenblütlers
Cayenne	Schoten eines Halbstrauchs aus der Familie der Nachtschattengewächse, verwandt mit Paprika
Curry	Pulver- oder pastenförmige Gewürzmischung aus 12–36 verschiedenen Gewürzen
Kardamom	Samen einer in Südasien heimischen Staude aus der Familie der Ingwergewächse
Kreuzkümmel	Kümmelförmige Samen eines Krauts, das seit Jahrtausenden in den Mittelmeerländern kultiviert wird, mit unserem Gewürzkümmel aber nur entfernt verwandt ist
Kurkuma	Wurzelstöcke der Gelbwurzelstaude, eines in Südostasien heimischen Ingwergewächses
Nelken	Blütenknospen des von den Molukken stammenden Gewürznelkenbaums
Oregano	Blätter bzw. Zweigspitzen verschiedener *Origanum*-Arten, darunter des Gewöhnlichen Dosts oder Wilden Majorans
Paprika	Schoten von etwa 30 Arten der Gattung *Capsicum* aus der Familie der Nachtschattengewächse
Piment	Beeren des immergrünen Piment- oder Nelkenpfefferbaums aus Mittel- und Südamerika
Zimt	Innenrinde des in Süd- und Südostasien heimischen Zimtbaums

Stimmt es, dass...

in der **SAHARA** mehr Menschen ertrunken als verdurstet sind? **NEIN**

Temperaturen von oft 40–50 °C, trockene Luft, heftiger Wind – im extremen Wüstenklima der Sahara braucht ein Mensch sehr viel Trinkwasser. Bei schwerer körperlicher Anstrengung sind es bis zu 10 l am Tag, denn ohne ausreichende Wasserzufuhr trocknet der Körper rasch aus. Bei einem Wasserverlust von 10 % des Körpergewichts kommt es zu Verwirrtheitszuständen, mehr als 20 % führen zum Tod durch Nieren- und Kreislaufversagen. Wie viele Menschen in historischer Zeit in der Sahara verdurstet sind, ist unbekannt. Mit der fortschreitenden Austrocknung der Wüstenregion seit etwa 3500 v. Chr. wurde der Wassermangel jedoch zu einem immer ernsteren Problem. Nicht ohne Grund ließen die Herrscher der frühen ägyptischen Dynastien Wasserdepots an den wichtigsten Karawanenstraßen anlegen.

Anderseits ist man auch in den trockensten Gegenden der Sahara nicht vor dem „nassen Tod" sicher. Überschwemmungen, die blitzartig auftreten und Todesopfer fordern, ereignen sich bis heute. Sie entstehen nach seltenen, aber heftigen Regengüssen, bei denen manchmal an einem einzigen Tag fünfmal mehr Regen fällt als sonst im ganzen Jahr. Dann wälzen sich Wassermassen durch oft jahre- oder jahrzehntelang ausgetrocknete Wüstentäler. Diesen Fluten kann der erfahrene Wüstenreisende allerdings sehr viel leichter entgehen als dem lebensgefährlichen Wassermangel.

Wussten Sie schon, dass... **Moore und Sümpfe donnern können?**

In Feuchtgebieten hört man zuweilen Geräusche, die an Donnergrollen oder fernes Geschützfeuer erinnern. Besonders oft sind sie an der Atlantikküste der USA zu vernehmen, wurden darüber hinaus aber in vielen weiteren Gegenden der Erde gehört. Die Ursache des Phänomens ist unbekannt. Meist werden Gasausbrüche aus dem schlammigen Boden oder Erdbeben dafür verantwortlich gemacht. Allerdings sind die Geräusche vor allem in Regionen zu hören, in denen sich kaum Erdbeben ereignen.

Stimmt es, dass...

SAND singen kann? **JA**

Sand, leblose mineralische Materie, kann zuweilen sehr musikalisch erscheinen und mehr oder weniger melodische Töne erzeugen. Das Repertoire des Sandes ist sogar äußerst umfangreich: Quietschen und Dröhnen, leises Summen oder lauter Donner, schließlich Geräusche, die an Harfenklänge, Trompetenstöße, Glockentöne oder das Quaken von Fröschen erinnern. Sand gibt in fast allen Erdteilen „Konzerte", vor allem in den Wüsten, wo große Sanddünen laute Geräusche hervorbringen können, leisere Töne sind darüber hinaus an vielen Sandstränden zu vernehmen.

Ruhender Sand ist still. Nur wenn die Sandkörner bewegt werden, etwa durch Wind, entstehen Töne. Es genügt aber auch das Gewicht eines Menschen, der über einen Sandstrand geht, um die Sandkörner unter seinen Füßen zu verschieben. Die schönste Musik ist zu hören, wenn die Sandkörner hauptsächlich aus Quarz bestehen, exakt nach ihrer Größe sortiert und an der Oberfläche glatt geschliffen sind. Der Sand sollte weder zu nass, noch zu trocken sein. Unter diesen Bedingungen haften die durch Wasser und/oder eine Kiesel-

säurehaut leicht miteinander verkitteten Sandkörner optimal aneinander, und die Sandmassen trennen sich bei Belastung wieder schichtenweise. Durch die Reibung an den Trennflächen entstehen Schwingungen, die je nach Frequenz als hohe oder tiefe Töne zu hören sind.

In großen Sandwüsten, wie hier im tunesischen Teil der Sahara, hören Wüstenwanderer oft Überraschendes.

Wussten Sie schon, dass...
Norwegen immer mehr Inseln bekommt?

Das skandinavische Königreich besitzt sehr viele Inseln: rund 150 000. Davon sind etwa 2000 bewohnt. Jahr für Jahr tauchen zusätzlich einige von den Gletschern der Eiszeiten geschliffene Felsbuckel aus dem Meer auf, vor allem in den nördlichen zwei Dritteln der norwegischen Atlantikküste, wo die Landhebung zur Zeit 4–6 mm pro Jahr beträgt.

Stimmt es, dass...
an den Küsten SKANDINAVIENS der Meeresspiegel sinkt?   JA

Seit Jahrzehnten steigen weltweit die mittleren Pegelstände an den Küsten. Das Meer dringt aber nicht überall gegen das Land vor, in einigen Regionen zieht es sich sogar zurück. In der nördlichsten Ostsee, an den Ufern des Bottnischen Meerbusens, fallen die Pegel derzeit um mehr als 1 cm pro Jahr. Dies führt dazu, dass sich ehemalige Meeresbuchten in Seen verwandeln oder ganz verlanden und die nordeuropäischen Länder einen deutlichen Landgewinn verzeichnen. Der Rückzug des Meeres dauert schon seit langer Zeit an und umfasst stellenweise eine Höhenspanne von insgesamt mehr als 300 m. Bis in diese Höhe reichen alte Geröllstrände hinauf als Hinterlassenschaften früherer Küstenlinien im skandinavischen Binnenland.

Die Höhe der Pegelstände in einer bestimmten Region der Erde wird von der Menge des in den Weltmeeren gespeicherten Wassers, aber auch von Bewegungen der Erdkruste bestimmt. Wenn sich die Kruste unter einer Landmasse schneller hebt, als das Meer ansteigt, muss der Meeresspiegel an ihren Küsten zwangsläufig fallen. So ist es in Nordeuropa seit dem Ende der jüngsten Eiszeit. In den kältesten Perioden lag ein bis über 3000 m dicker Eispanzer auf Skandinavien. Unter seiner gewaltigen Last senkte sich die Erdkruste, um nach dem Abschmelzen der Gletscher wieder anzusteigen – ähnlich wie ein Schiff höher über den Wasserspiegel steigt, wenn seine Fracht gelöscht wird. Während jedoch Schiffe augenblicklich aus dem Wasser emporkommen, hinkt die nacheiszeitliche Landhebung der Befreiung von den Eislasten um etliche Jahrtausende hinterher.

Wie hier in Schweden tauchen auch in anderen Gebieten Skandinaviens im Lauf der Zeit bizarre Gebilde aus dem Meer auf.

Stimmt es, dass...
SÜDAFRIKA den größten Anteil an der Weltförderung von Diamanten hat?   NEIN

Die Rangfolge der in der Förderung von Diamanten weltweit führenden Länder hat sich im Lauf der Zeit je nach der Entdeckung und Ausbeutung der Lagerstätten sowie der Nachfrage nach dem härtesten Mineral der Erde immer wieder geändert. Klassische Diamantenländer wie Indien oder Indonesien tauchen heute unter den zehn wichtigsten Produzenten nicht mehr auf. Brasilien, seit dem 18. Jh. lange der erste Produzent in der Neuen Welt, nimmt jetzt einen der hinteren Ränge ein. Dafür beherrschen afrikanische Staaten neben Australien und Russland die Gewinnung von Diamanten, zumindest im Hinblick auf die geförderten Mengen.

Besonders schöne Diamanten – links ein Exemplar, das von einem Messgerät gehalten wird – begeistern auch die Händler im so genannten Diamond District („Diamanten-Stadtteil") in New York (unten).

Australien verdankt seinen Aufstieg zum führenden Diamantenproduzenten vor allem der Entdeckung der großen und mit einem Durchschnittsgehalt von etwa 7 Karat pro Tonne Gestein sehr ergiebigen Lagerstätte von Argyle im Nordwesten des Landes. Der Anteil von Schmuckdiamanten beträgt dort allerdings nur 5 % gegenüber mehr als 20 % in anderen Vorkommen.

Fast gleichauf mit Australien liegt Botsuana, wo erst vor gut 30 Jahren neue Diamantenfelder entdeckt wurden und das heute mit den Minen Orapa und Iwaneng zwei der wichtigsten der Erde besitzt. Der Aufschwung der Diamantenindustrie in dem einst bettelarmen Land lässt sich mit dem Südafrikas vergleichen. Dort entdeckten spielende Kinder 1866 bei Kimberley glänzende „Kieselsteine". Die vermeintlich wertlosen Steine entpuppten sich als Diamanten, und schon 4 Jahre später schürften rund 50 000 Männer auf den Diamantenfeldern von Kimberley.

Heute nimmt Südafrika den fünften Rang unter den führenden Förderländern ein, nach der Demokratischen Republik Kongo und vor Angola. In der Republik am Kap der Guten Hoffnung werden vor allem Industriediamanten gefördert, und ein ständig wachsender Anteil wird auch synthetisch hergestellt. Betrachtet man jedoch den Wert der Edelsteine, machen Schmuckdiamanten etwa 80 % der Weltförderung aus. Seltene Schmucksteine wie beispielsweise ein rosafarbener Diamant aus der Republik Guinea können Liebhaberpreise erzielen, die 50 000-mal höher sind als die Preise von Industriediamanten.

Wussten Sie schon, dass...
Diamantenlagerstätten ab 1 Karat/t Gestein abbauwürdig sind?

Bei der Förderung von Diamanten wird ein noch größerer Aufwand als im Goldbergbau betrieben. Goldvorkommen, die 4–8 g Gold/t Gestein enthalten, werden vielerorts ausgebeutet. Bei Diamanten lohnt es sich oft schon, Lagerstätten mit nur 0,2 g (1 Karat) Diamanten pro Tonne zu nutzen. Um besonders schöne Schmuckdiamanten zu gewinnen, werden mitunter sogar pro 0,2 g Ausbeute 16 t Gestein abgebaut und verarbeitet, etwa in der für ihre edlen Diamanten bekannten Mine Aredor (Guinea).

Stimmt es, dass...
das TOTE MEER das salzhaltigste Gewässer der Erde ist?   **NEIN**

Der Salzgehalt der irdischen Gewässer bewegt sich in einer weiten Spanne. Bei den durch Winde und Strömungen ständig durchmischten Meeren beträgt der Mittelwert in den obersten Wasserschichten 3,5 g/l, die Meere können aber auch einen Salzgehalt von mehr als 4 g/l (wie das Rote Meer) oder von weniger als 1 g/l (wie die östliche Ostsee) aufweisen.

Größere Unterschiede finden sich bei Binnenseen. Einerseits gibt es Gewässer, deren Wasser praktisch kein gelöstes Salz enthält, andere Seebecken hingegen sind fast vollständig mit einem Gemisch aus festem Salz, Sole und Ton gefüllt. Der Salzgehalt kann bei einem bestimmten See je nach Zufuhr von Süßwasser und der Stärke der Verdunstung im Lauf der Zeit enorm schwanken; beim Eyre-See in Australien beispielsweise zwischen weniger als 5 g/l und mehr als 30 g/l.

Das Wasser des an der Grenze zwischen Israel und Jordanien gelegenen Toten Meeres wird seit einigen Jahren salziger, weil man dem wichtigsten Zufluss, dem Jordan, immer mehr Wasser zur Bewässerung entnimmt. In den 1970er-Jahren erreichte das Tote Meer einen Salzgehalt von 26 g/l, heu-

Der Assal-See in Dschibuti ist eines der salzhaltigsten Gewässer der Welt. Dies ist schon an den großen Salzbänken, die das Aussehen des Sees prägen, erkennbar.

Wussten Sie schon, dass...
das Salz der Ozeane den Meeresboden 62 m hoch bedecken könnte?

Der mittlere Salzgehalt des offenen Meeres beträgt 3,5 %, d. h. 35 g Salz auf 1000 g Wasser. Daran hat Kochsalz einen Anteil von gut 75 %. Würden die Ozeane vollständig austrocknen, lagerte sich über den gesamten Meeresgrund verteilt eine mehr als 60 m dicke Salzschicht ab. Trotzdem finden sich zwischen den Gesteinsschichten aber immer wieder wesentlich mächtigere, teilweise über 300 m dicke Salzlager. Sie stammen wahrscheinlich aus Küstensalzseen, in denen sich Überflutung und Austrocknung vieltausendmal abwechselten.

te beträgt er rund 30 g/l. Das salzhaltigste Gewässer der Erde ist dieser Salzsee damit aber noch lange nicht, denn in anderen Gewässern werden deutlich höhere Salzgehalte bis etwa 38 g/l gemessen. Beispiele dafür sind der Dabuxun-See in China, der Natronsee in Tansania und nicht zuletzt der Assal-See. Im Unterschied zu den meisten anderen Salzseen, die Süßwasserzuflüsse haben, wird dieser See in Dschibuti vor allem von Meerwasser gespeist, das durch poröse Gesteinsschichten einsickert.

Stimmt es, dass...
TULPEN einmal Spekulationsobjekt waren?   JA

Tulpen, genauer gesagt Tulpenzwiebeln, waren Anfang des 17. Jh. in Holland ein Spekulationsobjekt – sie wurden in der Erwartung gekauft, sie später zu einem höheren Preis wieder verkaufen zu können. Angesichts steigender Preise für Tulpenzwiebeln schien das für viele Menschen ein sicheres Geschäft zu sein. Eine Zwiebel der Sorte 'Semper Augustus' kostete beispielsweise im Jahr 1623 1000 Gulden, 1624 dann 1200 Gulden, 1625 schon 2000 Gulden und im Jahr 1636 ungefähr 5500 Gulden – so viel wie ein Amsterdamer Haus in bester Lage. Zum Vergleich: Das Jahreseinkommen eines Arbeiters betrug damals 300 Gulden. Viele, die an der Spekulation mit Tulpenzwiebeln teilnahmen, taten das mit geliehenem Geld.

Im Februar 1637 kippte der Markt dann schließlich um, und die Preise begannen zu fallen. Warum das so war, ist allerdings unbekannt. Diejenigen, die Kredite aufgenommen hatten, um mit Tulpenzwiebeln

HISTORISCHE SPEKULATIONEN

Bekannte Spekulationen in der Wirtschaftsgeschichte betrafen neben den Tulpenzwiebeln auch noch die Südsee-Gesellschaft (1720) sowie die Mississippi-Gesellschaft (1719–1720). Beide Unternehmen waren Aktiengesellschaften. Die Südsee-Gesellschaft (London) hielt Wertpapiere des englischen Staates, die pro Jahr Zinsen von 576 000 Pfund abwarfen, und hatte das Monopol auf den Handel mit den spanischen Kolonien in Südamerika, der hohe Gewinne versprach. Der Aktienkurs stieg stark an, bis er im Sommer 1720 einbrach. Die Mississippi-Gesellschaft (Paris) hatte ein Handelsmonopol auf alle Gebiete in Nordamerika, durch die der Mississippi floss, erhielt die Kontrolle über die staatlichen Münzprägeanstalten und die Kontrolle über alle Steuereinnahmen in Frankreich. Auch der Kauf dieser Aktien schien lohnend zu sein – bis der Markt im Juni 1720 kollabierte.

handeln zu können, mussten jetzt schnell wieder verkaufen, bevor die Preise weiter sanken und damit ihre Verluste noch größer wurden. Gleichzeitig aber blieb die Nachfrage nach Tulpenzwiebeln aus, weil fast niemand mehr in dieses Geschäft einsteigen wollte. Deshalb fielen die Preise noch viel schneller. In wenigen Monaten hatten die einst kostbaren Zwiebeln bis zu 90 % ihres Wertes eingebüßt.

Stimmt es, dass ...

in Europa die Stadt **VENEDIG** die meisten Brücken hat?

NEIN

Die altehrwürdige italienische Stadt ist auf etwa 120 Inseln inmitten der Laguna Veneta erbaut. Zwischen den Eilanden verlaufen gut 100 Kanäle, hier Canal oder Rio genannt. Eine solche Stadt braucht natürlich viele Brücken: Rund 400 gibt es in Venedig. Dazu gehören Kleinode der Brückenbaukunst wie die Rialto-Brücke (1592) oder die Seufzerbrücke (1595), aber auch neuere Zweckbauten, wie die von 210 Bögen gestützte Eisenbahnbrücke, die die Stadt mit dem Festland verbindet.

In der Zahl der Brückenbauwerke wird Venedig allerdings von einigen anderen europäischen Städten weit übertroffen, so von Amsterdam oder Berlin. Die meisten Brücken aller europäischen Städte, mindestens sechsmal so viele wie Venedig, gibt es aber in Hamburg: 2438.

Diese beeindruckende Zahl – die sich durch den Neubau bzw. den Abriss von Brücken aber von Jahr zu Jahr ändert – spiegelt das engmaschige Gewässernetz in der Hansestadt wider. Dort gibt es neben der in mehrere Arme gegliederten Elbe, der Alster und der Bille als wichtigsten natürlichen Gewässern noch Dutzende kleinerer Kanäle, die Fleete. Die Geschichte der Zollenbrücke als ältester Fleetbrücke reicht bis zur Mitte des 14. Jh. zurück, ein besonderes Schmuckstück ist die 1868 fertig gestellte Lombardsbrücke zwischen Binnenalster und Außenalster. Bei den modernen Brücken glänzt die 1974 eröffnete Köhlbrandbrücke als unübersehbares Wahrzeichen Hamburgs – mit einer lichten Höhe von 55 m und den beiden etwa 130 m hohen Brückenträgern überspannt sie in elegantem Schwung den Hamburger Hafen.

Wussten Sie schon, dass ...

die ersten deutschen Börsen Mitte des 16. Jh. entstanden?

Ein regelmäßiges Treffen in Brügge im 15. Jh. wird als Ursprung aller Börsen angesehen. Auf dem Marktplatz versammelten sich italienische Händler und Kaufleute. Die erste „moderne", nach festen Regeln organisierte Börse entstand 1531 in Antwerpen. Die ersten deutschen Börsen wurden wohl in Augsburg und Nürnberg um 1540 gegründet. Hamburg erhielt seine Börse 1558. Doch seit Beginn des kontrollierten Geldwechsels im Jahr 1585 entwickelte sich in Frankfurt die wichtigste deutsche Börse. Mitte des 19. Jh. übernahm der Berliner Handelsplatz die Spitzenposition, doch nach 1945 war wieder Frankfurt Nr. 1.

Gegensätze: Die Rialto-Brücke in Venedig ist sicher eine der schönsten Brücken der Welt, wohingegen die Köhlbrandbrücke in Hamburg als technische Meisterleistung fasziniert.

Stimmt es, dass ...

rechtsgültige VERTRÄGE immer schriftlich sein müssen? · NEIN

Ein mündlich abgeschlossener Vertrag gilt genauso wie ein schriftlicher – ohne Abstriche. Ansprüche aus einem derartigen Vertrag sind auch vor Gericht jederzeit durchsetzbar. Für einige Vertragsarten ist jedoch die schriftliche Form gesetzlich vorgeschrieben – beispielsweise für Bürgschaften, Testamente und Grundstückskäufe. Diese Verträge sind für die Vertragspartner finanziell und rechtlich besonders bedeutend. Ganz bewusst wurde in diesen Fällen den Parteien ein zusätzlicher Aufwand vorgeschrieben, bevor der Vertrag zum Abschluss kommen kann. Dies dient dem Schutz unwissender oder unerfahrener Vertragspartner. Sie sollen keine leichtfertigen Verpflichtungen eingehen, sondern beide Vertragspartner sollen gezwungen sein, die Folgen des Vertrags genau zu bedenken.

Obwohl also mündlich abgeschlossene Verträge gültig sind, empfiehlt sich trotzdem meist die schriftliche Form. Sie wird auch recht oft gewählt, denn bei einem eventuellen späteren Streit der Partner über die Vertragsauslegung muss meist etwas bewiesen werden – beispielsweise dass der Wille zum Vertragsabschluss schon lange erkennbar war und kein Missverständnis vorliegt. Dann hat der schriftliche Vertrag gegenüber dem mündlichen eine ungleich höhere Beweiskraft, weil alle Beteiligten den Vertrag nachweislich bestätigt haben.

Wussten Sie schon, dass ...

sich 75 % des irdischen Vulkanismus unter dem Meer abspielt?

Jährlich steigen zwischen 30 und 35 km³ Magma in den Förderkanälen der Vulkane auf – genug, um ein Land von der Fläche Belgiens mit einer gut 1 m dicken Schicht zu überziehen. Mit etwa zwei Dritteln haben die Vulkane der Mittelozeanischen Rücken daran den weitaus größten Anteil. Hinzu kommt die Magmaproduktion der Vulkane im Innern der Ozeanischen Platten. Insgesamt erreicht aber nur etwa ein Zehntel der geförderten Schmelzen die Erdoberfläche, der größte Teil des Magmas erstarrt bereits auf dem Weg nach oben innerhalb der Erdkruste.

Stimmt es, dass ...

VULKANE hauptsächlich Lava ausspeien? · NEIN

In den Schloten der Vulkane steigt Magma, mineralische Schmelze, auf. Wenn diese Schmelze bei Eruptionen an der Erdoberfläche austritt, wird sie als Lava bezeichnet. Vulkane speien neben den glutflüssigen Schmelzen aber auch Gase und festes Material aus, die so genannte Tephra – vulkanische Asche bis hin zu riesigen glühenden Steinbrocken, die so genannten vulkanischen Bomben. Das Mengenverhältnis zwischen den drei verschiedenen Gruppen vulkanischer Förderprodukte hängt von der Eruptionsart ab und ändert sich oft während eines Ausbruchs. Die Lava hat jedoch in der Regel den kleinsten Anteil. Eruptionen, bei denen sich wahre Lavafluten aus Kratern und Spalten ergießen, sind sehr selten. Beim verheerendsten Ausbruch dieser Art in historischer Zeit wurden im Sommer 1783 aus der Laki-Spalte in Island schätzungsweise 12 km³ Lava gefördert, aber nur knapp 1 km³ Tephra. Genau 100 Jahre später explodierte der Krakatau in Indonesien und förderte gut 12 km³ festes Material, kleinere Lavaströme traten erst gegen Ende der Eruption aus. Sie hatten allenfalls einen

Nach dem Ausbruch des philippinischen Vulkans Pinatubo flohen 1991 viele Menschen vor den gewaltigen Aschenmassen, die der Berg ausspie.

Anteil von 10 % an den insgesamt geförderten Massen. Dieses Verhältnis ist typisch für die meisten Festlandvulkane: Über 90 % des ausgeworfenen Materials bestehen aus Tephra. Der Anteil der Gase ist umstritten, da er sich nur sehr schwer ermitteln lässt. Bei einem einzigen Ausbruch können aber viele Millionen Tonnen Gase, vor allem Kohlendioxid und Schwefeldioxid, in die Atmosphäre gelangen.

Stimmt es, dass ...

moderne **WÄHRUNGEN** durch keinen Gegenwert (beispielsweise Gold) gedeckt sind? **JA**

Früher war das einmal anders: Zwischen 1890 und 1914 nahmen viele Länder Amerikas und Europas am System des so genannten Goldstandards teil, bei dem die Währung durch Gold gedeckt war. Jeder Teilnehmer legte den Wert seiner Währung zum Gold fest. Für den US-Dollar waren dies beispielsweise 20,67 US-$ pro Feinunze Gold. Auf Verlangen musste jeder Dollar in diesem Verhältnis in Gold umgetauscht werden. Allen Dollars stand also eine ganz bestimmte Menge Gold als „Deckung" gegenüber.

Der Goldstandard endete 1914, als die meisten Länder aufhörten, den Wert ihrer Währungen im Verhältnis zum Gold zu bestimmen. Nach dem Zweiten Weltkrieg legten nur noch die USA den Wert eines Dollars zum Gold fest, der Kurs betrug lange Zeit 35,00 US-$ pro Feinunze. Viele andere Länder basierten nun den Wert ihrer Währung auf dem Dollar. So entsprach 1 D-Mark lange 4,20 US-$. In diesem Verhältnis konnte man D-Mark gegen Dollar tauschen. Die D-Mark war damit durch Dollar und Gold „gedeckt".

Dieses System endete am 15. August 1971. Seitdem tauschen die USA den US-Dollar nicht mehr zu einem festen Verhältnis in Gold um. Deutschland hob am 18. März 1973 den festen Wert der D-Mark gegenüber dem Dollar auf. Danach war der Wert einer D-Mark durch keinen Gegenwert mehr „gedeckt".

Wussten Sie schon, dass ...
es 167 Währungen auf der Welt gibt?

Die Zahl der Währungen auf der Welt ändert sich ständig – zur Zeit sind es 167. Nicht alle Länder auf der Welt haben ihr eigenes Geld. Manche Länder benutzen mit anderen zusammen eine gemeinsame Währung. Ein Beispiel ist der Euro, andere sind der Dollar, der neuseeländische Dollar oder die indonesische Rupie. Die meisten Währungen sind aber weltwirtschaftlich gesehen unbedeutend, denn Handel und Finanztransaktionen werden hauptsächlich in einigen wenigen Währungen wie Dollar, Euro und Yen abgewickelt.

Die Atlantikküste beim Mont-Saint-Michel ist nur ein Beispiel für ein Wattenmeer, das nicht an der Nordsee liegt.

Stimmt es, dass ...

es nur an der Nordsee ein **WATTENMEER** gibt? **NEIN**

Der Begriff „Watt" bezeichnet in der Geographie ein mehr oder weniger großes Stück Meeresboden, das zeitweise ganz oder auch nur teilweise trockenfällt und bei ansteigendem Meeresspiegel wieder überflutet wird; oft spielt sich dieser Wechsel zweimal am Tag ab. Diese kurzfristigen Meeresspiegelschwankungen werden meist durch die Gezeiten verursacht. Wattenmeere mit sandigem oder schlickigem Boden oder felsigem Untergrund gibt es also an allen Küsten mit Ebbe und Flut.

Es kann aber auch in Meeren mit schwachen Gezeiten wie etwa in der Ostsee vorkommen, dass heftige ablandige Winde die Wassermassen von der Küste wegdrängen und so der Meeresgrund für einige Stunden oder Tage erscheint. In diesen Fällen spricht man von Windwatten. Wattenmee-

Das trübe Wasser des Wattenmeers enthält neben aufgewirbeltem Schlick und Sand zahllose schwebende Mikroorganismen – beispielsweise Algen, die sich bei zu starker Nährstoffzufuhr explosionsartig vermehren können. Aber auch der Boden des Wattenmeers ist ungewöhnlich dicht von Lebewesen besiedelt. Von kleineren Tieren wie der Wattschnecke oder dem Schlickkrebs kommen mitunter auf einem Quadratmeter über 50 000 Exemplare vor.

re im engeren Sinn sind vor flachen Küsten gelegene Meeresgebiete, die unter dem Einfluss stärkerer Gezeiten stehen und vom offenen Meer durch eine Kette aus Inseln, Halbinseln oder Sandbänken getrennt werden, wie das nordfriesische Wattenmeer an der Westküste Schleswig-Holsteins. Solche Meeresgebiete haben ihre charakteristische Pflanzen- und Tierwelt, typische Böden und auch bei den Meeresströmungen ihre eigene Dynamik. Ausgedehnte Wattenmeere säumen auch die Atlantikküste

Nordamerikas oder Ostasiens. In den Tropen gehen sie zur Landseite hin oft in Mangrovenwälder über.

Zu den größten und ökologisch wertvollsten Wattenmeeren zählen die amphibischen Landschaften an der südöstlichen Nordseeküste, die von den Niederlanden 450 km bis hinauf nach Dänemark reichen und mit fast 20 km außergewöhnlich breit sind. Das Gebiet wäre noch viel größer, wenn es nicht durch Eindeichung und Landgewinnung beschnitten worden wäre.

Stimmt es, dass ...
WELLEN riesige Wassermassen quer über die Ozeane verfrachten?   NEIN

Nur Wellen in Küstennähe transportieren tatsächlich große Wassermengen – und dies teilweise mit gewaltiger Energie.

Ein bei den Besuchern von Sportstadien sehr beliebtes Spektakel heißt *La Ola* (von spanisch: die Welle): Eine Menschenwoge als Ausdruck massenhafter Begeisterung läuft dann über die Ränge. Schwappen bei dieser Stadionwelle, die eine Geschwindigkeit von gut 40 km/h erreichen kann, Menschenmassen um das Stadionrund und branden schließlich mit verheerenden Folgen gegen ein Hindernis? Natürlich nicht – die Zuschauer bleiben

vielmehr an ihren Plätzen, springen nur auf Kommando auf und setzen sich dann wieder. So entsteht die wellenförmige Bewegung an der Oberfläche der Zuschauermassen.

Die durch den Wind erzeugten Wasserwellen auf dem offenen Meer verfrachten ebenfalls keine Massen. Unter dem Einfluss der Windkräfte bewegen sich die Wasserteilchen auf kreisförmigen Bahnen. Die typische Form der Wellen entsteht dann, wenn sich viele Wasserteilchen auf den höchsten Punkt ihrer Umlaufbahn zubewegen und so einen Wellenberg erzeugen. Das Wellental entsteht entsprechend, wenn die Wasserteilchen gleichzeitig den tiefsten Punkt der Kreisbahn durchlaufen. Eine Welle ist also nur der Ausdruck von auf- und abwärts gerichteten Schwingungen der Wasseroberfläche. Das Wasser bleibt dabei etwa an derselben Stelle, was beispielsweise ein im Wasser schwimmendes Stück Holz beweist: Es wird vom Kamm einer Woge etwas nach vorn angehoben, sinkt danach aber wieder ein wenig zurück, wird also nicht in horizontaler Richtung verfrachtet.

ABER: An den Küsten, wo die Wassertiefe abnimmt, verfrachten Wellen sehr wohl

BEWEGUNG OHNE FORTBEWEGUNG

Flaschen, die im Meer treiben, zeigen durch ihre Neigung die kreisförmige Bewegung der Wasserteilchen an. Dabei bleiben sie doch jeweils am selben Ort. Fortbewegt werden sie durch großräumige Meeresströmungen, die nichts mit den Wellen zu tun haben.

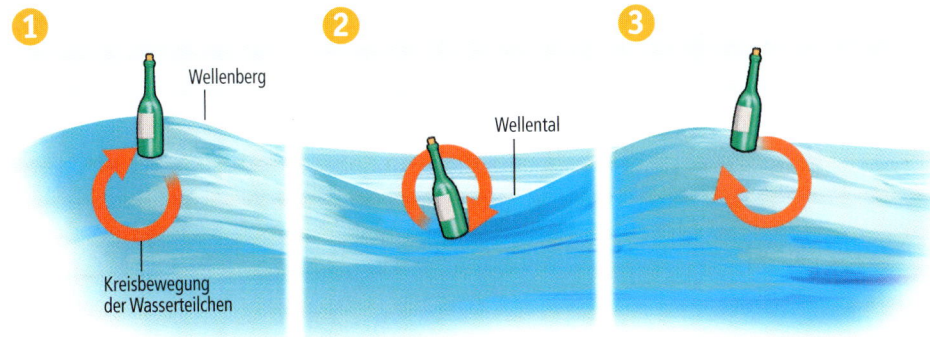

Wussten Sie schon, dass…

einzelne „Killerwellen" Höhen von über 30 m erreichen?

Die in der Schifffahrt gebräuchliche Skala zur Beschreibung des Seegangs ordnet Wellen mit Höhen über 14 m der höchsten Stufe zu, und im Schiffbau geht man im Allgemeinen von maximalen Wellenhöhen von etwa 16 m aus. Es gibt aber auch Berichte über Wellen mit mehr als 20 oder gar 30 m Höhe, wahre Wasserberge, die selbst 200 m lange Schiffe in den Abgrund reißen können. Sie entstehen wahrscheinlich durch die Überlagerung mehrerer kleiner Wellen unterschiedlicher Geschwindigkeit, die sich an einem bestimmten Punkt zu einer riesigen Woge vereinigen.

Wassermassen. Sobald die Tiefe geringer als die halbe Wellenlänge ist, berühren die Wasserteilchen bei ihren kreisförmigen Bewegungen den Meeresgrund und werden dort gebremst. In den höheren Schichten laufen dagegen die Bewegungen weiter ungebremst ab, die kreisförmigen Bahnen verwandeln sich in ellipsenförmige, und die Schwingungswelle wird dadurch zur Brandungswelle, die sich auftürmt und schließlich als nach vorn überstürzender Brecher auf den Strand oder ein Kliff läuft.

Stimmt es, dass…

mehr WIRTSCHAFTSWACHSTUM Arbeitsplätze schafft? JA

Wenn die Wirtschaft wächst, also von Jahr zu Jahr mehr produziert wird, ist dies auf zweierlei Art möglich: Jeder Beschäftigte kann an seinem Arbeitsplatz entsprechend mehr produzieren, das bedeutet eine Erhöhung der Produktion pro Beschäftigtem – die Produktivität steigt. Oder aber die Produktion pro Beschäftigtem bleibt unverändert, sodass mehr Beschäftigte benötigt werden, also Arbeitsplätze entstehen. Bei längerem Wachstum zeigt die Realität beides: Produktivität und Zahl der Arbeitsplätze steigen gleichzeitig.

ABER: Nicht jedes Wirtschaftswachstum schafft Arbeitsplätze. Damit die Zahl der Arbeitsplätze zunimmt, muss das Wirtschaftswachstum stärker sein als die Zunahme der Produktivität. Das Wachstum muss also die so genannte „Beschäftigungsschwelle" überschreiten.

Bei zu geringem Wirtschaftswachstum kann es zu Entlassungen kommen – und dann zu Protesten.

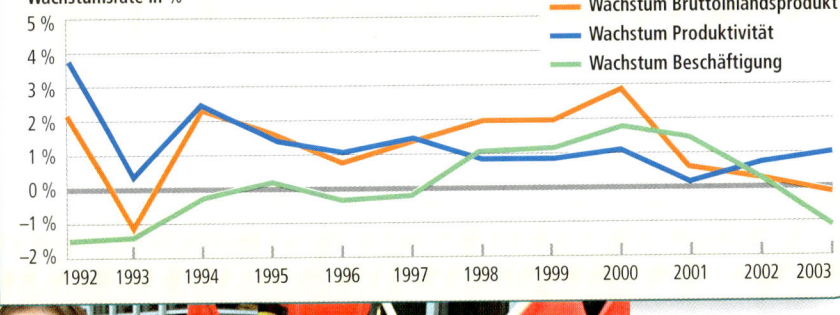

WIRTSCHAFTSWACHSTUM IN DEUTSCHLAND

Zunehmende Produktivität verhindert, dass jedes Wirtschaftswachstum tatsächlich auch zur Beschäftigungszunahme führt. Doch wenn die Wirtschaft stark genug wächst, steigt auch die Zahl der Beschäftigten.

Wachstumsrate in %

— Wachstum Bruttoinlandsprodukt
— Wachstum Produktivität
— Wachstum Beschäftigung

5 %
4 %
3 %
2 %
1 %
0 %
-1 %
-2 %

1992 1993 1994 1995 1996 1997 1998 1999 2000 2001 2002 2003

Damit Taipeh 101 weder bei Erdbeben noch bei Stürmen zu stark ins Schwanken kommt, installierte man auf der 88. Etage eine an 8 Stahlseilen aufgehängte, 660 t schwere Stahlkugel, die die Schwingungen ausgleichen soll.

Stimmt es, dass …
es die höchsten WOLKENKRATZER in den USA gibt? NEIN

Die USA besaßen bis ungefähr zur Mitte der 1990er-Jahre die höchsten Gebäude der Welt. Als erster echter „Wolkenkratzer" gilt das 1913 in New York errichtete Woolworth Building (241 m). US-amerikanische Architekten und Erfinder hatten zuvor mit der Erfindung des Fahrstuhls (1852), des Stahlskelettbaus (1885) und des verstärkten Fundamentbaus (1910) drei sehr wichtige Voraussetzungen für Gebäude dieser Höhe geschaffen.

1930 entstand dann das Chrysler Building (319 m) und im folgenden Jahr ebenfalls in New York das Empire State Building (381 m), das über 40 Jahre lang den Weltrekord hielt. Erst 1972 bzw. 1974 wurde es durch das am 11. September 2001 zerstörte World Trade Center (417 m) und dann den Sears Tower (442 m) in Chicago vom ersten Platz verdrängt. Im letzten Jahrzehnt sind die höchsten Wolkenkratzer in Asien in den Himmel gewachsen: bis 1997 die Petronas Towers in der malaysischen Hauptstadt Kuala Lumpur, zwei 452 m hohe Büro-Zwillingstürme, und bis 2003 das Taipei Financial Centre. Der 508 m hohe Bau in Taiwans Hauptstadt Taipeh, wegen seiner 101 Stockwerke auch „Taipeh 101" genannt, führt zur Zeit die Rekordliste an. Noch höher (553 m) ist der CN Tower in Toronto (Kanada). Aber dieser Sendeturm gilt nach den Kriterien der Architekten nicht als Gebäude, sondern nur als freistehende architektonische Struktur.

ABER: Kaum ein anderer Rekord ist so vergänglich wie der des höchsten Gebäudes der Welt. Dutzende von Superbauwerken sind derzeit im Bau oder in Planung, wie der Freedom Tower (541 m), der herausragendste Teil des neuen World Trade Centers in New York, oder ein 560 m hoher Wolkenkratzer in Dubai. Visionäre Architekten denken heute bereits an Gebäude von mehr als 1000 oder gar 2000 m Höhe.

Stimmt es, dass …
es im Islam ein ZINSVERBOT gibt? JA

Das Zinsverbot im Islam ist religiös begründet. Im Koran heißt es: „Diejenigen, die Zins nehmen (verzehren), sollen nicht anders auferstehen, als einer aufersteht, den Satan mit Wahnsinn geschlagen hat. Dies, weil sie sprechen: ‚Handel ist gleich Zinsnehmen', während Allah doch Handel erlaubt und Zinsnehmen untersagt hat." Wörtlich genommen müsste dieses strikte Verbot sogar die Existenz islamischer Banken verhindern. Doch tatsächlich gibt es in vielen islamischen Ländern Banken, die profitabel arbeiten, denn die Bedeutung des Zinsverbots ist umstritten. Nach Ansicht von Experten gibt es aber eine Mehrheitsmeinung: Einen Zins auf Kredite zu nehmen, die dem Kauf von Verbrauchsgütern dienen, ist nicht gestattet. Dagegen ist ein Zins auf Kredite, die Unternehmen für Produktionszwecke aufnehmen, grundsätzlich möglich. Im Alltag folgt man eher dieser Interpretation des Zinsverbots.

Es wird allerdings als unfair angesehen, vom Unternehmen einen im Voraus festgelegten unveränderlichen Zins zu fordern, wie dies hierzulande üblich ist. Denn dann würde der Kreditgeber auch noch „gewinnen", wenn das Unternehmen schon Verluste erzielt. Die Kreditvergabe an Unternehmen wird vielmehr als Hilfe verstanden. Die Kredite gelten als Risikokapital, das sowohl einen Ertrag als auch einen Verlust erwirtschaften kann. Der oder die Kreditgeber sind an beidem beteiligt, sie haben sowohl eine Gewinnchance als auch ein Verlustrisiko. Es handelt sich somit um ein Beteiligungsmodell. Wenn das Unternehmen Gewinne erwirtschaftet, dann leistet die Bank auf die Guthaben ihrer Kunden Ausschüttungen nach einem vorab festgelegten Verteilungsschlüssel. Die Kunden sind aber auch am Verlust beteiligt. Ein fester Zins auf Guthaben bei Banken ist dagegen ausgeschlossen.

KULTUR
UND GESCHICHTE

Keine anderen Bereiche sind so sehr vom
Menschen geprägt und gestaltet wie Kultur
und Geschichte, daher tummeln sich hier
besonders skurrile Behauptungen.

Stimmt es, dass...
die **ABORIGINES** den Bumerang erfunden haben? NEIN

Ein Aborigine führt vor der Flagge seines Volkes einen traditionellen Tanz auf.

fünften Kontinents gingen beispielsweise die Ägypter mit derartigen Wurfhölzern auf die Vogeljagd. Auch die Pueblo-Indianer Nordamerikas sowie die Bewohner des südlichen Indien entwickelten solche Geräte. Sogar die alten Germanen müssen zumindest eine ähnliche Wurftechnik gekannt haben, denn in ihrer Mythologie besaß der Gott Wotan einen Hammer namens Mjölnir, der nach dem Wurf zu ihm zurückkehren konnte. Noch weiter zurück reicht ein Fund in der Nähe von Braunschweig, bei dem man rund 400 000 Jahre alte Wurfhölzer fand. Die Urheberrechte auf den Bumerang werden nur deswegen den Aborigines zugeschrieben, weil die Reisenden, die Australien im 18. Jh. besuchten, ihn gern als Souvenir mit nach Hause brachten.

Wie einst die Ägypter benutzten die Aborigines den Bumerang zunächst als Jagdwaffe. Bald fanden sie aber heraus, dass ihr Wurfbrett noch mehr zu leisten in der Lage ist. In einem bestimmten Winkel, möglichst parallel zum Boden und mit gleichmäßiger Rotation geworfen, beschreibt der Bumerang eine kreisförmige Flugbahn und kehrt zum Werfer zurück. Die Beherrschung dieser Technik erfordert großes Geschick, und heute ist der Bumerang weltweit ein beliebtes Sportgerät geworden.

D en Bumerang – das Wort leitet sich von *wumera* ab, das in der Sprache der Aborigines Wurfbrett bedeutet – verbindet man heute zwar fast ausschließlich mit Australien, doch das Verdienst, ihn erfunden zu haben, gebührt nicht den Aborigines. Schon lange vor den Ureinwohnern des

Wussten Sie schon, dass...
die Mumifizierung einer Leiche mehr als 70 Tage dauerte?

Der wichtigste Vorgang bei der Mumifizierung war das Eintauchen der Leiche in ein Natronbad. Dadurch wurde der Körper komplett ausgetrocknet und haltbar gemacht. Dieses Bad nahm volle 70 Tage in Anspruch – vermutlich deshalb, weil für eben jene Zeitspanne der Stern Sirius, der in der ägyptischen Religion eine große Bedeutung hatte, nicht am Himmel zu sehen war. Danach wurde die Mumie gewaschen, in Binden gewickelt und ins Grab gelegt.

Stimmt es, dass...
im alten **ÄGYPTEN** auch Tiere mumifiziert wurden? JA

K ein anderes Volk der Geschichte hat Tiere so sehr verehrt wie die alten Ägypter. Bestimmten Tieren schrieb man sogar göttliche Eigenschaften zu, und jede Stadt verfügte über eine eigene Schutzgottheit in Tiergestalt. Am berühmtesten war der Apis-Stier von Memphis, der als die Verkörperung des Schöpfergottes Ptah galt. In einem strengen Auswahlverfahren wurde er unter allen Stieren Ägyptens ausgesucht und im Ptah-Tempel von Memphis untergebracht. Andere Städte vergötterten in gleicher Weise Krokodile, Nilpferde, Katzen, Hunde, Fischotter, Spitzmäuse, Gänse, Aale, Falken und Schlangen.

Starb ein heiliges Tier, setzte man alles daran, es für den Aufenthalt im Jenseits vorzubereiten. Da die Ägypter glaubten, dass man nach dem Tod in seine sterbliche Hülle zurückkehre, war die Erhaltung des Körpers unerlässlich, um das ewige Leben genießen zu können. Dazu diente das bei Mensch und Tier gleichermaßen aufwändige Verfahren des Mumifizierens. Nach antiken Berichten gab es verschiedene Varianten. Wer es sich leisten konnte, wählte die teuerste Methode, bei der zunächst dem Tier oder dem Menschen mit Hilfe eines Metallhakens das Hirn durch die Nase entfernt wurde. Dann entnahm der Einbalsamierer durch einen Schnitt am Rumpf die Eingeweide; später zierten diese, in speziellen Gefäßen aufbewahrt, das Grabmal der Mumie. Anschließend füllte man den Körper mit erlesenen Substanzen wie Zederngummi, Zimt und Myrrhe und nähte ihn wieder zu. Nach einem Natronbad wurde er in Leinentücher gewickelt, in die man Amulette als Begleitschutz für den Weg ins Jenseits nähte.

Die meisten Zeitgenossen reagierten auf den Tierkult der Ägypter mit Unverständnis. „Wer weiß nicht", so fragte im 1. Jh. der Römer Juvenal, „was für Ungeheuer Ägypten in seinem Wahn verehrt?" Und auch Cicero hatte über die Anbetung von Tieren wenig Schmeichelhaftes anzumerken: Der Geist der Ägypter sei von den absurdesten Irrtümern durchtränkt, denn sie ließen lieber jede Tortur über sich ergehen, als einen Ibis, einen Skorpion, eine Katze, einen Hund oder ein Krokodil zu verletzen. Wie ernst die Ägypter den Tierkult nahmen, bekam ein Römer zu spüren: Er tötete in Ägypten aus Versehen eine Katze und wurde daraufhin von einer aufgebrachten Menge erschlagen.

Gleichzeitig verstanden es geschäftstüchtige Ägypter, die Neugier der Fremden in klingende Münze umzusetzen. Den Besuchern der ägyptischen Heiligtümer wurde von den Priestern gegen Entgelt die Fütterung der heiligen Tiere vorgeführt, und in Memphis zeigte man Staatsgästen gern den Apis-Stier. In der Stadt Krokodilopolis hatte man ein heiliges Krokodil so abgerichtet, dass die Besucher es gefahrlos anfassen konnten. Weniger gut erging es Krokodilen in der Stadt Elephantine. Deren Bewohner, notierte der griechische Historiker Herodot, hielten diese Tiere nicht für heilig und bereicherten mit ihnen sogar ihren Speiseplan.

Auch diese Katzenmumie aus der Spätzeit der altägyptischen Geschichte (664–332 v. Chr.) ist ein Beleg dafür, wie sehr die alten Ägypter Tiere verehrten.

Wussten Sie schon, dass...
Zar von Cäsar abgeleitet wurde?

Nach dem Fall des Oströmischen Reiches und der Eroberung von Konstantinopel durch die Türken im Jahr 1453 betrachteten sich die Herrscher Russlands als legitime Nachfolger der römischen Kaiser und als Beschützer der orthodoxen Kirche. In der auf „Zar" verkürzten Form übernahmen sie den Titel Cäsar, den die römischen Kaiser in Anlehnung an den Diktator Julius Cäsar geführt hatten.

Stimmt es, dass...

die Zarentochter ANASTASIA den Mord an ihrer Familie überlebt hat?   NEIN

Bolschewistische Revolutionäre zwangen am 15. März 1917 Zar Nikolaus II. zum Abdanken und internierten ihn mit seiner gesamten Familie in Jekaterinburg. Über ein Jahr später, am 16. Juli 1918, wurden alle im Keller des Palast erschossen.

Angeblich hatten die Zarentöchter Juwelen in ihre Kleider eingenäht, um sie vor den Revolutionären zu verstecken. Von diesen sollen die Gewehrkugeln abgeprallt sein, sodass die jungen Frauen mit Bajonetten getötet wurden. Später konnte aber niemand sicher sagen, ob sich Anastasia unter den Ermordeten befunden hatte. Auch der Umstand, dass die Lei-

chen verbrannt, mit Säure übergossen und an einem geheimen Ort verscharrt worden waren, nährte Gerüchte, man habe die Flucht einer Angehörigen der Zarenfamilie verschleiern wollen.

In den folgenden Jahren behaupteten zahlreiche Frauen, die Großfürstin Anastasia und somit die Erbin des russischen Zaren zu sein. Keine von ihnen erlangte aber eine ähnliche Berühmtheit wie Anna Anderson, die 2 Jahre nach dem Mord in Berlin aufgetaucht war. Ihre Erzählungen

Nachdem 1991 die Schädel von fünf Mitgliedern der Zarenfamilie gefunden wurden (oben), war eine Rekonstruktion der Gesichter möglich (unten).

waren zum Teil so kenntnisreich, dass selbst einige von Anastasias Verwandten ihr glaubten. Andere Teile ihrer Schilderungen blieben jedoch merkwürdig ungenau.

1938 klagte die mysteriöse Frau vor einem deutschen Gericht ihr Erbe ein, erst 1970 wurde schließlich gegen sie entschieden. Sie starb 1984. Als 1991 das mutmaß-

liche Grab der Zarenfamilie gefunden wurde, brachte eine vergleichende DNA-Analyse mit einem Haar der Anna Anderson ein eindeutiges Ergebnis: Diese konnte nicht die Tochter des einstigen Zaren gewesen sein – auch wenn man feststellen musste, dass in dem Grab zwei Leichen der Familie fehlten.

Stimmt es, dass …

ARCHIMEDES die römische Flotte vor Syrakus in Brand gesetzt hat? (NEIN)

Als die Römer 213 v. Chr. im Zweiten Punischen Krieg mit der Belagerung der Stadt Syrakus auf Sizilien begannen, erlebten sie einen unerwarteten Rückschlag. Von Katapulten geschleudert flogen ihnen gewaltige Steine entgegen. Hinter der Stadtmauer erhoben sich riesige Kräne, die mit eisernen Greifarmen und Haken die römischen Schiffe in die Luft hoben und sie

dann senkrecht ins Meer stürzten. Und auf die Angreifer warteten noch viele weitere böse Überraschungen.

Erfinder der Maschinen war der geniale Mathematiker und Ingenieur Archimedes. Damals schon weit über 70, setzte er seine ganzen Fähigkeiten ein, um seine Heimatstadt zu retten. Doch letztlich blieb es erfolglos: 212 v. Chr. nutzten die Belagerer eine religiöse Feier der Syrakuser, um die Stadt zu stürmen. Archimedes wurde von einem römischen Soldaten erschlagen.

Jahrhunderte später behaupteten byzantinische Historiker, zum Arsenal des Archimedes hätten auch Brennspiegel gehört, mit denen er die römische Flotte in Brand gesetzt habe. Zeitnähere Quellen wie der griechische Historiker Polybios und der griechische Biograph Plutarch bestätigen dies aber nicht. Die falsche Angabe der Byzantiner war wohl Ausdruck des Respekts vor einem großen Ingenieur, dem man in der Rückschau immer mehr zutraute.

Ende des 16. Jh. entstand in Italien dieses Fresko, das den angeblichen Einsatz von Brennspiegeln zur Verteidigung von Syrakus zeigt.

ERFINDUNGEN IN DER ANTIKE

Die Liste der Erfindungen und Entdeckungen des Archimedes ist lang. Zu ihnen gehören der Flaschenzug, das Hebelgesetz sowie das hydrostatische Prinzip, das besagt, dass ein in Flüssigkeit eintauchender Körper schwimmt, wenn das Gewicht der verdrängten Flüssigkeit dem des Körpers entspricht. Archimedes war zwar der berühmteste, aber nicht der einzige Tüftler der Antike. Seit dem 3. Jh. v. Chr. lieferten vor allem griechische Forscher eine bedeutsame Erfindung nach der anderen. Der Leuchtturm von Alexandria war ein Höhepunkt der Signaltechnik. Grie-

chen erfanden die Fußbodenheizung, die später von den Römern verbessert wurde. Dank des Prinzips der „kommunizierenden Röhren" konnte Wasser vom Tal auf einen Berg befördert werden.

Die aus heutiger Sicht erstaunlichsten Erfindungen sind aber die mit Wasser- oder Dampfkraft betriebenen Automaten, mit denen im 1. Jh. n. Chr. der aus Alexandria stammende Heron Aufsehen erregte – u. a. durch ein Gerät, bei dem durch das Öffnen einer Tür ein Signalton aus einer Spielzeugtrompete erklang.

Stimmt es, dass...
es den Turmbau zu **BABEL** wirklich gegeben hat? JA

Dort, wo einst der Turm zu Babel stand, findet man heute nur noch einen großen Tümpel. Und doch erhob sich an diesem tristen Ort einmal jenes gewaltige Bauwerk, das die Babylonier „Haus des Fundaments von Himmel und Erde" nannten. Das Alte Testament erzählt, dass nach der Katastrophe der Sintflut der Herr die Menschen ein zweites Mal bestrafte, und zwar wegen der Freveltat, ein Gebäude zu errichten, das bis an den Himmel reichte. Er verfügte die Zerstörung des Turmes, die Verwirrung der Sprachen und die Zerstreuung der Menschen in alle Welt.

Tatsächlich begann die Arbeit am Turm, der das Haupteiligtum des Gottes Marduk im mesopotamischen Babylon war, im 2. Jahrtausend v. Chr. Erst im 6. Jh. v. Chr. erhielt das Bauwerk, das von Herodot in seinen *Historien* beschrieben wird und eher einer Stufenpyramide ähnelte, durch König Nebukadnezar II. seine endgültige Gestalt. Zu Beginn des 5. Jh. v. Chr. wurde der Turm auf Anordnung des persischen Eroberers Xerxes zerstört. Alexander der Große wollte ihn zwar noch einmal aufbauen, er starb jedoch, bevor er seinen Plan verwirklichen konnte. 1899 entdeckte schließlich der deutsche Archäologe Robert Koldewey die kärglichen Überreste des Turmes in den Ruinen Babylons.

Diese Version des Turmes zu Babel stammt von einem flämischen Maler aus dem 16. Jh.

Für die Juden, die im 6. Jh. v. Chr. am Tigris ihr Babylonisches Exil durchlebten, war der Turm Sinnbild menschlicher Überheblichkeit. So haben sie ihm in ihren heiligen Schriften ein ewiges Denkmal gesetzt.

Wussten Sie schon, dass...
der Turm zu Babel viel kleiner als das Ulmer Münster war?

Auf einer antiken Tontafel, die von Archäologen bei Uruk entdeckt wurde, sind die genauen Maße der sieben Stockwerke des Turmes zu Babel verzeichnet. Demnach war das erste Stockwerk 33 m, das zweite 18 m, das dritte bis sechste jeweils 6 m und das siebte 15 m hoch. Das ergibt eine Gesamthöhe von 90 m. Schon die erste Aussichtsplattform des Ulmer Münsters liegt 12 m höher als die Spitze des babylonischen Gebäudes, und mit etwas mehr als 161 m überragt der höchste Kirchturm der Welt den Turm zu Babel sogar um mehr als 70 m.

DIE HÖCHSTEN GEBÄUDE DER WELT

Im Vergleich zu den höchsten Gebäuden der heutigen Zeit wirkt der sagenumwobene Turm von Babel eher bescheiden.

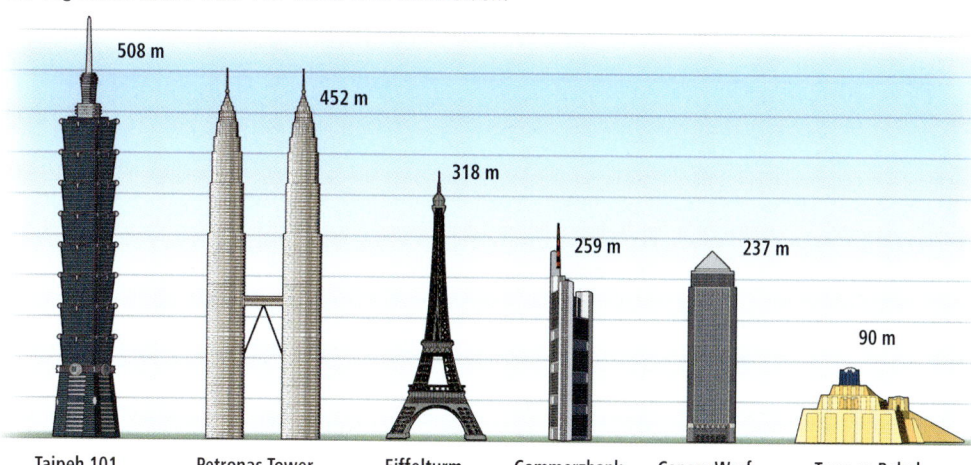

Taipeh 101, Taiwan, höchstes Gebäude der Welt — 508 m

Petronas Tower, Kuala Lumpur, Malaysia, zweithöchstes Gebäude der Welt — 452 m

Eiffelturm, Paris — 318 m

Commerzbank Tower, Frankfurt, höchstes Bürogebäude Europas — 259 m

Canary Warf, London, höchstes Bürogebäude Großbritanniens — 237 m

Turm zu Babel, das höchste Gebäude der Bibel — 90 m

Stimmt es, dass ...

mit dem Sturm auf die **BASTILLE** die französische Revolution begann? **JA**

Ein Sturm war es nicht wirklich, der sich am 14. Juli 1789 vor der Bastille, dem Pariser Staatsgefängnis, entlud. Die Menge, die sich an diesem denkwürdigen Tag dort versammelt hatte, verlangte zunächst nur ein paar Kanonen und zeigte an den wenigen dort noch inhaftierten Adligen, die im Übrigen in der Bastille ein recht komfortables Dasein führten, überhaupt kein Interesse. Doch die Stimmung war so aufgeheizt, dass die Verhandlungen mit dem Kommandanten de Launey aufgrund eines Missverständnisses in einem Tumult endeten, bei dem es sogar einige Tote gab.

So marginal diese Vorgänge auch erscheinen mögen, sie waren doch der Auftakt zu den nun folgenden revolutionären Ereignissen. Die Zeit der friedlichen Verhandlungen über Verfassungsfragen, die Macht des Königs und die Behebung der wirtschaftlichen Krise war endgültig vorbei. Radikalere Gesetze wurden erlassen, und das Terrorregime der verschiedenen politischen Gruppierungen gipfelte in der Ausrufung der Republik am 21. September 1792 und der Hinrichtung des Königs am 21. Januar 1793.

In der Rückschau ist der Sturm auf die Bastille glorifiziert und idealisiert worden. Trotzdem feiern die Franzosen keineswegs das falsche Datum, wenn sie alljährlich am 14. Juli ihren Nationalfeiertag begehen. Die symbolische Bedeutung des Aufstands gegen die bis dahin absolut regierende monarchische Staatsgewalt darf nicht unterschätzt werden. Als Sinnbild für Tyrannei und Unterdrückung wurde 1790 die Bastille dem Erdboden gleichgemacht.

Wussten Sie schon, dass ...

die „Fab Four" ursprünglich zu fünft waren?

Als sich die Beatles 1960 (noch unter dem Namen Silver Beatles) anschickten, die Musikwelt zu erobern, spielten neben den ständigen Mitgliedern John Lennon, Paul McCartney und George Harrison noch Stu Sutcliffe (Bass) und Pete Best (Drums) in der Gruppe mit. Aus dem Quintett wurde ein Quartett, als Sutcliffe bald darauf freiwillig die Band verließ. 1962 übernahm Ringo Starr anstelle von Best das Schlagzeug, und damit war die endgültige Formation der *Fabulous Four* perfekt.

Die Beatles, als sie noch zu fünft waren (von links): Pete Best, George Harrison, John Lennon, Paul McCartney, Stu Sutcliffe.

Stimmt es, dass ...

die **BEATLES** die erfolgreichste Musikgruppe aller Zeiten sind? **JA**

Gleich mit mehreren Spitzenleistungen haben sich die Beatles in den Rekordlisten verewigt. Als erfolgreichste Musikgruppe aller Zeiten gelten die Liverpooler vor allem deshalb, weil sie weltweit über 1 Mrd. Schallplatten und CDs verkauft haben, davon allein 163,5 Mio. in den USA. Keiner anderen Band ist das jemals gelungen. Die einstigen „Pilzköpfe" halten den offiziellen Rekord sowohl der meisten verkauften Singles als auch Alben. Weiterhin können die vier Musiker für sich in Anspruch nehmen, die bei weitem größte Zahl der Nummer-Eins-Hits einer Gruppe

in den Vereinigten Staaten erreicht zu haben – sowie in ihrer Heimat Großbritannien die meisten Nummer-Eins-Hits in Folge. Außerdem haben sie die größte Anzahl an Platin-Auszeichnungen gesammelt. Die Hitkollektion *Number 1*, die am 13. November 2000, also 30 Jahre nach der Auflösung der Gruppe, veröffentlicht wurde, erreichte schon im ersten Monat eine Verkaufszahl von 13,5 Mio. Exemplaren. Damit war es das Album, das in kürzester Zeit den größten Verkaufserfolg erlebte.

Abgerundet wird diese beeindruckende Bilanz der Superlative durch die Single *Yesterday*, die am 1. Januar 1965 auf den Markt kam. *Yesterday* ist in der Geschichte der Popmusik der Song, der am häufigsten von anderen Musikern aufgenommen wurde. Bis heute existieren mehr als 1600 so genannte Coverversionen dieser Komposition von Paul McCartney und John Lennon, u. a. von so berühmten Interpreten wie Elvis Presley, Frank Sinatra und James Brown.

Stimmt es, dass …
der Stern von **BETHLEHEM** ein Komet war? **NEIN**

Zur Frage, auf welchem natürlichen Himmelsphänomen die biblische Erzählung vom Stern von Bethlehem beruht, gibt es unzählige Theorien. Folgten die „Sterndeuter aus dem Morgenland", von denen das Matthäus-Evangelium spricht, einem Kometen, einem Meteor oder gar, wie manche meinen, einer Supernova? Oder handelt es sich dabei nur um reine Dichtung? In jeder Zeit gehörten Kometen in den typischen, aber nicht unbedingt glaubwürdigen Katalog von Vorzeichen, die man, wie etwa auch Sonnen- oder Mondfinsternisse, gern nachträglich mit besonderen Ereignissen in Verbindung brachte. So kann nicht ausgeschlossen werden, dass die Chronisten die Geburt Christi nach antiker Tradition, aber fiktiv, von einer Himmelserscheinung begleiten ließen.

Wer dem Bericht des Matthäus mehr Vertrauen schenkt, kann sich der von den meisten Astronomen bevorzugten Erklärung anschließen, die die so genannte Tripel-Konjuktion des Jahres 7 v. Chr. für den wahren „Stern" von Bethlehem halten. Dreimal zogen die Planeten Jupiter und Saturn sehr dicht aneinander vorbei und leuchteten dadurch ungewöhnlich hell. Diese Erklärung erscheint auch deswegen überzeugend, da es sich um ein längere Zeit sichtbares Phänomen gehandelt haben muss, wenn es in der Lage gewesen sein soll, den Sterndeutern aus dem Morgenland den Weg zur Geburtsstätte Christi in

Palästina zu weisen. Somit scheidet ein Meteor aus, der seine Bahn am Himmel nur sehr kurz zieht. Ein Komet jedoch wird von einigen Forschern noch als weitere Erklärungsmöglichkeit betrachtet – immerhin tauchte ein solcher, wie die Astronomen nachweisen konnten, 5 v. Chr. am Himmel über Palästina auf. Man sollte sich aber nicht davon in die Irre führen lassen, dass der Stern mit Schweif zur Ausstattung fast jeder Weihnachtskrippe gehört, denn das ist eher traditionelles Brauchtum als das Ergebnis wissenschaftlicher Forschungen. Auf jeden Fall passen beide astronomischen Möglichkeiten in den Zeitraum, in dem man heute die Geburt Jesu vermutet.

Da bis jetzt weder die Identität der biblischen Sterndeuter noch ihre Herkunft und die Dauer ihrer Reise bestimmt werden können, bleibt der Stern von Bethlehem auch in dieser Hinsicht ein ungelöstes Rätsel.

Ob Komet oder Tripel-Konjunktion – der Stern von Bethlehem hat viele Generationen von Künstlern beschäftigt. In diesem Fall Jan Breughel d. Ä., Anbetung der Könige *(1598).*

Wussten Sie schon, dass …
im Römischen Reich Volkszählungen regelmäßig stattfanden?

Joseph und Maria waren kein Einzelfall, als sie, um sich „schätzen" zu lassen, von Galiläa nach Bethlehem wanderten. In allen Provinzen des Römischen Reiches war es üblich, von Zeit zu Zeit die Menschen zu zählen und sie dann, entsprechend ihren Vermögensverhältnissen, in die Steuerlisten einzutragen.

Wussten Sie schon, dass...

die Bibel lange vor Luther aus dem Lateinischen übersetzt wurde?

Bereits um 369 wurde die lateinische Bibel in die Sprache der Westgoten übersetzt, und zwar von dem Missionar Wulfila, der ihnen den christlichen Glauben predigte.

Um 975 entstand das Fuldaer Sakramentar, eine Bibelhandschrift mit zahlreichen Miniaturen.

Stimmt es, dass ...

einige **BIBELZITATE** auf Übersetzungsfehlern beruhen?

JA

Leichter geht ein Kamel durch ein Nadelöhr, als ein Reicher in das Himmelreich kommt." Das soll Jesus zu seinen Jüngern gesagt haben, wie Matthäus (19,24) berichtet. Der Sinn dieses obskuren Vergleichs erschließt sich erst, wenn man weiß, dass diese Übersetzung durch eine Verwechslung im Originaltext – dort steht *gamal*, Kamel, statt *gamta*, Schiffstau – entstanden ist. Umso aussagekräftiger wird das Gleichnis, wenn man bedenkt, dass die meisten Jünger Jesu Fischer waren und das Bild ihnen deshalb wohl vertraut war.

Nicht nur das Original, auch die Übersetzungen der Bibel haben ihre Tücken. Das Hebräische kommt mit viel weniger Wörtern als das Deutsche aus. So kann man beispielsweise das Wort *ruach*, das im Alten Testament insgesamt 377-mal auftaucht, mit Hauch, Atem, Wind, Geist, Gewissen oder Gesinnung übersetzen. Die Entscheidung, welcher Begriff jeweils zutrifft, ist schon der erste Schritt zur Interpretation und macht jede Übersetzung anfechtbar. Selbst die berühmte Stelle „Auge um Auge, Zahn um Zahn" (2. Mose 21,24) steht – zum Trost für alle, die dem Alten Testament den Aufruf zur Rache nicht zutrauen wollen – so nicht im hebräischen Original. Dort heißt es *tachat*, was nicht „um", sondern „anstatt" bedeutet. Also handelt es sich hier in Wirklichkeit um die gerechte Regelung von Schadensersatz: Wer etwas verloren hat, soll dafür entschädigt werden, etwa durch Geld für den Verlust von Auge, Zahn oder einem anderen Körperteil.

Stimmt es, dass ...

CÄSAR per Kaiserschnitt geboren wurde?

NEIN

Ordnete ein Arzt der Antike eine *sectio caesarea*, einen Kaiserschnitt, an, gab es für die Mutter bereits keine Hoffnung mehr. Dann ging es nur noch um die Rettung des Kindes – es galt zu verhindern, dass es mit

seiner toten Mutter lebendig begraben würde. Um 500 v. Chr. regelte die römische *lex caesarea*, dass ein Kind aus dem Leib seiner bei der Geburt gestorbenen Mutter herausgeschnitten (lateinisch *caedere*) werden soll-

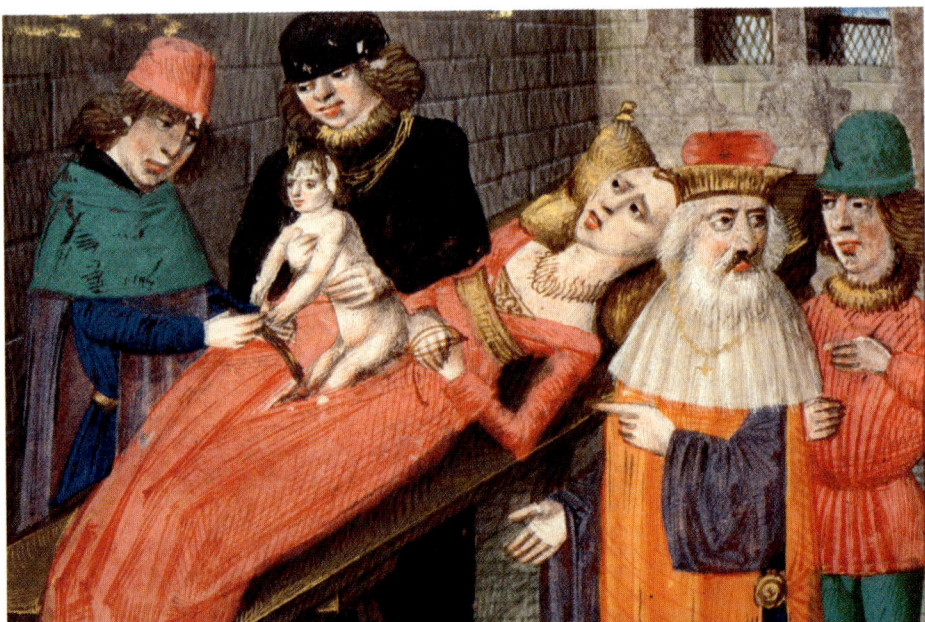

Diese französische Buchmalerei aus dem 15. Jh. zeigt die angebliche Geburt Cäsars durch einen Kaiserschnitt.

te. Daraus schloss der römische Schriftsteller Plinius der Ältere, Julius Cäsar habe einem solchen Eingriff seinen Namen verdankt. Dies ist aber schon deswegen äußerst unwahrscheinlich, weil Cäsars Mutter seine Geburt um viele Jahre überlebte. Auch Cäsar selbst schien davon nichts zu wissen, sondern führte seinen Namen auf einen seiner Vorfahren zurück, der im Krieg gegen die Karthager einen Elefanten (punisch *cäsar*) getötet haben soll.

Berichte über Kaiserschnitte an der lebenden Mutter gibt es erst vom Anfang des 16. Jh. Überlebt hat diesen Eingriff aber fast keine der Frauen. Erst Eduardo Porro, einem Professor für Geburtshilfe aus Padua, gelang es 1876, die Sterberate von annähernd 90 % auf etwa 50 % zu senken.

Stimmt es, dass …

die CHEOPS-PYRAMIDE von mehr als 100 000 Menschen erbaut wurde?

NEIN

Dass die Cheops-Pyramide allein mit menschlicher Muskelkraft gebaut wurde, erscheint kaum vorstellbar. Auch der weitgereiste griechische Geschichtsschreiber Herodot fand dafür im 5. Jh. v. Chr. nur eine Erklärung: Mindestens 100 000 Menschen müssen an dem Bau beteiligt gewesen sein. Heute weiß man, dass etwa 2 Mio. Steine von jeweils 2–3 t Gewicht bewegt wurden, um das Wunderwerk zu errichten. Trotzdem ist die von Herodot genannte Zahl viel zu hoch – ohnehin hätten so viele Personen die Arbeiten eher behindert als gefördert. Tatsächlich waren es nach neuesten Forschungen nicht mehr als 5000 Menschen, die das monumentale Grabmal von Pharao Cheops schufen. Dabei handelte es sich übrigens nicht etwa – wie man früher glaubte – um Sklaven, sondern um Bauern. Diese hatten in mühsamer Arbeit über mehrere Jahre hinweg in der erntefreien Zeit insgesamt 210 Lagen Stein zu stemmen. Die Technik war sehr einfach: An der Baustelle wurden Rampen aus Erde aufgeschüttet und die Steine einzeln hinaufgezogen.

Nur der Pharao konnte es sich leisten, für seine Grabstätte einen derartigen Aufwand zu treiben. Geld spielte keine Rolle, wenn es darum ging, für die königliche Mumie eine repräsentative Ruhestätte zu schaffen. Schon um 2600 v. Chr. hatte sich Djoser als erster König eine Pyramide bauen lassen. Offiziell war die Lage der reich ausgestatteten Grabkammer im Innern streng geheim. Doch keine der etwa 80 erhaltenen Pyramiden ist von Grabräubern verschont geblieben, auch nicht die drei berühmten Bauwerke bei Gizeh, die zwischen 2545 und 2457 v. Chr. von den Pharaonen Cheops, Chephren und Mykerinos errichtet wurden.

Fast 1000 Jahre später zog Pharao Thutmosis II. daraus die Konsequenzen und ließ als Erster statt einer Pyramide eine einfache Grabkammer im Tal der Könige bauen. Doch auch hier störten Räuber immer wieder die königliche Ruhe.

Wussten Sie schon, dass …
in der Cheops-Pyramide die größte Kirche der Welt Platz hätte?

211,5 m misst der Petersdom in Rom in der Länge und ist damit kürzer als eine Seite der Cheops-Pyramide mit 230,38 m. Auch in der Kuppelhöhe von 119 m fehlen der Kirche noch gut 26 m zur ursprünglichen Höhe des ägyptischen Bauwerks von 146,59 m. Größer sind dagegen die Unterschiede in der Grundfläche. Während der kreuzförmige Dom 15 000 m² misst, umfasste die quadratische Pyramide gut 53 075 m².

DER BAU DER CHEOPS-PYRAMIDE

Über Rampen zogen Arbeiter die in benachbarten Werkstätten vorbereiteten Steinblöcke nach oben und setzten Schicht auf Schicht, bis die vorgesehene Höhe erreicht war.

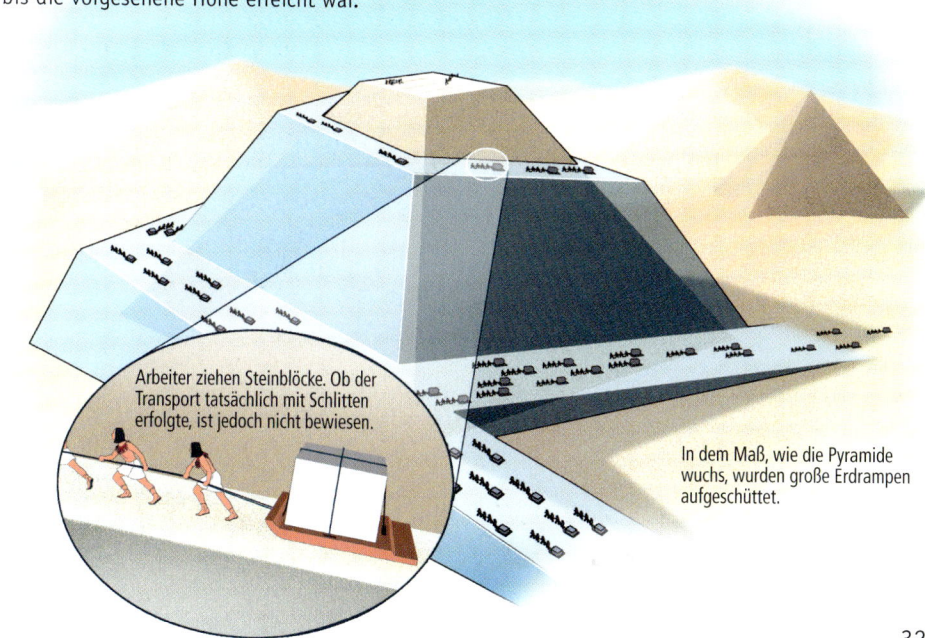

Arbeiter ziehen Steinblöcke. Ob der Transport tatsächlich mit Schlitten erfolgte, ist jedoch nicht bewiesen.

In dem Maß, wie die Pyramide wuchs, wurden große Erdrampen aufgeschüttet.

329

DEUTSCH beinahe die Amtssprache der USA geworden wäre?   NEIN

Wenn Amerikaner nach Heidelberg reisen, müssen sie nicht unbedingt den Atlantik überqueren. Vielleicht wollen sie einfach nach Heidelberg/Pennsylvania. Deutsche Städtenamen sind in den Vereinigten Staaten keine Seltenheit: Im Staat New York gibt es beispielsweise ein Potsdam, in Kentucky ein Frankfort, in Illinois ein New Berlin.

Am 6. Oktober 1683 betraten die ersten deutschen Siedler amerikanischen Boden und gründeten Germantown in der Nähe vom heutigen Philadelphia. Zwischen 1820 und 1932 strömten 6,5 Mio. Deutsche aus der Alten in die Neue Welt. In den Staaten New York und Pennsylvania war ihr Anteil an der Bevölkerung besonders hoch, und von den 300 000 Bewohnern Philadelphias sprach zeitweise sogar jeder Dritte deutsch. Der deutsche Anteil in den britischen Kolonien stieg jedoch nie über 8,6 %, und im Jahr 1775, kurz vor dem Unabhängigkeitskrieg, gab es hier nur 225 000 Deutsche.

Wenn, wie behauptet wird, zu dieser Zeit eine Abstimmung über die Amtssprache in den USA stattgefunden hätte, wäre Deutsch chancenlos gewesen. Völlig übertrieben ist die Vorstellung, es hätte nur eine einzige Stimme Vorsprung für Englisch gegeben. Diese Legende haben um 1900 „englische" Amerikaner erfunden, denen die damals rasch ansteigende Zahl deutscher Einwanderer ein Dorn im Auge war und die damit ihre Führungsrolle sichern wollten.

In Hamburg im amerikanischen Bundesstaat Indiana sind heute noch offensichtliche Spuren deutscher Einwanderer zu finden.

Amerika seinen Namen einem Deutschen verdankt?

1507 wurde der neu entdeckte Kontinent erstmals auf einer Weltkarte eingezeichnet, und zwar vom Kartographen Martin Waldseemüller aus Radolfzell. Waldseemüller benannte das neue Gebiet nach dem Italiener Amerigo Vespucci, der kurz zuvor erkannt hatte, dass es sich bei der von Christoph Kolumbus entdeckten Landmasse um einen eigenen Kontinent handelt. Weil die bis dahin bekannten Kontinente Europa, Afrika und Asien alle weibliche Endungen hatten, verwandelte Waldseemüller den Namen Amerigo in Amerika.

die Rechtschreibung des DUDEN verbindlich ist?   NEIN

Mit der 20. Auflage wurde 1991 erstmals nach 40 Jahren wieder ein gesamtdeutscher Duden herausgegeben. Gemeinsam hatten die Redaktionen in Leipzig und Mannheim, unter Beteiligung von Kollegen aus Österreich und der Schweiz, daran gearbeitet. Über 5000 neue Begriffe enthielt der Band – Fachausdrücke, Fremdwörter, Erklärungen umgangssprachlicher und geographischer Begriffe. Nicht nur ein Rechtschreibbuch, sondern auch ein Volkswörterbuch sollte das Werk sein.

Perfekt ist aber selbst der Duden nicht, denn es ist praktisch unmöglich, sämtliche Wörter und Begriffe der deutschen Sprache zu erfassen. Und nicht einmal die vom Duden vorgegebene Rechtschreibung ist allgemein verbindlich – theoretisch darf jeder schreiben, wie er will, und in der Praxis ist dies auch häufig der Fall. Ausnahmen bilden offizielle Stellen wie Schulen und Behörden, für die bereits 1901 eine amtliche Kodifizierung der deutschen Rechtschreibung geschaffen wurde, um den Schriftverkehr zwischen den Behörden in Deutschland zu vereinheitlichen. Ein Münchner Beamter sollte verstehen können, was ihm sein Kollege aus Kiel schrieb. Mit Wirkung vom 1. Januar 1903 wurde diese Regelung für alle Ämter und vom Schuljahr 1903/04 an auch für alle Schulen im Reich verbindlich. Am 19. November

RECHTSCHREIBREFORMEN

Einer der ersten Rechtschreibreformer der Geschichte war der römische Kaiser Claudius. 47 n. Chr. fügte er dem lateinischen Alphabet drei neue Buchstaben hinzu, darunter ein liegendes T für den Laut zwischen I und U. Gehalten hat sich daran niemand, doch veranschaulicht die erfolglose Pioniertat des Kaisers ein grundsätzliches Problem. Sprachen verändern sich ständig, und nicht alle Laute können durch die Schrift wiedergegeben werden. So kommt es zu unterschiedlichen Darstellungen desselben Phänomens, wie etwa bei den Dehnungszeichen im Deutschen, die mal durch ein h („dehnen"), mal durch ein e („See") angezeigt werden. Rechtschreibreformen haben sich daher selten durchgesetzt. Radikale Lösungen mit dem Ziel, eine enge Übereinstimmung zwischen gesprochener und geschriebener Sprache zu schaffen, scheiterten immer wieder auch daran, dass die Menschen die gewohnte Schreibweise nicht aufgeben wollten. Auch die neueste Rechtschreibreform von 1998 ist deshalb bis heute umstritten.

1955 verabschiedeten die Kultusminister der Bundesrepublik einen Beschluss, wonach die Schreibweisen von 1901 verbindlich bleiben sollten. Im Zweifelsfall, so hieß es, solle man den Duden zurate ziehen.

Doch wurde bislang kein für alle Deutschen gültiges Gesetz erlassen. So sind weiterhin nur Staatsbedienstete, Lehrer und Schüler dazu verpflichtet, sich an das gültige amtliche Regelwerk zu halten.

Stimmt es, dass ...

das EI DES KOLUMBUS auf Christoph Kolumbus zurückgeht?

JA

„Einfach, aber man muss darauf kommen." Auf diese Formel könnte man das berühmte Experiment von Christoph Kolumbus bringen, der es schaffte, ein Ei aufrecht zu stellen, indem er die Spitze leicht eindrückte. Anlass zu dieser Darbietung soll die Behauptung neidischer Zeitgenossen gewesen sein, dass ihnen die Entdeckungen des Genuesers ebenso hätten gelingen können. Glaubt man dem Italiener Benzoni in seiner *Historia del mondo nuovo* von 1565, dann hat sich diese Szene im Jahr 1493 bei einem Gastmahl des Kardinals Mendoza abgespielt, kurz nach der Rückkehr von Kolumbus von seiner ersten Amerikareise. Durch seine Schilderung hat Benzoni den Einfallsreichtum des Entdeckungsreisenden für die Nachwelt festgehalten.

ABER: Ob der Entdecker tatsächlich so schlagfertig war, kann nicht mit Sicherheit bestätigt, jedoch auch nicht dementiert werden. Nach der Überlieferung wird dem Erbauer des Doms von Florenz, Filippo Brunelleschi, eine ganz ähnliche Begebenheit zugeschrieben, und gerade in Spanien soll diese Demonstration einer leichten Lösung für ein schwieriges Problem schon lange bekannt und sogar als Redensart verbreitet gewesen sein. Vielleicht hat Kolumbus also nur ein dem spanischen Publikum bereits bekanntes Bild verwendet. Doch selbst wenn er nicht der Urheber sein sollte, ist das Ei des Kolumbus durch ihn immerhin sprichwörtlich geworden.

Das „Ei des Kolumbus" ist durch den (Wieder-)Entdecker Amerikas sprichwörtlich geworden.

Wussten Sie schon, dass ...
die Wikinger 500 Jahre vor Kolumbus nach Amerika gefahren sind?

Um das Jahr 1000 fuhr der Wikinger Leif Eriksson, der Sohn Eriks des Roten, von Grönland aus nach Westen und erreichte bei Neufundland die nordamerikanische Küste. Zu Zeiten von Kolumbus war diese Pioniertat jedoch schon lange wieder in Vergessenheit geraten.

331

Wussten Sie schon, dass...
Einstein einmal in einem Patentamt gearbeitet hat?

Mehrmals musste sich der Physiker bewerben, bevor er 1902 auf dem Patentamt in Bern als Technischer Experte 3. Klasse eingestellt wurde. Dort scheint er sich bewährt zu haben. Immerhin war er, als er das Amt 1909 verließ, zum Technischen Experten 2. Klasse aufgestiegen.

Wussten Sie schon, dass...
Eskimo Rohfleischesser bedeutet?

In der Sprache der Indianer hat die Bezeichnung Eskimo die wenig schmeichelhafte Bedeutung Rohfleischesser. Nicht viel besser ist die Alternative, die von manchen Sprachforschern heute favorisiert wird: Schneeschuhflechter. Die Eskimo selbst nennen sich Inuit. Das bedeutet ganz schlicht Mensch.

Stimmt es, dass...
EINSTEIN ein schlechter Schüler war?   NEIN

Für viele Eltern ist der Gedanke, dass der geniale Albert Einstein kein guter Schüler war, beruhigend. Kommt das eigene Kind mit schlechten Noten nach Hause, bleibt so die Hoffnung, dass dennoch ein Nobelpreisträger aus ihm werden könnte. Besorgte Mütter und Väter sollten sich aber besser einen anderen Trost suchen, denn Einsteins angebliches schlechtes Abschneiden beruht auf einer Legende, die schon zu seinen Lebzeiten entstand.

Zu seinem 50. Geburtstag im Jahr 1929 erschienen einige Zeitungsartikel, die die Qualität seiner schulischen Leistungen in Zweifel zogen. Vor allem in den alten Sprachen soll er mehr als schwach gewesen sein. Der Nobelpreisträger hüllte sich in Schweigen, aber der Direktor seines ehemaligen Gymnasiums in München, Dr. Wieleitner, sah die Ehre seiner Lehranstalt in Gefahr. In einem Leserbrief wandte er sich an eine Münchner Zeitung: Nach Durchsicht der Akten des Luitpold-Gymnasiums glaubte er belegen zu können, dass der junge Einstein auch in Latein und Griechisch stets die Note 2 erhalten habe; in der sechsten Klasse habe er für seine Lateinkenntnisse sogar eine 1 bekommen.

Erwiesen ist allerdings, dass Einstein die Schule nicht gern besucht hat. Insbesondere mit den damaligen Erziehungsmethoden, die ihn an den Kasernenhof erinnerten, konnte er sich nicht anfreunden. Für ihn war die Schule ein Musterbeispiel missglückter Pädagogik – seine Noten litten jedoch nicht darunter. Dafür ist allerdings der Brief des Direktors der einzige Beleg. Alle Akten der Schule, darunter Einsteins Zeugnisse, wurden im Zweiten Weltkrieg bei einem Bombenangriff vernichtet.

Stimmt es, dass...
es in der Sprache der ESKIMO viele unterschiedliche Begriffe für das Wort Schnee gibt?   JA

Die Linguisten vergleichen Sprache oft mit einem Netz, das über die Wirklichkeit geworfen wird, dessen Maschen in den einzelnen Sprachgemeinschaften jedoch verschieden groß sind. Während es beispielsweise im Deutschen, Französischen und Englischen für den Begriff „Reis" jeweils nur eine einzige Bezeichnung gibt, kennen die Japaner, auf deren Speisezettel Reis eine weitaus wichtigere Rolle spielt, gleich acht Wörter dafür.

Ähnlich verhält es sich mit der Art und Weise, wie die Eskimo sprachlich mit Schnee umgehen. In ihrer natürlichen Lebenswelt im nördlichen Kanada und an den Küsten Grönlands, wo den größten Teil des Jahres Winter herrscht, ist er allgegenwärtig, und folglich ist das sprachliche Netz für Schnee bei ihnen sehr viel engmaschiger als etwa bei den Kontinentaleuropäern.

So gibt es allein schon die vier Wörter *aniu, cellallir, qanir* und *qanunge*, derer sich die Eskimo bedienen können, wenn sie ganz grundsätzlich über Schnee sprechen wollen. Auf dem Boden liegender Schnee wird mit einem dieser vier Grundwörter (*aniu*) beschrieben, er kann aber auch *apun* oder *qanikcaq* heißen. Leicht fallenden Schnee nennen sie *kanevvluk*, Tiefschnee, in den man einsinken kann, *muruaneq* und den, der auf dem Wasser liegen bleibt, *qanisqineq*. Driftender Schnee wird mit *nat-*

Das Alltagleben der Eskimo prägt ihre Sicht der Welt – und damit auch ihre Sprache.

quik bezeichnet, aneinander klebender mit *nevluk*. Auch der frisch gefallene Schnee hat in der Eskimosprache sein eigenes Wort (*nutaryuk*), während verkrusteter Schnee zwei ähnliche Begriffe erhalten hat und entweder *qerretrar* oder *qetrar* heißen kann. Einen Schneeblock bezeichnen die Eskimo als *utrak* und eine Wechte – den Schnee, der beispielsweise an einem Grat überhängt – als *navqak*.

Insgesamt sind es also 16 Begriffe, die den Eskimo für Schnee zur Verfügung stehen. In der Sprache der Eskimo ist es außerdem möglich, einen längeren Gedanken durch ein einziges Wort auszudrücken. So wird aus dem Satz: „Der Schnee auf dem Boden ist weich und schmilzt" in der Eskimosprache *aniullugtuc*, in dem das Grundwort für Schnee (*aniu*) nur eine Silbe darstellt.

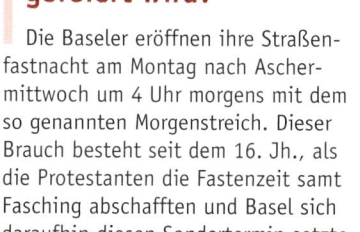

Wussten Sie schon, dass ...
die Fastnacht in Basel später als in Deutschland gefeiert wird?

Die Baseler eröffnen ihre Straßenfastnacht am Montag nach Aschermittwoch um 4 Uhr morgens mit dem so genannten Morgenstreich. Dieser Brauch besteht seit dem 16. Jh., als die Protestanten die Fastenzeit samt Fasching abschafften und Basel sich daraufhin diesen Sondertermin setzte.

Stimmt es, dass ...

FASCHING ein heidnischer Brauch ist?   (JA)

Christlich ist am Fasching nur der Zeitpunkt. Bevor die Fastenzeit beginnt, besteht noch einmal die Gelegenheit, ausgelassen zu feiern und nach Herzenslust zu essen und zu trinken. In Baden, im Elsass, in der deutschsprachigen Schweiz und in Vorarlberg heißt der Fasching darum auch Fastnet, was ebenso wie das in vielen Regionen gebräuchliche Wort Fastnacht auf den Vorabend der Fastenzeit hinweist.

Der Ursprung dieses Festes liegt jedoch weit vor der christlichen Ära und reicht bis in die Zeit der alten Germanen zurück. Zu Anfang des Frühlings wollte man die Winterdämonen vertreiben, und um die bösen Geister zu erschrecken, haben sich die Menschen seit alters mit Masken und Kostümen verkleidet und bei Umzügen möglichst viel Lärm verursacht. Als nach dem Sieg des Christentums die Kirche eine 40-tägige Fastenzeit bis Ostern festlegte, nutzte man, in Anknüpfung an diese heidnischen Bräuche, die davorliegende Zeit zum wilden närrischen Treiben.

Aus den gemeinsamen Anfängen entwickelten sich bald unterschiedliche Formen des Faschings. In den heutigen Hochburgen am Rhein feiert man die noch fastenfreie Zeit als Karneval. Der Begriff geht wahrscheinlich auf das lateinische *carne vale* zurück und bedeutet den vorübergehenden Abschied vom Fleischgenuss.

Die alemannische Fastnacht (hier: Donaueschingen) ist berühmt für ihre ausdrucksstarken Masken.

Stimmt es, dass ...

die GUILLOTINE die Erfindung eines Wundarztes war?   (NEIN)

Als Dr. Joseph Ignace Guillotin 1814 starb, ließen seine Kinder ihren Familiennamen ändern. Sie wollten nicht mit dem berüchtigten Hinrichtungsgerät in Verbindung gebracht werden. Dabei hatte ihr Vater mit dieser Erfindung gar nichts zu tun – denn das Gerät wurde nach dem Modell eines deutschen Mechanikers namens Schmitt entwickelt. Ein Gutachten des Arztes Dr. Anton Louis (1723–92), das die drastische Wirkung des Geräts attestierte, führte dazu, dass es in Frankreich

Wussten Sie schon, dass...
man während der Französischen Revolution Zigtausende hinrichtete?

Auf dem Höhepunkt der Revolution stand auf jedem Marktplatz in Frankreich eine Guillotine. Die hohe Zahl von rund 40 000 Hingerichteten ergab sich nicht nur aus dem Umstand, dass die Revolutionäre ihre Gegner ausschalten wollten. Bald bekämpften sie sich untereinander, und die Unterlegenen wurden gezwungen, den Weg zum Fallbeil anzutreten.

Wussten Sie schon, dass...
nur ein einziger Elefant Hannibals Zug über die Alpen überlebte?

Die Strapazen des Marsches über die engen, teils schon verschneiten Alpenpässe hat tatsächlich nur ein einziger Elefant überlebt, von dem sogar der Name bekannt ist: Nach den antiken Aufzeichnungen hieß er Syrus, also der Syrer. Wie der Name andeutet, bezog Hannibal seine Elefanten nicht aus Afrika, sondern aus Syrien, das damals den Export von Indischen Elefanten betrieb.

während der Revolution eingesetzt wurde. Folgerichtig nannte man es, bevor Dr. Guillotin die unfreiwillige Patenschaft übernahm, „Louisette" oder „Petit Louison".

Dann aber pries Guillotin auf einer Versammlung das Fallbeil als ideales, weil gleichsam demokratisches Vollstreckungsinstrument: Alle Verurteilten würden, ungeachtet ihres Standes, gleich behandelt. Auch sei diese Hinrichtungsmethode sehr human, weil schnell und „sauber". Dass aber sein Rat so oft befolgt und sein Name für immer damit in Verbindung gebracht werden sollte, das konnte er nicht ahnen.

Stimmt es, dass...
HANNIBAL der Erste war, der im Krieg Elefanten einsetzte? NEIN

Mit 38 000 Fußsoldaten und 8000 Reitern überquerte der Karthager Hannibal im Spätherbst 218 v. Chr. die Alpen und kam schließlich, zur Überraschung der Römer, in Norditalien an. Das Bemerkenswerteste daran aber war, dass er sich mit etwa 40 Elefanten im Tross in Marsch gesetzt hatte, die er im Kampf gegen die Römer einsetzen wollte.

Aber Hannibal war nicht der erste Feldherr, der mit der Hilfe der grauen Riesen einen Krieg gewinnen wollte. In Asien waren Elefanten schon länger als Stoßwaffe bekannt – nachweislich wurden sie erstmals im Heer des persischen Königs Dareios III. in der Schlacht gegen Alexander den Großen bei Gaugamela am Tigris (331 v. Chr.) eingesetzt. Auch in Indien traf Alexander auf Kriegselefanten, denen die Soldaten den Rüssel abschnitten, um sie kampfunfähig zu machen.

Hannibal war noch nicht einmal der Feldherr, der den Römern die ersten Erfahrungen mit Kriegselefanten bescherte. Gut 60 Jahre zuvor war Pyrrhos, der König der Molosser, aus dem griechischen Epirus in Italien eingefallen und hatte die Römer mit seinen 20 Elefanten in Angst und Schrecken versetzt. Das nutzte ihm aber am Ende ebenso wenig wie später Hannibal. Während der Molosser seine sprichwörtlichen Pyrrhus-Siege errang, gelang es dem Karthager nicht, die Römer im eigenen Land zu besiegen. Der Konflikt, der als Zweiter Punischer Krieg in die Geschichte eingegangen ist, wurde 202 v. Chr. in seiner nordafrikanischen Heimat zugunsten der Römer entschieden.

Die Elefanten des Pyrrhos im Kampf gegen die Römer.

Stimmt es, dass ...
Caspar **HAUSER** ein badischer Fürstensohn war?   NEIN

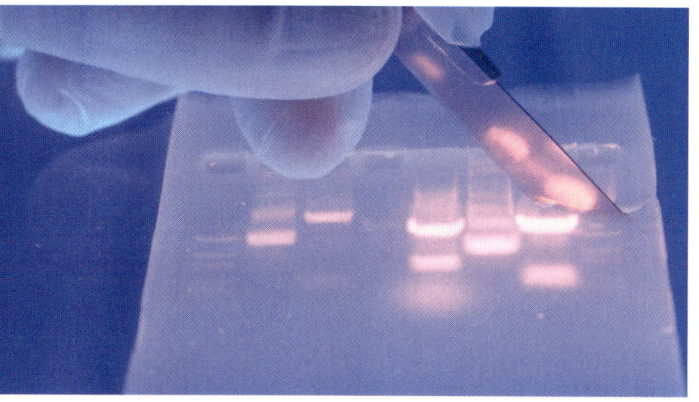

Die DNS-Analyse des Blutes Caspar Hausers löste ein altes Rätsel.

Die Herkunft des Findelkinds, das am 26. Mai 1828 in Nürnberg auftauchte, wurde nie geklärt. Zwar wurde behauptet, er sei der Erbprinz von Baden – dieser war aber schon als Säugling gestorben. Auch hinter der rätselhaften Stichwunde, die am 17. Dezember 1833 zu seinem Tod führte, sollte angeblich das badische Fürstenhaus gesteckt haben.

Erst 1998 wurde die Familie entlastet, vor allem dank eines an der Universität München durchgeführten DNS-Vergleichs zwischen dem Blut Caspar Hausers, das an dessen Kleidung erhalten blieb, und dem Blut einer Nachfahrin der Fürstenfamilie. Die Untersuchung bewies, dass der Mann, der sich Caspar Hauser nannte, nicht mit dem Fürstenhaus verwandt war.

Stimmt es, dass ...
die **HEILIGEN DREI KÖNIGE** weder heilig noch Könige waren?   JA

Wie wurden aus den Weisen aus dem Morgenland drei heilige Könige, zumal der Evangelist Matthäus lediglich von einer unbestimmten Zahl von Sterndeutern spricht? Zu der Annahme, es seien drei Besucher gewesen, die zum Christkind kamen, führte vermutlich die Tatsache, dass sie drei Geschenke – Gold, Weihrauch und Myrrhe – mitbrachten.

Der Volksglaube machte aus dem Tag, an dem man des Ereignisses gedachte, einen Heiligentag und die Sterndeuter somit zu Heiligen, obwohl eine Heiligsprechung nie stattgefunden hat. Der 72. Psalm schließlich ist Schuld daran, dass aus ihnen Könige wurden, denn darin steht, der neugeborene Messias werde von Königen Geschenke erhalten. Dem Berater des deutschen Kaisers Friedrich Barbarossa, Reinald von Dassel, kam diese Auslegung beim Machtkampf zwischen Kirche und Staat sehr gelegen. Er brachte die sterblichen Überreste der (vermeintlichen) Heiligen Drei Könige 1164 nach Köln. Jesus, so lautete seine Botschaft, war schon lange vor der Existenz der Kirche von Königen verehrt worden, die daher auch über dem Papst standen.

Wussten Sie schon, dass ...
sich C.M.B. nicht auf die Heiligen Drei Könige bezieht?

Die bekannte Formel der Sternsinger über der Haustür ist in Wirklichkeit die Abkürzung des lateinischen *Christus mansionem benedicat* (Jesus segne dieses Haus). Erst später deutete man sie als die Anfangsbuchstaben von Caspar, Melchior und Balthasar, den Namen der Heiligen Drei Könige.

Jedes Jahr um den 6. Januar ziehen die Sternsinger von Haus zu Haus, um für wohltätige Zwecke zu sammeln.

Heinrich der VIII. mit seiner Frau Jane Seymour und dem Prinzen Eduard; links die spätere Elisabeth I. (Gemälde von 1872).

Wussten Sie schon, dass ...
Kaiser Claudius von seiner Ehefrau umgebracht wurde?

Drei Ehen hatte der römische Kaiser Claudius unbeschadet überstanden. Seine vierte Gattin Agrippina aber tötete ihn 54 n. Chr. mit einem vergifteten Pilzgericht, um Nero, ihrem Sohn aus erster Ehe, den Weg zum Thron zu ebnen. Nero zeigte sich wenig dankbar: Fünf Jahre später ließ er seine Mutter umbringen.

Stimmt es, dass ...
HEINRICH VIII. viele seiner Frauen umgebracht hat? (NEIN)

Die Regierungszeit des englischen Königs Heinrich VIII. war zwar äußerst ereignisreich, berühmt wurde er aber vor allem wegen der stattlichen Zahl seiner Ehefrauen. Ermordet hat er jedoch keine.

Zwei Eheschließungen ließ er für ungültig erklären, nachdem er sich jeweils in eine andere Frau verliebt hatte. Im ersten Fall nahm er sogar die Abspaltung der englischen Kirche von Rom in Kauf, denn der Papst hatte ihm die Zustimmung zur Auflösung der Ehe verweigert.

Doch der Reihe nach: 1533 ließ sich Heinrich nach 24 Jahren Ehe von Katharina von Aragon scheiden. Ihre Nachfolgerin Anna Boleyn (Mutter der späteren Elisa-beth I.) nahm es mit der ehelichen Treue nicht besonders genau. Wegen Majestätsbeleidigung und Hochverrats wurde sie zum Tod verurteilt und 1536 enthauptet. Ehefrau Nummer drei, Jane Seymour, starb 1537 kurz nach der Geburt des Thronfolgers Eduard. 1540 ließ sich Heinrich von seiner vierten Frau Anna von Cleve nach nur sechs Monaten wieder scheiden. Katharina Howard (Ehefrau Nummer fünf) wurde 1542 ebenfalls wegen Untreue hingerichtet. Lediglich Heinrichs letzte und sechste Frau, Katharina Parr, überlebte ihn, und von da an kursierte in England der Kinderreim: Geschieden, geköpft, gestorben, geschieden, geköpft, überlebt.

Stimmt es, dass ...
beim heutigen HERMANNSDENKMAL die Schlacht im Teutoburger Wald stattfand? (NEIN)

Auf der Grotenburg bei Detmold wurde 1875 das Hermannsdenkmal eingeweiht, das mit seinem Sockel über 56 m hoch aufragt. Seitdem blickt der Germanenfürst auf einen Wald, der Schauplatz seiner berühmten Schlacht im Freiheitskampf gegen die Römer gewesen sein soll.

Unter der Führung des Cheruskers Arminius besiegten im Jahr 9 n. Chr. germanische Verbände die Legionen des römischen

Feldherrn Varus. 6 Jahre später entdeckten Truppen des Römers Germanicus den Schlachtort und bestatteten die Gefallenen. Nach den Angaben des römischen Historikers Tacitus lag er *haud procul Teutoburgiensi saltu*, also nicht weit vom Teutoburger Wald entfernt.

Als man sich in Deutschland im 16. Jh. für die eigene germanische Vergangenheit zu interessieren begann, wurde der römische Namen Arminius – der Germane hatte sogar das römische Bürgerrecht besessen – in Hermann eingedeutscht. Und da der Name des Waldes längst verschwunden war, verwandelte man kurzerhand einen bis dahin Osning genannten Höhenzug am Nordostrand der Münsterschen Bucht in den Teutoburger Wald des Tacitus. Hier wurde dann auch das berühmte Denkmal errichtet.

Neuere Forschungen haben allerdings gezeigt, dass der Schauplatz der Schlacht viel weiter nördlich, bei Kalkriese in der Nähe von Osnabrück, liegt. Archäologische Funde zeugen von einer großen Schlacht, die dort genau zur Zeit des Arminius stattfand. Eines der bekanntesten deutschen Denkmäler steht also am falschen Platz.

Bei Kalkriese fand man diese römische Gesichtsmaske – ein weiterer Beleg dafür, dass die Schlacht des Arminius nicht beim heutigen Hermannsdenkmal stattfand.

Stimmt es, dass ...
es noch im 18. Jh. einen HEXENPROZESS gab?   JA

Die Hinrichtung der Magd Anna Göldin am 18. Juni 1782 im schweizerischen Glarus war das letzte Kapitel in der fast 400-jährigen Geschichte der Hexenverfolgungen in Europa. Das Gericht hatte es als erwiesen angesehen, dass sie dem Kind der Familie, bei der sie diente, durch Hexerei Schaden zugefügt hatte.

Anfang des 15. Jh. war durch Kriege, wirtschaftliche Not, vor allem aber durch die Pest und die religiösen Zweifel der Reformationszeit ein geistiges Klima entstanden, in dem der Glaube an den Teufel und seine Helferinnen, die Hexen, sehr gut gedeihen konnte. Diesen wurden magische Fähigkeiten zugeschrieben, und so konnte man sie für jedes Unglück verantwortlich machen. Brannte ein Haus, war die Ernte schlecht oder wurde jemand krank, fand der Volkszorn schnell eine Frau, der man die Schuld gab.

Zum Hexenwahn trug wesentlich die Erfindung des Buchdrucks bei, denn jetzt war es möglich, Traktate über das Hexenwesen zu vervielfältigen und an Hexenjäger in ganz Europa zu verteilen. Weil man den Beschuldigten immer die gleichen Fragen stellte, waren zwangsläufig auch ihre Aussagen identisch.

Die Reformation, die dieses Phänomen mit ausgelöst hatte, setzte ihm auch ein Ende. Die Protestanten betonten den reinen Glauben an Gott und maßen dem Teufel und seinen vermeintlichen Helferinnen weniger Bedeutung bei. Seit dem Ende des 16. Jh. kam es nur noch sporadisch zu Verurteilungen. Der Magd Anna Göldin bleibt der traurige Ruhm, das letzte Opfer des Irrglaubens gewesen zu sein.

Im holländischen Oudewater entschied die Hexenwaage über das Schicksal der Angeklagten. Man schätzte das Gewicht der Beschuldigten und wog sie dann. Erwies sie sich dabei als „zu leicht", verurteilte man sie.

Wussten Sie schon, dass ...
ein Buch über Hexen aus dem 15. Jh. zum Bestseller wurde?

Insgesamt 30 Auflagen erreichte der *Malleus maleficarum* bis zum Jahr 1669. Das 1487 von Heinrich Institoris und Jakob Sprenger veröffentlichte Buch beschrieb zum ersten Mal auf der Grundlage der Hexenbulle von Papst Innozenz VIII. das Hexenwesen im Detail und gab Anleitungen zu seiner Bekämpfung. Unter dem Namen *Hexenhammer* ist das Buch in die Geschichte eingegangen.

Stimmt es, dass ...

das reinste HOCHDEUTSCH in Hannover gesprochen wird?   JA

Als zu Luthers Zeiten eine Ausgabe seiner Bibelübersetzung in Basel erschien, legte ihr der Drucker vorsichtshalber eine Liste mit Erklärungen für jene Begriffe bei, die man in der Schweiz nicht kannte. Der Reformator hatte sich zwar alle Mühe gegeben, ein im gesamten deutschen Sprachraum verständliches Vokabular zu verwenden, dies scheint ihm aber nicht in allen Fällen gelungen zu sein. Dennoch ist es sein unbestreitbares Verdienst, durch die Verbindung von hoch- und niederdeutschen Elementen eine erste gemeinsame Schriftsprache der Deutschen geschaffen zu haben.

Wegen der vielen Dialekte wurde diese Schriftsprache jedoch regional ganz unterschiedlich ausgesprochen. Selbst Goethe und Schiller bedienten sich im Alltag der hessischen bzw. schwäbischen Mundart. Mit der Gründung des Deutschen Reiches

1871 setzten Bestrebungen ein, auch die Sprache der Deutschen zu vereinheitlichen. Von großem Einfluss war dabei ein 1898 erschienenes Buch mit dem Titel *Deutsche Bühnenaussprache*. Unter der Leitung des Germanisten Theodor Siebs legten Wissenschaftler und Theaterleute in diesem Werk – seit der 16. Auflage *Deutsche Hochsprache* genannt – Normen für die richtige Aussprache des Deutschen fest. Sie orientierten sich dabei an der Art und Weise, wie sich die Norddeutschen und vor allem die Menschen aus dem Hannoverschen Raum artikulierten. Denn diese waren mit ihrem einheimischen Platt ursprünglich viel weiter entfernt von der Hochsprache als beispielsweise Sprecher in Süddeutschland oder dem Rheinland, sodass sie das Hochdeutsche wie eine Fremdsprache lernten und sich daher um eine besonders reine Aussprache bemühten.

Stimmt es, dass ...

die ersten Menschen HÖHLENBEWOHNER waren?   NEIN

Diese Szene aus dem Film Am Anfang war das Feuer *illustriert sehr gut das Leben der Steinzeitmenschen im Freien.*

Bei Altamira in Nordspanien machte der Amateurarchäologe Don Marcelino de Sautuola 1879 eine erstaunliche Entdeckung. Wände und Decke einer großen Höhle waren mit beeindruckenden Male-

reien mit Tierdarstellungen geschmückt, die wissenschaftliche Untersuchungen dann in die Altsteinzeit (600 000–10 000 v. Chr.) datierten. Bald fand man weitere, ähnlich gestaltete Höhlen, so etwa in Lascaux in Südfrankreich.

Die Existenz solcher uralter Höhlenzeichnungen hat den Glauben genährt, die ersten Menschen seien Höhlenbewohner gewesen. Dabei wird jedoch außer Acht gelassen, dass Spuren der altsteinzeitlichen Menschen überhaupt nur in Höhlen und nicht an anderen möglichen Wohnplätzen erhalten bleiben konnten. Außerdem gab es gar nicht genug Höhlen, um allen einen Unterschlupf zu bieten.

Als der Mensch vor 1,5 Mio. Jahren den aufrechten Gang lernte und damit zum *Homo erectus* wurde, lebte er überwiegend im Freien. Die Erfindung des Feuers vor 1 Mio. Jahren versetzte ihn in die Lage, auch in kälteren Regionen zu siedeln, wo schon früh mit dem Bau einfacher Hütten

aus Häuten oder Zweigen begonnen wurde. Höhlen dienten dagegen nur in Ausnahmefällen als Wohnungen. Man suchte sie zum Schutz vor Unwettern oder wilden Tieren auf. Daneben waren sie heilige Stätten, wovon die kultisch zu deutenden Malereien zeugen. Auch die Toten wurden dort begraben.

Stimmt es, dass ...

in **HOLLYWOOD** die meisten Spielfilme gedreht werden?   **NEIN**

Wenn ein New Yorker im Jahr 1908 ins Kino ging, sah er sich jedes zweite Mal einen Film aus Europa an. Dort drehte man, seit die Franzosen Auguste und Louis Lumière 1895 das Kino erfunden hatten, weitaus aufwändigere Streifen als in den USA. Dafür boomte in den Vereinigten Staaten das Kino: 1905 waren die ersten Lichtspielhäuser eröffnet worden, die gerade 200 Menschen fassten, 1910 waren es schon über 10 000 Kinos mit teilweise über 1000 Sitzplätzen. Täglich zählte man 2 Mio. Besucher.

Im Ersten Weltkrieg lief Amerika den Europäern bei der Filmproduktion den Rang ab. Während in der Alten Welt die Filmindustrie wegen des Kriegsgeschehens ins Stocken kam, wurde sie bei den Amerikanern zu einem äußerst wichtigen Wirtschaftszweig. Dank der Gelder der fleißigen Kinobesucher konnte man immer größere Studios bauen und professionelle Schauspieler engagieren. Filme wurden von nun an wie am Fließband produziert, und in der Stummfilmzeit konnte man im selben Studio nebeneinander und zur gleichen Zeit einen Western und ein Familienmelodram drehen.

Heute hat das kalifornische Hollywood die Spitzenposition in der Massenproduktion von Filmen an das scherzhaft „Bollywood" (von Bombay und Hollywood) genannte Indien verloren. Hier werden inzwischen weltweit die meisten Filme hergestellt, wenn auch mit wesentlich geringeren Budgets. Die Ablenkung vom häufig tristen Alltag der Bevölkerung gehört zur Hauptaufgabe der Filmemacher. So hat Indien 1990 mit 948 Filmen erstmals den Weltrekord in der jährlichen Filmproduktion aufgestellt. Der europäische Markt nimmt davon kaum Notiz. Hier gilt Hollywood nach wie vor als das Mekka des Films.

Liebe, Drama und Leidenschaft – die wichtigsten Zutaten vieler indischer Filme, die ihre Zuschauer für eine kleine Weile aus dem Alltag entführen wollen.

BABELSBERG – DAS DEUTSCHE HOLLYWOOD

1912 wurde im Potsdamer Stadtteil Babelsberg eines der weltweit bekannten Filmstudios gegründet. Begünstigt durch die Nähe zu Berlin, der damaligen Kulturhauptstadt Europas, gelang den Studios der Aufstieg zu einem der erfolgreichsten Filmstandorte im gesamten deutschsprachigen Raum. Während der Blütejahre der Filmkunst in Europa wurden Filme wie der legendäre *Blaue Engel* mit Marlene Dietrich gedreht.
1933 wurden die Studios nach der Machtübernahme der Nationalsozialisten für Propagandazwecke eingespannt und verloren ihre Selbstständigkeit, die sie auch in der DDR nicht wieder erlangen konnten. Wegen der DDR-Vergangenheit drohte Babelsberg nach dem Fall der Mauer das Ende. Die Compagnie Générale des Eaux (heute Vivendi) übernahm die Studios und investierte eine erhebliche Summe, um auf dem globalen Markt bestehen zu können. Heute konzentriert man sich in Babelsberg vor allem auf die Produktion von Filmen, weniger auf das Fernsehen, und bietet auch ausländischen Regisseuren mit dem Motto „Technik und Service" einen attraktiven Standort.

Wussten Sie schon, dass ...
Hollywood wegen der vielen Sonnentage zur Filmstadt wurde?

Für die Filmproduzenten zu Anfang des 20. Jh. war vor allem ein gleichmäßiges und starkes Licht wichtig. Den besten Effekt erzielte man, indem man Sonnenlicht durch aufgespannte Leinentücher filterte. Deshalb verlagerte sich die amerikanische Filmproduktion von New York in das von der Sonne verwöhnte Kalifornien.

Keine Frage des Alters: In den 1950er-Jahren begeisterte der Hula-Hoop-Reifen alle Generationen.

Stimmt es, dass …

HULA-HOOP-REIFEN eine Erfindung der 1950er-Jahre sind?   NEIN

Richard B. Knerr und Arthur K. Melvin gelang im Jahr 1958 ein genialer Coup. In ihrer Spielzeugfirma O-Wham lief die Produktion bunter Plastikreifen an, die als Hula-Hoops in die Läden kamen und die Partner über Nacht zu Millionären machten.

Dabei hätten sich die Käufer ihre Spielzeuge wie die Kinder im alten Ägypten, wo man schon vor 3000 Jahren diesem schwungvollen Hobby nachging, einfach aus Weinreben flechten können. Auch im England des 14. Jh. waren die Reifen so beliebt, dass die Krankenakten der Ärzte zahlreiche ausgerenkte Rücken und sogar Herztote infolge von *hooping* verzeichneten.

Selbst der Name Hula-Hoop war 1958 nicht mehr neu. Seefahrer, die Anfang des 18. Jh. nach Hawaii kamen, stellten fest, dass die Hula-Tänze dem Hüftschwingen beim Reifendrehen ähnelten. Und auf die Idee der kommerziellen Verbreitung war man schon 1957 in Australien gekommen. Aber erst die Verkaufsstrategie von O-Wham brachte den Durchbruch, sodass sich bis heute der Glaube gehalten hat, die Hula-Hoops seien 1958 erfunden worden.

Stimmt es, dass …

JESUS gar nicht im Jahre 0 geboren wurde?   JA

Jesus kann allein schon deswegen nicht im Jahr 0 geboren worden sein, weil es dieses Jahr nicht gibt. Auf das Jahr 1 v. Chr. folgte gleich das Jahr 1 n. Chr.

Verantwortlich für die Festlegung des Geburtsjahrs Jesu war der Mönch Dionysius Exiguus, der 525 den päpstlichen Auftrag erhielt, für die nächsten 95 Jahre den Termin des Osterfestes zu berechnen. Dazu bediente er sich einer neuen Jahreszählung ab Christi Geburt, die er in das Jahr 754 nach der Gründung Roms legte. Er stützte sich dabei auf die Kalkulationen des römischen Antiquars Varro, nach der Rom am – umgerechnet – 21. April 753 v. Chr. gegründet worden sein soll.

Das genaue Geburtsdatum Jesu ist bis heute nicht bekannt. Nach Lukas und Matthäus lebte der 4 v. Chr. gestorbene Herodes noch, als der Heiland zur Welt kam. Andererseits fand die bei Lukas erwähnte Volkszählung erst nach 6 n. Chr. statt.

Wussten Sie schon, dass …
im Römischen Reich eigentlich nur Sklaven gekreuzigt wurden?

Der besonders qualvolle Tod am Kreuz war eine Strafe, die bei den Römern seit etwa 200 v. Chr. Sklaven vorbehalten war. In besonderen Fällen wurden aber auch Freie auf diese Weise hingerichtet. Jesus musste am Kreuz sterben, weil man ihn der Anstiftung zum Aufruhr beschuldigte.

ZEITRECHNUNGEN DER GROSSEN RELIGIONEN

Während die Zeitrechnung der Christen mit der Geburt Jesu einsetzt, zählen die Juden die Jahre von der Erschaffung der Welt, die Buddhisten vom Todesjahr Buddhas und die Moslems von der Flucht Mohammeds von Mekka nach Medina.

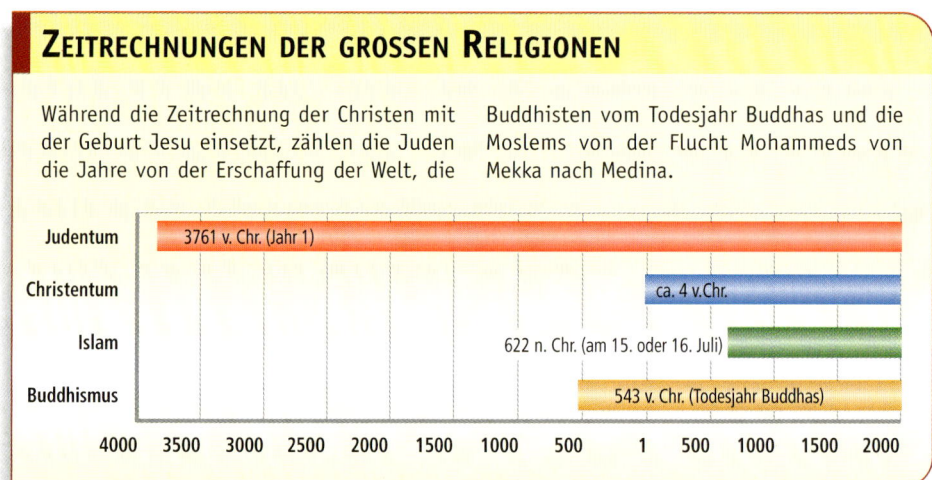

Judentum	3761 v. Chr. (Jahr 1)
Christentum	ca. 4 v.Chr.
Islam	622 n. Chr. (am 15. oder 16. Juli)
Buddhismus	543 v. Chr. (Todesjahr Buddhas)

4000 3500 3000 2500 2000 1500 1000 500 1 500 1000 1500 2000

Stimmt es, dass ...
JESUS im Islam ebenfalls verehrt wird? (JA)

Eine große Zahl von Berichten über das Leben und Wirken Jesu Christi ist im Koran enthalten. Da das heilige Buch des Islam als das direkte Wort Gottes gilt, stellen diese Berichte für Moslems eine nicht zu widerlegende Wahrheit dar. Überhaupt sieht der Islam im Christentum wie auch im Judentum Offenbarungsreligionen, die allerdings noch nicht im Besitz der vom Propheten Mohammed empfangenen und vermittelten allumfassenden Wahrheit gewesen sind. Daher hat auch Abraham, der Stammvater des Volkes Israel, einen festen Platz in der islamischen Religion.

Jesus gilt dem Islam als der letzte große Prophet vor Mohammed. Der Islam erkennt die Jungfräulichkeit Marias an, die er im Übrigen zu den „vier besten Frauen auf Erden" zählt. Die Kreuzigung Jesu wird hingegen nicht als ein Faktum akzeptiert. So heißt es in der 4. Sure: „Nicht haben sie ihn getötet und nicht gekreuzigt, sondern es erschien ihnen nur so. Vielmehr erhöhte ihn Allah zu sich, und Allah ist allmächtig und weise." Im Koran erscheint Christus im Gegensatz zur Bibel auch nicht als der Erlöser, da der Islam den christlichen Gedanken der Erbsünde nicht kennt.

Wussten Sie schon, dass ...
Karl der Große viermal verheiratet war?

770 heiratete Karl die Langobardin Desiderata, 771 die Alemannin Hildegard, 783 die Fränkin Fastrada und 796 die Alemannin Liutgard. Aus den 4 Ehen gingen 11 Kinder hervor.

Stimmt es, dass ...
es KARL DEN GROSSEN gar nicht gegeben hat? (NEIN)

Fälschungen hat es in der Geschichte immer wieder gegeben, wobei dies besonders für das Mittelalter gilt. So fingierten im 8. Jh. bestimmte Kreise eine angebliche Schenkung Konstantins des Großen an den Papst Silvester I. Demzufolge sollte der 337 gestorbene römische Kaiser, der als Förderer des Christentums in die Geschichte eingegangen ist, dem Papst zahlreiche Privilegien verliehen und ihm zudem viele Gebiete in Italien und im Westen des Römischen Reiches überlassen haben. Wahrscheinlich diente die gefälschte Urkunde dazu, päpstlichen Ansprüchen auf Italien eine juristische Grundlage zu geben. Erst im 15. Jh. konnte die Fälschung nachgewiesen werden.

1996 sorgte der Historiker Heribert Illig mit einer revolutionären These für Aufsehen. In seinem Buch *Das erfundene Mittelalter* stellte er die Behauptung auf, dass es die Zeit zwischen 614 und 911 gar nicht gegeben habe. Man habe sie unter den Sachsenkaisern, den Staufern und Saliern in die Geschichte „hineingeschmuggelt". Diesen drei fehlenden Jahrhunderten musste dann folgerichtig auch Karl der Große zum Opfer fallen, der nach Illig keine historisch reale Figur gewesen ist.

Illigs Buch wurde ein Bestseller. Die Geschichte des Mittelalters muss trotzdem

Der Kaiserthron im Mittelgang des Doms zu Aachen (oben) oder die berühmte Unterschrift von Karl dem Großen („Karolus") belegen, dass er gelebt hat.

nicht neu geschrieben werden, denn seriöse Historiker haben die Thesen längst entkräften können. So bleibt uns Karl der Große erhalten, der heute als einer der Architekten des modernen Europa gilt.

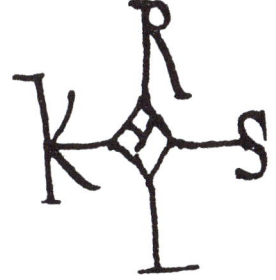

Stimmt es, dass ...

der KEUSCHHEITSGÜRTEL eine Erfindung des Mittelalters ist? (JA)

Wie viele Frauen tatsächlich gezwungen wurden, einen Keuschheitsgürtel zu tragen, ist unbekannt. Vermutet wird sogar, dass er nie angewendet wurde, sondern lediglich dazu diente, der Untreue verdächtigte Frauen einzuschüchtern.

Das ist aber eine falsche Vermutung, deren Anhänger nicht glauben wollen, dass Männer tatsächlich zu diesem Mittel gegriffen haben, um Seitensprünge ihrer Ehefrauen oder Geliebten zu verhindern.

Ein wichtiger Hinweis für den tatsächlichen Gebrauch von Keuschheitsgürteln sind bis heute erhaltene Exemplare, die aus dem 16. und 17. Jh. stammen. Die Erfindung des Keuschheitsgürtels liegt aber noch viel weiter zurück. Manche datieren sie bereits in das 11. oder 12. Jh., in die Zeit der Kreuzzüge, und behaupten, dies sei eine Vorsichtsmaßnahme jener Ritter und Abenteurer gewesen, die sich über mehrere Monate hinweg in der Fremde aufhielten.

Das früheste Exemplar fertigte aber vermutlich um 1400 ein gewisser Francesco Carrara aus Florenz; zum ersten Mal wurde es 1405 im Kyeser-Codex abgebildet und beschrieben. Im Codex, den man heute in der Göttinger Universitätsbibliothek einsehen kann, heißt es auch, der Keuschheitsgürtel sei von der Damenwelt in Florenz tatsächlich getragen worden, was seinen Beinamen Florentiner Gürtel erklärt.

Stimmt es, dass ...

KÖLNISCHWASSER in Köln erfunden wurde? (NEIN)

Untrennbar mit Köln verbunden ist die markant gestaltete Zahlenkombination 4711, wie hier im Kölner Hauptbahnhof.

Die Produktion einer ebenso wohlriechenden wie wohltuenden Essenz aus Alkohol und Blütenölen nahm Wilhelm Mülhens im Jahr 1792 in der Kölner Glockengasse auf. Unter dem Namen Kölnischwasser oder Eau de Cologne gelangte sie zu Weltruhm. Als ein paar Jahre später französische Revolutionstruppen Köln besetzten, nummerierten sie alle Häuser durch. Das Haus in der Glockengasse erhielt die Nummer 4711, die Mülhens dann als Markennamen etablierte.

Das Rezept will Mülhens von einem Kräutermönch als Hochzeitsgeschenk erhalten haben, doch das Wunderwasser gab es schon lange vorher. Der Erfinder war der Italiener Giovanni Paolo Feminis aus Crana. Für die Verbreitung in Deutschland sorgte allerdings sein seit 1709 in Köln lebender Landsmann Giovanni Maria Farina, der dort in einem Laden für Luxusartikel arbeitete. Nicht zuletzt dank Farinas Werbespruch, wonach der Duft an einen „italienischen Frühlingsmorgen, Narzissen und Orangenblüten kurz nach dem Regen" erinnern soll, trat das Eau de Cologne bald seinen Siegeszug an – und bis heute gibt es in Köln die beiden konkurrierenden Kölnischwasser-Hersteller Farina und Mülhens.

Stimmt es, dass ...

Charles **LINDBERGH** als Erster den Atlantik überflogen hat? **NEIN**

Hunderttausende von Franzosen waren am 21. Mai 1927 auf den Pariser Flughafen geströmt, um Charles Lindbergh begeistert zu empfangen. Der Amerikaner hatte geschafft, was sechs andere Flieger vor ihm mit dem Leben bezahlt hatten: den ersten Nonstopflug über den Atlantik von New York nach Paris. Durch eine Sammlung bei Geschäftsleuten aus St. Louis hatte er die 10 580 Dollar für das Flugzeug aufgebracht; ihnen zu Ehren gab er ihm den Namen *Spirit of St. Louis*. Außer einem Tank, der 2000 l Treibstoff fassen musste, um die 5760 km zu bewältigen, hatte er kaum etwas an Bord. Nach 33,5 Stunden war Lindbergh am Ziel.

Das Spektakel um den populären Piloten ließ diejenigen, die als Erste den Atlantik nonstop überquert hatten, in Vergessenheit geraten: John Alcock und Arthur W. Brown waren im Juni 1919 von Neufundland nach Irland geflogen. Damit gebührt Lindbergh eigentlich nur die Ehre, als Erster allein nonstop über den Atlantik geflogen zu sein. Dafür hatte er aber eine sehr lange Strecke gewählt – und eine, auf der ihm viel Aufmerksamkeit sicher war.

Ein gutes Beispiel für die Pressearbeit, die Charles Lindberghs Flug begleitete: eines der Fotos, das Lindbergh und die Spirit of St. Louis *vor dem Flug über den Atlantik zeigt.*

FLUGPIONIERE

Es müssen besonders waghalsige Menschen gewesen sein, die als Erste versuchten, die Gesetze der Schwerkraft zu überlisten und sich mit Flugmaschinen in die Lüfte zu heben – und viele bezahlten ihren Wagemut mit dem Leben. Doch nachdem die Brüder Wright 1903 das Flugzeug erfunden hatten, war die Entwicklung nicht mehr aufzuhalten.

Wer	Wann	Leistung
Orville u. Wilbur Wright	1903	260 m, 1. Flug überhaupt, USA
Henri Farman	1908	27 km, 1. längerer Flug bei Paris
Louis Blériot	1909	33 km, 1. Überquerung des Ärmelkanals
Albert C. Read	1919	1. Atlantiküberquerung, 19 Tage
J. Alcock u. A.W. Brown	1919	1. Nonstop-Atlantiküberquerung
verschiedene Piloten	1924	1. Weltumrundung, 15,5 Tage
Charles Lindbergh	1927	1. Nonstopflug New York – Paris

Wussten Sie schon, dass ...

der Concorde die schnellste Umrundung der Erde gelang?

Laut der *Fédération Aeronautique Internationale* dauerte die Erdumrundung der Air-France-Piloten Michel Dupont und Claude Hetru mit der legendären Concorde gerade einmal 31 Stunden, 27 Minuten und 49 Sekunden – 2 Stunden weniger als Lindberghs Atlantikflug.

Stimmt es, dass ...

nur noch in Großbritannien der **LINKSVERKEHR** gilt? **NEIN**

Heute gilt in 58 Staaten der Erde der Linksverkehr. In Europa sind das neben Großbritannien und Irland auch die ehemaligen britischen Kolonien Malta und Zypern. Umstellen müssen sich an den Rechtsverkehr gewöhnte Europäer außerdem in Australien, Indonesien, Japan und den meisten ostasiatischen Ländern mit Ausnahme von China.

Aus dem alten China stammt allerdings die älteste bekannte Regelung für die Benutzung der Straßenseiten. Das *Buch der Riten* empfiehlt: Männer rechts, Frauen links, Fuhrwerke in der Mitte. Im alten Eu-

Wussten Sie schon, dass ...

Cäsar die Fußgängerzone erfunden hat?

Um die Verkehrssituation in Rom und anderen Städten Italiens zu entspannen, verfügte Cäsar 46 v. Chr., dass Fuhrwerke und Reisewagen nur zwischen Sonnenuntergang und Sonnenaufgang in die Stadt hineinfahren durften. Tagsüber sollten die Straßen den Fußgängern vorbehalten bleiben. Wegen des Lärms konnte jetzt allerdings nachts niemand mehr schlafen.

ropa gab es dagegen lange Zeit keine festen Vorschriften. Man einigte sich meist nach Bedarf, wobei im Zweifelsfall das Recht des Stärkeren galt. Bei dem vergleichsweise geringen Verkehrsaufkommen sahen sich die Behörden auch nur in besonderen Ausnahmefällen dazu veranlasst, regulierend einzugreifen. Als im Jahr 1300 über 2 Mio. Pilger in die Stadt Rom strömten, versuchte Papst Bonifatius VIII. Ordnung in das Chaos zu bringen, indem er auf der Engelsbrücke Linksverkehr vorschrieb.

Auch in Großbritannien war eine Brücke für die Einführung des Linksverkehrs verantwortlich: Seit 1756 galt diese Regel auf der London Bridge, und der Highway Act von 1835 übertrug schließlich die Bestimmung auf das ganze Land. In vielen britischen Kolonien wurde ebenfalls links gefahren, und nach dem Ende der britischen Herrschaft behielten manche diese Gewohnheit bei. Andere, wie die USA, machten sich auch verkehrstechnisch unabhängig und fuhren nun rechts.

Stimmt es, dass ...

Martin **LUTHER** seine Thesen an eine Kirchentür angeschlagen hat? **NEIN**

Auch wenn es viele Bilder (hier eine Illustration aus dem 19. Jh.) behaupten, Luther hat seine Thesen wahrscheinlich nicht an die Tür der Kirche in Wittenberg geschlagen.

Martin Luther war zweifellos ein streitbarer Mann, der im Kampf gegen den Papst und die anderen kirchlichen Autoritäten nicht vor Polemik zurückschreckte. Aber hat der große Reformator wirklich jene Tat vollbracht, die von allen seinen Unternehmungen am nachhaltigsten im Gedächtnis der Menschen haften geblieben ist? Im Oktober 1517 soll der damals knapp 34-jährige Doktor der Theologie und Professor für Bibelexegese die berühmten 95 Thesen an das Portal der Schlosskirche zu Wittenberg geschlagen haben. Das war eine Kampfansage insbesondere an den Ablasshandel der Kirche, die gegen Geld den Gläubigen die Vergebung der Sünden versprach.

Aller Wahrscheinlichkeit nach muss die Geschichte von den 95 Thesen an der Wittenberger Kirche jedoch in das Reich der Fabeln verbannt werden. Luther selbst hat nie davon gesprochen, und Augenzeu-

gen hat es auch nicht gegeben. Erst nach Luthers Tod stellte der Reformator Philipp Melanchthon eine entsprechende Behauptung auf. Aber warum hätte Luther zu einem solch spektakulären Mittel greifen sollen? Nicht die Öffentlichkeit, sondern Vertreter der Kirche wollte er auf die Missstände aufmerksam machen. Die aber erreichte er am besten auf dem direkten Weg, und diesen wird der Reformator auch eingeschlagen haben. So dürfte er die 95 Thesen in der Form eines auf Latein verfassten theologischen Diskussionsbeitrags an die kirchlichen Würdenträger adressiert haben.

Dass Luther das innerkirchliche Gespräch und nicht den Beifall der Öffentlichkeit gesucht hat, geht auch aus einer anderen Tatsache hervor: Als die Thesen mithilfe des Buchdrucks sehr bald in großer Auflage verbreitet wurden, geschah es ohne seine Zustimmung und vielleicht sogar ohne sein Wissen.

Stimmt es, dass ...

der Portugiese Fernando **MAGELLAN** der erste Weltumsegler war? **JA**

Von Spanien aus und im Dienst spanischer Auftraggeber stach im September 1519 der Portugiese Fernando Magellan mit fünf Schiffen und 260 Mann Besatzung in See. Sie suchten einen neuen Weg nach Südostasien und zu den Molukken, von wo

man die so begehrten Gewürze importierte. Seit die Portugiesen den Indischen Ozean beherrschten, war die Passage für spanische Händler schwierig geworden, und man wollte erkunden, ob eine Umfahrung Südamerikas als Alternative infrage käme.

Magellan musste schon nach kurzer Zeit mit Meutereien und Stürmen kämpfen, erreichte aber dennoch im Oktober 1520 auf der später nach ihm benannten Magellanstraße sein erstes Ziel, die Südspitze Südamerikas. Während der folgenden, 3 Monate und 20 Tage dauernden Überquerung des Pazifiks gab es dann keinerlei Nachschub an frischen Lebensmitteln, und viele der Besatzungsmitglieder erkrankten an Skorbut. Im März 1521 erreichte man endlich die Philippinen, wo Magellan jedoch bei einer Stammesfehde von Eingeborenen erschlagen wurde.

Das Kommando übernahm daraufhin Juan Sebastiano del Cano, unter dessen Führung die Überlebenden der Expedition im September 1522 zurückkehrten. Nur ein einziges Schiff, Magellans Victoria, war übrig geblieben, und nach 3 Jahren Fahrt konnten gerade noch 18 Seeleute wieder spanischen Boden betreten. Magellan war es nicht vergönnt gewesen, das Ende der ersten Weltumsegelung zu erleben.

DIE REISE DES MAGELLAN

Auf der Suche nach einer Westroute zu den Molukken gelang die erste Weltumsegelung. Magellan starb jedoch vor der Rückkehr nach Spanien.

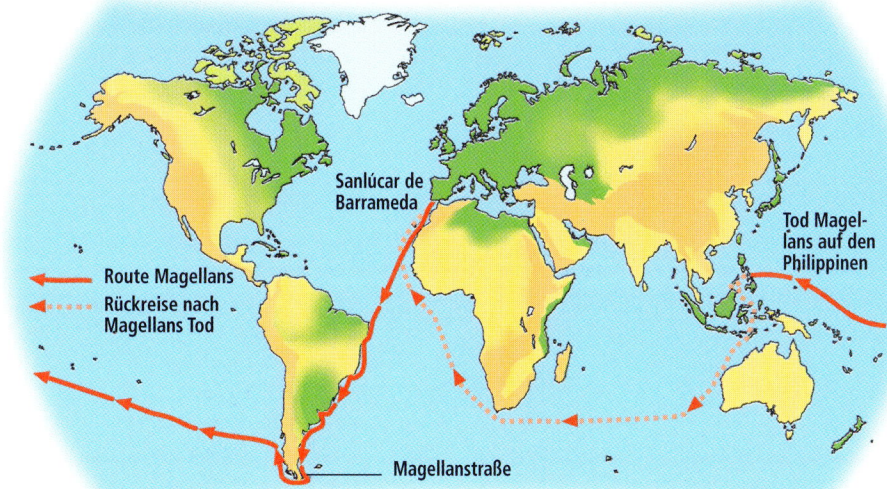

ABER: Der erste Kommandant, der eine Erdumsegelung auch selbst beendete, war der englische Admiral Sir Francis Drake, der von 1577 bis 1580 Magellans Spuren folgte.

Wussten Sie schon, dass ...
zur Tagesration eines Matrosen 1 l Wein gehörte?

Die Lebensmittel für die Schiffsbesatzung waren bei einer längeren Seereise streng eingeteilt. Eine spanische Vorratsliste aus dem Jahr 1530 verzeichnet als tägliche Ration pro Mann 1 l Wein. Zur Grundversorgung gehörten zudem 675 g Brot, kleine Mengen Fisch, Käse, Kichererbsen und Trockenfleisch sowie 1 l Wasser zum Trinken und 0,5 l Wasser zum Waschen.

Stimmt es, dass ...
MÄRCHEN für Kinder erzählt und geschrieben wurden? 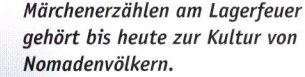 NEIN

Zu allen Zeiten und in allen Kulturen erfreuten sich Märchen großer Beliebtheit. Vergleichende Untersuchungen von Sagenforschern ergaben, dass die Grundmotive überall sehr ähnlich sind. Phantasievoll müssen sie sein und von wundersamen Begebenheiten erzählen. Wichtig ist der gerechte Ausgleich, der immer auch eine moralische Botschaft in sich trägt. Besonders in Indien und im Vorderen Orient waren Märchen populär und gelangten über Händler, Soldaten oder Seeleute nach Europa. Doch auch das Sagengut der Kelten hat die Märchen im west- und mitteleuropäischen Raum geprägt.

Lange Zeit wurden Märchen nur mündlich überliefert oder, wie an den Höfen des Mittelalters, von Spielleuten vorgetragen.

Märchenerzählen am Lagerfeuer gehört bis heute zur Kultur von Nomadenvölkern.

Unter den Zuhörern waren auch Kinder, doch die eigentliche Zielgruppe bildeten Erwachsene. Viele Märchen sind ganz eindeutig für Kinder gar nicht geeignet. Wenn beispielsweise Aschenputtels Stiefschwestern sich die Füße verstümmeln, um in den kleinen Schuh zu passen, und ihnen Tauben die Augen ausstechen, erscheint das nicht nur heute wenig kindgerecht. Die Brüder Jakob und Wilhelm Grimm, die viele mündlich überlieferte Märchen aufzeichneten, nannten ihre Sammlungen *Kinder- und Hausmärchen* und *Deutsche Sagen* und machten damit deutlich, dass sie durchaus nicht nur an kleine Hörer und Leser gedacht hatten.

Stimmt es, dass ...

MARK TWAIN nur das Pseudonym des berühmten Schriftstellers ist?   JA

Nachbauten von Mississippi-Dampfern aus Mark Twains Zeit befördern heute nur noch Touristen.

Rief der Kapitän eines Mississippi-Dampfers *mark twain*, dachte er sicher nicht an den berühmten Schriftsteller dieses Namens, sondern er forderte damit seinen Lotsen auf, die Tiefe des Wassers festzustellen und, wie die wörtliche Übersetzung lautet, „zwei Faden" Tiefe zu markieren. Während seiner Tätigkeit als Lotse auf dem größten Strom Nordamerikas hatte ein gewisser Samuel Langhorne Clemens diesen Befehl so oft gehört, dass er ihn zu seinem Pseudonym machte.

Theoretisch hätte sich Mr. Clemens seinen Künstlernamen auch aus einigen anderen Berufsfeldern auswählen können. Ursprünglich hatte er eine Lehre als Setzer gemacht, war dann als Goldgräber nach Kalifornien gezogen und hatte schließlich in San Francisco als Reporter gearbeitet.

Reichtum und Ruhm erwarb er jedoch erst als Autor zahlreicher Bücher und Kurzgeschichten. Am bekanntesten sind die beiden Jugendbücher, die er in der Kleinstadt Hannibal, in der er selbst aufgewachsen war, spielen ließ. 1876 erschien *The Adventures of Tom Sawyer* (Die Abenteuer von Tom Sawyer), 1884 folgte die Fortsetzung *The Adventures of Huckleberry Finn* (Die Abenteuer von Huckleberry Finn). In ihnen lässt der Autor die Pionierzeit Amerikas wieder aufleben. Humorvoll und lebensnah schildert Twain die Abenteuer seiner Hauptfiguren, die er nach eigener Aussage zum großen Teil selbst erlebt hatte.

Im Übrigen war Samuel Clemens nicht der Erste, der auf die Idee kam, sich das Pseudonym Mark Twain zuzulegen. So hatte sich bereits ein gewisser Isiah Seller genannt, seines Zeichens ebenfalls ein ehemaliger Mississippi-Lotse und Schriftsteller – allerdings eher erfolglos in diesem Beruf. Der ungleich berühmtere Mark Twain hat sich sogar den Spaß erlaubt, die literarischen Versuche seines Namensvetters in Zeitungsartikeln zu parodieren.

Wussten Sie schon, dass ...

die erste Briefmarke 1653 gedruckt wurde?

Als Erster versah der Pächter der Pariser Stadtpost, de Valayer, im Jahr 1653 Briefe mit einem Papierstreifen, der anzeigen sollte, dass deren Beförderung bezahlt war. Der Papierstreifen trug die Aufschrift *Billet de Post payé* (bezahlte Postsendung). In Deutschland wurden zuerst in Bayern (1. November 1849) und seit dem 1. Januar 1872 im ganzen Deutschen Reich Briefmarken gedruckt.

Stimmt es, dass ...

die blaue MAURITIUS die teuerste Briefmarke der Welt ist?   NEIN

Die zurzeit teuerste Briefmarke der Welt ist die Tre Skilling Banco, ein schwedischer Fehldruck mit gelber statt grüner Farbe. Am 8. November 1996 erzielte sie auf einer Versteigerung in Genf den Rekordbetrag von umgerechnet etwa 1,8 Mio. Euro.

Die blaue Mauritius wird in Philatelistenkreisen dagegen auf „nur" 500 000 Euro geschätzt. Sie ist also nicht die wertvollste, sicher aber die berühmteste Marke der Welt.

Ihr legendärer Ruf geht vor allem auf die kuriosen Umstände ihrer Herstellung zurück. Am 21. September 1827 wollte auf Mauritius, einer Insel der Maskarenen im Indischen Ozean und damals eine britische Kronkolonie, ein Graveur die Marke drucken. Doch er hatte, wie es heißt, vollkommen vergessen, was am linken Rand der Marke stehen sollte. So setzte er einfach die Worte *post office* (Postamt) hinzu. Eigentlich hätte es jedoch *post paid* (Porto bezahlt) heißen müssen. 24 dieser falsch bezeichneten Marken wurden damals gedruckt, zwölf in Blau und zwölf in Orange. Es gibt sie heute in gestempelter und ungestempelter Form.

DIE SELTENSTEN BRIEFMARKEN

Eigentlich sollen Briefmarken anzeigen, dass die Gebühr für die Beförderung der Postsendung bezahlt wurde. Marken waren aber immer auch begehrte Sammelobjekte. Für seltene Exemplare oder solche mit einer besonderen Geschichte werden auf Versteigerungen Rekordsummen bezahlt. Die Tabelle zeigt die Preise in Euro, die von einigen berühmten Marken erreicht wurden.

Marke	gestempelt	ungestempelt
British Guyana 9	1.500.000	–
Mauritius Orange	300.000	700.000
Mauritius Blau	300.000	500.000
Hawaii Blau	250.000	–
Uganda Protektoriat 10-16	150.000	–
Bermuda 1	100.000	–
Togo, Franz. Besetzung 16	100.000	–

Stimmt es, dass ...

die MONA LISA von Leonardo da Vinci das wertvollste Gemälde der Welt ist?

NEIN

Der Erfinder und Bildhauer Leonardo da Vinci hat im Jahr 1504 auch einmal zum Pinsel gegriffen und die rätselhaft lächelnde Dame porträtiert, deren Gesicht heute fast jeder kennt. Es soll sich um Lisa, die Gattin des Florentiner Adligen Francesco Giocondo handeln, und *Gioconda* hieß auch das Gemälde, bevor es die zusätzliche Bezeichnung *Mona Lisa*, Frau Lisa, erhielt.

Das Porträt ist zweifellos eines der berühmtesten Gemälde der Welt, sein Wert kann jedoch nicht einmal geschätzt werden, da es seit Jahrzehnten im Pariser Louvre hängt und offiziell nie zum Verkauf gestanden hat. Als es 1911 aus dem Museum gestohlen wurde, ist kein Lösegeld bezahlt worden, das als Anhaltspunkt für den Wert dienen könnte. Im Dezember 1913 wurde es in Florenz wieder gefunden und an den Louvre zurückgegeben.

Das zurzeit teuerste Gemälde ist Picassos *Jüngling mit Pfeife*, das im Mai 2004 für 104 Mio. Dollar versteigert wurde.

Auf Versteigerungen wie hier bei Christie's werden immer neue Verkaufsrekorde erzielt.

Wussten Sie schon, dass ...
sich Napoleon die Mona Lisa ins Schlafzimmer gehängt hat?

Kurz vor seinem Tod hatte Leonardo da Vinci die Mona Lisa an den französischen König Franz I. verkauft. Das Bild blieb dann im Besitz der Krone Frankreichs. Napoleon war von dem Porträt so angetan, dass er es in sein Schlafzimmer hängen ließ. Nach der Verbannung des Kaisers nach Sankt Helena im Jahr 1814 wurde das Bild in den Louvre gebracht, wo es auch heute noch zu sehen ist.

Stimmt es, dass ...

die **MORMONEN** mehrere Frauen haben dürfen? NEIN

Dem Farmersohn Joseph Smith, der die *Church of Jesus Christ of Latter-Day Saints* (Kirche Jesu Christi der Heiligen der letzten Tage) 1830 im amerikanischen Bundesstaat New York ins Leben rief, ging es vor allem um die Wiederherstellung der Urkirche. Er sah sich als Prophet dieser neuen Religion, und seine Offenbarungen und Erscheinungen wurden zur Grundlage eines Buches mit dem Titel *Mormon*, nach dem man den Mitgliedern der rasch wachsenden Gemeinde den Namen Mormonen gab. Smith schrieb von einer angeblichen Einwanderung biblischer Stämme nach Amerika und von einem dortigen Wirken Christi. Der Gründer der „einzig wahren christlichen Kirche auf Erden" propagierte auch die Vielehe: Sie entspreche den Wünschen Gottes und sei zudem wichtig für die Arterhaltung. Er wurde deswegen angefeindet und schließlich 1844 von aufgebrachten Gegnern ermordet.

In Utah fanden die Mormonen 1847 eine neue Heimat. Sie gründeten Salt Lake City, bauten dort einen großen Tempel und kultivierten das unfruchtbare Land. Die angestrebte Aufnahme Utahs als Bundesstaat in die Union scheiterte zunächst an der von den Mormonen weiter praktizierten Polygamie. Aus diesem Grund – und weil man das Schicksal von Smith nicht vergessen hatte – wurde sie 1890 offiziell abgeschafft.

Weltweit gibt es aber auch heute noch Mormonen mit mehreren Ehefrauen. Im August 2001 beispielsweise wurde in Salt Lake City der Mormone Tom Green wegen Vielweiberei zu fünf Jahren Haft verurteilt.

Der Mormone Tom Green stand 2001 vor Gericht, weil er mit 5 Frauen verheiratet war und mit ihnen insgesamt 29 Kinder zeugte.

Stimmt es, dass ...

Rembrandts **NACHTWACHE** tatsächlich eine Nachtwache zeigt? NEIN

Wussten Sie schon, dass ...
Rembrandt als armer Mann gestorben ist?

Heute wäre der berühmte Maler sicherlich einer der reichsten Männer der Welt. Im Lauf seines künstlerischen Schaffens fertigte er nicht weniger als 700 Gemälde, 300 Radierungen und 1800 Handzeichnungen an, deren Gesamtwert überhaupt nicht abzuschätzen ist. Zu Lebzeiten litt Rembrandt jedoch unter chronischem Geldmangel und starb 1669 einsam und mittellos. Begraben ist er in der Westerkerk in Amsterdam.

Dem 1642 vollendeten und heute als *Nachtwache* bekannten Bild gab der niederländische Maler den Titel *Die Kompagnie des Kapitäns Frans Banning Cocq*. Mit dieser Auftragsarbeit sollte nämlich der Auszug einer Schützengesellschaft unter der Führung des Kapitäns auf die Leinwand gebannt werden. Da die Szene und vor allem der Hintergrund von Rembrandt in ein eigentümliches Dunkel gehüllt worden war, bürgerte sich bald der Name *Nachtwache* ein.

Im Lauf der Jahrhunderte dunkelten die Farben durch äußere Einflüsse wie Rauch und Ruß weiter nach und verstärkten noch den düsteren Eindruck. Kurz nach dem Zweiten Weltkrieg wurde das Bild restauriert, wobei man die Farben etwas aufhellte. Das war aber kein Grund, den längst vertrauten – wenn auch falschen – Namen wieder zu ändern.

Zum düsteren Hintergrund von Rembrandts Bild bemerkten kritische Betrachter, es sei „zu wenig Licht angesteckt" worden. Auch diesem Umstand verdankt es den Namen Nachtwache.

Stimmt es, dass...

NAPOLEON in Europa den Rechtsverkehr eingeführt hat?   JA

Bevor der französische Kaiser ordnend in das Verkehrswesen eingriff, hatte es in Europa keine einheitlichen Regeln und Vorschriften gegeben. In weiten Teilen Mittel- und Osteuropas sowie auf den Britischen Inseln fuhr man links, im Westen des Kontinents im Allgemeinen eher rechts. In Frankreich hatte man während der Französischen Revolution in Paris den Rechtsverkehr verbindlich eingeführt. Außerhalb der Metropole durfte dagegen jeder die Straßenseite nach Belieben wählen, wobei Militärfahrzeuge sich nach Möglichkeit rechts zu halten hatten.

Als Napoleon ab 1803 seinen Siegeszug durch weite Teile Europas antrat, ordnete er überall an, dass im Straßenverkehr künftig nur noch die rechte Seite zu benutzen sei. Wo die Franzosen herrschten, galt ab diesem Zeitpunkt also eine einheitliche Regelung. Aus praktischen Gründen blieben die betroffenen Staaten beim Rechtsverkehr, auch nachdem der Korse wieder von der politischen Bühne verschwunden

war und sie ihre Unabhängigkeit zurückgewonnen hatten.

Eine Ausnahme bildete dabei Österreich. Um gegenüber dem französischen Erzfeind Selbstbewusstsein zu demonstrieren, kehrte man nach dem Ende der Herrschaft Napoleons zum vorher üblichen Linksverkehr zurück. Das führte allerdings zu Irritationen, und viele Österreicher wollten, wie die meisten anderen Kontinentaleuropäer auch, lieber rechts fahren. Im Jahr 1929 scheiterte die von vielen erwünschte Änderung im Verkehrswesen an Umbaumaßnahmen der Stadtbahn in Wien. Daraufhin plante man die landesweite Umstellung für den 1. Dezember 1932. Aufgrund der unsicheren politischen und wirtschaftlichen Lage konnten aber nur Kärnten und Osttirol den Termin einhalten, während das restliche Österreich weiterhin links fuhr. Erst mit dem so genannten „Anschluss" an Deutschland unter den Nationalsozialisten im März 1938 setzte sich im ganzen Land der Rechtsverkehr durch.

Dass Napoleon auch als Verkehrsplaner tätig war, ist eher unbekannt.

Stimmt es, dass...

die NEANDERTALER vom Homo sapiens verdrängt wurden?   NEIN

Die Neandertaler waren keine Vorläufer des *Homo sapiens,* sondern gehörten selbst zu jenem frühen, altsteinzeitlichen Homiden-Typus, mit dem die Geschichte des vernunftbegabten Menschen begann.

Etwa 300 000 v. Chr. wurde der Schritt vom *Homo erectus,* dem aufrecht gehenden Wesen, zum *Homo sapiens* vollzogen, der sich vom Vorgänger vor allem durch ein erheblich größeres Gehirnvolumen unterschied. Diese ersten Menschen konnten Werkzeuge herstellen und benutzen; nach dem verwendeten Material wird die Epoche als Steinzeit bezeichnet. Schon lange beherrschte man auch den Umgang mit dem Feuer; das erste bekannte Beispiel dafür ist der Peking-Mensch, der vor 1 Mio. Jahre lebte.

Benannt ist der Neandertaler nach dem Neandertal bei Düsseldorf, wo im Jahr 1856 sein Skelett erstmals gefunden wurde. Neben dem charakteristischen großen Gehirn hatte dieser *Homo sapiens neanderthalensis* eine flache Stirn und ein Spitzgesicht ohne Gruben unter den Augenhöhlen. Gelebt hat er nicht nur in Europa, sondern auch in Usbekistan und im Nahen Osten. Chronologisch ist er

Neandertaler (Bildmitte) und Homo sapiens sapiens *(rechts daneben) sind parallele Entwicklungen desselben Hominiden-Typus, dem der Menschenaffe und der* Homo erectus *vorausgingen. Während der Neandertaler verschwand, ist der* Homo sapiens sapiens *der unmittelbare Vorläufer des heutigen Menschen.*

gut 200 000 Jahre jünger als der älteste *Homo sapiens*. Allerdings ist er wiederum um einiges älter als der so genannte *Homo sapiens sapiens*, der eine weitere Entwicklungsstufe in der menschlichen Evolution darstellt und der als der unmittelbare Vorläufer des heutigen Menschen gilt.

Aber erst mehr als 90 000 Jahre nach dem ersten Auftreten des Neandertalers trennten sich die bisher parallel verlaufenden Wege von *Homo sapiens neanderthalensis* und *Homo sapiens sapiens*. Letzterer wandelte sich um 9000 v. Chr. vom Jäger und Sammler zum Bauern, der Getreide anbaute und Viehzucht betrieb. Zudem begann er, sich in Siedlungen niederzulassen. Der Neandertaler aber lebte noch überwiegend im Freien – eine Lebensweise, die letztendlich zu seinem Verschwinden aus der Menschheitsgeschichte führte.

Wussten Sie schon, dass ...
Kaiser Augustus die erste Feuerwehr in Rom gründete?

Vor der Herrschaft des Augustus gab es in Rom ausschließlich private, aus Sklaven gebildete Garden zur Bekämpfung der häufigen Brände. Augustus gründete 22 v. Chr. die erste staatliche Feuerwehr mit zunächst nur 600 Mann. 6 n. Chr. wurde sie auf 7000 Mann aufgestockt und in sieben Abteilungen gegliedert.

Der Brand von Rom bot immer wieder Anlass für Spekulationen darüber, ob es sich um Brandstiftung handelte (Ölgemälde „Brennender Palast in Rom", Pierre-Jacques Antoine Volaire, vor 1802).

Stimmt es, dass ...
Kaiser **NERO** seine eigene Hauptstadt Rom in Brand gesetzt hat?   **NEIN**

Bei der verheerenden Brandkatastrophe, die im Juli 64 n. Chr. Rom heimsuchte, wüteten die Flammen 9 Tage lang. Am Ende waren zwei Drittel der Stadt zerstört.

Schon bald kursierten Gerüchte, Kaiser Nero selbst habe das Feuer legen lassen, um die Hauptstadt des Imperiums nach seinen Vorstellungen neu gestalten zu können.

Tatsächlich ging der Kaiser sofort nach dem Brand daran, die Stadt prächtig auszubauen, und um den Verdacht von sich abzulenken, beschuldigte er die Christen von Rom der Brandstiftung. Diese Verleumdung fiel auf fruchtbaren Boden, weil die Christen sich ganz anders verhielten, als es die Römer gewöhnt waren. Man bezichtigte sie des „Hasses auf die Menschheit", und in einem grausamen Schauspiel ließ Nero viele Christen in seinem Park ans Kreuz schlagen und verbrennen.

In Wirklichkeit aber waren weder die Christen noch der Kaiser für das Feuer verantwortlich gewesen. Brände waren in Rom an der Tagesordnung, und oft genügte eine Unachtsamkeit, um in den engen Straßen ein Inferno zu entfachen. Nero war nicht der Schuldige, doch dass man ihn überhaupt verdächtigte, zeigt, was die Römer dem Tyrannen alles zutrauten.

Stimmt es, dass ...
die umstrittenen **NOTSTANDSGESETZE** heute noch in Kraft treten können?   **JA**

Bis heute sind die Notstandsgesetze von 1968 in Kraft und wurden sogar im Zug der zunehmenden terroristischen Bedrohung teilweise ausgeweitet. Das 17. Gesetz zur Änderung des Grundgesetzes, das der Deutsche Bundestag am 30. Mai 1968 verabschiedet hatte, trat am 24. Juni desselben Jahres mit seiner Veröffentlichung im Bundesgesetzblatt in Kraft. Dabei waren diese Gesetze selbst im Parlament sehr umstritten. Die oppositionelle FDP lehnte sie ebenso ab wie 54 Abgeordnete der Großen Koalition aus CDU/CSU und SPD. Dennoch gelang es den Regierungsfraktionen, die nötige Zweidrittelmehrheit zu erreichen. Begleitet war das Verfahren auch von heftigen Protesten der Bevölkerung. Noch im Mai hatten die Gegner in Bonn eine der größten Demonstrationen der Nachkriegszeit organisiert.

Im Mai 1968 demonstrierten in Bonn auch evangelische Pfarrer gegen die umstrittenen Notstandsgesetze.

Der Widerstand richtete sich vor allem gegen die in der Notstandsverfassung vorgesehene Einschränkung demokratischer Grundrechte, zu der sich die Regierung veranlasst sah, um im Verteidigungsfall, bei inneren Unruhen und Naturkatastrophen die Gesetzgebungskompetenz des Bundes zu erweitern. So wurde für den Notfall das Brief-, Post- und Fernmeldegeheimnis eingeschränkt, und Bundeswehr und Bundesgrenzschutz wurde die Möglichkeit gegeben, bei gewalttätigen inneren Auseinandersetzungen einzugreifen.

Hintergrund dieser Maßnahmen waren die vor allem von Studenten in Deutschland und ganz Westeuropa ausgegangenen Aktionen gegen die herrschenden politischen und gesellschaftlichen Systeme.

Stimmt es, dass ...

ÖSTERREICH einmal eine beeindruckende Flotte hatte? 　JA

Vielen mag im Zusammenhang mit österreichischen Aktivitäten zu Wasser allein die – allerdings immer rege – Donauschifffahrt einfallen. Tatsächlich waren die Österreicher lange Zeit auch im Besitz einer ansehnlichen maritimen Flotte. Deren Anfänge reichen bis in das späte 14. Jh. zurück, als das Haus Habsburg in den Besitz von Küstengebieten der nördlichen Adria mit dem Haupthafen Triest kam. Unter Kaiser Joseph II. entstand hier gegen Ende des 18. Jh. eine noch recht bescheidene Kriegsmarine aus 14 Segelschiffen, die während der Kriege gegen Napoleon zum Transport von Truppen diente.

Nachdem zu Beginn des 19. Jh. auch Venedig und Häfen an der dalmatinischen Küste unter die Kontrolle der Habsburger kamen, erlangte die österreichische Flotte eine beachtliche Bedeutung. 1866 fand bei Lissa, der heutigen Insel Vis, die größte Seeschlacht der österreichischen Geschichte

Wussten Sie schon, dass ...
im 19. Jh. fast 43 Mio. Menschen im Reich der Habsburger lebten?

Berechnungen der Einwohnerzahlen des Habsburger-Reiches um 1890 ergeben eine Zahl von 42 848 000 Menschen. Davon lebten allerdings nur 23 895 000 auf österreichischem Boden. 17 349 000 waren Bewohner des ungarischen Königreiches und setzten sich aus Ungarn, Kroaten und Slowenen zusammen. Weitere 1 604 000 der habsburgischen Untertanen stammten aus Bosnien-Herzegowina.

1864 kämpfte die österreichische Flotte an der Seite Preußens im 2. Deutsch-Dänischen Krieg um Schleswig.

DIE SEEREISEN DER KAISERIN ELISABETH

Kaiserin Elisabeth I., Ehefrau von Kaiser Franz Joseph I. von Österreich, besser bekannt als Sisi, gehörte zu den eifrigsten Benutzerinnen der habsburgischen Flotte. Viele ihrer Seereisen auf der zur Flotte gehörenden Jacht Miramar führten sie vom gleichnamigen Hafen an der nördlichen Adria durch das gesamte Mittelmeer.

Ihre Begeisterung für derartige Reisen entdeckte sie im September 1874 bei einer stürmischen Überfahrt von Griechenland nach Italien, als sie als Einzige ihres Hof-

staats nicht seekrank wurde. 1885 besuchte sie Rhodos und andere griechische Inseln und segelte weiter bis in die Türkei. Auf Korfu hatte sie ein Haus gekauft und verbrachte dort seit 1887 jedes Jahr einige Zeit. Im Winter 1889 brachte das Schiff sie über Sizilien nach Malta und Tunis. Ihre größte Seereise dauerte von August bis Oktober 1890, als sie von Dover über Portugal Nordafrika aufsuchte und über Korsika, Marseille und Italien wieder nach Wien heimreiste.

gegen die italienische Flotte statt. 1883 gehörten elf Schlachtschiffe, elf Kreuzer, 14 Torpedoboote und eine große Anzahl kleinerer Schiffe zum Flottenkontingent.

Die österreichische Flotte wurde aber nicht nur zu kriegerischen Zwecken einge-

setzt. Bis 1914 unternahmen habsburgische Kapitäne 85 Missions- und Handelsreisen zu so fernen Zielen wie Ostasien und Australien. Zwischen 1857 und 1859 segelte die Fregatte *Novara* um die Welt; unter der Flagge des Österreichischen Lloyd befuhren Schiffe regelmäßig die Strecke Triest–Bombay. Das Ende der k.u.k.-Monarchie im Ersten Weltkrieg war dann auch das Ende der österreichischen Seemacht.

So soll der Skandal an die Öffentlichkeit gekommen sein: Mitten auf der Straße bringt die Päpstin ein Kind zur Welt.

Stimmt es, dass …

es einmal einen weiblichen PAPST gegeben hat?　JA

Eine Frau an der Spitze der von Männern beherrschten katholischen Kirche? Eine unglaubliche Vorstellung – und doch entspricht sie der Wahrheit. Leider ist aber die Tatsache, dass es einen weiblichen Papst gegeben hat, die einzige Gewissheit in dieser mysteriösen Angelegenheit. Unzählige Mythen und Legenden ranken sich um ihre Gestalt, sodass noch nicht einmal ihr Name und ihre Lebenszeit mit Sicherheit ermittelt werden können.

Über Jahrhunderte hinweg hat die erste und einzige Frau auf dem Stuhl Petri als positives wie abschreckendes Beispiel herhalten müssen. Für Frauenrechtlerinnen etwa ist sie, da sie die „männlichste" aller Domänen erobert hat, Protagonistin im Kampf gegen eine von Männern dominierte Welt. Protestantische Theologen haben ihre Existenz vehement bestätigt, ihre katholischen Kollegen dagegen sie ebenso heftig bestritten – aus der Furcht, das Beispiel könne Schule machen und die Welt des Vatikans in Aufruhr bringen. So passte jeder die Geschichte seinen eigenen Interessen an und trug dazu bei, dass die Rekonstruktion der realen Ereignisse immer schwieriger wurde.

In den Listen der Päpste taucht Johanna, wie sie seit dem 14. Jh. in den Quellen genannt wird, nicht auf. Die Spekulationen darüber, wann sie gelebt hat, reichen daher von der Mitte des 9. bis zum Anfang des 11. Jh. Fest steht jedoch, dass die frühesten Aufzeichnungen nicht an ihrer Existenz zweifeln. Voller Entrüstung wird dort von einer Frau berichtet, die sich Männerkleider angelegt und es dank ihrer Bildung und einer gehörigen Portion Ehrgeiz bis auf den Papstthron geschafft habe. Doch schließlich habe eine ganz und gar unpäpstliche Schwangerschaft die Wahrheit an den Tag gebracht. Manche Quellen behaupten, die Päpstin habe das Kind auf der Straße gebären müssen und sei dabei gestorben. Andere Aufzeichnungen berichten dagegen, sie sei später aufgrund eines Gerichtsurteils gesteinigt worden. Die Kleriker Roms indes waren seitdem darum bemüht, eine Wiederholung des unsäglichen Vorfalls zu verhindern. Und der Legende nach mussten neu gewählte Päpste gar eine Überprüfung ihrer Männlichkeit auf einem Stuhl, der in der Mitte mit einem Loch ausgestattet war, über sich ergehen lassen.

Stimmt es, dass ...
PÄPSTE nicht abdanken können?   NEIN

Gerade fünf Monate hatte die Amtszeit des Einsiedlermönchs Pietro del Murrone als Papst Coelestin V. gedauert, als er am 13. Dezember 1294 seine Abdankungsformel verlas und seine päpstlichen Gewänder ablegte, um wieder Mönch zu werden. Nur widerstrebend hatte sich der fromme Mann zum Amtsantritt überreden lassen, und schnell musste er einsehen, dass er nur ein Spielball der Mächte war. In kürzester Zeit reihte sich für den über 80-Jährigen Misserfolg an Misserfolg. Als es ihm nicht einmal gelang, seinen Platz in Rom einzunehmen, das zu diesem Zeitpunkt von Karl von Anjou beherrscht wurde, zog er die Konsequenzen. Aus Sorge um seine große Verantwortung und das eigene Seelenheil wandte er sich an seine Kardinäle, die dem

greisen Coelestin eine Last von der Seele nahmen, indem sie ihm bestätigten, dass ein Rücktritt ohne weiteres möglich sei.

Die Absicht des ehemaligen Papstes, wieder in seine bescheidene Klosterzelle zurückzukehren, wurde jedoch von seinem Nachfolger vereitelt. Bonifatius VIII. ließ Coelestin bis zu seinem Tod am 19. Mai 1296 im Kastell Fumone in Haft halten. Er befürchtete, seine Gegner könnten den Rücktritt rückgängig machen und seinen Vorgänger als Gegenpapst präsentieren.

Trotz der großen Aufregung, die die bis heute einzige Abdankung eines Papstes damals hervorrief, wurde an ihrer Rechtmäßigkeit nie gezweifelt. Und es gibt auch keine Bestimmung, die diesen Schritt untersagt.

Stimmt es, dass ...
es den Fluch des PHARAOS wirklich gibt?   NEIN

Mit dem Tod von Lord Carnavon am 6. April 1923 entstand die Legende vom Fluch des Pharaos. Nach dreiwöchigem Leiden erlag der Mann, der Howard Carters Erforschung des Grabes von Pharao Tutenchamun finanziert hatte, den Folgen eines Insektenstichs. Kritiker, die meinten, man dürfe die ewige Ruhe des Pharaos nicht stören, sahen sich bestätigt, als weitere beteiligte Archäologen starben. Die Presse, die den Arbeiten im Tal der Könige eine nie dagewesene Aufmerksamkeit gewidmet hatte, „vergaß" allerdings meist zu erwähnen, dass fast alle Todesfälle natürlicher Art waren. Das angeblich 21. Opfer des Fluches der Pharaonen beispielsweise war schon vor den Ausgrabungen krank gewesen und hatte seine Tätigkeit abbrechen müssen.

Als Erster von vielen konnte der deutsche Archäologe Georg Steinhoff 1933 belegen, dass der Fluch in das Reich der Fabel gehört. Weder findet er sich auf den Grabinschriften, noch auf den kleinen magischen Figuren, die man im alten Ägypten den Toten mit ins Grab gab. Zu lesen war dort nur der Wunsch, der Feind des Osiris – der Verstorbene wurde mit dem ägptischen Toten-

gott gleichgesetzt – solle, in welcher Gestalt er auch immer komme, vertrieben werden. Eine Fluchformel, die auf den Tod von Grabstörern zielte, gibt es nicht.

Bis heute aber hat der angebliche Fluch der Pharaonen nichts von seiner Zugkraft eingebüßt. Schon oft hat die Wissenschaft einsehen müssen, dass mysteriöse Fiktion spannender als seriöse Tatsachen ist. Und so findet die Legende seit nunmehr über 80 Jahren überzeugte Anhänger.

Wussten Sie schon, dass ...
katholische Priester früher heiraten durften?

Bis zum Jahr 1122 durften katholische Priester die Ehe eingehen. Allerdings gab es schon lange zuvor Bestrebungen in der Kirche, diesen Zustand zu ändern. Man wollte vor allem verhindern, dass die Kinder der Priester Anspruch auf deren Amt und Besitz anmeldeten, die ihnen nur verliehen waren. Da ein Kleriker ohne Frau und Kinder zudem leichter in das kirchliche System zu integrieren war, verankerte man im Wormser Konkordat von 1122 das Zölibat auch für Priester.

Wussten Sie schon, dass ...
die längste Amtszeit eines Papstes 32 Jahre dauerte?

Das Pontifikat Pius' IX. dauerte von 1846 bis 1878. Der am 13. Mai 1792 in Senigallia geborene Giovanni Conte Mastai-Ferretti wurde mit 54 Jahren Papst und starb im 86. Lebensjahr. In seine Amtszeit fielen die italienische Revolution von 1848, die Einigung des Landes, die Krönung von Vittorio Emanuele am 17. März 1861, die Einberufung des Ersten Vatikanischen Konzils im Dezember 1869 und die Erklärung zur Unfehlbarkeit des Papstes am 13. Juli 1870.

Howard Carter (links) im Grab des Tutenchamun bei der Begutachtung der Fundstücke (Originalfoto aus dem Winter 1923/24).

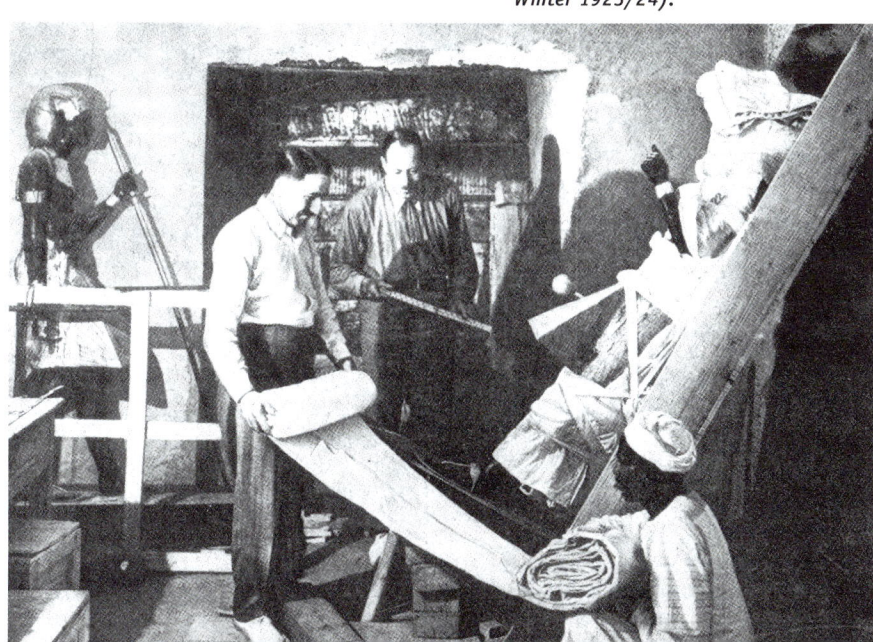

Seit 1949 führen die Bürger Hamelns jeden Sommer die Geschichte um den Rattenfänger auf – bisher schon über 1000-mal.

Stimmt es, dass …

die Sage vom RATTENFÄNGER einen realen Hintergrund hat?   JA

Kein anderer hat so sehr zum Ruhm der Stadt Hameln beigetragen wie der sagenumwobene Rattenfänger. Jedes Kind kennt die Geschichte von dem Pfeifenspieler, dem statt der Ratten die Kinder aus der Stadt gefolgt sind.

Weniger bekannt ist aber, dass die Geschichte einen wahren Hintergrund hat. Als bei der Besiedlung Mährens im 12. und 13. Jh. Bedarf an jungen Männern und Frauen bestand, schickte der Bischof von Ölmütz seine Lokatoren aus, wie man im Mittelalter diejenigen nannte, die mit der Gründung und Besiedlung einer Stadt beauftragt waren. Aus Hameln folgte eine große Zahl junger Menschen deren Aufruf zur Auswanderung in die Fremde.

Um die Mitte des 15. Jh. erschien eine Handschrift, die diese historische Begebenheit mit einer damals beliebten Geschichte um einen Pfeifer verband, der Ratten vertreiben konnte. Nach dieser Version hat der Rattenfänger im Jahr 1284 insgesamt 130 Kinder aus der Stadt Hameln geführt.

Stimmt es, dass …

man an REITERSTANDBILDERN ablesen kann, wie der Reiter ums Leben kam?   NEIN

Steht das Pferd eines Reiterstandbilds mit mindestens drei Beinen auf dem Boden, ist der Reiter friedlich im Bett gestorben. Zieht das Pferd die Vorderbeine an und balanciert seinen Körper auf den gebeugten Hinterbeinen, ist der Porträtierte auf dem Schlachtfeld ums Leben gekommen – so will es zumindest ein verbreiteter Volksglaube. In Wirklichkeit hat aber das Standbild mit der Todesart des Reiters überhaupt nichts zu tun. Wie Pferd und Reiter gestaltet wurden, war immer eine Frage der in den einzelnen historischen Epochen vorherrschenden Mode.

Da seit frühester Zeit der Besitz eines Pferdes den Wohlhabenden vorbehalten war, verkörperte das Denkmal eines Mannes hoch zu Ross Macht und Reichtum. Bei der Gestaltung von Reiterstandbildern der Antike lassen sich zwei Stilrichtungen unterscheiden. Das schreitende Pferd findet sich etwa beim berühmten Denkmal des huldvoll grüßenden römischen Kaisers Mark Aurel (161–180) und soll Würde und Autorität vermitteln. Das aufgerichtete Pferd – die Figur der hohen Schule heißt Levade – geht kunsthistorisch auf die Zeit des Hellenismus (3. Jh. v. Chr.) zurück. Erhalten ist aber leider kein damaliges Beispiel aus dem

Das Reiterstandbild August des Starken in Dresden beweist, dass die Gestaltung der Standbilder lediglich eine Frage der gerade vorherrschenden Mode war.

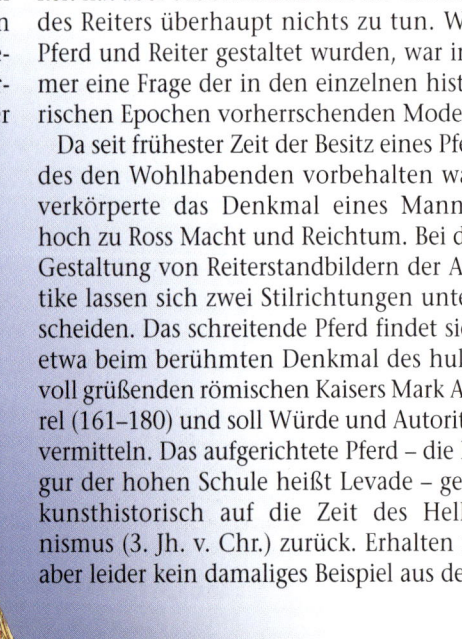

sicher einmal reichen Fundus der Levade-Standbilder. Quellen berichten allerdings, dass die Pferde aus Gründen der Stabilität vorn abgestützt werden mussten.

Orientierte sich das Mittelalter noch ganz an der römischen Kunst, kam im Barock die Levade wieder in Mode. Jetzt waren die Künstler auch in der Lage, die Pferde frei auf ihren Hinterbeinen, gestützt allein vom Schweif, stehen zu lassen.

Schlagende Beweise dafür, dass sich der Volksglaube irrt, liefern die Standbilder von August dem Starken in Dresden und Peter dem Großen in St. Petersburg: Das Pferd ist aufgerichtet, doch beide Herrscher starben friedlich im Bett.

Stimmt es, dass ...

ROBINSON CRUSOE eine reine Romanfigur ist? JA

Mit seinem Roman *Robinson Crusoe* gelang dem englischen Schriftsteller Daniel Defoe 1719 ein sensationeller Erfolg auf dem Büchermarkt. Und auch heute gehört das Buch noch zur klassischen Jugendliteratur. Die Geschichte eines Mannes, den es auf eine unbewohnte Insel verschlägt und der dort insgesamt 28 Jahre verbringen muss, war für die Leser aus vielen Gründen spannend. Abgeschieden von jeder Zivilisation in einer Art Paradies zu leben war für stressgeplagte Menschen, die es offenbar auch schon damals gab, eine äußerst verlockende Vorstellung. Zudem veranschaulichte der Autor in der Figur des Eingeborenen Freitag in einfacher Form die Entwicklung eines Menschen vom „Wilden" zum Kulturträger. Den Erfolg beförderte auch der exotische Schauplatz des Romans, zumal in der damaligen Zeit die Entdeckung immer neuer Inseln bei vielen Menschen die Sehnsucht nach fernen Regionen der Welt weckte.

Die Figur des Robinson Crusoe war das Produkt der Phantasie Daniel Defoes.

Einen Menschen dieses Namens, der allein mit einem eingeborenen Kameraden viele Jahre fern der Zivilisation verbrachte, hat es nie gegeben. Eine gewisse Anregung für den Roman lieferte allerdings das Buch eines Schiffskapitäns namens Rogers über seine weltweiten Seereisen, das 9 Jahre zuvor unter dem Titel *A cruising voyage round the world* erschienen war. Darin erzählte Rogers u. a. von dem schottischen Matrosen Alexander Selkirk, der 5 Jahre, von 1704 bis 1709, auf der zur Juan-Fernandez-Gruppe gehörenden „Robinson-Insel" im Stillen Ozean verbracht hatte. Nach diesen kargen Angaben schuf Daniel Defoe seinen Robinson, dessen Person ebenso seiner Vorstellungskraft entsprungen ist wie die Abenteuer, die er ihn erleben ließ.

Wussten Sie schon, dass ...
Inseln seit je Verbannungsorte für Verbrecher waren?

Vor allem die hervorragenden Möglichkeiten der Überwachung machten Inseln seit der Antike zu beliebten Verbannungsorten – denn ohne Schiff war ein Entkommen kaum möglich. Schon Homer berichtet von solchen Verbannungen. In der römischen Kaiserzeit tummelten sich mitunter so viele Verbannte auf den Inseln des Mittelmeers, dass der Platz knapp wurde.

Robinson Crusoe war nicht nur ein Produkt der Phantasie, sondern regte auch die Phantasie an – hier eine Buchillustration von 1881.

KLASSISCHE ABENTEUERROMANE

Defoes *Robinson* gehört zu dem Genre der Abenteuerromane, die immer besonders erfolgreich gewesen sind. Vor allem in Zeiten, in denen neue Welten entdeckt und erschlossen wurden, dürstete das Lesepublikum nach spannenden Erzählungen, die in exotischen Umgebungen spielten und in denen der Held aufregende Erlebnisse, natürlich auch amouröser Art, zu bewältigen hatte.

Als Prototyp können die Abenteuer des Odysseus gelten, den Homer, angeregt durch die Reisen der Griechen in der Mittelmeerwelt, auf eine 10-jährige Irrfahrt schickte. Auch im Mittelalter lauschte man gern am heimischen Feuer den Berichten über mutige Kämpfer, die auszogen, um gefährliche Abenteuer zu bestehen. Zunehmend populär wurden in der Neuzeit phantastische Stoffe von der Art, wie sie der Franzose Jules Verne in seinen Romanen bearbeitete. Seine Erzählungen von Reisen in die Tiefen des Ozeans, zum Mittelpunkt der Erde oder in umgekehrter Richtung zum Mond sind heute Klassiker des Abenteuerromans.

Wussten Sie schon, dass ...

die Kirche alljährlich die Auffindung des Kopfes des Johannes feiert?

Der 24. Februar gilt in der Kirche als der Tag der Auffindung des Kopfes des Täufers, während am 29. August seiner Enthauptung gedacht wird. Der Geburtstag von Johannes wird von Katholiken und Orthodoxen am 24. Juni gefeiert.

Stimmt es, dass ...

SALOME den Tod Johannes des Täufers verlangt hat?   JA

Salome und der Kopf des Johannes (Bild von 1876)

Eine der bekanntesten Episoden aus dem Neuen Testament, zugleich ein häufiges Thema in Dichtung, Musik und bildender Kunst, ist, trotz verbreiteter Skepsis, keine Legende. Richtig ist, dass weder Matthäus noch Markus den Namen Salome in den Evangelien erwähnt; sie sprechen nur von der Tochter der Herodias, die bei einem Gastmahl des Herodes Antipas, des nach 39 gestorbenen Herrschers von Galiläa, die Anwesenden mit ihren Tanzkünsten so begeistert haben soll, dass der Gastgeber ihr einen Wunsch freistellte. Darauf habe sie den Kopf Johannes des Täufers verlangt.

In den *Altertümern* (entstanden um 93) des jüdischen Historikers Josephus wird in einer Genealogie der Herodes-Familie eine „Salome" als Tochter der Herodias aufgeführt. Die Ehe mit Herodes Antipas, einem Sohn des großen Herodes, war bereits ihre zweite. Salome stammte aus der früheren Ehe mit Philipp, einem weiteren Herodes-Sohn und Halbbruder des Antipas. Daran, dass Antipas nun gleichzeitig Ehemann, Schwager und Onkel der Herodias war, ent-

zündete sich die Kritik des Täufers. Doch nicht dies allein kostete ihn den Kopf. Der Herrscher von Galiläa, der Heimat Jesu, hatte sicher auch politische Gründe, den Unruhestifter zu beseitigen. Der Wunsch der Salome bot einen willkommenen Anlass.

Stimmt es, dass ...

es in der Antike eine SINTFLUT gegeben hat?   NEIN

Bis heute hat kein Versuch zum Erfolg geführt, die biblische Sintflut mit einer realen Überschwemmung gigantischen Ausmaßes in Verbindung zu bringen. 1996

hatten Forscher des Lamont-Doherty Earth Observatory in New York die Sintflut im Schwarzen Meer vermutet. Eine Strandlinie 170 m unter dem Wasserspiegel führten sie als Beweis einer apokalyptischen Flut an, die sich ereignet haben soll, nachdem eine Landbrücke – der Bosporus – brach. Tatsächlich aber dürften die Strandlinien mit dem Anstieg der Meeresspiegel nach dem Ende der Eiszeit zu erklären sein.

In der Genesis (1. Buch Mose 6–8) wird die Katastrophe genau beschrieben. Wegen der Bosheit der Menschen zürnt Gott ihnen und beschließt, sie zu vernichten. Er warnt nur den frommen Noah, der daraufhin für sich, seine Familie und ausgewählte Tierpaare eine Arche baut. Auf ihr überleben sie als einzige Lebewesen die Sintflut, die durch 40 Tage und 40 Nächte dauernden Regen verursacht worden war.

SINTFLUTMYTHEN IN ANDEREN KULTUREN

Sintflutmythen sind nicht nur im mesopotamischen und jüdischen Umfeld entstanden. Viele Kulturen bedienten sich des Motivs, um die Reinigung und Läuterung frevelhafter Menschen durch zürnende Götter zu illustrieren. Ähnliche Erzählungen finden sich auch in Australien, China und bei Südseevölkern. Manchmal bilden lokale Überschwemmungen den konkreten, aber übersteigert dargestellten Hintergrund.

Im europäischen Raum haben die antiken Griechen eine Sintflutgeschichte beigesteuert, die aber wiederum nach orientalischen Vorbildern gestaltet wurde. Der Held dieser hellenischen Katastrophe ist Deukalion, der Sohn des Prometheus. Als Zeus eine Flut schicken will, bezieht Deukalion mit seiner Frau Pyrrha einen großen Holzkasten und überlebt so das Unglück. Die beiden landen schließlich auf dem Parnassos in Böotien. Zeus erlaubt ihnen dann die Erschaffung neuer Menschen. Diese entstehen aus Steinen, die Deukalion und Pyrrha hinter sich werfen.

Die Vorbilder dieser Geschichte stammen aus Mesopotamien, wo sie in zwei Versionen Anfang des 2. Jahrtausends v. Chr. entstanden sind. Am bekanntesten ist das nach Gilgamesch, dem König von Uruk, benannte Epos. Hier strafen die Götter die Menschen wegen ihres als Frevel empfundenen lärmenden Verhaltens. Bevor sie eine große Flut schicken, wird ein Gerechter gewarnt, der auf einer Arche mit vielen Tieren das Desaster überlebt. Diese rein symbolische Geschichte haben die Juden während ihres Exils im mesopotamischen Babylon (587–539 v. Chr.) kennen gelernt und, für die Zwecke ihrer Religion umgedeutet, ins Alte Testament aufgenommen.

Stimmt es, dass ...

SKALPIEREN eine Erfindung der Indianer ist? NEIN

Die Gefahr, den Skalp zu verlieren, bestand für Reisende früherer Zeit nicht nur in Nordamerika. Schon lange vor den „Rothäuten", die besonders wegen dieser grausamen Praxis als barbarisch angesehen wurden, nahmen in vielen anderen Kulturen siegreiche Kämpfer ihren unterlegenen Gegnern ein Stück behaarter Kopfhaut als Siegestrophäe ab.

Schon im 5. Jh. v. Chr. war nach dem griechischen Geschichtsschreiber Herodot dieser Brauch bei dem Volk der Skythen im heutigen südlichen Russland verbreitet. Auch den alten Persern und einigen westsibirischen Stämmen sagte man einen derartigen Umgang mit ihren Feinden nach. Bei den nordamerikanischen Indianern galt der am Gürtel hängende Skalp als Ausdruck ihrer Würde als Krieger. Bekannt war der Brauch zunächst nur im Südosten der heutigen USA, insbesondere am Unterlauf des St.-Lorenz-Stroms. Von dort breitete er sich unter den indianischen Stämmen im Westen aus.

Wahrscheinlich muss in diesem Zusammenhang sogar das gängige Bild von den Indianern als Täter und den weißen Siedlern als Opfer korrigiert werden. Historiker und Ethnologen halten es nämlich für möglich, dass zumindest einige Indianerstämme das Skalpieren überhaupt erst durch die Einwanderer aus Europa kennen lernten. Auf getötete Indianer wurden von den Weißen Kopfprämien ausgesetzt. Der Skalp diente dabei als Beweis und als Voraussetzung für die Auszahlung des Geldes.

Stimmt es, dass ...

das Ende der SKLAVEREI Anlass für den US-amerikanischen Bürgerkrieg war? NEIN

Beim amerikanischen Sezessionskrieg (1861–65) standen auf der einen Seite die industrialisierten Staaten des Nordens, auf der anderen der landwirtschaftlich geprägte Süden, auf dessen Baumwollplantagen Millionen von Sklaven arbeiteten. Zum Wortführer der Kritiker der Sklaverei machte sich Abraham Lincoln, der 1860 zum Präsidentschaftskandidaten der Republikanischen Partei gewählt worden war. Daraufhin erklärte South Carolina im Dezember 1860 den Austritt aus der

Die Abschaffung der Sklaverei durch Lincoln war ein wichtiges Ereignis im Bürgerkrieg der USA.

Wussten Sie schon, dass ...
Gouverneur Penn für jeden Skalp 134 Dollar Belohnung zahlte?

Gouverneur William Penn, der Gründer des späteren US-Staates Pennsylvania, setzte für das Skalpieren 1674 eine beachtliche Summe aus. 134 Dollar waren damals sehr viel Geld. Rechnet man die Kaufkraft des damaligen Dollars auf heutige Verhältnisse um, hätte man statt einem Dollar rund 20 Dollar in der Tasche, und ein Skalp würde dann immerhin 2680 Dollar bringen.

Wussten Sie schon, dass ...
1860 in den Vereinigten Staaten über 4 Mio. Sklaven lebten?

1790 gab es in den USA 700 000 Sklaven, 70 Jahre später waren es über 4 Mio., die mit der Beendigung des Sezessionskrieges 1865 frei wurden. Da 10–20 % der Menschen die Überfahrt von Afrika nach Amerika nicht überlebten, war die tatsächliche Zahl derjenigen, die von den Sklavenhändlern verschleppt wurden, sogar noch bedeutend höher.

Union; dem Beispiel folgten weitere Südstaaten, die zusammen die Gruppe der Konföderierten gründeten. Dass es 1861 zum bewaffneten Konflikt kam, lag vor allem am Interesse Lincolns und der Union, die bedrohte politische Einheit der Vereinigten Staaten zu wahren.

ABER: Die Rolle der Sklaverei zumindest als politisches und den Krieg rechtfertigendes Argument darf nicht unterschätzt werden. Am 1. Januar 1863 erklärte Lincoln die Sklaven in den konföderierten Staaten für frei, um auch die europäischen Großmächte für seine Sache zu gewinnen.

Stimmt es, dass ...

die größten Nutznießer der **SKLAVEREI** die europäischen Kolonialmächte waren?

JA

Schon im Altertum waren Sklaven eine wichtige Wirtschaftsgrundlage, und in den Ländern Nordafrikas hielt sich die Sklaverei, die im Lauf der Geschichte weltweit zu finden war, bis in die Neuzeit. Doch nie erreichte sie ähnliche Ausmaße wie bei den europäischen Kolonialmächten zwischen dem 16. und dem 18. Jh.

Diese Phase begann 1517 mit der von Kaiser Karl V. erteilten Erlaubnis, afrikanische Sklaven in die spanischen Kolonien Amerikas zu verkaufen. Allmählich nahm der organisierte Sklavenhandel immer größere Ausmaße an. Kamen im 16. Jh. durchschnittlich 1800 Menschen im Jahr als Sklaven nach Nord- und Südamerika, waren es im 17. Jh. bereits 13 400. Im 18. Jh. wurde mit 55 000 der Höhepunkt des lukrativen Sklavenhandels erreicht: Mit einem einzelnen Sklavenschiff konnten englische Kaufleute rund 750 Pfund Gewinn erzielen – damals eine riesige Summe –, um 1860 war gar ein männlicher Sklave 500 US-Dollar wert. Seriöse Schätzungen gehen davon aus, dass die Kolonialmächte mehr als 9 Mio. Schwarze in die Neue Welt verschleppten.

DIE SKLAVEREI IN DER GESCHICHTE

Im alten Griechenland gab es die Schuldknechtschaft: War man nicht in der Lage, einem Gläubiger seine Schulden zurückzuzahlen, wurde man dessen Sklave.
Römische Sklaven waren meist Kriegsgefangene. Von den Bewohnern eroberter Städte wurden in der Regel nur die Frauen und Kinder versklavt, während man die Männer tötete. Für Sklaven gab es in Rom immerhin die Chance, nach einer gewissen Zeit vom Besitzer freigelassen zu werden. Außerdem waren sie teilweise in gehobe-nen Positionen wie Arzt oder Lehrer tätig. Der berühmte Aufstand der römischen Sklaven unter dem aus Thrakien stammenden Gladiator Spartacus (73–71 v. Chr.), später gern als heroische Widerstandsbewegung glorifiziert, zielte in Wirklichkeit nur auf die persönliche Freiheit der Beteiligten ab.
Im Mittelalter erlebte die Sklaverei im Zusammenhang mit der Missionierung in Osteuropa und vor allem in den Kämpfen mit den Arabern einen neuen Höhepunkt.

Sklaven als „billige" Arbeitskräfte waren Grundvoraussetzung für den Betrieb der riesigen Baumwollplantagen in den USA.

Stimmt es, dass ...

der Notruf SOS für „Save our souls" steht? NEIN

Die Geschichte des Seenot-Funkzeichens SOS beginnt mit dem Untergang der *Titanic* im April 1912. Zu dieser Zeit verständigten sich Schiffe und Küstenfunkstellen üblicherweise über den Morsefunk, wobei international die Signalfolge CQD als Notfunkzeichen verwendet wurde. CQ kündigte ursprünglich nur eine Nachricht an. Wurde dies mit einem D ergänzt, bedeutete dies, dass die folgende Nachricht dringend war. CQD ergab im Morsealpha-

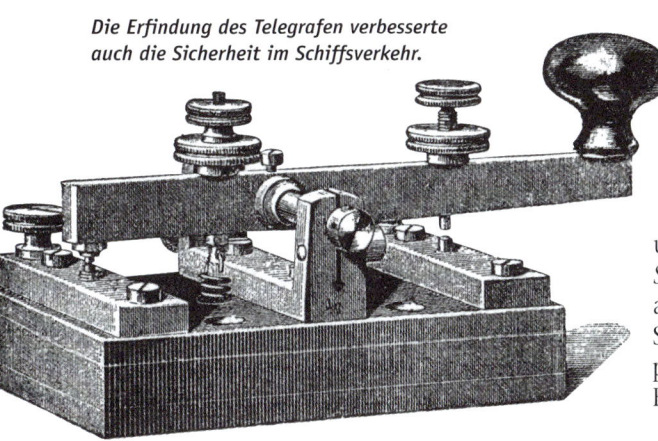

Die Erfindung des Telegrafen verbesserte auch die Sicherheit im Schiffsverkehr.

bet die Signalfolge -. --.- -.. (lang, kurz, zweimal lang, kurz, lang, lang, zweimal kurz). SOS war mit der Sequenz ... --- ... (drei mal kurz, dreimal lang, dreimal kurz) zwar viel zweckmäßiger, hatte sich aber bis dahin noch nicht durchsetzen können.

Beim Untergang der *Titanic* hatte sich der CQD-Code als praxisfern erwiesen, denn im Durcheinander der Funknachrichten konnte er leicht untergehen. Daher einigte man sich auf einer Schiffssicherheitskonferenz noch 1912 auf das unverwechselbare SOS als allein gültiges internationales Notfunkzeichen.

Im Funkverkehr werden viele Buchstabenkürzel verwendet, die man sich mit einfachen Eselsbrücken merkt. So wurde aus CQD *Come Quickly, Danger* (Komm schnell, Gefahr) und aus SOS nicht nur *Save Our Souls* (Rette unsere Seelen) sondern auch *Save Our Ship* (Rette unser Schiff) – was das Missverständnis provozierte, die Sätze hätten zu den Buchstabenkombinationen geführt.

Stimmt es, dass ...

die Nase der SPHINX durch Witterung und Erosion zerstört wurde? NEIN

Das sprichwörtliche geheimnisumwobene Lächeln der Sphinx muss zu der Zeit, als das imposante Wesen mit dem Körper eines Löwen und dem Kopf eines Pharaos noch über eine unbeschädigte Nase verfügte, bedeutend eindrucksvoller gewesen sein. Doch im Gegensatz zu vielen anderen antiken Denkmälern waren es nicht nur der Zahn der Zeit und Umwelteinflüsse, die dem Antlitz des berühmten Bauwerks bei den Pyramiden von Gizeh zugesetzt haben.

Der Verlust der Nase geht vielmehr auf die Zeit zurück, als Ägypten unter der Herrschaft der Mamelucken stand. Nach der Ausschaltung arabischer Konkurrenz hatten diese ehemaligen türkischen und kaukasischen Militärsklaven Mitte des 13. Jh. die Macht übernommen, die sie bis zur os-

manischen Eroberung Ägyptens 1517 behielten. Zu einem nicht genau bestimmbaren Zeitpunkt im 15. Jh. wurde die Nase der Sphinx Opfer einer mameluckischen Kanonenkugel. Ungeklärt ist jedoch bis heute, ob es sich dabei um eine reine Zielübung oder um eine religiös motivierte Tat gehandelt hat. Zu entlasten ist jedenfalls das napoleonische Heer, dessen Soldaten gelegentlich immer noch beschuldigt werden, die Nase beim Ägypten-Feldzug 1798/99 zerstört zu haben.

Eine Version, die man in den Geschichtsbüchern vergeblich sucht: Die berühmte Comicfigur Obelix zerstört die Nase der Sphinx.

Obwohl der Stierkampf als sehr umstrittene Veranstaltung gilt, ist seine Beliebtheit beim Publikum ungebrochen.

Wussten Sie schon, dass...
der Stierkampf in Spanien ein Massenspektakel ist?

In Spanien ist der Stierkampf eine Touristenattraktion, aber auch für die Spanier selbst ein Publikumsmagnet. Fast jede bedeutende Stadt verfügt über eine Arena. Die größte befindet sich in Madrid. 26 000 Zuschauer können dort jeden Sonn- und Feiertag von Ostern bis Oktober den Stierkämpfern bei der gefährlichen Arbeit zusehen. Doch auch in der Heimat des Stierkampfes wird dieser von Tierschützern kritisiert und bekämpft.

Stimmt es, dass...
der STIERKAMPF eine spanische Erfindung ist?   JA

Kämpfe zwischen Mensch und Stier, zur Unterhaltung des Volkes in einer Arena ausgetragen und in der Regel mit dem Tod des Tieres endend, sind in dieser Form erst in Spanien entstanden.

Der Stier hat in vielen alten Kulturen eine wichtige Rolle gespielt, etwa in Persien, wo schon in vorchristlicher Zeit der Kult des Mithras entstand. Im Zentrum dieser Religion stand die Tötung eines Stieres, doch hatte sie nur symbolische Bedeutung und sollte den Sieg des Guten über das Böse veranschaulichen. Ein Kampf fand bei den Anhängern des Mithras nie statt. Auch die aus den Fresken von Knossos bekannten Stierspiele im minoischen Kreta können nicht mit den spanischen Sitten verglichen werden. Hier ging es um akrobatische Kunststücke von Sportlern, die rückwärts über den Stier sprangen, ihn aber nicht töteten. In Ägypten galt der Stier sogar als heilig – ihn zu töten war ein Verbrechen.

Die Spanier können also, mangels Vorbild, das Urheberrecht auf den Stierkampf und die Regeln für den Ablauf für sich beanspruchen. Nachahmer haben sie allerdings in Südfrankreich, Portugal, Mexiko und Brasilien gefunden.

Wussten Sie schon, dass...
Schiller eigentlich Historiker war?

1789 trat der damals knapp 30-jährige Friedrich Schiller eine unbesoldete Professur für Geschichte an der Universität Jena an. In seiner Antrittsvorlesung sprach er über das Thema „Was heißt und zu welchem Ende studiert man Universalgeschichte?" Die Professur war die Anerkennung für sein ein Jahr zuvor veröffentlichtes Werk *Geschichte des Abfalls der vereinigten Niederlande*.

Stimmt es, dass...
TELL eine historische Person ist?   NEIN

Wilhelm Tell hat nie existiert, und trotzdem hat er Geschichte gemacht. Bis heute sehen die Schweizer in ihm ihren Nationalhelden, der ihren Drang nach Freiheit und Neutralität symbolisiert. So stand Tell in der späteren Schweizer Geschichte immer dann Pate, wenn die Eidgenossen ihre Unabhängigkeit verteidigen mussten.

Historisch verbürgt an der Erzählung über Wilhelm Tell ist aber die darin zum Ausdruck kommende Abneigung gegen die Habsburger, die seit dem 13. Jh. die Herrschaft über den Norden und Osten der

In Interlaken inszenieren Schauspieler den Rütli-Schwur, mit dem Uri, Schwyz und Unterwalden sich 1291 zum „Ewigen Bund" gegen die Habsburger formierten.

Schweiz besaßen. Schiller hat in seinem berühmten Tell-Drama von 1804 dafür die Figur des habsburgischen Landvogts Geßler eingesetzt, an dessen überheblichem Handeln sich der Zorn der Menschen entzündet. Geßler errichtet eine Stange mit einem Hut und verlangt von den Vorübergehenden einen Gruß, als sei der König persönlich anwesend. Auf seine Anordnung muss der unbeugsame Tell, der diese Form der Ehrerbietung ablehnt, seinem eigenen Sohn einen Apfel vom Kopf schießen. Später tötet der Freiheitsheld den Tyrannen in der „hohlen Gasse" bei Küssnacht.

Es gibt keinerlei historische Zeugnisse aus der damaligen Zeit, die eindeutig belegen könnten, dass es Wilhelm Tell als Person gegeben hat. Und auch die sehr viel später entstandenen volkstümlichen Überlieferungen zu seiner Person sind nicht frei von Widersprüchen. Im Lauf der Zeit wurden der Legende einzelne neue Elemente hinzugefügt. Selbst die zentrale Geschichte des Apfelschusses ist „verdächtig": Das Motiv kommt in vielen anderen Sagenkreisen, etwa in denen Dänemarks und Schottlands, in ähnlicher Form vor und gelangte vielleicht von hier in die Schweiz.

Stimmt es, dass ...

der Untergang der **TITANIC** die bisher größte Schiffskatastrophe war? **NEIN**

D er Untergang der *Titanic* in den frühen Morgenstunden des 15. April 1912 im eisigen Nordatlantik war die bis dahin größte Schiffskatastrophe aller Zeiten. Von den 2200 Menschen an Bord kamen knapp 1500 ums Leben. Der Schock in der Weltöffentlichkeit war umso größer, weil das Schiff der Superlative zuvor als „unsinkbar" bezeichnet wurde. Und doch hatte es mit seinen 60 000 t Stahl die Kollision mit einem Eisberg nicht überstanden.

Die bis heute schwersten Schiffskatastrophen ereigneten sich aber in den letzten Wochen des Zweiten Weltkriegs. Am 30. Januar 1945 sank die mit Flüchtlingen überfüllte *Wilhelm Gustloff*, getroffen von drei sowjetischen Torpedos, in der eiskalten Ostsee. Die nie genau festgestellte Zahl der Todesopfer wird auf 5000–6000 geschätzt. Noch mehr Menschenleben forderte am 16. April 1945 der Untergang der *Goya*. Der Frachter war auf der Fahrt von Danzig nach Kopenhagen, als er kurz vor Mitternacht von zwei Torpedos getroffen wurde. Von den rund 7000 Flüchtlingen an Bord überlebten nur 182 das Unglück.

In der Relation zwischen der Zahl der an Bord befindlichen Menschen und den Todesopfern war sogar das Sinken der *Estonia* am 18. März 1994 eine größere Katastrophe als der Untergang der *Titanic*: Von 989 Passagieren kamen 852 ums Leben.

Als die **Wilhelm Gustloff** *1945 versenkt wurde, riss sie mehr als 5000 Menschen mit in den Tod.*

SCHIFFSKATASTROPHEN

Schiffkatastrophen hat es zu allen Zeiten gegeben, aber erst der Bau großer Luxusliner wie der *Titanic* führte zu so hohen Verlustzahlen von Menschenleben. Die schlimmsten Unglücke fallen jedoch in die Zeit des Zweiten Weltkriegs mit drei untergegangenen Flüchtlingsschiffen, auf denen sich eine nicht genau feststellbare Menge von Passagieren befunden hatte.

Datum	Schiffsname	Tote
16. April 1945	*Goya*	etwa 6800
30. Januar 1945	*Wilhelm Gustloff*	5000–6000
10. Februar 1945	*Steuben*	etwa 3600
14/15. April 1912	*Titanic*	1495
7. Mai 1915	*Lusitania*	1198
15. Juni 1904	*General Slocum*	etwa 1020
28. März 1994	*Estonia*	852
29. Mai 1914	*Empress of Ireland*	840

Bei einer traditionellen konfuzianischen Beerdigung in Südkorea tragen die Trauergäste weiße Kleidung.

Stimmt es, dass …

die **TRAUERKLEIDUNG** in manchen Gesellschaften weiß ist?   **JA**

Die meisten Europäer und Amerikaner würden es als äußerst unpassend ansehen, käme jemand in weißer Kleidung zu einer Trauerfeier. Auch heute noch ist es ein ungeschriebenes Gesetz, dass man in Schwarz, oder zumindest dunkel gekleidet, zu erscheinen hat. Sei es, weil man sich früher, wie manche Sittenforscher meinen, nach altem Volksglauben auf diese Weise vor den bösen Totengeistern zu verstecken suchte, sei es, weil man die Farbe Schwarz im Allgemeinen mit negativen Empfindungen verbindet. Andere Kulturen wiederum haben ganz andere Bräuche. In Indien, China und Japan kommen die Trauergäste tatsächlich in weißer Kleidung, weil diese Farbe das himmlische Licht symbolisiert. Bunt erscheint man in Syrien, der Türkei und in Armenien bei der Beerdigung: Hier tragen die Kondolierenden Violett.

Stimmt es, dass …

der Krieg von **TROJA** stattgefunden hat?   **NEIN**

Nach dem Bericht Homers aus dem 8. Jh. v. Chr. war Troja an der kleinasiatischen Küste der Schauplatz einer der größten kriegerischen Auseinandersetzungen der frühen griechischen Geschichte. Den griechischen Angreifern gelang es erst nach einer zehnjährigen Belagerung, dank Odysseus' berühmter List mit dem Trojanischen Pferd, die Stadt des Königs Priamos zu stürmen und zu zerstören.

Aufgrund der geographischen Angaben in Homers *Ilias* identifizierte der deutsche Kaufmann Heinrich Schliemann 1870 einen Hügel beim türkischen Ort Hissarlik als das antike Troja. Nachfolgende Ausgrabungen deutscher und amerikanischer Archäologen ergaben das Bild einer Siedlung mit mehreren Kulturschichten, die den Nachweis erbrachten, dass Troja ein wichtiger, mehrfach zerstörter Fürstensitz gewesen war. Jüngste Forschungen haben gezeigt, dass die Stadt auch wirtschaftliche Bedeutung hatte.

TROJA – SCHICHT UM SCHICHT

Der Archäologe Wilhelm Dörpfeld teilte 1902 die insgesamt 46 Siedlungsschichten Trojas in 9 Hauptperioden von ca. 3000 v. Chr. bis 500 n. Chr. ein. Hier ist das Troja der „homerischen Zeit" zu sehen.

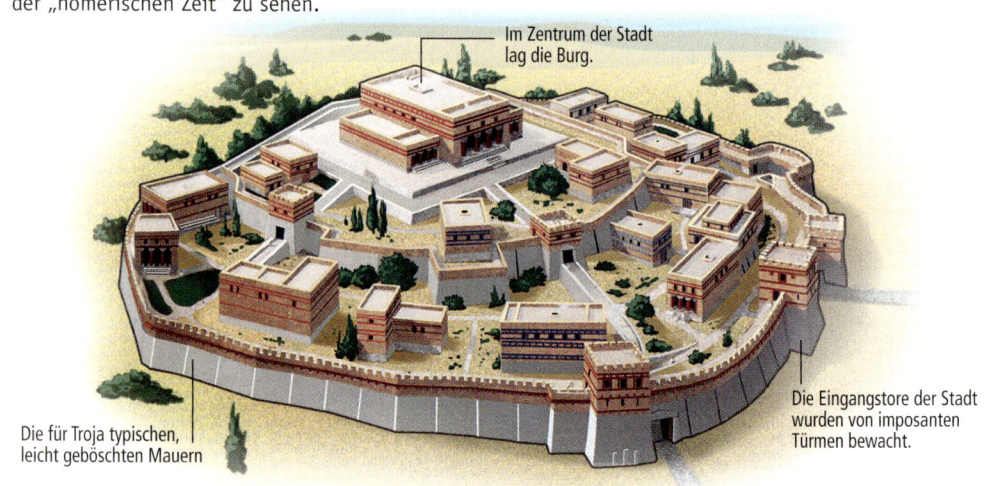

Im Zentrum der Stadt lag die Burg.

Die für Troja typischen, leicht geböschten Mauern

Die Eingangstore der Stadt wurden von imposanten Türmen bewacht.

Den Trojanischen Krieg mit den Helden Odysseus, Agamemnon und Achilles hat es allerdings nicht gegeben. Der Mythos hat jedoch einen historischen Kern. An der kleinasiatischen Küste unternahmen die mykenischen Griechen im 12. Jh. v. Chr. mehrere Eroberungs- und Plünderungszüge, auf denen Homers Epos basiert.

Stimmt es, dass ...

das TÜRKISCHE BAD von den Türken erfunden wurde? (NEIN)

Schon lange vor den Türken haben die Römer das Dampfbad geschätzt. Sie hatten die von den Griechen entwickelte Heiztechnik perfektioniert, und mit dem Hypokaustum, einer Warmluft-Fußbodenheizung, konnten sie sich auch in kälteren Gegenden mit Wärme versorgen. Im Norden Europas war das Dampfbad ebenfalls vor der Entwicklung des Hammam der Türken heimisch geworden. In den Vorläufern der heutigen finnischen Sauna wurde der notwendige Dampf erzeugt, indem man heiße Steine mit Wasser begoss.

Wer in der Sauna vorwiegend Ruhe und beschauliche Entspannung sucht, sollte ein türkisches Bad vielleicht eher meiden. Wie die antiken Römer, für die der Besuch der Thermen auch ein gesellschaftliches Ereignis war, erwarten die Türken mehr vom Bad: Sie runden den Wechsel von heißem Dampfbad und kühlenden Wassergüssen gern mit einer Massage, einer Tasse Tee und anregenden Unterhaltungen ab.

Obwohl auch der Hammam auf eine lange Tradition zurückblicken kann, wurde diese Art des Badens nicht von den Türken erfunden.

Stimmt es, dass ...

die Schlacht von WATERLOO durch einen Regenguss entschieden wurde? (NEIN)

Bei dem kleinen belgischen Dorf Waterloo stieß der französische Kaiser Napoleon am 17. Juni 1815 mit seinem Heer auf die Truppen des britischen Feldherrn Wellington. Anhaltender Regen und schlammige Straßen hatten den Soldaten des Kaisers so zugesetzt, dass er seinen geplanten Angriff um einen Tag, auf den 18. Juni, verschieben musste.

Entscheidend für den Ausgang der Schlacht war das Wetter aber dennoch nicht. Ausschlaggebend war vielmehr, dass die Taktik des militärischen Genies Napoleon diesmal versagte. Statt die Briten, wie in früheren Auseinandersetzungen, geschickt auszumanövrieren, griff er den Gegner frontal an. Wellington konnte aber seine Reihen halten und auf die Hilfe der preußischen Verbündeten unter der Führung des Generalfeldmarschalls Blücher warten. Diese waren 2 Tage zuvor bei Ligny von den Franzosen besiegt worden, und der Kaiser meinte, sie seien über den Rhein geflüchtet. Blücher war jedoch umgekehrt und leistete den Briten, für Napoleon völlig unerwartet, Unterstützung. Die Franzosen

Wussten Sie schon, dass ...
bei Waterloo 136 560 Soldaten kämpften?

Der britische Feldmarschall Wellington hatte zusammen mit den preußischen und niederländischen Verbänden 67 660 Soldaten, während Napoleon 68 900 Mann auf das Schlachtfeld führte. Nach der Schlacht hatten die Franzosen 35 000 Tote und Verwundete zu beklagen, die Engländer 11 000 und die Preußen 7000.

sahen sich zwischen zwei Fronten einge-schlossen und mussten nach großen Ver-lusten die Flucht ergreifen.

Der Regen hat die Schlacht von Waterloo also um einen Tag hinausgeschoben und damit die preußische Hilfsaktion ermög-licht. Doch hätten die erschöpften Franzo-sen auch am 17. Juni keine Chance gehabt. Für den Kaiser war Waterloo der Beginn des Niedergangs.

Wussten Sie schon, dass ...
am 25.12. eigentlich der Gott Sol gefeiert wurde?

Der 25. Dezember war bei den Römern der Geburtstag des Sonnen-gottes, dessen Kult sie aus dem Orient übernommen hatten. Im 4. Jh. legten dann die christlichen Kaiser das Datum als den Geburtstag Jesu fest.

Der vielleicht berühmteste Weih-nachtsbaum Amerikas wird Jahr für Jahr vor dem Rockefeller Center in New York aufgestellt – eine typisch amerikanische Mischung von Tradi-tion und Moderne.

Stimmt es, dass ...
WEIHNACHTSBÄUME schon immer zu Weihnachten gehörten?　　NEIN

Das Schmücken der weihnachtlichen Stube mit Tannenzweigen und Reisig beschreibt als Erster der Straßburger Jurist und Schriftsteller Sebastian Brant im Jahr 1494; von einem Christbaum schreibt er allerdings nichts. Der Verkauf kleiner Weihnachtsbäume, die man wie die Zweige zunächst nur an die Zimmerdecke hängte, wird 1539, wieder in Straßburg, erwähnt.

Der erste richtige Weihnachtsbaum, auf dem Boden stehend und reich dekoriert, ist erst für das Jahr 1600 bezeugt. Damals stellte die Bäckergilde von Freiburg im Breisgau im Festsaal des Heiliggeisthauses einen großen Baum auf und schmückte ihn mit Backwaren aller Art, die nach der Feier an die Armen der Stadt verteilt wur-den. Schon im 16. Jh. war es auch üblich, ein Heiligabendlicht anzuzünden, noch ganz unabhängig vom Baum. Den ersten mit Kerzen versehenen Baum hat 1708 Li-selotte von der Pfalz beschrieben.

Zunächst blieb der Brauch auf Südwest-deutschland beschränkt, verbreitete sich aber allmählich im ganzen Land. Zur Popu-larität trug auch Goethe Anfang des 18. Jh. mit der Beschreibung eines Christbaums in seinem Erfolgsroman *Die Leiden des jungen Werthers* bei. Schließlich zog er im 19. Jh. in die Königshäuser Europas ein: 1816 führte ihn Erzherzogin Henriette in Wien ein, und um 1840 tauchte er in Paris und London auf. Lange blieb der Christbaum der Oberschicht vorbehalten, doch mit dem steigenden Wohlstand eroberte er schließlich die gute Stube des Bürgertums.

Stimmt es, dass ...
die WIKINGER Hörnerhelme trugen?　　NEIN

Der gehörnte Helm gehört als Klischee zu den Wikingern wie die Lederhose zu den Bayern. Doch nicht nur, dass ihre Hel-me in Wirklichkeit gar nicht mit Hörnern versehen waren – wie es scheint, haben sich nur die reichsten Männer überhaupt Metallhelme leisten können. Aus der Blüte-zeit der Nordmänner im 10. Jh. ist nur ein einziges und selbstverständlich hornloses Exemplar dieser Kopfbedeckung erhalten.

Von vielen Abbildungen aus der Wikingerzeit weiß man aber, dass sie einen kegelförmigen Helm, vermutlich aus Leder, trugen. Dass man sich ihn immer mit Hörnern vorstellt, liegt wohl an der Fehlinterpretation altnordischer Bildquellen aus dem religiösen Bereich. Hier finden sich tatsächlich geflügelte Kopfbedeckungen, die aber Teil ritueller Kostüme waren und nicht von Kriegern getragen wurden.

Zur Ausrüstung des Wikingers gehörte neben dem kegelförmigen Helm vor allem ein Schild, meist aus Holz gefertigt, mit einem Durchmesser von bis zu 1 m und in der Mitte mit einem Eisenbuckel verstärkt. Er war meist in grellen Farben bemalt und mit Bildern von Drachen, Göttern und Helden verziert. Als Waffen verwendeten die Krieger kurze, scharfe Dolche oder auch hölzerne Lanzen mit Metallspitzen, die so sehr gefürchtet waren, dass sie „Fliegender Drache der Wunden" oder auch „Schlange der Schlacht" genannt wurden. Pfeil und Bogen – der bis zu 2 m lang war – konnten sich nur die wohlhabenden Wikinger leisten, gelegentlich auch eine Art Kettenhemd, die so genannte Brünne. So ausgerüstet brauchten sie zur Einschüchterung der Feinde dann keinen Hörnerhelm mehr.

Die Wikinger verbreiteten ihren Schrecken vor allem über das Meer (Gemälde von Oscar Wergeland, 19. Jh.). Der kunstvoll gearbeitete Kriegerhelm aus dem 7. Jh. (oben links) wurde im schwedischen Uppland gefunden.

Stimmt es, dass ...

der **WOCHENANFANG** ursprünglich der Sonntag und nicht der Montag war?   `JA`

Sechs Tage lang, so steht in der Genesis, schuf Gott Himmel und Erde. Am siebten Tag aber, als das Werk vollendet war, ruhte er. Die Juden feiern diesen siebten Tag der Woche demzufolge als ihren Ruhetag, den Sabbat. Nach unserer heutigen Benennung der Wochentage handelt es sich dabei um den Samstag – folglich beginnt die neue Woche für die Juden mit dem Sonntag.

Die Christen machten den Sonntag zum Tag des Herrn, da an diesem „ersten Tag der Woche", wie es im Neuen Testament heißt, Jesus auferstanden sei. 321 n. Chr. verfügte Kaiser Konstantin die – allerdings nur auf die Stadtbewohner bezogene – Sonntagsruhe. So war auch bei den Christen der Sonntag der Wochenanfang. Erst seit 1976 ist in Deutschland, in Anpassung an internationale Praxis, der Montag Wochenanfang.

Wussten Sie schon, dass ...
wegen der mittelalterlichen Helme die Wappen erfunden wurden?

Die Helme des Mittelalters boten zunächst keinen wirkungsvollen Schutz für das Gesicht. Etwa ab 1190 wurden sie daher mit einem Klappvisier ergänzt. Die Folge war, dass man den Ritter nun nicht mehr identifizieren konnte. So versah man die Helme mit individuellen Erkennungszeichen, aus denen sich die Wappen entwickelten.

VERSCHIEDENE KALENDERVERSIONEN

Unsere Einteilung der Zeit in ein Jahr von 365 Tagen mit 12 Monaten zu 28 bzw. 30 oder 31 Tagen beruht auf dem von Julius Cäsar im Jahr 46 v. Chr. eingeführten julianischen Kalender. Dieser wurde in Bezug auf die Regelung der Schaltjahre 1582 von Papst Gregor XIII. leicht modifiziert.

Cäsar wiederum hatte die Anregung zu seinem Kalender, der nach dem Sonnenjahr rechnete, von Astronomen in Ägypten erhalten. Der zuvor benutzte Kalender der Römer, wie auch der der Griechen und der Völker des Alten Orients, basierte auf dem Mondjahr zu 354 bzw. 355 Tagen. Unter den römischen Königen soll es davor sogar ein Jahr mit zehn Monaten und 304 Tagen gegeben haben. Wer nach dem Mond rechnete, stand aber immer vor dem Problem, den Einklang mit den Jahreszeiten herzustellen. Vor Cäsars Reform bedienten sich die Römer dabei eines komplizierten Schaltmechanismus, indem innerhalb eines Vier-Jahres-Zyklus im zweiten und vierten Jahr ein Schaltmonat zu 22 oder 23 Tagen eingefügt wurde.

Die begeisterten Fans jubelten in Woodstock insgesamt 32 Bands und Interpreten zu.

Wussten Sie schon, dass ...
es 1994 ein Woodstock-Revival gegeben hat?

Zum 25-jährigen Jubiläum des legendären Woodstock-Festivals strömten 350 000 Fans zu einem Konzert, das vom 12. bis zum 14. April 1994 in Saugerties (New York) stattfand. Auch danach gab es immer wieder Versuche einer „Wiederbelebung" des Geistes von Woodstock. So scheiterte beispielsweise ein für 1999 in Wien geplantes „Woodstock Europe" u. a. an zu hohen Eintrittspreisen. Ein ebenfalls 1999 in Rome (New York) stattfindendes Revival endete unrühmlich mit Tumulten.

Stimmt es, dass ...
das WOODSTOCK-Festival als kleine Party geplant war? (JA)

Das Konzert von Woodstock, das in Wirklichkeit in dem etwa 100 km entfernten Ort Bethel stattfand, übertraf alles, was es bisher an Rockfestivals gegeben hatte. In den 3 Tagen zwischen dem 15. und dem 17. August 1969 löste ein Superstar den anderen auf der Bühne ab, und mehr als 450 000 Rockfans verfolgten in einer später glorifizierten Atmosphäre von Love and Peace die Darbietungen.

Die Veranstalter hatten mit einem solchen Ansturm offenkundig nicht gerechnet. Da die Karten bei weitem nicht ausreichten, kamen viele Besucher auf das Gelände, ohne Eintritt bezahlt zu haben. Im Rückblick machten die vier Organisatoren allerdings widersprüchliche Angaben. Lang und Kornfeld behaupteten, das Festival in dieser Größe geplant zu haben. Die fehlenden Karten sprechen allerdings ebenso dagegen wie die Aussagen ihrer Kompagnons Rosenman und Roberts, die glaubhaft versicherten, Lang und Kornfeld hätten als werbende Maßnahme für die Finanzierung eines Studios nur eine kleinere Party mit ausgewählten Rockstars im Sinn gehabt.

Stimmt es, dass ...
die arabischen ZIFFERN von den Arabern stammen? (NEIN)

SCHRIFTBILDER

Phönizisch	Altgriechisch Archaisch	Lateinisch
𐤀	Λ	A
𐤁	Ε	E
𐤊	Κ	K
𐤌	Μ	M
𐤍	Ν	N

Während die Ziffern aus Indien stammen, wurden die Vorläufer unserer Buchstaben als älteste Schrift der Welt um 3000 v. Chr. von den Sumerern in Mesopotamien entwickelt. Etwa gleichzeitig entstanden in Ägypten die Hieroglyphen. Im 8. Jh. v. Chr. übernahmen die Griechen von den Phöniziern die Buchstabenschrift, die sie um die fehlenden Vokale ergänzten. Von ihren beiden ersten Buchstaben, Alpha und Beta, ist auch die Bezeichnung Alphabet abgeleitet. Die Römer wiederum nutzten die griechischen Schriftzeichen als Basis zur Entwicklung der lateinischen Schrift, die bis heute in weiten Teilen der Welt die Grundlage des Schriftsystems ist.

Auch wenn man in weiten Teilen der Welt die Zahlen von den Arabern übernahm – man nennt sie deshalb auch arabische Ziffern –, ist ihr Herkunftsland wahrscheinlich Indien. Forscher glauben, dass zumindest die Ziffern 4 bis 9 aus den Anfangsbuchstaben der indischen Zahlworte gebildet wurden. 1, 2 und 3 sollen auf aneinander gereihte Striche zurückgehen.

Dies erscheint schon deshalb plausibel, weil das Dezimalsystem ebenfalls aus Indien übernommen wurde. Über Arabien gelangten die Ziffern im Mittelalter nach Europa, wo sie allmählich das bis dahin übliche römische Rechnungswesen verdrängten. Ebenso wie die Griechen und einige semitische Völker hatten die Römer Buchstaben als Zahlzeichen verwendet (etwa ein L für 50 oder ein C für 100). Für kompliziertere Rechnungen erwies sich das jedoch im Gegensatz zum indischen System als äußerst unpraktisch.

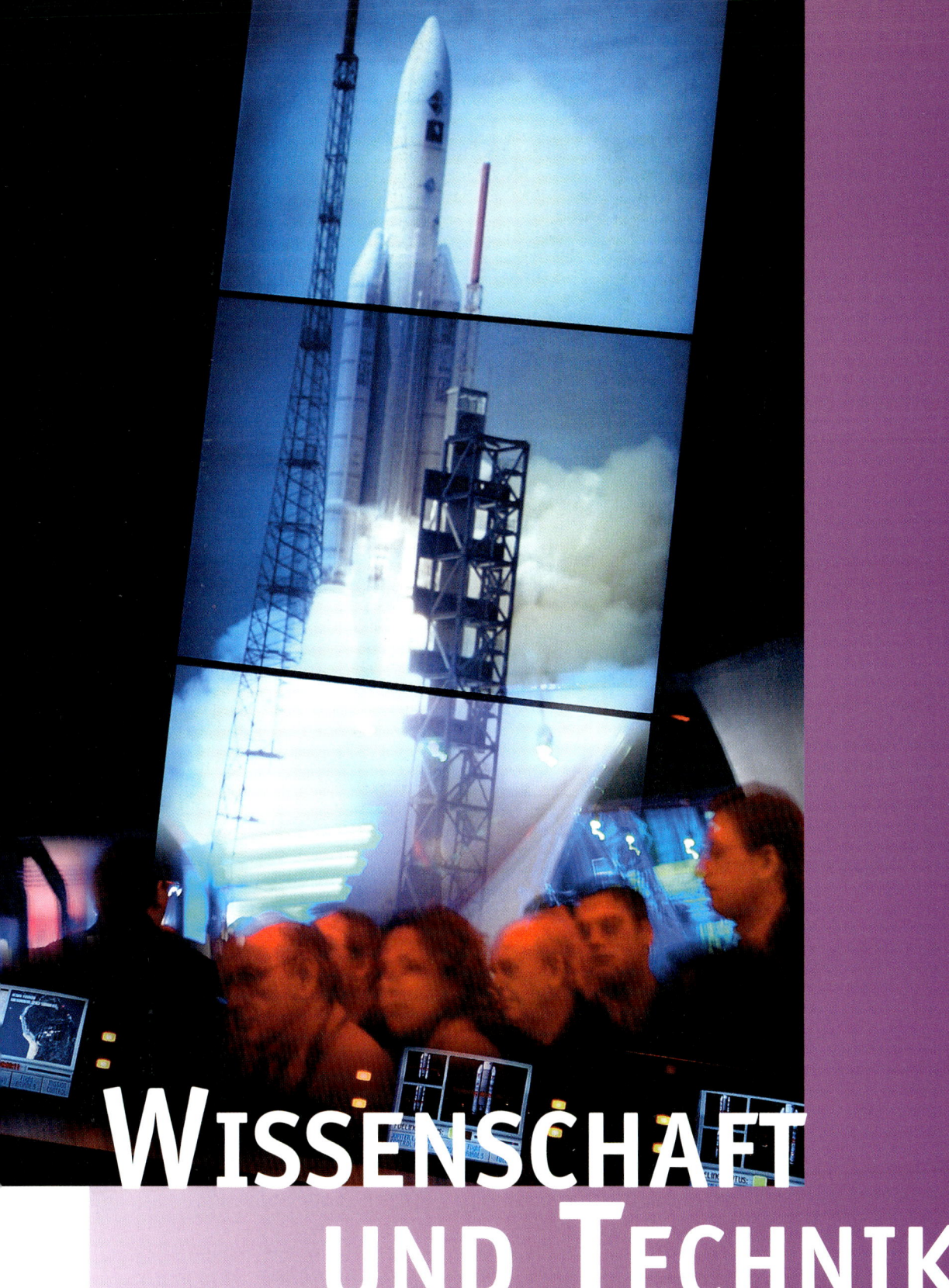

WISSENSCHAFT UND TECHNIK

Kaum zu glauben, aber wahr: Trotz exakter
Forschungen kursieren über manche Fragen
hartnäckige Gerüchte und Halbwahrheiten
– hier werden sie endlich richtig gestellt.

das ABS durch ESP ersetzt wird?

ESP, das „Elektronische Stabilitäts-programm", vereint ABS mit anderen elektronischen Fahrhilfen wie beispielsweise dem Bremsassistenten. Entwickelt wurde das System von Daimler-Benz in den 1980er-Jahren. ESP vergleicht das Fahrzeugverhalten ständig mit programmierten Sollwerten. Weicht das Auto davon ab, kann das System automatisch die Vorder- oder Hinterachse bremsen oder das Motordrehmoment verringern.

das ABS (Antiblockiersystem) bei Autos den Bremsweg verkürzt?   NEIN

Das „Antiblockiersystem" (ABS) wurde erstmals in den 1970er-Jahren getestet, um Autos in gefährlichen Bremssituationen lenkfähig zu halten – nicht, um den Bremsweg zu verkürzen. ABS verhindert, dass die Reifen blockieren, und das kann auf sehr glattem Untergrund sogar dazu führen, dass das Auto länger braucht, bis es steht.

Auf trockenem Untergrund aber verkürzt ABS den Bremsweg. Wenn Reifen hier beim Bremsen blockieren, schmilzt ihre Oberfläche. Das Auto gleitet dann auf einer dünnen Gummischicht weiter. Und die Reibung, der Effekt, der die Bremswirkung verursacht, ist auf trockenem Boden beim Gleiten viel kleiner als beim Rollen. Die Gleitreibung ist also geringer als die Haftreibung. Um das Blockieren der Räder zu verhindern, überwacht ABS die Drehzahl der Reifen. Droht ein Reifen zu blockieren, verringert es den Druck in der Bremshydraulik am jeweiligen Reifen. Dadurch drehen sich alle Räder weiter, bis der Wagen steht. Während des ganzen Bremsvorgangs wirkt die Haftreibung, der Wagen kommt schneller zum Stehen und bleibt lenkbar.

Auf Glatteis ist die Situation anders: Hier gibt es so gut wie keine Haftreibung und nur die Gleitreibung hält das Auto. Die Gleitreibung ist dann aber am größten, wenn das Rad blockiert. Betrachtet man nur die Länge des Bremswegs, wäre es bei Glatteis besser, wenn die Reifen blockieren würden – doch genau das verhindert ABS. Allerdings bleibt der Wagen einigermaßen lenkbar, was in diesem Fall wichtiger ist.

Bremstests bei neuen Fahrzeugtypen dienen auch dazu, das ABS zu überprüfen und weiter zu verbessern.

für Astronomen „nah" gar nicht so nah ist?

Wenn gemeldet wird, dass ein „erdnaher" Asteroid in doppelter Mondentfernung an der Erde vorbeigeflogen sei, klingt dies bedrohlicher, als es tatsächlich ist. Astronomen sind gewohnt, in gewaltigen Entfernungen zu denken. So verwundert es kaum, dass sie ungefähr 800 000 km als „nah" bezeichnen. Zum Vergleich: Wer von einer Weltumrundung zurückkommt, hat „nur" etwa 40 000 km zurückgelegt.

in wenigen Jahren ein großer ASTEROID mit der Erde zusammenstoßen wird?   NEIN

Allein schon die Vorstellung ist Furcht erregend: Ein mehrere Kilometer durchmessender Steinbrocken rast auf die Erde zu – und niemand kann den Zusammenstoß und damit den drohenden Untergang der Welt verhindern. Auch wenn dieses Katastrophenszenario im Fernsehen und in Kinofilmen immer wieder heraufbeschworen wird, die Wissenschaftler können uns beruhigen: Ein solches Ereignis ist sehr unwahrscheinlich, und kein Astronom hat derzeit Hinweise auf einen Asteroiden, der in absehbarer Zeit mit der Erde zusammenstoßen wird.

ABER: Wenn ein Ereignis selten ist, heißt dies natürlich nicht, dass es nie eintreten wird. Deshalb wollen Astronomen weltweit herausfinden, wie groß die Gefahr einer Kollision wirklich ist. So hat ein Wissenschaftlerteam der University of Arizona und des Observatoire de la Côte d'Azur in Nizza die Bahnen von erdnahen Asteroiden untersucht. Die Studien ergaben, dass ungefähr 900 Felstrümmer von bedrohlichen Ausmaßen vermutlich irgendwann die Erdbahn kreuzen – dabei kommen sie uns bisweilen so nahe wie der Mond. Unter diesen Brocken aus Erz und Stein finden sich „Zwerge", mit gerade mal 1 km Durchmesser, aber auch Riesen mit mehr als

Dieses Bild könnte sich der Besatzung eines Raumschiffs bieten, das einen Asteroiden auf Kollisionskurs zur Erde beobachtet.

64 km Durchmesser. Bei der Mehrzahl dieser 900 Asteroiden vermuten die Astronomen allerdings erst, dass es sie gibt – gesehen hat sie noch niemand. Nur ein auf Beobachtung beruhendes Computermodell sagt ihre Existenz bisher voraus.

Auch wenn Forscher Asteroiden durch Teleskope beobachten können, kennen sie meist nur ein kurzes Stück ihrer Flugbahnen. Daraus errechnen sie dann die ganze Bahn, auf der der Fels die Sonne umkreist – was mit Fehlern verbunden sein kann. Deswegen werden Vorhersagen, ob und wann ein Asteroid die Erde trifft, auch in Zukunft sehr schwierig und nie ganz sicher sein.

ASTEROIDEN-TYPEN

Mithilfe der so genannten „Turiner Skala" klassifizieren Astronomen bereits entdeckte Asteroiden nach ihrer Gefährlichkeit: von 0 (ungefährlich) bis 10 (extrem zerstörerisch). Da alle Kategorisierungen in dieser Liste mit großen Unsicherheiten behaftet sind, wird bereits ab der Stufe 1 die sorgfältige Beobachtung der betreffenden Himmelskörper empfohlen.

Die im Folgenden aufgelisteten Stufen 8–10 beschreiben Asteroiden, die mit Sicherheit auf der Erde einschlagen werden:

Stufe 8: Eine Kollision könnte lokale Zerstörungen hervorrufen. Solche Ereignisse ereignen sich etwa alle 50 bis 1000 Jahre irgendwo auf der Erde.

Stufe 9: Eine Kollision könnte regionale Verwüstung hervorrufen. Solche Ereignisse ereignen sich etwa alle 1000 bis 100 000 Jahre.

Stufe 10: Eine Kollision könnte eine globale Klimakatastrophe auslösen. Solche Ereignisse ereignen sich einmal alle 100 000 Jahre oder seltener.

Stimmt es, dass ...

man vier ASTEROIDEN nach den Beatles benannte?   (JA)

In unserem Sonnensystem ziehen Tausende von Asteroiden ihre Bahnen. Astronomen in aller Welt versuchen sie zu entdecken. Zwischen 1983 und 1984 fanden die „Asteroidenjäger" Brian Skiff und Ted Bowell vier neue und meldeten es dem *Minor Planet Center* – der weltweiten Verwaltungsorganisation für Asteroidendaten.

Die vier Asteroiden erhielten die vorläufigen Bezeichnungen 1983 AY, 1983 NT, 1984 EZ und 1984 QC1. 6 Jahre später fiel Gareth Williams am *Minor Planet Center* auf, dass zwar Hunderte von Asteroiden Namen aus der griechischen Götterwelt tragen, aber noch kein Popstar auf diese Weise am Himmel verewigt wurde. Williams fragte die Entdecker, ob man die vier Asteroiden, die inzwischen aufeinander folgende Nummern erhalten hatten, nach den Beatles benennen könne. Skiff und Bowell waren sofort einverstanden – und so ziehen seit 1990 die Asteroiden (4147) Lennon, (4148) McCartney, (4149) Harrison und (4150) Starr um die Sonne.

auch in bleifreiem BENZIN etwas Blei enthalten sein darf?   JA

Was das Reinheitsgebot für deutsche Bierbrauer, das ist die DIN EU 228 für Benzinhersteller. In dieser Norm wird festgelegt, was Benzin tatsächlich enthalten darf. Für Blei gilt dabei ein sehr niedriger Wert, denn unverbleite Ottokraftstoffe dürfen maximal 0,005 g Blei pro Liter enthalten. Und in der Praxis enthalten sie sogar noch weniger: Im Schnitt sind es heute nicht einmal mehr 0,001 g Blei pro Liter.

Dieser Bleianteil kommt u. a. durch Verunreinigungen beim Transport zustande, beispielsweise wenn im Tanker zuletzt verbleites Benzin transportiert wurde.

In den 1960er-Jahren enthielt Benzin 0,7–0,8 g Blei pro Liter, also über 800-mal so viel wie heute. Die damals beigemischten Bleiverbindungen erhöhten die so genannte „Klopffestigkeit" des Treibstoffs: Sie verhinderten, dass sich das Benzin im Motor vorzeitig entzündete. Blei ist nicht nur für Menschen, sondern auch für Katalysatoren schädlich. Es lagert sich auf der beschichteten Oberfläche des Katalysators ab und beeinträchtigt so dessen Leistung. Auch deshalb wurden die Bleiverbindungen inzwischen von ungefährlicheren Ersatzstoffen abgelöst.

Bertha Benz 1888 ihr Benzin in einer Apotheke kaufte?

Die erste große Autofahrt unternahm eine Frau: Berta Benz fuhr im August 1888 mit dem Wagen ihres Mannes Carl Benz von Mannheim nach Pforzheim. Unterwegs ging ihr jedoch das Benzin aus. Tankstellen gab es damals natürlich noch nicht – und so kaufte sie den notwendigen Treibstoff in der Stadtapotheke von Wiesloch.

man BENZIN spart, wenn man den Motor im Stau oder an roten Ampeln ausschaltet?   JA

Eigentlich scheint es ja ganz einfach zu sein: Laufende Motoren brauchen Treibstoff, ausgeschaltete Motoren keinen. Also spart Sprit, wer den Motor ausschaltet. Doch wie so oft, steckt auch hier der Teufel im Detail. Denn ein Motor braucht beim Anlassen etwas mehr Treibstoff als im Leerlauf und erzeugt obendrein beim Anspringen etwas mehr Abgase – wie viel, hängt aber vom Alter und Typ des Gefährts ab.

Ein Wagen der Mittelklasse verbraucht im Stau mit laufendem Motor hochgerechnet 25 l pro 100 km. Dieser Verbrauch lässt sich auf 7,5 l pro 100 km reduzieren, wenn der Motor bei Stillstand ausgeschaltet wird. Die Frage lautet daher genau genommen: Ab welcher Wartezeit lohnt es sich, den Motor abzuschalten?

Der ADAC rät zum Abschalten vor Wartephasen, die länger als 20 Sekunden dauern.

VOM ERDÖL ZUM BENZIN

Vor 200 Jahren war Benzin noch ein Abfallprodukt: Man erhitzte Erdöl, um Lampenöl (Petroleum) zu gewinnen. Ähnlich wie sich beim Schnapsbrennen durch das Erhitzen von Wein Wasser und Alkohol trennen, erhielt man beim Öl bei der Destillation neben schwerem Petroleum das leichter flüchtige Benzin, das für medizinische Anwendungen verkauft wurde.

Das Benzin von heute hat mit diesem Ur-Benzin fast nur noch den Namen gemeinsam, denn „Ottokraftstoff" ist ein Designerprodukt. Er besteht aus über 200 Kohlenwasserstoffen, von denen die wenigsten durch Destillation, die meisten jedoch durch „Cracken" und „Reformieren" aus dem Rohöl gewonnen werden. Dabei werden die Moleküle mithilfe von Katalysatoren so lange zerlegt und dann neu zusammengesetzt, bis sie denen des gewünschten Kraftstoffs entsprechen. Während des Verfahrens reduziert man außerdem den Schwefelgehalt und bringt Zusatzstoffe (Additive) ein, die u.a. dafür sorgen, dass das Benzin bei jeder Außentemperatur leicht verbrennt.

Erdölbestandteile

Kohlenstoff 83–87 %

Wasserstoff 11–16 %

Metalle 0–1 %

Sauerstoff 0–2 %

Stickstoff 0–5 %

Schwefel 0–6 %

Das betrifft beispielsweise auch die Rotphase an vielen Baustellenampeln sowie längere Wartezeiten an geschlossenen Bahnschranken. Zwar spart es bereits Benzin, ab nur 10 Sekunden Stillstand den Motor des Fahrzeugs auszuschalten, wie eine Auswertung von Studien an der Technischen Universität Berlin ergab, doch Schadstoffe werden erst ab einer Wartezeit von 30 Sekunden eingespart. Wichtig ist vor allem, dass man beim Anlassen kein Standgas gibt.

Stimmt es, dass …

BLEISTIFTE gar kein Blei enthalten? JA

Bleistiftminen bestehen aus einem Gemisch aus Ton und Graphit – eine Erfindung des französischen Mechanikers und Konstrukteurs Jacques Louis Conté. Er war auf die Idee gekommen, Rohgraphit zu zermahlen, mit Ton zu mischen und unter Luftabschluss zu brennen – fertig war der „Conté Crayon", den sich der Erfinder 1795 patentieren ließ. Auch heute noch werden Bleistifte mit dieser Methode hergestellt. Mithilfe des Tons lässt sich die Härte des Bleistifts verändern, und der Graphit macht den Strich schwarz: Er ist nichts anderes als Kohle, die in leicht gegeneinander verschiebbaren Schichten angeordnet ist. Durch das Schreiben gleitet dann Kohlenstoff Schicht für Schicht von der Mine auf das Papier.

Vor der Erfindung Contés verwendete man durchaus Stifte aus Metall. Römer schrieben beispielsweise mit Griffeln aus Silber auf Wachstäfelchen oder auf Pergament. Und im Mittelalter notierte man sich Wichtiges gern mit einem Stift aus Blei. Viele mittelalterliche Schreiber und Künstler entwickelten sogar ihre eigenen Rezepturen für Metallstifte. Sie mischten Blei, Silber, Zinn und bisweilen sogar Bronze, Gold oder Bismut, um einen möglichst zarten oder festen Strich zu erreichen.

Stimmt es, dass …

BLITZLICHT bei Tieren keinen „Rote-Augen-Effekt" verursacht? NEIN

Prinzipiell sind eigentlich alle Augen gleich aufgebaut – denn durch eine Pupille und eine Linse fällt Licht auf Nerven in der Netzhaut. So sehen die Menschen und fast alle Tiere. Doch wenn man die Augen verschiedener Tiere etwas genauer betrachtet, gibt es große Unterschiede. Insbesondere beim Aufbau der Netzhaut ist dies der Fall, was beim Fotografieren mit Blitzlicht deutlich zu erkennen ist.

Eine Schicht hinter den Zellen, die das Licht in Nervenimpulse umwandeln, entscheidet darüber, wie gut ein Tier in der Dunkelheit sehen kann: Während sich beim Menschen dort nur gut durchblutetes Stützgewebe befindet, besitzen Katzen, Hunde oder Raubvögel hinter den Sehnerven eine Art Spiegelschicht, das *tapetum lucidum*. Man könnte es als eine Art „Restlichtverstärker" bezeichnen, denn das *tapetum lucidum* reflektiert das Licht, das durch die Licht-Rezeptoren hindurch gedrungen ist, sodass es von hinten erneut Lichtreize auslösen kann.

Doch nicht alle Tiere besitzen eine solche Spiegelschicht. Bei Tagtieren wie Kaninchen, vielen Affen und eben auch dem Menschen fehlt sie, und so erkennt man auf einer Blitzlicht-Fotografie das Rot der Äderchen,

Wussten Sie schon, dass …
es Blitzsysteme gibt, die den „Rote-Augen-Effekt" vermeiden?

Das Problem beim „Rote-Augen-Effekt" ist die bei Dunkelheit geöffnete Pupille: Der Blitz erhellt die Umgebung so schnell, dass die Pupille keine Zeit hat, sich zu schließen. Sie bleibt geöffnet, und der rote Augenhintergrund wird sichtbar. Wird das Auge aber vor dem eigentlichen Fotoblitz durch einen vorgeschalteten Blitz „gewarnt", kann sich die Pupille rechtzeitig schließen, und das Rot ist nicht mehr zu sehen.

Rote Augen durch Blitzlicht gibt es bei Mensch und Tier – Hundeaugen reflektieren jedoch das Licht und leuchten gelb.

die die Netzhaut mit Blut versorgen. Bei Tieren, die auch nachts gut sehen, leuchtet stattdessen das unterschiedlich gefärbte *tapetum lucidum* zurück.

Dieser Effekt wird übrigens auch beim so genannten Spotlighting auf nächtlichen Safaris genutzt, bei dem man mit einem Scheinwerfer in den Busch oder die Savanne leuchtet. Wo es gelb, grün, rot oder blau aufblitzt, trifft das Scheinwerferlicht auf ein Tierauge, das den nächtlichen Besuch offensichtlich nicht aus den Augen lässt.

Stimmt es, dass...

eine BRÜCKE von marschierenden Soldaten zum Einsturz gebracht werden kann?　　JA

GEFÄHRLICHE SCHWANKUNGEN

Soldaten im Gleichschritt können Brücken gehörig ins Wanken bringen – und theoretisch sogar zum Einsturz.

① Entlastung

Die Soldaten stehen auf einem Bein und heben das andere. In diesem Moment lastet auf der Brücke nur das Gewicht der Soldaten. Folge: Sie schwingt nach oben.

② Belastung

Die Soldaten machen einen Schritt nach vorn: Ein Bein drückt sich dabei vom Brückenboden ab. Folge: Die Brücke schwingt nach unten.

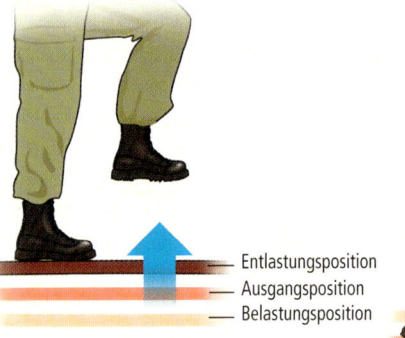

— Entlastungsposition
— Ausgangsposition
— Belastungsposition

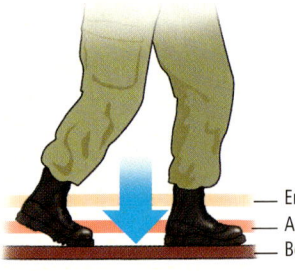

— Entlastungsposition
— Ausgangsposition
— Belastungsposition

Am 14. April 1831 passierte es: Soldaten des 60. Rifle Corps marschierten im Gleichschritt über die Broughton Bridge in Manchester. Plötzlich begann die Hängebrücke heftig zu schwanken und brach zusammen. Lange glaubte man, der Marschtritt der Soldaten sei Schuld. Bis heute dürfen Soldaten nicht im Gleichschritt über Brücken marschieren, damit das nicht eintreten kann, was Physiker eine „Resonanzkatastrophe" nennen. In Deutschland ist dies in § 27, Absatz 6 der Straßenverkehrsordnung geregelt.

Resonanz kennt jeder, der einmal das kugelige Ende einer schwingenden Stimmgabel an eine Tischplatte gehalten hat: Die Tischplatte beginnt, mit der Stimmgabel mitzuschwingen. Jeder Gegenstand bevorzugt aber bestimmte Frequenzen – Physiker nennen sie „Eigenfrequenzen". Dies lässt sich am besten mit dem Anstoßen einer Schaukel verdeutlichen. Wer – unabhängig von der Bewegung der Schaukel – einfach immer wieder die Beine nach vorn bewegt, bewirkt nur wenig. Wer aber genau im richtigen Moment mit den Beinen nach vorn schwingt, der wird die Schaukel immer höher auslenken. Genau so stößt die Stimmgabel die Tischplatte an – trifft sie dabei die Eigenfrequenz des Tisches, wird dieser besonders heftig mitschwingen.

So wie die Stimmgabel die Tischplatte in Bewegung versetzt, bringt der Marschtritt der Soldaten die Fahrbahn der Brücke zum Schwingen. Treffen die Soldaten dabei genau die Eigenfrequenz der Brücke, dann schwingt die Brücke besonders stark – bis sie möglicherweise einstürzt.

Ende der 1980er-Jahre haben Ingenieure das Problem genauer untersucht und Szenarien für verschiedene Brücken und für mehrere Bedingungen durchgerechnet. Für eine 10 m lange Hängebrücke errechneten sie eine „katastrophale Schrittdauer" von etwa 1,1 Sekunden – durchaus nichts Unwahrscheinliches.

ABER: Gleichzeitig zeigten Berechnungen, dass vermutlich noch keine Brücke allein infolge des Gleichschritts eingestürzt ist. Die Broughton Bridge beispielsweise war vermutlich zusätzlich durch das Gewicht der Soldaten überlastet.

Stimmt es, dass...

ein BUMERANG immer zurückkehrt? NEIN

Eigentlich scheint es ganz einfach zu sein: Die meisten Wurfhölzer gehen weit entfernt vom Werfer nieder, und nur einige kehren zurück. Und dies gilt auch für die berühmtesten, die australischen Bumerangs. Die *Boomerang Association of Australia* geht heute davon aus, dass rund 10 % der Ureinwohner Australiens früher nur Bumerangs kannten, die nicht zurückkehrten, 60 % nutzten beide Bummerang-Arten und 30 % kannten gar keine.

Damit sie zurückkehren können, brauchen die Wurfhölzer eine gewölbte Oberfläche – ähnlich einem Flugzeugflügel – und müssen schräg gegen den Wind geworfen werden. Sind all diese Bedingungen erfüllt, beschreiben die Bumerangs vor dem Werfer einen Kreis, während sie schnell um sich selbst rotieren. Auch die etwas anders geschliffenen, nicht zurückkehrenden Bumerangs rotieren, denn nur so kann zusätzlicher Auftrieb entstehen, der den Bumerang wesentlich weiter fliegen lässt als ein unbearbeitetes Stück Holz.

Kein Wurfholz gleicht dem anderen: Bumerangs bei der Weltmeisterschaft 2002.

Wurfhölzer sind übrigens keine australische Erfindung. Sie wurden weltweit zur Jagd oder im Kampf eingesetzt und von vielen Völkern unabhängig voneinander und zu verschiedenen Zeiten erfunden. So kannten die Ägypter ebenso wie die Babylonier Wurfhölzer. Auch in Schöningen bei Braunschweig wurden zwei Wurfhölzer entdeckt, die rund 400 000 Jahre alt sind.

Stimmt es, dass...

man die CHINESISCHE MAUER vom Mond aus sieht? NEIN

Die Chinesische Mauer ist riesig – neue Untersuchungen sprechen von einer ursprünglichen Länge von über 7000 km, von denen derzeit noch ungefähr 2500 km stehen. An ihrem Fuß misst die Mauer 8, manchmal sogar 12 m. Nach oben hin verjüngt sie sich bis auf etwa 5 m. Vom Mond aus relativieren sich jedoch die Ausmaße der Mauer, denn die etwa 384 000 km weit entfernte Erde erscheint nur noch als kleine Scheibe am „Mondhimmel", auf der die Mauerbreite nicht einmal ein Millionstel des Durchmessers ausmacht, was für das bloße Auge unsichtbar ist.

Selbst aus einem Space Shuttle ist die Mauer nur dann gut zu sehen, wenn sie bei niedrigem Sonnenstand einen deutlichen Schatten wirft, obwohl diese Raumschiffe in nur einigen hundert Kilometern Höhe die Erde umkreisen.

Dieses aus einem Space Shuttle fotografierte Falschfarbenbild zeigt einen Teil der Chinesischen Mauer.

Wussten Sie schon, dass...
die Chinesische Mauer aus mehreren Mauern besteht?

Der erste Kaiser von China begann 200 v. Chr. mit dem Bau der Chinesischen Mauer, doch schon zuvor gab es Schutzwälle, die kriegerische Nomaden aus dem Norden fern halten sollten. Seitdem wurde fleißig an- und weitergebaut – besonders im 15. Jh. –, sodass die heutige Mauer aus Dutzenden von „Einzelmauern" besteht. Vor Peking besteht die Mauer sogar aus drei verschiedenen Mauerringen.

Stimmt es, dass…
DIAMANTEN nicht verbrennen können?   NEIN

Diese Fräswerkzeuge sind mit einer dünnen Diamantbeschichtung überzogen und damit sehr hart.

Diamanten sind das härteste bekannte Mineral der Welt – auf der Härteskala, mit der die Mineralogen die Härte von Steinen messen, erreichen sie die höchste Stufe 10. Trotzdem bestehen sie aus nichts anderem als Kohlenstoff und gleichen deshalb dem Graphit im Bleistift, der Grillkohle oder dem Ruß im Kamin. Der einzige, aber entscheidende Unterschied ist, dass die Kohlenstoffatome eines Diamanten in einer viel stabileren Struktur angeordnet sind. Doch auch diese Struktur verhindert nicht, dass Diamanten Feuer fangen können. In einem Sauerstoffstrahl genügen dafür schon etwas mehr als 700 °C, und in normaler Atmosphäre benötigt man etwa 900 °C. Das Ergebnis des Verbrennungsvorgangs ist erstaunlich: Aus einem Diamanten wird geruchloses und unsichtbares Kohlendioxid, das auch so aus dem Auspuff eines Autos strömt.

Seit den 1980er-Jahren kann man mithilfe von kohlenstoffhaltigem Gas Diamantbeschichtungen u. a. für Sägeblätter und verschiedenartige Bohrer herstellen. Die „Kohle" aus dem Gas lagert sich sehr langsam auf dem Sägeblatt oder dem Bohrer ab und bildet dort Diamantschichten. Damit diese wertvolle Schicht bei der anschließenden Benutzung aber nicht verbrennt, dürfen die Werkzeuge im Betrieb nicht zu heiß werden. Beispielsweise liegt das Maximum für Bohrer bei 600 °C. Bei diamantbeschichteten Zahnarztbohrern besteht da übrigens keine Gefahr, da sie mithilfe einer Kochsalzlösung auf Temperaturen unter 50 °C gekühlt werden.

Wussten Sie schon, dass…
Massensterben in der Geschichte der Erde immer wieder vorkommen?

Vor 380 Mio. Jahren, also lange vor dem Massensterben, dem die Dinosaurier zum Opfer fielen, hat eine andere globale Katastrophe die Artenvielfalt reduziert. Damals schlug möglicherweise ein Meteorit in ein Gebiet ein, das heute zur Sahara gehört. Noch rätselhafter ist ein Massensterben vor 250 Mio. Jahren, bei dem in bestimmten Gebieten 90 % aller Tier- und Pflanzenarten ausgerottet wurden. Der Grund war jedoch vermutlich kein Asteroid, sondern wahrscheinlich die Teilung eines Ur-Ozeans durch plattentektonische Verschiebungen.

Stimmt es, dass…
die DINOSAURIER wegen eines Meteoriteneinschlags ausgestorben sind?   JA

Ende der 1970er-Jahre forschte der Nobelpreisträger Luis Alvarez mit seinem Sohn Walter in einem italienischen Steinbruch. Dabei entdeckten sie in einer etwa 65 Mio. Jahre alten Gesteinsschicht überdurchschnittlich viel Iridium. Weitere Untersuchungen zeigten, dass dieses auf der Erde seltene, in Asteroiden aber viel häufiger vorkommende Metall in gleich altem Gestein weltweit in ebenso hoher Konzentration zu finden ist. Vater und Sohn Alvarez vermuteten daher, dass das Iridium durch eine weltumspannende Staubwolke verteilt worden war. Als Auslöser der Wolke kam ein riesiger Astroid infrage, der beim Einschlag in die Erde buchstäblich „zu Staub wurde". Den katastrophalen Auswirkungen des Einschlags fielen dann auch die Dinosaurier zum Opfer.

1981 fand man dann die wahrscheinliche Einschlagstelle: den Chicxulub-Krater auf der Halbinsel Yucatán, 200 km groß und unter 1 km dicken Gesteinsschichten verborgen.

Man geht heute davon aus, dass vor 65 Mio. Jahren ein Asteroid von etwa 10 km Durchmesser mit 50–70 km/sek auf Yucatán zuraste und bis zu 20 km tief in die Erdkruste eindrang. Dadurch herrschten für lange Zeit lebensfeindliche Bedingungen, die nur wenige Lebewesen überstanden.

Die Theorie, dass ein gewaltiger Asteroideneinschlag den Untergang der Saurier einleitete, war zunächst umstritten. Heute gehen jedoch die meisten Wissenschaftler davon aus – ebenso wie die Autoren des Disney-Films „Dinosaurier".

Stimmt es, dass …

EINSTEIN den Nobelpreis für seine Relativitätstheorie bekommen hat? **NEIN**

A ls Albert Einstein den Physik-Nobel-preis für das Jahr 1921 erhielt, war seine berühmte Relativitätstheorie unter Physikern fast schon ein alter Hut. Trotz-dem wurde Einstein nicht etwa dafür aus-gezeichnet, sondern für eine Leistung, die mit der Relativitätstheorie nichts zu tun hat, nämlich die Erklärung des Photoef-fektes. Er wurde damit für seine Arbeit aus der Quan-tentheorie geehrt, die zwar genauso alt war wie die Re-lativitätstheorie – aber zumin-dest in den ersten Jahren viel umstrittener. Sowohl Einsteins erste Arbeit über die Spe-zielle Relativitätstheorie als auch seine Ar-beit zum Photoeffekt erschienen 1905.

Warum das Nobelpreiskomitee Einstein nun für „seine Verdienste um die theoreti-sche Physik, besonders für die Entdeckung des Gesetzes des photoelektrischen Effek-tes" würdigte und dabei die Relativitäts-theorie kaum erwähnte, ist nicht ganz klar. Sicher ist, dass Alfred Nobel in seinem Tes-tament den Preis für die „wichtigste Ent-deckung oder Erfindung auf dem Gebiet der Physik" ausgeschrieben hatte. Nobel war ein praktisch denkender Mensch und dachte dabei wohl eher an patentierbare Erfindungen als an trockene Theorien. Trotzdem konnte das Komitee den Theore-

tiker Einstein nicht übergehen: Zwischen 1910 und 1920 häuf-ten sich die Vorschlä-ge, ihm den Nobel-preis zu verleihen. Das Nobelkomitee war je-doch offenbar der Mei-nung, dass Einsteins Relativitätstheorie in praktischen Experimenten noch nicht aus-reichend belegt sei.

So griff man auf seine Erklärung für den Photoeffekt zurück, der experimentell kei-ne Probleme machte. Schließlich hatte sich Einstein in dieser Arbeit mit einem Phäno-men befasst, das rund 20 Jahre zuvor bei ei-nem jederzeit wiederholbaren Experiment entdeckt worden war.

Mit der Relativitätstheorie veränderte der noch junge Albert Einstein unser Weltbild gewaltig, beispielsweise gibt es danach keine absolute Zeit mehr, die für alle gleich ab-läuft: Eine Uhr in einem schnel-len Raumschiff läuft langsamer als auf unserer Erde.

DER PHOTOEFFEKT

1887 hatte Heinrich Hertz eine seltsame Er-scheinung entdeckt, den so genannten Photoeffekt: Eine mit Elektronen negativ ge-ladene Metallplatte entlädt sich, wenn man sie mit Licht bestrahlt. Später zeigte sich, dass die Energie der Elektronen, die dem Metall entkamen, von der Farbe des verwen-deten Lichtes abhängt und nicht von dessen Stärke. Diese Beobachtung war mit der bis dahin gültigen Theorie, dass das Licht aus elektromagnetischen Wellen besteht, nicht vereinbar. 1900 vermutete Max Planck des-halb, dass die Lichtenergie in winzige Ener-giepakete gepackt sein könnte, so genann-ten „Wirkungsquanten" – wobei „blaue"

Lichtpakete mehr Energie als „rote" enthal-ten. Einstein führte die Idee fort: Ein Licht-paket, das im Metall einschlägt, gibt seine Energie an ein Metallelektron weiter – also ein „blaues" Lichtpaket mehr als ein „rotes". Das Elektron bekommt dadurch so viel Schwung, dass es das Metall verlassen kann – ähnlich wie Wassertropfen, die, wenn man einen Stein in einen See wirft, „herausge-schlagen" werden.
Einsteins Erklärung wurde jahrelang mit Skepsis betrachtet. Viele Physiker glaubten, er sei mit der Hypothese zu weit gegangen. Heute dagegen erklärt man mit dieser Theo-rie sogar die Funktionsweise von Solarzellen.

Wussten Sie schon, dass …
die Relativitätstheorie beim GPS eine Rolle spielt?

Stellt man sich an eine Straßenkreu-zung und schaltet ein GPS-Naviga-tionsgerät ein, dann zeigt es die eige-ne Position sehr genau an – und beweist dabei zugleich, dass die Re-lativitätstheorie tatsächlich stimmt. Denn relativistische Effekte beeinflus-sen die Messung: Die Bewegung der Satelliten lässt beispielsweise die Zeit in ihnen langsamer verstreichen. De-ren Zeitmessung wird daher vom GPS-Empfänger um rund 0,00000001 % korrigiert!

Stimmt es, dass ...
man bei **ERDBEBEN** unter Türrahmen am sichersten ist?

JA

Wussten Sie schon, dass ...
Erdbeben die ganze Welt durchqueren können?

Wissenschaftler unterscheiden mehrere Arten von Erdbebenwellen – sie sprechen von Primärwellen (P-Wellen), Sekundärwellen (S-Wellen) und Oberflächenwellen. Bei Versuchen hat man herausgefunden, dass sich die langsamen S-Wellen in Flüssigkeiten nicht ausbreiten können und sich daher im flüssigen Erdkern in einer Tiefe von etwa 2900 km verlieren. Die schnellen P-Wellen, bei denen das Gestein in der Ausbreitungsrichtung abwechselnd zusammengedrückt und gedehnt wird, können dagegen abgeschwächt die andere Seite der Erdkugel erreichen – und das mit Geschwindigkeiten von 5–13 km pro Sekunde!

Bei einer Erdbebenübung in Tokio suchen japanische Kinder Schutz unter einem Tisch.

E s ist nicht verwunderlich, dass bei einem Erdbeben viele Menschen von Panik erfasst werden und versuchen, möglichst schnell nach draußen zu gelangen, wenn sie sich in einem Gebäude befinden. Dies erscheint zunächst sinnvoll, denn tatsächlich halten Geowissenschaftler einen großen freien Platz für den sichersten Ort während eines Erdbebens – allerdings gilt das nur für jene Menschen, die sich bereits zu Beginn eines Bebens dort befinden.

Wer sich in einem Haus aufhält und nicht mit wenigen Schritten hinaus auf einen Platz flüchten kann, sollte am besten im Innern bleiben. Denn aufgrund der Teile, die am Gebäude herunterfallen (beispielsweise Dachziegel), und der herumfliegenden Glassplitter ist es sehr gefährlich, Gebäude während eines Bebens zu verlassen. Treppenhäuser sollte man wegen der Einsturzgefahr nicht benutzen. Und einen Fahrstuhl zu betreten verbietet sich ebenso.

Stattdessen raten Geowissenschaftler, sich in Innenräumen an einen möglichst sicheren Ort zu begeben – und sicher ist am ehesten der stabile Türrahmen einer Innentür, weil tragende Innenwände und Türstürze dafür ausgelegt sind, große Las-

ten auszuhalten. So hat man unter einem Türrahmen kaum Trümmer von oben zu befürchten. Falls eine Innenwand doch zusammenstürzt, besteht die Chance, dass die umgefallene Tür eine Art Höhle bildet, in der ein Erdbebenopfer überleben kann – wenn auch wahrscheinlich verletzt. Denn der kleine Vorrat an Sauerstoff in einem solchen Hohlraum bewahrt das Erdbebenopfer zumindest für einige Zeit vor dem Erstickungstod.

Steht kein stabiler Türrahmen zur Verfügung, sollte man sich unter einen massiven Tisch oder ein Bett flüchten, die herabfallende Deckenteile abfangen können. Am Türrahmen bzw. an den Möbelstücken sollte man sich dann bis zum Ende des Bebens festhalten und eventuell den Kopf mit einem Kissen oder Ähnlichem schützen. Auch tragende Innenwände bieten einen gewissen Schutz, wenn man sich neben ihnen auf den Boden legt und dann den Kopf bzw. das Gesicht mit verschränkten Armen bedeckt.

Derartige gefährliche Erdbeben wird man allerdings wohl kaum in Deutschland erleben. Zwar bebt auch hierzulande die Erde fast täglich – jedoch nur in kaum wahrnehmbarer Stärke. Wirklich heftige Erdbeben kommen nur dort vor, wo Kontinentalplatten aneinander stoßen – wie in Japan oder in der Türkei.

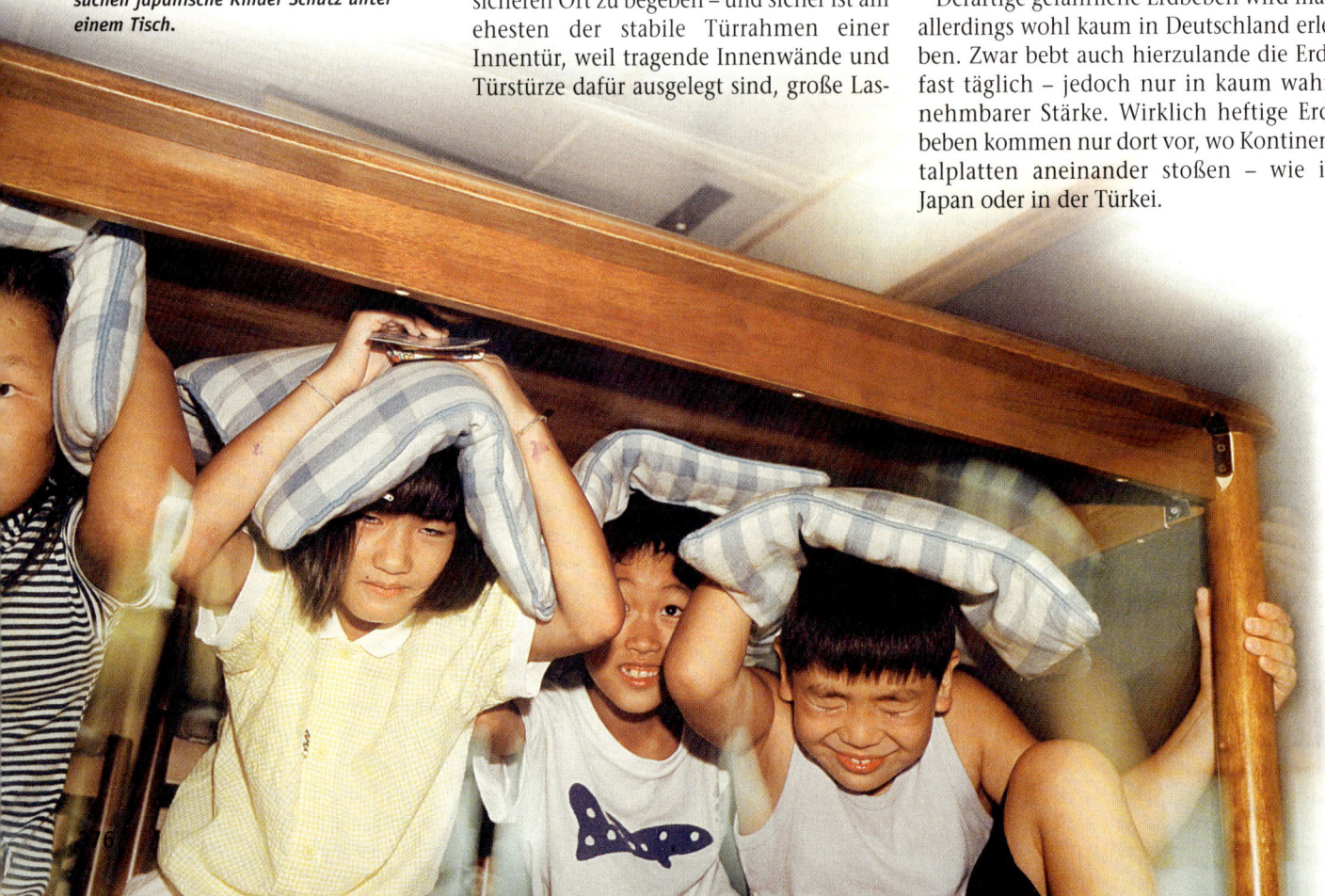

ERDÖL den größten Teil des Energiebedarfs deckt? JA

Die ganze Welt hungert nach Energie. Der weltweite Energiebedarf wächst jährlich um etwa 2 %, woran China zur Zeit den größten Anteil hat. Gestillt wird dieser Energiehunger vor allem durch eine zähe, schwarze Flüssigkeit: Erdöl. Ungefähr 3,5 Mrd. t verbrennen die Menschen in jedem Jahr – und damit pro Tag mehr, als sich im Lauf der Erdgeschichte in etwa 1000 Jahren gebildet hat.

Auch in Deutschland, dem größten Energieverbraucher der EU, ist Erdöl noch immer der wichtigste Energielieferant – obwohl der Verbrauch hier in den letzten Jahren leicht zurückgegangen ist. Zusammen mit Erdgas und Kohle liegt der Anteil der fossilen Energieträger aber immer noch über 80 % (siehe Kasten). Daran wird sich, so die Prognose, auch in den nächsten 30 Jahren nur wenig ändern. In der Schweiz und Österreich sieht die Situation ganz ähnlich aus.

Damit ist aber auch absehbar, dass irgendwann die weltweiten Erdölvorräte aufgebraucht sein werden. Spätestens dann muss die Menschheit auf andere Energielieferanten ausweichen. Momentan schätzt man, dass bis zu diesem Zeitpunkt noch rund 40 Jahre vergehen werden – allerdings nur dann, wenn man eine etwa gleich bleibende Förderung und keine nennenswerten Neufunde an Erdöl voraussetzt. Besser sieht es bei der Kohle aus: Sie wird wahrscheinlich noch für 200 Jahre zur Verfügung stehen.

WOHER KOMMT UNSERE ENERGIE?

Seit Jahren nutzt man in Deutschland immer weniger Kohle zur Energiegewinnung. Besonders stark ist der Rückgang bei der Braunkohle: Hier nahm der Verbrauch seit 1990 um die Hälfte ab. Gase, darunter das Erdgas, sind dafür im Vormarsch, ebenso die Windkraft.

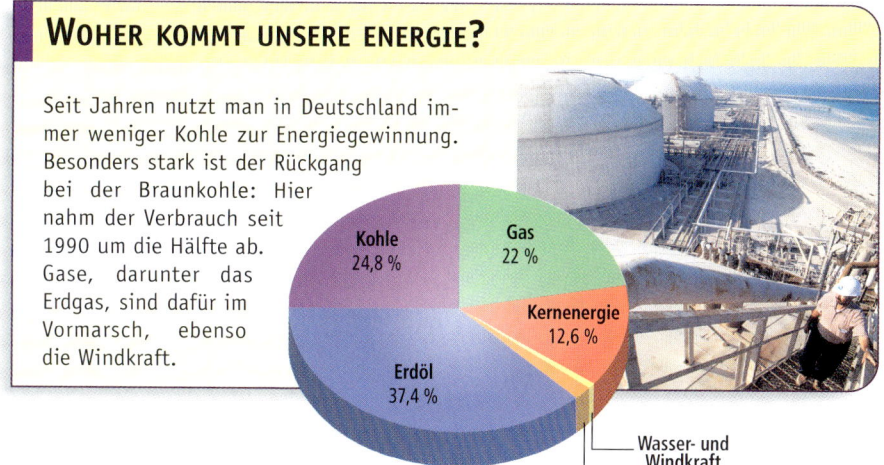

Kohle 24,8 %
Gas 22 %
Kernenergie 12,6 %
Erdöl 37,4 %
Wasser- und Windkraft 0,9 %
Sonstige 2,3 %

die ERDROTATION durch den Mond gebremst wird? JA

Die Anziehungskraft des Mondes hat starke Auswirkungen auf unseren Planeten, was uns durch den Wechsel von Ebbe und Flut am deutlichsten vor Augen geführt wird: Ständig zieht der Mond an vielen Milliarden Tonnen Meerwasser, wodurch sich ein Wasserberg bildet. Da sich die Erde dabei aber unter dem Mond wegdreht, wandert dieser Wasserberg im Lauf eines Tages rund um die Erde. Gleichzeitig bildet sich auf der anderen Seite der Erde ein zweiter Wasserberg, der ebenfalls um die Erde läuft. Dieser Berg entsteht infolge der durch die Erddrehung verursachten Fliehkraft, der die Anziehungskraft des Mondes hier am mondfernsten Punkt der Erde am wenigsten entgegensetzen kann.

Zwar wird auch der feste Boden vom Mond um bis zu 30 cm angehoben; weil Wasser sich aber wesentlich leichter bewegen lässt als feste Massen, sind die Auswirkungen stärker. Ständig bewegen sich also zwei riesige Wasserberge über die Ozeane, und dabei reibt das Wasser über den Meeresboden und an den Küsten – was die Drehung der Erde abbremst.

Dieser Effekt ist jedoch extrem klein. Ein Tag verkürzt sich momentan in 100 Jahren nur um ungefähr 2 Millionstel Sekunden. Untersuchungen an uralten Korallen haben gezeigt, dass die Erde vor etwa 900 Mio. Jahren tatsächlich schneller rotierte, sodass ein Tag damals nur ungefähr 18 Stunden dauerte.

Man kann die Auswirkungen der Abbremsung auch für die Zukunft fortschreiben. Rein rechnerisch würde die Erde aufgrund der durch den Mond verursachten Verlangsamung in etwa 15 Mrd. Jahren ganz stehen bleiben – doch zu diesem Zeitpunkt wird sie längst zusammen mit unserer Sonne untergegangen sein.

Stimmt es, dass …

man wegen der **ERDROTATION** schneller von West nach Ost fliegt als umgekehrt?

JA

JETSTREAM

Rückenwind oder Gegenwind für Düsenpiloten: Je nach Flugrichtung kann der Jetstream einen Flug deutlich verkürzen oder verlängern.

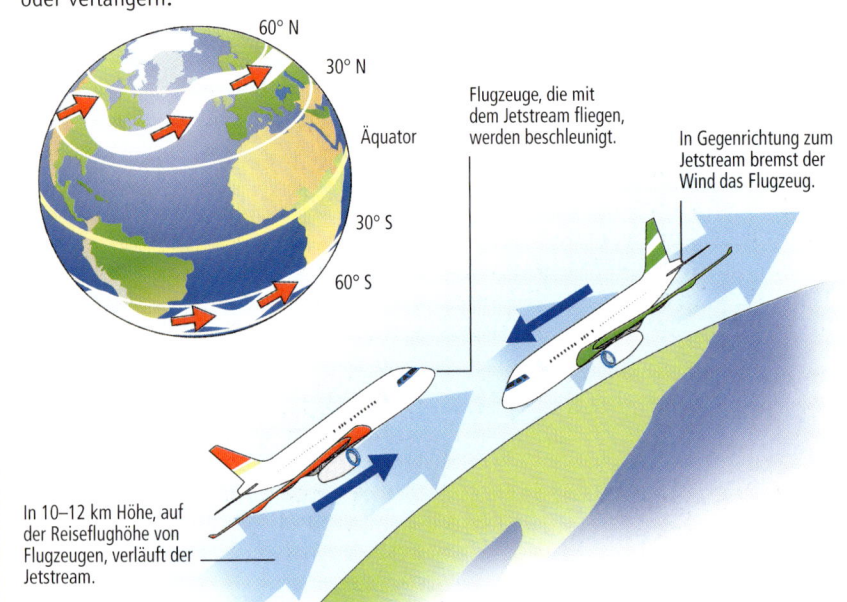

60° N

30° N

Äquator

30° S

60° S

Flugzeuge, die mit dem Jetstream fliegen, werden beschleunigt.

In Gegenrichtung zum Jetstream bremst der Wind das Flugzeug.

In 10–12 km Höhe, auf der Reiseflughöhe von Flugzeugen, verläuft der Jetstream.

Für dieses Phänomen wird oft die Erdrotation verantwortlich gemacht, in dem Sinne, dass sich die Erde unter dem Flugzeug wegdreht – also die Flugstrecke sich verkürzt oder verlängert je nach Flugrichtung. Dies ist jedoch ein Denkfehler, der auf dem komplexen Verhältnis von bewegten Bezugssystemen und Beobachtungsstandpunkt beruht. Die direkte Ursache für die unterschiedlichen Flugzeiten sind sehr starke Winde, genauer, der Polarfront- und der Subtropen-Jetstream. Diese „Strahlströme" entstehen in 10–12 km Höhe zwischen dem 30. und dem 60. Breitengrad, weil in diesen Breiten ausgedehnte, warme subtropische Luft auf kalte, zusammengezogene Luft von den Polen stößt. Diese Druckunterschiede führen zu den starken Stürmen, die das ganze Jahr mehr oder minder kräftig in Richtung Osten wehen, weil sie durch die Erdrotation abgelenkt werden.

Durch Tiefdruck- und Hochdruckzonen wird die Luftströmung weiter abgelenkt, sodass sich der Jetstream schließlich in riesigen Schleifen um den Erdball windet. Dessen Geschwindigkeit ist beträchtlich: Sie kann bis zu 170 Knoten erreichen – das sind immerhin 314 km/h. Die Eigengeschwindigkeit einer Boeing 777 beträgt dagegen etwa 900 km/h. Je nach Flugrichtung sorgt der Jetstream also für starken Rücken- oder Gegenwind, was natürlich Auswirkungen auf die Flugzeit hat.

Fliegt man von Ost nach West, dann ist man länger unterwegs als in umgekehrter Richtung: Ein Flug von London nach Miami dauert etwa 9,5 Stunden, zurück geht es aber fast eine Stunde schneller. Für die Strecke Los Angeles–Tokio braucht man auf dem Hinweg rund 11,5 Stunden, zurück nur 9 Stunden und 45 Minuten.

Wussten Sie schon, dass …
ein Flugzeug nach einem Flug über 20 000 Risse haben kann?

Die Tragflächen eines Flugzeugs müssen viel aushalten. Sie werden im Flug stark belastet und verbogen. Dabei bilden sich mikroskopisch feine Risse – nach einem Transatlantikflug kann ein Flugzeug bis zu 20 000 derartige Beschädigungen aufweisen. Um zu vermeiden, dass sie zu Ermüdungsbrüchen führen, die im schlimmsten Fall das Flugzeug zum Absturz bringen könnten, untersucht man die Risse heute beispielsweise mit Magnetfeldern und supraleitenden Detektoren (so genannten „Squids") .

Stimmt es, dass …

FLUGZEUGE zur Kontrolle regelmäßig komplett auseinander montiert werden?

JA

Genau genommen werden Flugzeuge, wenn sie nicht gerade fliegen, ständig überprüft und gewartet. Grundlage dafür sind Wartungspläne, die seit den 1960er-Jahren von der Maintenance Steering Group (MSG) erstellt werden. Die MSG gehört zur Air Transport Association (ATA), einem Zusammenschluss von Luftfahrtgesellschaften und Flugzeugherstellern. MSG-3 heißt ihr aktueller Wartungsstandard, der aber nur bei den neuesten Flugzeugen angewandt wird – alle anderen werden noch nach dem aufwändigeren MSG-2 geprüft.

Standardunabhängig führt man vor jedem Flug die *Pre-Flight-Checks* durch. Dabei wird das Flugzeug von außen nach Schäden abgesucht. Alle 250 Betriebsstunden findet dann ein A-Check statt, bei dem man die Triebwerke überprüft, Betriebsstoffe nachfüllt, Computer testet oder Sitze

Beim D-Check werden auch die Triebwerke ausgebaut und in einem speziellen Prüfstand auf Funktionstüchtigkeit getestet.

für die Boeing 747-400 umfasst die Wartungsanleitung rund 41 000 Seiten. In über 40 000 Arbeitsstunden werden Bauteile wie Triebwerke, Fahrwerk oder Landeklappen zur Überprüfung abgebaut und die Inneneinrichtung entfernt. Die Hilfsturbine, die Außenquerruder, alle Türen und sogar Teile des Fußbodens werden ebenfalls ausgebaut. Zudem überholt man die Instrumente, alle hydraulischen Geräte sowie Räder

repariert. B-Checks, bei denen Struktur und Stabilität des Flugzeugs untersucht werden, erfolgen alle 5 Monate.

Und etwa alle 6 Jahre steht der D-Check an, bei dem gemäß MSG-2-Standard das Flugzeug buchstäblich zerlegt wird. Allein

und Reifen in Spezialwerkstätten. Dann wird alles wieder zusammengebaut, und das Flugzeug erhält eine neue Lackierung. Im MSG-3-Standard ist der D-Check weniger zeitintensiv – für eine Boeing 777 braucht man „nur" noch 32 000 Arbeitsstunden.

Stimmt es, dass ...

FORMEL-1-WAGEN kopfüber an der Decke fahren könnten? JA

Wenn Schumacher und Co. in voller Fahrt über die Strecke rasen, pressen unglaubliche Kräfte ihren Formel-1-Wagen auf den Asphalt. Ab etwa 120–150 km/h (die genaue Zahlen sind Betriebsgeheimnisse der Teams) würden diese Kräfte ausreichen, um das Fahrzeug kopfüber an einer Decke fahren zu lassen – und zwar auf gerader Fahrt, ohne Looping.

Dieser Anpressdruck ist gewollt, weil Autos dazu neigen, förmlich auf dem Fahrtwind zu „schwimmen". Bei normalen Wagen spielt das keine Rolle, bei 350 km/h schnellen Rennwagen könnten die Reifen infolge dieses Auftriebs aber den Bodenkontakt verlieren, besonders bei schwungvollen Kurvenfahrten.

Daher sorgen speziell geformte Flügel an den Fahrzeugen dafür, dass der Fahrtwind die Boliden nach unten drückt und gleichzeitig an die Straße saugt. Für den Sog ist der Luftfluss unter dem Auto verantwortlich. Dort werden die Luftteilchen stark beschleunigt, wodurch ein Unterdruck entsteht – ein Phänomen, das man nach seinem Entdecker „Venturi-Effekt" nennt. Welche Kräfte dieser Effekt entwi-

ckeln kann, sieht man an einem Orkan, der über Häuser hinwegfegt. Auch hier werden die Dächer regelrecht von den Gebäuden gesaugt.

Wussten Sie schon, dass ...
Rennfahrer die fünffache Erdbeschleunigung aushalten müssen?

Die stärksten Kräfte, die auf einen Formel-1-Fahrer wirken, sind Beschleunigungskräfte: Tritt er bei 200 km/h auf die Bremse, steht der Rennwagen nach nur 55 m. Das ganze Manöver dauert ab Betätigung der Bremse nicht einmal 2 Sekunden. Dabei kann der Fahrer kurzzeitig mit dem fünffachen der Erdbeschleunigung in die Gurte gedrückt werden. Das ist vergleichbar mit der Beschleunigung von Astronauten beim Start eines Spaceshuttles!

Bei schneller Fahrt saugen sich Rennwagen förmlich an der Straße fest.

Wussten Sie schon, dass...
das gefrorene Wasser in Eisschollen allmählich zu Süßwasser wird?

Gefriert Meerwasser, bilden sich zunächst kleine Klümpchen aus gefrorenem Süßwasser an der Meeresoberfläche. Allmählich werden sie durch Wind und Wellen zu größeren Eisflächen zusammengeballt. Das Salz bleibt dabei außen vor oder konzentriert sich im Eis in kleinen Höhlungen, so genannten „Salzlaugentaschen". Diese wandern langsam nach unten, sodass älteres Meereis schließlich nur noch aus Süßwasser besteht.

Stimmt es, dass...
FROSTSCHUTZMITTEL pur schneller gefriert als mit Wasser verdünnt? JA

Vor Jahren machten Glykole im Zusammenhang mit Wein viele negative Schlagzeilen. Was beim Trinken zu Vergiftungen führt, ist aber als Frostschutzmittel im Automobilbereich äußerst nützlich. Moderne Frostschutzmittel bestehen aus einem Alkoholgemisch aus Ethylenglykol, Propylenglykol und anderen Stoffen. Versetzt man Kühlwasser damit, bleibt es selbst bei Temperaturen weit unter 0 °C flüssig.

Der Grund liegt in der einfachen physikalischen Regel, dass Lösungen und Mischungen nicht so schnell gefrieren wie reine Stoffe. Genau wie das Salz im Meerwasser die Wassermoleküle beim Gefrieren „stört" und so den Gefrierpunkt des Meerwassers senkt, verhindert der Alkohol des Frostschutzmittels das Gefrieren des Kühlwassers. Erst wenn sich die Wasserteilchen bei extrem tiefen Temperaturen nur noch sehr langsam bewegen, bilden sie feste Kristalle.

Umgekehrt stören aber auch die Wassermoleküle die Glykolmoleküle beim Gefrieren. Reines Glykol gefriert daher schon bei –13 °C. Mischt man dagegen 60 Teile Wasser und 40 Teile Glykol, dann reicht der Frostschutz bis etwa –20 °C.

Stimmt es, dass...
die GEZ mit Peilwagen Schwarzseher aufspürt? NEIN

Die „Gebühreneinzugszentrale für Rundfunkgebühren" (GEZ) erhält Daten von Einwohnermeldeämtern, aus denen abgelesen werden kann, ob und wohin Menschen umziehen. Mehr Informationen über das Privatleben der Bundesbürger erhält die GEZ aber nicht – und Peilwagen stehen ihr schon gar nicht zur Verfügung.

Die GEZ versucht daher zunächst, potenzielle Schwarzseher mithilfe eines Briefes zum Bezahlen der Rundfunkgebühr zu bewegen. Erfolgt daraufhin keine Reaktion, wird ein GEZ-Kontrolleur, ein so genannter „Rundfunkgebührenbeauftragter", losgeschickt.

Diese Kontrolleure haben zwar keine Peilwagen, achten jedoch auf Dachantennen oder bläuliches Flackerlicht hinter den Scheiben. Abgesehen von diesen Möglichkeiten der Beweiserhebung, stehen sie Schwarzsehern beim Gespräch an der Haustür eher machtlos gegenüber. Denn diese sind zwar zu einer Auskunft verpflichtet – der Kontrolleur darf die Wohnung ohne richterliche Durchsuchungsgenehmigung aber nicht betreten. Daher bleibt den auf Provisionsbasis arbeitenden Kontrolleuren meist nur die Möglichkeit, Schwarzseher im Gespräch zur Anmeldung ihres Fernseh- oder Radiogeräts zu bewegen.

Für Oskar Matzerat, die Hauptperson aus dem Roman „Die Blechtrommel" von Günter Grass, war es kein Problem, Gläser nur mit seiner Stimme zu zerstören.

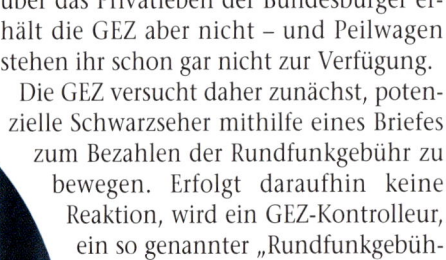

Stimmt es, dass...
menschliche Stimmen ein GLAS zerspringen lassen können? NEIN

Er ist inzwischen eine der bekanntesten Figuren der deutschen Literaturgeschichte: Oskar Matzerat, der Junge mit der Blechtrommel, der mit schrillen Schreien Weingläser und Fensterscheiben zerstören kann. Auch Enrico Caruso mit seiner Tenorstimme soll dies angeblich gelungen sein.

Physiker bringen derartige Erscheinungen mit der „Resonanz" in Verbindung: Töne bringen die Luft zum Schwingen, und die wiederum lässt die Gläser mitklingen. Um ein Weinglas zerspringen zu lassen, muss man aber zunächst den Ton kennen, mit dem das Glas zur Resonanz angeregt

VON TIEF BIS HOCH – STIMMENVIELFALT

Viele Tiere kommunizieren mit Tönen, die der Mensch nicht einmal hören kann. Spezialisten unter den Tieren sind die Wale: Einige schaffen tiefste Frequenzen um 10 Hz, andere orientieren sich ähnlich wie Fledermäuse mit sehr hohem Ultraschall.

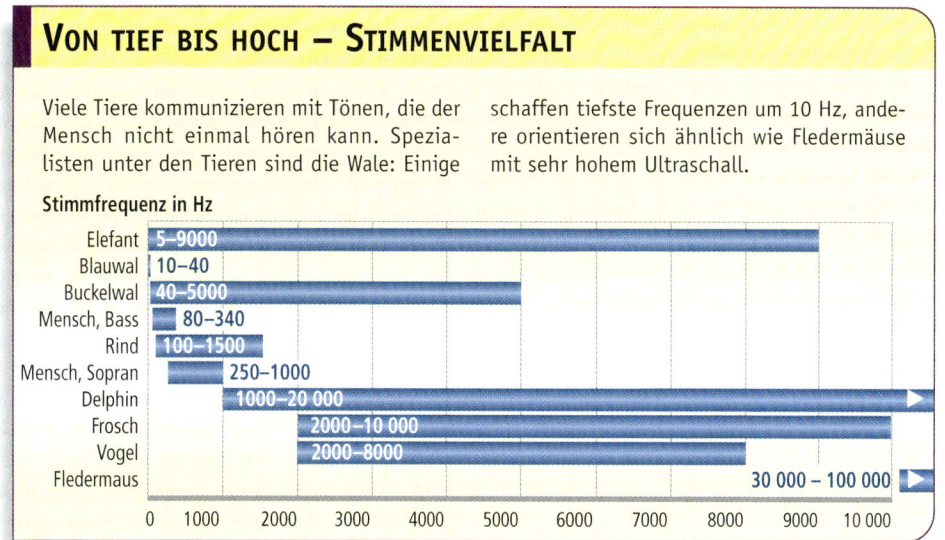

Stimmfrequenz in Hz

Elefant	5–9000
Blauwal	10–40
Buckelwal	40–5000
Mensch, Bass	80–340
Rind	100–1500
Mensch, Sopran	250–1000
Delphin	1000–20 000
Frosch	2000–10 000
Vogel	2000–8000
Fledermaus	30 000 – 100 000

wird. Den hört man, wenn man mit einem angefeuchteten Finger über den Glasrand streicht. Beschallt man das Glas mit genau diesem Ton, dann schaukelt sich im Glas eine Schwingung auf, die immer stärker und stärker wird – bis das Glas zerbricht.

Mit künstlichen Tönen ist dies einfach, nicht aber mit der menschlichen Stimme. Sänger erreichen 90–100 Phon, Weingläser zerspringen erst bei 110–120 Phon. Zudem dauert der Vorgang zu lange, sodass den Sängern zuvor die Luft ausgeht.

Wussten Sie schon, dass …

Glas weder flüssig noch fest ist?

Glas ist ein seltsamer Werkstoff: Die Moleküle schwimmen nicht darin herum wie in einer Flüssigkeit, sie sind aber auch nicht in einem regelmäßigen Gitter angeordnet wie in Kristallen. Glas ist also eine flexible, „erstarrte Flüssigkeit". Oft wird behauptet, dass Glas stets etwas fließe; deshalb seien Kirchenscheiben aus dem 14. Jahrhundert unten dicker als oben. Doch dafür ist nur der mittelalterliche Herstellungsprozess verantwortlich.

Stimmt es, dass …

GLÜHBIRNEN beim Einschalten besonders viel Strom verbrauchen?   (NEIN)

Das „Herz" einer Glühbirne besteht aus einem feinen Draht aus Wolfram – in der Regel dünner als ein Haar –, der spiralförmig aufgewickelt ist, um weniger Platz einzunehmen. Durch diese Glühwendel schickt man den Strom, der die Birne zum Leuchten bringt. Wird die Lampe eingeschaltet, bewegen sich große Mengen Elektronen durch den dünnen Draht und stoßen gegen die Atome im Metall, die so in Bewegung gesetzt werden. Dadurch wird das Metall heiß und glüht auf.

Solange der Draht noch kalt ist, kommen die Elektronen im Draht sehr gut voran. Daher strömen zunächst sehr viele Elektronen durch die Glühwendel und erhitzen das Metall rasch. Doch je heißer es wird, desto mehr bewegte Metallatome und -elektronen stellen sich dem Strom in den Weg. Dadurch kommt es schließlich zu einer Art Gleichgewicht: Solange die Elektronen im kalten Draht gut vorankommen, heizen sie das Metall auf. Wenn das

Metall heiß geworden ist, bremst es den Elektronenfluss.

Beim Einschalten fließt durch eine Glühbirne daher tatsächlich etwa vier- bis fünfmal mehr Strom, allerdings nur für wenige Tausendstel Sekunden, bis die Glühwendel heiß ist. Halogenlampen, wie sie in Autoscheinwerfern und Halogenspots verwendet werden, brauchen diesen höheren Einschaltstrom (er ist hier bis zu fünfzehnmal stärker als im Normalbetrieb) sogar, um das Gas in ihrem Inneren aufzuheizen – doch auch in diesem Fall dauert der erhöhte Stromfluss nur Millisekunden.

Der Vorgang verläuft so schnell, dass die Leistung, die dabei verloren geht, vernachlässigbar klein ist. Lampenhersteller sprechen deshalb sogar davon, dass Glühbirnen beim Einschalten genauso viel Strom verbrauchen wie im Betrieb – was nur leicht irreführend ist.

Der höhere Stromverbrauch beim Einschalten einer Glühbirne ist so geringfügig, dass er keinerlei Einfluss auf die Stromrechnung hat.

ein **HANDY** heute mehr leistet als ein Großrechner aus der Zeit der ersten Mondlandung?   JA

tung der Röhrenrechner und der Chipwunder vergleichen – und dabei ziehen die Giganten tatsächlich den Kürzeren.

Der IBM 704 beispielsweise, der bei der NASA bis in die 1960er-Jahre hinein verwendet wurde, hatte einen Arbeitsspeicher von 64 KB. Mit Magnetbandlesern und Druckern nahm er knapp 2000 m^2 ein und war trotzdem ein „Kleinhirn", verglichen mit einem Handy.

Die Apollo-Flugbahnen wurden von fünf Rechnern vom Typ IBM 7094 gemeinsam ermittelt – und jede dieser Maschinen schaffte 62 500 Divisionen pro Sekunde. Heutige Handy-Prozessoren sind zehn bis einige hundert Mal schneller. Der Großrechnerverbund wurde sogar mit dem größten Ferritkernspeicher ausgestattet, den IBM je herstellte: 220 Mio. Eisenkerne speicherten 2,6 MB Daten. Moderne Handys speichern problemlos doppelt so viel.

D ie Aufgaben, die Großrechner vor rund 40 Jahren zu erfüllen hatten, unterschieden sich natürlich stark von denen, die ein modernes Handy heute bewältigt. Dennoch lässt sich die reine Rechenleis-

Großrechner der 1960er-Jahre hatten riesige Ausmaße – mit einem Handy hätten sie aber nicht konkurrieren können.

Wussten Sie schon, dass...

ein Handy auf wenige Zentimeter genau zu orten ist?

Vor dem eigentlichen Telefonieren meldet sich ein Handy an einer Funkstation der Betreibergesellschaft an. Diese deckt ein bestimmtes Gebiet („Zelle") ab, das einen Bereich von einigen zehn bis einigen hundert Metern Größe erfasst. Doch die Ortung geht noch genauer, denn beim Anmeldevorgang funkt das Handy alle Zellen in der Nähe an, um dann den Sender mit der stärksten Reichweite auszuwählen. Weil sich die einzelnen Zellen aber überlappen, lassen sich dadurch Handys auf wenige Zentimeter genau anpeilen.

DIE SCHNELLSTEN COMPUTER

Die Einheit zum Vergleich von Prozessoren sind die so genannten Flops *(floating-point operations per second)*. Sie geben an, wie viele Rechenoperationen ein Chip in der Sekunde durchführen kann. Handy-Computer schaffen einige Millionen und Pentium-Prozessoren rund 2 Mrd. Rechnungen (2 Giga-Flops). Großrechner sind über 10 000-mal so schnell, wie die Liste der schnellsten Computer zeigt.

Name (Schwerpunkt der Verwendung)	Giga-Flops	Land
Earth-Simulator (Klimaforschung)	35 860	Japan
ASCI Q – AlphaServer SC45/1,25 GHz (militärische Nutzung, Energieversorgung)	13 880	USA
1100 Dual 2.0 GHz Apple G5/Mellanox Infiniband 4X/Cisco GigE (physikalische Simulation und Modellierung)	10 280	USA
PowerEdge 1750, P4 Xeon 3.06 GHz, Myrinet (physikalische Simulation und Modellierung)	9819	USA
Integrity rx2600 Itanium2 1.5 GHz, Quadrics (Atmosphärenforschung und Simulation)	8633	USA

HANDYS schädliche Strahlen aussenden?   JA

D ie von einem Handy ausgehende Strahlung ist prinzipiell eine Mikrowellenstrahlung – und diese kann, in großer Intensität, gefährlich sein.

Die Energie, die aus dem Handy kommt, besteht aus elektrischen und magnetischen Feldern, die sehr schnell hin- und her-

schwingen (zwischen ein und zwei Millionen Mal pro Sekunde). Diese Schwingungen übertragen nicht nur die Telefongespräche, sondern auch Energie, die sie an elektrisch geladene Teilchen abgeben. Und davon gibt es in lebenden Organismen viele: Körperzellen enthalten beispielsweise große Mengen an Wasser, dessen Moleküle an den Enden elektrisch geladen sind. Zudem sind für fast alle Lebensprozesse geladene Atome, so genannte Ionen, nötig – und auch diese können von elektromagnetischer Strahlung beeinflusst werden.

Wissenschaftler konnten zeigen, dass die Strahlungswellen die geladenen Teilchen erwärmen, weil unter dem Einfluss der Strahlung die Moleküle und Ionen in den Zellen zu zittern beginnen. (Dies geschieht auch in Fleisch, das im Mikrowellenherd aufgewärmt wird.) Sobald aber der Körper Wärme nicht mehr mithilfe von Schweiß und anderen Kühlmechanismen abführen kann, werden Körperzellen geschädigt.

ABER: Die von Handys ausgehenden Strahlungsmengen sind so gering, dass Zellen selbst bei sehr langen Telefonaten keinen Schaden nehmen können. Das ergaben übereinstimmend alle bisherigen wissenschaftlichen Untersuchungen zu diesem Thema. Manche Experten raten aber aus Vorsicht dazu, Kinder nur mit Handys telefonieren zu lassen, die nur wenig Strahlung abgeben.

Stimmt es, dass ...
man **HAUT** und Knorpel züchten kann?　　JA

Große Brandwunden oder auch Diabetes können zu großflächigen offenen Stellen in der Haut führen, die monatelang nicht verheilen. Bei Arthrose, einer ständigen Entzündung der Gelenkknorpel, zerstört das körpereigene Immunsystem den Knorpel allmählich selbst, und schwere Schmerzen sind die Folge. Diese Krankheiten sind nur schwer heilbar. Eine Therapie ist die Transplantation, wofür sich am besten körpereigene Organe eignen.

Bei Hautschäden entnahm man daher Patienten an einer gesunden Stelle ein Stück Haut, dehnte es und legte es auf die kranke Stelle. Die Zucht von Haut aus kleinen Hautstückchen ist dagegen problematischer: Je älter eine Zelle ist, desto seltener teilt sie sich. Besonders bei älteren Patienten ist daher die Nachzucht kaum möglich. Noch komplizierter verhält es sich bei Knorpelgewebe.

Trotzdem gibt es – vor allem für junge Menschen – bereits Methoden, Haut und Knorpel im Reagenzglas nachzuzüchten. Schweizer Mediziner beispielsweise extrahieren Zellen aus einigen Quadratzentimetern Haut. Diese vermehren sie in einer Nährlösung und übertragen sie auf die Wunden des Patienten, bis diese geschlossen sind. Leipziger Biomediziner arbeiten an einem anderen Verfahren: Sie gewinnen aus den Haarwurzeln des Patienten – spezialisierten Hautzellen also – Stammzellen, die im Gegensatz zu normalen Zellen kein Alterungsproblem haben. Mithilfe von etwa 50 Haaren gelingt es den Medizinern, in 4–5 Wochen die Fläche einer halben Scheckkarte mit neuer Haut zu bedecken.

Kleinere Knorpeldefekte, wie sie im Frühstadium der Arthrose auftreten, sind mit gezüchteten Knorpelzellen heilbar. Man bringt die in der Nährlösung vermehrten Zellen auf ein Vlies, das an die Stelle des kranken Knorpels gesetzt wird und dort verwächst. An weiteren Methoden wird geforscht.

Wussten Sie schon, dass ...
man bei Schönheitsoperationen auch geklonte Zellen verwendet?

Wissenschaftler einer texanischen Biotech-Firma entnehmen Hautzellen aus dem Ohr eines Patienten, klonen diese im Labor und spritzen sie dann unter Falten und Narben. Das Ergebnis ähnelt dem einer Botulin-Spritze – die Falten verschwinden, die Haut glättet sich. Doch noch sind die Wissenschaftler vorsichtig. Die gezüchteten Hautzellen könnten möglicherweise im Körper außer Kontrolle geraten und unter der Haut unkontrolliert wuchern. Daher befindet sich das Verfahren derzeit noch in der Erprobung.

Die Mitarbeiterin eines Krankhauses in Lyon prüft ein Stück Haut, das in einer Nährlösung gezüchtet wurde.

Stimmt es, dass ...

die **INTELLIGENZ** vom Gewicht des Gehirns abhängt? NEIN

Auf den ersten Blick scheint alles klar: Das Gehirn einer Maus wiegt kaum 1 g, das eines erwachsenen Menschen im Schnitt rund 1400-mal so viel. Zudem nahm die Gehirnmasse des Menschen im Lauf der Evolution deutlich zu. Also gilt die Gleichung „je schwerer, desto schlauer"?

So einfach ist der Zusammenhang zwischen Intelligenz und Gewicht des Gehirns aber nicht. Gehirne von Frauen wiegen beispielsweise im Schnitt etwa 100 g weniger als die von Männern, obwohl Frauen in IQ-Tests keineswegs schlechter abschneiden. Und das Gehirn eines Pottwals wiegt fast 9 kg – doch ob er deshalb intelligenter ist als ein Mensch, lässt sich bezweifeln.

ABER: Es gibt mehrere Untersuchungen, die angeblich einen allgemeinen Zusammenhang zwischen Gehirngewicht und Intelligenz belegen. Noch hat die Wissenschaft keine Erklärung dafür – und auch nicht dafür, dass es hochintelligente Menschen mit „kleinen" Gehirnen gibt.

Was passiert im Gehirn, wenn wir denken? Ist Intelligenz messbar? Fragen, die auch mit Testreihen an Kindern beantwortet werden sollen.

WAS IST INTELLIGENZ?

Auf diese Frage können Wissenschaftler noch immer keine eindeutige Antwort geben. Der Begriff leitet sich von dem lateinischen Wort *intellegere* her, was so viel wie erkennen oder begreifen bedeutet. Ausgehend von dieser Definition sagen viele Forscher: Intelligenz ist ein Maß für die Geschwindigkeit, mit der jemand etwas versteht oder ein Problem löst. Andere Wissenschaftler gehen dagegen davon aus, dass es so etwas wie eine einzige „Gesamt"-Intelligenz gar nicht gibt. Der Psychologe Howard Gardner hat beispielsweise gleich sechs Intelligenzbereiche ausgemacht – sprachliche, logisch-mathematische, räumliche, musikalische und soziale Intelligenz sowie Körperbeherrschung.

Andere Forscher haben bis zu 120 Intelligenzbereiche definiert. Und wieder andere Wissenschaftler halten Intelligenz für eine Art Anpassungsfähigkeit an neue Aufgaben und Bedingungen des Lebens. Da versteht man, warum einige Psychologen einfach sagen: „Intelligenz ist das, was ein Intelligenztest misst."

Wussten Sie schon, dass ...
es auch einen Test für künstliche Intelligenz gibt?

Der Informatiker Alan Turing schlug 1950 einen Test vor, mit dem man prüfen kann, ob ein Rechner künstliche Intelligenz besitzt. Ein Versuchsleiter schreibt Fragen auf ein Papier und reicht sie in einen verschlossenen Raum, in dem sich ein Computer oder ein Mensch befindet. Die Antworten werden wieder auf einem Papier herausgereicht. Wenn der Versuchsleiter anhand der Antworten des Computers nicht erkennen kann, dass sie nicht von einem Menschen stammen, muss es sich um einen intelligenten Computer handeln.

Stimmt es, dass ...

moderne **JETPILOTEN** eine Art Taucheranzug tragen ? JA

Piloten in Kampfjets müssen viel aushalten, besonders wenn sie enge Kurven fliegen. Denn dabei werden sie von gewaltigen Beschleunigungskräften in die Sitze gepresst, die bis zu zehnmal so stark sein können wie die Erdbeschleunigung. Der Pilot fühlt sich dann, als wiege er nicht mehr 80, sondern 800 kg, seine Arme und Beine schmerzen, und es fällt ihm schwer, den Steuerknüppel zu bedienen.

Auch für den Blutkreislauf kann dies verheerende Folgen haben: Wenn das Blut fast ganz in den Unterleib gepresst wird, fehlt es im Gehirn und in den Augen. Durch den so entstehenden Sauerstoffmangel sieht ein Pilot zunächst keine Farben mehr, bekommt dann einen „Tunnelblick" und wird schließlich ohnmächtig. Einige Flugzeuge sind deshalb schon abgestürzt.

Um diese Gefahren zu verringern, tragen Kampfpiloten spezielle Druckanzüge, die tatsächlich Taucheranzügen ähneln. Während diese den Wasserdruck vom Körper des Tauchers abhalten, mindern Pilotenanzüge den durch die Beschleunigungskräfte entstehenden Druck.

Modernste Anzüge bestehen deshalb aus einer maßgeschneiderten nicht dehnbaren Hülle, unter der sich Polster aus Wasser verbergen. Diese Polster vergrößern sich bei großer Beschleunigung automatisch, pressen sich fest gegen die Beinmuskulatur und

verhindern so, dass zu viel Blut hineinfließt. Dieses Prinzip haben die Konstrukteure übrigens der Natur abgeschaut: Die Innereien von Libellen sind in Wasser gelagert und dadurch auch bei tollkühnen Flugmanövern geschützt, bei denen Kräfte auftreten, die das 30-fache der Erdbeschleunigung betragen.

Druckanzüge schützen Jetpiloten vor den Folgen großer Beschleunigungskräfte.

Stimmt es, dass...

der berühmte KRISTALLSCHÄDEL aus Mexiko außerirdischen Ursprungs ist? NEIN

Der Markt für Kristallschädel blüht: Zu Tausenden werden die angeblichen Maya-Antiquitäten inzwischen in Mexiko und Guatemala verkauft. Dabei bleibt die Herkunft der begehrten Stücke unklar. So auch im Fall des schönsten und berühmtesten Schädels, der angeblich in den 1920er-Jahren von Anna Mitchell-Hedges, der Tochter eines Archäologen, in Lubaantun im Süden Mexikos gefunden wurde. Schnell rankten sich Gerüchte um den Schädel, der – über 5 kg schwer und 13 cm hoch – aus einem einzigen Quarzkristall geschnitten ist, was mit der den Maya zur Verfügung stehenden Technik unmöglich war. Waren hier etwa Außerirdische am Werk, wie Mitchell-Hedges behauptete?

Herauszufinden, wer den Kristall wirklich bearbeitet hat, ist schwierig. Denn man kann zwar sein geologisches Alter bestimmen, nicht aber den Zeitpunkt der Bearbeitung – auch weil kein Schädelfund korrekt dokumentiert wurde. Im Gegenteil: Das Exemplar von Anna Mitchell-Hedges wurde aller Wahrscheinlichkeit nach von ihrem Vater 1943 bei einer Auktion ersteigert. Wissenschaftler glauben daher, er sei wie viele andere „Maya-Kristallschädel" in Deutschland hergestellt worden, wo die Kristalle vermutlich vor ungefähr 150 Jahren geschliffen und in Umlauf gebracht wurden.

Irdische Geldgier steht hinter den Kristallschädeln, keine außerirdischen Lebewesen.

Stimmt es, dass...

LEUCHTSTOFFRÖHREN viel länger halten als gewöhnliche Glühbirnen? JA

Lampenhersteller führen genaue Statistiken, wie lange ihre Produkte halten. Danach haben Glühlampen eine mittlere Lebensdauer von rund 1000 Stunden, Leuchtstoffröhren dagegen je nach Typ bis zu 24 000 Stunden. Weil in den Tests gemessen wird, wie lange es dauert, bis die Hälfte der getesteten Lampen aufgibt, können die Lampen in Einzelfällen sogar noch länger leuchten.

Die geringere Haltbarkeit von Glühbirnen erklärt sich durch die starke Beanspruchung des Glühdrahtes. Um zu leuchten, muss er über 2500 °C heiß sein. Bei solchen Temperaturen verdampfen Metallatome – und das gerade an Stellen, die ohnehin schon dünn sind. Irgendwann bricht der Draht dann durch eine leichte Erschütterung oder beim Einschalten, wenn er sich durch die Erwärmung ausdehnt.

Wussten Sie schon, dass...
Neonröhren gar kein Neon enthalten?

Weiß leuchtende „Neonröhren" heißen unter Technikern „Leuchtstoffröhren", denn was darin leuchtet, sind Leuchtstoffe und Metalldämpfe – meist Natrium- oder Quecksilberdampf. Es gibt jedoch auch echte Neonröhren. Diese werden aber fast nur für Werbezwecke verwendet, denn ihr Licht ist in der Regel farbig.

Leuchtstoffröhren dagegen bestehen aus einem Glasrohr, das mit Gas gefüllt ist. Elektrischer Strom, der zwischen zwei Elektroden durch das Gas fließt, regt die Gasatome zum Aussenden von ultraviolettem Licht an. Dieses für das menschliche Auge unsichtbare Licht trifft auf eine Leuchtschicht auf der Innenseite des Glases und wird dabei in weißes Licht umge-

wandelt. Eine Leuchtstoffröhre nutzt sich daher nur beim Einschalten ab, denn in diesem Moment müssen die Elektroden mehrmals stark erhitzt werden. Nur so „zündet" die Röhre, und der Stromfluss kommt in Bewegung. Ist sie einmal in Betrieb, braucht eine Leuchtstoffröhre nur noch wenig Strom. Deshalb wird die Röhre auch kaum erwärmt.

Wussten Sie schon, dass ...
in Einsteins Universum die Zeit schneller oder langsamer vergeht?

Einsteins These, dass nichts schneller als Licht sein kann, hat auch Auswirkungen auf den Zeitablauf. Beweisen kann man dies u. a. anhand von Myonen. Diese kurzlebigen Elementarteilchen entstehen in den obersten Atmosphäreschichten und verschwinden schon nach 2,2 Millionstel Sekunden wieder. Den Weg zur Erde könnten sie nie bewältigen, obwohl sie sich fast mit Lichtgeschwindigkeit bewegen. Dafür, dass die Teilchen trotzdem bis zum Boden gelangen, gibt es nur eine Erklärung: Da sie so schnell sind, vergeht die Zeit für sie langsamer – was genau aus Einsteins Theorie folgt.

Stimmt es, dass ...
die LICHTGESCHWINDIGKEIT nicht übertroffen werden kann?   JA

Jede Autofahrt lehrt uns: Wenn man etwas beschleunigen will, muss man dazu Energie aufwenden – die beim Auto aus dem Benzin gewonnen wird. In der klassischen Mechanik, die der englische Mathematiker und Physiker Isaac Newton vor etwa 400 Jahren entwickelte, gibt es dabei keine Geschwindigkeitsbeschränkung – je mehr Energie man in einen Körper steckt, desto schneller wird er.

Ganz ähnlich dachte 1881 auch der amerikanische Physiker Abraham Albert Michelson: Wenn man eine Taschenlampe bewegt, dann hat dieses Licht mehr Geschwindigkeit als das Licht aus einer ruhenden. Denn zur Geschwindigkeit des Lichts kommt die der bewegten Lampe dazu. Das Licht, so vermutete er, breite sich – ähnlich wie eine Wasserwelle – in einem Medium aus, das den Weltraum erfüllte, dem Äther. Michelson wollte nun herausfinden, wie schnell sich die Erde im Äther bewegt. Zu diesem Zweck beabsichtigte er, die Lichtgeschwindigkeit einmal geradeaus und einmal senkrecht zu dieser Bewegung

zu messen. Im ersten Fall musste das Licht nach seinen Vorstellungen schneller sein, weil die Erde ihm mehr Schwung verlieh.

Michelson baute eine Versuchsanordnung auf und war überrascht, als er bei seinen Messungen keinen Geschwindigkeitsunterschied finden konnte. Die Physikwelt stand vor einem Rätsel, bis Albert Einstein 1905 in einem Artikel zwei neue Behauptungen aufstellte: Den Äther gibt es nicht, und die Lichtgeschwindigkeit mit rund 300 000 km/sek ist überall die höchstmögliche Geschwindigkeit. Was zunächst wie eine willkürliche Behauptung erscheint, wurde später in mehreren Versuchen bewiesen. So ist eine Folge von Einsteins Annahme, dass ein Körper desto mehr Masse bekommt, je mehr man ihn beschleunigt. Bei kleinen Geschwindigkeiten ist dies kaum messbar, aber Teilchenphysiker haben heute eindrucksvolle Möglichkeiten: Wenn sie beispielsweise Elektronen fast auf Lichtgeschwindigkeit bringen, benutzen sie dazu riesige Beschleuniger, denn bei 99,999 % der Lichtgeschwindigkeit sind Elektronen bereits etwa 220-mal schwerer als in Ruhe. Dies bedeutet aber auch, dass bei Lichtgeschwindigkeit der Körper unendlich schwer würde, wodurch auch die aufzuwendende Energiemenge unendlich groß wäre.

Was Phantasieraumschiffen wie der Enterprise problemlos möglich ist, können Physiker auch mit den besten Teilchenbeschleunigern nicht erreichen: schneller als das Licht zu sein.

Stimmt es, dass ...

MARMELADENBROTE fast immer auf der bestrichenen Seite landen?

JA

Es ist wie verhext: Wenn versehentlich ein Brot vom Tisch fällt, dann landet es fast immer mit der bestrichenen Seite auf dem Boden. Kann dies wirklich nur Zufall sein, fragten sich auch Wissenschaftler. Von den vielen Broten, Donuts und Toasts, die daraufhin im Dienst der Wissenschaft von Tischen heruntergestoßen wurden, landeten die meisten tatsächlich ebenfalls auf der bestrichenen Seite.

Und das ist auch fast zwangsläufig so. Betrachtet man den Vorgang in Zeitlupe, rutscht das Brot zunächst über die Tischkante. Irgendwann ist sein Schwerpunkt jenseits der Auflagefläche. Das Brot beginnt zu kippen, fällt und dreht sich dabei um sich selbst. Und genau das ist entscheidend. Denn bei einem normalen Frühstückstisch schafft ein Marmeladenbrot dabei bis zum Boden meist nur eine Drehung um etwas mehr als 90 bis knapp 270 Grad – und fällt damit auf die bestrichene Seite.

Bei deutlich höheren Tischen würden die Brote also auf der richtigen Seite landen. Doch ob fast 3 m hohe Tische tatsächlich praktisch sind, muss bezweifelt werden.

DER STURZ DES MARMELADENTOASTS

Bei normaler Tischhöhe dreht sich das Brot gerade so, dass es auf der Marmelade landet – nur bei etwa 3 m hohen Tischen könnte man sicher sein, dass das Brot eine komplette Drehung macht.

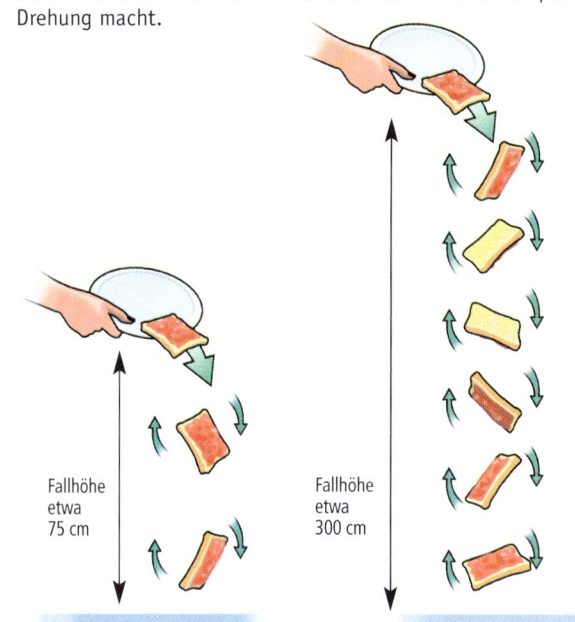

Fallhöhe etwa 75 cm

Fallhöhe etwa 300 cm

Wussten Sie schon, dass ...
2003 drei Sonden zum Mars geschickt wurden?

Das Jahr 2003 war das Jahr des Mars – gleich drei Missionen starteten damals, weil der Mars der Erde ungewöhnlich nahe stand. Die Europäische Weltraumbehörde ESA schickte den *Mars Express* und die NASA zwei baugleiche kleine Mars-Fahrzeuge: *Spirit* und *Opportunity*.

Stimmt es, dass ...

es auf dem MARS nachweislich Leben gab?

NEIN

Im Sommer 1877 entdeckte der italienische Astronom Giovanni Schiaparelli auf dem Mars Linien, die er *canali* nannte – was im Italienischen sowohl für natürliche als auch für künstliche Gräben stehen kann. Da in anderen Sprachen „Kanal" einen künstlichen Wasserlauf bezeichnet, waren den Spekulationen Tür und Tor geöffnet: Sollte der Mars etwa bewohnt sein?

Marsrover und Sonden haben heute bestätigt, dass es Wasser auf dem Mars gab (die angeblichen Kanäle waren jedoch eine optische Täuschung). Vielleicht war der Mars also trotz harter UV-Strahlung und starker Stürme tatsächlich belebt: Denn 1984 fand man in der Antarktis einen Meteoriten. Untersuchungen zeigten, dass er aus Lava vom Mars besteht. Vor etwa 16 Mio. Jahren hatte ein Asteroid, der auf dem Mars einschlug, den Lavabrocken ins All geschleudert und auf die Reise zur Erde geschickt. In dem Meteo-

Dieses Bild der extrem lebensfeindlichen Marsoberfläche entstand 1997 während der bekannten Pathfinder-Mission.

riten entdeckte man Spuren, die denen fossiler Bakterien auf der Erde ähnelten. Gab es also irgendwann einmal Leben auf dem Mars? Der Meteorit lieferte keine eindeutigen Beweise, und so verneinen die meisten Wissenschaftler diese Frage heute.

ABER: Auf der Erde gibt es Bakterien, die unter ähnlichen Bedingungen wie auf dem Mars existieren. Deshalb lässt sich nicht ausschließen, dass es auch auf dem Mars solche Bakterien gegeben haben könnte. Die Erforschung steht also erst am Anfang.

Der Meteorit vom Mars (ALH84001) und (stark vergrößert) die angeblichen Lebensspuren.

Stimmt es, dass ...

man im MEER auf einer Luftmatratze immer auf die offene See treibt? **NEIN**

Zunächst hilft ein kleines Gedankenexperiment weiter: Angenommen, es gäbe kein Wetter. Dann wären die Windverhältnisse an der Küste ziemlich einfach. Sie würden nur davon bestimmt, wie viel Wärmeenergie Land und Wasser speichern. Das Festland ist ein eher schlechter Wärmespeicher. Es heizt sich schnell auf, kühlt aber ebenso schnell wieder ab. Wasser dagegen nimmt Energie langsam auf und gibt sie auch langsam ab. Tagsüber ist also das Land schnell aufgeheizt. Die darüber liegende Luft erwärmt sich und steigt auf. Weitere Luft strömt vom Meer nach, sodass Seewind entsteht. Nachts ist es dann umgekehrt. Ohne Wetter triebe der Wind die

Luftmatratze tagsüber stets an Land und nachts aufs Meer hinaus.

Das Wetter hat jedoch entscheidenden Einfluss – und es ändert sich relativ unregelmäßig. Kräftiger Landwind am Tag oder Seewind bei Nacht sind nicht ungewöhnlich. Meteorologen versichern daher, dass es keine allgemein vorherrschende Windrichtung an der Küste gibt.

Vorhersagbar sind aber die Gezeitenströmungen, die ebenfalls den Weg der Luftmatratze bestimmen. Diese wechseln etwa alle 6 Stunden, sind aber je nach Ort sehr unterschiedlich ausgeprägt. Zu viele Faktoren beeinflussen also den Weg der Luftmatratze – und so bleibt ungewiss, wohin sie treibt.

Stimmt es, dass ...

der MENSCH vom Affen abstammt? **NEIN**

Dieser Schädel eines Australopithecus africanus ist etwa 2,5 Mio. Jahre alt – er stammt aus einer Zeit, in der die Entwicklung von Mensch und Affe bereits getrennt verlief.

Biologisch gesehen ist der Mensch ein Affe: Die meisten modernen Biologen zählen den *Homo sapiens sapiens* zu den so

genannten Altweltaffen. Die wiederum gehören zur Unterordnung *Simiae*, den Affen. Die enge Verwandtschaft zeigt sich in Gentests. 95 % der Erbinformation von Pavianen und Menschen sind vollkommen identisch, und Schimpansen gleichen den Menschen genetisch sogar zu 98,7 %. Auch im Verhalten von Affen und Menschen konnten Wissenschaftler viele Parallelen entdecken: Rhesusaffen können beispielsweise, ähnlich wie Menschen, Gesichtsausdrücke ihres Gegenübers deuten.

Schimpanse, Orang-Utan, Gibbon und andere moderne Affenarten sind aber keine Vorläufer, sondern eher „Geschwister" des Menschen. Alle heutigen Affen, also auch der Mensch, haben gemeinsame Vorfahren, aber der Mensch stammt eben nicht von den heute lebenden Affen ab.

Die *Simiae* bilden zusammen mit der Unterordnung Halbaffen die große Ordnung der Primaten. Mithilfe von Knochenfunden aus aller Welt und modernen DNA-Untersuchungen haben Wissenschaftler inzwischen Dutzende von Primaten-Stammbäumen entworfen. Sie reichen bis zur Entstehung der Primaten vor etwa 65 Mio. Jahren zurück. Als gesichert gilt dabei, dass die gemeinsamen Ur-Vorfahren von Affen und Menschen Kleinsäuger sind, die den heutigen Spitzhörnchen ähnelten.

Wie der Weg von diesen pelzigen Ur-Affen bis zum heutigen Menschen im Detail aussah, darüber streiten sich die Wissenschaftler noch. Wahrscheinlich trennte sich die bis dahin gemeinsame Entwicklung von Schimpansen und Menschen vor ungefähr 8 Mio. Jahren, die Gorillas gingen vor etwa 10 Mio. Jahren eigene Wege. Menschen und Schimpansen sind daher am engsten verwandt. Weiter entfernte Verwandte sind Orang-Utans und Gibbons, die ihre eigenständige Entwicklung vor mehr als 22 Mio. Jahren begannen. Noch früher spalteten sich die Paviane, Makaken und die Halbaffen ab. Sie sind also allenfalls ferne „Großonkel" des Menschen.

Wussten Sie schon, dass ...
Mikrowellengeräte Metallfolie zum Schmelzen bringen können?

Die elektrischen Ströme, die Mikrowellen in sehr dünnen Metallfolien (z. B. Aluminiumfolie) erzeugen, können das Metall auf über 700 °C erhitzen und so schmelzen. Ähnliches passiert auch mit CDs, die in Mikrowellenherden erhitzt werden. Die dünne Aluminiumschicht in der CD verdampft.

Stimmt es, dass ...
MIKROWELLENGERÄTE gefährlich sein können? **NEIN**

Mikrowellen sind (genau wie Radiowellen oder Licht aus einer Glühbirne) elektromagnetische Wellen – ineinander verkettete magnetische und elektrische Felder, die sich abwechselnd gegenseitig erzeugen und wieder vernichten. Und dieser Vorgang ist in der Regel sehr schnell: In einem Mikrowellenherd beispielsweise schwingen die Wellen mit einer Frequenz von etwa 2,45 GHz, die Felder entstehen und vergehen also rund 2 450 000 000-mal in einer Sekunde. Treffen diese Schwingungen auf geladene Moleküle oder Atome, dann setzen sie diese in Bewegung.

Im Mikrowellenherd entstehen die Wellen in einer Art Antenne, dem so genannten Magnetron. Von dort aus werden sie über den Hohlleiter und die Reflektorbleche auf die Nahrung gelenkt und dringen dann einige Zentimeter tief in sie ein. Die Frequenz von 2,45 GHz ist genau auf Wassermoleküle abgestimmt, sodass diese ins Vibrieren geraten, aneinander stoßen und sich dadurch erwärmen. Die Energie der elektromagnetischen Wellen wird so beinahe ohne Verluste zu Wärme. Und da fast jede Art von Nahrung Wasser enthält, kann man Nahrungsmittel in der Mikrowelle erwärmen.

Weil auch menschliche Zellen Wasser enthalten, sind Mikrowellen prinzipiell gefährlich, wenn sie aus dem Herd austreten. Das passiert aber nur, wenn die Metallhülle des Geräts oder die gelochte Metallfolie in der Tür beschädigt wird, denn sie halten

SO FUNKTIONIERT EIN MIKROWELLENHERD

Ein Mikrowellenherd, den man vor allem zum Aufwärmen von Nahrung verwendet, besteht im Wesentlichen aus einem Metallkasten und einer Mikrowellenquelle (Magnetron), die durch ein Gebläse gekühlt wird.

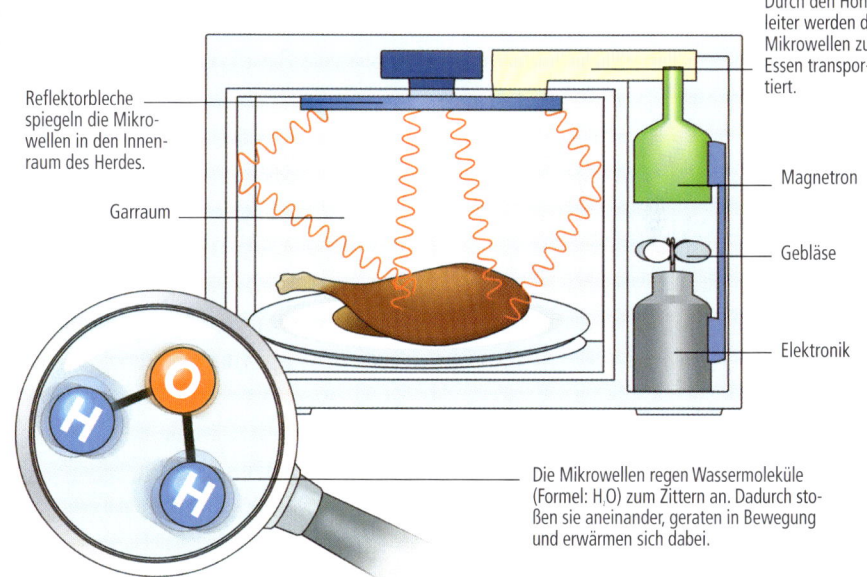

Reflektorbleche spiegeln die Mikrowellen in den Innenraum des Herdes.

Garraum

Durch den Hohlleiter werden die Mikrowellen zum Essen transportiert.

Magnetron

Gebläse

Elektronik

Die Mikrowellen regen Wassermoleküle (Formel: H_2O) zum Zittern an. Dadurch stoßen sie aneinander, geraten in Bewegung und erwärmen sich dabei.

die Strahlung zurück. Mehrere Studien des Bundesamtes für Strahlenschutz zeigten: Alle intakten Geräte gaben (beispielsweise durch die Türfugen) im Schnitt nur 1 % des erlaubten Grenzwertes an Strahlung ab. Bei technisch einwandfreien Geräten besteht also keine Gefahr für den Benutzer.

Stimmt es, dass …
es Wasser auf dem **MOND** gibt?   JA

Gefahr durch Aquaplaning oder Glatteis bestand für das Mondauto von Apollo 15 auf keinen Fall.

Wussten Sie schon, dass …
der Mond aus „Glas" besteht?

Das Mondgestein ist irdischer Lava sehr ähnlich – es gibt aber auch Unterschiede: So enthält der Mond mehr Kalzium (9 %), Aluminium (10 %) und Titan (2 %) als irdisches Gestein. Über die Hälfte der Mondkruste besteht aber aus Silizium und daran gebundenem Sauerstoff – also den Grundbestandteilen von Glas. Im Mondstaub liegen daher Milliarden von winzigen Glaskügelchen, und die NASA plante bereits ernsthaft, auf dem Mond Fiberglas herzustellen.

Wussten Sie schon, dass …
man erst 1996 eine genaue Mondkarte herstellen konnte?

Die erste genaue Vermessung des Mondes fand 1994 durch die Raumsonde *Clementine* statt. Eigentlich für die militärische Überwachung der Erde gebaut, wurde sie am Mond getestet: Zwischen dem 19. Februar und dem 1. Mai 1994 lieferte der kleine Satellit 1,8 Mio. Fotos von dessen Oberfläche. Erst anhand dieser Fotos konnten genaue Karten erstellt werden.

W er kennt sie nicht, die spannenden Fernsehbilder vom ersten Schritt eines Menschen auf dem Mond, die im Juli 1969 ein Millionenpublikum ans Fernsehgerät fesselten. Doch so faszinierend diese Bilder auch waren – der Erdtrabant präsentierte sich wenig einladend: eine öde, gleichförmige Landschaft, übersät mit den Einschlägen von Hunderttausenden von Asteroiden, Kometentrümmern und kleinen Meteoriten, bedeckt mit pulverisiertem Gestein. Nur von Wasser war keine Spur zu sehen.

Die zahlreichen Einschläge, die wüstenähnliche Oberfläche und das Fehlen von flüssigem Wasser haben eine gemeinsame Ursache. Das „Leichtgewicht" Mond erzeugt aufgrund seiner geringen Masse – sie beträgt nur rund ein Hundertstel der Erdmasse – nicht genug Schwerkraft, um eine Atmosphäre an sich binden zu kön-

nen. Daher verglühen oder verdampfen heranrasende Stein- und Eisbrocken anders als bei der Erde nicht an dem „Schutzschild" einer Atmosphäre, sondern schlagen ungebremst in den Mondboden ein. Die in Eisform mitgebrachten Wassermoleküle werden danach von der Sonne aufgeheizt, verdampfen und verschwinden wieder in den Weltraum.

Kometenbrocken bringen allerdings seit Jahrmillionen ständig Nachschub an Wasser, das sich nicht alles wieder verflüchtigt. „Verirrt" sich nach dem Einschlag etwas Wasser auf den schattigen Boden einiger tiefer Krater in Polnähe, in denen Temperaturen von bis zu –230 °C herrschen, gefriert der Wasserdampf augenblicklich. Und tatsächlich hat in dieser Region die Raumsonde Lunar Prospector 1998 Hinweise auf gefrorenes Wasser entdeckt. Astronomen vermuten daher in tiefen Polkratern beachtliche Wasservorräte von 1 Mrd. m³ (oder 1 Billion Liter). Allerdings enthält der Züricher See beispielsweise mehr als dreimal so viel Wasser, der Bodensee sogar das 50fache.

Stimmt es, dass …
man immer dieselbe Seite des **MONDES** sieht?   JA

D ie Bilder, die die sowjetische Raumsonde Luna 3 im Oktober 1959 zur Erde sendete, waren nur schwarz-weiß und noch dazu verschwommen. Doch trotz ihrer schlechten Qualität waren sie eine Aufsehen erregende Sensation. Denn sie zeigten etwas, das noch kein Mensch zuvor gesehen hatte: die der Erde abgewandte Seite des Mondes.

Aber warum blieb den Menschen bis zu diesem Zeitpunkt die Rückseite des Mondes eigentlich verborgen? Der Mond braucht heute für eine Drehung um sich selbst genauso lange wie für seine Reise um die Erde (etwa 29,5 Tage). Gleichgültig wo er sich also auf der Erdumlaufbahn befindet, stets weist er seinen Betrachtern dieselbe Seite zu. Die Bewegungen laufen synchron ab. Doch warum ist das so? Die Er-

klärung dafür ist nicht ganz einfach. Die Ursache ist in den Gezeitenkräften zu finden, die über Jahrmillionen hinweg die Rotation des Mondes abbremsten. Genau wie der Mond auf der Erde Gezeiten hervorruft, zerrt umgekehrt auch die Erde am Mond. Da der Mond aber viel kleiner als die Erde und sein Gestein viel leichter als irdisches Gestein ist, wirkten diese Kräfte auf ihn wesentlich stärker als sie auf die Erde.

Solange der Mond noch nicht synchron zur Erde rotierte, wurde das Mondgestein deshalb regelrecht durchgeknetet und zerbrochen – und dies bremste die Rotation des Mondes stark ab. Dieser Vorgang dauerte so lange, bis der Mond aus Sicht der Erde stillstand. Damit war für den Mond das von Erde und Mond gebildete physikalische System zur Ruhe gekommen, sodass keine weitere Abbremsung des Mondes mehr erfolgte. Bei der wesentlich größeren Erde dauert der Bremsvorgang noch immer an, und zwar durch die Abfolge von Ebbe und Flut.

Betrachtet man den Mond während eines Monats allerdings ganz genau, wird man feststellen, dass nicht immer exakt derselbe Teil des Mondes zu sehen ist. Der Mond führt eine Art Taumelbewegung aus. Dadurch werden in diesem Zeitraum insgesamt etwa 59 % der Mondoberfläche sichtbar. Verantwortlich für diese so genannte optische Libration sind u. a. die elliptische Umlaufbahn des Mondes und seine nicht ideal kugelförmige Gestalt, die im Schwerefeld der Erde leichte Schwingungen des Mondes zur Folge hat.

Die restlichen 41 % der Mondoberfläche bergen übrigens keine Überraschungen; sie ähneln stark der uns zugewandten Seite des Mondes. Der einzige nennenswerte Unterschied ist die Tatsache, dass dieser Teil des Mondes seltener von großen Asteroiden getroffen wurde und daher weniger Ebenen aus abgekühlter Lava aufweist.

Stimmt es, dass ...
sich der **MOND** immer weiter von der Erde entfernt?   **JA**

Was hat eine Eiskunstläuferin mit dem Himmelskörper-Gespann von Erde und Mond gemeinsam? Auch beim zweiten Nachdenken fällt die Antwort darauf schwer. Und dennoch unterliegen beide dem gleichen physikalischen Gesetz, das immer dann gilt, wenn es um Drehungen von Körpern geht. Für die Eiskunstläuferin hat dieses Gesetz zur Folge, dass sie sich bei ihren Pirouetten sofort schneller dreht, wenn sie die Arme an ihren Körper anlegt, und umgekehrt langsamer wird, wenn sie die Arme ausstreckt. Für Erde und Mond sind die Konsequenzen dramatischer, denn sie entfernen sich voneinander.

Seit 4,5 Mrd. Jahren bilden Erde und Mond eine Art riesige Eiskunstläuferin, die im Weltraum ihre Pirouetten dreht, wobei die beiden Himmelskörper sich als Kreisel auch noch jeweils um ihre eigene Achse drehen. Allerdings wird dieses kunstvolle Duett an einer Stelle gebremst, weil die Erdrotation aufgrund der Anziehungskraft des Mondes und den daraus resultierenden Gezeiten im Lauf der Zeit immer langsamer wird.

Dies wiederum bleibt nicht ohne Folgen für die Beziehungen zwischen Erde und Mond, die ein so genanntes geschlossenes System bilden. Bestimmt wird es durch drei Größen – die Erdrotation, die Mondrotation sowie die Rotation von Erde und Mond um einen gemeinsamen Schwerpunkt. Verändert sich eine dieser Größen, so muss sich eine der anderen der Veränderung anpassen (Physiker sprechen davon, dass sich der Drehimpuls insgesamt erhält). Verlangsamt sich also wie zuvor beschrieben die Erdrotation, kann sich – da die Mondrotation konstant ist – nur etwas an der Drehung von Erde und Mond zueinander ändern. Bildlich gesprochen streckt die Eiskunstläuferin Erde-Mond ihre Arme aus – Mond und Erde entfernen sich.

Nun darf man aber nicht denken, dass der Mond bald nur noch als mit dem bloßen Augen kaum mehr sichtbarer Punkt am Himmel stehen wird. Denn der Mond entfernt sich nur etwa 3 cm im Jahr von unserem Planeten. Die Distanz zwischen den beiden Himmelskörpern kann heute genau gemessen werden. Laserstrahlen werden auf Reflektoren gerichtet, die von den Apollo-Missionen auf dem Mond hinterlassen wurden. Die Zeit, die das Licht braucht, um zum Mond und wieder zurück zur Erde zu gelangen – es sind rund 2,6 Sekunden – ist ein Maß für die Entfernung: Der mittlere Abstand zwischen Erde und Mond beträgt 384 400 km.

Da der Abstand Erde–Mond wächst, wird es irgendwann keine totale Sonnenfinsternis mehr geben. Doch bis dahin vergehen noch mindestens 500 Mio. Jahre.

Wussten Sie schon, dass ...
Apollo 11 zum Mond etwas mehr als 100 Stunden unterwegs war?

Die Distanz Erde–Mond ist für irdische Vorstellungen gewaltig. Ein Autofahrer mit einer durchschnittlichen Geschwindigkeit von 160 km/h wäre 100 Tage unterwegs – und müsste Tag und Nacht fahren. Apollo 11 war 1969 um einiges schneller: Beim ersten bemannten Flug in Richtung Mond brauchte das Raumschiff für die Strecke genau 4 Tage 6 Stunden 45 Minuten und 39 Sekunden.

Stimmt es, dass ...

jede **MUSCHEL** das Meeresrauschen wiedergibt? **NEIN**

Leider ist es nur eine romantische Legende, denn Muschelschalen geben kein Meeresrauschen wieder. Und auch die Gehäuse von Meeresschnecken, die häufig mit ihnen verwechselt werden, haben keine Meeresgeräusche auf geheimnisvolle Weise in sich bewahrt.

Wer aber die leere Behausung eines Weichtiers ans Ohr hält, hört tatsächlich ein Rauschen. Und dabei handelt es sich auch nicht um die vom Schneckenhaus reflektierten und verstärkten Geräusche des Blutes in unseren Ohren – denn auch diese ebenfalls weit verbreitete Erklärung für das Rauschen ist falsch. Jeder, der ein Aufnahmegerät und ein Mikrofon besitzt, kann sich davon überzeugen, dass auch die technischen Hilfsmittel in der Muschelschale oder im Schneckenhaus das Rauschen „hören" – ohne dass irgendwie Blut im Spiel wäre.

Die tatsächliche Erklärung liegt in Form und Material des Gehäuses verborgen. Das Gehäuse fängt Töne aus der Umgebung ein – beispielsweise Gespräche oder Windgeräusche – und schwingt mit ihnen mit. Dabei reflektiert es den Schall an den Wänden und vermischt ihn. Insbesondere Schneckengehäuse verstärken bestimmte Frequenzen, während sie andere dämpfen. So verwandeln sich die Alltagsgeräusche in unspezifisches „Meeresrauschen".

Stimmt es, dass ...

der **ORIENTIERUNGSSINN** von Brieftauben noch nicht erforscht werden konnte? **NEIN**

Lange war es rätselhaft, wie Tauben über große Strecken zielstrebig nach Hause finden – selbst wenn sie mit einem Lastwagen in die Ferne geschafft wurden und den Weg daher gar nicht aus der Luft kannten.

Neue Untersuchungen an den Universitäten Frankfurt und München lieferten mittlerweile deutliche Hinweise, wie diese phänomenale Leistung möglich wird: Die auch sonst mit hervorragenden Sinnen ausgestatteten Vögel (siehe Illustration links) orientieren sich vor allem am Erdmagnetfeld. Man fand kleine Körnchen aus Magnetit in einem Nerv im oberen Teil des Schnabels, der über das Auge ins Gehirn führt. Schon eine schwache Änderung des Magnetfelds bringt die Magnetit-Körnchen in Bewegung, was die Taube zu bemerken scheint. Sie „sieht" offenbar beim Fliegen Magnetfeldveränderungen. Das ist sehr nützlich, denn die Stärke des Erdmagnetfelds variiert je nach Region und nimmt in Nord-Süd-Richtung zu den Polen hin deutlich zu.

In dieser Hinsicht lieferten weitere Forschungen eine Bestätigung für den „Magnetsinn" – die Vögel finden in Nord-Süd-Richtung besser zum Taubenschlag zurück als in Ost-West-Richtung.

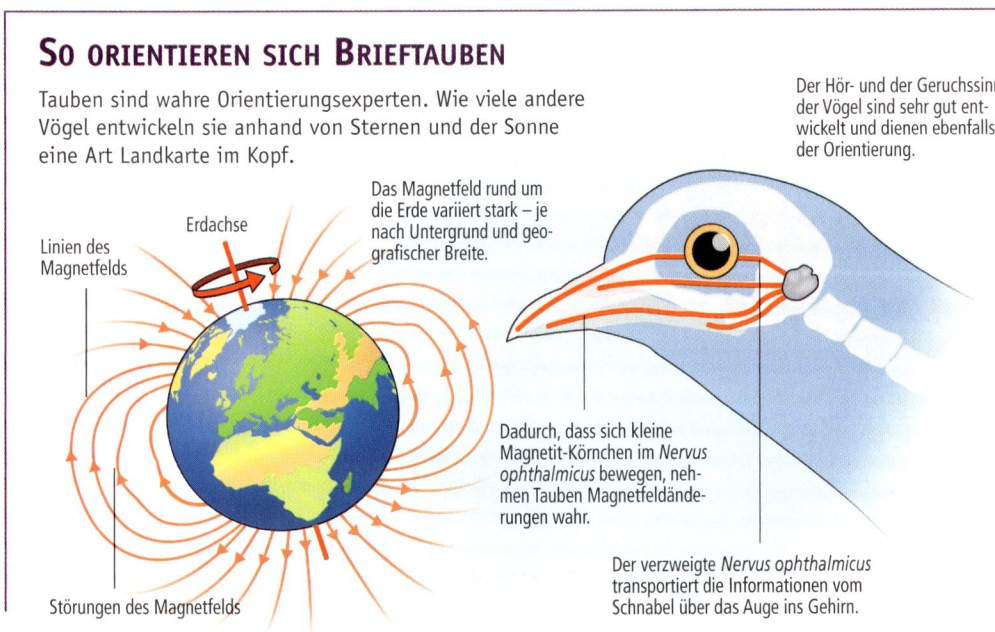

SO ORIENTIEREN SICH BRIEFTAUBEN

Tauben sind wahre Orientierungsexperten. Wie viele andere Vögel entwickeln sie anhand von Sternen und der Sonne eine Art Landkarte im Kopf.

Der Hör- und der Geruchssinn der Vögel sind sehr gut entwickelt und dienen ebenfalls der Orientierung.

Das Magnetfeld rund um die Erde variiert stark – je nach Untergrund und geografischer Breite.

Erdachse

Linien des Magnetfelds

Dadurch, dass sich kleine Magnetit-Körnchen im *Nervus ophthalmicus* bewegen, nehmen Tauben Magnetfeldänderungen wahr.

Der verzweigte *Nervus ophthalmicus* transportiert die Informationen vom Schnabel über das Auge ins Gehirn.

Störungen des Magnetfelds

Stimmt es, dass ...
holzfreies **PAPIER** kein Holz enthält? **NEIN**

Papierhersteller pressten im Lauf der Zeit schon die unterschiedlichsten Materialien zu beschreibbaren Bogen: Gräser-, Hanf- und andere Pflanzenfasern, ja sogar Lumpen. Nur Holz wurde, anders als heute, jahrhundertlang äußerst selten bei der Papierherstellung verwendet.

Auch für modernste Druckmaschinen verwendetes Papier enthält Holz.

Im Jahr 1844 zerfaserte der sächsische Blattbinder Friedrich Gottlob Keller erstmals Holz zu einem Papier-Rohstoff. Keller zerschliff Holz auf einem Schleifstein mit Wasser zu einem Brei, aus dem er ein dunkles Papier schöpfte. Allerdings vergilbte das Holzschliffpapier schnell. Außerdem enthielt der Faserbrei grobe Holzstückchen, und den Papierherstellern waren die abgeschliffenen Fasern zu kurz, denn dadurch zerriss das Papier leicht. Die Lösung für diese Probleme bestand darin, den „Zellstoff" aus dem Holz zu lösen. Noch heute wird grob zerkleinertes Holz mit Chemikalien versetzt und gekocht, bis sich das Lignin – der Stoff, der Holz hart macht – zersetzt hat. Zurück bleibt Zellstoff.

Papier aus Zellstoff heißt „holzfrei", weil es keine verholzten Fasern mehr enthält. Doch sein Grundstoff ist – abgesehen von Leim, Füll- und Bleichmitteln – nichts anderes als chemisch verwandeltes Holz. „Holzhaltiges Papier" enthält dagegen zwischen 5 und 100 % Holzschliff. Solche Papiere werden vor allem für Zeitungen verwendet, während Kopierpapier meist aus Zellulose ist. Weil für die Zelluloseherstellung mehr Holz nötig ist als bei direkter Verwendung der Holzfasern, braucht man sogar für „holzfreies" Papier bis zu doppelt so viel Holz wie für Papier aus Holzschliff.

Wussten Sie schon, dass ...
„Säurefraß" weltweit riesige Bibliotheksbestände vernichtet?

Bei der Papierherstellung sind viele Säuren im Spiel – früher bestrich man Papier sogar mit Säure, um besser darauf schreiben zu können. Seit 1800 ist es infolgedessen so sauer wie Wein oder Sauermilch. Allein in deutschen Bibliotheken sind rund 60 Mio. Bücher durch Säurefraß bedroht – das Papier wird dunkel und bricht.

Während säurehaltiges Papier relativ schnell zerfällt, hält säurefreies Jahrhunderte. Zur Rettung der alten Schriften werden die Papiere „entsäuert".

Stimmt es, dass ...
PAPIERGELD eigentlich gar nicht aus Papier besteht? **NEIN**

Seit Jahrhunderten interessieren sich Geldprägestätten vor allem für eines: Wie verhindert man wirkungsvoll die Nachahmung von Münzen und Scheinen? Geld aus normalem Papier wäre heutzutage mithilfe eines guten Farbkopierers recht leicht zu fälschen – hätte sich die Europäische Zentralbank nicht einige Tricks einfallen lassen, um das zu verhindern. Einer dieser Tricks ist das spezielle „Papier", aus dem die Scheine hergestellt werden.

Geldscheine bestehen in Europa weder aus holzfreiem Schreibmaschinenpapier noch aus dem billigeren holzhaltigen Zeitungspapier, sondern sie werden wie in fast allen Ländern der Erde aus einem Papier hergestellt, das größtenteils aus Baumwolle besteht. Für Dollarnoten verwendet man beispielsweise ein Gemisch aus 25 % Leinen und 75 % Baumwolle. Durch die Baumwolle wird ein Geldschein viel reißfester als etwa ein gleich großer Notiz-

Wussten Sie schon, dass ...
das erste Papiergeld im 8. Jh. in Umlauf kam?

Wie viele andere Erfindungen stammt auch das erste Papiergeld aus China. Die Herrscher der Tang-Epoche hatten um etwa 800 n. Chr. die Idee, Händler in der Provinz mit Schuldverschreibungen zu bezahlen, die in der Hauptstadt eingelöst werden konnten – das so genannte „Fliegende Bargeld". Die Händler lösten es aber nicht nur ein, sondern begannen das bedruckte Papier auch untereinander zu tauschen. Das Papiergeld war geboren.

zettel und übersteht zudem auch einen Waschgang bei 60 °C.

Das Papier für moderne Geldscheine ähnelt damit übrigens dem Papier des 16. und 17. Jh., als man fast ausschließlich Stofffasern für die Papierherstellung verwendete, beispielsweise Lumpen aus Leinen und Hanf. Heute kennt man solches Papier als teures, handgeschöpftes „Büttenpapier" – oder es gelangt, von Maschinen geschöpft, in den Geldbeutel.

Bei normalem Papier werden die Fasern zusätzlich mit weißen „Füllstoffen" wie Kreide oder Magnesium vermischt und dann mit Leim verklebt. Das genügt bei Geldschein-Papier nicht, denn es werden Metallstreifen, Kunststoff-Folien mit Hologrammen und verschiedene Spezialtinten, die beispielsweise in ultraviolettem Licht leuchten, eingearbeitet. Ein Geldschein besteht also aus vielen Chemikalien – doch hauptsächlich aus hochwertigem Papier.

Stimmt es, dass...
die **PEST** ausgerottet ist?
NEIN

Im Jahr 2003 drohte sich die Lungenkrankheit SARS, deren Schwerpunkt in Singapur lag, weltweit zu verbreiten.

Als die Pest im 14. Jh. Europa heimsuchte, entvölkerte sie ganze Landstriche. Ein Drittel der Bevölkerung – über 18 Mio. Menschen – raffte der „schwarze Tod" hinweg. Rund 700 Jahre später wird die Gefahr, dass sich eine Epidemie wiederholen könnte, als verschwindend gering eingeschätzt. Zwar melden jedes Jahr rund 15 Länder der Weltgesundheitsorganisation WHO etwa 2600 Pesterkrankungen, von denen rund drei Viertel in Afrika auftreten. Doch sterben an der Pest heute nur noch wenige Menschen. 212 Pest-Tote zählte die WHO für das Jahr 1999 weltweit.

Die Pest ist also noch immer nicht ausgerottet; doch die Faktoren, die es ihr früher ermöglichten, sich wie ein Flächenbrand auszubreiten, sind heute in den meisten Teilen der Erde beseitigt. Anders als im Mittelalter sind die hygienischen Standards heute höher. Denn Ratten und Menschen leben nicht mehr so eng nebeneinander, dass der u. a. durch den Rattenfloh übertragene Erreger der Beulenpest auf den Menschen überspringen könnte. Wenn tatsächlich einmal Krankheitsfälle auftreten, können die Kranken oft mit Antibiotika geheilt und die Gesunden durch Impfungen geschützt werden. Dies gelingt vor allem bei der Beulenpest, im Mittelalter die gefürchtetste Pestform, weil sie langsam verläuft.

Durch Tröpfcheninfektion übertragen, führt dagegen die Lungenpest schneller zum Tod – weshalb sie sogar als Biowaffe eingesetzt werden könnte. Solange der Erreger aber nicht mutiert, ist auch die Gefahr für die Menschen gering.

Der Rattenfloh war der wichtigste Überträger der Pest. Sein Stich brachte im 14. Jh. 18 Mio. Menschen den „schwarzen Tod".

INFEKTIONSKRANKHEITEN IN DER WELT

Jährlich infizieren sich nur einige tausend Menschen an der Pest – verschwindend wenige, verglichen mit anderen Infektionskrankheiten. Schon die echte Grippe fordert jährlich einige hunderttausend Todesopfer. Die schlimmsten Infektionskrankheiten sind aber Malaria und Aids – mit mehreren Millionen Toten im Jahr.

Krankheit	Neuinfektionen pro Jahr	Todesfälle pro Jahr
Malaria	300 Mio.	über eine 1 Mio.
Typhus	17 Mio.	600 000
Tollwut	10 Mio. (in Behandlung)	40 000–70 000
HIV/Aids	5 Mio.	3,1 Mio.
Grippe (Influenza)	3–5 Mio.	250 000–500 000
Hepatitis C	3–4 Mio.	?
Lepra	755 000	?
Gelbfieber	200 000	30 000
Pest	2600	212

Wussten Sie schon, dass ...
man in Deutschland eines der ältesten astronomischen Zeugnisse fand?

3600 Jahre alt soll die Scheibe sein, die 1999 in einem Hügelgrab bei Nebra in Sachsen-Anhalt entdeckt wurde. Die astronomische Sensation wiegt 2 kg und besteht aus Bronze, auf der mithilfe von Goldplättchen einige Sterne dargestellt wurden – darunter wahrscheinlich auch die Plejaden, ein bekannter Sternhaufen. Dies lässt vermuten, dass die Menschen der Bronzezeit bereits eine klarere Vorstellung vom Sternenhimmel hatten als die Ägypter.

Stimmt es, dass ...

die ägyptischen PYRAMIDEN nach astronomischen Gesichtspunkten gebaut wurden?   JA

So sehr die altägyptischen Legenden und Mythen auch Sonne, Mond und Sterne einbeziehen – das astronomische Wissen der Ägypter war beschränkt. Sie kannten rund ein Dutzend der heutigen Sternbilder und -konstellationen sowie fünf der neun Planeten. Was sie wussten, verwendeten sie jedoch geschickt für ihr geometrisches Handwerk. So gelang es ihnen, ihre Pyramiden sehr genau auszurichten: Die Seiten der Cheops-Pyramide verlaufen beispielsweise sehr genau in Nord-Süd- bzw. Ost-West-Richtung. Wie neuere Untersuchungen zeigen, verwendeten die Architekten zur Ausrichtung vermutlich die Sterne Kochab im Sternbild Kleiner Wagen und Mizar im Sternbild Großer Wagen – das erklärt auch recht gut kleine Abweichungen in der Ausrichtung der sieben anderen Pyramiden auf dem Plateau von Gizeh. Möglicherweise nutzten die Bauleute aber auch die Bahn der Sonne und richteten die Pyramiden an ihr nach Süden aus. Die Richtungen peilten sie wohl mithilfe des Messinstrumentes „Merkhet" auf ein halbes Grad genau an.

Als sicher gilt, dass die zwei Schächte innerhalb der Großen Pyramide von Gizeh – wie die Cheops-Pyramide auch genannt wird – zu bestimmten Sternen zeigen sollten, damit die Seele des Pharaos direkt in Richtung Nordstern bzw. zum Orion (der

Die Ausrichtung der 4500 Jahre alten Pyramiden von Gizeh nach astronomischen Kriterien ist heute unbestritten.

mit dem Gott Osiris identifiziert wurde) aufsteigen konnte.

Weitergehende astronomische Deutungen der Pyramiden lehnen die meisten Wissenschaftler aber ab. So auch die These, dass die Anordnung der Pyramiden von Gizeh, von oben betrachtet, dem Sternbild Orion gleiche. Da sich die Sterne des Orion gegeneinander verschieben, würde diese Behauptung nur stimmen, wenn der Baugrund bereits 8000 Jahre vor Baubeginn abgesteckt worden wäre. Zudem müsste dann eine Pyramide mitten im Nil stehen.

Stimmt es, dass ...

die Chinesen den RAKETENANTRIEB erfunden haben? (JA)

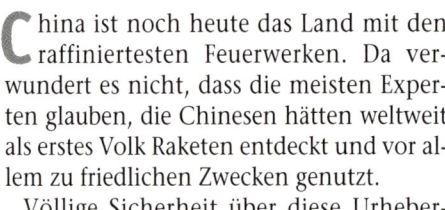

China ist noch heute das Land mit den raffiniertesten Feuerwerken. Da verwundert es nicht, dass die meisten Experten glauben, die Chinesen hätten weltweit als erstes Volk Raketen entdeckt und vor allem zu friedlichen Zwecken genutzt.

Völlige Sicherheit über diese Urheberschaft gibt es zwar nicht, bewiesen ist aber, dass man in China schon früh mit Feuerwerksraketen bzw. deren Vorläufern experimentierte. Vorsichtige Forscher sprechen vom 12. Jh., kühne vom 9 Jh. Irgendwann in diesem Zeitraum füllten forschungsfreudige Chinesen hohle Bambusrohre mit einem Vorläufer des Schießpulvers und zündeten sie an. Mit etwas Glück jagten dann diese Hölzer gen Himmel, meist zischten und knallten sie aber wohl – ähnlich wie Knallfrösche – auf dem Boden herum.

Belegt ist auch der erste militärische Einsatz von Raketen durch die Chinesen im Jahr 1232: Sie verteidigten die Stadt Kaifeng gegen mongolische Angreifer mit großen Rohren, in die sie Pulver und vermutlich zusätzlich Eisenkörner gefüllt hatten. Ähnliche „brennende Pfeile" sollen auch bei der Belagerung Bagdads durch die Mongolen 1258 geflogen sein.

Sogar die Idee, den Raketenantrieb für einen Flug ins All zu verwenden, können die Chinesen für sich verbuchen. Einer Legende zufolge ließ sich der Gelehrte Wan-Hoo im 16. Jh. auf einem Rattanstuhl festbinden, an dem 47 große Raketen befestigt wurden. Als der Pulverdampf sich verzog, war Wan-Hoo nicht mehr zu sehen – was man damals als positiven Ausgang des Experiments wertete.

Was mit einfachem chinesischem Feuerwerk begann, fand in den modernen Feststoffraketen der amerikanischen Spaceshuttles seinen bisherigen Höhepunkt.

Wussten Sie schon, dass ...
Eis sechseckige Kristalle bildet?

Wie Eis genau beschaffen ist, das konnten Physiker erst vor wenigen Jahren mit Strahlen aus langsamen Neutronen erforschen, die auch empfindliche Untersuchungsobjekte nicht zerstören. Mit den Strahlen beschoss man Eis und maß, wie die Neutronen abgelenkt wurden. Daher weiß man heute, dass die Oberfläche von Eis auch bei tiefen Temperaturen immer flüssig ist. Außerdem konnte man die sechseckige Struktur des Eises sehr genau untersuchen und stellte eine verblüffende Ähnlichkeit mit der Form von Bienenwaben fest.

Stimmt es, dass ...

SALZ Eis zum Schmelzen bringt? (NEIN)

Wenn Wasser zu Eis gefroren ist, dann besteht es aus Kristallen. Die Wassermoleküle – die jeweils aus zwei Wasserstoffatomen und einem Sauerstoffatom bestehen – haben sich im gefrorenen Zustand also an festen Orten eingefunden und schwingen dort nur noch auf der Stelle hin und her. Sie haben nicht mehr genug Energie, um sich aus diesem Kristallverbund zu befreien – wenn man von der obersten hauchdünnen Eisschicht absieht, an der das Wasser noch immer flüssig ist (zumindest bei normalem Glatteis, das sich langsam auf höchstens einige Dutzend Minusgrade abgekühlt hat).

Was passiert nun, wenn Salz auf diese Flüssigkeitsschicht gestreut wird? Salz besteht ebenfalls aus Kristallen, bei denen Natrium- und Chlorionen ein stabiles Gitter bilden. Doch sobald sie in Kontakt mit der Wasserschicht auf dem Eis kommen, löst sich das Kristallgitter auf, und die Ionen beginnen sich im Wasser zu bewegen. Dafür brauchen sie Energie – Physiker sprechen von „Lösungswärme" – und die entziehen sie dem Eis. Das Glatteis unter der Flüssigkeit wird also noch kälter, sodass man nicht vom Schmelzen des Eises sprechen kann.

Trotzdem ist das winterliche Salzstreuen auf Autobahnen oder Gehwegen nicht vergebens. Die Salzwasserschicht, die sich jetzt auf der Eisoberfläche befindet, gefriert erst bei tieferen Temperaturen als zuvor das Süßwasser. (Meerwasser mit rund 35 g Salz pro Liter wird erst bei etwa –2 °C fest.)

An der Grenzschicht zwischen Salzwasser und Eis bildet sich eine neue (Süßwasser-) Schicht auf dem Eis – und zwar dadurch, dass das Salz in das Eis hineinwandert und Wassermoleküle herauslöst. Dort löst sich wiederum Salz auf, und dies setzt sich fort, bis das Eis ganz zu Salzwasser geworden ist. Genau genommen bewirkt das Salz also

nicht, dass das Eis schmilzt, sondern verhindert durch das Herabsetzen des Gefrierpunkts, dass das Wasser wieder gefriert.

Dass Salz seiner Umgebung Wärme entzieht, wenn es sich in Wasser löst, machten sich übrigens früher Konditoren bei der Speiseeisproduktion zunutze. Sie gaben eine Mischung aus Sahne, Milch, Zucker und Früchten in eine Schüssel und stellten sie in eine größere Schüssel, in der sich eine Mischung aus sehr viel Salz und Eiswasser befand. Das Salz löste sich und kühlte die Mischung ab, bis sie gefroren war.

Stimmt es, dass …
die größte **SAUBERKEIT** durch glatte Flächen gewährleistet wird?   **NEIN**

Es klingt paradox, doch manche raue Oberfläche ist leichter sauber zu halten als eine glatte Fläche. Ein Beispiel hierfür ist die Pflanze *Nelumbo nucifera*, die in ihrer asiatischen Heimat der „Heilige Lotus" genannt wird, weil die Lotus-Blätter selbst im schmutzigsten Schlammgewässer immer sauber bleiben. Diesem Phänomen ging der Bonner Botaniker Wilhelm Barthlott auf den Grund und meldete 1994 dann ein Patent auf den „Lotus-Effekt" an.

Unter dem Elektronenmikroskop hatte Barthlott herausgefunden, dass die Blätter der Lotuspflanze aussehen wie eine winzige Hügellandschaft: Kleine Noppen, einige tausendstel Millimeter hoch, wachsen auf der Blattoberfläche nebeneinander. Zwischen ihnen liegen kleine Täler, ebenfalls nur wenige tausendstel Millimeter breit. Diese Landschaft ist zudem über und über von winzigen Wachskristallen bedeckt.

Ein Wassertropfen, der auf diese mikroskopischen Hügel fällt, kann die Oberfläche wegen des Wachses und der Form der Noppen nicht benetzen. Er rollt sich deshalb aufgrund seiner Oberflächenspannung zu einer Kugel zusammen – und perlt vom Blatt ab. Schmutz und Staub nimmt er dabei mit, denn kleinste Teilchen bleiben auf der Oberfläche des Tropfens einfach kle-

ben. Diese Reinigungsmethode ist viel effektiver als etwa die von Blättern, die das Wasser benetzen kann – wie beispielsweise Ahornblätter. Hier spülen die Tropfen zwar auch den Schmutz weg, indem sie einfach über die Blattoberfläche rutschen, ziehen dabei aber, da sie keine Kugelform annehmen, eine sichtbare Schmutzspur hinter sich her.

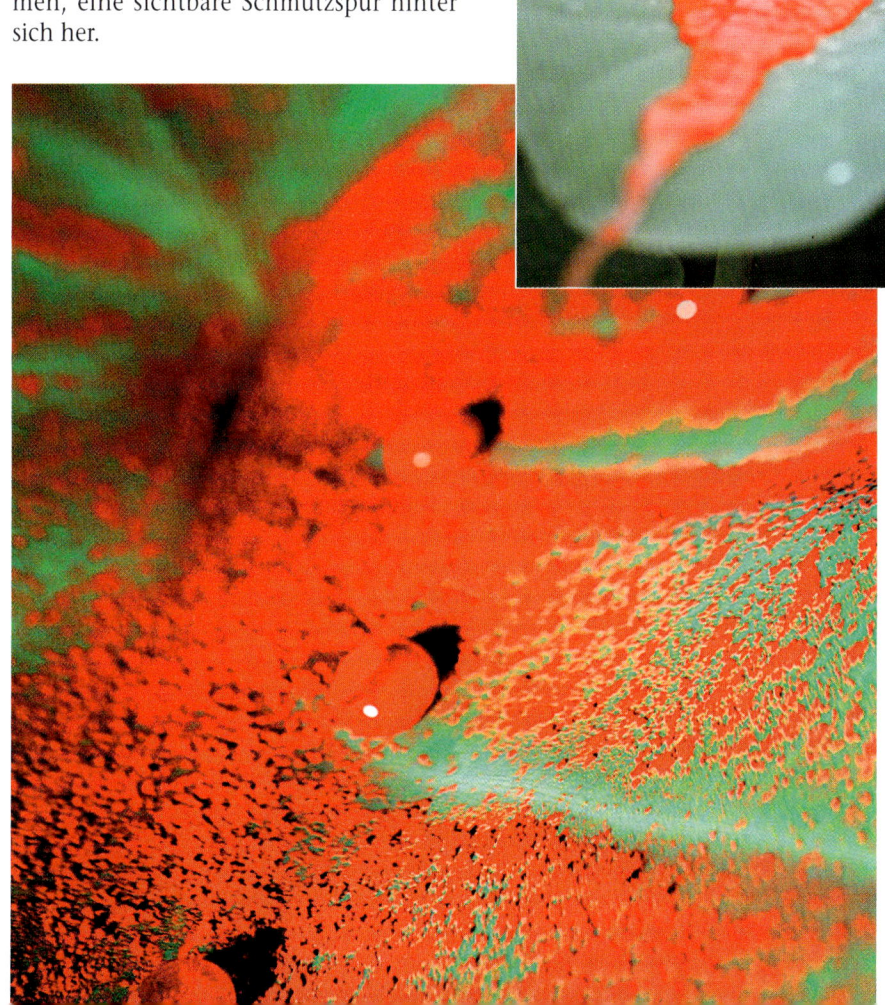

Selbst das klebrige, rote Farbpulver, mit dem die Polizei Geldscheine markiert, haftet nicht auf Lotusblättern: Wassertropfen nehmen es einfach mit.

Inzwischen werden bereits erste Produkte auf der Basis des Lotus-Effektes hergestellt. So gibt es beispielsweise Fassadenfarbe, die leicht mit Wasser gesäubert werden kann und deren gute Reinigungseigenschaften auf dem Lotuseffekt beruhen. Doch nicht überall kann man den Lotus-Effekt nutzen. Beispielsweise ist die Reinhaltung von

Schiffsrümpfen teuer, und ein selbstreinigender Anstrich wäre eine elegante Lösung. Doch hier versagt der Lotus Effekt. Damit er wirken kann, muss das Wasser abperlen können. Bei einem ständig von Wasser umhüllten Schiffsrumpf dringt es aber allmählich auch zwischen die Noppen ein und kann Verschmutzungen nicht verhindern.

Wussten Sie schon, dass...
Schwarze Löcher mehr Energie abstrahlen, als sie verschlucken?

Lange glaubte man, Schwarze Löcher könnten nur Energie verschlucken. Doch 1974 stellte der britische Physiker Stephen Hawking die These auf, dass Schwarze Löcher auch Energie abstrahlen können. „Mini-Löcher" aus der Frühzeit des Universums könnten so bereits verdampft sein. Zudem drehen sich manche Schwarze Löcher. Dabei verrühren sie „Raum und Zeit wie zähen Honig" – und das kostet das Schwarze Loch ebenfalls viel Energie. Forscher nehmen daher sogar an, dass es ohne aus Schwarzen Löchern abgestrahlte Energie gar keine Galaxien geben könnte.

Was hier in künstlerischer Freiheit dargestellt wurde, ist in Wirklichkeit unmöglich. Die Reise zweier Himmelskörper durch ein Wurmloch, das zwei Schwarze Löcher verbindet, würde mit deren Zerstörung enden.

Stimmt es, dass...
man durch SCHWARZE LÖCHER in andere Galaxien reisen kann?   NEIN

Schwarze Löcher sind Überbleibsel von in sich zusammengestürzten Sonnen. Ihre Anziehungskraft ist so gewaltig, dass nicht einmal mehr Lichtstrahlen aus ihnen entkommen können. Selbst Raum und Zeit werden in ihrer Umgebung durch ihren Einfluss verformt.

Um dies auch Laien verständlich zu machen, beschreiben Physiker Schwarze Löcher gern als riesige, alles verschlingende Trichter im Weltraum. Manche Wissenschaftler vermuten nun, dass diese „Trichter" tunnelförmige Verbindungen zu anderen Schwarzen Löchern bilden könnten, die man bildlich „Wurmlöcher" genannt hat. Und wie ein Wurm nicht den Umweg über die Oberfläche nehmen muss, um zur anderen Seite eines Apfels zu gelangen,

könnten Wurmlöcher Abkürzungen im Weltraum darstellen. Für Menschen sind solche Wege jedoch unpassierbar.

Schon auf dem Weg zum Wurmloch geht jedes Raumschiff wahrscheinlich zu Bruch. Es würde mitsamt dem Astronauten durch die Schwerkraft des Schwarzen Loches extrem in die Länge gedehnt. Könnte der Pilot dies überleben, würde er an der nächsten Hürde im Innern des Loches scheitern. Dort streckt sich der Raum. Dadurch wird das Licht, das dem Reisenden aus fernen Sternen entgegenleuchtet, zu einem scharfen Gammastrahl, der alles verbrennt. Schaffte er es dennoch durch den extrem schmalen Ausgang, säße er in der Schwerkraftfalle des anderen Schwarzen Loches für alle Zeiten gefangen.

DIE UNSICHTBAREN WELTRAUM-MONSTER

Schon Einstein postulierte in seiner Relativitätstheorie die Existenz von Schwarzen Löchern. Doch erst 1994 konnte man durch Beobachtungen belegen, dass es diese Gebilde tatsächlich gibt – schließlich sind diese alle sie umgebende Materie in sich einsaugenden Löcher praktisch unsichtbar.

Der Physiker John Wheeler, der auch die Bezeichnung „Schwarzes Loch" geprägt hat, verglich diese Phänomene daher mit Männern in schwarzen Anzügen, die in einem schlecht beleuchteten Ballsaal mit Frauen in weißen Ballkleidern tanzen. Die schwarz gekleideten Männer sieht man kaum, doch mithilfe ihrer „strahlenden" Partnerinnen kann man ihre Position erahnen. Ähnlich verraten helle Sterne, die Schwarze Löcher umkreisen, deren Position.

Dazu kommt, dass Schwarze Löcher die Materie in ihrer Umgebung stark beschleunigen und aufheizen. Umgebende Gase und Teilchen beginnen daher hell zu leuchten – und diesen Effekt kann man mithilfe leistungsstarker Teleskope beobachten.

FLETTNER-ROTOR

Stimmt es, dass...

SEGELBOOTE schneller sein können als der Wind? — JA

Manche Rennsegler können unter bestimmten Voraussetzungen tatsächlich den Wind überholen: Das Boot benötigt einen Rumpf, der kaum ins Wasser eintaucht, und ein aerodynamisch geformtes Segel, das einem Flugzeugflügel gleicht. Zudem muss der Wind von schräg hinten blasen.

Drei Windströmungen machen dies möglich. Die erste Strömung trifft auf die Rückseite des Segels und schiebt das Boot an. Zudem wölbt sich das Segel, sodass es die Form eines Flugzeugflügels annimmt.

Noch mehr passiert auf der Vorderseite des Segels: Dort erzeugt eine zweite Windströmung einen Sog, der das Boot nach vorn zieht. Der Wind streicht nämlich an der konvex gebogenen Fläche entlang und wird dabei gezwungen, der Biegung des Segels zu folgen. Das verbraucht Energie, die sich der Wind – bildlich gesprochen – aus dem Boot holt, wodurch es nach vorn gesaugt wird.

Die Hauptarbeit leistet jedoch eine dritte Luftströmung, genauer ein Wirbel am Ende des Segels. Der erzeugt eine Luftströmung direkt auf der Oberfläche des Segels. Diese Luft streicht (gegen den Wind) über die konkave Rückseite des Segels und dann (mit dem Wind) zurück über die konvexe Vorderseite einmal um das Segel herum. Diese Strömung bremst den Wind auf der Rückseite und beschleunigt ihn auf der Vorderseite, was wiederum vor dem Segel einen Unterdruck und dahinter einen Überdruck erzeugt. Das Segel wird also nach vorn „gesaugt".

Alle Strömungen zusammen beschleunigen das Boot derart, dass es schneller ist als der Wind, der es antreibt.

Wussten Sie schon, dass...
es auch Segelboote ohne Segel gibt?

Wind, der an rotierenden runden Formen vorbeiströmt, erzeugt auf einer Seite Sog, auf der anderen Druck. Diesen so genannten „Magnus-Effekt" kann man zum Segeln nutzen: Der Erfinder Anton Flettner entwickelte Anfang des 20. Jh. auf diesem Phänomen basierende „Segelboote". Statt eines Segels trugen sie hohe Rotoren, die aussahen wie überdimensionale sich drehende Litfaßsäulen, die durch Elektromotoren angetrieben wurden. Die „Baden-Baden" segelte 1926 über den Atlantik – ganz ohne Segel. Möglicherweise werden steigende Ölpreise in absehbarer Zeit eine Renaissance dieser Technik mit sich bringen.

SCHNELLER ALS DER WIND

Der Wind wird im Idealfall dreimal ausgenutzt. Der Wind vor dem Segel (1), der Wind hinter dem Segel (2) und eine Luftströmung am Segel (3) erzeugen jeweils Schub nach vorn.

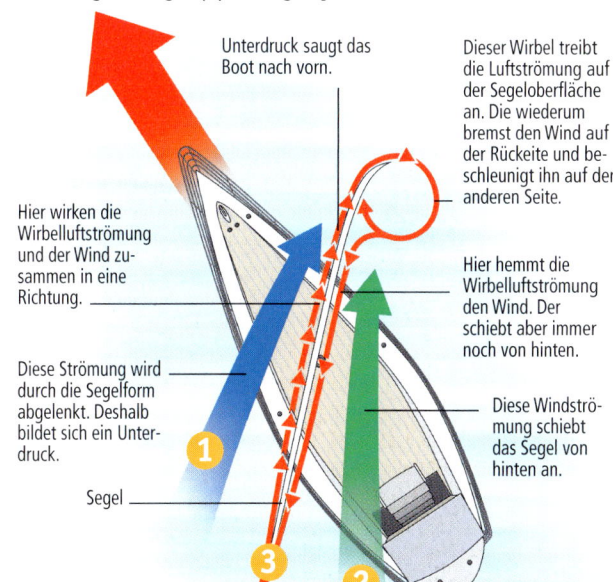

Unterdruck saugt das Boot nach vorn.

Hier wirken die Wirbelluftströmung und der Wind zusammen in eine Richtung.

Diese Strömung wird durch die Segelform abgelenkt. Deshalb bildet sich ein Unterdruck.

Segel

Dieser Wirbel treibt die Luftströmung auf der Segeloberfläche an. Die wiederum bremst den Wind auf der Rückseite und beschleunigt ihn auf der anderen Seite.

Hier hemmt die Wirbelluftströmung den Wind. Der schiebt aber immer noch von hinten.

Diese Windströmung schiebt das Segel von hinten an.

es elektronische **SEHHILFEN** für Blinde gibt?   JA

Solange es noch keine ins Auge implantierbaren Sehchips gibt, können Blinde ein Navigationssystem nutzen, das hier für einen Test programmiert wird.

Das menschliche Auge ist ein Wunderwerk, in dem etwa 100 Mio. lichtempfindliche Zellen auf kleinster Fläche Licht in elektrische Nervenimpulse umwandeln. Technischer Ersatz ist da äußerst schwierig.

Dennoch arbeiten Ärzte und Ingenieure derzeit an zwei Verfahren, um erkrankte Zellen im Auge durch Mikrochips zu ersetzen. Beim ersten sollen implantierte Chips von einer speziellen Brille mit Mini-Kamera per Funk Bildsignale empfangen und die Sehnerven entsprechend stimulieren. Beim zweiten sollen Mini-Solarzellen direkt auf der Netzhaut einwachsen und dort Licht in Strom umwandeln, mit dessen Hilfe dann ebenfalls die Sehnerven gereizt werden.

Vor allem die Ergebnisse der zweiten Methode sind vielversprechend. Mithilfe der Mini-Solarzellen haben Forscher in Südkalifornien bereits drei Blinden kurzzeitig ermöglicht, wieder grobe Strukturen zu erkennen – also beispielsweise eine Tasse von einem Teller zu unterscheiden. Die Chips können bisher aber noch nicht dauerhaft auf der Netzhaut befestigt werden.

Bis zur Marktreife der Chips können Blinde bereits heute auf eine Art elektronischen Blindenhund zurückgreifen: Ein GPS-Navigationssystem sagt dem Blinden den Verlauf des Weges über Kopfhörer an.

man Steine aus dem All am besten an den Polen sucht?

Laut Statistik fallen pro Jahr auf 1 Mio. km² Erdoberfläche 83 Meteoriten – Steine aus dem All, die zu groß sind, um als Sternschnuppen zu verglühen. Doch die Suche nach ihnen ist schwer: Sie sehen irdischem Gestein sehr ähnlich und verwittern rasch. Viel bessere Chancen auf Meteoritenfunde hat man daher im Polareis. Dort heben sich die dunklen Meteoriten, die infolge von Abschmelzvorgängen an bestimmten Orten sogar gehäuft auftreten, gut von Eis und Schnee ab und sind leicht zu bergen.

Die Leoniden gehören zu den schönsten Sternschnuppenschwärmen, die man im Lauf eines Jahres beobachten kann.

man **STERNSCHNUPPEN** vorhersagen kann?   JA

Jede Sternschnuppe kann einen Wunsch erfüllen, heißt es. Man sollte sich also die richtigen Nächte aussuchen, um aufmerksam in den klaren Nachthimmel zu blicken, denn dann können im günstigsten Fall gleich tausende Wünsche Wirklichkeit werden.

In regelmäßigen Abständen kreuzt die Erde auf ihrem Weg um die Sonne die Bahnen alter Kometen. Kometen kann man sich als riesige „schmutzige Schneebälle" vorstellen – große Klumpen aus Dreck und Staub, die in Wassereis hineingebacken sind. In Sonnennähe werden Kometen dann vom Sonnenwind angeblasen – einem Sturm aus kleinen geladenen Teil-

chen, die aus der Sonne stammen und die Kometenoberfläche verdampfen. Dadurch entwickelt der Komet einen Schweif, und mit diesem Schweif schleudert er auch den Staub und die Steinchen heraus, die eines Tages in Form von Sternschnuppen verglühen werden.

Der Staub trudelt dem Kometen auf denselben Bahnen hinterher. Wenn nun die Erde alljährlich solchen Staubwolken begegnet, dann rasen die winzigen Steinsplitter – selten sind sie größer als Kieselsteine, dafür aber zwischen 10–75 km/sek schnell – in die Erdatmosphäre hinein. Dabei heizen sich die Teilchen durch die Reibung in der Luft auf bis zu 1100 °C auf

und verglühen – und damit werden Sternschnuppen geboren.

Kennt man die Kometenbahnen, kann man sehr genau vorhersagen, wann größere Sternschnuppenschauer zu erwarten sind. Um sie zu unterscheiden, werden sie nach dem Sternbild benannt, aus dem sie zu kommen scheinen – die Lyriden etwa fallen jedes Jahr zwischen dem 16. und dem 25. April aus Richtung des Sternbilds Leier auf die Erde zu. Dabei handelt es sich um Über-

bleibsel des Kometen Thatcher. Bekannter sind die Perseiden, die von Ende Juli bis Mitte August aus der Richtung des Sternbilds Perseus kommen, Überreste des Kometen Swift-Tuttle. Ein besonders ergiebiger Sternschnuppenschauer sind die Leoniden (Sternbild Löwe), die zwischen dem 14. und dem 21. November zu sehen sind und auf den Kometen Temple-Tuttle zurückgehen. Alle 33 Jahre durchkreuzt die Erde sogar eine besonders dichte Wolke der Leoniden.

Stimmt es, dass ...

TEFLON ein Produkt aus der Weltraumforschung ist? NEIN

Teflon ist wesentlich älter als die bemannte Weltraumfahrt: Die Geschichte dieses Materials, das seinen hohen Bekanntheitsgrad vor allem seiner Verwendung als Pfannenbeschichtung verdankt, begann am 6. April 1938 im chemischen Labor der Firma DuPont in New Jersey. Der Chemiker Roy Plunkett experimentierte damals mit verschiedenen Kältemitteln. Als er eine Flasche mit dem Gas Tetrafluorethylen abkühlte und das Gas komprimierte, bildete sich plötzlich ein weißes, wachsartiges Pulver. Plunkett hatte durch Zufall das erste „Teflon" hergestellt.

Es zeigte sich schnell, dass die neue Substanz, ein Kunststoff, mit kaum einer anderen Chemikalie Verbindungen einging. Das machte Polytetrafluorethylen, wie Teflon offiziell heißt, zu einem idealen Schutzmantel gegen aggressive Stoffe. Zudem ist Teflon ein sehr gleitfähiges Material; die Reibung von Teflon auf Teflon ist vergleichbar mit der von Schlittschuhen auf Eis. Daher eignet es sich auch beispielsweise hervorragend zum Bau von Getriebelagern. 1945 trug die Firma DuPont Teflon als Markenzeichen ein, und ein Jahr später wurden schon die ersten industriellen Produkte unter diesem Namen verkauft.

Die ersten mit Teflonbeschichtung ausgestatteten Pfannen kamen jedoch erst Ende der 1950er-Jahre auf den Markt. Die Idee dazu hatte die Pariserin Colette Grégoire, die Ehefrau des Hobby-Anglers und Chemikers Marc Grégoire. Dieser hatte bereits seit Jahren vergeblich versucht, Teile seiner Anglerausrüstung mit Teflon zu beschichten. Auf Anregung seiner Frau versuchte er

MATERIALIEN FÜR DIE WELTRAUMFAHRT

Es gibt gute Gründe dafür, dass Teflon so wichtig für die Weltraumfahrt ist. Im Vakuum verdampfen übliche Schmiermittel wie Öle und Fette sofort. Dennoch mussten auch im All Gelenke und Lager funktionsfähig bleiben. Um dieses Problem zu lösen, wurden sie mit dem äußerst gleitfähigen Teflon beschichtet. Inzwischen wird die Teflonbeschichtung oft durch andere, noch gleitfähigere und härtere Beschichtungen abgelöst.

Auch weitere bei Weltraummissionen eingesetzte Materialien müssen extremen Bedingungen standhalten. Die Außenhaut eines Space-Shuttles erträgt fast 2000

Grad Temperaturunterschied zwischen der Eiseskälte im Weltall und dem Eintritt in die Atmosphäre – Aluminium und Graphit-Epoxid überstehen solche Belastungen. Temperaturunterschiede machen auch den Konstrukteuren der Raumanzüge zu schaffen: Während sich die der Sonne zugewandte Seite eines Raumanzugs auf bis zu 120 °C aufheizt, kann er auf der Schattenseite –150 °C kalt sein. Die Anzüge aus Neopren, Gore-Tex und Dacron besitzen daher ein Wasserkühlungssystem und werden mit Mylar-Fasern hitzeisoliert.

dann, etwas Alltäglicheres mit Teflon zu versehen – und 1956 gelang es ihm tatsächlich, den Kunststoff auf das metallene Kochgeschirr seiner Frau aufzubringen. Heute wird dazu der Pfannenboden mit einem Sandstrahlgebläse bearbeitet und anschließend ein Spezialklebstoff aufgesprüht, der das Teflon in sich einschließt und festhält.

Obwohl Teflon also keineswegs in der Weltraumforschung oder sogar speziell für sie entwickelt wurde, verwendete man den Kunststoff dennoch in verhältnismäßig großem Umfang für Raketen und Raumsonden: So waren beispielsweise die Raumanzüge der Apollo-11-Mission damit beschichtet. Auch Hitzeschilde und Isolierungen im Apollo-Raumschiff wurden aus Teflon hergestellt.

Auch heute noch wird Teflon in der Weltraumfahrt eingesetzt – beispielsweise in der Raumstation ISS.

es sogar den Versuch gab, Flugzeuge mit Kohle zu betreiben?

Rudolf Palikowski, ein Mitarbeiter von Rudolf Diesel, baute 1916 den ersten Kohlenstaubmotor. Daraus entwickelte er den „Rupa-Motor", einen echten Allesfresser. Dieser Motor lief nicht nur mit Kohlenstaub, sondern funktionierte sogar mit Torfstaub und Kakaoschalenpulver. Nach der Erdölkrise in den 1980er-Jahren wurde der Motor wiederentdeckt, und man experimentierte ernsthaft damit, ihn auch als Flugzeugmotor einzusetzen.

Stimmt es, dass ...

ein Auto mehr TREIBSTOFF verbraucht als ein Düsenflugzeug?   JA

Düsenflugzeuge verbrennen pro Stunde leicht 10 t Kerosin. Ein Auto dagegen benötigt in der gleichen Zeit nur ein paar Liter Benzin. Flugzeuge brauchen also eindeutig mehr Treibstoff pro Zeiteinheit. Berücksichtigt man aber zurückgelegte Strecken und Passagierzahlen, sieht die Sache anders aus. Denn ein Flugzeug kommt in der gleichen Zeit viel weiter als ein Auto und kann dabei mehr Menschen transportieren. Ein vollbesetzter Jet auf einer langen Strecke ist sparsamer als ein Auto, das die gleiche Leistung vollbringen müsste.

Viele Fluggesellschaften werben sogar damit, ihre Maschinen seien das fliegende Pendant zum Drei-Liter-Auto. Solche Aussagen sind deshalb problematisch, weil Flugzeuge je nach Typ und Reiseweg einen ganz unterschiedlichen Sprit-Durst haben. So braucht ein Flugzeug im Steigflug mehr Kerosin als im Reiseflug, und am Anfang eines Fluges ist der Kerosinverbrauch höher als gegen Ende (das Flugzeug wird durch den Kerosinverbrauch leichter). Auf Kurzstreckenflügen können Flugzeuge daher mehr Energie benötigen als Autos – insbesondere kleine Jets, die nur wenige Passagiere transportieren können.

Ein anderer Gesichtspunkt betrifft die Abgase, die verursacht werden. Denn weniger Treibstoffverbrauch je Kilometer und Passagier bedeuten nicht weniger Umweltschäden, da Emissionen aus dem Luftverkehr beispielsweise deutlich stärker auf den Treibhauseffekt wirken als ähnliche Emissionen des Straßenverkehrs.

ENERGIEVERBRAUCH

Wie viel Energie braucht ein Fahrzeug? Die Frage ist nicht ganz einfach zu beantworten: Schiffe werden mit Dieselöl betrieben, Flugzeuge mit dem leichten Kerosin – beides enthält unterschiedlich viel Energie. Und je nach Gewicht und Fahrweise braucht jedes Gefährt davon auch noch verschieden viel. Daher wird in dieser Tabelle der durchschnittliche Energiebedarf in Megajoule angegeben.

Absolut gesehen schluckt ein Flugzeug am meisten Energie auf 100 km – wenn man nicht einberechnet, wie viele Passagiere transportiert werden.

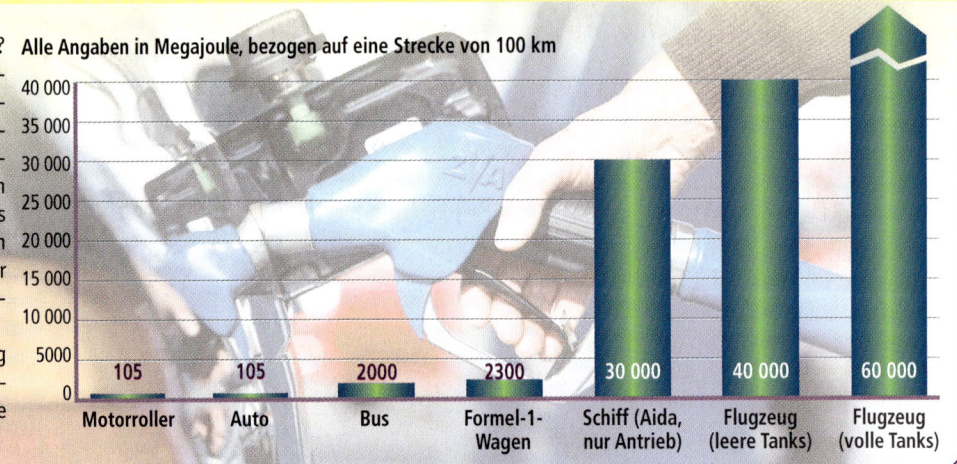

Alle Angaben in Megajoule, bezogen auf eine Strecke von 100 km

Motorroller	Auto	Bus	Formel-1-Wagen	Schiff (Aida, nur Antrieb)	Flugzeug (leere Tanks)	Flugzeug (volle Tanks)
105	105	2000	2300	30 000	40 000	60 000

Stimmt es, dass ...

wasserdichte UHREN gar nicht wasserdicht sind   JA

In den DIN-Normen DIN 8310 und DIN 8306 ist sehr genau festgelegt, welche Uhren Hersteller und Händler als „wasserdicht" verkaufen dürfen. Nach DIN 8310 handelt es sich dabei um Uhren, die nach 30 Minuten in 1 m Wassertiefe und nach 90 Sekunden in 20 m Tiefe noch richtig gehen. DIN 8306 schreibt außerdem vor, dass eine Uhr, die bis zu einer bestimmten Tiefe wasserdicht sein soll, dem Wasserdruck dort mindestens 5 Minuten lang standhalten muss.

Doch das heißt nicht, dass solche Uhren tatsächlich wasserdicht sind. Denn die

Wirklichkeit ist härter als Laborbedingungen. Eine Taucheruhr wird beim Schwimmen heftig bewegt; der Maximaldruck kann daher lange vor der maximalen Tauchtiefe erreicht werden. Noch schwerer hat es eine Armbanduhr beim Spülen – sie leidet nicht nur unter Wasser, Spülmittel und harten Stößen, sondern auch unter der hohen Temperatur, die den Uhrenherstellern großes Kopfzerbrechen bereitet. Denn durch die Wärme dehnen sich Glas und Metalle verschieden stark aus. Es kann daher passieren, dass der eigentlich dichte Übergang zwischen Uhrglas und Metall im warmen Spülwasser durchlässig wird. Aus demselben Grund kann eine Uhr am Swimming-Pool undicht werden: Erst heizt sie sich in der Sonne auf, dann wird sie im Wasser schlagartig um 30 °C abgekühlt.

Aus all diesen Gründen sind die Uhrenhersteller inzwischen vorsichtiger geworden. Uhren, die nach DIN-Norm „wasser-

dicht" sind, werden nicht mehr wie früher als *water proof* (wasserdicht) beworben. Stattdessen tragen sie heute den Ausdruck *water resistant* oder kurz *water resist* (wasserabweisend). Und auch das stimmt nicht immer: Uhrmacher empfehlen, Uhren, die bis 10 m Tiefe *water resistant* sind, so vorsichtig wie Schmuckstücke zu behandeln. Uhren, die bis 30 m Tiefe geeignet sein sollen, ertragen immerhin kleine Spritzer und Schweiß. Und erst Uhren, die bis 50 m Tiefe *water resistant* sind, kann man auch beim Schwimmen tragen.

Vor dem Sprung ins Nass empfiehlt es sich in den meisten Fällen, die Uhr abzulegen.

Stimmt es, dass …
man mittels **ULTRASCHALL** Wäsche reinigen kann? — JA

Ultraschallwaschmaschinen sind in der Industrie weit verbreitet – allerdings nicht für Wäsche, sondern für harte Materialien. Wenn beispielsweise ein Optiker Brillen zur Reinigung in kleine Wasserbecken taucht, dann ist Ultraschall am Werk. Ultraschall kann zwar vom menschlichen Ohr nicht wahrgenommen werden, trotzdem steckt in ihm recht viel Energie. Das Wasser überträgt die Schallschwingungen auf die Brillengläser, die so lange „erschüttert" werden, bis Fett und Schmutz regelrecht von ihnen abplatzen.

Erhältlich sind inzwischen auch Geschirrspüler, die mit Ultraschall arbeiten, und Zahnärzte können seit gut 30 Jahren Ultraschall bei der Zahnsteinentfernung einsetzen. Klebt der Schmutz dagegen auf weichem Material, wird die Reinigung mit Schall schwieriger, da die Schwingungen zu stark absorbiert werden.

Trotzdem wurde 1970 auf der Weltausstellung in Osaka eine futuristische Ultraschallbadewanne präsentiert. In dem eiförmigen Objekt konnten sich Menschen ohne Schaum mithilfe von Ultraschallschwingungen reinigen lassen. Das Konzept war jedoch nicht sehr überzeugend: Die Schwingungsenergie verschwand erwartungsgemäß größtenteils wirkungslos im Fett- und Muskelgewebe der Haut.

Ein ähnliches Problem tritt auch bei Wäsche auf. Deshalb blieb die Idee der Wäschereinigung durch Ultraschall 30 Jahre lang in den Schubladen der Konstrukteure liegen. Erst im Juni 2001 brachte ein japanischer Elektrokonzern die weltweit ersten „waschmittelfreien Waschmaschinen" auf den Markt. In der Trommel dieser Maschine wird Wasser mithilfe von Strom in Sauerstoff und Wasserstoff zersetzt; die winzigen Gasbläschen lösen dann den Schmutz auf. Damit die Gasbläschen gut in Kontakt mit dem Schmutz in der Wäsche kommen, rüttelt die Maschine die Wäsche mit Ultraschallschwingungen durch. Der Ultraschall verstärkt hier also die Reinigungswirkung.

Solche Maschinen brauchen nur rund ein Zehntel der Energie herkömmlicher Geräte. Aber auch die „waschmittelfreien Waschmaschinen" brauchen bei hartnäckigem Schmutz, wie beispielsweise Rotweinflecken, Unterstützung durch die Chemie: Sie haben ein Fach für Waschmittel.

Wussten Sie schon, dass …
Ärzte auch Ultraschallskalpelle nutzen?

Ultraschall kann im buchstäblichen Sinn einschneidende Wirkung haben: Immer mehr Mediziner verwenden inzwischen Ultraschallskalpelle. Dabei wird eine nicht unbedingt scharfe Metallklinge in rasche Ultraschallschwingungen versetzt. Die Klinge fungiert nun als eine Art Schallquelle für den Ultraschall, der ins Gewebe eindringt und es trennt. Dadurch bluten die Wunden viel weniger als nach einem Schnitt mit dem herkömmlichen Skalpell.

ein UNGLÜCK selten allein kommt?

NEIN

Oliver Hardy und Stan Laurel produzierten meisterhafte Slapstick-Kettenreaktionen, die scheinbar bestätigten, dass ein Unglück ein anderes nach sich zieht.

Über die Frage, was Unglück ist, zerbrechen sich Philosophen seit über 2000 Jahren die Köpfe. Im Alltag haben wir dagegen ganz genaue Vorstellungen: die rote Ampel, die uns im unpassenden Moment aufhält, die kurze Warteschlange, die uns unerwartet lange warten lässt, oder die Bananenschale, auf der wir ausrutschen.

Statistisch betrachtet gehen solche Situationen genauso oft gut wie schlecht aus: Ein Unglück kommt also ebenso oft wie Glück. Warum aber scheint es dann bisweilen, als häufe sich das Unglück?

Eine erste Erklärung liefern die Zahlen der Statistik. Denn diese gelten stets für größere Zeiträume, während in kürzeren durchaus mehrere Unglücksfälle zufällig kurz hintereinander passieren können.

Die weitaus wichtigeren Erklärungen sind jedoch in der Psyche des Menschen zu suchen, dem seine Wahrnehmung oft einen Streich spielt – erlebt man ein Unglück, ist man sensibilisiert für weiteres Unheil. Zudem haben Untersuchungen gezeigt, dass sich Menschen mittleren Alters besser an negative Ereignisse erinnern als an positive – vermutlich ein Ergebnis der Evolution: Um zu überleben, ist es wichtig, über Schädliches genau Bescheid zu wissen.

ABER: Es steht allerdings außer Frage, dass hier auch die persönliche Verfassung eine wichtige Rolle spielt. Wer gerade einen Fehler gemacht hat, dem kann aus Unsicherheit schnell der nächste passieren.

es Fensterglas gibt, das sich mit der Sonneneinstrahlung verändert?

Es gibt Gläser, die auf Wärme- oder UV-Strahlung reagieren und dann weniger Licht durchlassen. Seit den 1960-Jahren werden solche „phototropen" Gläser für Brillen verwendet. Inzwischen gibt es sie in abgewandelter Form auch für Fenster, wobei hier Folien, die aus zwei Kunststoffen bestehen, auf das Glas aufgeklebt werden. Ab einer bestimmten Temperatur entmischen sich die beiden Stoffe und streuen so das Licht: Das Glas wird milchig.

Fensterglas vor UV-STRAHLEN schützt?

NEIN

Menschen können ultraviolettes Licht (UV-Licht), das von der Sonne zur Erde gelangt, zwar nicht sehen, die Folgen dieses Lichts können jedoch beträchtlich sein – wie beispielsweise bei einem Sonnenbrand. Für diese Hautschädigung sind vor allem UV-B-Strahlen verantwortlich. UV-B-Strahlung, die zu rund 90 % in der Ozonschicht ausgefiltert wird, kann in der Oberhaut auch das Erbgut schädigen und so schwarzen Hautkrebs auslösen. Die fast vollständig auf die Erde gelangende UV-A-Strahlung dringt dagegen bis in das Stützgewebe der Haut ein, zerstört es und produziert auf diese Weise Falten – die Haut altert.

Hinter einem geschlossenen Fenster ist man zumindest vor UV-B-Strahlung sicher. Denn Fensterscheiben bestehen in der Regel aus so genanntem „Floatglas", das viele Verunreinigungen enthält – vor allem Metallionen. Während reines Glas UV-

DER TREIBHAUSEFFEKT

Das Sonnenlicht – und damit auch der Anteil der UV-Strahlung, die durch Glas dringt – fällt auf den Boden und wird dort in Wärmestrahlung verwandelt, die sich im Treibhaus staut. Ganz ähnlich entsteht auch der Treibhauseffekt auf der Erde.

Die Wärme staut sich im Gewächshaus, da sie nicht durchs Glas entweichen kann.

UV-Strahlung durchdringt das Glasdach.

Strahlung durchlässt, verschlucken im „Floatglas" besonders Eisenverbindungen die Strahlung aus dem UV-B-Bereich. Die UV-A-Strahlung wird hingegen nur wenig geschwächt.

Problematischer als Fenster aus Mineralglas sind Scheiben aus Kunststoffen, wie Plexi- bzw. Acrylglas, wie sie beispielsweise in Flugzeugen eingesetzt werden. Sie absorbieren die UV-A-Strahlung noch weniger. Für die Reisenden ist das zwar kein allzu großes Problem, wohl aber für die Piloten. Diese sind dadurch im Cockpit dauernder UV-A-Strahlung ausgesetzt. Studien haben auch gezeigt, dass ihre Haut tatsächlich schneller altert.

Stimmt es, dass ...
Blüten durch künstliche **VEREISUNG** vor Frost geschützt werden können?   (JA)

Wenn ein See im Winter zufriert, dann wundert sich niemand darüber, dass der Gefriervorgang an der Seeoberfläche beginnt und nur langsam in die Tiefe vordringt. Einerseits liegt dies daran, dass Wasser aufgrund seiner Eigenschaften schon bei 4 °C am schwersten ist. Das kältere Eis ist dagegen leichter und kann auf dem wärmeren Wasser schwimmen. Andererseits hält die entstehende Eisschicht weitere frostige Umgebungsluft vom flüssigen Wasser fern: Sie liegt wie eine schützende Decke auf dem See. Es klingt merkwürdig, aber Eis kann tatsächlich vor dem Gefrieren schützen.

Dieser Effekt ermöglicht es auch, Knospen und Blüten mit einer Schicht aus Wassereis gegen Nachtfrost zu schützen. So besprühen beispielsweise manche Weinbauern im Frühjahr ihre Rebstöcke mit Wasser, das in der Nacht zu einem dicken bizarren Eispanzer gefriert. Und auch einige Obst- und Kartoffelbauern nebeln die Blüten von Frühkartoffeln und Obstbäumen mit Wasser ein, das zu einer eisigen Schutzschicht gefriert. Durch dieses aufwändige und teure Verfahren – es wird viel mehr Wasser als bei der normalen Bewässerung der Felder verbraucht – ertragen die Pflanzen dann Nachtfrost bis zu –12 °C.

Der physikalische Grund für den Schutz gegen das Erfrieren liegt darin, dass Eis Wärme nur sehr schlecht leitet. Und deshalb kann die im schützenden Eispanzer eingeschlossene Wärme so gut wie nicht entweichen. Die Knospe „spürt" also nur die Temperatur des umgebenden Eises von 0 °C bis –1 °C. Und diese Temperatur übersteht sie gerade noch. Wie ein isolierender Anorak bewahrt die Eisschicht die Knospe für einige Zeit vor der noch kälteren Umgebungsluft.

Dass Wärme Eis kaum durchqueren kann, hat mit dessen Kristallstruktur zu tun: Die Wassermoleküle bilden im Eis sta-

Wussten Sie schon, dass ...
in einem Iglu 15 °C herrschen können?

Wie Eis isoliert auch Schnee gegen Wärmeverluste – und sogar noch besser, denn er enthält wie ein Fleece-Anorak zusätzlich kleine Luftkammern, in denen sich die Wärme stauen kann. Das wissen Eskimo zu schätzen: Seit Jahrhunderten bauen sie Häuser aus Schnee, in denen es bis zu 15 °C warm werden kann, auch wenn Außentemperaturen von weniger als –30 °C herrschen.

Kaum zu glauben: Diese Apfelblüten werden durch eine dicke Eisschicht vor dem Erfrieren geschützt.

bile Sechsecke. Diese übertragen die Schwingungen der Moleküle (also: ihre Wärme) viel schlechter als die beweglicheren Wasserteilchen in flüssigem Wasser. Im Eis bewegen sich auch keine freien Elektronen wie in Metallen, die Wärme sehr gut transportieren – und so sind die Voraussetzungen für einen Schutz aus Eis gegeben.

Wussten Sie schon, dass…
Charles Darwin die Abstammungslehre auf Galapagos entdeckte?

1831 führte eine Expedition den 22-jährigen britischen Naturforscher Darwin auf die Galapagos-Inseln. Erstaunt stellte er fest, dass sich die Tierwelt auf jeder Insel unterschied: Von Insel zu Insel besetzten andere Tiere dieselben ökologischen Nischen. Darwin entwickelte bald danach die Theorie der Auslese: „Das am besten angepasste Tier überlebt."

Weder Dinosaurier noch Vogel: der Archäopteryx war ein gefiederter Saurier.

Stimmt es, dass…
die VÖGEL von den Dinosauriern abstammen? (JA)

Arbeiter des Kalksteinbruchs von Solnhofen entdeckten im Sommer 1861 den ersten versteinerten Archäopteryx, ein Zwittertier aus Dinosaurier und Vogel. Das 150 Mio. Jahre alte Fossil mit gefiederten Flügeln, Dinosaurierschwanz und Zähnen im Schnabel sorgte sofort für Aufregung unter den Wissenschaftlern. Das Britische Museum überzog damals sogar sein Jahresbudget, um die Versteinerung erwerben zu können. Der britische Zoologe Thomas Huxley vertrat nur wenig später erstmals öffentlich die These, dass sich die Vögel aus Dinosauriern entwickelt hätten.

Heutige Paläontologen gehen noch weiter: Die meisten bezeichnen Vögel als „lebende Dinosaurier", sozusagen als einen weit entwickelten Dinosaurierstamm. Sehr alte Dinosaurier wie der kleine Flugsaurier *Longisquama insignis* trugen schon 75 Mio. Jahre vor Archäopteryx ein Federkleid. Die Vögel entwickelten sich parallel zu den verwandten Großechsen – starben im Gegensatz zu diesen aber nicht aus.

ERSTAUNLICHE GEMEINSAMKEITEN

Es gibt viele Parallelen zwischen den Vögeln und den Dinosauriern, die damit auch gleichzeitig Belege für deren Verwandtschaft sind. Derartige Gemeinsamkeiten zeigen sich beispielsweise im Knochenaufbau: Die Knochen von Flugsauriern, die man in der Wüste Gobi gefunden hat, enthalten winzige Kanälchen zur Versorgung mit Nährstoffen, wie man sie heute nur noch bei Vögeln findet.
Außerdem haben Forscher Fußspuren dreizehiger Dinosaurier unter die Lupe genommen. Dabei kamen sie zu dem Ergebnis, dass moderne Vögel zwar nicht genauso gehen wie die Saurier vor 210 Mio. Jahren, aber doch von allen derzeit lebenden Tieren die ähnlichste Fortbewegungsweise haben.
Die kurioseste Gemeinsamkeit zwischen diesen scheinbar so unterschiedlichen Lebewesen ist aber wohl die Verdauung. Vögel fressen groben Sand, der im mit besonderen Muskeln ausgestatteten Magen die Nahrung zerreibt. Viele Dinosaurier machten das ähnlich und fraßen zur Nachspeise regelmäßig Steine, die bei der Verdauung halfen.

Wussten Sie schon, dass…
Wasser keineswegs bei 100 °C sieden oder bei 0 °C gefrieren muss?

Temperatur, Volumen und Druck sind durch physikalische Gesetze eng miteinander verknüpft. Daher entscheidet nicht nur die Temperatur, ob Wasser verdampft, sondern auch der Druck. Der Siedepunkt und auch der Gefrierpunkt verschieben sich, wenn sich die Druckverhältnisse ändern. Auf einem hohen Berg beispielsweise, wo der Luftdruck niedrig ist, kann das Teewasser eines Bergsteigers deshalb bereits bei 90 °C sieden.

Stimmt es, dass…
kaltes WASSER schneller gefriert als heißes? (NEIN)

Schon im 16. Jh. stellte der englische Naturwissenschaftler Francis Bacon eines eisigen Wintertages fest, dass bei jeweils gleichen Mengen – anders als man denken würde – heißes Wasser schneller gefriert als kaltes. Allerdings erwies sich seine Vermutung, heißes Wasser gefriere grundsätzlich schneller als kaltes, als falsch. Denn entscheidend ist, ob das Wasser in einem offenen oder einem geschlossenen Behälter abkühlt.

In beiden Fällen wird Wasser dadurch kälter, dass ihm Wärmeenergie entzogen wird. Davon enthält heißes Wasser selbstverständlich mehr als kaltes. Folgerichtig ist auch mehr Energie nötig, dem heißen Wasser die Wärme wieder zu entziehen.

Allerdings kommt dem heißen Wasser in einem offenen Behälter ein physikalischer Effekt zu Hilfe: An seiner Oberfläche bildet sich Dampf – das Wasser verdunstet. Dies benötigt Energie, die sich das Wasser aus seinem eigenen Wärmevorrat holt. Zum einen kühlt die Verdunstung damit das heiße Wasser zusätzlich ab, zum anderen wird es dadurch weniger. Schon bei nur etwa 50 °C warmem Wasser verdampft während des Gefriervorgangs insgesamt etwa ein Zehntel des Wassers – und das restliche Wasser kühlt noch schneller ab.

ABER: Stellt man den Vergleich mit geschlossenen Behältern an, entscheidet das kalte Wasser den Wettlauf für sich – es wird schneller zu Eis.

Nur weil ihre Konstrukteure es so wollen, drehen sich Windräder rechts herum.

Stimmt es, dass…
sich WINDRÄDER immer rechts herum drehen? JA

Die Rotoren von Windkraftanlagen drehen sich tatsächlich stets im Uhrzeigersinn. Bei der Frage nach dem Warum kommen aber selbst die Hersteller ins Schleudern. „Aus Tradition", sagt beispielsweise ein Konstrukteur von Nordex, einem Produzenten von Windkraftanlagen. „Das gäbe doch ein Durcheinander, wenn sich in einem Windpark einige Rotoren so und andere andersherum drehen", meint die Konkurrenz Enercon. Und auch andere Hersteller sind sich einig: Die Optik ist der einzige Grund für die einheitliche Drehrichtung. Physikalische Gründe gibt es nicht.

Dabei ist klar, dass die Drehrichtung eines Windrads einzig und allein durch die Form der Flügel bestimmt wird. Schneidet man einen Flügel durch, dann zeigt sich, dass das Profil einem Flugzeugflügel ähnelt. Während der Wind daran entlangstreicht, erzeugt er einen Sog auf der einen und Druck auf der anderen Seite. Die Windturbine dreht sich also genau genommen durch den Auftrieb. Und weil dieser durch das Profil nur auf einer Seite entsteht, geht es immer in eine Richtung – im konstruktionsbedingten Uhrzeigersinn.

ABER: Man könnte ohne viel Aufwand die Flügel auch so bauen, dass sie den Generator gegen den Uhrzeigersinn antreiben. Danach müsste nur das Getriebe des Windrads verändert werden – denn der Generator lässt sich ohne Weiteres auch so antreiben.

> **Wussten Sie schon, dass…**
> ## Deutschland über ein Drittel der weltweiten Windenergie erzeugt?
>
> Knapp 16 600 Megawatt können die über 16 500 Windenergieanlagen in Deutschland derzeit in das Stromnetz einspeisen. Das ist mehr als ein Drittel der weltweiten Windenergieproduktion, und das macht Deutschland zum Windkraftweltmeister. Die USA erzeugen nur knapp 15 %, Spanien auf dem zweiten Platz etwas mehr. In Europa erzeugt Deutschland sogar fast 50 % der gesamten Windenergie.

Stimmt es, dass…
ein einsamer Wanderer in der WÜSTE im Kreis geht? JA

Kein Mensch ist vollkommen symmetrisch gebaut. Ob Rechts- oder Linkshänder, jeder Mensch schreibt mit seiner „starken" Hand oder rührt mit ihr die Suppe um – und hat durch diese dauernde Übung in der gesamten jeweiligen Körperhälfte mehr Kraft als in der anderen. Wenn Menschen gehen, machen sie deshalb mit dem einen Bein unbewusst etwas größere Schritte als mit dem anderen – Rechtshänder mit rechts, Linkshänder mit links.

Im Alltag ist dies kein Problem, orientiert sich der Mensch doch beim Gehen ständig an seiner Umgebung, an Häuserecken, Straßenschildern oder Bäumen. Folglich geht er nur selten geradeaus, meist wählt er eine mehr oder minder geschlängelte Bahn. Anders sieht es dagegen in einer Wüstengegend aus, die bis zum Horizont vollkommen gleichförmig eben aussieht – und in der sich ein Wanderer an keinem verdorrten Busch oder Felsbrocken orientieren kann. Dort ist keine Kurskorrektur möglich, sodass der Wanderer kontinuierlich eine Kurve beschreitet – Rechtshänder nach links und Linkshänder nach rechts –, bis er irgendwann an seinen Ausgangspunkt zurückgekehrt ist.

Den orientierungslosen Wanderer in der Wüste kann nur ein Kompass zum Ziel geleiten.

Die blauen Seitenzahlen verweisen auf das Stichwort einer „Stimmt es, dass …?"-Frage, die kursiven Seitenzahlen auf eine Abbildung. Die Umlaute ä, ö, ü werden wie a, o, u behandelt.

411

BILDNACHWEIS

Umschlag (Einstein) Interfoto/Rauch, (Handy) STOCK4B/Jochen Arndt, (Napoleon) akg-images, (Chines. Mauer) corbis/Blaine Harrington III, (Space Shuttle) NASA, (Hai) blickwinkel/H. Schmidbauer, (Frau) zefa visual media/Govers, (Steine) Digitalvision, alle weiteren Photodisc; 4 v. l. n. r. Stockfood/Studio Adna, zefa visual media/M. Thomsen, Mauritius/age, zefa visual media/Scott Tysick; 5 v. l. n. r. zefa visual media/Brian Kuhlmann, zefa visual media/R. Ian Lloyd, Mauritius/Pigneter, Bilderberg/Eberhard Grames; 7 Stockfood/Studio Adna; 8 o. laif/Fulvio Zanettini, u. Das Fotoarchiv/Jochen Tack; 9 l. Mauritius/Katzer, r. Mauritius/Superstock; 10 l. Stockfood/Bodo A. Schieren, r. Stockfood/Eising; 11 Das Fotoarchiv/Jochen Tack; 12 l. Interfoto/Baptiste, r. zefa visual media/Masterfile; 13 (Hintergrund) zefa visual media/Chr. Schmidt, o. dpa/Patrick Pleul, u. Interfoto/IFPA; 14 o. dpa/Michael Jung, u. BLE/Dominic Menzler; 15 o. l. Visum/Wolfgang Steche, o. r. akg-images, u. l. blickwinkel/P. Schuetz, u. r. zefa visual media/A. Huber/U. Starke; 16 plainpicture/Lorbeer; 17 TV-yesterday; 18 Stockfood/Innerhofer Photodesign; 19 o. Visum/Kai Sawabe, u. Das Fotoarchiv/Knut Müller; 20 argus/Ulf Dahl; 21 l. o. Caro/Kaiser, r. o. zefa visual media/Westrich, u. akg-images; 22 Wildlife/P. Hartmann; 23 dpa/AFP; 24 o. Interfoto/Pepita, u. zefa visual media/joSon; 25 zefa visual media/Govers; 26 l. Cinetext, r. TV-yesterday;

27 o. Okapia/David Scharf, u. zefa visual media/Sucre Sale; 28 (Hintergrund) Stockfood/Molly Hunter, txt/Traute Schürmann-Baetzel; 29 o. zefa visual media/Lassen, u. Interfoto/Karger-Decker; 30 TV-yesterday; 30/31 MEV; 31 o. zefa visual media/Sporrer, u. Stockfood/FoodPhotography; 32 laif/Peter Bialobrzeski; 33 o. Okapia/Manfred P. Kage, u. Agentur Focus/SPL/Prof. P. Motta/Dept. Of Anatomy/University „La Sapienza“, Rom; 34 o. akg-images, u. zefa visual media/S. Hammid; 35 Stockfood/Molly Hunter; 36 o. laif/Horst Henglein-Klover, u. Stockfood/Marcialis Ren.; 37 Bildagentur Geduldig; 38 Stockfood/Mariani Rick; 39 laif/REA/C. Boisseaux-Chical; 40 o. Stockfood/Kanngießer Robert, u. Bilderberg/Thomas Ernsting; 41 Interfoto/Bridgeman Art Library/Museo Archeologico Nazionale, Neapel; 42 o. Mauritius/SST, u. Stockfood/Bodo A. Schieren; 43 l. akg-images, r. zefa visual media/G. Baden; 44 Mauritius/age; 45 Cinetext; 46 zefa visual media/Flamisch; 47 Teekanne; 49 o. Stockfood/Begovic Damir, u. dpa/AFP; 50 o. Mauritius/Reik, u. arttoday; 51 Stockfood/FoodPhotography Eising; 52 Mauritus/Ripp; 53 Stockfood/Bischof Harry; 55 zefa visual media/M. Thomsen; 56 laif/Dirk Kruell; 57 Das Fotoarchiv/Knut Müller; 58 laif/REA/Patrick Allard; 59 o. laif/REA/Antoine Devouard, u. Das Fotoarchiv/Manfred Vollmer; 61 o. Bilderberg/Rene Spalek, u. Visum/Zeitenspiegel/Cira Moro; 62 Bilder-

berg/Eberhard Grames; 63 o. Focus/SPL/Princess Margaret Rose Orthopaedic Hospital, u. corbis/Richard List; 64 laif/Gerhard Heidorn; 65 Visum/Jan Braun; 67 Das Fotoarchiv/Andreas Buck; 68 Mauritius/Phototake; 69 o. Bilderberg/Angelika Jakob, u. Mauritius/C. Bergmann; 70 Das Fotoarchiv/Andreas Riedmiller; 70/71 IFA-Bilderteam/I.P.S.; 72 l. Caro/Sorge, r. Agentur Focus/SPL; 73 Jahreszeiten Verlag/Christian Dahl; 74 zefa visual media/V. Latinovic; 75 laif/Miquel Gonzalez; 76 laif/Martin Sasse; 77 zefa visual media/Grace; 78 akg-images; 79 Cinetext; 80 Agentur Focus/SPL/CNRI; 81 Das Fotoarchiv/Jochen Tack; 82 ullstein bild; 83 Mediacolors; 84 l. Stockfood/Michael Boyny, r. Bilderberg/Angelika Jakob; 85 Klaus Mellenthin; 86 Cinetext; 87 Caro/Oberhäuser; 88 Agentur Focus/Louie Psihoyos; 89 laif/Aurora; 90 zefa visual media/Creasource; 91 o. Mauritius/N. Fischer, u. zefa visual media/Emely; 92 laif/Eva Häberle; 93 zefa visual media/A. Green; 94 zefa visual media/Guillaume Gauter; 95 picture-alliance/dpa; 96 ullstein bild; 97 Agentur Focus/SPL; 98 TH-Foto/H.Tschanz-Hofmann; 99 Agentur Focus/SPL; 100 l. laif/Rainer Harscher, r. Agentur Focus/SPL/Sinclair Stammers/Dr. Peter Billingsley, University of Aberdeen; 102 Bilderberg/Walter Schmitz; 103 Bilderberg/Peter Ginter; 104 laif/Gerhard Heidorn; 105 Bilderberg/Popperfoto; 107 Okapia/Björn Svensson; 108 Agentur Focus/Grazia Neri/Rohn Meijer; 109

laif/Ronald Frommann; 110 o. Mauritius/age, u. akg-images; 112 o. IFA-Bilderteam/Franz Aberham, u. Das Fotoarchiv/Andreas Riedmiller; 114 Bilderberg/Markus Kirchgessner; 115 laif/Barbara Dombrowski; 116 Mauritius/Solaris; 117 o. Okapia/Emu, M. Wildlife/M.Gabriel, u. zefa visual media/Darrell Lecorre; 118 laif/H. Hoogte/Martijn van de Griendt; 119 o. laif/Martin Jehnichen, u. zefa visual media/G. West; 120 zefa visual media/Creative Crew; 121 laif/Regina Bermes; 122 Mauritius/ACE; 123 picture-alliance/akg-images; 124 Das Fotoarchiv/Jochen Tack; 125 Mauritius/Stock Image; 126 Bilderberg/Till Leeser; 127 Mauritius/age; 128 Agentur Focus/EOS; 129 Okapia/Ake Lindau; 130 Agentur Focus/SPL/Claude Nuridsany & Marie Perennou; 131 BLE, Bonn/Thomas Stephan; 132 o. Mauritius/B. Lehner, u. laif/Reporters; 133 laif/Silke Bungert; 134 o. Okapia/Christian Grzimek, u. Stockfood/Maximilian Stock LTD; 135 Okapia/Michiel Pothoff; 136 o. Bilderberg/Rainer Drexel, u. Mary Evans Picture Library; 137 BLE, Bonn/Dominic Menzler; 138 laif/Guenay Ulutuncok; 139 o. Agentur Focus/SPL/Andrew Syred, u. Bilderberg/David Trood; 140 IFA-Bilderteam/I.P.S.; 141 IFA-Bilderteam/Oliver Giel; 142 Stockfood/Ellen Silverman; 143 Okapia/K. H. Jacobi; 144 IFA-Bilderteam/Oliver Giel; 145 IFA-Bilderteam/Digul; 146 Mauritius/Nordic Photos; 147 laif/Arthur Selbach; 148 Stockfood/Studio Bonisolli; 149 o.

Mauritius/Superstock, u. Mauritius/F. Lampelmayer; 150 BLE, Bonn/Thomas Stephan; 151 IFA-Bilderteam/PLC; 152 Mauritius/SST; 152/153 Mauritius/Kunst & Scheidulin; 153 Gardena; 154 Mauritius/age; 155 o. IFA-Bilderteam/Direct Stock, u. Stockfood/Caspar Carlott; 156 Agentur Focus/SPL; 157 o. Okapia/Hans Reinhard, u. zefa visual media/C. Sagel; 159 Agentur Focus/Rapho/E. Luider; 160 Stockfood/Susie Eising; 161 Agentur Focus/Nino Mascardi; 162 akg-images; 163 laif/Reporters; 164 zefa visual media/Michael Roulier; 165 corbis/Tom & Dee Ann McCarthy; 166 Okapia/Nils Reinhard; 167 zefa visual media/Scott Tysick; 168 o. zefa visual media/T. Allofs, u. Agentur Focus/E. Ferorelli; 169 Okapia/Norbert Fischer; 170 Okapia/K. G. Vock; 171 picture alliance/dpa; 172 zefa visual media/E. & B. Bauer; 173 laif/Christian Heeb; 174 l. Mauritius/Hackenberg, r. zefa visual media/Hartmut Kiefer; 175 Okapia/Dr. Gary Gaugler; 176 Okapia/Hubert Kranemann; 177 o. Okapia/OSF/Mark Hamblin, u. akg-images; 178 Okapia/OSF/J. A. L. Cooke; 179 o. Okapia/Hans Reinhard, u. Okapia/P. Arnold/Doug Perrine; 181 o. laif/Torsten Andreas Hoffmann, u. laif/Peter Granser; 182 o. Hamberger, u. akg-images/Jean-François Ame; 183 Mauritius/C. Schäfer; 184 Okapia/Alaska Stock/Gary Schultz; 185 zefa visual media/Picture Book; 186 WDR; 187 o. Okapia/Rick Edwards, u. Agentur Focus/Walter Mayr; 188 o. Okapia/Hans Reinhard, u. zefa visual media/J. Westrich; 189 o. Bilderberg/Michael Engler, u. laif/Dietmar Reimer; 190 Okapia/NAS/M. Phillip; 191 zefa visual media/K. Schafer; 192 o. Okapia/Ingo Arndt, u. akg-images; 193 zefa visual media/A. & S. Carey; 194 Mauritius/age; 195 zefa visual media/Wayne Eardley; 196 laif/Dietmar Reimer; 197 zefa visual media/H. Meyer zur Capellen; 198 Mauritius/age; 199 Mauritius/Rauschenbach; 200/201 Mauritius/ACE; 202 zefa visual media/Brian Kuhlmann; 203 o. Okapia/Andreas Hartl, M. Okapia/Björn Svensson, u. zefa visual media/W. Krecichwost; 204 o. Okapia/Alan Root, u. Bilderberg/Milan Horacek; 205 zefa visual media/A. Hubrich; 206 Okapia/Nature/H. Chaumeton; 207 o. Okapia/J.-L. Klein & M.-L. Hubert, u. zefa visual media/Daryl Benson; 208 Bilderberg/Reinhard Dirscherl; 209 o. Bilderberg/Rainer Drexel, u. Okapia/Hans Reinhard; 210 picture-alliance/Okapia/J.-L. Klein & M.-L. Hubert; 211 o. blickwinkel/L. Lenz, u. picture-alliance/KPA/Fuhrmann; 212 Okapia/Hans

Reinhard; 213 Okapia/D. Hagemann; 214 Okapia/Jürgen Freund; 215 picture-alliance/Okapia/Dietmar Nill; 216 o. Okapia/Hans Reinhard, u. akg-images; 216/217 Okapia/Ferenc Magyar; 218 Agentur Focus/SPL/David Nunuk; 219 Silvestris/FLPA; 220 zefa visual media/Masterfile/G. Biss; 221 Bilderberg/Andrej Reiser; 222 Okapia/Hans Reinhard; 223 Okapia/Jeffrey Telner; 224 Mauritius/SST; 225 Agentur Focus/Contact Press Image/Dilip Mehta; 226 Cinetext; 227 Mauritius/PowerStock; 228 Okapia/OSF/John Mitchell; 229 Bilderberg/Claudia Schiffner; 230 Okapia/OSF/Satoshi Kuribayashi; 231 HB Verlag; 232 o. Okapia/M. & C. Denis-Huot, M. Agentur Focus/SPL/Pascal Goetgheluck, u. Agentur Focus/SPL/Dr. Morley Read; 234 und 235 Mauritius/Steve Bloom Images; 236 o. Okapia/FLPA/Derek Middleton, u. Look/Konrad Wothe; 237 Mauritius/Chassot; 238 Agentur Focus/EOS; 239 zefa visual media/Brian Kuhlmann; 240 zefa visual media/joSon; 241 Mauritius/age; 242 o. Mauritius/Steve Bloom Images, u. laif/Guenay Ulutuncok; 243 Wildlife/G. Delpho; 244 Agentur Focus/SPL/Jean-Loup Charmet; 244/245 zefa visual media/IMAGING; 245 Agentur Focus/Peter Menzel; 246 Okapia/Jeff Foott; 246/247 akg-images; 247 picture-alliance/dpa; 248 picture-alliance/ZB; 249 laif/Cover; 250 Aibo & Dr. Peter Göbel; 251 Ernst Wrba; 252 Bilderberg/Michael Engler; 253 o. Aibo & Dr. Peter Göbel, u. laif/Paul Hahn; 254 NOAA/Historic NWS Collection; 255 Das Fotoarchiv/Ph. Hympendahl; 256 o. Wildlife/M. Edwards, u. akg-images/Erich Lessing; 257 Mauritius/P. Freytag; 258 zefa visual media/Kalt; 259 o. Aibo & Dr. Peter Göbel, u. ullstein bild; 260 Okapia/Nature/Chaumeton-Bassot; 261 zefa visual media/Steve Craft; 262 o. blickwinkel/F. Hecker, u. laif/Christian Kaiser; 263 l. o. Sammlung Gesellschaft für ökologische Forschung, r. o. Gesellschaft für ökologische Forschung/Sylvia Hamberger, u. Aibo & Dr. Peter Göbel; 264/265 Okapia/Herbert Kehrer; 265 Wildlife/A. Visage; 266 Look/Karl Johaentges; 267 Mauritius/Wendler; 268 NOAA/Historic NWS Collection; 269 Mauritius/age; 270 Visum/Dr. Hans-Peter Marschall; 271 Okapia/Karlheinz Irlmeier; 272 o. Okapia/NAS/Rod Planck, u. ZDF/ESS; 274 Das Fotoarchiv/James A. Sugar; 275 o. Okapia/J.-L. Klein & M.-L. Hubert, u. Aibo & Dr. Peter Göbel; 276 zefa visual media/Masterfile; 277 Mauritius/age; 278 Wildlife/Francisco; 279 zefa visual media/R. Ian Lloyd; 281 o. laif/Rai-

ner Harscher, u. Agentur Focus/Rapho/H. Soldeville; 282 Mauritius/Kabes; 283 Okapia/NASA/PR Science Sc.; 284 Bridgeman Giraudon; 285 o. laif/REA/Frederíc Maigrot, u. laif/Clemens Emmler; 286 Mauritius/Esplanade; 287 picture-alliance/dpa; 288 HB Verlag; 289 o. Cinetext, u. Interfoto/Rauch; 290 laif/Christian Jungeblodt; 291 laif/Jan Banning; 292 laif/Ronald Frommann; 293 akg-images; 294 Agentur Focus/Woodfin Camp/Bill Strode; 295 o. laif/Martin Jehnichen, u. Mauritius/age; 296 laif/Aurora; 297 Mauritius/Nakamura; 298 Mauritius/C. Bergmann; 299 o. zefa visual media/M. Moellenberg, u. laif/REA/Mario Fourmy; 300 o. Okapia/Dr. Frieder Sauer, M. Agentur Focus/SPL/Tony Craddock, u. Agentur Focus/SPL/Bernhard Edmaier; 302 o. akg-images, u. Mauritius/ACE; 303 akg-images, u. Mauritius/age; 304 l. Mauritius/Harscher, r. laif/Rainer Harscher; 305 o. Mauritius/age, u. Mauritius/Lehn; 306 laif/Miquel Gonzalez; 307 o. Visum/David Klammer, u. Agentur Focus/SPL/Geosphere Project/Planetary Visions/Tom van Sant; 308 Caro/Hechtenberg; 309 zefa visual media/M. Macri; 310 o. Mauritius/Reinhard, u. Stockfood/Karl Newedel; 311 Mauritius/Martens; 312 laif/Michael Riehle; 313 l. Matthias Kulka, r. Mauritius/Macia; 314 Mauritius/W. Thamm; 315 l. Mauritius/Rossenbach, r. Bilderberg/Thomas Ernsting; 316 Agentur Focus/Ph. Bourseiller; 317 laif/Heiko Specht; 318 Mauritius/age; 319 picture-alliance/dpa; 320 Das Fotoarchiv/Chao-Yang Chan; 321 Mauritius/Pigneter; 322 dpa; 323 o. Bridgeman Giraudon, M. und u. akg-images; 324 Bridgeman Giraudon; 325 akg-images/Rabatti-Domingie; 326 K & K Center of Beat; 327 o. akg-images, u. Astrofoto; 328 o. akg-images, u. akg-images/British Library; 330 ullstein bild; 331 o. akg-images, u. Lazi & Lazi; 332 Bilderberg/Aurora; 333 laif/Ralf Brunner; 334 akg-images; 335 o. Bilderberg/Stephan Elleringmann, u. picture-alliance/dpa; 336 Sotheby`s/akg-images; 337 o. akg-images/Museum Kalkriese, u. akg-images; 338 Cinetext; 339 picture-alliance/dpa; 340 Das Fotoarchiv/SVT Bild; 341 o. laif/H. & D. Zielske, u. akg-images; 342 o. akg-images, u. Das Fotoarchiv/J. Sackermann; 343 o. corbis, u. Mauritius/Glamour Intern; 344 akg-images; 345 laif/Axel Krause; 346 laif/Preben S. Kristensen; 347 o. und u. akg-images, M. Mauritius/Weinhäupl; 348 o. picture-alliance/dpa, u. akg-images; 349 o. akg-images/Piero Baguzzi, u. akg-images/Johann Brandstetter; 350 und 351 akg-images; 352 o. picture-alliance/

dpa, u. Art Resource NY/New York Public Library; 353 akg-images; 354 o. dpa, u. akg-images; 355 Interfoto/Bridgeman; 356 o. akg-images/Erich Lessing, u. Bilderberg/Wolfgang Kunz; 357 und 358 akg-images; 359 o. Interfoto/Karger-Decker, u. 2004 Les Editions Albert René/Goscinny-Uderzo; 360 o. laif/Gernot Huber, u. picture-alliance/dpa; 361 akg-images; 362 laif/Martin Sasse; 363 o. akg-images/British Library, u. laif/Fernando Moleres; 364 Mauritius/Kord; 365 l. akg-images/Werner Forman, r. Interfoto/Karger-Decker; 366 akg-images/AP; 367 Bilderberg/Eberhard Grames; 368 MPI/auto motor und sport; 369 Astrofoto; 370 akg-images; 371 zefa visual media/Star; 373 o. dpa, u. Agentur Focus/SPL/NASA; 374 o. Bilderberg/Thomas Ernsting, u. Disney/Cinetext; 375 o. akg-images/Erich Lessing, u. Interfoto/Rauch; 376 laif/Samuel Zuder; 377 Bilderberg/Hans-Jürgen Burkard; 379 o. Lufthansa/Bärbel Ritlewski, u. zefa visual media/Kalt; 380 o. Cinetext, u. Lazi & Lazi; 381 Mauritius/Ley; 382 o. IBM Deutschland, u. Siemens; 383 Agentur Focus/J. C. Revy; 384 laif/Stephan Elleringmann; 385 o. Mauritius/nonstock, u. The Ancient Art & Architecture Collection; 386 o. CERN, u. Cinetext; 387 NASA/JPL; 388 o. und M. Astrofoto, u. Bilderberg/Thomas Ernsting; 390 Astrofoto; 390/391 Mauritius/Nägele; 391 Astrofoto; 393 l. Stora Lenso, r. dpa; 394 o. dpa, u. Agentur Focus/SPL/Dr. Tony Brain; 395 zefa visual media/Masterfile; 396 l. NASA, r. The Art Archive; 397 o. Prof.Dr. W. Barthlott, Uni Bonn, u. dpa; 398 Astrofoto; 399 akg-images; 400 o. Agentur Focus/SPL/Hank Morgan, u. Astrofoto; 401 NASA; 402 Mauritius/Hackenberg; 403 Mauritius/age; 404 Cinetext; 405 Bildagentur Schapowalow/Jacobi; 406 Interfoto/Weltbild; 407 o. Mauritius/age, u. laif/Aurora.

Das vorliegende Buch ist sorgfältig erarbeitet worden. Dennoch erfolgen alle Angaben ohne Gewähr. Weder Autoren noch Verlag übernehmen eine Haftung für eventuelle Nachteile oder Schäden, die aus den im Buch enthaltenen praktischen Hinweisen resultieren, dies gilt insbesondere für die medizinischen Informationen.